重庆市高等学校“三特行动计划”建设项目（贸易经济特色专业）资助成果

现代经纪人

理论与实务教程

陈淑祥　张　驰　冉　梨／编著

西南财经大学出版社

图书在版编目(CIP)数据

现代经纪人理论与实务教程/陈淑祥,张驰,冉梨编著.—成都:西南财经大学出版社,2017.1(2018.7重印)

ISBN 978-7-5504-2764-8

Ⅰ.①现… Ⅱ.①陈…②张…③冉… Ⅲ.①经纪人—教材
Ⅳ.①F713.6

中国版本图书馆CIP数据核字(2016)第311883号

现代经纪人理论与实务教程

陈淑祥　张驰　冉梨　编著

责任编辑:李　筱
封面设计:墨创文化
责任印制:封俊川

出版发行	西南财经大学出版社(四川省成都市光华村街55号)
网　　址	http://www.bookcj.com
电子邮件	bookcj@foxmail.com
邮政编码	610074
电　　话	028-87353785　87352368
照　　排	四川胜翔数码印务设计有限公司
印　　刷	郫县犀浦印刷厂
成品尺寸	185mm×260mm
印　　张	9.5
字　　数	215千字
版　　次	2017年1月第1版
印　　次	2018年7月第2次印刷
书　　号	ISBN 978-7-5504-2764-8
定　　价	20.00元

前 言

本书是重庆工商大学经济学院贸易经济专业开展的“重庆市高等学校‘特色专业、特色学科、特色学校’项目建设计划（简称‘三特行动计划’）”特色专业建设活动的成果之一。贸易经济专业是重庆市级特色专业。

经纪业是市场经济不可或缺的组成部分，经纪人是21世纪全球最活跃的人才之一。一个经济发达的国家，与它拥有一批卓有成效的经纪学家和一大批优秀的经纪专业人才是分不开的。为适应社会主义市场经济发展需要，我国经纪人事业迅速发展，各类经纪人广泛活跃在各类市场上，成为市场经济发展不可缺少的重要力量。但目前专职及兼职的经纪人队伍中，专家型、专业型的经纪人才太少，相关的比较系统的教材等资料也相当少，且内容都比较陈旧，本书的编写正是在这样的背景下展开的。

本教材主要内容包括：经纪人概述、经纪人的活动方式和组织形式、经纪人应具备的素质、一般经纪人（包括生产资料经纪人、消费品市场经纪人）和特殊行业经纪人（包括保险、证券、期货、技术、房地产、劳动力、文化、体育等经纪人）的发展状况、经纪业务营销、经纪业务运作过程和技巧等。

本书可作为商务经纪专业的专业课教材，也可以作为其他专业的选修课教材，还可以作为各项经纪人培训的基础教材，以及作为社会各界人士学习和了解经纪知识的参考资料。全书共分十五章，编写分工如下：陈淑祥编写九章，即第一、二、三、四、六、八、九、十三、十五章；张驰编写三章，即第五、七、十章；冉梨编写三章，即第十一、十二、十四章。

本书在编写过程中，我们参阅借鉴了一些专家学者的研究成果。在此，向所有为本书的编辑出版直接或间接做出贡献的朋友们表示感谢。经纪人理论与实践研究范围广，有许多尚待进一步探索的新问题、新情况，由于我们的水平、时间有限，书中难免存在一些不足，敬请读者和其他来自理论界、教育界和实业界的专家学者们不吝赐教。

陈淑祥等

2016年11月于重庆

目 录

第一章　经纪人概述

第一节　经纪人的历史沿革

“经纪人”在人们的传统思维里大概是倒爷、穴头、掮客、黄牛等一类词汇的组合，似乎是个充满蔑视的称谓。在现代社会里，经纪人已经活跃在各个领域，名模歌星自是少不了经纪人相助，就是普通百姓，但凡购房买车之类，经纪人也会鞍前马后乐此不疲。生活中种种经纪公司更是让人眼花缭乱，诸如证券经纪、期货经纪、保险经纪、信息经纪、房地产经纪、汽车经纪等。之所以会有如此繁多的经纪公司、经纪人，主要是因为现代社会经济的日益繁荣和社会分工的日趋精细，只要出现商品买卖，就会出现经纪人。职业经纪人的“钱景”也很诱人，年新几万至几千万元不等。

一、经纪人概念

所谓“经纪人”，是指那些在市场上促成买卖双方交易，并以此获取佣金的中间商。但在具体定义上，国内外一直众说纷纭。

美国市场学家菲利浦·R. 特奥拉在《国际市场经营》一书中说：“经纪人是提供廉价代理服务的各种中间人的总称，他们与客商之间无连续性关系”。在法国，经纪人被称为“奔跑的人”。日本商法学者的看法是：经纪人是以他人间经商行为的媒介为职业的人，其本身是独立的商人。《牛津法律大辞典》认为：“经纪人是一种商业代理人。他通常的活动是受托签订财产或商品买卖合同，但他并不占有这些财产或商品，也不拥有它们的产权凭证。”我国《辞海》把经纪人定义为“是为买卖双方介绍交易以获取佣金的中间商人”。《经济大词典》称“经纪人为中间商人”。1995 年国家工商行政管理局颁发的《经纪人管理办法》中指出：“本办法所称经纪人，是指依照本办法的规定，在经济活动中，以收取佣金为目的，为促成他人交易而从事居间、行纪或者代理等经纪业务的公民、法人和其他经济组织。”

各国对经纪人概念的表述尽管有所不同，但对经纪人的概念所包括的四个方面的内容则是相同的：①经纪人在经纪活动中以收取佣金为目的；②经纪人为促成他人交易而进行服务活动；③经纪人的活动形式主要包括居间、行纪、代理等；④经纪活动主体分别为公民、法人和其他经济组织。这四个共同点表明经纪人的经营性质是以收取佣金为目的，经营的特点是为促成他人交易进行服务活动。

二、经纪人的产生和发展

（一）我国经纪人的产生和发展

经纪业务和经纪人不是近些年才产生的。在我国，经纪人的发展可以追溯到两汉时期，至今已有2 000多年的历史，这个过程大致可以划分为古代、近代、现代三个阶段。

1. 我国古代的经纪人

在我国古代，农民会把自耕自种的谷物和手工产品转化为商品进行交换，但由于他们不熟悉市场行情、不了解对方的需求，交易往往难以成功。双方为了维护自身的利益，总是争执不下。这时候为了协调买卖、引导交换，专门为买卖双方牵线搭桥的中介人——经纪人便产生了。经纪人在古代被称为驵侩、质人、牙人、牙郎等。

2. 我国近代的经纪人

第一次鸦片战争后，由于外商的进入，我国产生了一种新型中介人——买办。

第二次鸦片战争后，外商为达到交易目的，需要利用一些诚信可靠的特殊中介人。这样，一大批特殊中介人即经纪人在通商口岸得以迅速涌现。当时，一些略微通晓外语又熟悉市场行情的人，都能充当经纪人。

民国的建立打破了封建桎梏，经纪人受到了法律的保护，经纪活动合法化，经纪人也比较活跃。当时的经纪领域主要有证券、金融业、机制面粉、纱布、粮油等。经纪人与委托人的关系是经纪人接受委托，替委托人在交易所内进行交易。这一时期，经纪人接受委托的有关规则已比较严整。另外，政府对经纪人有着一套较严格的管理制度，包括对经纪人的申请手续、经纪人任职资格的限制及取消、经纪人的权利和义务及其与代理人的关系、经纪人公会等众多方面的规定。

3. 我国现代的经纪人

新中国成立后，在计划经济体制下，经纪人几乎没有生存空间。党的十一届三中全会以后，经纪人在经济生活中又开始重新出现。

1986年，重庆市工商局批准成立了全国第一家经纪人公开活动场所——重庆市工业品贸易中心，这标志着经纪人的发展进入了一个新的阶段。1990年以后，上海、深圳两地证券交易所及我国期货市场开始试点，又一次提高了人们对经纪活动的认识，经纪人的发展速度加快。1992年，一些省市相继出现了经纪事务所、经纪公司，同时这些省市也加强了对经纪人的培训和发照管理工作。镇江市成立了全国第一个经纪人事务所，珠海市推出了全国第一个《经纪人管理条例》，河北省大名县成立了第一个经纪人协会。

1992年，邓小平的南方谈话和党的十四大提出建立社会主义市场经济体制，彻底解放了人们的思想，从此我国经纪人发展进入新的阶段。国家工商行政管理总局于1995年10月26日颁布了我国第一部规范经纪人活动的全国性行政规章——《经纪人管理办法》。

在政府的保护和推动下，经纪人发展迅速。目前，经纪人已广泛活跃在消费品、生产资料、金融、证券、期货、房地产、科技、信息、劳动力、运输、产权、文化、体育、旅游等各类市场上，以其熟练的专业知识和社会化服务，在沟通供需、活跃流通、传播信息、引导生产、促进社会资源的合理配置等方面，发挥着日益重要的作用。

（二）国外经纪人的发展历史进程

在古希腊、古罗马时代即已出现经纪人，当时无论何人都可自由选择此行业。到了中世纪，不是经纪人团体成员，不得从事经纪营业，因而经纪人带有公职的性质。后来经纪人的官吏性质日益增加，政府对私自从事经纪业的人实行严罚，加以禁止。但是，随着资本主义的产生和发展，一些国家（如日本、英国）不再把经纪人看作是官吏的一种并严加控制，而是允许经纪人得到许可后从事经纪业。后来，随着资本主义市场贸易和商品经济的迅速发展，许多国家对经纪人采取自由主义态度，即什么人都可自由充当经纪人，并对经纪人的权利、义务、佣金数额、给付期限等都作了明确和周详的法律规定。

最早把经纪人载入资本主义法律的是《法国民法典》。该法典把“居间契约”专门作为一节，共5条，其中对居间契约的订立、佣金给付期限、报酬请求权的产生和丧失、报酬的确定和减少等问题作了较完善的规定。这些规定后来被许多资本主义国家（如德国、瑞士等）沿袭采用。西方资本主义国家关于经纪人的法律规定，不仅直接体现在民法及其他经济法规中，且与国家公务员法、文官法等行政法规也有联系。例如，法国文官法规定：“公务员不得借职务上的便利，从事可以获得私利的活动，但法规另有除外之规定，不在此限。”新加坡公务员法规定：“公务员非经获得书面许可，不得从事任何商业活动，为他人做有报酬的工作；公务员不得利用官方资讯或其地位谋取个人利益。”随着现代化大生产的高速发展，经济活动日益社会化、国际化，在这样一个国际经济大循环中，经纪人更是日趋活跃，并利用现代化的通信设备和交通工具，往来四方，调剂余缺，互通有无，因而现代化经纪活动不仅具有普遍性和广泛性，而且还具有国际性。

三、我国经纪业的现状

我国经纪人事业的发展是很不平衡的，一般开放较早和开放程度较深的地方，经纪人就多，他们的事业就较发达。1993 年，据十个经纪人活动较多的省、直辖市、自治区不完全统计，经各级工商行政管理部门登记注册的合法经纪人有 21 118 名，未经有关部门登记注册的经纪人为 43 222 名，后者超出前者一倍多。在上述地域内，有经纪人组织（公司）1 012 个。广州算是经纪人活动发展较快的城市，当时有合法经纪人 1 074 个，“地下经纪人”约 8 000 个，后者超出前者更多。2001 年，据国家工商行政管理总局对东南沿海以及经济特区等部分省市经纪机构和经纪人的统计，当年的经纪机构、经纪人的数量比两年前增加了 222.86%。2013 年，青岛全市共有各类经纪组织 2 万余户，经纪执业人员 11 万余人。2014 年，我国具有执业资格和注册登记的各类经纪组织约有 400 万个，经纪执业人员 1 000 多万人。这些经纪人既包括从事生产资料、生活资料的一般经纪人，也包括从事保险、证券、房地产、技术、信息、劳务、体育、文化、期货等的特殊经纪人。这些经纪组织分布在各省、直辖市、自治区，在不同程度上发挥着各自的作用，甚至成为人们生活中不可缺少的一部分。目前我国经纪业发展具有以下特点：

（1）经纪人供需缺口大。目前我国经纪业仍处在高速发展时期，经纪人的供给远远跟不上市场需求，特别是技术、证券、外贸、文化、会展等经纪人缺口较大，专职的专家型经纪人太少，使一些行业经纪业不发达。如会展经纪，在会展经济发达的上海，平均一天一展，北京、广东更是一天数展。但在中西部一些地方，一周或一月一展都难。社会急需大量专家型的经纪人才。

（2）市场管理不规范。某些领域的经纪人管理较松散，无照经纪人大量存在，违规操作、通过不正当手段争取用户、利用非法经纪牟取暴利等现象并不少见。这种不规范一方面对相关立法部门和监管当局提出了要求，另一方面也反映了我国经纪行业需求和发展空间都很大的现状。

（3）从业人员素质有待提升。目前经纪人一半是专职，一半是兼职，素质也参差不齐，多数没有经过系统培训，社会上专门的培训机构也少。

（4）佣金收取标准不规范。各行业、各地区佣金收取标准各异，比较混乱。

（5）经纪活动的合同化程度不高，特别是在农村。当事人在经纪活动中无资产保证，因而契约约束力不强，经纪人违约得不到追究。

第二节　经纪人种类及作用

一、经纪人的种类

1. 按活动方式分

按活动方式的不同，经纪人可分为居间经纪人、行纪经纪人和代理经纪人等。

居间经纪人，是指经纪人为委托人充当介绍或者提供订立合同的条件，撮合、促成委托人与第三人交易而进行经纪活动的一种业务活动方式。

行纪经纪人，是指经纪人为委托人提供代购代销和寄售商品等服务的一种经纪活动业务方式。

代理经纪人，是指代理人在代理权限内，以被代理人的名义实施的法律行为，由此而产生的权利和义务直接对被代理人发生效力。

2. 按组织形式分

按组织形式的不同，经纪人可分为个体经纪人、个人独资经纪人、合伙经纪人、公司经纪人和其他兼营经纪业务的经济组织。

3. 按活动场所和涉及领域分

按活动场所和涉及领域的不同，经纪人可为一般经纪人和特殊行业经纪人。

一般经纪人，是指专门为现货商品流通提供居间、行纪和代理服务的经纪人，如农产品经纪人、生产资料经纪人等。一般而言，一般经纪人只要具备合法的主体资格就可以从事经纪业务活动，不需要具有特定的业务资格。

特殊行业经纪人，是指专门为非商品流通领域或特殊商品流通提供居间、行纪和代理服务的经纪人，如保险经纪人、证券经纪人、期货经纪人、文化经纪人、体育经纪人、旅游经纪人、广告经纪人、劳动力经纪人、技术经纪人、信息经纪人、房地产经纪人等。一般而言，特殊行业经纪人既要具备合法的主体资格，又要具有特定的业务资格。

4. 按分布地域分

按分布地域的不同，经纪人可分为城市经纪人、农村经纪人和边贸经纪人。

城市经纪人，是指以大中城市为依托，从事经纪活动的经纪人。这类经纪人构成人员广泛，基本素质较高，组织形式多样，经营业务熟悉，是我国经纪人队伍的主力军。

农村经纪人，是指以广大农村为依托，从事经纪活动的经纪人。这类经纪人往往以自然人身份从事独立经纪活动，不一定有固定的服务时间和地点，主要为农户提供商品、技术、信息等中介服务，在农户和市场之间牵线搭桥，对活跃农村经济起着积极的推动作用。

边贸经纪人，是指以边界线为依托，进行经纪活动的经纪人。这类经纪人大部分是当地农民，与周边国家居民有着长期的交往和接触，了解对方的习俗、语言和需要，经纪活动的形式多样，方法灵活，涉及领域较广，为发展我国与周边国家之间的经贸交往起着非常重要的作用。

5. 按素质水平分

按素质水平的不同，经纪人可分为普通型经纪人和专家型经纪人。

普通型经纪人，是指熟悉经纪活动的一般技能，不需要掌握特定专业知识的经纪人。这类经纪人由于受本身素质和业务的限制，只能从事一般性的经纪业务，其涉及的面较广，人数最多，而且这类经纪人大部分为兼职。一般经纪人大多数属于普通型经纪人。

专家型经纪人，是指除了掌握经纪活动的技能外，还在某类产品或服务上具有专门知识的经纪人。这类经纪人具有较高的文化修养和技术水平，其本身就是某一方面的专家，如证券经纪人、期货经纪人、科技经纪人、外贸经纪人等。专家型经纪人是我国发展经济最急需的，也是需要国家大力培养的。

6. 按职业特点分

按职业特点的不同，经纪人可分为专业经纪人和兼职经纪人。

专业经纪人，是指以从事经纪活动为其唯一职业的经纪人。这类经纪人就个人而言，是指专门从事经纪业务活动的个人；就企业或组织而言，是指专门从事经纪业务活动的各种机构。这类经纪人不从事任何其他生产经营活动，如经纪公司、经纪行、经纪人事务所等。

兼职经纪人，是指除从事经纪业务活动外，还有其他职业的经纪人。这类经纪人就个人而言，是指利用业余时间不定期地开展经纪业务活动的经纪人；就企业或组织而言，主要是指除了开展正常经营活动外，还为社会提供各种信息服务和代理活动的各类工商企业，这实际上就是以企业的名义从事经纪活动。

7. 按合法与否分

按合法与否划分，经纪人可分为合法经纪人和非法经纪人。

合法经纪人，是指那些经工商行政管理部门登记注册，有营业执照，并能奉公守纪、依法经营的经纪人。

非法经纪人，是指那些既没有经工商行政管理部门登记注册，没有领取营业执照，又不能奉公守纪、依法经营的经纪人。

经纪人是否合法的标准主要有两个：其一是主体是否合法。凡是经工商行政管理部门登记注册，领取营业执照的，就是合法经纪人；否则，就是非法经纪人。其二是行为是否合法。凡是奉公守纪，依法经营的，就是合法经纪人；否则，就是非法经纪人。对于前者，我们要大力保护其合法权益，鼓励其迅速发展；对于后者，我们要坚决取缔，对严重违法乱纪者还要予以行政和司法制裁。因此，广大经纪人都应当争做合法经纪人。

二、经纪人在经济发展中的作用

经纪人虽然从主观上来看是为获取佣金，但从客观上来看，其却在经济运行中发挥了广泛的积极作用。他们的社会功能体现在如下六个方面：

1. 协助信息传播

信息在经济中的重要地位毋庸多言。经纪人一方面凭借自身的信息优势为买卖双方提供和传递真实、有效、准确的市场信息，另一方面也利用掌握的专业知识为顾客解答疑难、提供智力支持。可以说，信息是经纪人所掌握的最重要的资源，这些重要的信息资源又通过经纪人为社会的进步做出了重要贡献。

2. 加速商品流通

商品的流通速度对于一个企业来说决定了它的生死存亡，对于一个社会来说则表征了它的繁荣程度。经纪人通过自己提供的服务，使供求双方更迅速、更准确地对接到一起，并更顺畅地完成交易，从而加速了社会商品的流通。

3. 促进生产发展

经纪人的活动在加速商品流通的同时，也促进了生产的发展。经纪人使得商品需求方的需求更快更好地得到满足，同时也让商品的供给方得以专心致志地投入生产，扩大产出。

4. 活跃市场经济

通过更细化的分工，经纪人事实上承担了很多寻找市场、发现市场和挖掘市场的任务，并且通过经纪活动降低了市场经济中的交易成本，成为市场活动中的“润滑剂”和“催化剂”。

5. 优化资源配置

从更宏观的角度看，经纪人促进了资源的优化配置。如何优化社会的资源配置是宏观经济学关注的重大课题，因为相对于人类的欲望来说，资源总是有限的。经纪人通过传播信息、撮合供求双方、提供专业服务等活动，使得资源从总体上能够向最需要或最有效率的个人或部门流动。

6. 提供就业机会

经纪人属于第三产业，即服务业。在国外，经纪人的跨行业行为极多，活跃在各行各业中，从业人员数量大、素质较高。而在我国，服务业占国内生产总值的比重距离发达国家服务业占国内生产总值的比重还有很大差距，服务业还有很大的增长空间，经纪业还是一个人才短缺的行业。随着经济的发展，我国对经纪人的需求将会越来越大，从而可以为社会提供更多的工作机会。

第三节　经纪人特征及权利义务

一、经纪人活动特征

经纪人经营活动是以收取佣金为目的的，具有经营性质。与一般经营活动相比较，其具有以下七个特征：

（1）广泛性。经纪活动的广泛性表现为：其一，是活动空间范围的广泛性。经纪活动是商品经济和市场经济的伴生物。在市场经济条件下，市场活动纷繁复杂，各类商品名目繁多，市场供需千变万化，这就为经纪活动提供了广阔的活动空间。可以说，市场上有多少种供需关系，就有多少种经纪活动，经纪活动可以渗透到社会的各行各业、遍及全国城乡。其二，是经纪活动主体即经纪人的广泛性。经纪人可以是自然人，可以是合伙人，也可以是法人，只要能为市场上买卖双方提供中介服务，都可以依法成为经纪人。

（2）服务性。在经纪活动中，经纪人只提供服务，本身不从事直接的经营活动。经纪人不得从卖方那里买入所中介的商品、技术而变成买方，也不得向买方出售自己的商品、技术而成为卖方。如果经纪人在经纪活动过程中发现了有利的市场机会而自己直接买入或卖出的话，就变经纪服务为直接的商品买卖行为，变经纪性质为经销性质了。这样一来，经纪人的目的就变成了获取最大利润而不是收取佣金，而这在许多国家都是被禁止的。这就是说，经纪人要忠实于他的委托人，经纪行为要围绕委托人的利益进行，如果允许经纪人直接经营所经纪的商品，这样就会损害委托人的利益。规范意义上的经纪人与俗称的“倒爷”完全是两回事，经纪活动也不等于倒买倒卖。

（3）报酬性。经纪人所提供的中介服务和其他服务项目一样，也是一种商业性质的服务。当买卖双方在经纪人的服务下成交时，经纪人就有权向享受此种服务的买卖双方收取一定的报酬。这就是说，经纪人的经纪活动是有偿的，不是义务的，某一经纪活动一旦取得成功，买卖双方至少有一方必须支付给经纪人报酬。应当注意的是，经纪活动的报酬与经纪活动的费用是不同的，经纪活动的报酬在实践中通常被称作佣金。

（4）合法性。经纪活动是一项法律活动，在经纪活动中，经纪人的权利与义务是对等的，经纪行为必须符合国家法律、法规的规定，同时也受到法律的保护。经纪人开展经纪业务活动的合法性，包括主体合法和行为合法两个方面：主体合法就是要通过工商行政管理部门登记注册，领取营业执照；行为合法就是要遵纪守法，依法经营。只有合法经纪才能受到法律的保护。

（5）非商品性。经纪人既不是商品生产者，也不是商品的供应者或购买者。他对买方或卖方的货币和商品没有留用权、抵押权，也不拥有所有权、使用权。他只拥有信息支配权，知道何处可供某类商品而何处又需要这些商品，并能为买卖双方提供服务。因此，经纪人只需拥有少量的固定资本和流动资本，无须拥有任何商品。

（6）非连续性。经纪人服务的对象一般仅限于某些特定的客户。经纪活动通常是就某一特定事项提供服务，经纪人和委托人无长期、固定的合作关系，特定事项一旦完成，委托关系即告终止，这就决定了经纪活动具有非连续性的特点。作为优秀或出色的经纪人，必须熟悉这一特点，在每一笔经纪业务中，努力给买卖双方留下良好的印象，力争把非连续的业务转化成连续的业务。

（7）灵活性。由于经纪人在经纪活动中没有实际的商品所有权，只是为买卖双方提供信息服务，一旦交易成功，就可以收取佣金；如果交易不成功，也没有很大的损失。同时，经纪人投入的经营资本相对不大，经营成本不高，承担的经营风险相对较小，因而如果有经营条件，就可以从事此项业务；没有经营条件，就可以等待机会，进退灵活。

二、经纪人的权利与义务

经纪活动作为一项法律活动，必须符合权利与义务对等的原则。经纪人要拥有一定的权利，同时也要履行相应的义务。权利是相对于义务而言的，义务也是相对于权利来讲的，绝没有不需要尽义务的权利或没有权利的义务。全面完整地规定经纪人的权利和义务，是对经纪人进行依法管理的核心内容。

1. 经纪人的权利

在一般意义上，权利是指公民或组织成员依法享有的权力和利益。经纪人的权利，是指经纪人在开展经纪业务活动时，依法应享有的权力和应得到的利益。这些权力和利益具体包括以下几个方面：

（1）经纪人有权要求委托人提供资信状况、履约能力、商品质量等方面的真实可靠的资料。

（2）经纪执业人员有向委托人了解委托事物真实情况的权利。委托人隐瞒与经纪业务有关的重要事项、提供虚假情况或者要求提供违法服务的，经纪执业人员有中止经纪业务、建议经济组织解除经纪合同的权利。

（3）经纪执业人员依法享有保守自己经纪业务秘密的权利。

（4）经纪执业人员有权在其执业的经纪合同上签名。经纪组织签订经纪合同时，应当附有执行该项经纪业务的经纪执业人员的签名。

（5）经纪执业人员依法享有其承揽经纪业务的执行权，未经委托人和本人同意，经纪组织不得随意变更经纪业务执行人。

（6）因经纪行为促成交易的，委托人应当按照约定向个体经纪人、经纪组织支付佣金；没有约定佣金或者约定不明确的，依照《中华人民共和国合同法》和国家有关规定执行。

（7）根据约定提供经纪服务。委托方或合同他方违约，经纪人有权不退还佣金，也不承担委托方与合同他方所订合同的履约责任。

（8）经纪执业人员的合法权益受到侵害的，可以向工商行政管理机关或者有关行业行政管理部门申诉，也可以向经纪人协会投诉。

2. 经纪人的义务

义务与权利是相对的，义务是指公民或法人按法律规定应尽的，以及在道德上应尽的责任。经纪人的义务，是指经纪人在开展经纪活动时，按有关法律和委托合同规定应尽的，以及在道德上应尽的责任。经纪人在经纪业务活动中应当履行的义务主要包括：

（1）提供客观、公正、准确、高效的服务。

（2）将签订合同的机会和签订合同的情况如实、及时地报告当事人各方。

（3）经纪的商品或服务及佣金应明码标价。

（4）妥善保管当事人交付的样品、保证金、预付款等财物。

（5）为当事人保守商业秘密。

（6）记录经纪业务成交情况，并按有关规定保存原始凭证、业务记录、账簿和经纪合同等资料。

（7）法律、法规规定的其他义务。

第四节　经纪收入——佣金

一、佣金的概念与性质

1. 佣金的概念

佣金就是指经纪人在为委托人提供交易机会，充当交易中介，并协助买卖双方完成交易过程或订立交易合同，由交易人一方或双方支付给经纪人的劳动报酬，在法律上称为“佣金”。

2. 佣金性质

佣金是经纪人权利的最基本内容，是经纪人的收入来源，是经纪业务得以运作的保障。佣金的性质是劳动收入、经营收入和风险收入的综合体。它是对经纪人开展经纪活动时付出的劳动、花费的资金和承担的风险的总回报。国家保护经纪人从事合法经纪活动并取得佣金的权利。

佣金作为经纪人的劳动报酬是合法的，法律规定经纪人享有获取佣金的权利。那么，应如何理解佣金的性质呢？

首先，经纪人佣金本身并不具有社会属性，它只是商品生产和商品流通高度发展的产物，同社会经济制度本身没有必然的联系。只要商品生产和商品流通发展到一定水平，就必然会出现经纪业务活动及其从业人员——经纪人。它的社会性质只是属于某种社会形态下的社会阶级关系及其所服务的社会对象。经纪人在其业务活动中，以自身劳动取得的报酬是合法的。其次，经纪人开展经纪业务活动，需要有一定数量的资本，去承担一定的中介风险，通过付出自己的劳动，占用大量的信息，并向需求者提供这些信息。所以经纪人取得的佣金，实质上是承担风险、出卖信息的收入。中介经营的收入，不仅是劳动收入的一种，也是个人收入分配形式中的一种。

综上所述，经纪人的佣金是劳动报酬、风险报酬和经营收入的综合，是委托人依照法律规定或者双方约定，在经纪业务完成后支付给经纪人的劳动报酬，是实现相应权益的一种主要表现形式，是经纪人参与具体经纪事务、在一定社会劳动时间内所创造的劳动价值和社会价值的体现。

二、佣金的标准和办法

一般来说，佣金由经纪成本和经纪利润两部分构成。其公式为：

佣金=经纪成本+经纪利润

由于经纪成本由经纪费用（差旅费、车船费、资料费、通信费、打印费等）和税收构成，因此，佣金的公式也可以表示为：

佣金=经纪费用+税收+经纪利润

可见，佣金标准的确定，要求上面三部分的构成必须是合理的。首先，经纪费用应在佣金中得到补偿。经纪费用包括经纪机构的开办费用、人员工资费用、交通费用、广告费用、场地租赁费用、样品保管费用、样品商检费用、固定资产折旧费用、管理费用、经营费用等。其次，经纪税收也应在佣金中得到补偿。经纪税收包括经纪机构的营业税、所得税等。最后，经纪利润是在一定利润率下计算出的盈利。目前，对经纪机构的盈利水平还没有一个统一的规定。

佣金标准通常分为法定佣金和自由佣金两种。法定佣金是指经纪人从事特定经纪业务时，按照国家对特定经纪业务规定的佣金标准获得的佣金。法定佣金具有强制效力，当事人各方都必须接受，约定的佣金不得高于或低于法定佣金。在经济生活中，法定佣金只适用于市场发育程度较高、分工明确、专业化程度高、经纪活动量大的经纪业务种类。自由佣金是指经纪人按照经纪人与委托人协商确定的佣金标准获得的佣金。自由佣金由当事人协商确定，并写入相应的经纪合同中，一经确定，即对当事人双方都具有法律约束力，违约者要承担违约责任。经纪活动中大量的佣金是自由佣金。自由佣金的确定同市场价格一样，由供求双方协商确定，佣金的高低主要取决于经纪人和当事人在经纪活动中所处的地位。此外，还有一种佣金标准，它是介于法定佣金和自由佣金之间的一种过渡形式，即行业规矩，这是约定俗成的一种佣金标准，对同业经纪人具有一定的约束力，但不具有法律效力。

佣金确定的办法也有多种，通常有固定佣金、比例佣金和差额佣金三种。固定佣金是指不论成交标的额的大小，按照经纪业务件数收取固定金额的佣金。这类佣金适合于交易额比较小或经纪业务独立性不是非常强的经纪业务。比例佣金是指按照成交额的一定比例提取的佣金。一般来说，交易额越大，提取的比例就越低。比例可以分段确定，逐段递减。如果交易额非常大，也可以采用封顶的办法，明确规定最多只能收取多少佣金。这类佣金适合于交易额比较大的经纪业务。差额佣金有的地方也称包价佣金，是指经纪人代理委托人进行交易时必须满足委托人规定的卖出最低价，超出最低价部分的收入，可以作为佣金归经纪人所有。这种计算佣金的方法也是国际上通用的一种方法，叫作净值协定。净值协定可以用在公开协定、独家代理和独家销售权合同中。这类佣金适合于买卖差价比较大的经纪业务。

收取佣金是经纪人的权利，但由于目前对佣金缺乏统一的规范，佣金收取的标准、办法和数量比较混乱。经纪活动作为一项经营活动，其目的就是要实现佣金最大化，进而实现利润最大化。因此，经纪人在开展经纪活动时，必须在合法的前提下，根据不同经纪业务的特点，选择合适的佣金标准和收取办法。

三、佣金的支付

佣金的支付由经纪业务的委托方负担。它可以由经纪人为其提供服务的双方当事人共同承担，也可由其中一方独自支付。由谁支付佣金必须在经纪合同中加以明确规定，但经纪人不得利用执业便利，收取佣金以外的报酬。

佣金可以用现金支付，也可以采用转账结算或其他方式支付。经纪人应该按照规定的结算和支付方式进行佣金的收付工作，经纪人收取佣金应开具发票，并严格按照税法规定缴纳有关税金。一般情况下，佣金应该在经纪成功、交易双方签订经纪合同后收取。在有些情况下，委托人可以提前支付给经纪人部分佣金，待经纪业务成功后再支付剩余部分的佣金。如果经纪活动的费用高、前期投入大或委托人认为经纪业务的难度较大，为了激励经纪人，委托人也可以提前支付部分佣金，待经纪业务结束后再支付剩余部分的佣金。

为避免在支付佣金上与委托人发生纠纷，经纪人在签订经纪合同时，应将佣金的数量、支付方式、支付期限及经纪不成功时业务费用的负担等方面明确写入经纪合同。为了保护自己的合法权益，经纪人可以采取预付费用、预收佣金、公证或到工商行政管理机关进行合同鉴证等方式，确保自己获取佣金的正当权利。

按照《经纪人管理办法》的规定，如果在经纪活动中，经纪人与当事人对佣金没有约定或者约定不明确的，可以依照《中华人民共和国合同法》和国家有关规定执行。同时，经纪执业人员不得利用执业便利，收取当事人佣金以外的报酬。

第二章　经纪人素质要求和组织形式

第一节　经纪人素质要求

要成为某一个行业内的经纪人，首先要符合一些基本要求，比如说一般应该通过相应的资格认证。如果想成为一名优秀的或成功的经纪人，则还需要在知识、能力、素养等方面有较好的积累并达到一定的程度。

一、资格认证

《经纪人管理办法》第十条规定：经营经纪业务的各类经济组织应当具备有关法律法规规定的条件。法律、行政法规规定经纪执业人员执业资格的，经纪执业人员应当取得资格。

二、身心素质

经纪业任务艰巨、工作辛苦，对从业者的身体素质要求较高。一方面，经纪人需要具备充沛的精力，能够完成日常的业务拓展，并且能够用热情去感染对方；另一方面，经纪人所需要的清醒的头脑和灵敏的反应，也要有良好的身体状况作基础。

同时，作为经纪人，也需要有良好的心理素质。在完成经纪业务的过程中，难免会遭遇拒绝、冷遇和误解，需要经纪人能够较快地调节好情绪，充满信心继续工作。经纪人的开朗和乐观，也容易鼓舞客户，并最终促成交易。所以，经纪人平时就应该注重培养自己坚毅的品质和随和稳重的性格。

三、专业知识

经纪业范围广泛，但不管是在哪一个领域做经纪人，要做好做成功，一个基本要求是要能够在自己所属的领域积累大量的专业知识。专业知识的缺乏，不仅使经纪业务难以顺利开展，而且会使经纪人丧失很多市场机会。如果经纪人对于客户的咨询一问三不知，客户下次就不愿意再接受这位经纪人。

经纪人应具备的专业知识大致包含以下三个方面。

1. 法律法规常识

经纪人不管从事什么职业，首先应该掌握的是与职业密切相关的法律法规。法律法规指中华人民共和国现行有效的法律、行政法规、司法解释、地方法规、地方规章、部门规章、其他规范性文件以及对于该法律法规的不时修改和补充。作为对经纪人的一个基本要求，在业务活动中是否盈利尚在其次，至少不应该触犯相关的法律法规。

2. 本行业的专业知识

要做一名经纪人，尤其是要做一名成功的经纪人，需要在知识积累方面下功夫。其中最重要的知识就是本行业的专业知识，例如做一名农产品经纪人，就应该了解粮食、蔬菜、果品、花卉及其仓储和运输等各方面的知识；做一名证券经纪人，就应该努力把股票、债券、基金、金融衍生工具及其发行和交易等各方面的知识掌握好；做一名成功的房地产经纪人，就一定要对房地产特性、房地产类型、房地产经纪机构及各国房地产经纪人制度进行深入研究。

一般而言，一名经纪人掌握的专业知识越丰富，他的业务机会就越多，从中收获的工作乐趣也越多。所以，经纪人应该努力成为自己所从事的经纪领域中的专家。

3. 商贸知识

经纪人作为特殊的商人，周旋于购销双方之间，有时还要和其他经纪人打交道，从事各种各样的商品中介活动，这就决定了他们应该掌握丰富的商贸知识。

经纪人除了要掌握国内商贸知识外，还应掌握外经贸知识。总的来说，经纪人应该掌握的商贸知识包括商品学、物流学、市场营销学、商务礼仪、国际贸易和国际金融等。

四、能力

1. 观察力

经纪人所需要的观察力，一方面是指从日常业务或生活中发现机会的能力，另一方面是指与人打交道时察言观色的能力。这两点在经纪人的业务活动中都非常重要，正所谓“留心处处皆学问”。

2. 判断力

判断力是感知能力、记忆力、演绎能力、推理能力等诸多能力的综合体，大多数经营决策是在信息不完全的情况下做出的，这就对判断力提出了很高的要求。当然，良好的判断力需要长期的培养，也是成就所有事业的基础。

3. 执行力

执行力是指贯彻战略意图，完成预定目标的操作能力。再高明的战略，再完善的计划，最终都需要加上最坚定有效的执行力，才有实现的可能。

4. 社交能力

社交能力主要是指人际交往与社会适用的能力，这种能力对于需要寻找市场机会、联络交易双方的经纪人来说尤为重要。人的一个重要属性即是社会性，没有人能够生活在不与人往来的真空中，每个人也只有在与他人的人际交往和价值交换的过程中，才能实现自我、成就他人、实现社会价值。

5. 创新能力

创新能力是指运用知识和理论，在科学、艺术、技术和各种实践活动领域不断提供具有经济价值、社会价值、生态价值的新思想、新理论、新方法和新发明的能力。创新能力是当今社会竞争的核心，一个优秀的经纪人应是一个善于创造性地解决问题的人。

五、职业道德

经纪人的职业道德包含的内容很多，例如：经纪人必须遵章守纪，其经营活动必须符合法律法规以及行业管理的规定和要求；经纪人不能从事走私、违禁品、假冒伪劣商品的经纪活动；经纪人不能超越客户的委托范围和权限，越权进行有关的经纪活动等。

总的来说，经纪人的基本职业道德至少应该遵从以下三条原则：

1. 维护委托人的权益

大多数的经纪活动都存在经纪人接受委托的情况，经纪人一旦接受委托，就应该站在委托人的立场，时刻为委托人的利益着想，积极维护委托人的权益。这既是一种服务精神，也是一项职业准则。

2. 诚实守信

诚实守信事实上是中国古时备受推崇的一种美德，儒家的“五常”就是指“仁、义、礼、智、信”，这“五常”贯穿于中华伦理的发展，成为中国价值体系中的最核心因素。

具体到经纪活动中，就需要经纪人秉持公平、公正、公开的原则，对客户坦诚相待，并信守承诺，努力做到言必行、行必果。在难以完成任务或达不到客户期望时，要诚恳地向客户说明，争取客户的理解和配合，而不能为了一时的利益刻意隐瞒，导致最后遗憾的结果。

3. 保守商业机密

由于经纪人居于买卖双方之间，在业务活动开展过程中，有可能掌握客户的一些商业机密。在激烈的市场竞争中，商业机密意味着重要的情报和竞争的优势，所以为客户保守商业机密是经纪人的一项基本职业道德。

第二节　经纪人的组织形式

按照经纪人组织形式的不同，可以把经纪人分为个体经纪人、个人独资经纪企业、合伙经纪企业、经纪公司等。不同的经纪组织，其各自的特点不同，经纪人应该根据自身的实践情况，选择合适的组织形式进行注册登记。

一、个体经纪人和个人独资经纪企业

1. 个体经纪人

个体经纪人是指依照《城乡个体工商户管理暂行条例》的规定，向工商行政管理机关申请设立，以公民个人名义进行经纪活动的经纪人。科学理解个体经纪人的内涵，应着重把握以下两点：其一，个体经纪人从性质上讲，仍然属于个体工商户，是个体工商户中专门从事经纪业务的一类人员。其二，个体经纪人是在经纪活动中独立地享受权利、承担义务的自然人。按照《城乡个体工商户管理暂行条例》的规定，个体工商户可以个人经营，也可以家庭经营。凡是法律、行政法规对从事特定项目经纪业务的经纪执业人员实行资格管理的，从事该项经纪业务的经纪执业人员应当取得相应的执业资格。个体经纪人的合法权益受到国家法律的保护。

2. 个人独资经纪企业

个人独资经纪企业是指符合《中华人民共和国个人独资企业法》规定条件的人员向工商行政管理机关申请设立的经纪企业。个人独资企业是指依照相关法律在中国境内设立，由一个自然人投资，财产为投资人个人所有，投资人以其个人财产对企业债务承担无限责任的经营实体。国家依法保护个人独资企业的财产和其他合法权益。

根据《经纪人管理办法》的规定，凡是符合《中华人民共和国个人独资企业法》规定条件的人员向工商行政管理机关申请，都可以设立个人独资经纪企业。设立个人独资企业应当具备的条件是：

（1）投资人为一个自然人；

（2）有合法的企业名称；

（3）有投资人申报的出资；

（4）有固定的生产经营场所和必要的生产经营条件；

（5）有必要的从业人员。

实践中，个人独资企业与个体工商户有很多相似之处，但它们之间的区别也比较明显，如：个人独资企业可以设立企业的分支机构，而个体工商户是不能设立分支机构的；个人独资企业登记设立和解散清算的条件和程序比个体工商户要严格。

个体经纪人和个人独资经纪企业都只有一个产权主体，它们是业主的个人财产，由业主直接经营。它们的优点是：一般规模较小，内部管理机构简单；所有者和经营者合一，经营方式灵活，决策迅速；产权关系明晰，经营者会精打细算并谨慎投资。它们的缺点在于：本身的财力有限，受偿债能力的限制，融资困难，融资渠道不畅，因而无力从事需要大量投资的大规模工商业活动；业主承担无限责任，当经营失败、出现资不抵债时，法律强制企业主以个人财产来清偿企业债务，经营的风险性非常大；企业经营完全依赖于业主的个人素质，企业的信誉程度相对较低，雇员和债权人承受的风险较大。

个体经纪人和个人独资经纪企业对从业人员的素质没有特别的要求，城镇待业人员、离退休人员、企业下岗人员、辞退停留人员、农民等，都可以充当个体经纪人或在个人独资经纪企业中从业。这类经纪人主要涉足一些与人们生活联系比较密切的行业和商品，虽然他们的经纪业务量与大公司的经纪业务量相比显得微不足道，但是，这类经纪人占据了经纪从业人员的大多数，对扩大就业、活跃市场、方便人民生活起到了非常积极的作用。

二、合伙经纪企业

合伙经纪企业是指符合《中华人民共和国合伙企业法》规定条件的人员向工商行政管理机关申请设立的经纪企业。合伙经纪企业从本质上来说，是从事经纪业务的合伙企业，是企业的一种组织形式。所谓合伙企业，是指由各合伙人订立合伙协议，共同出资，合伙经营，共享收益，共担风险，并对合伙企业债务承担无限连带责任的营利性经济组织。合伙企业及其合伙人的财产和合法权益受法律保护。

根据《经纪人管理办法》的规定，凡是符合《中华人民共和国合伙企业法》规定条件的人员向工商行政管理机关申请，都可以设立合伙经纪企业。设立合伙企业应当具备的条件有：

（1）有两个以上合伙人，并且都是依法承担无限责任者；

（2）有书面合伙协议；

（3）有合伙人实际缴付的出资；

（4）有合伙企业的名称；

（5）有经营场所和从事合伙经营的必要条件。

合伙经纪人必须符合上述开设合伙企业的条件。合伙经纪企业是自然人的自愿联合，实际享受权利、承担责任的是每一个合伙人。合伙企业对其债务，应先以其全部财产进行清偿。合伙企业财产不足清偿到期债务的，各合伙人应当承担无限连带清偿责任。这方面与个体经纪人和个人独资经纪企业十分类似。

一般来说，合伙经纪企业开展的经纪业务具有较强的专业性，合伙人员在资金、技术、经营等方面各自都有一定的优势，总体的资金实力、业务能力、经营手段等都要强于个体经纪人和个人独资经纪企业，但又同经纪公司存在一定的差距。合伙经纪企业的经营机制比较灵活，其效率也比较高。合伙人对企业债务负有无限连带责任，他们必然都很关心企业经营状况，经营者的激励和约束机制合理有效。合伙经纪企业的弱点在于：企业筹资的规模仍受一定限制，一般达不到社会化大生产的要求；合伙人与经营者合一，几乎所有的决策都要经合伙人全体一致同意，协调困难，容易造成决策的延迟；企业存续期间难免有合伙人退出或进入，企业产权关系和合伙协议相应需要调整，企业组织的稳定性较差；对企业债务承担无限连带责任，使并不能对企业的经营活动单独行使完全控制权的合伙人面临相当大的风险。由于合伙经纪企业具有上述特点，所以现实生活中绝大多数投资者选择设立个人独资经纪企业或经纪公司，合伙经纪企业所占的比重极小。合伙经纪企业一般规模较小，并且只存在于那些业主个人信誉和个人责任起重要作用的行业，如各类专业事务所。

现阶段我国合伙经纪企业的发展尚处于起步阶段，其数量和规模都远远跟不上实际的需要，因此，大力发展合伙经纪企业，也是今后我国发展经纪人队伍的一个方向。

三、经纪公司

经纪公司是依照《中华人民共和国公司法》的规定，向工商行政管理机关申请设立的经纪企业。所谓公司，是指依照《中华人民共和国公司法》在中国境内设立的有限责任公司和股份有限公司。无论是有限责任公司，还是股份有限公司，都是企业法人。有限责任公司的股东以其出资额为限对公司承担责任，公司以其全部资产对公司的债务承担责任。股份有限公司的全部资本分为等额股份，股东以其所持股份为限对公司承担责任，公司以其全部资产对公司的债务承担责任。

根据《中华人民共和国公司法》的规定，设立有限责任公司应当具备的条件有：

（1）股东符合法定人数（由2个以上50个以下股东共同出资设立）；

（2）有符合公司章程规定的全体股东认缴的出资额；

（3）股东共同制定公司章程；

（4）有公司名称，建立符合有限责任公司要求的组织机构；

（5）有公司住所。

设立股份有限公司应当具备的条件有：

（1）发起人符合法定人数（应当有5人以上发起人，其中须有过半数的发起人在中国境内有住所）；

（2）有符合公司章程规定的全体发起人认购的股本总额或者募集的实收股本总额；

（3）股份发行、筹办事项符合法律规定；

（4）发起人制订公司章程，并经创立大会通过；

（5）有公司名称，建立符合股份有限公司要求的组织机构；

（6）有公司住所。

根据《经纪人管理办法》的规定，凡是符合《中华人民共和国公司法》规定条件的，向工商行政管理机关申请，都可以设立经纪公司。经纪公司无论是有限责任公司还是股份有限公司，都必须按照《公司法》规定的条件设立，并符合以下三个特点：第一，经纪公司是以公司为组织形式的；第二，公司经纪人实行企业法人制度；第三，经纪公司负有限责任，公司以其全部资产为限对债务承担责任，股东以其出资额为限对公司承担有限责任。经纪公司与个体经纪人、个人独资经纪企业、合伙经纪企业相比较，最大的区别就在于经纪公司是法人经纪人，而其他经纪人则是自然人经纪人。经纪公司最大的优点是：公司以其全部资产对公司的债务承担责任，股东以其所持股份为限对公司承担责任，降低了投资者的投资风险。因不存在承担无限责任而可能导致的倾家荡产，投资者可以放心地进行投资，从而有效解决了财产归私人所有状态下个人资本规模有限和企业生产经营大规模发展之间的矛盾。但经纪公司也存在一定的问题，主要表现为：公司设立的程序比较复杂，机构设置比较复杂，营运成本比较高，特别是当公司发展到一定的规模，出现所有权与控制权相分离时，容易产生“内部人控制”的现象，这就要求经纪公司要以建立完善的法人治理结构为目标。

从我国目前经纪业务的实际情况来看，个体经纪人和个人独资经纪企业的从业人数和注册登记的企业数量最多，它们是经纪人市场上最为活跃的力量。而经纪公司则是经纪人市场上的主导力量。由于经纪公司的资金实力较雄厚，规模较大，具有较好的工作条件和较多的人才，因而具有较强的竞争力、很强的知名度和影响力，容易发挥整体优势、取得委托人的信任。特别是以行纪或代理方式开展经纪业务活动的特殊行业，如证券、期货、保险、房地产、旅游、技术、文化、广告、体育等领域，更多的是经纪公司在运作。

第三章　经纪业务基础

第一节　经纪业务的内容与程序

一、经纪业务的基本内容

不同行业的经纪业务活动千差万别，其主要内容有：

1. 交易中介

经纪组织接受委托，根据掌握的需求或供给信息，寻求供给或需求方。当买卖双方在经纪人提供服务并成交后，经纪人可以从买卖双方或买卖任何一方处获得佣金。在这个活动过程中，经纪人只是利用双方的信息进行交流，撮合双方成交。

2. 代理业务

经纪人如果接受委托进行代理，在代理权限内，将以被代理人的名义实施法律行为。我国的代理制度主要由《中华人民共和国民法通则》规定，在代理过程中，经纪人应当遵循国家的法律规定，在委托人授权范围内行事，忠实履行代理义务。

3. 咨询业务

在交易者对有关经济、法律、程序不熟悉的情况下，经纪人可以提供咨询服务，并协助办理有关交易手续。如协助企业进行市场调查，了解市场趋势及动向，就国家法律、法规、财务制度等接受咨询，提供建议等。

4. 文件草拟

经纪活动中，经纪人可以根据委托人的意思来草拟各种法律文件。由于交易文件受法律保护，具有法律约束力，涉及交易当事人的切身利益，因此，经纪人草拟文件后，必须经过协商进行最终确定，并由当事人签名、盖章。

5. 调解争议

在经纪活动中，交易双方出现争议或纠纷时，经纪人可以根据双方当事人的请求，以第三者的身份介入，运用较为丰富的专业知识和法律知识，提出调节争议、纠纷的建议或观点。由于在经纪活动中经纪人已与当事人建立了一定程度的信任，其调解工作容易得到双方当事人的配合。在解决问题的过程中，经纪人一定要做到态度公正，立场不偏不倚，这样才容易被争执双方所接受，使他们能够一起合作来解决问题，从而达到调解的目的。

6. 办理相关手续

大多数行业的经纪关系和交易的达成，都需要通过或繁或简的手续来确立，为客户办理相关的手续当然也是经纪人的基础工作内容。

以上所列举的业务事项，只是各行各业经纪人的基本工作内容。事实上，具体到不同行业，经纪人工作内容差异较大，而且远不止以上所列项目。例如，一个汽车经纪人的工作可以上下延伸到售前、售中和售后。在售前，他们应该站在消费者的利益角度考虑，充当顾问角色，为消费者收集各方面关于买车的资料，为买哪款车提出参考性意见；选定了车后，购车还需要办理一系列手续，包括上牌、办证、买保险等，这是汽车经纪人售中的工作；消费者买车后，提醒车主对车进行维修保养，甚至安排车主参加聚会、讲座等工作也是汽车经纪人义不容辞的职责。

二、经纪业务的一般程序

1. 居间活动的程序

居间作为一种为交易双方提供交易信息及条件，撮合双方交易成功的商业行为，其活动的过程主要包括以下程序：

（1）收集信息。这是居间经纪活动的基础。通常情况下，居间业务的第一步即是收集信息，然后为供需双方牵线搭桥、提供交易机会。根据所处具体行业的不同，经纪人应当相应地收集大量的科技信息、商品信息和其他市场信息。

（2）处理信息。经纪人在收集所得的原始信息的基础上，应研究各种信息与经纪业务之间的联系，对信息进行分类、整理和加工。

（3）寻找业务机会。经纪人应根据所收集和处理的信息，从中寻找业务机会，包括买方、卖方的要求，产品的规格，业务的条件等，一旦发现供需双方的交易意愿有撮合的可能，就应该马上着手传递信息。

（4）发布和传递信息。经纪人集中大量信息后，进行信息的传递和沟通是一种工作的常态。经纪人一方面要主动从掌握的信息中寻找业务机会，并按照自己的判断进行信息传递；另一方面，也需要在暂时未发现业务机会时，经常性地对外发布信息，因为有些业务的达成正是由所发布的信息带来的。当然，经纪人在这一环节需要特别注意的是，信息的发布和传递要掌握好度，不能无原则地发布或传递，需要考虑到后续工作的开展。

（5）提供相关服务。为了促成最后的交易，经纪人要根据具体情况提供一些相关的服务，具体的服务项目既可以根据行业惯例，也可以与客户协商确定。

（6）撮合成交。经纪人作为买卖的中介人，需要不断地联系供需双方，并提供条件使供需双方就交易事项进行谈判。在整个过程中，经纪人要发挥催化剂、润滑剂的作用，撮合双方尽快达成一致，并签署合同。一旦成交，经纪人便可以收取佣金报酬。

现货商品经纪的主要形式即是居间经纪。一般来说，现货商品经纪人在掌握了大量的信息资料的基础上，进行经纪活动的程序表现为：寻求适当的客户→与客户签订委托协议→按照委托协议规定的权利义务及有关内容为委托人提供经纪服务→提供经纪服务后收取相应的佣金。

2. 代理活动的程序

代理，是指代理人在代理权限内，以被代理人的名义与第三方进行交易，由被代理人承担相应的法律责任的商业行为。在我国《中华人民共和国民法通则》中，依据代理权产生的根据不同进行划分，代理可分为法定代理、委托代理和指定代理三种基本种类。在商业活动中，依据代理的业务，代理的分类更多，有媒介代理、广告代理、销售代理、渠道代理等。

在经纪活动中，代理的一般程序如下：

（1）接受委托，确立委托代理关系。经纪人与选定的委托方洽谈业务，订立协议（委托书）。在委托书中，条款应清晰，责任、期限、佣金支付等事项应该明确。

（2）实施代理。根据委托书中的代理权限，经纪人要认真履行代理义务，开展代理业务活动。

（3）代理结束。经纪人按协议完成代理任务后，应要求委托方依合同的约定，支付佣金并解除代理。

3. 行纪活动的程序

行纪是指接受委托人的委托，以自己的名义与第三方进行交易，并承担规定的法律责任的商业行为。行纪活动的一般程序如下：

（1）接受委托，确立信托关系。

（2）按照委托人的要求，开展业务活动。这里与代理的一个重要区别是，行纪活动是代理人以自己的名义与第三方进行交易。

（3）完成交易，交易结果归于委托人，经纪人收取佣金。

我国的证券和期货业的经纪业务都是典型的行纪活动，经纪人接受客户的委托后，以证券经纪人或期货经纪人的名义在交易所中进行交易，交易结果归于客户，经纪人收取佣金。当然，在交易过程中出现问题或发生纠纷时，证券或期货经纪人要直接承担相应的法律责任。

第二节　经纪业务与商务谈判

商务谈判即关于商业事务上的谈判，是指两个或两个以上的从事商务活动的组织或个人，为了满足自身经济利益的需要，对涉及各方切身利益的分歧进行意见交换和磋商，谋求取得一致并达成协议的经济交往活动。

作为商务活动之一的经纪业务活动，大量的业务环节需要进行谈判，商务谈判能力与技巧显然也是经纪人应掌握的最重要的技能之一。

一、商务谈判

1. 商务谈判的原则

（1）合法原则。谈判的内容和所签订的协议，必须严格遵守国家法律和相关政策的规定。我国的《合同法》规定，有下列情况之一的，合同无效：一方以欺诈、胁迫的手段订立合同，损害国家利益；恶意串通，损害国家、集体或者第三人利益；以合法形式掩盖非法目的；损害社会公共利益；违反法律、行政法规的强制性规定。无效合同从订立之日起，不仅得不到法律的承认和保护，还要承担由此引起的法律责任。

（2）平等自愿、协商一致的原则。谈判的过程、结果和协议的达成，必须以平等自愿为前提，利益的分配必须通过和平协商来实现。为了利益而不择手段，实施强迫、威胁和打击等方式是现代社会的商业文明所不容许的。

（3）互惠互利的原则。谈判双方一方面存在竞争关系，另一方面也有共同的利益。一项好的谈判是双方通过努力都能从中得到利益，而不是尽量使对方遭受损失。故互惠互利是谈判的原则和态度。

（4）求同存异原则。谈判过程中难免出现矛盾和僵持，双方首先需要有求同存异的精神，在不失大原则、保证合理利益的前提下，善于强调共同利益、长远利益，提高谈判的效率，扩大谈判成果。

（5）礼敬对手原则。谈判者在处理己方与对手之间的关系时，应该善于把人与事分开，始终对对方保持不失真诚的敬意。在谈判对手有不同文化背景时，尤其要注意尊重对方的价值观念和风俗习惯。

2. 商务谈判的程序

商务谈判的程序包括申明价值（Claiming value）、创造价值（Creating value）和克服障碍（Overcoming barriers to agreement）三个部分。

（1）申明价值。此阶段为谈判的初级阶段，谈判双方应充分沟通各自的利益需要，申明能够满足对方需要的方法与优势所在。此阶段的关键步骤是弄清对方的真正需求，因此主要的技巧就是多向对方提出问题，探询对方的实际需要，与此同时也要根据情况申明我方的利益所在。因为你越了解对方的真正需求，就越能够知道如何才能满足对方的需求；同时对方知道了你的利益所在，才能满足你的需求。

（2）创造价值。此阶段为谈判的中级阶段，双方彼此沟通，往往申明了各自的利益所在，了解了对方的实际需要。但是，以此达成的协议并不一定使双方的利益都最大化。也就是，利益在此往往不能有效地达到平衡。即使达到了平衡，此协议也可能并不是最佳方案。因此，谈判中双方需要想方设法去寻求更佳的方案，为谈判双方找到最大的利益，这一步骤就是创造价值。创造价值的阶段，往往是商务谈判中最容易忽略的阶段。

（3）克服障碍。此阶段往往是谈判的攻坚阶段。谈判的障碍一般来自两个方面：一是谈判双方彼此利益存在冲突，二是谈判者自身在决策程序上存在障碍。前一种障碍需要双方按照公平合理的客观原则来协调，后者就需要谈判无障碍的一方主动去帮助另一方顺利决策。

二、经纪业务中的谈判

经纪人在业务谈判中，应该注意把握以下一些要点：

1. 兼顾双方利益

谈判的目标是双方达成协议，而不是一场战争或一场棋赛，因此，谈判不要试图将对方置于死地。当然，谈判者无论多么充分理解对方，多么巧妙地调解冲突，多么高度评价彼此的关系，谈判双方面临利益冲突的现实也是客观存在的，这就要求谈判者要有正确的指导思想和原则。在谈判中，即使其中一方做出重大牺牲，整个谈判格局也应该是双方都感到自己有所收获。

评价一场谈判的成功与否不仅要看谈判各方市场份额的划分、出价高低、资本及风险的分摊、利润的分配等经济指标，还要看谈判后双方的关系是否“友好”，是否得以维持。成功的谈判，其结果必然促进和加强双方的互惠合作关系。精明的谈判者往往具有战略眼光，他们不会过分计较某次谈判的获益多少，而是着眼于长远与未来。在商业贸易中，融洽的关系是企业一笔可持续发展的资源。因此，互惠合作关系的维护程度也是衡量谈判成功的重要标准。综合以上三条评价标准，一场成功的谈判应该是谈判双方的需求都得到了满足，双方的互惠合作关系得以稳固并进一步发展。双方谈判实际获益都远远大于谈判的成本，谈判是高效率的。

2. 进行周密充分的准备

“凡事预则立，不预则废。”商务谈判中要达到预期的目标，就得做好周密的准备工作，对自身状况与对手状况要有详尽的了解，并对这些情况做出充分分析，由此确定合理的谈判方案，选择适当的谈判策略，从而在谈判中处于主动地位，使各种矛盾与冲突大多化解在有准备之中，进而获得“双赢”的结局。

总体来看，谈判的准备工作主要有以下几点：

（1）谈判前的信息收集。简而言之就是要做到知己知彼，心中有数。

①谈判对象本身的有关信息。这主要包括谈判对象的技术实力、市场影响力、生产规模、经营状况、财务状况、资信情况和产品的有关性能参数等。

②谈判人员的个人有关信息。这主要包括谈判人员在对方企业中的职位高低、决策权大小、谈判风格、谈判能力、个性、嗜好等。

③谈判对象所处地区或国家政治、经济、社会环境的有关信息。这主要包括谈判对象所在地区或国家的时局形势、总体经济态势、经济形势、风俗习惯和禁忌等。

④双方竞争对手的有关情况。这主要包括我方竞争对手和对方竞争对手的产品技术特点、价格水平以及其他方面的竞争优势对本次谈判的影响。

⑤国家有关方针政策、法律法规等方面的信息。这主要包括国家有关商品交易政策，税收和合同签订、执行的政策，海关出入境的政策法规等。谈判前有关信息的收集对相互了解策略的运用，以及对对手的预期都是很重要的，能够帮助避免谈判中不必要的冲突和矛盾。

（2）商务谈判接待的准备。谈判是人际交往的形式之一，礼仪是谈判中不可缺少的组成部分。谈判中恰当地讲究礼仪，可为谈判奠定良好的基础，利于谈判各方在融洽气氛中相互沟通，缩小彼此之间的差距，促进谈判的顺利进行，进而取得圆满的结果。反之，则不利于谈判的进行，甚至产生不必要的障碍，还有可能导致谈判的破裂。

例如，为了使谈判对手有宾至如归的感觉，从礼仪安排，到谈判地点的选择、谈判时间的安排、客人入住的酒店的预订等，都要做好准备工作。

整个谈判流程都应精心策划、刻意安排，使得谈判对手“一直很满意”，为谈判最终获得成功奠定基础。

（3）谈判目标的设定。谈判正式开始之前，必须确定谈判目标，因为整个谈判活动都要围绕谈判目标进行。在设定谈判目标时，注意目标应有弹性，即我们通常说的要制定多层次目标，有理想目标、可接受目标、最低目标。谈判前制定的目标不是盲目的，而是在分析了对方情况，考虑了对方合理的利益基础上做出的，不是单方面的意愿。只有这样，谈判才能顺利进行下去，双方才有可能获得“满意”的结果。

在谈判前应进行充分的准备，客观地分析自己的优势和劣势，进而寻找办法弥补己方的不足，为谈判的顺利进行创造时间、人员、环境等方面的有利条件，以推动谈判的成功。此外，商务谈判准备还可以设法建立或改变对方的期望，通过“信号”和谈判前的接触，让对方建立某种先入为主的印象，使之产生某种心理适应，从而减轻谈判的难度，为实现双赢谈判奠定良好的基础。

3. 营造良好的开局气氛

谈判气氛的发展变化直接影响整个谈判的前途，良好、融洽的谈判气氛是谈判成功的保证。谈判气氛也包括通过谈判建立起来的友好关系，这种关系的建立不是以某一方做出大的让步或牺牲换来的，而是建立在双方互谅互让、共同的商业机会以及潜在的共同利益的基础上的，谈判的目标是双赢。因此，在谈判开局中，应明确双方不是对手、敌手，而是朋友、合作伙伴。只有在这一指导思想下，我们才能以客观、冷静的态度，寻找双方合作的途径，消除达成协议的各种障碍。

首先，要注意环境的烘托作用。谈判环境的布置是营造良好气氛的重要环节，对方会从环境的布置中看出你对谈判的重视程度和诚意。特别是一些重要和较大型的谈判，任何马虎或疏忽都会给对方造成你对谈判不够重视、缺乏诚意的印象，从而影响谈判的结果。谈判场所的布置一般应以宽敞、整洁、优雅、舒适为基本格调，能显示己方的精神面貌，符合礼节要求，同时还可根据对方的文化、传统及爱好增添相应的设置，这样能促使双方以轻松、愉快的心情参与谈判，为谈判的成功打下基础。

其次，把握开局之初的瞬间。开局是左右谈判气氛的关键时机，之所以如此，是因为开局阶段双方的精力最为充沛，注意力也最为集中，所有的谈判人员都在专心倾听别人的发言，注意观察对方的一举一动。谈判者应注意把握住这一关键时机，力争创造良好的谈判气氛。见面伊始，应轻松地与对方握手致意，热情寒暄，表现真诚与自信，面带微笑，以示友好。双方坐下之后，一般不要急于切入正题，应留下一些时间谈些非业务性的轻松话题来活跃气氛。所选话题应有一定的目的性，一般是对方感兴趣的话题，如体育比赛、文艺演出、对方的业余爱好，以及双方过去经历中的某些关系，如校友、同学、同乡等。这样对方才乐意与你接触，有利于创造一种融洽的气氛。

最后，运用语言表达技巧创造良好氛围。谈判者应以友好、商讨和征求对方意见的口吻来表达自己的谈判意图，以创造或建立起一种“谋求一致”的谈判气氛。这是一种平等、尊重和留有余地的表达方式，谈判中常常被使用。在谈判中，采用坦诚式表达也能收到较好的效果。以开诚布公、坦率直言的方式向对方表达己方的观点或想法，从而引起对方的信任与共鸣，打开谈判的局面。这种方法因坦诚直率常常能获得对方的好感。

4. 开价议价策略运用适当

商务谈判中的报价至关重要，初始报价应找到对我方最有利，同时卖方仍能看到交易中对其自身也有益的价位。报价在商务谈判中往往能影响后来能否达到双赢的结局。

（1）出价时留有余地。卖方开出的最高可行价格应高于卖方愿意达成协议的最低售价。在商务谈判中，谈判者的心理决定了一方出价，另一方总要进行还价，大家都希望比对方得到更多的利益，所以出价时都留有余地，会增加一部分虚报价。对出价的一方来说，只要讨价还价的范围在虚价部分内，那么不论对方还价到何种程度，出价方总能获得不少于预期的利益。报价的高低将直接影响到报价一方让步余地的大小。卖方若能在高开价格的同时设置合理的让步方案，则既不损害本方的利益，又能积极诱导对方获得因我方让步而引起的满足感。

（2）用肯定语气出价。初始报价应当明确、坚定、毫不犹豫，以便对方准确地了解我方的条件并给对方留下诚实认真的印象。谈判者在报价时无须对所报价格一一作出说明。假如我方过细地阐释问题，等于以“此地无银三百两”的心态告诉对方我方最关心的问题。当然，最高可行价格并非一个绝对的数字，而是与标的物的大小、合作背景、谈判氛围等一系列因素密切相关，因此初始报价应合乎情理并遵循报价的基本准则，否则会令对方对高开的价格望而生畏，使谈判在一开始时就注定失败。

（3）讨价还价时，在具体操作中应重视以下几个方面的原则：

①不做无谓的让步。妥协的根本目的在于实现我方利益，每次让步都是为了换取对方相应的妥协和优惠，旨在以己方的让步带动对方相应的举动作为回报。

②让步恰到好处。以最小的让步换取对方最大限度的满足。换言之，要让对方珍惜我方所做的妥协，并认为这是其艰苦努力的结果。

③在重大问题上应争取使对方先让步，我方则在次要问题上主动寻求妥协。但是，妥协步子不宜过大，频率不能过快，否则，易被对方认为我方软弱可欺，并产生“预期心理”，吸引对方对我方继续施压。例如，对方要求我方提前两周送货，尽管我方第一反应是回答“可以”，但建议最好使用谈判策略中的对等让步法，使对方也做出相应的让步。

④不要过于贪婪。在谈判时不要捞尽所有的好处，你或许觉得自己胜了，但如果对方觉得你击败了他，他会和你签约吗？所以要留点好处给对方，让其也有谈判赢了的感觉。

5. 谈判结尾掌握好时机

商务谈判实践中经常会出现一些原本进展甚微的问题在谈判终局却一下子得以解决的现象。这是由于谈判双方在渐趋一致时，均处于一种准备完成的兴奋状态。这就是商业谈判最后的冲刺，它是由一方向另一方发出成交信号。发出成交信号是一门艺术，运用得当会令谈判者在谈判收尾时获得意外的收获，并且赢得对方的忠诚和依赖。

第一，注意最后让步的时机和幅度。一般来说，如果让步过早，对方会认为这是前一阶段讨价还价的结果，而不认为这是己方为达成协议而做的终局性的最后让步。这样对方有可能得寸进尺，继续步步紧逼。如果让步时间过晚，往往会削弱对对方的影响和刺激作用，并增加谈判的难度。最好的办法是将最后的让步方式分成两部分：主要部分在最后期限之前做出，而次要部分在最后时刻做出。另外，最后让步的幅度也很重要。一般来说，如果让步的幅度太大，对方反而不相信这是最后的让步；如果让步的幅度太小，对方认为微不足道，难以满足。最后让步时，所要考虑的一个重要因素是对方接受让步的人在对方组织中的地位或级别。所以，让步幅度的大小，取决于对方接受这一让步的人在该组织中的重要性，即满足对方维持他的地位和尊严的需要，给其足够的面子。

第二，成交时机的把握。成交时机的把握在很大程度上类似于掌握火候的艺术。在谈判的最后阶段，双方经过讨价还价使得谈判内容涉及的每一个问题都取得了不少进展，交易已经趋向明朗，双方看到了谈判即将结束的希望。这往往是由于一方发出了成交的信号，此时，另一方要善于捕捉这些信号，采取促成缔结协议的策略，这样有助于完成此次谈判；反之，如果没有抓住这些成交的信号，也许会功亏一篑，前功尽弃。一般来说，谈判双方都会不同程度地向对方发出有缔结协议意愿的信号，如对方口头或用形体语言表示谈判可以结束了，对方有较明显的成交意愿等。这时我方应设法使对方行动起来，达成一个承诺。我方可以调动语言表达的技巧，使得一切比较自然。但是这时应该注意的是，如果过分使用高压政策，谈判对手可能就会退后一步；如果过分表达想成交的热情，对方可能会一步不让地向你进攻。

第四章　一般经纪人

一般经纪人，是指专门为现货商品流通提供居间、行纪和代理服务的经纪人，有时亦称为现货商品经纪人，如消费资料经纪人、生产资料经纪人等。一般而言，一般经纪人只要具备合法的主体资格就可以从事经纪业务活动，不需要具有特定的业务资格。这类经纪人，在国外经纪业发达的地区，亦称为商业经纪人。

第一节　一般经纪人的特征和作用

一、一般经纪人的特征

一般经纪人从事的主要是现货商品交易，现货交易是商品交易的最基本形式，遵循商品交易的基本规则。一般经纪人不拥有商品所有权，无经营风险，不从买卖当事人的任何一方领取固定的薪金。一般经纪人作为现货交易的中间人，有自己的特征。

1. 经纪人的从业要求不高

一般经纪人主要从事国家允许公开交易，又不属于特殊行业商品交易的经纪业务，因此其业务规范和要求相对较低，经纪执业人员只要具备合法的主体资格就可以开展业务活动，而不必具有特定的业务资格，从业人员也比较容易进入经纪业务的“门槛”。

2. 从业人员身份比较复杂

由于一般经纪人的业务规范和要求相对较低，因此参与者极其广泛，而且构成成分比较复杂，既有城镇居民，也有农村村民；既有在职人员，也有离退休人员；既有专职从业人员，也有兼职人员；既有在专业经纪公司从业的人员，也有挂靠经纪人事务所从业的人员，还有个体经纪人或独立开展业务的经纪人。

3. 业务范围比较宽泛，业务量较大

根据《经纪人管理办法》的规定，凡国家允许进入市场流通的商品，经纪人均可进行经纪活动；凡国家限制自由买卖的商品，经纪人遵守国家有关规定，可以在核准的范围内进行经纪活动。可以这么说，在第一、第二产业提供的有形商品交易活动中，除了极少数国家禁止流通的商品外，一般经纪人均可以介入，开展经纪活动。而且，由于一般经纪人介入的现货商品交易与企业生产和人民生活的联系非常紧密，有许多业务属于大宗商品交易业务，因此，其业务交易量比较大，一旦促成交易，一般经纪人也能获得较高的佣金收入。

二、一般经纪人的作用

1. 促进生产发展

通过经纪人可以减少企业在购销方面的巨大开支，降低生产成本，避免运输中的迂回以及重复；通过经纪人的活动扩大企业与市场联系的渠道，及时地把市场信息反馈到生产过程，引导生产，避免盲目生产，减少企业风险。在发达国家，企业原材料的采购和产品的销售，都可以外包给专门的公司来进行，而自己则专心致志地做好自己有比较优势的事情，这种分工有利于整个社会成本的降低，从而提高企业的经济效益。

2. 疏理流通环节

在社会再生产过程中，流通是居于生产和消费之间的中间环节。流通连接着生产和消费，没有经纪人发挥中介作用，社会再生产是难以顺利地循环周转的。一般经纪人的加入，使得多数人的附带工作变为少数人的专门工作。它使得生产者节省了买卖商品的时间，加速了商品流通的速度，同时也为需求者节约了购买时间，保证了商品供应在时空、地域上分布的均衡性，有效地节约了社会必要劳动时间。此外，流通中的某些特定领域必须依靠经纪人，否则流通是不能或很难实现的。如在国际贸易中，由于买卖双方分处不同国家，国际贸易中的许多环节都依赖各类经纪公司的中介服务和代理服务。越来越多的政府采购、企业采购都是委托经纪公司来完成的。

3. 促进和引导消费

经纪人的嗅觉灵敏，社会交际面广，信息渠道来源多而广，他们对于产销信息的反应相当灵敏，行动也比较迅捷。通过他们大量的信息传播和实际的消费引导，可大大缩短商品从生产者到销售者再到消费者的时间，促进消费，并可在一定程度上带动大众消费水平的提高。

第二节　生产资料市场经纪人

生产资料市场是指生产资料交换的场所及其活动的总和。进入生产资料市场的商品是供生产消费的商品，包括各种机器设备、建筑材料、辅助设备、运输工具、原材料、燃料、辅助材料、半成品及零部件等。生产资料市场是市场结构中最重要的商品市场，其发展的程度直接反映着一个国家社会生产力和市场经济的发展水平。生产资料市场经纪人就是活跃在生产资料市场，为原材料的采购和产品的销售提供中介服务的各类经纪人。

一、生产资料市场的特点

（一）生产资料市场的分类

生产资料市场按不同标准划分为不同类别：

按生产资料的使用方向和用途分，可分为工业生产资料市场、农业生产资料市场、基本建设生产资料市场、维修用生产资料市场。

按商品的具体用途分，可分为原材料市场、机械设备市场、辅助设备市场等。

按商品类别分，可分为建筑工业市场、机械工业市场、电力工业市场、化学工业市场、船舶工业市场、汽车工业市场、电子工业市场、冶金工业市场、石油工业市场和航空工业市场。

（二）生产资料市场的特点

1. 需求特征

从需求方面来看，生产资料市场具有批量大、需求弹性小、商品配套性和关联性强的特征。生产资料的需求方多是生产企业，它们对生产资料需求的品种、类型相对固定并且批量较大。同时，生产资料专用性强，可替代性较之生活资料要差得多。企业在生产产品、工艺不变的情况下，很难改变所需物资的品种规格，这就使得生产资料需求弹性远小于生活资料。为满足生产中一定工艺技术的组合需要，生产资料需要具有相应的关联配套性。

2. 供给特征

从供给方面来看，生产资料市场具有产品品种变化小、生产周期长和供应渠道相对稳定的特征。生产资料一般要求有较高的生产技术条件和较多的投资，生产周期也相对较长，其品种变化则相应较小。生产资料的供应渠道一般是相对稳定的。

3. 流通特征

从流通运行方面来看，生产资料的供求主要受宏观经济政策和调控参数的影响。根据一定的经济发展速度，国家确定的各项经济政策，如投资政策、财政政策、货币政策等，将直接影响生产资料市场的供求变化。过快的经济发展速度必然导致生产资料供不应求；反之，则导致供过于求。

二、我国生产资料市场的形成与发展

新中国成立后，我国照搬苏联经济管理模式，在经济建设中全面实行计划管理，建立了以计划分配和计划调拨为主的物资管理体制，关系国计民生的重要生产资料均按照国家指令性计划进行分配调拨，并由国家统一定价。到1979年，国家统一分配物资的品种达到791种。这种体制的理论依据是生产资料不是商品，其特点是重要生产资料都通过集中的计划管理，不进入市场流通。这种管理体制适应了当时我国的经济发展阶段，保证了国家的重点建设，但随着我国经济的发展，这种体制所固有的缺乏活力的种种弊端就显露出来。

十一届三中全会后，党的工作重点转移到经济建设上来，在经济体制改革的过程中，先后提出了“以计划经济为主，市场调节为辅”“有计划的商品经济”“计划与市场内在统一”“计划经济与市场经济调节相结合”等理论模式。在流通领域，生产资料不是商品的理论束缚也被突破，我国的生产资料流通体制发生了根本性变化。我国在实践中逐步打破了重要生产资料单纯依靠计划分配的格局，市场调节的比重不断增加。

目前，一个适应社会主义市场经济发展需要，商流和物流相结合，国内国际两个市场、两种资源相融通，开放、统一、竞争、有序的生产资料市场已初步建立，并在改革中不断发展壮大。

生产资料市场形成与发展的主要特征是：

（1）指令性计划分配物资的品种和数量逐步缩小。目前，绝大部分生产资料已进入市场流通，市场经济和市场配置资源已成为生产资料流通的主导形式。

（2）多元化的生产资料市场流通格局已经形成。在全社会生产资料流通规模中，国有物资企业垄断的局面随着改革的不断深化而被打破，出现了多种经济成分、多条流通渠道并存的格局。

（3）生产资料市场体系不断完善。改革开放以来，我国各类生产资料市场逐步建立并得到迅速发展。全国性物资贸易中心、物资配送中心、期货经纪公司、各类专业生产资料市场（钢材、有色金属、煤炭、木材等）均有很大发展。特别是近年来，为适应市场经济发展的需要，生产资料市场建设向更高层次发展，我国相继建立了一批国家级生产资料批发市场和期货交易所，它们在引导价格、调节供求等方面正发挥着越来越重要的作用。

（4）生产资料销售总额持续增长。改革开放以来，我国生产资料流通规模在波动中不断扩大，保证了生产建设的需要。

（5）生产资料市场价格在波动中走向平稳，工业品短缺的现象已不复存在。

三、生产资料市场经纪人的作用与特点

（一）生产资料市场经纪人的作用

生产资料市场经纪人是为生产资料交易进行居间、行纪或者代理等中介服务的自然人、法人和其他经济组织。在社会主义市场经济体制条件下，生产资料的流通也要通过市场机制进行优化配置，这为生产资料市场经纪人发挥作用提供了广阔的空间。特别是在社会分工日益细化的情况下，按照比较优势和相对专业化的要求，生产企业会把更多的精力放在产品的生产和技术开发上，而把原材料的采购和产品的销售委托给专业的组织或机构进行。生产资料市场经纪人的出现，客观上符合了这种需要，可以使生产资料在供求时间、品种、型号、产地、价格、运输、批量等方面有效衔接起来，有利于降低交易费用，提高交易效率，促进生产资料市场的繁荣和发展。

（二）生产资料市场经纪人的特点

改革开放以来，在我国经纪人队伍中，生产资料经纪人首先发展起来，目前已蔚为壮观。我国生产资料市场经纪人具有以下特点：

（1）在一般经纪人队伍中，生产资料市场经纪人显得日益活跃。目前，在大宗生产资料交易市场上，特别是工业生产资料交易市场上，都活跃着生产资料经纪人的身影，而且，这支队伍有不断发展的趋势。

（2）经纪人组成十分广泛。生产资料市场经纪人员构成十分复杂，人员素质参差不齐，有城镇待业或下岗人员、农民、退休人员、离职辞职人员、停薪留职人员、业余时间从事经纪活动的企事业机关职工和干部等。他们有的在经纪人事务所登记，有

的受聘于某一企业从事经纪活动，有的则独立开展业务，其中相当一部分经纪人不在工商机关登记注册。这也是现货商品市场经纪人管理难度较大的根本原因。

（3）经纪人数量迅速发展，但各地发展不平衡。随着市场导向的经济改革的不断推进，生产资料市场经纪人数量迅速扩大，但各地发展很不平衡。在沿海发达地区，人们对经纪人比较容易接受，生产资料经纪人市场发展较快，经纪业务活动的规模也较大，而中、西部地区则明显滞后。同时，农村地区从事农业生产资料经营的经纪人的发展还显得十分落后。

第三节　消费品市场经纪人

消费品市场一般指通过交易活动能提供直接满足人们消费需要的消费品的场所。消费品市场是一个负责提供社会成员衣、食、住、行等生活消费品的市场，是消费品在生产者、经营者和消费者之间联系的纽带，是市场经济中最大量、最基础的市场。消费品市场经纪人又可分为农副产品市场经纪人和工业品消费市场经纪人。

一、消费品市场的特点与作用

（一）消费品市场的特点

消费品市场一般可以划分为农副产品市场和工业品消费市场，其商品品种繁多，更新速度快，与人们的日常生活联系紧密。其具体特点有：

（1）购买的主体是个人和家庭，消费者购买的目的是用于最终生活消费。

（2）消费品市场以零售市场为主，多数是零星购买，成交额小，购买频繁，而且购买者的购买行为易受情感支配。

（3）广告宣传、展销、示范表演、降价销售等营销策略应用范围大，对消费者具有很大的吸引力。

（4）分销渠道、中间环节多，网点分散。

（二）消费品市场的作用

消费品市场上提供的丰富多彩的商品，与人民群众的生活联系极为密切，涉及千家万户。消费品市场是联结消费品生产和消费的桥梁和纽带，其在满足人们的基本需要，合理引导生产资料市场，实现国民收入的再分配，为国家增加税源等方面，发挥着越来越重要的作用。

二、农副产品市场经纪人

（一）农副产品市场经纪人产生的条件

改革开放以来，我国农业生产有了较大发展，但总体上仍处于传统、封闭、分散的状态。这种状态造成了农业生产与现代、开放、规模化的市场相互分割的局面。农民生产的大量农产品迫切需要在市场上销售，但由于农民在相对封闭的状态下分散生产，对多样化的市场需求知之甚少，因而非常需要中间人将他们的产品与市场需求衔接起来。在这种强烈需求下，农民中涌现出了一批“能人”。这些“能人”头脑灵活，有知识、有信誉，掌握信息，了解市场。他们根据市场需要，将农产品有效地组织起来，成为农业生产和市场之间的桥梁。这些“能人”就是农村经纪人。

在市场经济体制下，解决“三农”问题的核心是农产品的流通问题，是农业生产和市场需求之间的有效衔接问题。那么，谁能解决农业生产和市场需求之间的矛盾？谁能在农业生产和市场之间搭建起一座桥梁，帮助农民将农产品销售出去呢？各地的实践表明，农村经纪人一手牵着农民的生产，一手牵着市场的需求，他们是农民和市场的桥梁。因此，培育和发展农村经纪人，是有效解决农业经济矛盾的关键，是解决“三农”问题的一条重要途径。

农村经纪人一般采用“市场+经纪人+农户”的模式从事经纪活动。在这种模式下，一个经纪人联系着若干户农民——少的几户，多的上百户、上千户甚至上万户。

目前，农村经纪人主要分为农副产品经纪人、农村工业及手工业产品经纪人、农业科技经纪人等。农村经纪人的活动基本覆盖了所有的农产品，包括粮食、棉花、油料、蔬菜、水果、苗木、牲畜、水产、家禽以及药材、茶叶、香菇、木耳等土特产品。农村经纪人中从事粮食、蔬菜、水果、牲畜、水产品等经纪的农副产品经纪人占了主要部分。

（二）农副产品市场经纪的特点

目前，我国农副产品市场经纪人队伍蓬勃发展，正呈现出以下六大特点：

（1）经纪人员数量迅速扩大，经纪组织形式、经纪业务方式已呈多样化，经纪的业务量越来越大，经纪科技含量日益增多，经纪效率明显提高。

（2）尽管大部分农副产品经纪人从事粮食、蔬菜、水果、水产品等经纪活动，但就其发展趋势而言，他们经纪的业务范围在不断扩大，已开始涉及经纪生产资料、日用工业品等领域。

（3）农副产品经纪人的发展很不平衡。一方面，农副产品经纪人在经济比较活跃的地区，如江浙地区发展得很快；另一方面，在西部经济发展较慢的地区，农副产品经纪人则发展得较慢。

（4）农副产品经纪人活动的季节性、区域性明显。农副产品经纪人的经纪活动一般随农产品生产季节的变化而变化。

（5）农副产品经纪人以个体经营为主，组织化程度偏低。在几十万农村经纪人实体中，个体经营占了很大比重，合伙型、公司型等经纪人实体较少，尚处于初始发展阶段，经营规模较小，经营信誉、经营资质、抗风险能力都比较低。

（6）农副产品经纪人整体素质亟待提高。由于个体经纪人所占此例较大，他们的信息采集手段比较落后，组织化程度不高。农产品经纪人相互之间缺乏信息联系和交流，经纪活动大多呈松散型，更缺乏自律管理及权益的自我保护机制。

三、工业品消费市场经纪人

工业品消费市场经纪人是指从事日用消费品中介业务活动的经纪人或经纪组织。改革开放以来，我国日用消费品市场经纪人获得了前所未有的快速发展。目前，我国城镇活跃着大批此类经纪人，为沟通产销双方，促进货畅其流、物尽其用、适销对路，繁荣城乡市场，发挥了不可替代的重要作用。

工业品消费市场经纪人一般以大城市或区域经济中心为依托，向周边地区、其他省市乃至国外辐射。这是由日用工业品生产与流通的特点所决定的。

第五章 期货经纪人

第一节 期货的一般概念

一、期货的概念

期货（Futures）与现货完全不同，现货是实实在在可以交易的货（商品），期货主要不是货，而是以某种大宗产品如棉花、大豆、石油等及金融资产如股票、债券等为标的标准化可交易合约。因此，这个标的物可以是某种商品（例如黄金、原油、农产品），也可以是金融工具。

从期货的起源和发展我们可以看出，商品期货交易的过程，是从一手交钱一手交货演变成“未买先卖”远期合同，最后落脚为标准化合约。期货是相对于现货而言的，期货商品交易双方通过签订合约的方式，把商品与货币的相互换位推至未来某一日期。期货交易以规范的合约形式操作，因此，也称为期货合约买卖。商品期货的独创之处，就在于它们把所有的现货和那些你能触摸到甚至能闻到的值钱资产，变成你能安心交易的一张纸，这张纸就是我们所说的期货合约。

在谈论合约时，人们很自然地认为，合约就是印得密密麻麻的一纸文书。诚然，期货合约确实涉及大量的文件和文书工作，但是期货合约并非简单、普通的一纸文书。期货合约是通过期货交易所达成的一项具有法律约束力的协议，即同意在将来买卖某种商品的契约。用术语来表达，期货合约指由期货交易所统一制定的，经国家监管机构审批上市的，规定在将来某一特定的时间和地点交割一定数量和质量的实物商品的标准化合约。期货合约可借交收现货或进行对冲交易来履行或解除合约义务。合约的单位为“张”或“手”，也可称为“口”。

二、期货市场的相关概念

1. 期货市场

广义上的期货市场（Future Market）包括期货交易所、结算所或结算公司、经纪公司和期货交易员。狭义上的期货市场仅指期货交易所。期货交易所是指买卖期货合约的场所，是期货市场的核心。比较成熟的期货市场在一定程度上相当于一种完全竞争的市场，是经济学中最理想的市场形式。所以期货市场被认为是一种较高级的市场组织形式，是市场经济发展到一定阶段的必然产物。期货市场是交易双方达成协议或成交后，不立即交割，而是在未来的一定时间内进行交割的场所。其有以下作用：

（1）规避风险。期货交易者可以通过在期货和现货市场两个市场进行反向交易，建立起以一个市场的盈利弥补另一个市场的亏损的盈亏冲抵机制，规避价格涨跌的风险，实现确保正常生产与经营利润的目的。比如，大豆种植者在播种大豆时，预期在收获时大豆价格极可能下降，因此为规避风险，种植者在当期于期货市场卖出交割月份在大豆收获时期与预计大豆产量相近的期货合约。到大豆收获时，如果大豆价格真的下降，这虽然使得大豆种植者在现货市场上承担了一定的损失，但是种植者可以将原来卖出的期货合约进行对冲平仓来获得收益，此时市场的盈利可部分或全部弥补现货市场的亏损。反之，若大豆收获时价格上升了，大豆种植者同样可通过对冲平仓，使现货市场上的收益弥补期货市场上的损失。

（2）价格发现。价格发现是指买卖双方通过交易活动，使某一时间和地点上某一特定质量和数量的产品的交易价格接近其均衡价格的过程。期货市场特有的机制比其他市场形成均衡价格具有更高的效率。一是数量巨大的期货交易参与者有助于市场供求机制作用的充分发挥。在期货交易市场中，交易人员的数量绝对巨大，除了期货市场上的会员外，还有他们所代表的成千上万的生产者、销售者等，形成供求两方面的充分作用，有助于均衡价格的形成。二是经验丰富的市场交易者对市场价格的科学预测，通过市场博弈有利于形成均衡价格。三是期货市场竞争公开化与公平化有助于公正价格的形成。

2. 期货交易所

期货交易所是指为期货交易提供场所、设施、服务和交易规则的非盈利机构。交易所普遍采用会员制，设置有严格的入会条件。一般而言，成为会员首先要向交易所提出入会申请，由交易所调查申请者财务的资信状况，若资信状况可靠，且符合入会条件，申请者经理事会批准方可入会。交易所的会员席位一般可以转让。交易所的最高权力机构是会员大会。会员大会下设董事会或理事会，一般由会员大会选举产生，董事会聘任交易所总裁，负责交易所的日常行政和管理工作。

期货交易所的主要作用是：

（1）提供一个有组织、有秩序的交易场所，保证期货交易在公正、公平、公开原则下顺利运行。

（2）提供公开的交易价格。

（3）提供统一的交易规则和标准，使交易有秩序地进行。

（4）提供良好的通信信息服务。

（5）提供交易担保和履约保证，使交易有保证作用。

交易所实行会员制，交易所经营运作等方面的重大决策由全体会员共同决定，收入来源于会费。

3. 期货结算所

当今各国期货结算所的组成形式大体有三种：

（1）结算所隶属于交易所，交易所的会员也是结算会员。

（2）结算所隶属于交易所，但交易所的会员中只有部分财力雄厚者才成为结算会员。

（3）结算所独立于交易所之外，成为完全独立的结算所。

期货结算的功能和作用有：

（1）负责期货合约买卖的结算；

（2）承担期货交易的担保；

（3）监督实物交割；

（4）公布市场信息。

4. 期货经纪公司

期货经纪公司（或称经纪所）是指代理客户进行期货交易，并提供有关期货交易服务的企业法人。期货经纪公司在代理客户期货交易时，收取一定的佣金。作为期货交易活动的中介组织，期货经纪公司在期货市场构成中具有十分重要的作用。一方面它是交易所与众多交易者之间的桥梁，拓宽和完善了交易所的服务功能；另一方面，它为交易者从事交易活动，向交易所提供财力保证。期货经纪公司内部机构设置一般有结算部、按金部、信贷部、落盘部、信息部、现货交收部、研究部等。一个规范化的经纪公司应具备完善的风险管理制度，遵守国家法规和政策，服从政府监管部门的监管，恪守职业道德，维护行业整体利益，严格区分自营和代理业务，严格客户管理，经纪人员素质高等条件。

5. 期货交易者

按照参与期货交易的目的划分，可将期货交易者划分为套期保值者和投机者。

（1）套期保值者。这类群体一般是生产经营者、个体工商户等，他们为减少未来价格波动带来的潜在损失，利用期货市场进行保值交易。

（2）投机者。这类群体是指利用股指期货市场与股票市场之间，以及股指期货的不同市场、不同品种、不同时期之间所存在的不合理价格关系，通过同时买进卖出以赚取价差收益的机构或个人。他们在期货市场中起着“润滑剂”的作用，实现期货市场回避风险和发现价格两大功能。

三、期货交易制度

期货交易制度有广义和狭义之分，广义的期货交易制度包括期货市场管理的一切法律、法规、交易所章程及规则。狭义的仅指期货交易所制定的经过国家监管部门审核批准的《期货交易规则》及以此为基础产生的各种细则、办法、规定。

1. 保证金制度

保证金是履行期货合约的财力担保和结算资金。制度规定，保证金一般以一定比例（通常为5%~10%）在期货合约价值中计提，期货交易者在持仓期间至少要将保证金维持在交易所规定的最低水平。

保证金分为结算准备金与交易保证金。结算准备金是指会员为方便结算，在交易所专用结算账户预先准备的资金，是独立于期货交易合约的保证金。交易保证金是指会员在交易所专用结算账户中确保合约履行的资金，是已被合约占用的保证金。保证金是分级收取的。由于期货交易所实行会员制，非会员只能通过期货公司进行期货交易，因此保证金分为期货交易所向会员收取的保证金，以及作为会员的期货公司向客户收取的保证金。交易保证金比率在某些情况下是可调整的。比如，交易保证金的比率高低与实物交割期的远近负相关，与合约持仓量的大小正相关，与涨跌停板次数多少正相关，与异常情况出现次数正相关。

2. 当日无负债结算制度

当日无负债结算制度，是指每日交易结束后，交易所按当日结算价结算所有合约的盈亏、交易保证金及手续费、税金等费用，对应收应付的款项同时划转，相应增加或减少会员结算准备金的制度。在结算时，若交易保证金超过上一交易日结算时的交易保证金，则从会员结算准备金中扣划；若交易保证金低于上一交易日结算时的交易保证金，则划入会员的结算准备金。当保证金不足时，期货公司应立即向客户发出追加保证金的通知，要求客户在规定的时间内追加保证金或自行平仓，会员未在该时间内追加保证金或自行平仓的，期货交易将对该会员的合约强行平仓，产生的所有费用和造成的损失均由该会员承担。同样，期货交易的结算也是分级的，即期货交易所对其会员进行结算，会员或期货公司对其客户进行结算。期货交易所在当日交易结算后，及时将结算结果反馈给会员。会员或期货公司及时根据期货结算机构的结算结果对客户的期货交易进行结算，并应及时将结算结果通知客户。

3. 涨跌停板制度

涨跌停板制度是指期货合约的成交价格波动不得高于或者低于规定的涨跌幅度，否则将被视为无效报价。涨跌停板的边界以上一交易日的结算价为基准确定，加上或减去允许的最大涨幅或跌幅构成当日成交价格的上限或下限，称为涨停板或跌停板。涨停价格与跌停价格的具体计算公式如下：

涨停价格=上一交易日的结算价×（1+涨跌停板幅度）

跌停价格=上一交易日的结算价×（1-涨跌停板幅度）

这一制度可以有效抑制因突发性事件或过度投机行为引起的期货价格暴涨暴跌，使会员和客户的保证金账户巨幅亏损甚至透支，以致期货交易所无法确保合约履行的严重后果。

4. 持仓限额制度

持仓限额制度是指交易所规定会员或客户可以持有的，按单边计算的某一合约投机头寸的最大数额。实行持仓限额制度的目的在于防范操纵市场价格的行为和防止期货市场风险过度集中于少数投资者。持仓限额制度有以下规定：一是交易所根据不同期货合约的具体情况或同一期货合约的不同交易阶段分别确定限仓数额，并采取限制会员持仓和限制客户持仓相结合的办法，从而减少市场风险产生的可能性。交易所可以按照“一般月份”“交割月前一个月份”“交割月份”三个阶段依次对持仓数额进行限制。距离交割月越近，会员或客户的限仓量应该越小，对于进入交割月份的合约限仓数额更应从严控制。二是同一客户在不同期货公司会员处开有多个交易编码，各交易编码上所有持仓头寸的合计数，不得超出一个客户的限仓数额。三是会员或客户持仓达到或超过持仓限额的，不得同方向开仓交易。四是套期保值交易头寸实行审批制，其持仓不受限制。

5. 大户报告制度

大户报告制度是与持仓限额制度紧密相关的又一个防范大户操纵市场价格、控制市场风险的制度，是指当交易所会员或客户某品种某合约持仓达到交易所规定的持仓报告标准时，会员或客户应向交易所报告。通过实施大户报告制度，交易所可以对持仓量较大的会员或投资者进行重点监控，了解其持仓动向、意图，对于有效防范市场风险有积极作用。

6. 交割制度

交割是指合约到期时，按照期货交易所的规则和程序，交易双方通过该合约所载标的物所有权的转移，或者按照规定结算价格进行现金差价结算，了结到期末平仓合约的过程。以标的物所有权转移进行的交割为实物交割，按结算价进行现金差价结算的交割为现金交割。一般来说，商品期货以实物交割为主，金融期货以现金交割为主。

7. 强行平仓制度

强行平仓制度是指交易所按照有关规定对会员、客户持仓实行平仓的一种强制措施，是交易所控制风险的手段之一。一般而言，当会员准备金不足又未按时补足或持仓超出限仓规定，以及会员犯有满足强制平仓的违规行为时，期货交易所将实施强制平仓。在开市后第一节交易时间内，首先是由会员自己执行，超过时限的，则由交易所强制执行。

8. 风险准备金制度

风险准备金制度是指期货交易所为确保期货市场正常运行，以及防范不可预见风险，而从会员交易收费中以一定比例计提专项资金的制度。

9. 信息披露制度

信息披露制度是指期货交易所按有关规定定期公布期货交易有关信息的制度。期货交易所公布的信息主要包括在交易所期货交易活动中产生的所有上市品种的期货交易行情、各种期货交易数据统计资料、交易所发布的各种公告信息以及中国证监会规定披露的其他相关信息。这些信息必须是真实、准确的，这样才能体现期货交易公平、公开、公正的原则，使期货交易者根据充分的信息做出正确的决策，避免不法交易者利用内幕消息损害其他交易者的利益。

第二节　期货经纪人

一、期货经纪人的概念

期货经纪人是指专门从事商品期货、金融期货、期权等品种交易的中介，以自身名义介入期货交易或代客买卖期货（包括出市代表和其他从事客户开发、开户、执行委托、结算等业务），在期货交易中进行分析、判断，通过价格涨跌波动赚钱的机构或人员，但其不能直接代表客户投资。

二、期货经纪人的类型

期货中介机构为期货投资者服务。它连接期货投资者和期货交易所及其结算组织机构，在期货市场中发挥着重要作用。

第一，期货中介机构克服了期货交易中实行的会员交易制度的局限性，吸引了更多交易者参与期货交易，使期货市场的规模得以发展。

第二，通过期货经纪机构的中介作用，期货交易所可以集中精力管理有限的交易所会员，而把广大投资者管理的职能转交给期货中介机构，能够让期货交易所和期货中介机构双方以财权为基础划分事权，双方各负其责。

第三，代理客户入市交易。期货中介机构代理客户办理买卖期货的各项手续，向客户介绍和揭示期货合约的内容、交易规则和可能出现的风险等，及时向客户报告指令执行情况或交易结果及盈亏情况。

第四，对客户进行期货交易知识的培训，向客户提供市场信息、市场分析，提供相关咨询服务，并在可能的情况下提出有利的交易机会。

第五，普及期货交易知识，传播期货交易信息，提供多种多样的期货交易服务。

（一）国际种类

以美国经济机构为例，机构包括期货佣金商、介绍经纪商、场内经纪人、助理中介人、期货交易顾问等。

1. 期货佣金商

期货佣金商是指接受客户委托，代理客户进行期货、期权交易，并收取交易佣金的中介组织。期货佣金商类似于我国的期货公司，可以独立开发客户和接受指令，可以向客户收取保证金，也可以为其他中介提供下单通道和结算指令。期货佣金商必须维持法定的最低净资本要求，保存账簿和交易记录。

2. 介绍经纪商

介绍经纪商在国际上既可以是机构也可以是个人，但一般都以机构的形式存在。其主要业务是为期货佣金商开发客户或接受期货、期权指令，但不能接受客户的资金，且必须通过期货佣金商进行结算。介绍经纪商又分为独立执业的介绍经纪商（IIB）和由期货公司担保的介绍经纪商（GIB）。前者必须维持最低的资本要求，并保存账簿和交易记录。后者则与期货佣金商签订担保协议，借以免除对介绍经纪商资本和记录的法定要求。

3. 场内经纪人

场内经纪人是指在期货交易所内特定的交易场地，为客户买卖期货的人。场内经纪人存在于公开喊价的交易场所内，在采用电子化交易的交易场所内没有场内经纪人。

4. 助理中介人

助理中介人是指为期货经纪商提供客源的个人。

5. 期货交易顾问

期货交易顾问是指为客户提供期货交易决策咨询或进行价格预测的期货服务商。这些期货中介机构的主要工作内容是：市场开发和业务拓展，为公司招徕客户、吸纳资金；为委托人办理期货合约买卖的各项手续；向委托人详尽介绍期货合约的内容、交易所的交易规则及相关法律法规；及时向委托人报告市场信息，提交市场研究报告，充当委托人的交易顾问，向委托人提供有利的交易机会；维护委托人的利益，按委托人的指令进行期货合约买卖。

（二）国内种类

国内期货市场经纪人主要包括期货公司和介绍经纪商。

1. 期货公司

（1）性质。期货公司是指依法设立的，接受客户委托，按照客户的指令，以自己的名义为客户进行期货交易并收取交易手续费的中介组织，其交易结果由客户承担。

（2）职能和作用。期货公司作为交易者与期货交易所之间的桥梁和纽带，归为非银行金融服务行业。国际上，期货公司一般具有以下职能：根据客户指令代理买卖期货合约、办理结算和交割手续；从事期货交易自营业务；对客户账户进行管理，控制客户交易风险；为客户提供期货市场信息，进行期货交易咨询，充当客户的交易顾问等。目前，我国期货公司受现行法规约束，主要从事经纪业务，自营业务受到限制。

期货公司一般设置以下组织机构：财务部门、结算部门、信贷部门、交易部门、现货交割部门、客户服务部门、研发部门。

期货公司接受客户委托代理期货交易，拓展市场参与者范围，扩大市场规模，节约交易成本，提高交易效率，增强期货市场竞争的充分性，有助于形成权威、有效的期货价格。期货公司有专门从事信息收集及行情分析的人员为客户提供咨询服务，有助于提高客户交易的决策效率和决策的准确性。期货公司拥有一套严密的风险控制制度，可以较为有效地控制客户的交易风险，实现期货交易风险在各环节的分散承担。

（3）期货居间人与期货公司的关系。期货市场中存在一个特殊的群体——期货居间人。期货居间人，又称客户经理，是指独立于公司和客户之外，接受期货公司委托，独立承祖基于居间法律关系所产生的民事责任的自然人或组织。需要注意的是，居间人与期货公司没有隶属关系。居间人不是期货公司所订立期货经纪合同的当事人。而且，期货公司的在职人员不得成为本公司和其他期货公司的居间人。

居间人是为投资者或期货公司介绍订约或提供订约机会的个人或法人，即根据居间合同的规定，为期货公司提供订立期货经纪合同的机会或中介服务。他们本身并不是期货公司的员工，只是凭借手中的客户资源以及信息渠道优势为期货公司和投资者“牵线搭桥”。居间人因从事居间活动付出劳务，有按合同约定向公司索取酬金的权利。

2. 介绍经纪商

目前，我国已经引入券商介绍经纪商制度，即由券商担任期货公司的介绍经纪商来提供中间介绍业务，这一制度有利于券商与期货公司开展合作。

证券公司受期货公司委托从事介绍业务，应当提供下列服务：第一，协助办理开户手续；第二，提供期货行情信息、交易设施；第三，中国证监会规定的其他服务。

证券公司不得代理客户进行期货交易、结算或者交割，不得代期货公司、客户收付期货保证金，不得利用证券资金账户为客户存取、划转期货保证金。

证券公司从事介绍业务，应当与期货公司签订书面委托协议。委托协议应当载明下列事项：介绍业务的范围；执行期货保证金安全存管制度的措施；介绍业务对接规则；客户投诉的接待处理方式；报酬支付及相关费用的分担方式；违约责任；中国证监会规定的其他事项。

根据2007年4月颁布实施的《证券公司为期货公司提供中间介绍业务试行办法》的规定，券商申请介绍业务资格应符合“净资本不低于12亿元”的条件，同时申请该业务的券商必须全资拥有或者控股一家期货公司，或者与一家期货公司受同一机构控制。

第三节　期货经纪业务

由于期货经纪业务主要由期货公司来承担，因此本节主要介绍期货公司在期货交易中的业务流程。

一、开户

期货交易通过期货交易所来完成，而期货交易所实行的是会员管理制，即只允许期货公司会员与非期货公司会员进行交易。因此，普通投资者要进行期货投资，应选择期货公司会员来代理其期货投资业务，通过向该期货公司提出委托申请，开立账户，建立起投资者（委托人）与期货公司（代理人）之间的法律关系。

期货公司在接到投资者的委托申请后，应协助投资者快速、规范地建立起期货投资账户。从开设账户的基本程序上看，流程主要包括风险揭示、签署合同及缴纳保证金。

1. 风险揭示

期货公司在受理客户的开户申请时，应出具由中国证监会统一制定的期货交易风险说明书，请客户仔细阅读并理解，提醒注意和详细阐释其中的关键事项。在确保客户充分理解期货交易风险说明书后，请客户在期货交易风险说明书上签字确认，单位客户要由法定代表人或其他被授权人签字，或加盖公章。在确认客户在期货交易风险说明书签字后，期货公司与客户签订期货经纪合同，详细说明合同中关键条款的含义，并回答客户质疑，确保客户完全理解期货经济合同中的规定，以及双方的权利义务关系，最后请客户签字确认。

2. 签署合同

期货经纪合同包括期货买卖委托协议书和 代理买卖委托书，前者与期货公司签订，后者与期货经纪人签订。期货公司指导个人客户在该合同上签字，其他单位客户应由法人代表或被授权人签字并盖章。

3. 缴纳保证金

期货公司按期货经纪合同的规定向客户收取保证金，并将保证金存入合同指定的客户账户中，保证金金额要高于期货交易所规定的最低收取标准，保证金只能用于期货交易结算，不能用于他途。

二、下单

期货交易合约在客户确定品种、交易方向、数量、月份、价格、交易日期等后，由经纪人和交易指令下达人签字后生效，客户选择书面、电话、互联网等途径下达交易指令，期货公司辅助客户完成指令的下达。

1. 书面下单

期货公司交易部将客户亲自填写的交易单，发至期货交易所进行交易。在互联网没有普及以前，我国期货交易普遍采用书面下单这种下单方式，但其如今已很少被采用。

2. 电话下单

期货公司应将客户的指令留存，以备日后查证，并将该指令输入与交易所主机远程联网的交易终端，进行撮合交易。按规定，客户最后须在交易单上签名确认。

3. 网上下单

客户在网上通过期货公司配置的网上下单系统，输入交易客户编号与密码，进入系统后，输入交易指令，该交易指令会由期货公司传至交易所主机，进行撮合交易，交易得失会在下单系统中体现。

交易指令执行后，出市代表应立刻向期货经纪公司交易部反馈交易成交结果，并由期货交易部生成记录报告单交给客户，请客户予以确认。若客户对交易结算单记载事项有异议，应以书面形式在下一个交易日开始前向经纪公司提出；若无异议，则需要在交易结算单上签字或执行合同约定事项。既不确认也未提出异议的，视为确认交易结算单记载事项。

三、竞价

期货合约价格的形成方式主要有公开喊价和计算机撮合成交两种方式。其中，公开喊价属于传统的竞价方式。随着信息技术与互联网的广泛运用，计算机撮合成交方式逐步成为主流的竞价方式。

在欧美市场，公开喊价方式中的连续竞价制（动盘）是较为流行的竞价方式。场内经纪人和交易者聚集在期货交易所交易大厅相关商品期货合约交易圈内，通过公开竞价的方式，喊出各自买入或卖出的期货合约，并与具有交易倾向的潜在成交者进行讨价还价，最后签订合约。一般而言，当买卖双方的数量和价格相等时，交易即可达成。

四、结算

结算是指根据期货交易所公布的结算价格对交易双方的交易盈亏状况进行的资金清算和划转。在我国郑州商品交易所、大连商品交易所和上海期货交易所，交易所只对会员进行结算，期货公司会员对客户进行结算。中国金融期货交易所实行会员分级结算制度，交易所对结算会员结算，结算会员对其受托的客户、交易会员结算，交易会员对其受托的客户结算。

期货公司在每一交易日交易结束后，对每一客户的盈亏、交易手续费、交易保证金等款项进行结算。其中，交易保证金额度不得低于交易所向会员收取的交易保证金，否则，期货公司会按照期货经纪合同约定的方式通知客户追加保证金。此外，期货公司会向客户出具交易结算单，明确显示账号及户名、成交日期、成交品种、合约月份、成交数量及价格、买入或者卖出、开仓或者平仓、当日结算价、保证金占用额和保证金余额、交易手续费及其他费用、税款等需要载明的事项。

第六章 证券经纪人

第一节 证券市场

一、证券概述

（一）证券的概念

证券的概念有广义和狭义之分。广义证券概念是指以证明或设定权利为目的的所做成的凭证，即指各类记载并代表一定权利的法律凭证的统称。它表现为证券持有人或第三人有权取得该证券拥有的特定权益，或证明其曾经发生过的行为。狭义证券是指以一定书面形式或其他形式，记载并代表特定民事权利的证书。

（二）证券的分类

根据我国《证券法》的规定，我国证券法上的证券主要是股票、公司债券以及国务院依法认定的其他证券。目前我国证券市场上发行和流通的证券，主要有股票、债券、基金以及权证等证券衍生品种。

1. 股票

股票是股份公司发行的，用以证明投资者的股东身份和权益，并据以获得股息和红利的可转让书面凭证。股票按照不同的标准，可分为不同的种类：按照股票所代表的股东权利的不同，分为普通股票和特别股票（优先股票）；按照股票票面是否记载股东姓名，分为记名股票和无记名股票；按照股票票面是否记载金额，分为有面额股票和无面额股票；按照持股主体的不同，分为国家股、法人股、个人股及外资股；按照购买股票的主体及币种的不同，分为 A 股和 B 股等。

2. 债券

债券是表示债权债务关系的书面凭证。持券人有按约定的条件向发行人（借款人）取得利息和到期收回本金的权利。债券按照不同的标准，可分为很多不同种类，最主要的分类有：按照发行主体的不同，分为政府债券、公司债券、企业债券、金融债券；按照利率规定的不同，分为固定利率债券和浮动利率债券；按照抵押担保条件的不同，分为抵押债券、担保债券和信用债券；按照受益方式的不同，分为可转换公司债券、附新股认购权公司债券等；按照偿还期限的不同，分为短期债券、中期债券、长期债券。

3. 基金

基金又称证券信托投资基金，是一种利益共享、风险共担的集合投资方式，即按照《证券投资基金法》及基金章程的规定，通过公开发行受益凭证，募集社会公众投资者的资金，交由专门管理机构营运，用于证券投资并盈利的一种组织形式。基金种类很多，按不同标准可分为不同类别，主要分类有：按照基金份额能否赎回，分为开放型基金和封闭型基金；按照基金组织形式的不同，可分为契约型基金和公司型基金；按照基金投资风险与收益的不同，可分为成长型投资基金、收入型投资基金和平衡型投资基金；根据基金投资对象的不同，可分为股票基金、债券基金、货币基金、期货基金、期权基金、指数基金等。

4. 权证

权证是证明持有人拥有特定权利的契约，是标的证券发行人或其以外的第三人发行的，约定持有人在规定期间内或特定到期日，有权按约定价格向发行人购买或出售标的证券，或以现金结算方式收取结算差价的有价证券。权证中约定的证券，通常被称作“标的证券”或“基础证券”。如股票权证，其标的为股票。权证的分类方法有很多种，按照权证未来权利的不同，可分为认购权证和认沽权证。认购权证是指标明未来买入权利的权证，即持有认购权证者，可在规定期间内或特定到期日，向发行人购买标的股票；认沽权证是指标明未来卖出权利的权证，即持有认沽权证者能以约定价格卖出标的股票。权证本身并没有价值，只是一种证券投资风险转移工具。作为一种特定权利的契约，其交易价格是由标的证券本身的价值和价格以及权证的市场供求关系所决定的。例如股票，如果在到期时标的股票价格低于行权价，认购权证将一钱不值；如果到期时标的股票价格高于行权价，认沽权证就将一钱不值。所以，权证交易风险很大。

5. 证券衍生品

证券衍生品是指在证券基础上衍生出来的各种证券交易品种的总称，如股票指数、股票权证、股指期货等。证券衍生产品的出现是证券市场风险规避的需要，但同时也带来新的证券交易风险。

（三）证券特征

1. 证券是一种投资凭证

证券作为投资者权利的载体，可以证明投资者的投资，同时代表了投资者的一定权利，如请求分配红利的权利、还本付息的权利、参加股东大会的权利等。投资者据此可以行使凭证上的一切权利。

2. 证券是一种权益凭证

证券是一定权益的体现，投资者凭券获取相应收益，如股息分红、债息收入、基金分红、获得送股或赠股等。它既有收益性，又有风险性。投资不同的证券，收益不同，风险亦不同。

3. 证券是一种可转让的权利凭证

证券持有者可以随时将证券转让出卖，以实现自身权利。证券的可转让性，即流通性，是证券的本质属性。

4. 证券是一种要式凭证

证券是具有一定形式要求的凭证，传统意义上的凭证一般须采用书面形式，并对样式或格式、记载内容、签章有所规范。现代资本证券，大多实行电子化或簿记方式，虽然证券的载体发生变化，但其要式性依然存在，如电子输入中的代码以及密码，是电子证券中不可缺少的基本要素。

二、证券市场

（一）证券市场的概念与分类

证券市场是证券发行与交易活动场所的总称。它由金融工具、交易场所以及市场参与主体等要素构成，是现代金融市场极其重要的组成部分。

按照不同的标准或角度，可以对证券市场进行不同的分类。

1. 按照证券市场的功能分

按照功能分，证券市场可分为证券发行市场和证券流通市场，或一级市场和二级市场、初级市场和次级市场。

证券发行市场又称一级市场或初级市场，是指证券发行主体将新发行和增资发行的股票或债券通过承销商出售给投资者的市场，它由证券发行人、认购人与承销人三者组成，其功能是为资金需求者提供筹集资金服务，为投资者提供投资收益的机会；证券流通市场又称二级市场或次级市场，是指投资者把在发行市场上买来的证券再次或重复多次投入流通，实现证券在不同投资者之间不断买卖的市场，其功能是为已发行的证券提供流通场所，使新的投资者获得投资的机会。

2. 按照证券市场的组织形式分

按照组织形式分，证券市场可分为场内交易市场和场外交易市场。

场内交易市场又称集中交易市场，一般是为证券交易所设立的交易场所，其通常采取集中竞价的交易方式，是上市证券的主要交易场所；场外交易市场，是相对于交易所市场而言的，是指证券交易所以外的其他证券交易市场，它是交易所市场的重要补充。场外交易市场一般是没有组织的、分散的，买卖双方通过协商定价直接进行证券交易，如柜台交易市场。随着通信技术的发展，一些国家出现了有组织的、通过现代化通信与电脑网络进行交易的场外交易市场，如美国全美证券商协会自动报价系统（NASDAQ，又译纳斯达克）。

3. 按照证券市场交易对象的种类分

按照交易对象的种类分，证券市场可分为股票市场、债券市场、基金市场和衍生证券市场。

股票市场又称股市，是发行和买卖股票的市场，是证券市场最基本的组成部分；债券市场又称债市，是发行和买卖债券的市场。由于债券市场有许多交易品种，又可以分为国债市场、企业债券市场、公司债券市场、金融债券市场等；基金市场是基金证券发行和流通的市场。依照基金的特点和性质，基金市场又可分为投资基金市场和产业基金市场。我国目前已初步形成投资基金市场，产业基金市场尚有待发展；衍生证券市场是指各种衍生证券上市与交易的市场，包括期货市场、期权市场以及其他衍生证券市场。

此外，证券市场还有其他一些分类。按照地域标准，证券市场可分为国内证券市场和国际证券市场；按照性质与特点，证券市场可分为主板市场或一板市场、次板市场或二板市场、创业板市场等；按照物质形态，证券市场可分为有形市场和无形市场。

（二）证券市场的主体

证券市场的主体是指参与证券市场活动的各种法律主体，包括证券发行主体、证券投资主体、证券服务中介机构、证券业自律组织和证券监管机构。

证券发行主体，通常是指证券发行人，一般包括公司、企业、金融机构、基金组织、政府等。

证券投资者，通常是指证券投资人，一般分为个人投资者和机构投资者。机构投资者一般包括公司、企业、金融机构、基金组织、政府机构等。

证券服务中介机构，通常是指为证券发行与交易提供服务的各种中介机构，一般包括证券交易所、证券登记结算机构、证券公司、证券服务机构。证券交易所是为证券发行和交易提供场所和设施服务的机构，通常依法兼有部分证券监管职责；证券登记结算机构是为证券发行和交易提供登记、保管、结算、过户等服务的中介机构；证券公司是为证券交易提供代理服务的中介机构；证券服务机构是指为证券发行、交易提供各种其他服务的中介机构，一般包括投资咨询机构、财务顾问机构、资信评级机构、资产评估机构、会计师事务所、律师事务所等。

证券自律性组织，是指证券业行业协会，如证券业协会、交易所协会等。

证券监管机构，是指依法设置的对证券发行与交易实施监督管理的机构，如中国证券监督管理委员会。

（三）证券市场的功能

1. 桥梁功能

证券市场是联系资金供应者与资金需求者的桥梁。证券市场提供的经常性和统一性的市场，使证券发行者、证券购买者、证券转让者和中间机构得以在这个市场上联系起来，使证券的发行与流通便利地进行。

2. 融资功能

证券市场为企业提供了筹集社会资金的重要渠道。企业可以通过证券市场直接融资，其所能达到的筹资规模和速度是企业依靠自身积累和银行贷款无法比拟的。企业在证券市场上发行股票和债券，能够迅速地把社会闲散资金集中起来，形成巨额的、可供长期使用的资本，用于社会化的大生产和大规模经营。

3. 投资功能

证券市场为投资者提供了投资渠道。大量的社会闲散资金，通过证券市场投资于各种证券，投资者从此获得风险收益。证券市场的投资功能是证券市场赖以存在和发展的基础。失去投资功能的证券市场难以吸引投资者，没有了投资者，证券市场将成为无源之水，无本之木，其融资功能将会逐渐萎缩，亦难以持续发展。

4. 资源配置功能

证券市场可以优化资源配置。投资者投资证券一般要通过各种证券在市场上表现出的收益率差别，以及发行者所公布的各种财务信息，决定资金的投向。投资者往往抛弃收益率低、缺乏增长潜力的证券，购买收益率高、具有高成长性的证券。这种趋利行为，使效益好、具有发展前景的企业得到充裕的发展资金，而效益差、没有发展前景的企业则因资金匮乏，难以发展，最终被淘汰或被兼并。如此，证券市场发挥出优化资源配置的功能，同时也促使企业改善经营管理，提高企业效益。

5. 晴雨表与杠杆功能

所谓晴雨表功能是指成熟的证券市场能够充分反映国民经济运行的状况，为政府的宏观调控与决策提供重要依据；所谓杠杆功能是指证券市场为政府实施宏观经济政策提供了重要途径。中央银行往往利用证券市场来实施货币政策，通过在证券市场上进行公开市场操作，影响证券市场的交易活动，进而控制货币供应量，以实施宏观经济政策。当政府需要刺激经济活动，从而增加货币供应量时，可在证券市场购进大量证券，即投放货币；反之则售出大量证券，即回收货币。证券市场为公开市场操作提供了杠杆。

值得注意的是，证券市场也会产生负面效应。它为证券投机提供了场所，证券市场上的投机，会引起证券市场的动荡或加剧经济动荡，助长经济活动中的投机欺诈行为。因此，证券市场法律调控的目标之一，就是发挥证券市场的正面效应，抑制其负面效益，使证券市场健康发展，成为充满活力而有效率的市场。

第二节 证券经纪人

一、证券经纪人的含义

证券经纪人是指在证券经纪活动中以收取佣金为目的，为促成证券投资者的证券交易而从事证券委托代理业务的公民、法人和其他经济组织，具体表现为具备法人资格的证券经纪商和自然人形态的证券经纪人等。我国1999年7月1日施行的《中华人民共和国证券法》把证券公司分为综合类证券公司和经纪类证券公司两类，二者均可从事经纪业务，而对自然人形态的证券经纪人，则没有明确的法律规定。2009年3月17日，证监会颁布《证券经纪人管理暂行规定》，标志着广泛以自然人形态存在的这一类证券经纪人的法律地位得到了正式确立。

按照性质与职能，证券经纪人分为以下四类：

1. 佣金经纪人

佣金经纪人是指受客户委托在交易所内代理客户买卖证券，并因此获得一定数量佣金的自然人经纪人或法人经纪人。这类买卖在场内或场外交易均可，业务经营、财务调配和对外招揽业务是佣金经纪人的主要职能。

2. 二元经纪人

二元经纪人是独立的自然人经纪人，或是投资银行的代表。二元经纪人接受佣金经纪人委托，代理其进行资金筹措并为投资者进行证券买卖。由于在一段时间内，独立经纪人曾对每100美元的股票交易收取2美元的佣金，所以，独立经纪人又被称为“两美元经纪人”。两美元经纪人不接受一般顾客的委托，而只接受佣金经纪人的委托从事证券买卖。

3. 专业经纪人

专业经纪人又称特种经纪人或交易专家，指受佣金经纪人之委托，作为经纪人的经纪人从事证券买卖行为。在交易所内，专业经纪人拥有固定的交易台并具有特殊身份，其从事特定种类股票的买卖业务。专业经纪人具有经纪人和证券商双重身份，并且可以同时经营零售业务。在纽约证券交易所，大约有30%~40%的股票是在证券经纪人和交易厅专家之间成交的。

4. 网络经纪人

网络经纪人即通过互联网向投资者提供交易、咨询等服务的经纪人。网络经纪人是目前最具竞争力的经纪人。美国的嘉信理财是网络经纪人的代表。它在1993年还只是一个很不起眼的小公司，但通过发展网上交易，现在已成为全美最大的证券公司。它的交易额是传统老牌券商美林交易额的4倍。

二、我国证券经纪人的发展现状

2009年10月28日，中国证监会发布新规，对证券公司新设立营业部主体资格有所放宽，同时简化了行政审批程序，各证券公司营业部数量急剧攀升，经纪从业人员队伍迅速壮大。证券公司因此开始打价格战，用降低佣金的方法来吸引客户。行业普遍佣金率从万分之十二，一降再降，直至成本线的万分之三。2013年上半年，已经有个别证券营业部出现了“零佣金”开户的情况，经纪业务佣金比例大幅下滑，券商佣金战愈演愈烈，不少券商经纪业发展面临瓶颈。目前我国证券经纪人发展还存在以下六个问题：

1. 证券经纪人的管理制度不完整

我国对证券商的设立实行严格的审批制（特许制），即券商证券经营资格的取得必须经国务院证券监管部门的审查批准，主要管理人员和业务人员必须具备证券从业资格、有健全的内部管理制度、有固定的经营场所和合格的交易设施等是设立证券商的必备条件，证券商在日常经营中接受证券监管部门的监管。然而，目前对流动性很大的自然人形式的证券经纪人的管理还不是很规范，这类证券经纪人的不规范行为很有可能破坏证券市场建康有序的发展。

2. 监管风险敞口较大

我国目前采用的是以中国证监会及辖区证监局为主体，证券业协会等自律组织和券商三方参与的监管模式，尚无一个独立的、专门针对证券经纪人的监管机构，这就导致了证监会的监管过于宏观，无法对证券经纪人的个人行为进行监管，证券业协会的监管只局限在证券经纪人信息公开平台，缺乏日常行为跟踪监管，而券商作为证券经纪人的雇用机构，对证券经纪人行为的监管缺乏实效性，往往姑息大于惩罚。这种监管模式导致证券经纪人的监管风险敞口不断扩大，影响资本市场效率的发挥。

3. 薪酬安排不合理

薪酬安排是证券经纪人体系高效运行的动力基础，也是提高经纪人效率的必要保证。但是目前国内证券经纪人运行模式中对证券经纪人薪酬的安排较为苛刻，各券商普遍采用极低的底薪和责任性佣金提成的薪金配置，意图通过刺激经纪人的工作积极性为自己提高佣金收入，但公司制定的任务量远高于经纪人的实际能力，使经纪人在券商处得到的薪酬不足以维持生计，从而导致经纪人的从业积极性受挫。有的经纪人与多家券商签订居间协议或经纪人合同，同时服务于两家以上券商，产生许多法律和道德问题。所以，我国证券经纪人行业以高离职率、高流动性为其行业特征。产生这种问题的原因主要是我国券商追求短线的收益，注重经纪人现有的客户资源，而无法为经纪人提供长期的培养机制和较理想的薪酬，从而导致高离职率、高流动性的问题。

4. 考核体系单一

目前国内证券经纪人运行模式选择还处于探索阶段，证券经纪人团队与券商缺乏互信，合作意愿非常有限，大部分券商采用的客户经理模式使券商在经纪人体系中处于绝对强势地位，证券经纪人基本权益无法得到保障，模式运行效率极其低下，甚至产生负面影响。券商对经纪人的入职考核期限一般为三个月到半年，通常设定一定的新开有效客户数量和客户资产量，考核标的以证券经纪人为公司拉来的客户产生的收入为准则，片面地关心经纪人的业务收益，而忽视道德素养、学历、实践经验、理论知识等综合素质的考察。然而证券经纪人的业绩往往和当时的行情有很大关系，阶段性行情不好，证券经纪人在规定期限内完不成考核业绩就要被迫离职，经纪人无法继续为执业期间给公司带来的客户服务，久而久之，高流动性的证券经纪人团队使客户对券商服务产生不满，券商服务成本增加，经纪业绩下滑，产生恶性循环。券商单一目标考核体制使其失去大量潜力尚未发掘的优秀证券经纪人，从短期来看缩减了成本，但是从长远来看，这种短期考核体制和用人机制在伤害证券经纪人的同时，丢掉的是宝贵的人才和企业的长期收益，这是得不偿失的。产生这种问题的关键还是券商在经营中关心短期利益，忽略证券经纪人的培养价值和经纪人对券商长远利益的贡献。

5. 培训体系不完善

国内证券公司对经纪人的招聘门槛过低，只需要应聘者具备大专学历，有证券从业资格或经纪人资格即可入职，不考虑经纪人的从业经历、职业发展规划等，录用环节具有盲目性。公司在经纪人入职时一般只对其进行形式性面试，而不考察其专业胜任能力和培养潜质。在经纪人入职时，有的券商只对其进行简单的培训，内容局限于营销手段和渠道、营销技巧等，忽视对其职业道德规范与行为准则、证券分析能力和宏观市场知识等的培训，久而久之经纪人缺乏系统性理论修养，只是根据自己的主观判断帮助客户做出投资决策。同时，券商对经纪人的后台支持很少，只局限在营销渠道和工具上，对经纪人展业必要的投研报告、市场信息、技术支持、硬件设施等支持较少，或者经纪人的要求得不到券商的支持，展业积极性受挫，工作热情降低。这是对人力资源的非理性认识，也是最昂贵的人才流失。

6. 网上交易制度不完善

随着电子通信技术及网络技术的发展着，网上证券交易正以前所未有的速度发展着，国内券商纷纷推出自己的网站，以此来拓展业务领域，扩大市场份额。据西南证券的内部统计资料表明，其网站建立以来，交易逐步放大，网上交易量已达到系统内交易总量的50%左右。但目前各证券经纪公司还存在交易佣金标准不一、交易制度不完善等问题。

三、我国证券经纪模式

（一）证券营业部模式是我国证券经纪业务的主导模式

我国证券经纪服务自证券经营机构诞生以来，一直沿用证券营业部模式，证券商以证券营业部作为对外提供证券经纪服务的载体。2015 年初，我国共有证券公司 120 多家，证券营业部 7 000 余家。

在证券市场发展初期，证券营业部模式是适应我国散户投资者比重大、证券交易行情传输和信息发布单一、证券交易清算制度落后等市场环境的，其在我国证券经纪业务发展过程中发挥了重要的作用。然而，证券营业部存在经营和服务上的重大缺陷，对我国证券经纪制度的建设产生了障碍。首先，营业部是证券商经纪业务的载体，处于等客上门的坐商状态。虽然现在这种情况有所改变，但从整体上来看，证券营业部仍受服务方式和手段的限制。在交易时间内，员工仍处于集体联合作战的状态，员工无法真正走出去，而只能将主要的精力用于存量客户的服务和管理上，对于潜在客户的开发还有很大的问题。其次，受证券交易手段和证券营业部这种服务形式的限制，目前经纪人的服务仍停留在提供证券交易条件方面，而提供证券信息咨询服务只是一项辅助服务。单一的服务模式严重地阻碍了证券经纪人制度的发展。

（二）现阶段其他证券经纪人模式

1. 大户管理员模式

大户管理员一般都是证券公司的职员。大多数营业部都把大户管理员划到后台，大户管理员的主要工作就是为营业部中资金比较雄厚的客户提供贴身服务，比如每天为客户送上报纸、咨询传真，而个别工作经历长、对证券投资有一定经验的管理员还经常向客户提供投资建议。

2. 准经纪人模式

由于经纪商的不断增加、经营成本的攀高，现在已经有不少营业部为充分调动雇员的积极性、提高经纪业务数量和质量、增加公司的竞争力，纷纷采用把雇员的收入与经纪业务量联系起来的经纪人模式。通常做法是，营业部向每个员工下达一定量的业务指标，如果雇员能完成该指标，就可以从所引进的客户产生的交易佣金中按一定比例提成；若没有完成该指标，雇员不但收入无法提高，还会在以后的岗位竞争中处于劣势。从某种意义上讲，此种模式已经逐渐向真正的经纪人靠拢了。

3. 工作室模式

开办工作室的证券经纪人一般都不是证券商的雇员，所以比较灵活。他们跟券商是合作关系，券商为其提供交易渠道，他们则提供交易信息和投资建议，吸引客户进入工作室进行证券买卖。很明显，工作室的成功与否取决于该经纪人的知名度和实际操盘经验。而工作室的收入来自其吸引来的客户的佣金返还和与客户达成的收益分红协议。这种形式的经纪人侧重于对客户的投资行为提供咨询和建议，较好地履行了中介职能，处于经纪人服务中比较先进的状态。

4. 代客理财模式

这种模式主要指证券公司、投资管理公司和一些个人操盘手接受委托人的全权委托，为其提供证券买卖，以争取委托资产的增值。因此，此类经纪人与委托人之间往往签订有最低收益的协议，这一点明显违反了经纪人的行为规范。这类经纪人的收入来自交易佣金和超出收益部分的红利分享。

四、证券经纪人的行为规则和职业操守准则

证券经纪代表是联结证券市场和投资者的纽带，其行为适当与否将直接影响投资者的利益和证券市场的公平与公正。因此，证券经纪代表在执业时，应严格自律，并恪守职业准则。这些准则应包括以下具体内容：

（1）充分了解客户，包括了解客户的资信状况和投资理念，本着对客户负责的态度，做好客户服务工作，不得隐瞒客户，私自进行操作。

（2）不得借助自身与证券经纪商的关系，制造消息，迷惑市场。

（3）不得与客户联手操纵股价。

（4）不得进行内幕交易。

（5）不得以获取佣金为目的，鼓励客户频繁买进或卖出证券。

（6）不得从事超出业务范围的操作。

以上所列举的只是涉及证券经纪人与客户关系的部分行为规范，这些行为规范构成了证券经纪代表的责任，同时也对证券经纪代表的行为起到约束作用。职业操守准则是证券经纪代表立足证券市场的行为准则，应由证券监管部门及行业自律组织以法规或规章的形式予以颁布。

五、证券经纪人运作内容

在证券经纪人制度构建与运作过程中，应着重解决经纪人的招聘、培训、组织及薪酬与分配制度问题。

（一）经纪人的招聘

一般情况下，经纪人的招聘方法及来源有以下三种途径：

（1）公开招聘已有客户基础的在职经纪人；

（2）公司内部的工作人员经培训后转为经纪人；

（3）开设经纪人培训课程，对外招生，从中选取成绩合格的学员聘为经纪人。

这三种招聘方法各有利弊。在证券公司刚设立经纪人制度时，第一、第二种方法是最快、最便捷的途径，但从长远发展来看，开设经纪培训课程这一方法是较为理想和全面的。这是因为：第一，可以增加公司的知名度。开设培训课程，能够吸引一批对证券投资有兴趣的投资者参加学习。这些学员通过学习，提高和增强了证券知识水平和买卖技巧，自然会介绍一些朋友一起参与学习或分享学习到的投资心得，这对证券公司知名度的提高大有帮助。第二，可以增加客户来源。在培训中，由于学习场地就在交易大堂，教师也由证券从业人员担任，教材则加入公司的一些介绍和内容，对学员来说很有现场实习的感觉。因此，学员不管日后是否能成为经纪人，都极可能成为公司的客户。最重要的是，参加学习的学员在成为证券经纪人后，本身就是公司的一个最稳定的客户。有资料显示，新入行的经纪人，其买卖股票的次数和金额，往往比一般客户更多更大，而且新经纪人会将他的亲戚、朋友、同学、同事等发展成为他的客户。

公司要把招聘操作流程与开发潜在市场结合起来。这样，不但招聘的经纪人开拓市场的营销能力比较强，而且同时还可挖掘一个新的市场。

公司还可将内部员工直接转型（招聘）为经纪人。将内部富余员工转型为经纪人可采取以下办法：一是在服务流程和公司政策上向一线的转型人员（经纪人）倾斜，以提高其积极性。二是学习富友证券“分田到户”模式、西南证券三人小组模式和广发证券理财顾问模式，以利于内部员工转型为经纪人。三是明确转型经纪人的具体任务，至少应包括负责新业务的策划推广、新产品销售、开发并服务好所开发的客户、参与与业务拓展相关的一切社会活动。

（二）证券经纪人培训

（1）课堂式的理论培训是重点，但更重要的是在实际业务活动中针对市场、客户服务等具体问题的在岗指导式培训、日后的系列化强化培训等。

（2）把培训课程与客户开发的实践交叉进行，利用新开发的客户产生的收益，冲抵一部分培训的投入。

（3）针对新培训的经纪人的流失，可以借鉴一些比较成功的证券公司的做法：一是准备好承担培训过的新经纪人跳槽的风险；二是设立“永不再用”的雇佣政策，以打击把持不定的违约学员，当然，公司必须有对经纪人的强大后台支持，使跳槽者容易后悔自己的离开；三是制订有关的利润分享计划，作为雇员的经纪人除了可享受佣金提成外，还可享受纯利润分成。

（三）经纪人的薪酬体系

1. 成熟而合理的薪酬体系和分配制度

经纪人制度比较成熟的海外证券市场，通常是将固定工资与佣金提成相结合。这有两个优点：一是使经纪人在起步阶段的最初几个月内得到一定的固定工资，能够有一定的收入保障，这可以吸引有潜力的经纪人加入；二是能使经纪人有足够的压力与动力去积极开发客户、服务客户。过了过渡期后，经纪人就可完全或主要以佣金提成作为收入了。这一点，在欧美一些国家及我国香港、台湾地区，尤其是 20 世纪四五十年代的美林公司做了完美的验证。但是，券商不愿意采取这种形式，因为他们担心经纪人在过渡期后仍然没有建树而自己白白地支付了几个月的工资。

2. 实施固定工资与佣金提成相结合的方法

首先，要使经纪人制度真正成为一种具有核心竞争力的业务模式，必须有一定的前期投资。怎样减少这种前期投资，只有通过实践才能发现。

其次，要有相应的高质量的培训与考核制度。国内也有一些券商采取过这种薪酬和分配形式，但却没有相应的培训与考核制度跟上。对于新入行的经纪人来说，他们各方面都很陌生，缺乏经验。如果券商不对他们进行培训，不教给他们一些方法，成功率当然会很低。如果还没有相应的考核制度，那么成功率就更低了。

最后，分两步走，以培育和推进这种薪酬和分配制度。第一步，主要是以固定工资为主，加强培训和工作量考核。在新经纪人最初的一段工作时间里（至少3~6个月），可以规定其每周至少要接触多少客户，才能取得标准的固定工资，达不到要求的可能要扣钱，而超过的话则可能有奖励。这样，对新经纪人来说，最初的业务压力相对较小，可以有一定的收入保障，从而增加工作的信心。同时，工作量的要求又使新经纪人必须积极地去接触客户，避免出现拿钱不做事的情况。第二步，过渡到佣金提成为主的分配方式，进行自然淘汰。那些有潜力的经纪人会更愿意接受提成的方式，因为这样他们可以有更大的发展空间。而那些无法继续开发客户的经纪人，就会自己选择离开。

3. 固定工资制可以作为一种激励的薪酬和营销策略

由于在以佣金提成为主的薪酬体系下，经纪人不可避免地会频繁向客户推荐热门信息和证券，鼓励客户频繁买卖，所以实行经纪人固定工资制，有助于向公众保证只有在真正符合客户的最佳利益时，经纪人才向他们推荐证券的买卖并提供投资建议。同时，经纪人的主管通过对经纪人进行定期评估，核定其固定年薪，也可发放年终奖，以反映他们对公司盈利的整体贡献。美林在20世纪30~70年代通过采取这种薪酬制度和营销策略，增加了大量新客户，创造了压倒竞争对手的重大竞争优势。

4. 经纪人的组织结构

为了确保经纪人制度的正常运作，充分发挥经纪人的作用，可设立经纪人管理部。经纪人管理部的主要职责为：负责经纪人的招聘及培训工作；组织经纪人进行业务拓展活动；负责经纪人的考核、晋升及淘汰工作，维护公司的声誉。

5. 对经纪人的后台支持

（1）公司有计划、有步骤地建立强大、统一的信息资讯平台，经纪人每天可以从该资讯平台获得相应的信息、投资计划和建议等，服务于客户。

（2）鼓励有能力的经纪人积极参与咨询服务的过程，以提升自身的专业服务水平，并让客户尽可能得到真正的个性化咨询服务。

6. 经纪人制度的考核和激励

证券经纪人是一个非常个性化的行业。依据对国内外经纪人的了解与经验，券商对于经纪人的管理要松紧有度，重要的是要能激发个人潜能，发挥团队作战精神；要能让经纪人自动地、最大限度地创造最大效益，使每个经纪人的自我价值得到充分体现，使每个经纪人以在这个团队里工作为荣，有成就感、满足感、归属感。

第三节 证券经纪业务

一、证券经纪业务的基本含义

按照《中华人民共和国证券法》，中国境内券商可分为综合类和经纪类两类。综合类券商可以经营证券经纪、自营及承销和法律允许的其他证券业务。经纪类券商只能经营证券经纪业务。两类券商的最低注册资本分别是5亿元和5 000万元。

证券经纪业务，有时也称证券代理业务，是指证券公司通过其设立的营业场所和在证券交易所的席位，基于有关法律法规的规定和证券公司与投资者之间的契约，接受投资者的委托，按投资者的合法要求，代理投资者买卖证券的业务。证券公司作为经纪商，其与投资者建立的委托-代理关系具有法律约束力，经纪商只能按客户的要求买卖证券，不向客户垫付资金和有价证券，不分享客户买卖证券的差价，不承担客户的价格风险，经纪商以收取一定比例的佣金作为经纪业务收入。证券经纪业务收入主要有交易中介的手续费收入、保证金利差收入、其他创新业务（如融资融券、代销金融产品、中间业务等）收入。

二、证券经纪业务要素

（一）委托人

在证券经纪业务中，委托人是指根据国家法律法规，允许进行证券买卖交易并委托他人代理的自然人或法人。允许进行证券买卖的自然人或法人应在证券交易前与证券经纪商签订委托协议，如此，委托-代理关系才能成立。我国现行法规规定，不允许参与证券交易的自然人或法人不得成为证券交易的委托人。这类人员主要包括：未成年人；因违反证券法规，经有关机构决定暂停其证券交易资格而期限未满者；受破产宣告未经复权者。

另外，我国对证券投资者买卖证券还有一些其他限定条件，如证券从业人员、证券业管理人员和国家规定禁止买卖股票的其他人员，不得直接或间接持有、买卖股票，但是买卖经批准发行的国债、基金除外。

（二）证券经纪商

证券经纪商是指为促成他人交易而提供场地、设备、信息服务、委托代理等中介服务并以此按交易情况依法获得佣金的中间商人。证券交易方式的特殊性、交易规则的严密性和操作程序的复杂性，决定了广大投资者不能直接进入证券交易所买卖证券，而只能由经过批准并具备一定条件的证券经纪商进入证券交易所进行交易，投资者则需要委托证券经纪商代理买卖来完成交易过程。因此，证券经纪商是证券市场的中间力量。

（三）证券交易所

依据国家有关法律，我国经政府证券主管机关批准设立的集中进行证券交易的有形场所有四个：上海证券交易所、深圳证券交易所、香港交易所、台湾证券交易所。

（四）证券交易的对象

一般来说，经纪业务的对象就是委托合同中的标的物，即交易双方权利和义务指向的对象，这个对象可以指交易对象，也可以指委托的事项。因此，证券经纪业务的对象就是证券交易中的委托事项，具体来说，就是买卖某一特定价格的证券。这里的关键是证券的价格和数量，以及是买还是卖。因此，证券经纪业务的对象是特定价格和数量的特定证券。

三、证券经纪关系的确立

证券经纪商是证券交易的中介，是独立于买卖双方的第三者，它与客户之间不存在从属或依附的关系。但是，要开展经纪业务，证券经纪商首先必须与某一客户建立具体的委托-代理关系。在证券经纪业务中，这种委托-代理关系的建立表现为开户和委托两个环节。

（一）经纪关系的确立

1. 开户

证券交易一般实行账户划转结算，所以投资者必须开立证券账户和资金账户，而经纪关系的建立首先表现为开户。我国现行的做法是股票账户由证券交易所所属中央登记结算公司统一管理，证券商在登记结算公司指定的银行开立结算账户，投资者在证券商处或直接在指定银行开立资金专用账户。证券商为投资者开立资金专用账户后，就意味着证券商和投资者之间建立起了委托关系，此时的投资者就成了证券商所谓的客户，这是接受具体的证券买卖委托之前的必要环节或前提。

2. 委托

投资者办理了开户手续后就可以进行证券的买卖交易，但交易过程必须通过经纪商来完成，即交易时必须委托经纪商，这就需要办理委托手续。通过办理委托手续，投资者和证券经纪人之间建立起了受法律约束和保护的委托关系，证券交易户的委托单，实际上相当于委托合同，其不仅具有委托合同应具备的主要内容，而且明确了证券经纪人作为受托人以委托人的名义在委托人授权的范围内办理证券交易权限的义务，明确了证券经纪人是委托人进行证券交易代理人的法律身份，从而确立了双方的经纪关系。目前，证券交易中普遍采用自助委托系统，投资者不用填写委托单，而是在自助终端上亲自下达委托命令，这种委托命令会被记录，存储在计算机系统内，对委托命令的执行，系统会反馈给下达指令者确认，因此，确认后的委托指令记录就相当于委托单，其同样具有法律效力。

（二）证券委托人与经纪人的权利和义务

1. 委托人的权利和义务

在证券交易过程中，委托人即客户必须承担以下义务：

（1）诚信义务。客户在填写开户和委托单时，必须如实反映自己的情况与要求，并且如实将相关情况告诉经纪人。

（2）了解市场的义务。客户进行证券交易时，必须对证券市场相应的规章制度和交易操作方式有一定的了解，避免出现不规范或无效的交易行为。

（3）交存相应资金的义务。客户在证券交易过程中，必须注意补足交易资金，不得买空、卖空。

（4）接受交易结果的义务。对于经纪人按照客户各项要求进行的代理买卖活动，客户必须接受交易结果，不得反悔。

在证券委托买卖的过程中，委托人享有以下权利：

（1）客户可根据自己对证券市场的了解和认识，选择委托买卖价格和委托买卖时间及方式。

（2）客户在委托指令发出之后，因为行情变化等原因，在委托有效期内，可以变更或撤销未成交部分的买卖指令。

（3）对于经纪人违背客户委托要求而进行的代理买卖活动结果，客户可以拒绝接受，并要求经纪人赔偿。

2. 经纪人的权利和义务

具体说来，经纪人在证券经纪活动中应承担的义务有：

（1）诚信义务。证券经纪人必须如实与客户签订委托协议，不得以任何形式给予客户某种盈利保证，不得为了获取更多的佣金收入而鼓励客户频繁交易。

（2）忠实委托的义务。证券经纪人在接受客户的买卖委托后，必须忠实地按照委托人的要求在委托有效期内尽快办理。

（3）严守秘密的义务。证券经纪人对于客户的一切委托事项和相关信息负有保密的义务，未经客户许可不得泄露。

（4）券款保护义务。经纪人应负责保护客户券款，避免造成损失。

证券经纪人享有的权利有：

（1）证券经纪人对于不符合法律要求的客户，有权不接受委托。对于已形成证券经纪关系但不符合交易规则要求的客户，证券经纪人有权拒绝接受。

（2）证券经纪人在合法如实地完成客户委托后有权获取一定比例的佣金收入。

（三）证券经纪人的业务

不同证券经纪人的业务操作不同，这里仅就整体证券经纪人一般经纪业务进行研究。接受投资者的委托后，证券交易业务员的业务是满足投资者的要求，帮助委托人完成证券买卖业务。

证券交易程序要经过六个基本环节，即开户→委托→成交→清算→交割→过户。作为证券经纪人，自身业务的开展就是帮助客户完成这些过程，以满足其要求。

“委托”和“成交”是证券经纪业务的中心环节，而其他的四个环节是为这两大环节做准备或作了结的过程。

四、证券经纪业务市场营销对策研究

（一）提升渠道策略

当前证券公司渠道营销模式有以下几种：一是银行渠道。银行有大量的纯粹存款用户，其被开发成为股票投资者的潜力极大。二是小区渠道或者关系网渠道。三是俱乐部渠道，即邀请客户参加俱乐部活动，然后开展营销。四是网络营销渠道，此渠道已从简单的网上寻找客户发展到如今成熟的“互联网金融”模式。

（二）加强产品和服务的开发、升级和转型

证券公司产品和服务的升级主要从以下七个方面进行。

1. 资产配置管理

采用现代资产组合理论，为不同资产和风险承受能力的投资者提供投资组合的解决方案。

2. 财富管理

财富管理是指为投资者提供一系列的金融服务，增加或保值投资者的利益，将投资风险控制在可承受的范围内，满足投资者的需求。国外经纪业务很早就实行了财富管理的经营模式，国内券商目前效仿的居多，但真正做好的不多。财富管理是一种新的服务方式，不同于现在一些公司推行的投资顾问服务。财富管理需要的是专业的财富管理人才，全方位满足客户的综合财富管理需求，能够为客户提供各种金融问题解决方案的个性化服务。财富管理可分为生活理财和投资理财。生活理财是指为客户提供人生财富规划，满足客户生活理财需求，如职业、教育、购房、旅游、法律援助及家族办公室服务等，帮助客户提高生活品质；投资理财指明确客户的投资目标，帮助客户进行各类投资品种的配置，并不局限于股票，也可以是债券、保险、股权、艺术品等。两种理财方式并非泾渭分明，经常有交集。要实现财富管理的目标，证券公司必须有丰富的金融产品和投资水平较高、经验丰富的投资顾问。证券公司要积极地寻找业务突破，挖掘证券公司已有存量投资者的自身潜力，根据投资者不同的投资风格与风险特征，以及其多层次的投资需求，在提高产品质量和服务水平方面不断探索，推陈出新。

3. 收入模式转型

在收入来源上，证券公司营业部应该改变收入来源单一（主要是传统经纪业务收入、缺乏专业的增值服务）的状况。证券公司应尽快从证券交易佣金（通道收费）过渡到证券交易佣金加增值服务收费的模式，巩固和提升自身的专业能力，并且向各业务的深层次领域推进。传统模式通常以资产和交易量确定佣金率，而转型后要求以客户享受服务级别和产生的投资收益来确定。在传统交易佣金的基础上，按照服务内容收取一定的费用，逐渐转向服务收费模式。

4. 代销金融产品

2012 年年底，监管部门放宽了证券公司代销产品的限制，这对证券公司的业务发展产生了深远的影响——特别是固定收益类现金管理产品以及可灵活使用的现金管理产品的出现，给市场注入了新的活力。这些金融产品资金使用高度灵活，收益稳定可期，与银行、信托等金融机构形成互补，满足了偏爱流动性和风险厌恶型投资者的需求，为这些投资者提供了一个保持流动性和高收益的入口，并对其形成黏性，减缓了近年来因市场低迷，证券市场资金向银行流动的趋势。

5. 非现场开户

目前，监管部门放开了证券公司非现场开户，投资者不需要到现场而在互联网上就可完成身份验证等开户手续。这种开户方式由于不分时间、地域，可以让营销人员更方便、专注地拓展业务，因此越来越受到证券公司的重视，成了证券公司近期营销投资者发展经纪业务的有力措施。

6. 拓展经纪业务经营范围

在监管允许的范围内拓宽经纪业务的范畴，将经纪通道业务拓展到融资中介类业务、中小板股份转让业务等其他业务，以创新思维寻求通道外的增收途径。券商要实现成功转型，就必须关注行业内的创新机会，如债券、集合理财、大宗交易、利率互换、融资融券、股票质押、金融衍生品等业务创新所带来的机会。这些具有基本中介特点的业务，正逐渐成为券商新的业务增长点。这实际上就是要求成立综合业务平台，拓展经纪业务的业务范围，而不仅仅只是利用投资者的二级市场通道业务平台。

7. 重视研发工作，提高投资能力支持

对于券商之间的佣金大战，最为核心的竞争力还在于券商的投资能力，而不是佣金价格的高低。投资能力强到能给投资者以满意的投资回报时，实际上投资者是可以忽略佣金水平的高低的。因此，证券公司应重视研发工作，提高投资支持能力。研发部门和投顾人员要明确自身定位，对内为公司业务发展和创新提供研究支持，对外向投资者提供多元化、多层级的研究服务。同时，应推进研究团队建设，构建研究体系；开展覆盖金融业的研究，支持区域经济发展；丰富研发产品序列，形成宏观策略、行业研究、金融创新三大板块相互支持的报告体系；完善股票体系，为公司内部投资决策提供支持，提高研究的实用性；拓展研究成果发布渠道和宣传工作，增强市场影响力。

（三）关注投资者需求，分类管理投资者，建立“大数据”思维

知识、数据、案例、经验积累是证券公司的宝贵财富，应搭建平台，提供资源支持。随着“大数据”时代的来临，国内证券公司也逐渐开始重视和加强这些基础工作。传统的数据仓库关注的是过去的东西，而不是你现在所面对的东西，而大数据分析则更多的是探讨将来你所要面对的问题，并就此做出分析与预测。证券公司根据已有的知识资源，建立大数据中心，积累和研究投资案例，通过分析投资者的风险偏好、过去的投资情况，为公司的投顾提供策略库。同时，要加强知识管理，建立独特的分析工具和模型，从而提高咨询服务的效率。另外，要高度重视机构投资者，高度重视高

净值投资者占公司整体投资者的比例。

（四）证券经纪业务市场营销的风险控制

证券公司在发展中，不应忽略对风险的控制和管理，要学会从风险管理中取得收益。证券经纪业务市场营销的风险类别有以下四种：

1. 合规风险

合规风险是指证券公司开展经纪业务时违反监管部门的法律法规、自律组织的有关准则，可能受到监管部门处罚，遭受经济利益损失或声誉损失的风险。

2. 操作风险

操作风险是指证券公司因人员滥用职权、欺诈、业务操作失误、制度流程不完善或执行不到位所造成损失的风险，如在代理买卖证券业务时员工操作失误、投资者身份识别错误、没有认真检查投资者证件、营销人员执业时未出示执业证书、营销人员违规代理投资者委托、清算对账不仔细、过程不规范、不及时清算等。

3. 道德风险

道德风险是指证券公司个别职员因私利而恶意造成公司遭受损失的风险。随着经济的迅猛发展，违法犯罪案例日渐增多，目前道德风险引发的案例较为频繁，如蓄意骗取客户资金、采取欺诈手段签订虚假合同等。

4. 技术风险

技术风险是指证券行业所依赖的信息技术系统由于硬件或软件故障造成的如交易中断、行情中断、交易错误等风险。投资者的个人数据或交易数据受到损害、被篡改或者被暴露等也属于技术风险范畴。技术风险中，高风险、中风险发生后对证券公司的影响较大，需要对其进行重点监控。

第七章　保险经纪人

第一节　保险市场

保险市场是有形的保险交易场所与无形的保险商品交换关系的总和，由保险市场主体、保险市场客体与保险监管者构成。

一、保险市场主体

保险市场的主体由保险市场交易活动的参与者构成，包括保险商品的供给方——保险公司，保险商品的需求方——投保人与被保险人，以及充当保险供需双方媒介的中介方——代理人、经纪人、公估人。

（一）保险市场的供给方

在保险市场上，一般由保险公司作为供给方来提供保险商品。由于保险商品涉及人身与财产安全等重要问题，保险公司必须经过国家相关部门的严格审核，获得专门的保险经营业务执照才能营业。一般来说，按照公司组织形式的不同，保险公司可分为国营保险组织、私营保险组织、合作保险组织、专业自保组织和个人保险组织。我国《中华人民共和国保险法》规定，保险公司组织形式只能是国有独资公司和股份有限公司。

（二）保险市场的需求方

保险市场的需求方是指购买保险商品或对保险商品有潜在购买意愿的各类投保人和被保险人。按照不同的标准，可将保险消费者群体划分为不同的类型，以有利于保险公司设计适销对路的保险产品。比如，按照保险对象的规模，可将保险对象划分为个人投保人、团体投保人；按照保险对象的收入水平，可将保险对象划分为低薪收入的投保人、高薪收入的投保人；按照保险对象的年龄结构，可把保险商品的需求方划分为青年投保人、中年投保人、老年投保人；按照保险对象的需求效应，可把保险商品的需求方划分为保障型的投保人、储蓄型的投保人和投资型的投保人等。

（三）保险市场的中介方

保险市场的中介方是指促成保险市场供给方与需求方达成交易的媒介，包括保险代理人或保险代理公司、保险经纪人或保险经纪公司、保险公证人、保险精算事务所等。

二、保险市场的客体

保险市场的客体是指保险市场上供给方和需求方交易的承载物体，即保险商品。它本身是一种无形商品，其质与量的规定性通过保险合同体现出来。保险商品的价格即保险费率，是保险金额与保险费的比率，是保险人向投保人收取保险费的依据。

第二节 保险经纪人

一、保险经纪人的概念

保险经纪人，是指向保险人和投保人提供保险中介服务，促成保险人和投保人成交，并依法收取佣金的机构或个人。保险经纪人致力于为客户提供专业化的风险管理服务、投保方案设计服务、投保手续办理服务等，帮助投保人以最低价格获得最优承保。一般而言，保险公司与保险经纪人是合同关系，而不存在隶属关系。

二、保险经纪人的类型

保险经纪人按保险险种分类，主要分为寿险经纪人、财险经纪人和再保险经纪人。

（一）寿险经纪人

寿险经纪人是指在人身保险市场上代表投保人选择保险人、代办保险手续并从保险人处收取佣金的中间人。

（二）财险经纪人

财险经纪人是指从事各种财产、利益、责任保险业务，促成保险人与投保人保险合同成立，并从保险人处收取佣金的中间人。

（三）再保险经纪人

再保险经纪人是指促成再保险分出公司与接受公司建立再保险关系的中介，其在为分出公司争取较优惠条件的前提下，为分出公司选择接受公司，并收取由后者支付的佣金。

三、保险经纪人组织

保险经纪人存在三种组织方式，分别是个人制、合伙制与公司制。

（一）个人制

个人制保险经纪人指以个人名义从事保险经纪业务的经纪人。由于存在巨大的风险性，各国都对个人保险经纪人进行严格管理，个人保险经纪人均须参加职业责任保险或者缴纳营业保险金。英国个人保险经纪人必须缴纳最低营运资本金和职业责任保险金，日本个人保险经纪人须缴存保证金，或参加保险经纪人赔偿责任保险。

（二）合伙制

合伙制经纪人指以合伙方式设立的保险经纪组织，合伙人本身必须是合格的保险经纪人。

（三）公司制

公司制经纪人指采取有限责任公司形式成立的保险经纪组织，这是在各国都普遍存在的组织形式。一般来说，各国对保险经纪公司的清偿能力都作了具体要求，包括最低资本金的要求，缴存营业保证金的要求，以及参加职业责任保险的要求。在我国，保险经纪人不能采取个人制形式，只能采取合伙制与公司制的形式。

四、保险经纪人的经营范围

保险经纪人的经营范围一般包括直接保险业务和再保险业务。

直接保险经纪是促成投保人或被保险人与保险公司的交易，代表投保人或者被保险人的利益，提高投保人与保险公司交易匹配的中介服务；再保险经纪是促成原保险公司与再保险公司的交易，代表原保险公司的利益，向原保险人与再保险人提供分出、分入业务的中介服务。

依据我国《保险经纪机构管理规定》，保险经纪公司可以兼营直接保险业务与再保险业务。但是，我国不允许保险经纪公司兼营保险代理业务，也不允许保险公司向保险经纪公司投资入股。而英国、美国等国家，对保险经纪人的管制则相对宽松，很多保险经纪人同时也是保险代理人。

具体而言，我国保险经纪人业务包括：为投保人拟订投保方案，选择保险公司以及办理投保手续；协助被保险人或者受益人进行索赔；再保险经纪业务；为委托人提供防灾、防损或者风险评估、风险管理咨询服务；中国保监会规定的其他业务。

五、保险经纪人的作用

（一）实现被保险人的利益

保险市场是信息极其不对称的市场。一方面，保险公司对自己设计的保险商品具有完全的信息，处于信息优势地位；另一方面，由于并不具备专业知识与技能，保险消费者很难对国内外市场行情、保险人的资信和服务质量、保险产品的性能价格等信息做出准确的评价，因此处于信息弱势地位。在一些并不规范的环境中，保险公司工作人员往往凭借信息优势歪曲保险信息，诱使投保人签订保险合约，使得投保人和被保险人处于不利的境地，损害投保人和被保险人的基本权益。

保险经纪人是投保人的风险管理顾问，具备丰富的保险业务知识和法律知识，为投保人提供专业化的保险中介服务，保障投保人与被保险人的合法权益。他们的主要业务包括分析保险险种信息、帮助顾客选定保险险种、监督保险合同履行情况、协助投保人（或被保险人）索赔等。

（二）降低保险过程风险

保险经纪人可有效降低保险人的业务风险。一是进行风险识别。保险经纪人不仅要对客户面临的风险进行识别及对标的进行价值评估，还要对保险公司的风险进行识别。在再保险领域，保险经纪人可以帮助分出公司分析其面临的风险，以确定恰当的自留领域及不同的分保对策。二是进行风险分析和评估，即通过对风险进行量化，区分重要程度，针对保险界定的可保风险和不可保风险，采取不同的风险处理方式。三是进行风险处理，即保险经纪人综合考虑保险市场的状况、相关市场状况和风险管理现状，提出建议与意见。四是进行理赔谈判。保险经纪人会最大化客户利益，提高索赔效率，保证理赔结果的公正。

（三）促进保险业发展

保险经纪人制度有利于保险公司的健康发展。一是可以刺激保险公司的发展。保险经纪人为消费者提供基于保险公司的全方位中介咨询服务，提供包括公司信誉、财务状况、服务质量、管理水平等技术指标，这将刺激保险公司通过增强自身综合实力赢得保险经纪人和投保人的信赖。二是可以扩大保险公司的规模。保险经纪人分布面广，不受代理网点的地区限制，有利于保险公司网点的扩张。三是可以规范保险公司的理赔业务。保险经纪人能够有效降低保险公司与不具备保险业务知识的客户因直接谈判而产生的时间与精力成本，同时有效避免少赔、多赔情况的发生，提高保险公司理赔效率。四是可以缓解保险公司与被保险人的矛盾。保险公司往往通过扩大保险代理人队伍来追求更高的市场份额，但职业道德教育工作却难以同步，致使一些不道德行为频频产生。而保险经纪人以维护被保险人的利益为盈利基础，可有效抑制不道德行为的产生。五是可以促使保险公司专注于核心业务。保险经纪人可促使保险公司把工作重心从单一的推销保险单来扩大市场份额，转向对保险品种的创新开发和将保险基金进行合理的投资以获取更大的利润增长上来。

六、保险经纪人的义务

保险经纪人在不同的保险经纪活动中，拥有特定的义务与权利，这体现在不同的保险经纪合同中。按照保险经纪行为的特点划分，保险经纪活动可分为保险居间行为、保险代理行为以及保险咨询行为三类，从而相应形成保险居间合同、保险委托合同、保险咨询合同三类合同形式。

（一）保险经纪人在居间合同中的义务

1. 保险居间合同

居间活动是指居间人通过为委托人提供潜在交易对象或签约对象服务并为此收取报酬的活动。在居间合同中，居间人仅仅是委托人与第三人间的中介，而不是委托人的代理人，不能代表委托人行使任何权利。保险居间行为是指保险经纪人受投保人的委托，代表投保人的利益，与保险人订立保险合同并依法收取佣金的法律行为。基于保险居间行为而签订的合同就是保险居间合同。在保险居间合同中，有两点值得注意：

一是保险经纪人仅提供居间服务，即保险经纪人仅提供委托人与保险公司签订合约的机会，而不参加保险合同的具体谈判。二是保险公司向保险经纪人支付佣金。虽然投保人才是委托人，但是合约的签订实质上是为保险公司带来了业务，使保险公司受益，因此应由保险公司向保险经纪人支付佣金。

2. 义务

（1）忠实义务。必须遵守诚实信用原则，忠实地履行自己的中介义务，按约定为委托人联系、介绍保险人，促成委托人与保险人签订保险合同，不得阻挠委托人（投保人或分出人）与保险人（或分出人）的订约活动，不得损害委托人的合法权益。

（2）如实告知有关保险信息的义务。保险经纪人应当如实地向委托人告知有关订立保险合同的事项，不得隐瞒，不得做不实、有误导性的广告或宣传，更不允许进行欺诈活动。

（3）不作为的义务。保险经纪人不得为无订约能力人、无支付能力人提供订约机会，如不得为非法成立的保险公司介绍业务。

（4）为委托人保密的义务。保险经纪人应当按照约定为委托人保守商业秘密，以防发生不正当竞争行为。如果投保人要求保险经纪人不得告知保险人其姓名、名称、商号，则保险经纪人有对投保人姓名、名称、商号保密的义务。

（5）监督保险合同执行情况的义务。当保险经纪人收到保险单后要对其进行仔细检查，看其是否反映了客户要求保险的内容。保险经纪人应该向投保的客户说明保险的范围和应遵守的保险条件，提醒保险客户防范不测事故的发生，协助客户制订和实施风险管理计划。在情况发生变化而可能影响客户对保险的要求时，保险经纪人有义务通知保险人。

（6）协助索赔的义务。一旦发生保险合同中约定的事故，被保险人通常应首先通知保险经纪人，随后保险经纪人通知保险人，保险人立即开始调查索赔事件。保险经纪人对事件进行详细的评估之后，应填写一些必要的索赔文件，然后提交给保险公司。保险经纪人应该在合法的条件下，为被保险人争取最大金额的赔偿金。

（7）损害赔偿的义务。保险经纪人与投保人之间存在合同关系，若保险经纪人未妥善履行合同规定的义务，导致被保险人承担了不合理的损失、费用，如因保险经纪人的过错使订立的保险合同未能较好地保护被保险人的利益，使其在发生保险事故时遭到拒赔、少赔，或致使被保险人支付了过高的保险费等，保险经纪人当属违反合同，对被保险人的损失承担相应的赔偿责任。

（二）保险经纪人在委托合同中的义务

1. 保险委托合同

保险委托活动是指保险经纪人为委托方提供投保手续、代办检验、索赔等服务。根据受托内容的不同，委托方可以是投保人、被保险人、受益人，或分出业务中的分出人。据此，保险委托合同是保险经纪人根据委托人（即投保人、被保险人、受益人或分出人）的委托，以委托人的名义代为办理保险业务的权利义务关系的协议。而保险委托合同与保险居间合同的显著不同是，保险经纪公司以代理人的名义在委托人授权范围内活动，实施的一切代理行为后果都由委托人承担。另外，保险经纪人可以直接介入合同的具体谈判。当然，此时的保险经纪人即为委托人的代理人。

2. 义务

（1）亲自代理的义务。保险经纪人作为投保人或者被保险人的代理人，其代理行为完全是基于投保人或者被保险人或者受益人对自己的信任而发生的，因此，保险经纪人应当亲自办理委托事务。只有在两种情况下可以转委托：转委托事项已经取得原委托人的同意；在紧急情况下，保险经纪人为保护委托人利益需要转委托。

（2）对投保人或者被保险人的利益尽最大注意的义务。保险经纪人的重要职责是运用自己的知识和技能为委托人提供服务，以便最大限度地维护委托人的利益。保险经纪人不能利用经纪活动的机会为自己牟取私利从而损害委托人的利益。

（3）转移利益的义务。委托人对保险经纪人办理委托事务的行为承担法律后果。保险经纪人办理委托事务取得的财产和权利，应当移交给委托人。如：保险经纪人代投保人签订的保险合同，其保险权利、义务归于投保人；保险经纪人代被保险人或受益人索赔得到的保险金，应及时转移给委托人；委托人委托保险经纪人代交的保费，保险经纪人应及时转交给保险人，不得非法挪用或侵占保险费或保险赔款、保险金，否则应当在归还时支付利息或承担法律责任。

（4）告知的义务。保险经纪人应当按照委托人的要求，将委托事务的办理情况及时告知委托人，以使委托人及时了解有关事务的进展情况和受益、受损的情况，及时做出新的判断和意思表示，同时向保险人如实转告委托人的声明事项。委托合同终止时，保险经纪人应向委托人报告委托事务的结果。

（5）保密的义务。保险经纪人对自己在进行经纪活动中得知的委托人的商业秘密负有保密义务，不得向他人泄露或者利用该秘密进行损人利己的行为。

（6）禁止超越代理权范围的义务。保险经纪人应当在委托人授权范围内进行活动，不得超越。对需要变更委托人指示的，保险经纪人应当经委托人同意；因情况紧急，并难以和委托人取得联系的，受托人应当妥善办理委托事务，但事后应当将该情况及时告知委托人。保险经纪人因越权给受托人造成损失的，应当赔偿损失。

（三）保险经纪人在咨询合同中的义务

1. 保险咨询合同

保险咨询活动是指保险经纪人受委托人（投保人、被保险人、受益人或分出人）的委托，对特定保险项目提供预测、论证或者解答，并由委托人支付咨询费的行为。据此形成的合同便是保险咨询合同。咨询活动包括：为投保人提供防灾、防损或风险评估、风险管理咨询服务；为投保人拟订投保方案；为被保险人或受益人索赔提供咨询服务等。

2. 义务

（1）按照委托人的要求提供可行的、有法律依据的咨询服务的义务。所谓可行的咨询服务，是指保险经纪人提供的咨询意见可以在一定程度上解决委托人的疑虑或者有助于受咨询人自己做出较为全面的判断。所谓有法律依据的咨询服务，是指保险经纪人应根据与委托人的协议约定，提供不违反法律的咨询意见，以便当委托人根据保险经纪人的咨询意见实施活动时不会被法律拒绝。保险经纪人提供咨询服务可以有多种形式，如口头的简单分析、书面的咨询意见书或投保方案等。保险经纪人应在约定的期限内完成咨询服务项目或传授解决风险管理与保险技术问题的知识、技能等。

（2）保密的义务。保险经纪人对自己在进行经纪活动中得知的委托人的个人秘密和商业秘密负有保密义务，不得向他人泄露或者有利用该秘密进行有损于委托人利益的行为。

第三节　保险经纪业务

一、国内外保险经纪业务发展概述

在国际上，现代保险经纪已有百年历史，保险经纪在一些国家是保险产业的重要组织形式。

（一）英国：拥有最严格的保险经纪人制度

英国的保险经纪人制度起源于海上保险。1906 年，英国诞生了第一家保险经纪公司，并于 1910 年被英国政府贸易委员会予以注册。1977 年，英国通过了专门性法律《保险经纪人法》，成立了专门的保险经纪法案机构——英国保险经纪人协会和英国保险经纪人注册理事会（IBRC）。

英国的保险经济市场是国际上发育得最好的，保险经纪制度也是最完善和最严厉的。目前，英国保险市场上有 800 多家保险公司，而保险经纪公司超过 3 200 家，共有保险经纪人员 8 万多名，保险市场上 60%以上的财险业务是由经纪人带来的。

英国拥有国际上最严格的保险经纪人管理制度，体现在：

（1）设立了专门的监管机构，即保险经纪人注册理事会，颁布了《经营法》，对保险经纪人的市场准入进行严格把关，监管保险经纪人的信誉、宣传及服务。

（2）严格的财务管理。《保险经纪人法》规定，保险经纪人要开设独立的保险经纪人账户，且必须缴纳保证金，最低金额为 25 万英镑，最高为 75 万英镑。另外，保险经纪人每年要向注册理事会提交审计过的账户及有关证明。

（3）严厉的惩罚条例。对于违法者，最严厉的惩罚条例便是由注册理事会将违法者除名，除名后的公司或个人不得再利用保险经纪人名义从事经纪活动。

（二）德国：保险经纪人是个人保险业务的主导性力量

在德国，保险经纪人被称为被保险人的“同盟者”，其在推动个人保险业务发展方面作用显著。据统计，在个人保险业务方面，保险经纪人带来的业务量占整个保险业务的 8%，高于银行代销（5%）和保险公司直销（7%）。在工业企业保险业务的销售上，保险经纪人带来了 50%~60%的业务量，远远超过了保险代理人（10%~20%）的业务量。

德国对保险经纪人的管理主要依据《民法》来进行。《民法》规定，保险经纪人在保险经纪活动过程中，因自身过错造成委托人损失的，应单独承担民事法律责任。与其他国家相比，在保险经纪人资质的审核方面，德国并没有设定相关法规，保险经纪人的市场准入门槛相对宽松，越来越多的个人和机构以金融顾问、保险顾问或保险咨询专家的身份进入保险经纪行业。

（三）美国：主要为财产保险业务服务

美国保险市场是世界上最大的保险市场之一。2011 年，全美全部业务的保费收入达 12 047 亿美元，居世界首位。其中，寿险业务保费收入为 5 376 亿美元，非寿险保费收入为 6 671 亿美元。美国保险市场上保险公司众多，有 5 000 多家。

在美国，保险经纪人主要为财产保险业务服务，几乎不介入寿险业务。在财险业务方面，美国的经纪公司多设在大城市，保险经纪人主要业务是招揽大企业或大项目保险业务。经纪人的佣金支付标准根据业务性质的不同而不同。商业火灾险的佣金率一般为保费收入的 19%，一般商业责任险的比率为 18%，汽车险为 16%，劳动力补偿险为 10%左右，这些比率通过双方的讨价还价还可以有所浮动。

虽然保险经纪人在美国市场上的作用不是十分突出，但有关部门对保险经纪人的监管仍相当严格。除了有联邦政府和各州的立法规范外，政府还在各地区委派了许多保险特派员，他们有权对违规的保险经纪人发出警告、进行罚款、责令暂停营业甚至吊销其营业执照。

（四）日本：实施保险经纪人登记制度

1996 年 4 月，新的保险法开始实施后，日本才开始引入保险经纪人这一形式。与其他国家不同的是，日本引进经纪人制度采用的是登记制而非执照制，即保险经纪人要进入市场，只需登记注册便可。当然，经纪人仍需缴纳规定数额的保险金，超过最低保证金的部分由经纪人投保赔偿责任保险。日本保险经纪人主要依托公司外勤职员和代理店，非寿险 90%以上的业务由代理店来招揽。

（五）中国：保险经纪发展任重而道远

我国保险经纪业起步较晚，但发展迅速，大致可划分为三个阶段：

（1）起步阶段（1990—1999 年）。此阶段，保险经纪、风险管理、保险经纪人这些概念初步被引入我国保险市场。1993 年，我国成立了第一家保险经纪投资公司——华泰保险咨询服务公司（华泰保险经纪公司的前身）。同年，第一家外国保险和风险管理咨询业务公司——塞奇维克保险与风险管理咨询（中国）有限公司，在北京市被批准成立。

（2）探索发展阶段（2000—2002 年）。这个时期，保险经纪市场需求高涨，我国对保险经纪业采取审慎的态度，中国保监会采取分批次的集中审批方式来发展经纪公司。2000 年，我国批准了 3 家，2001 年批准了 4 家，2002 年批准了 6 家，逐步搭建起保险经纪公司的管理制度框架。

（3）迅速发展阶段（2003 年至今）。此阶段，我国实施市场化道路的进程加快，保监会明确了保险中介在保险资源配置中的基础性作用，加大了保险市场监管，建立起市场化准入和退出机制，促进了我国保险市场的迅速发展。

目前，我国保险经纪业虽处于迅速发展阶段，但仍然受到诸多因素的制约，发展水平仍然较低。具体体现在以下几方面：

（1）保险经纪市场认知度不高。在我国，消费者对保险经纪的认知有限，很多消费者甚至不知道存在保险经纪这个行业，保险购销一般通过单一的、保险公司与消费者直接联系的方式进行。同时，保险公司对保险经纪公司存在一定程度的误解，误把保险经纪公司当作竞争对手看待，因此更多地采取竞争而不是合作。这些都极大地阻碍了保险经纪公司在我国的发展。

（2）业务规模低、经营层次低。在西方发达国家，通过保险经纪业务完成的保费收入占全部保费收入的比率约为60%~80%，而在我国，该比率在2000年仅为0.16%，直到2012年底才增长为2.72%，并且多年来始终徘徊在2%左右，远低于西方发达国家水平。另外，我国保险经纪市场呈现出经营层次低的特点。由于起步晚，保险经纪行业非常缺乏富有保险经纪从业经验的人员。由于规模小，福利待遇低，保险经纪行业难以吸引优秀的人才。保险经纪行业利润水平低，导致各家保险经纪公司业务重心都放在抢占市场上，忽略了对专业技术人员素质的培育。这些因素造成保险经纪行业无法开展技术水平高、专业性强的业务与各种价值增值服务。

（3）组织结构不健全、专业人才不稳定。我国保险经纪公司规模普遍较小，导致组织机构不健全、不完善，甚至有的公司领导都只是兼职，发展意识淡漠。有的公司的董事会形同虚设，经营负责人的经营思路模糊，法治观念淡薄，公司内部业务严重缺乏权利的制约管理机制，内部的控制相当混乱。另外，受制于利润低、福利待遇水平低等，我国保险经纪人才很容易被外国保险经纪公司与本国保险机构高薪挖角，专业人才的频繁更换，不利于经纪公司的健康、稳定发展。

二、保险经纪业务内容

保险经纪人的经营业务主要包括以下四个方面。

（一）风险管理

保险经纪人的核心业务就是风险管理，这是保险代理活动的基础性工作。保险代理人代表客户利益，为其全面识别、评估和管理风险，通过风险自留、风险回避、风险控制、风险分离、风险集合、风险转移等方法，确保客户用最小的成本获得最大的风险保障。保险经纪人会在综合评价保险公司的服务水平、保障范围、承保能力、信息网络、理赔速度、技术能力、价格费率、投资收益等基础上，为客户选择信誉良好、服务周到、价格合理、保障充分的保险公司。

（二）保险采购

1. 直接保险采购服务

直接保险采购服务的主要内容包括：

（1）协助投保。协助投保的具体业务程序有：一是设计制作保险方案。保险方案最终须得到客户确认。二是业务询价。该程序一般要求两家以上保险公司参与，采用书面形式商议承保条件、佣金、客户服务计划等内容。三是协助客户投保。该程序包括代填投保单，代收、检查保单，督促客户及时缴费。四是保费和佣金的结算。

（2）保险期内服务。保险经纪人在客户保险期内，可以通过举办咨询、培训、研讨等活动来提高客户的风险管理水平，还可以和客户一起做定期风险回顾，发现问题并及时纠正。

2. 再保险采购服务

再保险经纪人的主要业务包括协助客户的承保人安排再保险业务，帮助承保人寻找分保渠道，在国内、国际再保市场寻找合适的再保接受公司，并向分出及接受公司提供资料及分析，提供合同管理、续转、修改、终止等服务。目前国内保险经纪公司的再保险业务部具体经营的品种主要包括财产险、建筑安装工程险、责任和保证保险、船舶和货物运输险、飞机保险等各险种的临时分保服务，以及提供合同分保方面的专业技术服务，尤其是安排巨型项目分保的市场渠道以及询价业务等。

（三）代理索赔

保险经纪人在客户出险后应尽快通知保险人，取得初步处理意见并立案记录，如有必要应立即赶赴现场，协助客户减少损失。保险经纪人可向客户提出专业建议，协助客户准备相关索赔资料，协调事故责任认定和最终赔偿结果的达成，如有需要可代客户从保险人处收取赔款，如遇重大赔案还可参与保险人及公估人的谈判等。索赔结束后，如有追偿问题，保险经纪人可会同客户协助保险公司行使代议追偿权，具体业务流程包括：报案登记或接受委托；现场勘查；提出索赔建议；协助客户准备索赔资料；与保险公司协商赔付事宜；通过第三方协助索赔；结案；归档。

（四）保险经纪增值

对有特殊需求的客户，保险经纪人可以提供风险转让、转包、出租、担保和项目融资，建立健全索赔机制，编制应急计划，建立设备及车辆管理系统，以及应用金融工程技术，利用资本市场转移风险等服务。

第八章　技术经纪人

第一节　技术市场

一、技术商品

技术商品是指用来交换、满足人们某种需要的技术劳动产品。

（一）技术商品分类

技术商品的分类方法有很多，最适用的方法有以下两种：

1. 按技术商品的特征分类

按技术商品的特征，技术商品可分为三类：一是“硬件”技术商品，指以实物形态出现的包含新技术的先进设备；二是“软件”技术商品，指以知识形态出现的新技术说明书、图纸等；三是“服务”技术商品，指以劳务形态出现的技术安装、技术操作、人员培训等。

2. 按技术商品的垄断程度分类

按技术商品的垄断程度，技术商品可分为两类：一是专利技术商品，指申请并获得专利权的技术商品。技术商品的专利权属于知识产权，它具有排他性、地域性和时间性；二是专有技术商品，指没有获得专利但需要保密的技术知识、经验和技能。专有技术和专利技术的相似之处是都拥有技术商品的所有权，其不同之处在于：专利技术是取得法律保护的公开技术；专有技术则是未取得法律保护的非公开性技术，其所有人依据技术上的保密享有实际的独占权。

（二）技术商品的主要特征

1. 商品形态的无形性

技术是人们智力劳动的产品，技术实质上是一种技能、诀窍、技巧和知识，不像一般商品以物质形态存在。技术商品的这种特征，使人们很难对技术商品的质量进行量化，而只能采取定性分析或旁证说明。

2. 商品价格的不确定性

就一般商品而言，商品的价格与其价值成正比，在价格上都能进行量化。但技术商品则不然，其价值与价格往往背离。某些研究开发成本很高的技术商品由于鲜为人知或使用价值不高，难以卖出高价；而有些技术商品固有价值虽然不高，但由于市场急需或使用面广，售价可能不低。由此可见，决定技术商品价格高低的首位因素不是商品本身的价值，而是取决于技术商品被社会应用后所产生的社会效益和经济效益，这便是人们通常所述的“转化价值”。因此，在确定技术商品的价格时，人们需要经过买卖双方艰苦的讨价还价方能确定，这也就是人们通常所说的“议价”原则。

3. 品种、数量的单一性

一般商品多是重复性、批量性生产的。不仅一个企业可以大批量地生产一种或若干种产品，其他企业也可大批量生产同样的产品。但技术商品的生产则不是这样。如果某项技术商品问世，极少有人再去重复研究开发该项技术商品。至于像专利技术这种技术商品，则是“举世无双”。因此，在选择技术商品时，往往很难真正做到“货比三家”，通常只能通过市场调查，对所购技术商品进行经济技术可行性分析研究，或者通过对相似的技术商品进行比较鉴定，好中取优。

4. 商品寿命的无形磨损性

任何商品都具有市场寿命和使用寿命，而寿命周期则取决于商品的有形磨损或无形磨损。所谓有形磨损是指商品在正常使用条件下经过一定时期不能继续使用了。而无形磨损则是指由于商品更新，原来的商品已不再受到市场欢迎而被淘汰。技术商品是一种知识形态的商品，它只存在无形磨损，即由于技术的进步，某种技术商品被更先进的技术商品所取代。可见，技术进步的速度愈快，技术商品的无形磨损愈快，技术商品的寿命也就愈短。因此，一项技术商品推出后，必须十分注意营销策略，尽快实现市场销售，使该项技术商品在有限的市场寿命周期内取得尽可能多的经济效益和社会效益。

5. 商品交易中的技能传授性

一般商品的交易是“一手交钱，一手交货”，钱货两清，交易即告完成。然而，技术商品的交易则没有这么简单。一项技术交易的完成不仅要求“钱货两清”，而且要求技术使用方掌握所购技术的全部内。因此，技术商品的持有方必须教会使用者如何掌握该项技术，也就是说，技术的持有者必须对技术的使用者进行技术传授。

技术持有者在出让自己的技术以后，除独占许可以外，并没有失去该项技术，技术依然保留在自己的脑海、图纸、资料或凝固在样品、样机上。可见，在技术商品的交易中，技术买方买到的只是技术商品的使用权而非占有权，技术持有方仍可向他人转让同一项技术商品——这和物质形态的商品交易大相径庭。因为在物质商品交易中，商品卖方把商品售出后，他便失去了对所售商品的占有权，而商品买方则不仅取得了所购商品的使用权，同时也取得了占有权。

二、技术市场

（一）技术市场的含义

技术市场有广义和狭义之分。狭义的技术市场，是指技术商品交换的场所。它有一定的时间和空间的限制，如技术交易会、技术商店等。广义的技术市场，是指将技术成果作为商品进行交易，并使之变为直接生产力的交换关系的总和。它包括从技术商品的开发到技术商品的应用和流通的全过程。技术市场是我国社会主义市场体系的有机组成部分，是当前我国重点培育的一个生产要素市场。在技术市场中，人们除了应遵守一般的市场规则外，还应遵循知识形态商品交换的特殊规则，这就是《中华人民共和国技术合同法》，它是我国技术市场的基本准则。

（二）技术市场的经营方式和范围

1. 技术开发

技术开发是指由掌握技术的一方受另一方的委托，就某种技术项目进行研究、设计、试制、应用推广等活动的经营业务。

2. 技术转让

技术转让是指技术成果由一方转让给另一方的经营方式。转让的技术包括获得专利权的技术、商标，以及非专利技术，如专有技术、传统技艺生物品种、管理方法等。

3. 技术承包

技术承包是指一方根据另一方的要求，通过合同的形式，对某一工程技术项目的研究、开发、设计、生产、应用全面负责。一般情况下，技术承包含有大量非技术性内容，如采购、运输、辅助劳力等。

4. 技术咨询

技术咨询是指掌握技术和知识的一方受另一方的委托，提供各种可供选择的决策依据的一种智力服务形式。技术咨询的内容主要包括政策咨询、管理咨询、工程咨询等。

5. 技术服务

技术服务是指拥有技术的一方为另一方解决某一特定技术问题所提供的各种服务，如进行非常规性的计算、设计、测量、分析、安装、调试，以及提供技术信息、改进工艺流程、进行技术诊断等。

6. 技术中介

技术中介是指为技术商品的供需双方提供中间服务的经营方式。其主要内容是提供信息、组织洽谈，或提供其他的辅助服务。

7. 技术培训

技术培训是指一方为另一方提供某种知识或技能培训的经营活动。职业上岗培训和继续工程教育等一般成人教育，不能被纳入技术市场的经营范围。

8. 技术入股

技术入股是指一方以技术作为投资与另一方合作，共同组成经济实体的技术交易形式。

第二节　技术经纪人

技术经纪人是指在技术市场中，以促进成果转化为目的，为促成他人技术交易而从事中介居间、行纪或代理等，并取得合理佣金的经纪业务的自然人、法人和其他组织。技术经纪人具体包括技术经纪人事务所、技术经纪人公司、个体技术经纪人员、兼营技术经纪的其他组织。技术经纪的从业人员应当经过培训考核取得由省市科学行政管理部门和工商行政管理部门颁发的从业资格证书。目前，上海市的技术经纪人走在了全国前列，已经形成了技术经纪人的考核培养制度、管理制度和技术经纪人赖以生存的技术产权交易市场。

随着我国市场经济体制的建立和不断完善，技术市场也有了突飞猛进的发展。技术经纪人作为技术市场主体要素之一，其作用和重要性已越来越为人们所重视。在信息交流、技术评估、咨询服务、中介协调、资金融通等职能的作用下，技术经纪人能有效地激发技术市场的潜在需求，促使生产部门主动地向科研部门提出新需求、新课题，也促使科研部门主动地为生产部门排忧解难，不断根据社会需要推出新的科技成果。技术经纪人，在产学研之间、在科技成果与技术转移之间，架起了一座桥梁，加速了科技成果商品化和向现实生产力转化的进程，有力地促进了产学研的有机结合和社会的可持续发展，其作用是其他组织机构所不能替代的。

一些发达国家的经验表明，技术经纪服务机构是促进科技成果商业化和技术创新的重要工具。在美、德、英、法、日等发达国家，政府对技术经纪组织、机构的发展都极为重视，制定了一系列的政策、法律来保障和促进其发展。早期，欧盟还对技术经纪机构实行资助政策。正是由于政府的积极推进，这些国家逐步建立起一个种类庞大的技术经纪服务体系，促进了技术市场的高速发展。

一、技术经纪人的类型

根据不同的分类标准，技术经纪人可以区分为不同的类型。

1. 专利技术经纪人

专利技术的交易是指受到国家保护的公开技术向社会的转让。技术经纪人的职责是为卖方寻找买方，因而技术经纪人必须对该项专利的技术前景、市场潜力以及可供选择的技术受让方进行调查研究，并有针对性地进行有效的宣传和联系。

2. 专有技术经纪人

国际上一般把非专利技术称为“专有技术”。它一般是某种技术秘密，其财产价值只有使用权和转让权，而没有法律意义上的“所有权”属性。技术经纪人在介绍这类技术时，既要使受让方了解此技术的市场前景，又要帮委托人保守其技术秘密。

3. 技术开发项目交易中的经纪人

技术开发是一种获取新技术的创新工作，具有较大的技术风险。技术经纪人开始应把重点放在可行性研究和项目咨询方面。在项目进行过程中，技术经纪人应根据委托开发和合作开发的法律特征和实际情况，注意技术成果的分配问题。

4. 技贸结合交易的经纪人

技贸结合交易是技术交易中最常见的一种形式。这类交易一般较复杂，技术经纪人应着重研究卖方动机和买方动机，并以此帮助买方或卖方确定交易中的各种策略。

5. 技术招标与投标中的经纪人

技术招标是技术卖方竞争的赛场，除了实力的较量外，策略的运用也十分重要。

技术经纪人主要通过各种合法的手段，获取相关的信息，为投标方或招标方制定招标和投标策略。

6. 技术服务的经纪人

技术服务量大、面广，技术经纪人主要是在众多的服务方和委托方中为卖方拓宽服务领域，为买方物色理想的服务者。

7. 国际技术合作中的经纪人

国际技术合作的特点是技术和经济合作通常融为一体，同时又是不同发达程度、不同民族文化的国家和地区之间进行交易。技术经纪人要在熟练运用国际商法和商业界惯例的同时，善于为国内的委托者选择理想的交易伙伴和有效的交易项目，降低盲目性。

二、我国技术经纪人的现状与发展条件

（一）技术经纪人的现状

有关资料统计显示，目前我国每年有 3 万项通过鉴定的科技成果，但能转化为批量生产的仅占 20%，能形成产业规模的只有 5%，而西方发达国家的科技成果转化率一般在 60%~80%之间。就整体情况而言，我国的技术经纪业仍处于初级阶段，全国具有执业资格的技术经纪人数量非常有限。技术市场主体之一的中介方——技术经纪人的严重缺位，使技术商品的流向缺乏调控和引导力，形成了科技成果供、需方转化信息不畅通的“瓶颈”问题。市场对技术经纪人求贤若渴，技术经纪人已经成为一种不可多得的热门职业。技术经纪人靠收取佣金盈利，收入不稳定，属于“一年不开张，开张吃一年”的那一类。技术经纪公司的利润，往往比承担技术开发的企业业务总收入还高，有些甚至高出几倍。佣金提取比例由技术经纪人和客户协商，各地区、各行业不完全一样，一般为 3%~5%。

我国技术市场处于初级阶段，技术经纪人的队伍也比较年轻，总体上有以下特点：

（1）科技人员和机关干部出身的较多。这类人对于科研或教学工作比较熟悉，有较高的科学文化水平和一定的专业知识，但金融、法律、财经、企业管理、商品流通等专业知识较少。

（2）兼职的多，专职的少，真正站在“海”里以技术经纪为主业的更少。从事技术经纪的人员，原有的职务、职称、工资待遇和人事管理办法并没有变化，原有的教授、工程师、政府官员身份并没有改变。民营技术贸易机构的有关人员以技术开发和转让本单位成果为主业，而技术中介则为副业。少量的技术交易使技术经纪人同时从事多种职业，无法全身心地投入中介工作，降低了技术成果的交易质量。

（3）从事初级、单一的中介业务较多，参与系统深入的业务较少。技术经纪人由于其业务水平和资源渠道的限制，不能参与到技术交易的深层次活动当中，往往只是牵线搭桥、提供信息，很难完成协调、组织、经营等全过程的中介服务。所以，目前技术市场上的技术经纪活动以简单中介为多。技术经纪人活动的空间比较狭窄，真正从头至尾参与技术转移全过程的不多，有的技术经纪人长期从事单一业务。例如，北

京有“职业”项目发布人 1 000 多名。他们是各科研院所、高等院校开发办的成员，常年参加北京和全国的各种技术成果交易会，主要任务是发布本单位的技术信息，平均每人每年参加各种发布会 20~50 次。他们的促销、洽谈能力很强，但多数人的业务职责只到签订“意向书”为止，对于深入洽谈、签订合同以及合同实施、项目建设等深层次的工作则很少参与。

（4）业务渠道和经济来源不畅通，技术经纪人的地位和作用并没有获得普遍承认。由于目前技术经纪人业务渠道和个人信誉没有完全建立起来，其社会影响力和知名度还没有得到普遍承认，业务的开展受到了直接影响，因而技术经纪人的报酬比较低，没有和他们付出的劳动以及创造的社会价值直接挂钩。与其他行业的经纪人进行横向比较，技术经纪人的生意比较清淡，业务收入较少。

（5）技术经纪市场缺乏完善的法规调控体系和保障体系，个别技术经纪人缺乏职业素养和专业技能，影响了技术经纪人队伍的整体声誉。

（二）技术经纪人的发展条件

技术经纪机构和技术经纪人的生存和发展必须满足以下三个条件：

（1）高于主体，强于主体。技术经纪人在促进和实现技术成果转移的活动中，要有一个或多个方面强于技术买卖双方，成为他们必须求助和依赖的对象，以不可替代的作用获得存在的理由。

（2）技术全面，全程参与。技术经纪人只有积极参与技术转移的全过程，突破牵线搭桥的简单中介水平，在技术交易的各个环节中都发挥重要作用，才能避免深入发展时被淘汰出局。

（3）进主渠道，做大项目。中小型项目由于规模小、经济效益有限，专职的技术经纪人发挥作用的空间小，所取得的经济回报也相应较少。只有在国民经济建设的主战场，或影响某地区、某行业经济发展的关键项目中，技术经纪人才有可能发挥应有的作用，获得较高的社会地位和丰厚的经济收入。

第三节　技术经纪业务

一、技术经纪人在业务活动中应注意的问题

（一）所中介的新技术、新产品是否有价值

在技术经纪活动中，经纪人的目的是使新技术、新产品从实验室转化到生产企业，在新技术、新产品的推广中使供需双方都得到效益。这就要求经纪人必须是通晓某类科技产品的专业人才，是专家经纪人。这类经纪人必须懂得该项、科技成果的有关知识，如其设计是否合理、技术是否领先、能否适销、能否给生产者带来经济效益。只有深刻地了解该技术、产品的开发价值，经纪人才能做好中介服务。

（二）所中介的科技成果是否有侵权行为

科技经纪人在中介科技成果时应首先确认该项科技成果所有权的归属问题，尤其应注意该技术成果是发明人在工作岗位上的创造还是业余时间独立研究的结果，以免因中介了有侵权行为的科技成果而发生经济纠纷。

（三）中介行为是否符合技术合同的有关法规

在科技成果转让中，签订技术合同是实现科技成果转化为生产力，实现价值的有效法律保证。因此，经纪人不仅要懂得技术合同法，还要向供需双方宣传技术合同的有关法规，帮助双方严格按照合同法的规定签订技术转让、技术交易合同。对获得专利的科技发明成果，经纪人要严格按专利法办事，保护专利获得者的合法权益。

（四）所中介的科技成果是否符合国家有关政策

凡国家规定不能公开转让的尖端技术、基础科学研究成果，经纪人必须自觉地不进行这类科技成果的中介活动。对于破坏植被、污染环境、违反对外政策的科技转让，经纪人也不能参与。

二、技术经纪人的业务范围

技术经纪人在技术交易市场中发挥着越来越重要的作用。随着技术经纪人队伍的壮大，技术经纪的业务范围也越来越广泛，概括起来主要包括以下七个方面的内容：

（一）收集、传递科技信息

一个技术经纪人要想很好地完成其职能，关键是要善于获取信息、筛选信息、存储信息和利用信息。因此，技术经纪人应首先从收集和传递技术市场信息开始开展经纪业务，这是技术经纪活动之本。在掌握广泛信息的基础上，技术经纪人还要对市场的供需状况进行调查、分析、预测，通过多种渠道、采用多种形式把信息定期或不定期地传递给有关科研院所和工矿企业。

（二）为用户提供咨询服务

技术经纪人可凭借自己的专业知识、经验、能力和掌握的信息，通过调查研究、分析评价和预测，以居间、代理或经纪的身份为技术交易双方提供包括：法律咨询、市场咨询、技术信息咨询、决策咨询以及技术工程咨询等在内的各种咨询服务。

（三）为买卖双方寻找和选择交易伙伴

在科技成果的转让过程中，交易买卖双方的寻找和选择是至关重要的。这不仅关系到科技成果能否迅速地转让出去，还关系到科技成果能否得到合理的开发、应用并产生经济效益，这是交易双方最感棘手也最需要得到帮助的工作。技术经纪人可受当事人的委托，以代理或市场主体的身份为当事人寻求理想的交易对象。

（四）综合评价所转让的技术成果

技术经纪人要对所转让的技术成果进行综合评价，包括可靠性、成熟性、配套性、先进性、市场获利能力、获利年限等方面的评价，为交易双方谈判提供一个合理的参考价格，使买卖双方心中有数。同时，技术经纪人还要了解买方的技术能力、资金水平和管理水平，从而判断买方能否实施该技术，并帮助其进行可行性分析。

（五）参与买卖双方的交易过程

技术经纪人除了提供信息咨询等方面的服务外，还要为交易双方的谈判、签约等过程提供中介服务。这类中介服务主要包括：介绍交易双方见面交谈；在谈判过程中为交易双方疏通障碍、调解分歧、协商价格、促进成交；帮助双方签订条款清晰、权责分明的技术转让合同；监督双方履行各自义务，调解合同执行过程中的分歧，参与纠纷的仲裁，在诉诸法律时出庭作证。

（六）组织技术成果的二次开发

技术成果的二次开发主要是指对技术研究成果的再加工、再处理，以提高技术成果的成熟性、配套性和适用性，促进技术成果的转让。在一些技术成果的转让中，经纪人要根据需要把单项技术集结、配套，使之系统化；把综合的技术成果分成若干独立的部分，向有需求的买方推销；有条件的还要参与技术成果的中间试验、小批量试制、开发工作，做技术成果的孵化器。

（七）进行风险投资，把资金融通和技术经营结合起来

资金在科技成果的转化过程中发挥着重要作用。一项成果从研制到中试，再到试生产，经费的大体比例为 1∶10∶100，如此大的投入，对于大多数科研单位和生产企业来说都是难以承受的，因此，中试阶段的资金瓶颈严重地阻碍着科技成果的转化。经纪人可以通过各种方式吸引资金，把资金融通和技术经营结合起来。

第九章　信息经纪人

信息时代，信息量增长的速度及信息本身的内涵都是人们始料不及的，人们在面对各种渠道传来的大量信息而欣喜若狂的同时，也感到无所适从。面对信息时代漫天飞舞的信息，面对信息商品供需的迫切要求，信息经纪人应运而生。

在经纪活动中，专门从事信息中介，为信息接收方提供信息服务，收取佣金的公民、法人和其他经纪组织便是信息经纪人。

信息经纪人是信息产业中的“润滑剂”，是促进信息消费的重要力量。信息消费每增加 100 亿元，可以拉动经济增长 300 亿元，是扩大内需、增强综合国力的重要动力。2013 年，我国信息消费规模达到 2.2 万亿元，预计到 2015 年，我国的信息消费规模将达到 3.2 万亿元。国家已把促进信息消费作为国家经济发展战略的重要组成部分。

第一节　信息市场

一、信息概述

日常用语中，信息即是音信、消息。作为社会概念，信息可以理解为人类共享的一切知识，或社会发展趋势以及从客观现象中提炼出来的各种消息之和。

1. 信息的特性

（1）可识别性。信息是可以识别的，对信息的识别又可分为直接识别和间接识别。直接识别是指通过人的感官（听觉、嗅觉、视觉等）进行的识别；间接识别是指通过各种测试手段来识别，如使用温度计来识别温度、使用试纸来识别酸碱度等。不同的信息源有不同的识别方法。

（2）传载性。信息本身只是一些抽象符号，如果不借助于媒介载体，人们是无法接受信息的。一方面，信息的传递必须借助于语言、文字、图像、胶片、磁盘、声波、电波、光波等物质形式的承载媒介才能表现出来，才能被人所接受，并按照既定目标进行处理和存贮；另一方面，信息借助媒介的传递又是不受时间和空间限制的，这意味着人们能够突破时间和空间的限制，对不同地域、不同时间的信息加以选择，增加利用信息的可能性。

（3）不灭性。不灭性是信息最特殊的一点，即信息并不会因为被使用而消失。信息是可以被广泛使用、多重使用的，这也导致其传播的广泛性。当然信息的载体可能在使用中被磨损而逐渐失效，但信息本身并不因此而消失，可以被大量复制、长期保存、重复使用。

（4）共享性。信息作为一种资源，不同个体或群体在同一时间或不同时间可以共同享用，这是信息与物质的显著区别。信息交流与实物交流有本质的区别：实物交流，一方有所得，另一方秘有所失；而信息交流不会因一方拥有而使另一方失去拥有的可能，也不会因使用次数的累加而损耗信息的内容。信息可共享的特点，使信息资源能够发挥最大的效用。

（5）时效性。信息是对事物存在方式和运动状态的反映，如果不能反映事物的最新变化状态，它的效用就会降低。也就是说信息一经生成，其反映的内容越新，价值越大；时间延长，价值随之减小。一旦信息的内容被人们了解了，价值就消失了。信息使用价值还取决于使用者的需求及其对信息的理解、认识和利用的能力。

（6）能动性。信息的产生、存在和流通，依赖于物质和能量，没有物质和能量就没有信息。但信息在与物质、能量的关系中并非是消极、被动的。它具有巨大的能动作用，可以控制或支配物质和能量的流动，并对改变其价值产生影响。

2. 信息的分类

信息可以从不同角度来分类。

（1）按照信息重要性程度可分为战略信息、战术信息和作业信息。

（2）按照信息应用领域可分为管理信息、社会信息、科技信息和军事信息。

（3）按照信息的加工顺序可分为一次信息、二次信息和三次信息等。

（4）按照信息的反映形式可分为数字信息、图像信息和声音信息等。

（5）按照信息性质可分为定性信息和定量信息。

二、信息市场

信息市场有狭义和广义之分。前者是指信息产品的供需双方按照一定的条件和方式进行信息商品交易的场所；后者是指信息商品流通领域里各种经济关系的总和，是一种广义的、抽象的市场。我国的信息市场，主要是指在经济信息、技术信息、社会文化信息等各种信息业务中，通过各种形式把客观上有需求、主观上有可能提供的信息作为商品提供给用户，从而完成信息交换的场所。

1. 信息市场的特征

（1）信息市场覆盖于一般市场之上，渗透于一般市场之中。各种市场，从一般的物质商品市场到技术市场、资金市场、金融市场、人才市场等，都越来越依赖用信息交流和传递，依赖以计算机为核心的现代信息技术。信息市场覆盖于其他市场之上，制约着市场的各种经济关系。

（2）信息商品交换关系的复杂性。信息交易是一项复杂的活动，尤其是一些高层次的信息服务（科技咨询、成果论证、市场预测）往往要经过供需双方多次洽谈、调研、论证、技术培训，所以，供需双方需要通力合作，建立长期的协作关系。信息经营者应该以良好的服务取得用户的信任，在价格上可采用先服务后收费的办法，建立信誉。信息使用者在消化吸收信息后，再生产、再创造出更大经济效益时，也应考虑经营者的合理收入。

（3）信息商品交易方式的多样性。信息商品是一种知识商品，必须以物质手段作为载体来存贮、传递和表现。信息的载体有三种类型：①软载体。软载体是指能够将信息显示出来的文件、图纸、记录等；②硬载体。硬载体是指能够传递信息的样品等实物；③活载体。即信息作为知识储存于专业人员的头脑中，通过咨询等手段进行传递。由于信息的载体不同、传递方式不同，信息交易方式也具有多样性。

（4）交易价格的多变性。由于人为因素，信息收集和整理的成本费用差别较大。效用相同的信息因供给者不同而包含的社会劳动量差别很大，所以，信息市场的价格具有很大的弹性。

2. 信息市场分类

信息市场主要划分为信息咨询、信息服务、信息资料有偿转让、信息软件开发、计算机语言程序设计、信息周转等。从不同的角度，信息市场可以划分为不同的类型。

（1）按市场的组织形式，信息市场可以划分为：

①集中交易型信息市场（有固定的机构和交易场所）；

②通信型信息市场（主要通过采用现代通信联系的方式进行信息交换）；

③临时型信息市场（临时举办的产品展览会、信息交流会）；

④流动型信息市场（不是固定在某一场所内，没有固定时间，而是通过报纸、杂志、内部资料来扩大信息传播和交易）。

（2）按信息商品所属的层次，信息市场可以划分为一次信息市场（市场动态、技术转让等）、二次信息市场（数据库商场等）、三次信息市场（可行性分析报告、市场调查报告等）。

（3）按信息商品经营的范围，信息市场可以划分为综合型信息市场和专业型信息市场（单独经营某一专业领域）。

（4）根据不同所有制和组织形式，信息市场可以划分为民办互助式的信息市场、官办的信息中心和信息交易所、学会团体和企业集团自己举办的自发经营的信息市场、私营或个人信息交易市场及联营型信息市场。

（5）按信息市场经营的信息商品类别，信息市场可以划分为资料型信息市场、产品型信息市场、劳务型信息市场及混合型信息市场。

（6）按信息市场的交易性质和形式，信息市场可以划分为产品型信息市场和服务型信息市场。

第二节　信息经纪人

一、信息经纪人的含义

信息经纪人是指在经济活动中以收取佣金为目的，为促成信息交易而从事居间、行纪、代理等经纪业务的公民、法人和其他经济组织。

信息经纪人的工作目的是盈利，工作技能是信息检索和与人交流的能力，工作方式是传统的面对面的方式和现代的网络方式，服务项目包括信息提供、客户培训、帮助企业制订各种方案等，机构形式有个人或组织等形式。

二、信息经纪人赢利方式

1. 宣传网站赢利

注册成为信息经纪人后，系统会自动分配给你一个网站，你便可以宣传这个网站。只要他人打开了你的网站，你就可以获得 1 个积分，1 个积分可兑换 0.1 元人民币，10 个积分可兑换 1 元人民币，100 个积分兑换 10 元人民币，1 000 个积分兑换 100 元人民币，10 000 个积分兑换 1 000 元人民币……以此类推。满 10 元即可兑付。

2. 出售信息盈利

他人从你的网站上购买一条信息，你就可以获得该信息售价 50%的提成，信息发布人获得 20%的提成，网站提成 30%，用于支付会员宣传网站获得的积分兑换人民币的费用和网站营运、管理成本。

例如有人从你的网站上购买了一条售价 100 元的信息，那么你就可以获得 50 元，信息发布人获得 20 元，网站获得 30 元。如果有人从你的网站上购买了一条售价 600 元的信息，那么你就可以获得 300 元，信息发布人获得 120 元，网站获得 180 元……以此类推。

3. 发布信息盈利

每一个人都有自己的信息渠道，只是你平时没有注意罢了。比如，当地有什么特产，这就是信息，因为当地人都知道这个信息，所以当地人不当一回事，但对于外省市一些人来说，这就是一条价值千金的信息，有眼光的商人会从中看到商机。再比如，当地盛产什么，可能积压成垃圾，但对于其他地方来说可能是个宝，这也是信息。当地紧缺什么，这也是一条信息，一些供货商会根据你提供的信息而找到销路。

发布一些这样的信息，对你来说是轻而易举的事，因为这些都是你再熟悉不过的事。如果有人购买了你的信息，就能获得售价 20%的提成，全国那么多信息经纪人在推广你的信息，你的收入可想而知。

4. 利用信息创业

一条信息就是一个机遇，可以避免你少走弯路。就像房产中介一样，中介人总是最先知道最好的房源，信息经纪人也总是最先了解对于自己来说最有价值的信息，有了商业信息，创业也更容易了。

第三节　信息经纪业务

一、信息检索

信息检索是指利用各种信息源和信息检索技巧寻找客户所需要的信息，它是信息经纪业职业活动的支柱。信息经纪人要想获得所需要的信息，并使之发挥效用，必须拓宽信息检索与收集渠道。目前信息检索渠道主要有五种。

1. 公开媒体

报纸、杂志、广播、电视、电影、网络等公开媒体中蕴含了大量的信息，经纪人要善于从中发现与自己行业相关的有用信息。

2. 专业文献

专业文献是前人留下的宝贵财富，是知识的集合体。在数量庞大、高度分散的文献中找到所需要的、有价值的信息，是经纪人必做的功课。

3. 人际关系

同事、上级、下属、客户、亲朋好友、竞争对手等，都可以成为重要的信息来源，与他人保持畅通的信息交流非常重要。

4. 信息机构

当日常的信息收集和知识积累尚不足够时，就要借助一些专业的信息机构，例如参加专业会议、加入情报网络、委托咨询公司等。

5. 社会调查

社会调查是获得真实可靠信息的重要手段。它是指运用观察、咨询等方法直接从社会中了解情况、收集资料和数据的活动。利用社会调查收集到的信息是第一手资料，因而这些信息比较接近社会，更加真实可靠。

二、信息加工

信息加工是指对收集来的信息进行去伪存真、去粗取精、由表及里、由此及彼的加工过程。它是在原始信息的基础上，生产出价值含量高、方便用户利用的二次信息的活动过程。这一过程将使信息增值。只有对信息进行适当的处理，才能产生新的、用以指导决策的有效信息或知识。

1. 信息加工的内容

一般来说，信息加工的内容包括以下三个方面：

（1）信息的筛选和判别。在大量的原始信息中，不可避免地存在一些假信息和伪信息，只有通过认真筛选和判别，才能防止鱼目混珠、真假混杂。

（2）信息的分类和排序。收集来的信息是一种初始的、零乱的和孤立的信息，只有把这些信息进行分类和排序，才能存储、检索、传递和使用。

（3）信息的分析和研究。对分类排序后的信息进行分析比较、研究计算，可以使信息更具有使用价值乃至形成新信息。

2. 信息加工的方式

从不同的角度出发，信息加工方式有各种不同的划分。

（1）按处理功能的深浅，信息加工方式可分为预处理加工、业务处理加工和决策处理加工三类。第一类是对信息简单整理，加工出的是预信息。第二类是对信息进行分析，综合出辅助决策的信息。第三类是对信息进行统计推断，可以产生决策信息。

（2）按是否运用计算机，信息加工方式可分为手工加工和计算机加工两种。采用手工管理方式进行信息加工，不仅烦琐、容易出错，而且加工过程需要很长时间，已经远远不能满足管理决策的需要。计算机、人工智能等技术的不断发展和应用，大大缩短了信息加工的时间，满足了管理者的决策需求，同时人们也从烦琐的手工管理方式中解脱了出来。计算机信息加工就是指利用计算机进行数据处理，而且在处理过程中，大量采用各种数学模型。这些模型的算法往往是相当复杂的。不过现在已经有许多可供选择的软件包，如统计软件包、预测软件包、数学规划软件包、模拟软件包等。

三、用户培训

客户培训内容包括培养客户的信息意识，培养客户使用互联网、万维网和其他网上系统进行信息检索等。诚然，经过培训，消费者可以随时做一些基本的信息检索工作，但这不影响他们寻求信息经纪人专业化服务的消费欲望。相反，随着消费者亲自检索信息的经历增多，他们将逐渐体会到信息经纪人所提供的服务和技术的重要性，从而形成更广泛、更深入的信息需求。另外，由于信息经纪人在满足各种信息需求方面存在比较优势，信息消费者也会乐意以货币的形式购买信息经纪人的专业信息服务。

四、事前预测和事后反馈

信息经纪人只有做好研究预测工作，才能了解到信息消费者的潜在需求，才能找到正确的努力方向，才有利于信息经纪工作持续地发展下去。目前商店、银行等服务性部门都在加强客户关系管理，通过数据挖掘技术确定潜在的消费者和消费者的潜在需求。它们在尽最大的努力争取更多的客户资源，这一点是值得信息经纪人借鉴的。另外，事后反馈也同样不可忽视。向信息生产商进行信息反馈可以使生产商及时地了解行业趋势，及时地调整工作重点，找到缺陷加以完善，总之这是有益而无害的。以下几个例子是消费者提出的一些信息需求，可以让我们更加真实地感受到信息经纪人的具体工作：

（1）我所处行业中第四大公司为哪一家？他们去年的销售情况如何？公司的总裁是谁？他有几个孩子？

（2）今后五年内我所在的领域将出现哪三种最具有代表性的产品或服务项目？哪家公司最适合开发其中的一种或几种产品？

（3）加拿大人是否喜爱橙汁这种饮料？他们是否与美国人一样在早餐时饮用橙汁呢？在加拿大是否还有待开发的橙汁市场？如果有，他们需要新鲜橙汁还是冷冻橙汁？

第十章　房地产经纪人

第一节　房地产市场与房地产经纪

随着城乡居民收入水平的持续增长与城镇化进程的加快，我国房地产行业发展迅猛。我国百强房地产代理服务业 TOP10 研究报告显示，排在前列的十强企业自 2007 年开始持续快速增长，2007—2008 年增幅较大，之后形成稳定的增长态势，市场份额由 7%上升到 12%左右。排在第 11～15 位的企业在 2007—2008 年所占市场份额较大，在 13%～15%之间。

我国房地产对经济增长贡献显著。国家统计局 2014 年数据显示，2013 年我国全社会固定资产投资总额（不含农户）436 528 亿元，其中房地产行业投资额在所统计的 19 个行业中比重最高，达到 111 424 亿元，占全社会固定资产投资总额的 25.53%。2013 年，我国国内生产总值（GDP）为 568 845 亿元人民币，从 GDP 支出法构成来看，最终消费为 28.4 万亿元，其中商品房销售额为 8.1 万亿元，房地产行业 7.9 万亿元，二者共计 16 万亿元，占我国 56.8 万亿元 GDP 的 28.17%。2013 年，房地产行业产值占 GDP 的比重已经接近 30%。同时，房地产业是关联行业最多的超级行业，受房地产业影响的行业有三大类共计 130 多个行业，加上受其影响的附属行业，其对中国 GDP 的实际影响将远远超过 30%。

一、房地产市场

（一）房地产市场的概念

房地产市场是指从事房产、土地的出售、租赁、买卖、抵押等交易活动的场所或领域。房产包括作为居民个人消费资料的住宅，也包括作为生产资料的厂房、办公楼等。

（二）房地产市场的特点

房地产是指土地、建筑物及其地上定着物。它可以视为实物、权益、区位三者的结合。由于房地产具有不可移动、独一无二、价值大、寿命长久、相互影响、数量有限、保值增值等特性，房地产市场也相应地具有如下特点：

（1）交易的物质实体不能进行空间上的移动，只能是无形权益的转移。

（2）交易的对象非标准化，是一个产品差异化的市场。

（3）供求状况、价格水平和价格走势等在不同地区各不相同，是一个区域性市场。

（4）容易出现垄断和投机。房地产投机是指为了再出售（或再购买）而暂时购买（或出售）房地产，利用房地产的价格涨落变化，从价差中获利的行为。

（5）较多地受到法规、政策的影响和限制。

（6）一般人非经常性参与，很多人一生中难得有几次买卖经历。

（7）交易的金额较大，依赖金融机构的支持与配合。

（8）交易程序较复杂，需要签订书面交易合同，办理产权登记过户等手续。

（9）广泛的房地产经纪人服务。

（三）房地产市场的类型

（1）按照用途，房地产市场分为居住地房地产市场和非居住地房地产市场。居住地房地产市场可进一步分为普通住宅市场、高档公寓市场、别墅市场等；非居住市场可进一步分为商业用房市场、写字楼市场、工业用房市场等。

（2）按照房子的档次，房地产市场分为高档房地产市场、中档房地产市场和低档房地产市场。

（3）按照区域范围，房地产市场分为整体房地产市场和区域房地产市场。具体可分为全国房地产市场、某地区房地产市场或某城市房地产市场。

（4）按照交易方式，房地产市场分为房地产买卖市场和房地产租赁市场。房地产由于价值大、寿命长久，其租赁活动有时比买卖活动还要多。因此，房地产租赁市场有时比房地产买卖市场还要大，还要活跃，特别是住宅、写字楼市场。

（5）按照交易目的，房地产市场可分为房地产使用市场和房地产投资市场。房地产使用市场是指买卖或租赁房地产、目的是自用的市场；房地产投资市场是指买卖或租赁、目的是投资（出租、再卖或转租）的市场。从购买房地产的目的来看，房地产具体还可分为自用、出租、消极性保值、准备积极转手四大类。房地产兼具实用和投资的双重性，以使用为目的购买的房地产业可以用于投资，以投资为目的购买的房地产在投资期间也可安排使用。

（6）按流转次数，房地产市场可分为房地产一级市场、房地产二级市场、房地产三级市场。房地产一级市场具体为土地使用权出让市场；房地产二级市场及土地使用权出让后的房地产开发经营，具体是土地使用权转让市场、新开发商品房的初次交易市场；房地产三级市场及投入使用后的房地产交易抵押、租赁等多种经营方式，具体为商品房、经济适用住房、已购公有住房等的再次交易市场。相关的分类还有土地一级市场、土地二级市场或土地增量市场、土地存量市场、新房市场、旧房市场。其中，新房市场又称增量市场、住房一级市场；旧房市场又称二手房市场、存量市场、住房二级市场。

（7）按照达成交易与入住时间，房地产市场分为现房市场和期房市场。现房是指目前已建成的房屋，期房是指目前尚未建成而将在未来建成的房屋。

二、房地产经纪

（一）房地产经纪的概念

房地产经纪，是指房地产经纪机构和房地产经纪人员为促成房地产交易，向委托人提供房地产居间、代理等服务并收取佣金的行为。

（二）房地产经纪存在的必要性

1. 房地产市场信息存在不完全性与不对称性

首先，在房地产交易之前的沟通阶段，房地产出让方拥有房地产知识的信息优势，往往会夸大房地产的优势而掩盖房地产的劣势，而房地产受让方则处于信息劣势，很容易做出错误的购买决策。因此，需要客观公正的专业机构和人员综合房地产市场信息，分析得出准确的评估结果，避免房地产受让方遭受损失。其次，在房地产交易过程中，涉及一些权属关系的变更，故要求对相应的法律条款、交易流程和手续进行规范，而这需要相当专业的知识背景和处置能力。若没有房地产经纪，将难以避免双方的机会主义行为，从而造成难以弥补的损失。

2. 房地产市场投资风险存在不确定性

房地产市场投资金额大、回收期长。房地产整体的价值含量高、建设周期长、投资风险大，只有通过经纪人对市场信息进行收集、反馈和分析，对投资项目进行精心策划以及对推出物业进行良好的促销代理，方能在最大程度上防止投资失误，规避投资风险。

3. 房地产交易沉没成本过高

一方面，大多数人并不会频繁进入房地产市场，因此缺乏对标的物的专业知识，何况交易数额一般相对较大，往往还会与金融信贷关联。参与房地产市场交易往往需要专业人员的咨询与指导、操作辅助或代理。同时，房地产商品的固定性、不可移动性，决定了不同地区之间房地产市场出现的不均衡问题是不可能通过房地产实物在空间上的交流来解决的。另一方面，房地产具有显著的性能差异，任何一个房地产的地段、采光、户外环境、商业或宜居价值都绝不相同，而且建筑物的独立性和不可复制性使房地产在建筑结构、设备等物业要素，交通条件、生活服务设施等环境要素，邻里关系、社会风气等人文要素方面存在着显著的差异。房地产市场区域性要求参与房地产市场交易的人必须有足够的专业知识和市场经验。

第二节　房地产经纪人概述

一、房地产经纪人的概念

房地产经纪人是指在房屋、土地的买卖、租赁、转让等交易活动中充当媒介作用，接受委托、撮合、促成房地产交易并收取佣金的自然人和法人。

二、房地产经纪人的类型

（一）机构类型

1. 实业型房地产经纪机构

按照主要业务类型的不同，房地产经纪人可划分为代理机构和居间机构。在我国，代理机构与居间机构的主要经营领域不同，代理机构以新建商品房销售代理为主要经营领域，而居间机构以二手房租售的居间业务为主要经营领域。

2. 顾问型房地产经纪机构

这类房地产经纪机构主要为房地产市场提供房地产营销策划和投资咨询服务，服务对象一般是房地产开发商，主要承担国际酒店、写字楼、商铺、商业楼宇等相关房地产的代理销售业务。

3. 管理型房地产经纪机构

管理型房地产经纪机构主要承担开发商推出的楼盘租售代理及物业管理业务，在楼宇规划、建设、销售、管理等方面拥有专业的知识与技能。

4. 综合性房地产经纪机构

综合性房地产经纪机构是未来发展的趋势。它能够提供包括经纪、估价、咨询、培训等一系列多元化的综合服务，现已广泛存在于西方发达国家与我国香港地区。

（二）人员类型

按照国际惯例，房地产经纪人员类型按经纪业务范围来划分。美国把房地产经纪人员分为房地产经纪人和房地产销售员，我国香港地区把房地产经纪人员分为房地产中介代理（个人）和营业员，我国内地把房地产经纪人员职业资格分为房地产经纪人执业资格和房地产经纪人协理从业资格两种。

从房地产经纪职业资格的角度划分，我国房地产经纪人可分为两类：第一，房地产经纪人；第二，房地产经纪人协理。若从从业人员的构成上划分，房地产经纪人可划分为三类：第一，房地产经纪人；第二，房地产经纪人协理；第三，没有资格的从事房地产相关工作的人员。

三、房地产经纪人的特点

（一）中介性

房地产经纪是指以收取佣金为目的，为促成房地产交易的达成而进行一系列居间、代理等经纪业务的经济活动，因此其具有典型的中介性。

（二）有偿服务性

在房地产经纪活动中，房地产经纪人向委托方提供房地产交易信息、市场信息、咨询服务等，进行居间与代理活动，促成交易的达成，提高房地产交易效率，使交易各方获得预期的收益，房地产经纪人因此获得报酬。

（三）专业性

房地产商品是一种复杂的商品，综合了物理属性、社会属性与商品属性，因此，房地产交易本身叠加了经济范畴与法律范畴的知识，决定了房地产经纪人必须提供十分专业的服务活动，要求房地产经纪人既要具备金融、税收等经济类知识，又要具备城市规划、建筑构造、园林景观等城市规划知识，还要具备房地产交易条例、法律规范等法律知识。

（四）公共性

房地产经纪人往往需要先免费提供或传播一定的公共信息，才能招徕潜在的顾客。因此，在与顾客建立良好的关系之前，经纪人需要广泛地收集、传播信息，而这些活动具有明显的公共性特点。

四、房地产经纪人的起源与发展

我国房地产经纪人的雏形最早可追溯到元代，至今，我国房地产经纪人在业务性质、业务范围方面已发生翻天覆地的变化，其发展历程大致可划分为三个阶段。

1. 阶段一：萌芽阶段（1949 年以前）

我国房地产经纪人的雏形可追溯到元代，当时其被称为“房为”。1840 年鸦片战争之后，外商纷纷投资于我国房地产市场，从事土地买卖、房屋建造与租赁、房地产抵押等经营活动，攫取了丰厚的利润。同时，大房地产投资商将修建好的大楼租给各类商店、银行等承租户，却并不愿意管理零散的中小承租户，于是将对中小承租户的经营管理活动委托给专门从事此事的人，即“二房东”。1912 年后，我国房地产业高速发展，房屋租赁是其主要经济活动，且其已具备一定规模，交易过程规范化程度较高，当时被称为“白蚂蚁”“房纤”或“纤手”的房地产经纪人以收取的佣金为主要收入。

2. 阶段二：停滞阶段（1949—1978 年）

新中国成立初期，房地产市场比较混乱，“房纤”依仗较大的市场需求欺骗、敲诈、威胁买主与卖主，收取高额佣金并哄抬房价。鉴于此，政府出台了一系列管理规范对房地产市场进行规制，取得了较为良好的效果。在 1978 年改革开放前，由于房屋由国家分配而不是市场分配，房地产市场交易规模并不大，房地产经纪活动显得并不重要。而且，当时政府部门认定经纪活动是一种投机倒把行为，坚决予以取缔，致使房地产经纪活动基本消失。

3. 阶段三：迅速发展阶段（1978 年以后）

20 世纪 70 年代末至 20 世纪 90 年代初期，随着改革开放政策的实施、市场经济路线的确立，房地产业经纪业从不合法经营到合法经营，房地产经纪机构和从业人员的数量迅速增加，人们对房地产经纪业的态度也逐渐从排斥转向接纳。房地产经纪人在活跃房地产市场，促进房地产交易，规范市场行为，改善人们的生活、学习、工作条件等方面发挥了显著的作用。

1988 年，我国第一家房地产经纪机构“深圳同际房地产咨询股份有限公司”成立并运营。1992 年，上海首家房地产经纪机构——“上海同信房地产信托咨询服务有限公司”成立。至2011年年底，我国共有房地产经纪机构5万多家，从业人员近百万人，佣金规模超过300亿元。从发展方向上看，房地产经纪服务行业正向规模化、品牌化方向发展，由外延式资本集中的粗放经营模式向内涵式资本集聚的集约化经营模式转变。因而，从总体上来看，我国房地产经纪行业已经从幼稚发展阶段步入了正向引导和扶持发展阶段。

第三节　房地产经纪业务与管理

一、房地产经纪业务

（一）房地产经纪业务类型

房地产经纪业务按照不同的维度可分为不同的类型，主要有以下几种类型：

（1）根据房地产经纪业务的性质，房地产经纪业务可划分为房地产代理业务和房地产居间业务。

（2）根据房地产经纪业务指向的标的，房地产经纪业务可划分为住宅房地产经纪业务、商业房地产经纪业务、工业房地产经纪业务。

（3）根据房地产的物质状态类型，房地产经纪业务可划分为土地经纪业务和房屋经纪业务。

（4）根据标的房地产所处的市场类型，房地产经纪业务可划分为土地经纪业务、新建商品房业务、二手房经纪业务。

（5）根据房地产经纪活动的营业范围，房地产经纪业务可划分为房地产转让经纪业务、房地产租赁经纪业务和房地产抵押经纪业务。

（二）房地产经纪业务流程

目前，我国房地产经纪活动的主要方式有代理模式和居间模式。

房地产经纪代理，是指房地产经纪人站在委托人的立场，在法律准许的范围内，按照委托协议的约定，向委托人提供促成其与第三人进行房地产交易的专业服务，并向委托人收取佣金的行为。在我国，代理模式广泛存在于新房销售市场、二手房销售市场和商业房地产租赁市场中。

房地产经纪居间，是指房地产经纪人向委托人提供订立房地产交易合同的机会或提供订立房地产交易合同的媒介服务，并向委托人收取佣金的行为。在房地产居间业务中，房地产不能以委托人的名义充当与第三人订立合同的当事人。

在房地产经纪业务中，二手房经纪业务十分典型，能够全面体现房地产经纪人业务的基本流程，因此下文将以二手房经纪业务作为案例进行分析。

二手房指拥有土地和房屋管理职能机关颁发的国有土地使用权证和房屋所有权证的房屋，其在房地产二级市场可自由转让，且已经过两次或两次以上的交易登记，房地产经纪业务包括以下四个流程。二手房包括商品房、私房及房改房、经济适用房等。

1. 与委托方缔约阶段

搜寻潜在的委托人，是房地产居间业务的基础性工作。房地产经纪人首先要通过传单、广告、网络等多种信息渠道，传播自己的品牌，使潜在的委托人能够知晓该房地产经纪人的业务范围以及业界口碑，以吸引潜在委托人产生交易意向，选择自己进行交易。当招徕潜在的委托人后，房地产经纪人应尽可能全面、完整地了解委托人的交易意图与要求，确认自己是否具备完成委托人要求的能力。同时，房地产经纪人要查清委托人是否具备委托事务的合法权利，并查验委托人的有关证件，包括个人身份证、公司营业执照等。若是卖方代理，则要查清对方是否具备产权证等相关资料。若双方均有意向进行交易，房地产经纪人应及时告之委托人所有注意事项，出示房地产经纪执业执照等规范文件。之后，双方应就交易方式、佣金标准、服务内容等交易关键事项进行详细洽谈。之后，房地产经纪人应对房地产进行查验：一是查验房地产的权属与权利附着情况，包括检查委托人是否存在未取得房产权证、仍受司法或行政部门限制等违规违法行为；检查委托人是否设定抵押权、租赁权，及这些权利的归属和期限问题；检查标的房地产是所有权房还是使用权房，是私有还是共有。二是查验房地产本身状况。通过审阅房地产产权证、售楼说明、项目批准文件、工程概况等文件资料，或进行实地考察以及对其他已入住业主进行访谈等方式，综合查验房地产本身的区位、朝向、装修等物质状况，以及房地产周边交通、生活配套、自然景观等环境状况。若房地产真实情况与委托人描述相符，双方便可进入签约阶段，即经纪人与委托人签订房地产代理合同。

2. 撮合交易阶段

接受委托代理业务后，房地产经纪人需要做好充足的信息储备工作。一是准备好房地产物业信息，包括标的物业的物质状况、环境状况等信息；二是房地产市场信息，包括房地产的供需信息、区位价值等；三是委托方的基本信息，包括个人工作情况、企业经营情况、资信情况等。

由于房地产的复杂性，房地产经纪人有义务引领买方（承租方）现场查验标的房地产的物质状况与环境状况，并真实告知买方（承租方）基于该房地产的一切有利或不利因素。

3. 与第三方缔约阶段

当买卖双方同意经商议后的买卖房价格或租房价格后，房地产经纪人员代表委托方与购买方或承租方签订房地产交易合同（买卖合同或租赁合同），收取房地产交易价款。房地产经纪机构代理委托人收取合同中约定的定金和房地产交易价款，并向买方出具正式的发票。收取的价款先暂由房地产交易资金监管机构妥善保管，以合同约定的方式移交给委托人。

4. 交易实现阶段

凡是房地产权利的变动（买卖代理），而非他项权利的设立（租赁代理），均需进行房地产登记（备案）。房地产经纪人应代表委托人办理各类产权登记或文件登记备案。即使一份足够周全的合同也无法完美地描述出房地产商品的所有细节，房地产经纪人员有义务协助买方核对面积、装修、设备等合同涉及要件，检查实际情况是否与合同规定相符。房地产经纪人按照合同规定履行完自己的义务后，应及时要求委托方按照合同规定支付佣金，保障自己的合法权益。

二、房地产经纪管理

（一）我国房地产经纪人员管理模式

房地产经纪人员管理模式，主要是指经纪机构与经纪人的关系（是雇佣关系还是合同关系）以及佣金比例分成的规定等。

1. 雇佣制

无论是房地产代理经纪机构，还是居间经纪机构，目前国内绝大部分的经纪公司与经纪人之间都是一种雇佣关系，双方签订了雇佣合同，雇员按照雇主的指示，利用雇主提供的条件提供劳务，雇主向提供劳务的雇员支付劳动报酬。在这种形式下，房地产经纪人不能以个人名义承接经纪业务，要由经纪机构统一承接并承担法律责任，统一向委托人收取佣金，并按约定向承接业务的经纪人支付报酬。

2. 独立经纪

除了传统的雇佣关系，目前国内也出现了所谓的“独立经纪人”，即合同制关系、拥有高佣金、自由工作状态等的经纪人。独立经纪人对网络等技术的运用与美国相似，但并不是真正意义上的独立合作者，其受国内市场现状的影响，正在不断地进行摸索和改进。

3. 佣金分配

在佣金分配上，房地产代理与居间模式的佣金不大一样。交给房地产经纪代理机构代理交易的佣金与业绩有关，平均佣金在2%左右。一般来说，根据经纪服务市场发展水平和房屋价格水平的不同，各地区在利用这种方式时都会存在一个行业普遍接受的百分比，卖方与经纪人会根据这个百分比签订合同。在房屋成功售出后，卖方会根据房屋售价支付给经纪人约定百分比的佣金，这种方式简单易行。佣金提取的基本规则是：交易额越小，提取的比例越大；交易额越高，提取的比例越小。

（二）我国房地产经纪机构经营模式

在我国，房地产代理业和居间业的经营模式是不同的，代理业主要是无店铺模式，居间业主要是有店铺模式。

1. 无店模式

无店铺模式不依靠店铺承接业务，主要靠业务人员乃至机构的高层管理人员直接深入各种场所与潜在客户接触来承接业务。这类机构通常有两种，一种是以个人独资形式设立的房地产经纪机构，另一种是面向机构客户和大型房地产业主的房地产经纪机构。

2. 有店模式

有店铺模式依靠店铺承接业务，通常是面向零散房地产业主及消费者。其中，又可根据店铺数量的多少将该模式分为单店铺模式、多店铺模式和连锁店模式。我国房地产经纪业中存在单店模式、多店模式和连锁模式并存的局面。

第十一章　文化经纪人

第一节　文化市场

一、文化市场含义

文化市场，是指按价值规律进行文化艺术产品交换，并提供有偿文化服务活动的场所，是文化艺术产品生产和消费的中介。它必须具备三个条件：一是要有能供人们消费并用于交换的劳动产品和活动，二是要有组织这种活动的经营者和需求者，三是要有适宜的交换条件。

二、文化市场的范围和分类

文化市场的分类方法有很多，如果按照地域划分，文化市场可以分为国内文化市场和国际文化市场；如果按照存在形态划分，文化市场可以分为实物形态文化市场和行为形态文化市场；如果按照文化产品功能划分，文化市场可以分为欣赏型文化市场和娱乐型文化市场。这里主要按照产业性质，把文化市场分为以下九种类型。

1. 艺术演出市场

艺术演出市场是指文化活动部门提供艺术产品并让其以商品形式进入流通领域实现交换的场所。

2. 书刊市场

书刊市场是指新闻出版部门编辑出版的图书、报纸和刊物通过总发行、批发、零售等环节进行交换的场所。

3. 文化娱乐市场

文化娱乐市场是指以商品形式向人们提供文化娱乐服务，人们对娱乐场所的服务质量和设施、设备档次进行不同消费交换的场所。

4. 音像市场

音像市场是由音像制品的生产、销售、出租和放映部门以音像制品与消费者进行交换的场所。

5. 电影市场

电影市场是由电影制片厂、电影发行公司、电影院以影片与消费者进行交换的场所。

6. 艺术市场

艺术市场是指各种艺术品以商品形式进入流通领域进行交换的场所。

7. 文物市场

文物市场是以商品形式交换文物的场所。

8. 艺术培训市场

艺术培训市场是指国家计划之外的社会上的以有偿服务形式进行艺术教育的场所。

9. 对外文化交流市场

对外文化交流市场是指我国与世界各个国家或地区之间以有偿的形式进行文化交换的场所。

除此之外，网络文化市场、动漫产品市场等新兴市场也属于文化市场的范畴。

文化经纪人在电影市场充当电影明星经纪人，在文物市场充当文物经纪人，在书刊市场充当出版经纪人，在对外文化交流市场充当国际文化经纪人等，所以从这个意义上来说，文化市场是文化经纪人实现以商品形式为社会提供精神产品、文化艺术娱乐服务的流通领域或场所。

第二节　文化经纪人

一、文化经纪人的概念及分类

文化经纪人是指与文化市场相关的众多行业的经纪人群体，即在演出、出版、影视、娱乐、美术、文物等文化市场上为供求双方充当媒介而收取佣金的经纪人。

由于与文化市场相关的众多行业（出版、影视、演出、娱乐、美术、文物等），均存在明显的行业特点，从某种意义上来说，“隔行如隔山”，所以有必要对文化经纪人进行领域细分，如细分为影视明星经纪人、演出经纪人、出版经纪人、模特经纪人、音乐经纪人、体育经纪人、文物经纪人、书画经纪人等。

一般而言，文化经纪人可以按照两种方式划分。

（一）按经纪活动方式划分

1. 文化居间经纪人

文化居间经纪人的主要活动方式是经纪人是以自己的名义为他人提供交易机会，或促成他人之间的交易，即传统概念上的中间人。文化居间经纪人的主要活动是牵线搭桥、提供信息。

（1）居间业务的行为是民事法律行为。依法取得经纪资格的经纪人按照委托人的委托，在委托人与第三方进行经济往来、订立和执行合同的过程中，必须依法进行中介服务活动。

（2）居间业务行为是以签订居间合同来实施的。经纪人在进行居间业务活动时，必须依据法规与委托人签订合同，从而确立其权利义务关系。

2. 文化行纪经纪人

文化行纪经纪人是指受委托人委托，以自己的名义与第三方进行交易，并承担相应法律责任的经纪人。其业务特征有：

（1）行纪业务的实施人是能独立承担民事责任的企业法人。

（2）行纪业务是从事经纪业务的企业法人以自己的名义进行的行纪业务活动。

（3）行纪业务行为是一种为委托人而经营或服务的业务行为，是以签订行纪合同来实施的。

（4）行纪人为委托人购销的文化商品的所有权属于委托人。如行纪业务是代购文化商品，货物交予委托人，行纪人只收取一定的佣金。

3. 文化代理经纪人

文化代理经纪人是指以委托人的名义与第三方进行交易，并由委托人承担相应法律责任的经纪人，这类经纪人主要起代理的作用。

代理行为的法律特征是：

（1）代理行为是具有法律意义的行为，是民事法律行为的一种。

（2）代理行为是在代理权限内通过合同方式授予而实施的行为。

（3）代理行为以被代理人的意志和名义进行。

（4）代理行为的法律效果直接归属被代理人。

（二）按组织形式划分

1. 个体文化经纪人

个体文化经纪人是指具有民事权利和完全民事行为能力、依法登记从事经纪业务的自然人。个体文化经纪人以自己的名义独立从事经纪活动，并以个人的全部财产承担无限责任。

2. 合伙文化经纪人

合伙文化经纪人是指具有经纪资格证书的两个以上人员合伙组织，以经纪人事务所的方式或其他合伙形式从事经纪业务，由各合伙人订立合伙协议，共同出资、合伙经营、共享收益、共担风险，并对合伙企业债务承担无限连带责任的营利性组织。

3. 文化经纪公司

文化经纪公司是依据《公司法》成立的从事文化经纪业务、承担有限责任的企业法人，在经登记机关核准的经营范围内从事文化经纪活动。

4. 其他文化经纪组织形式

由于目前文化市场管理尚不十分规范，实际上，国内许多广告公司、咨询公司、文化传播公司，还有一些外国个体经纪人或小型公司也见缝插针，介入中国的文化市场从事文化经纪活动。

二、文化经纪人的作用

（一）有效整合社会文化资源

一个文化市场合理与完善的标志就是实现文化资源的合理配置。在现实社会中，文化市场及交易总会受到或多或少的负面影响，而欲减少负面影响，除了通过健全、完善的法律规范外，文化经纪人的作用也是不可忽视的，它能对社会文化资源配置起到特殊的调剂作用，这绝非法规所能替代。

（二）文化与市场的联络纽带

目前，我国文化市场还处在发展的初级阶段，还没有形成一个统一的大市场，因而普遍存在的是市场分裂和市场分割的局面，这种状况不利于社会主义文化市场的发展和完善。所以，文化经纪人的存在不仅是必要的，而且还可以成为促进文化市场发展的催化剂。因为文化经纪人掌握了大量的反映市场需求的文化信息，并且它们往往拥有丰富的社会关系、灵活的公关技巧和灵敏的嗅觉，所以，文化经纪人能够把分散的、独立的个别市场连接起来，适应市场的需要，促进社会主义文化市场的发展和完善。

（三）文化市场发展的动力

文化创作总是强调个性化、创作自由和风格的唯一性，每位文化创作者都渴望公众对其作品充分理解。这就是说，在狭义的创作过程之外，还存在中介的再创造空间。文化经纪人的任务就是对文化创作者的劳动成果进行市场推广，而经纪人运作本身就是一系列颇有远见的创意的结果。艺术作品可以具有多重价值，强调艺术家个人的特殊表达方式是适应现代文化发展的趋势。

（四）促进第三产业的发展

文化经纪人的产生和发展促进了我国文化市场的兴起、发展和繁荣，所以，文化市场作为第三产业的一部分，其兴起和发展必然也会带动第三产业的发展。文化经纪人的发展不仅带动了消费需求的增加，而且促使这一行业的相关从业人员大为增加，减轻了国家的就业压力。不仅如此，文化产业在文化经纪人的推动下，还会带动餐饮业、旅游业等相关行业的发展。另外，文化经纪人的发展还在吸引外商投资和凝聚各方面人才等方面起了一定作用，间接地带动了其他行业的发展壮大。

（五）世界文化交流的桥梁

随着我国加入WTO，外国的文化资本和文化产品会越来越多地进入我国文化市场，国际文化交流和合作将更加活跃，国际不同文化的相互渗透将更加激烈。随着大量精神文化产品的输入，西方的社会政治理念、道德价值观念等也将对人们的世界观、人生观产生影响。对此，我们在保持优秀的中华民族文化传统的前提下，既要吸收外来文化的精髓，又要抵御腐朽文化的侵蚀。因此，我们需要大量高素质的文化经纪人，在世界范围内提高我国文化产品的市场竞争力和市场占有率，向世人展示中华文化的巨大魅力。

三、文化经纪人的职能

在市场经济条件下，文化经纪人一般具有文化信息服务、中介服务和代理服务三个方面的职能。

（一）文化信息服务

文化信息服务是文化经纪人的一项基本职能。在市场经济条件下，信息就是生命。文化经纪人的信息服务一般包括文化信息收集、文化信息处理和文化信息传递。

1. 文化信息收集

信息收集是信息服务的准备阶段。信息收集的方法和渠道有很多，主要包括：①通过剪贴、摘录等方法对报纸杂志、电视、广播中有关的文化信息进行分类收集；②通过访问、调查、咨询等方法对信息进行挖掘，以得到自己所需要的信息。

在收集文化信息的过程中，尤其要注意信息资料的有效保存和不断更新。信息资料的保存实际上就是自己劳动价值的保存。文化经纪人不仅要防止信息的损坏或遗失，还要防止信息的泄露。信息资料的更新实际上就是信息资料的再收集，是确保信息价值的手段，因此，文化经纪人的信息应当是市场上最新的信息。

2. 文化信息处理

文化信息处理是信息服务的必要保证，其包括两个过程：

（1）信息简单处理，即将收集的信息资料进行分类排列和组合。如按不同的文化风格进行分类、按不同的地区进行分类、按不同时间进行分类等。

（2）信息加工处理，即在对信息分类做简单处理的基础上，对各类信息进行必要的分析。如有些信息资料并不是可以直接使用的；有些信息资料相互之间不吻合，需要重新核实和查对；有些信息资料需要做进一步的分析和研究，以得出一些新的信息资料。

在文化信息处理过程中，尤其要注意信息处理的客观性，切忌加入处理者的主观愿望，更不能凭空想象。特别是在对既有信息进行推论时，更要注意推论的逻辑性和客观依据，只有这样，信息的处理才是有价值的。

3. 文化信息传递

文化信息传递是信息服务的关键阶段，也是实质服务阶段。在这一阶段，文化经纪人需要将收集和处理的信息资料准确、及时、完整地传递到需要这些信息资料的客户手中，以此完成应尽的职责。

（二）中介服务

文化经纪人的中介服务是创造价值的服务性劳动。通过中介服务，可以提高文化市场的整体效益，促进文化市场的正常运行，活跃和繁荣文化市场。

首先，文化经纪人的中介服务提高了市场的组织化程度。由于文化市场主体众多，组织化程度低，文化经纪人的介入能够使市场秩序规范化、合理化。

其次，文化经纪人的中介服务提高了文化市场的交易效率，降低了文化市场的交易费用。文化经纪人发挥自身的信息和知识优势，以其熟练的专业知识和社会化服务，为供需双方牵线搭桥，从而活跃了文化市场的流通，降低了市场交易费用，大大节约了社会劳动。

再次，文化经纪人的中介服务进一步拓展了文化市场交换的广度和深度，深化了文化市场的社会分工，促进了文化资源配置的优化，有效地为文化信息传播提供了有利条件。

最后，通过文化经纪人的中介服务，可以提高客户的知名度，为客户树立良好的社会公众形象，使客户的形象社会化。

（三）代理服务

文化经纪人的代理服务是指经纪人得到委托人的授权，代表委托人进行一系列文化活动的行为，由此而产生的权利和义务直接对委托人发生效力。

首先，通过文化经纪人的代理服务，可以使代理的文化活动合法化。凡属于民事法律所禁止的文化活动范围，文化经纪人依照法律规定，可以拒绝委托人的要求并提醒委托人其委托文化活动的非法性，以此净化文化代理服务市场。

其次，文化经纪人的代理服务可以明确双方的权利和义务。文化经纪人是以委托人的名义实施文化经纪活动的，所产生的经济行为后果由委托人承担，但代理行为必须是在授权范围内的行为。

最后，文化经纪人在进行代理服务活动时，可以在授权范围内独立表现自己的意志，使文化经纪活动呈现出个性化的特点。

第三节 文化经纪人业务

一、文化经纪人活动的主要内容

（一）传递文化市场信息

传递文化市场信息是文化经纪人的基本职能。在文化经纪活动中，文化经纪人接受供给或需求方一方的委托后，就要带着供给或需求一方的信息去寻找相应的需求方或供给方，把该信息提供给需要交易的另一方，促使买卖双方有交流的机会，撮合买卖双方的交易。达成交易后，文化经纪人或者文化经纪组织则依据法律收取相应的佣金。在这个过程中，文化经纪人或者文化经纪组织传递的信息是至关重要的。

（二）代表委托方进行谈判

文化经纪人通过提供信息能够使供求双方联系起来，但不一定能使双方马上达成一致。交易过程中，对于某些条件，双方可能会有较大的分歧。在这种情况下，如果有委托人的授权，文化经纪人可以代表委托人与交易方进行谈判。但是，这种谈判必须在委托人的授权范围之内进行。如果超越授权范围，必须征得委托人的事前同意，并且及时向委托人通报谈判情况，否则，由此产生的法律后果由文化经纪人自行承担。

（三）提供咨询服务

在一些情况下，交易者会存在对某些商务、法律等事宜不熟悉的情况，这个时候，文化经纪人可以提供咨询，并协助交易者办理有关手续。例如，为委托方提供文化艺术信息反馈、法律咨询等，或者协助文化交易者进行文化市场调查等工作。

（四）草拟相关文件

文化经纪人可以根据委托方的意思表示进行经纪活动中有关文件的草拟工作，但由于交易文件具有法律效力，涉及双方当事人的经济利益，因此，交易文件虽可由文化经纪人代为草拟，但文件必须通过与当事人的协商才能最终确定，并且当事人应当签名盖章。

（五）为交易提供有效保证

在市场经济条件下，文化经纪人的经纪活动通常还可以作为一种保障交易安全的方法，起着经济担保的作用。在文化经纪活动中，经常会出现买卖双方互不信任的情况，这时候，经纪人可以发挥一定的作用。比如，买方可以先将文化产品交易款打入经纪人的账户，由经纪人向买方提供文化产品交易款已到的凭证，卖方在确认单据无疑的情况下提供文化产品或服务，然后向经纪人出示有关单据，经纪人确认后，就可以把文化产品交易款转给卖方。这样，交易双方可以通过经纪人转交文化产品交易款和相关文化产品或服务，经纪人在其中起到一定的担保作用。但是，经纪人的这种担保不负有连带赔偿责任，而是以信誉保证交易能够完成。

二、文化经纪人的活动程序

文化内涵的广泛性使不同的文化经纪人有着不同的操作规程，但是他们都必须遵守经纪人的基本原则。不同行业类别的文化经纪人的工作程序有着共同之处。

（一）确定文化经纪项目

文化经纪人所选择的文化经纪项目来源一般可以分为自己开发、民间邀请和政府委派三大类。根据市场经济原则，文化经纪人选择有利可图的文化经纪项目，在为社会提供文化产品的同时，实现自身利益的最大化。从盈利情况看，自我开发和民间邀请的文化经纪项目，大多利润比较丰厚；政府部门的委派项目大多盈利较低。但是文化经纪人可以通过对委派任务的完成，与政府相关机构建立良好的合作关系，提高文化经纪人的知名度，为将来的文化经纪活动奠定良好的基础。确定文化经纪项目要分四个步骤进行。

1. 收集并筛选文化市场信息

文化经纪人的工作是否出色取决于自己是否比别人掌握更多的文化市场信息。文化信息是文化经纪人的资源和资本，因而获取和整理文化信息是文化经纪人的一项关键工作。

第一，经纪人要收集、获取有用的文化信息。在当前的信息时代，获取信息的渠道很多，优秀的文化经纪人必须保持敏感，在信息海洋中捕获最有价值的信息。对于文化经纪人来说，有用的文化信息一般有：国家文化政策法规信息，文化市场相关信息，文化产业相关信息，文化科技及金融相关信息，文化消费群体信息，文化经纪对象及潜在经纪对象的相关信息，社会政治文化动态信息，文化产业项目信息等。

第二，经纪人要筛选、加工和整理信息。经纪人一般通过分析、归纳、对比等方式筛选出适用信息，再分类排序、存贮、总结评估，把有用的信息按用途归类，用于对文化经纪对象的确定或谈判业务及其他文化经纪业务领域。

2. 确定文化经纪对象或文化经纪项目

文化经纪对象与文化经纪项目的确定工作是全部文化经纪经营业务的开端，经纪对象、经纪项目选择正确与否，直接关系到整个文化经纪经营业务的成败。确定合适的文化经纪对象、经纪项目要注意以下几点：

（1）调查文化市场。不同于一般商品流通市场的经纪对象仅限于物质形式的有形产品，文化经纪人的经纪对象比较复杂，可能是一位演员、书画家，也可能是一个艺术表演团体，还有可能是一次大型文化活动，这些都有可能成为文化经纪人的经纪对象。那么，作为文化经纪人，只有通过系统的文化市场调查，采取最佳的文化市场定位及相关策略，才能获取丰厚的收入及持续的回报。

（2）客观评价自身能力和文化市场机会。人们容易对当前市场认可的文化项目产生趋同的判断，但不可能每个文化经纪人都去经纪同一个经纪对象，所以，一个比较成熟的文化经纪人应该客观地评价自身能力和社会关系背景，尽可能把握自己能够把握的文化商机，选择适合自己能力的经纪项目。同时，经纪人对文化市场需求与文化市场机会也要有客观的评价，不能盲目确定文化经纪对象。

（3）开发潜在的文化市场需求。优秀的文化经纪人应该是具有长远眼光的经纪人，能够洞察文化产品的生命周期，发现未来潜在的文化市场机会。其不同于一般的商品市场，其需求往往是以潜在的、游离的状态存在，这种需求需要外在力量的强化才可能成为明确的需求。因此，发现、引导、强化、开发潜在的文化市场需求，是文化经纪人成功的关键因素。

3. 坚持宁少勿多、宁精毋滥的文化经纪原则

文化经纪人在选择经纪对象时，要根据自己对文化市场的了解程度和自身的实力，选择最有把握的经纪对象，宁少勿多、宁精毋滥。一些大的文化经纪公司过分迷信自身的地位和实力，往往同时开展多个文化项目，结果其经纪活动的社会效益和经济效益往往不如专业性的文化经纪公司。

4. 树立品牌形象

文化经纪人应在自己的工作中，逐渐形成自己的品牌意识和专项意识，也就是经纪对象的定位策略，它有助于形成文化经纪人的公众形象，形成一种无形资产——商誉。

（二）制订文化经纪项目实施计划

文化中介项目一经确定，文化经纪人必须拟订一个详尽的计划，主要包括四个方面。

1. 选择文化市场环境

文化市场环境选择的优劣是整个项目成败的关键。文化经纪人在选择文化市场环境时，既要考虑项目推广的效果，又要考虑项目推出所要增加的投资。

2. 对文化项目的风险、收益进行评估

文化经纪人在确定项目种类和数量后，必须对项目的成本进行评估，精心安排项目的实施顺序，因为处置稍有不当，便会增加项目成本。

3. 做好计划的执行和监督工作

在执行项目计划的过程中，文化经纪人必须加强事前和事中的监督，严格把关，确保文化项目的质量、进度与效益。

4. 制订详细的文化市场推广计划

文化经纪人在前期工作准备结束后，切不可忽略广告宣传工作。文化经纪人要充分利用各类大众宣传媒介如电视台、电台、报纸、新闻发布会等，以及各类标识宣传的特色，吸引社会公众的注意力，给他们留下深刻的印象，以争取更多的客户。

（三）筹集项目资金

通常，文化经纪项目经费主要来源于商业赞助费、广告和项目商业收入三个方面。一般来说，文化经纪人和企事业单位之间往往保持着密切的横向联系，常常有机会互相提供优惠。企事业单位愿意提供商业赞助的可能性普遍存在，其形式除了作为广告费的支出外，也可能是直接购买一部分文化产品或演出票发给本单位职员或有关客户与人员。

（四）编制文化项目预算

文化经纪人从事每一项文化经纪活动，都要编制详尽的文化项目预算，以确保自己经济效益的实现。费用支出主要包括文化场所设备的租金、工作人员的工资、广告费用的支出、餐饮费、文化项目的设计和施工费用等。经纪人必须尽量降低成本，提高经纪效益。

文化项目的直接费用或成本，是指在文化活动中发生的与具体文化产品相关的，或可明确归集到某个具体文化产品中的费用或成本。一般来说，可归结为以下三部分：一是创作成本。创作成本是指文化团体为了确定文化项目、文化形式、文化产品、文化创作等而发生的费用，一般有文化项目创作费用、策划费用、筹建费用、论证费用、再创作费用等；二是宣传促销与宣传费用（含广告费用）；三是其他相关费用。其他相关费用包括投入的利息支出、相关文化活动的行政后勤支出等。

（五）业务商谈

文化项目的谈判是文化经纪人工作的一项主要内容。在确定项目开始后，经纪人就要与各主管部门、场所设备的提供者、各类演出人员进行谈判，这项工作一直要进行到整个文化活动的结束。

1. 谈判时的报价

文化经纪人与合作对象谈判的核心问题是价格问题，即文化经纪人的报价是否为对方所接受。在谈判之前，经纪人通常要做大量深入细致的调查工作，从而确定同类文化活动的总利润、同类场所设备的租金和各类演出人员的费用水平，然后提出一个持之有据、易于为对方所接受的报价。

2. 谈判时要树立良好的形象

文化经纪人在谈判过程中要努力树立精明、宽厚、大度的形象。经纪人表现不精明，则易于被客户牵着鼻子走；表现太精明，不利于长期合作。因此，文化经纪人在谈判过程中一定要树立良好的形象。

（六）签订合同

以文艺演出项目为例，为保证演出过程中各个环节的良好衔接，文化经纪人必须和有关方面签订合同，包括经纪人与院团机构、剧院场所、音响设备的所有者以及所有演出有关人员签订合同。合同内容包括甲乙双方必须承担的责任，履约地点、时间和条件，预付订金，违约责任等。

（七）合同的执行

当合同签订之后，双方就进入了合同的执行阶段。好的项目需要好的执行，文化经纪人要加强执行力度，加强合同的实施与监督力度，这样才能确保项目顺利完成。

（八）代理权的终止

完成合同中规定的项目后，文化经纪人的代理权即告终止，或者进入下一个文化项目的运作。但是，代理权的终止，除了因为项目的完成外，还存在其他终止代理权的情况。

《民法通则》第六十九条规定，有下列情形之一的，委托代理权自动终止：代理期届满或者代理事务完成；被代理人取消委托或者代理人辞去委托；代理人死亡；代理人丧失民事行为能力；作为被代理人或者代理人的法人终止。

（九）取得佣金

文化经纪人开展文化经纪活动的目的就是获得应有的报酬——佣金。佣金作为提供中介服务的报酬，应该在文化经纪合同中明确规定。按照惯例，佣金的数量标准一般都是按交易成交额的一定百分比来确定的。

（十）总结和评估管理

每当一个文化经纪项目结束后，文化经纪人要对该项目进行全面的业务总结，主要包括四个方面的工作。

1. 将有关文化经纪项目档案归档

对本项目的确定选择、项目谈判、合同签订以及合同执行的整个过程进行规范的档案整理，并存档备查。

2. 总结经验

文化经纪人在每个经纪项目完成后，都会发现每个项目的特殊之处，对此，文化经纪人应及时对其进行总结，并以备忘录或公司内部通信形式进行交流，以引起组织内部的注意。无论是成功之处还是败笔之处，文化经纪人都要有所总结，目的是为了做好以后的项目。

3. 评估文化项目的社会效益和经济效益

对社会效益的评估可以从活动知名度、影响力、轰动效应、社会舆论、消费者意见反馈等角度来进行。

4. 建立相应的激励制度

通过一系列的评估总结，对经纪项目执行人给予适当的奖惩，这是文化经纪人激励制度的重要组成部分。通过激励机制，调动组织内从业人员的工作激情，有利于提高文化经纪人员的素质和业绩。

（十一）与客户建立良好的发展关系

文化经纪人的客户关系管理包括开发潜在客户、巩固现有客户。经纪人应与客户建立起良好的合作关系，以达到长期合作的目的。

不断地开拓和发展新客户是文化经纪人成功的关键。与各类新客户建立良好关系，有利于迅速提高经纪人的知名度。

与现有客户建立并且始终保持密切的合作关系。这是为了降低客户的开发成本，在文化市场中树立自己良好的形象。

三、中国文化经纪人现状

1980 年以来，我国逐渐由计划经济向市场经济转轨。在这种总体环境背景下，文化市场逐渐趋于活跃，人们的文化需求日益多样化，原有的供求方式、供求网络再也不能适应市场的发展，于是，文化经纪人就出现了。其实，经济转型刚一开始，国内就有文化经纪人自发形成。从那时到现在，文化经纪人已经发展了几十年，但总体情况不尽如人意。造成这种现象的原因除了制度缺失造成的诸多不规范（比如从业人员无章可循、不懂操作规则，即使有一些约定俗成的行规，也往往因为弹性太大、漏洞太多且不具法律效力而名存实亡等）外，更为基本的一点还在于从业人员低下的素质。以对外交流为例，不少经纪人是对外宣传改行过来的，有外语优势，但缺乏传统文化的基根，在实际交流中主要充当翻译角色。还有的经纪人是演员出身，虽有文艺基础，但在外语、公关以及相关的法律常识等方面不同程度地存在缺陷。这种状况显然适应不了文化经纪行业发展的需要，也应对不了中国“入世”后文化产业所面临的挑战。行业状况制约着教育的发展，教育反过来又影响着行业状况，故要想使我国文化经纪立于不败之地，就必须努力提高文化经纪人的教育水平和素质，使之与国际接轨。然而，目前我国的文化经纪人专业教育才刚刚起步。

为适应社会主义市场经济发展的需要，我国经纪人队伍迅速发展壮大。目前，各类经纪人广泛活跃在我国各类市场上，成为市场经济发展不可缺少的重要力量。如房地产业、证券业以及一般意义上的经纪人都已经比较成熟了，但文化市场经纪人一直以来却不够规范，很多与文化只沾一点边甚至完全不沾边、只靠一定社会关系的人都干起了这一行。文化行业是个特殊的行业，文化市场也是个特殊类型的市场，而随着文化产业的发展，文化产业化需要的不仅仅是有一定文化素质、技能的文化经纪专业人才，而是更好地组织、策划、管理文化活动，激活文化本体活力并能使文化产生更大社会效益和经济效益的文化经营管理人才。事实证明，优秀文化经纪人才短缺是制约当前文化产业发展的瓶颈。

据统计，目前全国文化艺术经纪与代理业经营机构有 7 186 个，其中，具有一定规模的演出经纪机构有 78 个，民间剧团 2 698 个，艺术品经营机构 2 205 个，画廊 1 536 个，美术公司 584 个，艺术品拍卖公司 85 个。演出经纪、艺术品经营代理、版权代理、艺术拍卖等文化艺术经纪活动逐渐深入到文化艺术的每个角落，在文化艺术经营活动中发挥着巨大的作用。我国文化经纪人的培养，大多是通过有关部门不定期地举行集中培训的方式进行，没有形成规模，特别是影视明星经纪人、书画经纪人、模特经纪人等方面的人才，亟待专业、规范地培训。因此，在高等教育和职业教育中，设置文化经纪人专业，培养大量具有较高文化水平、拥有丰富专业知识的复合型经纪人才，是解决这一人才缺口的良好途径。

第十二章　体育经纪人

第一节　体育市场

一、体育市场的概念

狭义的市场是指商品交换和买卖的场所，如集市、商店、超市等，这是一个空间概念。根据市场的这一含义，体育市场是指直接买卖体育服务这种特殊消费品的场所，也就是体育场馆、健身娱乐场所、网球场、保龄球馆和项目培训点等地方。消费者通过购买门票、入场券以及支付培训费用等方式，直接购买各种体育商品。这一含义的市场虽内容较为具体，但其所涉及的范围较窄，因而被称为狭义的市场。

广义的市场是指商品交换活动以及商品交换关系的总和。商品的生产者、经营者和消费者为了满足自己的需要，出售自己的商品或从别人手中购买自己所需的商品，在这种交换过程中实现商品的价值，这就是市场。在市场上，能够反映出生产者、经营者、中间人和消费者之间的经济利益关系，因此，广义的体育市场就是指全社会体育服务产品交换活动及交换关系的总和。培育与健全体育市场，就是要研究体育产品交换关系、交换活动的性质和行为，向市场提供更多符合需要的产品，改善体育市场的结构，使更多的体育商品进入市场。

二、体育市场的性质

体育市场的性质可以归纳为三个方面。

（一）体育市场是消费品市场的一部分

市场体系是各种类型市场的有机统一。它包括了商品市场、资金市场、技术市场、劳动力市场、信息市场和房地产市场等。体育市场属于其中的商品市场，是商品市场的一部分。商品市场还包括生产资料市场和消费资料市场。在消费资料市场上，既有衣、食、住等实物形式的消费资料，又有文化、娱乐、旅游以及交通服务等非实物形式的消费资料。从体育消费的构成上看，虽然也存在着体育用品等实物形式的消费资料，但就整体而言，体育消费资料的主要部分还是各类体育服务，属非实物形式的消费品。因此，以体育服务为主要交换内容的体育市场，也是消费资料市场中非实物形式消费品市场的一部分。

（二）体育市场是大文化市场的一部分

体育是大文化概念中的一部分。广义的文化包含教育、文化（狭义，指文学、艺术、新闻、出版、广播、电视、电影、文物等)、科学研究、体育事业等。在大文化范围内，除基础教育和基础研究等一般不能进入市场外，其他各部分都在不同程度上进入了市场。体育市场与狭义的文化市场一样，是大文化市场的组成部分，但体育市场与其他文化市场相比又有着自身的特点。

(三) 体育市场既是消费者市场又是经营者市场

市场按购买者的目的与任务的不同，可划分为消费者市场、生产者市场、经营者市场、政府市场等。体育市场主要是指提供满足个人体育消费服务需求的市场，其消费者以消费者本人或家庭成员为主，因而具有消费者市场的性质。但各类体育消费资料又可成为经营者买卖的对象，如体育用品市场、体育传播市场、竞赛表演市场、健身娱乐市场、体育中介市场、体育博彩市场等。它们多以经营者市场的形态出现。体育经营者市场能把体育生产和体育消费连接起来，从而推动体育产业的发展、促进体育消费的繁荣。

三、体育市场的构成要素

虽然各国体育市场的发育程度参差不齐，但是从要素构成上分析，它们都具有高度的相似性。任何一个体育市场都包含四个要素。

(一) 体育市场的主体

体育市场的主体就是体育商品和劳务买卖交易的双方，即体育市场的供给者与需求者。体育市场的主体或是作为自然人的运动员，或是作为法人的企业、俱乐部等。体育市场的主体对体育市场具有决定性的作用：一方面，体育市场主体数目的多少决定了体育市场规模的大小；另一方面，体育市场主体规模的大小与体育市场竞争的激烈程度是正相关的。伴随市场竞争的加剧，市场将出现分工越来越精细的趋势，最终演化成一个多样性的市场体系。

体育市场的多样性既决定了体育市场的广度，又决定了体育市场的深度和弹性。市场的广度就是市场主体的规模，主体规模越大市场越有广度。市场的深度是指市场主体针对买卖对象的谈判价格与最终成交价格之间的差额，差额越小市场越有深度。在一个高度垄断的市场中，由于市场主体缺乏多元性，垄断价格便出现了。垄断价格与谈判价格几乎没有关联，两者之间的差额往往较大，因此，垄断市场是缺乏深度的。市场的弹性是指市场价格波动的恢复速度，一个有弹性的市场在价格急剧升降之后可以迅速复原，价格复原的动力来自激烈的市场竞争。

(二) 体育市场的客体

体育市场的客体就是体育市场主体的交易对象（或者称标的物)。它包括实物产品（如各类体育用品和器械等）和服务产品（如运动员的竞赛能力或表演能力、媒体转播权、体育场馆的租赁权以及体育经纪人的中介服务等)。体育市场客体的多样性已经成为体育市场繁荣与否的“晴雨表”。产品的多样性取决于其差异性，伴随市场的成长，产品竞争的焦点逐渐从有形差异向无形差异转变。例如，阿迪达斯牌运动鞋与耐克牌运动鞋之间的竞争就在于品牌这一无形产品的差异。

体育市场的主体与客体之间存在着正反馈的有机联系，主体的多元化产生需求和供给的多样性，最终又诱发客体的差异化。反过来看，差异化的体育产品刺激市场主体的需求，需求的多样性又诱发供给的多元化，从而加剧体育市场客体的多样化。如此相互增进的良性循环奠定了体育市场健康成长的基础。

（三）体育市场媒体

所谓“媒体”，简单地讲就是“中间人”，其凭借自身的专业知识和信息渠道撮合双方的交易买卖以获取中介费。体育市场的媒体包括体育市场经纪人和体育市场中介机构或组织两大类。经纪人和中介机构是分工与交易发展的必然产物，古已有之。在我国唐朝时期，经纪人被称为“牙郎”，清朝则改称“牙商”或“牙行”。而在西方，随着市场经济的日益成熟，这一行业日趋发达，逐渐形成了较为完善的经纪人制度。

在现代体育市场的交易中，市场媒体的作用与日俱增。市场的发展意味着制度规则的不断精细，因此，要想在交易中获取最大的利润，经纪人就不得不掌握与交易相关的知识和信息；而作为交易主体本身而言，经纪人的时间是有限的，因此，专职并精通交易规则与信息的经纪人行为便成为利润最大化的关键环节。以体育劳务市场为例，运动员，尤其是明星运动员，他们进入或退出市场的行为几乎完全依赖于经纪人或经纪公司。从某种程度上来说，发达国家体育市场媒体已经成为体育市场主题的“代言人”。例如，如果你想要与 NBA 的某个球员进行一笔交易，那么你的谈判对象也许不是该球员，而是其委托的经纪人或经纪公司。

我国的体育市场处于发育时期，体育市场的主体与客体尚还单调和幼小，因此，其媒体也就显得落后。今后，我们在培育体育市场的过程中应该注重其主体、客体和媒体的协调发展，任何顾此失彼的举措都有悖于市场发展的规律。

（四）体育市场的价格

体育市场的主体双方（或者委托媒体）针对市场客体这一标的物进行谈判和交易，在这一过程中，价格成为一个核心的问题。体育市场的价格形成分为三种情形。

1. 自由定价

交易主体双方都是通过自然人或者企业的撮合，遵循市场竞争的原则，自愿成交。

2. 公共定价

该类体育产品往往属于公共物品，比如公共运动场馆，这些体育产品通常是供人免费使用或者实行部分收费，产品的生产、使用、维护成本一般由政府财政支付。

3. 管制价格

交易双方虽然可以自由谈判，但最终的成交价格必须符合政府价格管制政策的要求。体育市场价格管制的对象一般是体育服务产品，包括体育市场媒体所提供的中介服务。

体育市场的四个基本要素，对于研究体育产业的市场构成具有重要的理论意义。通过对这四个要素的分析，我们既可以从一般意义上抓住体育市场的本质，又可以透过一般找出各类体育市场的特有规律。

第二节 体育经纪人

一、体育经纪人的概念

由于受不同社会制度、传统文化及经济发展水平等因素的影响，不同国家或组织对体育经纪人的界定也各有差异，甚至在同一国家的不同地区，人们对体育经纪人的解释也不一样。

在国际足联的注册球员经纪人规则中，球员经纪人是为了获取佣金而依据该规则条款将球员介绍给俱乐部使其获得就业机会，或促成两个俱乐部之间相互达成转会协议的自然人。

在我国，尽管没有统一的体育经纪人概念，但有些体育组织根据自己的需要，都在各自的经纪人管理规则中进行了解释，如中国足球协会的球员经纪人管理办法规定：球员经纪人是指一名自然人，以获取佣金为目的，在正常范围内向俱乐部介绍其有意签约的球员，或介绍两家俱乐部进行球员转会活动。我国篮球协会的篮球项目体育经纪人管理暂行办法规定：篮球项目体育经纪人是指依法取得经纪资格，从事篮球经纪活动的自然人和法人。篮球项目体育经纪活动是指个人或组织在篮球项目活动中收取佣金、促成篮球活动顺利开展的居间、行纪或代理等经营活动。另外，我国国家工商行政管理局颁布的《经纪人管理办法》规定，经纪人是指“在经济活动中，以收取佣金为目的，为促成他人交易而从事居间、行纪或者代理等经纪业务的公民、法人和其他经济组织”。

体育经纪人是经纪人的下位概念，是经纪人的一个分支，因此，在参照国外体育经纪人概念的基础上，结合我国实际，可以将体育经纪人定义为：为体育比赛、体育表演等活动提供居间、经纪、代理等中间服务，并收取佣金的自然人、法人及其他经纪组织，其本质是以从事经纪活动作为谋生手段，创造价值。

二、体育经纪人的组织形式

根据组织形式，体育经纪人可分为以下三种：个体经纪人，即具有民事权利能力和完全民事行为能力，依法登记从事经纪业务的自然人；经纪人事务所，即具有经纪资格证书的个人合伙从事经纪业务；经纪公司，即依据《公司法》成立的从事经纪业务的企业法人。

（一）个体体育经纪人

个体体育经纪人是指自然人以自己的名义从事体育经纪活动，并以个人全部财产承担无限责任的体育经济组织。

要想成为个体体育经纪人应符合下列条件，并向工商局提出申请，领取个体工商户营业执照：

（1）有固定的营业场所；

（2）有一定的资本金；

（3）具有体育经纪资格证书；

（4）符合《城乡个体工商户管理暂行条例》的有关规定。

（二）合伙体育经纪人

合伙体育经纪人指由两名以上具有体育经纪资格证书的合伙人订立合同协议，共同出资、共同经营、共享利益、共担风险，并对合伙企业的债务承担无限连带责任的营利性组织。连带责任是按份责任的对称，是指两个以上的债务人共同负责清偿同一债务的行为。

申请设立合伙体育经纪人应当具备以下条件：

（1）具有合法名称和固定的营业场所；

（2）具有相应的资本金；

（3）有两名以上具有体育经纪资格证书的人员作为合伙人；

（4）合伙人之间订有书面协议；

（5）有组织章程和服务规范；

（6）法律、法规规定的其他条件。

合伙体育经纪人按照各自出资比例或者协议约定，以各自的财产承担财产责任。合伙人则对合伙经纪人的债务承担连带责任。

（三）体育经纪公司

体育经纪公司是指以公司形式（在我国一般是有限责任公司）设立的，具有法人资格的体育经纪组织，公司以其全部资产对公司债务承担责任，股东以其投入的资本对公司债务承担责任。体育经纪公司是一种专门从事体育经纪活动的企业法人。由于体育经纪公司具有法人资格，经纪公司的设立、注册登记及经营活动应按照《民法通则》和《公司法》中的有关规定进行。

设立体育经纪公司应当具备以下条件：

（1）具有合法名称和固定场所；

（2）具有相应的注册资本金；

（3）具有与其经营规模相适应的一定数量的专职人员，其中具有体育经纪资格证书的应不少于五人；

（4）具有相应的组织机构；

（5）符合《公司法》及有关法律、法规的规定。

（四）兼营体育经纪业务

其他公司具备以下条件的也可以向工商局提出兼营体育经纪业务：

（1）具有与经营规模相适应的一定数量的专职人员，其中具有体育经纪资格证书的应不少于两人；

（2）具有固定的组织机构和营业场所；

（3）符合《公司法》和有关法律、法规规定的其他条件。

个体经纪人主要代理体育明星的部分事务，具有专业化、运作方式灵活和权威性等特点，但存在资金少、难以进行大规模经纪业务等劣势。而经纪事务所和经纪公司由于在规模、资金和人才方面有优势，可以设计一套服务体系为运动员服务，具有利益一致、目的明确、形式简单和便于管理的特点，但委托成本也相对较高。

三、体育经纪人的类型

一般来说，我国的体育经纪人分为三类，即赛事经纪人、运动员经纪人和体育组织经纪人，其中赛事经纪人占了绝大部分。

1. 赛事经纪人

赛事经纪人最驾轻就熟的工作是推广体育比赛，他们可以全部或部分买断国际或国内体育组织正在举办的正规赛事，然后通过电视转播、广告推销、争取赞助等多种渠道对赛事进行开发、推广，最终成功举办比赛并达到盈利的目的。如国际管理集团推广我国的足球和篮球甲 A 联赛，香港精英公司曾经推广过世界女排大赛等。依靠自己（公司）的经济实力和社会交往能力，经纪人还可自己筹划推出非体育组织举办的新的赛事，如 ATP 网球系列大奖赛等，以获得更大的社会影响和经济效益。

2. 运动员经纪人

运动员经纪人为运动员甚至整支运动队做代理。具体来说，运动员经纪人的工作主要包括以下四个方面：一是运动员的工作合同，包括运动员的转会谈判、报酬确定、合同签订等，经纪人须深谙各俱乐部的需求、各明星球员和有潜质的后备球员的特点和情况，为俱乐部与运动员牵线搭桥；二是安排运动员参加比赛，包括选择比赛、制定行程、筹措资金、参赛服务等，其中合理地选择和安排比赛至关重要，应既有利于运动员水平的提高，又能为运动员带来更大的经济效益；三是帮助运动员安排比赛间歇时间的训练和生活；四是管理运动员繁杂的日常事务，如管理赛事收入和财务收支、安排社会活动等。

近年来，运动员的形象开发、广告制作等已成为体育经纪人开拓的领域。通过各种媒介的宣传，对运动员进行整体形象包装设计，提高运动员的知名度，赢得市场——经纪人以此获取更大的利益。此外，包装运动队是近年来新出现的经纪业务，它实际上是经纪个体运动员的延伸。经纪人可以让赞助商取得运动队的冠名权（如康威中国女子举重队），或在比赛服装上打广告，这样，一方面提高了商家的社会影响，另一方面也使运动队获得赞助。另外，运动队其他无形资产的开发，如比赛转播权、纪念品开发等也是体育经纪人不会忽视的领域。

3. 体育组织经纪人

现代体育经纪活动已不仅限于竞技体育，正在逐步渗透到大众体育、体育经济等各个方面，如体育赞助、体育保险、体育旅游等，这样体育经纪可以作为体育组织的代理，帮助其协调或解决有关的问题、争端，为其获取有关信息，提供订约机会，以及进行商业方面的开发等，也可参与解决体育活动和交往中出现的经济、法律等方面的问题，或提供有关咨询。如中国足协属下的“福特宝”公司就属此类。

四、体育经纪人的特征

体育经纪人作为经纪人的分支，既具有经纪人的共同特征，又具有自己独有的特点。总的来说，体育经纪人有六大特征。

1. 经济性

对于体育经济而言，体育资产主要包括无形资产和有形资产，最具价值的还是无形资产。开发无形资产，充分利用无形资产主要靠体育经纪人完成，以实现资源的优化配置，提高资本使用效率。所以，作为一名合格的体育经纪人，首先应该掌握经济专业方面的知识，要有合理的经济科学知识。另外，体育经纪业务从本质上讲就是市场运作，而市场运作的成功与否主要取决于商品、价格、中介方式、经纪人信誉、环境等要素。因此，体育经纪人应掌握体育市场环境、体育营销、体育市场竞争及交易过程等方面的知识。体育经纪需要与人协作，并通过他人使经营活动完成，它需要经纪人有效地进行有关计划、组织、领导和控制等方面的活动，调动各方面的积极性，降低成本，使资源成本最小化，提高资源利用率，实现经营的最终目标。

2. 表现性

体育经纪人的经纪行为是体育经纪人素质的外在表现，其经纪行为有：代理运动员的生活琐事、代理其转会；商业性体育赛事代理；体育赛事媒体广播、广告的设计与策划；促进体育设施、器材、设备等的交易；为俱乐部提供信息、物色运动员；有关体育贸易活动中法律知识的运用等。在从事以上经纪行为时，谈判技巧是能否把某个经纪人的内在素质完全外现的一个重要方面。谈判是一门技术，更是一门艺术与科学。通过谈判，可以沟通各方观点、感情，达成一个双方都基本满意的协议。体育经纪人通过谈判，在完成委托方交给自己的任务并获得佣金的同时，也使市场的需求得到了满足。谈判中常见的策略，如时机运用策略、利益让步策略、以诚取胜策略等，都是体育经纪人必须借鉴的。

3. 体育性

目前对于经纪人管理，大多数国家都采取颁布资格证书制度，取得经纪人资格证书的人才能从事经纪活动。对于体育经纪人而言，除了通过经纪人资格考试，还得参加体育专业知识考试，合格者才能得到资格证书。所以体育经纪人在掌握经济专业知识的基础上，还要具备体育专业知识，是一个懂体育、了解竞赛规律、比赛知识及对体育领域有深刻认识的人。体育经纪人应掌握体育的本质特点，了解体育运动的基本发展规律，熟悉自身业务所涉及运动项目的特点、发展水平、市场状况和该项目的社会影响，了解比赛规则、运动方式，熟悉圈内人员等。

4. 可塑性

体育经纪人的基本素质可通过一定时间的培养和教育获得提升。目前，我国从事与体育经济有关的人员的业务水平低，经济知识面窄，外语水平、计算机应用水平都达不到一定的要求，这使得体育产业很难成为一个真正的经济实体，也不可能和国际接轨。因此，提高体育经纪人业务水平，就必须重视对体育经纪人的培训，加强体育经纪人队伍的建设。

5. 综合性

在激烈的竞争下，体育经纪人的经营范围开始呈现多样化，有谈判、咨询、研究、服务、电视、赞助、推广等。这就要求体育经纪人的素质不能是单一的，即体育经纪人不仅应具有专业素质，还应富有实践经验；既要有严密的思维能力，又有能综合分析问题、解决问题的能力；不仅要掌握基础性知识（体育哲学、语言学、逻辑学、外语、计算机等）和体育专业知识，还要具备心理学知识、管理学知识、市场学知识、公共关系学知识、法律知识。另外，体育经纪人还要具备多方面的能力，如社交能力、沟通能力、创造能力和谈判能力。国际田联经纪人联合会秘书长詹宁斯认为，成功的体育经纪人应该具备职业能力、创造能力、适应能力和应变能力。

6. 国际性

体育的国际性特点，决定了体育经纪活动可以超越国界，从而也就使体育经纪人具有了国际性特征。在一些职业体育发达和经纪人活跃的国家，体育经纪人在繁华本国市场经济的同时，已经将触角伸至其他国家和地区，无论是个人经纪人还是集团经纪公司，他们不断地向外国扩展业务，与外国优秀运动员、体育主办者及生产企业和商业公司联系订约，表现出显著的国际化特点。我国体育经纪人目前也表现出国际化的特点，主要表现在职业化的足球、篮球项目，拳击或散手、田径、乒乓球等少数项目上。此外，外国运动员转会到中国俱乐部、中国运动员转会到外国俱乐部等也体现了体育经纪的国际性特点。

五、体育经纪人的作用

体育经纪人以其独特的市场“中介”和“桥梁”作用，以及对体育事业发展的影响，对体育事业健康快速地发展起到了重要作用，其在体育市场中的巨大市场价值是显而易见的。

体育经纪人主要有四大作用。

1. 极大地方便了运动员

体育经纪人都需要各国际体育组织，如国际足联、田联等机构，对其颁发正式的聘任证书，才可以正常运作经营。所以，运动员可以放心地将一切事务委托给经纪人。经纪人大多在世界各地有很长的“触角”，他们不仅能够为运动员争取到足够多的比赛机会，而且还能把运动员的食宿都安排得妥当有序，比如为队员争得出场费、交通费，为队员办好签证及把机票送到队员手里，安排机场接送、拉广告、找赞助，并对队员进行包装宣传等。正如我国著名田径运动员李彤所说的那样：“对运动员而言，体育经纪人的作用，就如同拥有一位好教练一样重要。”

2. 促进了体育职业化和商业化的进程

尽管奥林匹克倡导的是业余训练和比赛，但是从当今世界来看，各国体育的职业化和商业化已成为不可避免的事实。职业化的表现形式是联赛，有联赛就有转会问题。而商业化的表现形式是大奖赛、邀请赛，这些都必然需要经纪人为运动员办理转会、进行奖金分配和负责其他一些事务性工作。如果没有经纪人的参与，许多比赛都将告吹。反过来，通过运作，经纪人还可以创造很多的商机、热点，并吸引广大民众积极参与。如前年在我国成都成功举办的“世界女飞人”大赛、在美国举行的加拿大短跑名将贝利与美国著名运动员约翰逊之间的“世界飞人”大赛。这些带有浓厚商业色彩的非常规体育比赛，完全是由体育经纪人一手创办出来的。

3. 促进了体育运动水平的提高

我国著名田径教练冯树勇同志早在几年前就认识到，中国田径要想真正走向世界，必须有好的经纪人在当中起到桥梁作用。他认为，田径运动员只有通过经纪人的运作，多到国际大赛上锤炼，才有可能获得好的比赛经验，提高比赛成绩。中国要想成为世界体育强国，提高体育运动水平，建立一支高素质的体育经纪人队伍是一个重要途径。比如通过经纪人的热心操办，成都成功举办了“世界女飞人”大赛，国人得以目睹“女飞人”们的风采，我国也因此掀起了短跑热。当前国内最活跃的是球类经纪人，他们一方面把国外足球运动员引进中国，如大家熟悉的前国安队的冈波斯、万达队的金斯等；另一方面又把国内足球运动员输出到国外，如在英国踢球的范志毅和孙继海、到德国去踢球的杨晨。这些“引进”和“送出”对我国足球首次冲出亚洲、打进世界杯决赛起到了很大的作用。

4. 促进了体育产业化和市场经济的发展

体育经纪人是随着市场的发展产生并发展起来的，反过来，体育经纪人又对体育产业化的发展和体育市场的繁荣起着重要的推动作用。体育经纪人是体育市场中不可缺少的一个重要环节。从职业角度来讲，体育经纪人可以促进体育产业转向市场化和社会化。体育经纪人把过去由国家拨款办比赛变成社会出资办、市场出资办，这就是体育产业化的重要表现形式。我国现在的全国足球联赛、排球联赛、篮球联赛等大型职业化赛事，都是因为经纪人的参与才得以顺利进行。今后，不仅各类体育赛事，电视转播、广告策划、媒体宣传，甚至运动员和运动队的经营管理都离不开经纪人的参与。由此可见，经纪人在体育产业化和市场经济发展中将会起到越来越重要的作用。

在看到体育经纪人的重要作用的同时，我们也应该看到体育经纪活动中存在的不良现象和缺陷，如无照经纪行为、超越经营范围行为、签订虚假合同损害委托人或相对人利益的行为、采取威逼利诱等手段促成交易的行为、明知委托人或相对人没有履行合同的能力而为其进行中介的行为等。此类事件严重扰乱了体育市场的秩序，损害了体育经纪人的社会形象，所以，走向规范化的理性轨道是体育经纪人健康发展的必要保证。

六、体育经纪人的职责和权利

（一）体育经纪人的职责

体育经纪人的职责是指经纪人依照法律或与委托人签定的协议规定履行一定的行为责任，以保护国家和委托人的权益。

体育经纪人主要有七项职责。

1. 依法经纪

体育经纪人应该树立法制观念，严格依法办事。提供体育中介服务时，体育经纪人必须遵守国家有关的法律、法规和政策，遵守社会公德，不得损害社会公共利益。体育经纪人的中介活动必须在国家法律、法规许可的范围内进行，不得从事国家禁止的服务项目的经纪活动。

2. 诚实介绍

体育经纪人应当坦诚、实在。作为一名合格的体育经纪人，在进行体育经纪活动时，必须就自己所知据实报告给各方当事人，忠实于委托人的利益。经纪人应该以坦诚的态度，及时、如实地向当事人介绍有关情况，提供有关文件，不得隐瞒与经纪事项有关的重要事项。体育经纪人不得以隐瞒与经纪活动有关的重要事项、虚构订约机会、提供不实信息、夸大业绩等或者以胁迫、贿赂等手段促成交易。

3. 公平中介

体育经纪人在中介活动中，应当保持自己的中间人地位，这就要求体育经纪人在经纪活动中要公平对待当事人各方。对于任何一方提出的问题，都要如实回复。对于任何一方提出的要求，都要如实转达。不能为了一方利益而采用编造或隐瞒的手段，从而损害另一方的利益。

4. 履行协议

在体育经纪的过程中，体育经纪人应忠实履行合同条款，不得超越合同约定的范围和期限从事体育经纪活动。体育经纪人不仅要全面地、及时地履行已经在协议中明确约定的己方任务，对于那些合同中虽未做约定，但是根据诚实信用原则，要求自己应尽的协作义务，也应自觉地、善意地履行。

5. 保守秘密

根据诚实信用原则，即使双方没有在经纪合同中明确约定，体育经纪人对其委托人也同样负有保密义务。在合同履行过程中，体育经纪人可能会了解或已经了解到委托方的商业秘密等。在这种情况下，了解他人商业秘密的体育经纪人即负有为委托人保密的义务，不得利用委托人的商业秘密谋取不正当的利益。

6. 依法纳税

体育经纪人应当按照规定建立会计账册，编制财务会计报表，保存原始凭证、业务记录、账簿和经纪合同 3 年以上，送有关部门备查，接受工商、税务等部门的管理和监督，并依法缴纳有关税费。根据我国税法规定，经纪人或经纪机构应缴纳的税种主要有营业税、所得税和个人收入调节税等。

7. 赔偿损失

体育经纪人违法进行经纪，给当事人造成经济损失的，应当依法承担相应的赔偿责任。

（二）体育经纪人的权利

经纪人的权利是指在其开展经纪活动的过程中，依照法律和双方协议规定享有的权力和利益。经纪人的权利受到国际法律的保护。体育经纪人的权利主要包括：

1. 受到国家法律保护的权利

受到国家法律保护的含义，首先是指具有经纪资格的从业人员，依法注册为体育经纪人后，有权依据有关法规、规章在注册登记核准的经营范围内开展体育经纪业务。依法进行的体育经纪活动，受到国家法律保护，任何单位和个人不得非法干预。其次是指经纪人有签订经纪合同的权利和依法享有经纪合同中双方约定的其他一些权利。最后是指体育经纪人在进行体育经纪活动的过程中，其合法权益受到侵害的，可以依法请求司法保护，民事活动中与他人发生争议时，有申请仲裁的权利和进行诉讼的权利。

2. 获取报酬的权利

依据等价有偿的原则，经纪人有为自己的劳动依法或按合同约定，请求报酬的权利。体育经纪人获得的报酬即佣金，是合法收入。

3. 请求支付成本费用的权利

根据我国合同法，受托人为处理委托事务垫付必要费用的，委托人应当偿还该费用及利息。但这个问题取决于双方的约定，如果体育经纪人与委托人在经纪合同中达成了费用约定，则体育经纪人有权要求委托人承担成本费用，否则不得要求委托人承担该费用。

4. 委托人有违约或欺诈行为时，终止服务的权利

体育经纪人有向委托人了解所委托事务真实情况的权利。委托人隐瞒与经纪业务有关的重要事项、提供不实信息或者要求提供违法服务的，或当体育经纪人发现委托人不具有履约能力时，体育经纪人有中止经纪业务并建议终止经纪合同的权利。

第三节　体育经纪业务

一、体育经纪的概念

体育经纪活动是指围绕体育活动、体育人才和体育资源开发等，为促成体育组织或个人在体育运动过程中实现其商业目的而从事的居间、行纪或代理，并收取佣金的活动。体育经纪是随着职业体育的兴起而逐步发展起来的，它基于现代职业体育的竞争性、流动性和一体化等三个特点。这些特点为体育经纪的产生和发展开辟了广阔的空间。

二、体育经纪业务范围

所谓经纪人的业务范围，即经纪人的经营范围，是指国家允许经纪人从事经纪业务的服务项目。它反映经纪业务活动的内容和方向，是经纪人业务活动范围的法律界限，体现经纪人的民事权利能力和民事行为能力。虽然各国对体育经纪人定义各有不同，但其主要从事的业务活动差别不是很大。在美国，随着体育日新月异地发展，体育经纪人的业务活动从最早的代理运动员谈判薪金合同，到负责运动员大大小小的事务，进而转为大型商业化比赛的组织和运作，再到包办企业有关体育投资的策划和管理，经营管理范围越来越广。在意大利，体育经纪人主要从事运动员的转会和为运动

员管理日常事务，如医疗、保险、联系赞助、广告等。

我国对经纪人进行管理的规章是国家工商行政管理局颁布的《经纪人管理办法》。据此规定，无论是自然人、法人还是其他经济组织，只要从事体育经纪活动，其所从事的业务范围都受到《经纪人管理办法》以及其他现行法律、法规的调整。体育经纪人只能从事体育行业内的一些居间、行纪和代理活动，并且这些活动不是我国现行法律法规所禁止的行为，也不违反社会秩序、风俗。根据我国体育经纪人的活动情况，体育经纪人的业务范围主要包括四个方面。

（一）为运动员做代理

转会谈判、报酬确定、合同签订等是体育经纪人的主要业务范围。经纪人深谙各俱乐部的需求，以及各位明星队员和有潜质的队员的特点和情况，为俱乐部和运动员牵线搭桥，安排运动员参加比赛。选择比赛、制定比赛日程、筹措资金、参赛服务等也是体育经纪人的重要服务领域。其中，合理地选择和安排比赛最为重要，其既有利于运动员水平的提高与发挥，又能为运动员带来巨大的经济效益。安排比赛巡回间歇的训练和生活，这不仅要同比赛的组织打交道，而且要与有关体育组织和训练基地搞好关系。另外，管理运动员繁杂的日常事务，如管理赛事收入和财务收支、安排社会活动、运动员形象开发等，同样是体育经纪人的代理活动内容。

（二）推广体育比赛

体育比赛和体育表演的筹划和推广包括电视转播权、广告代理、特许使用权开发等。体育经纪人可以全部或部分买断国际或国内体育组织举办的正规比赛，然后通过电视转播、广告推销、争取赞助等多种渠道开发推广，并最后达到盈利目的。

体育经纪公司赛事推广服务的主要任务，是替赛事主办者对赛事的相关权益（如赞助、电视转播权、门票及纪念品生产与销售）进行商业推广或受赛事主办者委托对赛事进行策划与包装并进行经济运作。经主管机构批准，策划组织有关赛事或买断有关赛事（承办赛事）也是其任务之一。

（三）包装运动队

这是近几年新出现的体育经纪业务，也是经纪个体运动员的延伸，但工作的内容和方式不同。经纪人通过与赞助商联系，获得运动队冠名权，使运动队以某个商家的名义比赛，或在比赛服上打广告。这样一方面提高了商家的社会影响，另一方面包装了运动队，使运动队获得了赞助。运动队其他无形资产的开发，如比赛转播权、纪念品开发等，也是体育经纪人应重视的领域。

（四）其他经纪活动

现代体育经纪活动已不仅限于竞技体育，也在逐步渗透到大众体育、体育经纪等各个方面，如体育赞助、体育保险、体育旅游等，这为有志从事体育经纪活动者提供了更为广阔的空间。此外，俱乐部、运动员在训练、比赛和各种社会活动中，要与各种机构、各种人打交道，难免会出现各种纠纷，其中涉及经济、法律等多方面的问题，体育经纪人还可以参与其中，以其丰富的知识、熟练的操作技巧、广泛的社交活动使纠纷得到妥善解决，或提供有关咨询。也可作为体育组织的代理，帮助其协调或解决有关的问题、争端，为其获取有关信息、提供订约机会，以及进行商业方面的开发等。

但由于体育经纪人的组织形式不同，他们在各自从事的经纪事务范围方面也稍有不同。

个体体育经纪人可接受运动员个人委托，从事下列业务：

（1）代理运动员与体育组织、广告公司、商品生产经营企业及其他单位进行交易谈判；

（2）代办运动员的财务管理、保险等个人事务；

（3）运动员形象策划和开发；

（4）安排运动员参与表演或比赛；

（5）其他事务。

个体体育经纪人从事经纪业务时必须向运动员出示营业执照（副本），以及通过体育行政管理部门和工商行政管理部门年检的有效的体育经纪资格证书。一般来说，个体体育经纪人不能接受体育组织委托从事体育经纪活动，不能从事有关体育竞赛和体育表演的经纪活动。

体育经纪人事务所、体育经纪公司可以从事下列体育经纪活动：

（1）接受运动员个人委托的体育经纪活动；

（2）接受体育组织委托的体育经纪活动；

（3）接受委托从事有关体育竞赛和体育表演活动的经纪活动；

（4）其他事务。

体育经纪人事务所、体育经纪公司统一对外接受委托，收取佣金，其业务人员不得以个人名义对外接受委托从事体育经纪活动。体育经纪机构人员从事经纪业务时，必须出示单位授权委托和本人的通过体育行政管理部门和工商行政管理部门年检的有效的体育经纪资格证书。

随着体育产业的不断拓展，体育经纪人的业务范围也将不断扩大，主要表现在：筹集资金，寻找赞助；收集体育市场信息，为体育企业的决策层提供参考意见，以生产并投放市场畅销的体育产品；寻找体育市场商机，对国际、国内重大比赛进行有偿服务；了解国际群众体育发展动态，开创设立群众喜欢的体育娱乐项目，创造新的经济增长点；为运动员寻找出国发展、转会、上学、就业的机会，拓宽就业渠道；了解国际竞技体育最新的比赛规则、发展动态趋势、国际上将要组织的各种比赛；负责处理比赛期间由体育贸易活动所引起的法律上的争执。其实，在体育经纪人的实际工作中，其所做的工作可以说是事无巨细，面面俱到。

三、我国体育经纪人的数量及存在形式

我国体育经纪人数量不多，主要集中在北京、上海、广州等经济比较发达、体育市场行情较好的几个大城市。在对客户群体进行的关于所接触的体育经纪类型的调查中发现，我国体育经纪人的组织形式多为广告公司，其次为公关公司，接下来按顺序依次为文化传播公司、咨询公司、体育经纪公司和个体体育经纪人。据此可以说明，

我国现阶段专业的体育经纪人较少，大部分为兼营体育经纪业务的广告公司和公关公司。就国外的体育经纪市场而言，存在最多的是专业的体育经纪公司，其次是公关公司，接下来是广告公司、文化传播公司、咨询公司。通过对比可看出，由于我国的体育经纪业起步较晚，整个市场相对混乱，体育经纪事务的市场开发依然肤浅。就单纯的体育经纪人组织形式来看，公司法人是我国体育经纪人的主要组织形式，个体经纪人的组织形式次之，合伙经纪人的组织形式相对较少。而公司法人性质的体育经纪人组织形式绝大部分是由国有经济或集体经济投资设立的，如北京市老队员体育经纪有限责任公司等。相对于个体体育经纪人和合伙体育经纪人而言，公司性质的体育经纪人在竞争实力、人力资源等方面都要更胜一筹。

目前我国体育经纪人按不同的标准主要分为以下几种存在方式：一是以组织形式存在的体育个体经纪人和体育经纪公司以及一批兼营机构，二是以职业特征存在的专营体育经纪人和兼营体育经纪人，三是以客户性质存在的运动员经纪人、体育组织经纪人和体育竞赛经纪人等。

四、我国体育经纪的发展现状

体育经纪在我国是改革开放后的产物，在 20 世纪 80 年代初有了萌芽。自 20 世纪 90 年代以来，特别是我国足球职业化后，体育经纪在我国则有了快速的发展，体育经纪的规模、政策法规、组织机构以及赞助的策划等均有了许多可喜的成就。这主要表现在：体育经纪增长速度较快、规模较大；体育经纪的法制初步形成；体育经纪工作的组织管理机构初步明确。

目前，体育经纪人在国内已经成为一种新兴的行业。国家体育总局副局长张发强曾经将体育比喻成一辆汽车，而体育界、企业界、媒体和中介就是这辆车不可缺少的四个车轮。其中，体育中介的主流就是体育经纪人。但是从发展情况来看，我国的体育经纪行业与国外同行相比还显得十分稚嫩。

由于中国市场经济的推进和职业体育（如足球职业化）的拉动，在政府、体协、明星、赛事组织者、企业客户、媒体等的共同努力下，体育经纪人在中国已经具备基本的业务环境条件，这些环境条件之所以冠之“基本”两字，缘于各相关角色对体育经纪人的认知程度和依赖深度距世界先进水平还存在较大差距。对中国体育市场里的体育经纪人来说，二十多年的发展道路充满了坎坷和艰辛，昔日耀眼的名字，如正奥、香港精英等，已逐渐被人遗忘。同时也有一些新的名字，如 Octagon 强势出现。还有更多的，如北京的梅珑、高德、中篮、中体经纪，广东的鸿天，上海的希望国际等，它们在人们的不经意中缓步前进，逐步扩张。

然而，由于我国体育产业化过程开始较晚，加之受传统计划经济体制观念的束缚，体育经纪的发展在我国存在着不少令人担忧的问题。

（一）我国现行的体育体制在某些方面还不适应体育经纪人的发展

由于我国体育市场尚处于发展初期，市场体系不健全，体育要素市场没有开放，体育经纪人活动受到限制。很多时候，很多项目还是由体协在经营。中国运动项目协会同时承担着政府职能、事业发展、社团管理三重职责的特殊角色任务，项目协会管、办、经营同时存在的状况还将持续相当长的一段时间，这种状况使得项目协办能够在体育赛事市场中垄断性地占有相当大的市场份额。由行业垄断、项目垄断造成体育市场的不公平竞争，抑制了体育经纪人发挥作用的积极性及其功能的时效性。同时，现行体制下中国体育界的特殊问题，如产权关系不明晰、体育资产评估无科学标准等，也影响到体育经纪活动的规范运作。

（二）市场信息不灵

由于不同体育经纪人在地域、专业、人际关系等方面存有较大差距，这种差距造成了体育经纪人的中介价值。中介价值的产生基础是经纪人能够掌握大量的相关信息，但目前，我国缺乏权威、有质量、多内容的体育市场信息平台，没有灵通的体育市场信息交流，这就难以提升体育经纪人及其活动的市场价值。在体育经纪人的活动中，另外一个问题是调查数据瓶颈常常难以突破。体育经纪活动的重要目标之一是追求企业市场宣传效果。在这方面，体育活动、明星人物在某种程度上发挥了近似媒体的作用，面临的也是媒体的竞争。在这种竞争中，目标群体的产品选择动机、宣传效果的评价数据无疑是最有力的说服手段。媒体相关数据调查机构（如央视调查）给媒体竞争以数据支撑，而体育经纪却没有这类支持，追求尝试、追求轰动难以使企业产生持久的热情，因此调查数据瓶颈降低了体育经纪业务的市场竞争力，阻碍了中国体育经纪市场的发展。

（三）中国体育经纪活动的运作水平低下

体育经纪活动作为体育市场的中介与桥梁，常涉及多种专业知识，如体育、经济、法律、广告、营销、公关等，从业人员必须具备相应的条件，这包括较高的素质、广博的知识和全面的能力。在基本素质方面，他们应该具有强烈的事业心与责任感；能够正确认识自己，有强烈的自信心和克服困难的坚强意志；性格开朗，容易与人打交道；情绪稳定不易急躁、不冲动。在知识方面，他们应该具备体育专业知识、管理学知识、市场学知识、公共关系学知识、法律知识等。另外他们还须具备社交能力、沟通能力、创造能力和谈判能力。这些综合素质是一个体育经纪从业人员不可缺少的，因为他们的素质会影响到整个体育业的发展。

（四）体育经纪人管理制度不健全

目前对体育经纪人还未实行全国统一管理，各地相关管理还不完善，没有建立起体育经纪人协会这样的自律组织，这使得无论是在规范体育经纪人行为方面，还是在保护体育经纪人的利益方面，都难有法度可依。在我国当前的体育经纪人管理制度下，还存在合同、佣金无人检查的情况，甚至出现不讲信誉、不讲职业道德的黑市经纪活动。经纪人乱收费或被甩的现象时有发生，商家、企业被骗打官司现象也屡见不鲜。另外，国家有关经纪人的法规正在试行之中，但体育行业的特殊规范仍是空白。无法可依也造成了体育经纪人管理上的空白，有关方面在管理权限上没有清晰界限。相应的管理制度缺乏，影响了体育经纪活动的发展。

第十三章　劳动力经纪人

第一节　劳动力市场

劳动力市场，又称人才市场、劳务市场、就业市场等，是指劳动力交换的场所，以及这种交换关系的总和。

一、我国劳动力市场现状

1. 劳动力市场供求矛盾突出

我国是世界上劳动力资源最丰富的国家。在未来几十年内，我国每年将新增劳动力 700 万左右，同时，农村约有 2 亿剩余劳动力。按照农村人口城市化每年增长 1%计算，农村劳动力每年向城市转移约 1 000 万人，而在经济每年增长 8%~9%的情况下，每年新增就业岗位 800 万~900 万个。因此，城镇约有 1 000 万以上的劳动力得不到工作岗位。根据国际劳工组织资料，2014 年全球劳动力市场失业率约为 6.1%，中国 2014 年的实际失业率约为 6.3%，我国将长期面临就业压力。

2. 劳动力总体素质低下

我国的技能型人才，特别是高技能型人才总量严重不足。劳动力总体素质不能适应产业结构调整和提升的需要，“有人没活干和有活没人干”，就业的结构性矛盾突出，成为制约就业扩大的一个主要原因。

3. 流动就业规模巨大

中国目前流动就业人数在 1.2 亿人以上，流动就业的人员大多数是农民工。其中跨省流动就业人数约 6 000 万人，约占全部流动就业人数的一半。绝大多数流动就业人员进入城镇就业，占城镇全部从业人员的近 40%。目前农民工占加工制造业职工总数的近 60%、建筑业的 80%、服务业的近 50%，这种流动就业是在中国特殊的城乡分割和地区分割制度下形成的一种特殊的农村富余劳动力转移就业方式，其最大特点和问题，一是农民工长期处于“候鸟式”流动就业状态；二是由于城乡和地区分治，进城农民工难以实现与城市人平等的劳动权益和社会保护。建立城乡统一的劳动力市场，推进中国城市化进程的健康发展，是我们面临的一项艰巨任务。

4. 劳动力经纪业不够发达

改革开放以来，在我国劳动力市场中，城镇的职业介绍所等中介组织虽然有了一定程度的发展，但从整体上看还不发达。广大农村地区基本上没有建立职业介绍服务体系，城镇职业介绍等市场中介组织运行极不规范，各种类型的职业介绍机构基本处于分割状态，其许多职能仍掌握在劳动行政部门手中，功能小、服务面窄，致使劳动力市场不能提供包括就业咨询、职业培训和社会保障在内的一整套服务，因而离实现劳动力资源市场化配置的要求相距甚远。尤其在职业介绍方面，由于受管理体制、信息来源和统计分析手段落后的影响，对劳动力供求、结构变换及发展趋势等信息的收集、整理与发布不够及时和准确，不仅难以为劳动力供求双方在较大的领域内实现相互选择提供服务，而且不能起到引导劳动力资源优化配置的导向作用。

二、劳动力市场的特点与作用

（一）劳动力市场的特点

劳动力市场与其他物质生产要素市场的根本区别在于，劳动力永远附着在劳动者身上，劳动力和劳动者是客体与主体的有机统一。因此，在劳动力市场上的劳动力所有权并没有随市场交易而发生转移，所发生的仅是劳动力支配权的转移。

1. 劳动力市场供求关系存在于整体社会生产过程中

即使是脱离生产过程，劳动者仍要生存，社会、企事业单位也必须给予适当的福利性照顾，因而这种关系维系时间长，各种影响因素很多。

2. 劳动力的生产周期长，培育费用高

我国的《劳动法》规定，劳动者必须年满 18 岁才有资格从事各种各类的具体劳动。因此，现实劳动力的培养需要很长的时间。不仅如此，还需要投入较高的培养和教育费用。有资料显示，培养一个技术工人，从小学到技校毕业，一般需 12 年时间；而培养一个具有专门业务知识和技能的政府工作人员、大学教师、科研人员、医生、艺术家，从小学到大学毕业需要 16~17 年时间；如果是高层次干部和专家，还需更长的培养时间（硕士 19~20 年，博士 21~22 年）。从培养费用上来看，培养一个技术工人需要 3 000~5 000 元，培养一个大学毕业生需 2 万多元（仅指学费），而培养一个硕士或博士的费用大约需要 3 万~5 万元（仅指学费）。可见，劳动力的生产周期和培养教育费用远远长于或高于其他物质生产要素的生产周期和费用。

3. 劳动力市场的竞争遵循优胜劣汰的规律

在劳动力市场竞争中，强者优先被用人单位选择上岗，而弱者往往连工作、生活都会有问题。因此，政府、社会必须通过宏观调控政策，对劳动者给予保护、帮助、培训、指导，以提高其职业素质和就业能力。特别是在劳动力市场供大于求的情况下，要通过就业训练这个“蓄水池”把劳动力储存起来，对劳动人员进行有针对性的培训，提高其素质。当劳动力市场出现新的要求时，可及时为用人单位提供素质合格的劳动者。由此可见，虽然劳动力的市场调节占主导地位，但政府也扮演了非常重要的角色。

4. 劳动力市场上调节供求关系的主要杠杆是工资

工资作为劳动力商品的价格，是调节劳动力市场供求关系的杠杆，从而促进劳动力市场健康发展，保持劳动关系协调，为经济发展创造良好的条件。

（二）发展劳动力市场的作用

劳动力资源是我国最丰富的资源，开发利用并合理配置劳动力资源，建立和完善符合国情与国际惯例的劳动力市场就业机制，在我国就显得尤为重要。

1. 发展劳动力市场，是解决我国就业问题的战略措施

当前及今后相当长一段时期内，我们将持续面临劳动力供大于求的矛盾。从劳动力供给看，我国的就业压力很大；从劳动力的需求看，国有和集体企业就业需求明显不足，不仅不能扩大就业，反而还有大量富余人员释放出来。因此，劳动力市场的发展和市场就业机制的形成，是解决我国就业问题的战略措施。

2. 发展劳动力市场，可从根本上处理好国家、企事业单位与劳动者之间的关系

企事业单位和劳动者在劳动关系中处于主体平等的地位。按照市场机制运行规律，国家应成为市场运行的监督者、协调者和服务者，对劳动资源实行市场配置，更好地发挥企事业单位和劳动者双方的积极性、主动性，从而有力地推动社会生产和各项事业发展。因此，培育、发展劳动力市场，可以从根本上处理好国家、企事业单位与劳动者之间的关系。

三、劳动力市场的类型

（一）按照劳务服务内容可分为专业劳务市场和综合劳务市场

1. 专业劳务市场

专业劳务市场是以服务项目单一的中介机构为主体的市场。专业劳务市场针对性较强，供需双方可以直接面对面地进行交流和沟通，其成功率较高，但因其专业性强而使其涉及面相对较窄；专业劳务市场又是综合劳务市场建立和发展的必要前提和重要基础。目前，我国一些大中城市相继出现的综合劳务市场就是在专业劳务市场建立发展的基础上形成的。

2. 综合劳务市场

综合劳务市场是多种服务项目相对集中的市场。综合劳务市场的功能比较完善，服务项目也较为齐全。它既能为供需双方提供系统的劳务市场中介服务，又可以汇集市场上的综合信息，对劳动力供求构成及发展趋势进行预测，从而对各专业市场和其他形式的劳务活动进行指导，还便于组织较大规模的综合性劳务交流活动，极大地加强和促进了地区之间、行业之间以及企业之间的联系与劳务合作。

（二）按照劳务服务性质可划分为体力型劳务市场和智力型劳务市场

1. 体力型劳务市场

体力型劳务市场是以初级劳动（即简单劳动）为主体的市场。其形式主要有：一般劳务服务、一般性技工服务、普通劳动力流动、民间工匠流动、加工性劳务承包、劳动力调剂以及家庭服务等。

体力型劳务市场是我国当前解决广泛就业的一条重要渠道，也是某些特殊生产行业如建筑、运输、煤矿等需要大量简单劳动的行业用工调剂的重要途径。同时，体力型劳务市场还为农村剩余劳动力的转移提供了指导和帮助，并且在很大程度上促进了城镇劳动力素质的提高和劳动力市场的健康发展。

2. 智力型劳务市场

智力型劳务市场又称人才市场，主要是以高技术、高知识人才进行的劳务活动和交流为主的市场。其形式主要有：人才流动、技术咨询、技术承包、技工交流、技术培训、技术人员兼职、星期天工程师等。

智力型劳动市场的劳动者主要涉及科技干部和技术工人。其中，科技干部的流动与交流要通过人事管理部门组织的人才交流机构来进行；技术工人的流动与交流可以通过劳动管理部门实现。由于智力型劳务市场上的劳务服务活动主要是科技部门参与和提供的，因此，智力型劳务市场还离不开技术市场的支持与配合，是技术市场与劳务市场相互渗透的结果，涉及多个主管部门。智力型劳务市场是企业等用人单位获取技术人才资源以及科技人员合理流动、实现其价值的重要渠道，这一渠道的疏通在很大程度上缓解了我国技术人才资源不足的现状，有力地推动和促进了我国高技术、高科技、知识密集型产业与行业的发展，对于加快我国的产业结构调整升级、实现科技人才与其他资源的合理配置起着重要而积极的作用。

（三）按照组织模式可划分为国家劳务市场、民办劳务市场和自由劳务市场

1. 国家劳务市场

国家劳务市场是指由各级政府及其劳动、人事部门直接组织和领导的市场，它的组织机构包括职业介绍、就业培训、人才交流中心和国有大中型企业劳动人事部门等。国家劳务市场是我国劳务市场的主体，是劳务商品流通的主渠道。其主要职能有：为供需双方提供信息，促进各类劳务人员的合理流动和人才的正常交流；开展各种类型、各种形式的劳务合作，满足企业等用人单位的招工、用工需求。

2. 民办劳务市场

民办劳务市场是指由企事业单位及城镇区街、农村区乡以及一些社会团体和私人创办的各种劳动服务公司或各种劳动服务组织的总和。民办劳务市场的主要任务是：向街道、乡镇企业提供劳务资源；一般企业劳动力的调剂流动；提供专项劳动服务，开辟新的就业渠道；完成国家市场的组织机构或劳动、人事部门委托的任务。民办劳务市场是国家劳务市场的重要的配套形式，在国家市场不便于或没有必要解决的问题以及向社会提供灵活多样的服务方面，有其独特的作用。它所从事的各项业务活动必须在劳动管理部门和国家各项管理措施的指导与控制下进行。

3. 自由劳务市场

自由劳务市场是指由供需双方直接洽谈协商的各种零星劳务服务交流与活动的场所。它具有分散、灵活、范围广的特点，在满足城镇居民日常生活服务和随时用工需要方面有着较大的活动空间，是国家劳务市场和民办劳务市场的必要补充，可以起到拾遗补阙的作用。

第二节　劳动力经纪人

一、劳动力经纪人概念

劳动力经纪人是指为劳动力供求双方提供居间或代理服务并收取佣金的公民、企业法人和其他经纪组织。在我国劳动力市场中，劳动力经纪人主要是各类职业介绍机构。劳动力市场主要通过劳动力供求信息来引导劳动力的流动。由于劳动力供求信息相对分散，使得供需之间不能有效地衔接，因此，必须有劳动力经纪人作为中介，对供需信息进行专门的收集、加工，并为供需双方提供居间或代理服务，从而使劳动力资源得到有效的分配和利用。

我国的劳动力经纪人是随着我国社会主义市场经济的发展而逐步形成和发展起来的。随着我国社会主义市场经济的发展以及产业结构的调整、升级和换代，城市出现了大批的下岗工人，他们面临着再就业的问题。与此同时，大量的农村富余劳动力也纷纷涌向城市和发达地区，每年还有大量的大学毕业生需要就业和择业，因此，我国存在着巨大的就业压力，而且这种状况会持续相当长的一段时期。要缓解这一压力，除了国家和各级政府部门制定相应的政策与采取相应的措施以外，通过市场途径解决供求矛盾就成为大势所趋。正是在这样的背景下，我国的劳动力经纪人逐步发展起来，并在经济运行中发挥着重要的作用。

二、劳动力经纪人组织的分类

在我国劳动力市场上从事职业中介工作的主要组织有四类。

（一）人才流动服务中心

1. 人才流动服务中心的职能

人才流动服务中心主要是为了促进专业人员合理流动和调剂人才的余缺而发展起来的，其职能主要有：

（1）提供人才智力信息服务；

（2）调节人才结构，搞好综合人才开发；

（3）开展人才培训和职业测评服务；

（4）代理委托保管档案和社会保障事务业务。

2. 人才流动服务中心的形式

人才流动服务中心的形式主要有日常型和集市型两种。

（1）日常型人才市场。日常型人才市场有固定的场所，开展经常性的人才交流服务。其主要业务有：接待用人单位和各类人才的来信来访；办理求职登记、职业介绍、人事档案管理、信息储存、人才培训等工作。

（2）集市型人才市场。集市型人才市场通过定期举办人才交流大会、交易会、洽谈会等来组织人才交流，主要为完成某项特殊任务而举办，如大中专毕业生落实就业单位等。

(二) 内资职业介绍机构

内资职业介绍机构是劳动力市场的中介服务组织，是为用人单位和劳动者双向选择提供信息、场地、咨询、指导、登记和有关代理等服务的工作机构。我国目前的职业介绍机构既有由劳动保障部门主办的，也有由其他组织和公民个人承办的。除国家有特别规定的以外，法人、其他组织和公民都可以依法开办职业介绍机构。

1. 内资职业介绍机构的业务内容

(1) 为求职者求职和用人单位招用人员进行登记；

(2) 为求职者提供用人信息、择业指导、求职咨询和介绍用人单位等服务；

(3) 为用人单位提供劳动力资源信息、招用方法、国家规定的招用标准等咨询服务和推荐求职者；

(4) 指导当事人依法签订劳动合同；

(5) 向社会提供劳动力的供需、报酬等信息；

(6) 开展互联网职业信息服务；

(7) 经劳动保障行政部门批准组织招聘洽谈会；

(8) 经劳动保障行政部门核准的其他服务项目。

2. 内资职业介绍机构的禁区

内资职业介绍机构必须依法从事职业介绍活动，不得有下列行为：

(1) 超出核准的职业介绍业务范围；

(2) 提供虚假信息；

(3) 为未满16周岁的未成年人介绍职业；

(4) 超标准收费；

(5) 为无合法证照的用人单位或者无合法身份证件的求职者进行职业介绍活动；

(6) 为求职者介绍法律、法规禁止从事的职业；

(7) 以暴力、胁迫、欺诈等方式进行职业介绍活动；

(8) 伪造、涂改、转让有关批准文件。

3. 内资职业介绍机构的类型

内资职业介绍机构分为营利性职业介绍机构和非营利性职业介绍机构。其中，非营利性职业介绍机构包括公共职业介绍机构和其他非营利性职业介绍机构。

(1) 公共职业介绍机构。公共职业介绍机构是指由各级劳动保障行政部门举办并承担公共就业服务职能的公益性服务机构。公共职业介绍机构使用全国统一标识。公共职业介绍机构免费提供以下服务：

①向求职者和用人单位提供劳动保障政策法规咨询服务。

②向失业人员和特殊服务对象提供职业指导和职业介绍。其中，特殊服务对象是指残疾人、享受当地最低生活保障待遇的人员、退出现役的军人和随军家属、当地政府规定的其他就业困难人员或需特别照顾的人员。

③推荐需要培训的失业人员和特殊服务对象参加免费或部分免费的培训。

④在服务场所公开发布当地岗位空缺信息、职业供求分析信息、劳动力市场工资指导价位信息和职业培训信息。

⑤办理失业登记、就业登记、录用和终止、解除劳动关系备案等项事务。

⑥劳动保障行政部门指定的其他有关服务。

（2）营利性职业介绍机构。营利性职业介绍机构，是指由法人、其他组织和公民个人开办，从事营利性职业介绍活动的服务机构。

开办营利性职业中介机构或者兼办职业中介业务的，应当具备下列条件：

①有明确的机构名称、章程、业务范围和管理制度；

②有与所开展业务相适应的固定场所、资金和设施；

③有 2 名以上熟悉劳动法律、法规和政策业务并经劳动保障行政部门考核合格的职业中介经纪人员；

④法律、法规规定的其他条件。

（三）外资职业介绍机构

设立中外合资、中外合作职业介绍机构应当经省级人民政府劳动保障行政部门和省级人民政府外经贸行政部门批准，并到企业住所地工商行政管理部门进行登记注册。除此之外，申请设立中外合资、中外合作职业介绍机构还应当具备下列条件：

（1）申请设立中外合资、中外合作职业介绍机构的外方投资者是从事职业介绍的法人，在注册国有开展职业介绍服务的经历，并具有良好的信誉。

（2）申请设立中外合资、中外合作职业介绍机构的中方投资者是具有从事职业介绍资格的法人，并具有良好的信誉。

（3）拟设立的中外合资、中外合作职业介绍机构应具有不低于 30 万美元的注册资本，并至少有 3 名以上具备职业介绍资格的专职工作人员。该机构必须有明确的业务范围、机构章程、管理制度，拥有与开展业务相适应的固定场所、办公设施，主要经营者应具有职业介绍服务的工作经历。

（四）境外就业中介机构

随着我国对外交流的不断加强，居民因私出境探亲、留学、定居和经商等活动的人数不断增多。为了方便居民的出境活动，一批出境中介机构相应成立。在这些出境中介机构中，境外就业中介机构占据十分重要的地位。

三、劳动力经纪人的任职资格

根据有关法律、法规和政策制度，对从事职业中介业务的劳动力经纪人的任职资格有如下规定：

（1）有较强的事业心、责任感，热爱职业中介工作；

（2）熟悉有关劳动就业的法规与政策，掌握劳动力市场供求，了解职业分类和职业特征；

（3）具有与职业中介工作相关的心理、教育、社会等学科知识；

（4）具有相应的文化水平；

（5）经过相应法律、法规和政策业务培训并考核合格，持有相应的资质证书。

四、劳动力经纪人的主要职能

劳动力经纪人主要从事职业中介业务。职业中介业务包括收集、发布职业供求信息，为用人单位招聘人员，为劳动者求职提供中介服务，沟通供求双方的相互联系，缩短求职、招聘时间，并通过信息发布调节劳动力市场供求关系。其主要职责有相关法规宣传、提供业务咨询、就业指导、用人指导、创业指导、协同服务等。

1. 相关法规宣传

劳动力经纪人要向求职的劳动者宣传国家有关劳动就业的法律、法规和有关政策，使他们了解、熟悉国家的有关法律、法规和政策，并把它们运用到求职、招聘的双向选择中，指导供需双方依法办事，强化双方的法制观念。

2. 提供业务咨询

劳动力经纪人应向求职的劳动者和用人单位提供本地区有关咨询服务，协调劳动力供求双方的相互关系，组织求职的劳动者和用人单位开展各种形式的交流活动，加深双方的相互了解，提高职业介绍工作的效率。

3. 就业指导

劳动力经纪人要指导求职劳动者依法确定劳动关系，维护自身的合法权益；开展针对劳动者自身素质和个人特点的各种科学的测试工作，并对其职业能力进行评定，使其能够准确地把握自身特点和条件，选择合适的职业；帮助劳动者了解社会的职业分类和本地区的职业现状，掌握具体的求职方法，确定选择职业的方向，增强择业能力，并根据本地区职业分布状况和劳动者个人特点为其提出培训建议，为妇女、残疾人、少数民族人员以及转业、退伍军人等特殊人员群体提供专门的职业指导服务。

4. 用人指导

劳动力经纪人还应当指导用人单位了解、掌握和选择招聘方法，确定用人条件和标准。

5. 创业指导

劳动力经纪人对从事个体劳动和开办私营企业的劳动者，应提供开业和生产经营方面的咨询服务。

6. 协同服务

劳动力经纪人还要负责就业管理、失业管理和就业训练等方面的工作，督促招用人员单位及时办理录用登记备案和社会保险，并对就业训练机构的培训方向、训练规模及专业设置等提供指导。

第三节　劳动力经纪业务

一、劳动力经纪业务类型

1. 就业经纪

就业是劳动力资源得到利用的最主要形式。在市场经济条件下，职业的选择过程主要是通过劳动者寻找合适的工作和雇主招聘合适的劳动者来体现的。劳动力经纪人掌握着充分的企业对劳动力的需求信息和大量劳动力供给的信息，其中介活动可大大提高就业的效率。

2. 临时用工经纪

在现实生活中，企业和家庭临时用工的形式很多，既有几个月或几周的短期用工，也有几个小时的钟点工，还有一些突击项目的临时用工等。临时用工的临时性和短期性，使得用工单位一般不愿意花费太多的时间和精力去挑选劳动力，而临时工作人员也不愿专门去寻求一个短期的工作单位。这当中劳动力经纪人的用武之地很大。

3. 劳务输送经纪

随着经济活动的开放程度日益增加，地区间、国际的劳务流动也越来越频繁。由于受距离、自然条件、社会制度、经济差异、文化习俗等限制，需要大量劳务的单位很难了解哪个地区或国家能够提供合适的劳务人员，而有大量剩余劳动力的地区或国家又很难掌握劳务需求方的情况，因此，劳动力经纪人在劳务输入或输出方面，可以发挥其重要作用。

二、劳动力经纪业务流程

1. 劳动力市场环境调查

（1）宏观环境调查。宏观环境因素虽然是间接影响因素，却是劳动力经纪业务的大背景，其影响持久而深刻。在开展劳动力经纪业务之前，就应该对宏观环境进行调查，例如对国家经济发展规划认真研读，对国家每年的经济工作重心了然于心，对产业结构的调整和区域开发政策给予重视，这些都会从全局上影响劳动力的供求关系。与此同时，经纪人需要对所服务地区的经济结构、劳动力流向、城市发展规划等进行调研。涉外劳务的经纪人还需要关心所服务国家的政治环境变化、劳务政策的变化和经济环境的变化。

（2）微观环境调查。微观环境因素对劳动力经纪业务产生直接的影响。经纪人需要对自己所服务的目标市场的微观环境保持敏感，及时进行调查和建档，包括目标市场内企业的分布、行业发展、地区劳动力的数量和质量等。

2. 劳动力供需信息的收集整理

（1）劳动力供给的信息。劳动力供给是指一个经济体在某一段时间中可以获得的劳动者愿意提供的劳动能力的总和。对劳动力供给信息的收集，一方面，可以借助公共媒体和资源。例如，多关注人力资源与社会保障部以及各省、市发布的“劳动力市场职业供求状况”的相关分析报告。人力资源与社会保障部每季度都会对全国多个大城市的用工情况进行调查统计，各省市每季度也会有类似的报告。另一方面，对更细化的地方性劳动力供给信息，也要投入力量进行细致的调研活动，以得到更精确和更及时的第一手资料，并开展建档工作。

（2）劳动力需求的信息。经济学上的劳动力需求是指在某一特定时期内，在某种工资率下愿意并能够雇佣的劳动量。不过劳动力经纪人所要了解的劳动力需求信息比这个定义要宽泛得多。劳动力经纪人需要掌握有劳动力需求的单位、岗位、数量，以及学历技能要求、聘用条件等，并对这些详尽的信息分门别类地进行整理和归档，因为它们都有可能成为下一笔业务的线索。其中，很重要又很容易被忽略的是岗位分析。岗位分析本来是人力资源管理的一个重要环节，但在劳动力经纪业务中同样可以应用。它主要是为了解决以下6个重要问题：

工作的内容是什么（what）？由谁来完成（who）？什么时候完成工作（when）？在哪里完成（where）？怎样完成此项工作（how）？为什么要完成此工作（why）？

好的岗位分析可以帮助经纪人为劳动力的需求方找到合适的供给方，或者为供给方尽快地寻找到合适的需求方。

3. 沟通供需双方

在准确把握市场环境因素和详细掌握供需双方的信息后，就可以根据具体情况进行供需双方的沟通了。沟通之前往往有一个通过各种渠道发布信息和等待回应的过程。这个环节是劳动力经纪活动的关键环节，供需双方的沟通做得及时精准，就能高效地促成劳动力交易。

当然，这种沟通可能是自主地运用手头上的供需信息去寻找合适的买方或卖方，也可能是建立在接受委托的基础上。

4. 组织劳动力

在为委托人寻找合适的相对方以促成供需双方达成劳务协议时，就要开始组织劳动力。这个环节包括集中、笔试、面试、筛选、供需见面等。如果是跨地区或对外劳务派遣，这个环节会更复杂，还会有办理手续、联系运送、食宿安排等事务。

5. 劳动力培训

在较大型的劳务经纪业务中，经纪人可能还需要按照用人单位的要求，对劳务人员进行培训。根据单位要求，劳务培训可以分为专业培训、岗位培训、技能培训等。承接培训业务，对经纪公司的要求较高，培训质量的高低也对未来业务的影响较大。

6. 办理手续，签订合同

在跨地区尤其是跨国的劳务输送中，手续尤其繁杂，涉及聘用合同、留职停薪、体检、劳务保证、办理护照、申办签证、办理出境卡、购买机票等事务。在一般的劳动力经纪业务中，当然也会有手续与合同问题。

7. 劳动力输送

经纪人协助签订合同、办理手续后，必要时还要负责劳动力的输送，保障劳动者的安全，最终将其交付给用人单位。

8. 跟踪与反馈

经纪人应该为已经办理过的劳动力经纪业务建立详尽完善的档案。同时，还要进行业务跟踪，一方面是因为可能会有一些后续问题，甚至是纠纷需要处理；另一方面是为了及时获得反馈信息，为以后的业务做修正，或为后续业务做准备。

第十四章　农村经纪人

第一节　农村经纪人

一、农村经纪人的概念

国家实行改革开放政策后，放宽了农产品统购统销的政策，一些聪明能干、胆子大的农村人开始了“提篮叫卖”等活动，他们肩挑手提，出售自家生产的农副产品。有时东西好卖，自家田地里又不够卖，自然就会收购其他农民家里的农产品来卖。这样一来，不仅尝到了卖农副产品赚钱的甜头，还积累了一些做买卖的经验，掌握了市场的行情，也取得了一些农民的信任，不知不觉中走上了经纪人的道路。他们就是我们所讲的农村经纪人。

农村经纪人是指活跃在与农业、农村、农民密切相关的经济领域，以农副产品、农民富余劳动力、农业生产资料、农业科技等为经纪对象，通过居间、行纪代理等不同经纪方式，为促成他人交易提供中介服务，并获取不同形式收益的自然人、法人和其他经纪组织。简单地说，农村经纪人和房产经纪人、明星经纪人一样，充当着买卖双方“中间人”的角色。

二、农村经纪人的分类

（一）按照经营方式划分

1. 中介经纪人

中介经纪人指为交易双方提供市场信息、交易条件以及媒介联系和撮合双方交易成功的经纪人。

例如，河南的老王从报纸上了解到北京有一家酱菜公司需要大量的大蒜，老王邻近的村子最近刚刚收获了很多大蒜，乡亲们正愁卖不出去，于是老王就联系上这家酱菜公司，这家酱菜公司决定利用老王的庭院收购大蒜。老王为酱菜公司提供了市场信息，又为酱菜公司提供了交易场所，所以老王要收取居间活动的佣金。

2. 行纪经纪人

行纪经纪人指受委托人的委托，以自己的名义与第三者进行交易，并承担规定的法律责任的经纪人。

3. 代理经纪人

代理经纪人指在委托权限内，以委托人名义与第三方进行交易，并由委托人直接承担相应的法律责任的经纪人。

假如上例中的老王联系上这家酱菜公司以后，酱菜公司委托老王按照一定的价格、质量收购一定数量的大蒜，完成任务后老王收取一定的佣金。这和行纪活动不同的是，老王是以酱菜公司的名义去收购大蒜，在收购过程中出现的所有问题，老王不承担责任，而是由酱菜公司来承担责任。

4. 自营经纪人

自营经纪人是指不靠别人的交易和接受别人的委托从中间取得佣金，而是自己通过低价买进，高价卖出行为来赚钱的经纪人。

假如例中的老王在知道酱菜公司想要大蒜的价格、数量、品质以后，自己出钱，以自己认为合适的价格，从乡亲们手里收购大蒜，然后卖给酱菜公司，从买和卖中间赚取价格差。而老王要承担在买和卖中可能出现问题的全部责任。

自营经纪人不是严格意义上的经纪人，是自营商与经纪人之间的过渡形式。自营经纪人的存在是由我国还处于社会主义初级阶段这一基本国情决定的。

（二）按照组织形式划分

1. 个体经纪人

个体经纪人是指利用自己掌握的知识和信息，在联系好市场后采取走村串寨、设点收购等方式，通过自己出资组织收购，或者运用自身信用将农户产品收集起来，卖出之后，再把获得的资金返还给农户，从中获得一定的收益的经纪人。

2. 农村经纪人协会

农村经纪人协会有一定的规章制度，有理事会等组织机构，抵御市场风险的能力比较强，组织交易的农产品规模和金额较大。

3. 农村专业合作经济组织

农村专业合作经济组织除具有农村经纪人协会的功能外，还组织会员进行生产、参加培训，使其掌握相应的生产知识，并通过促进产品流通使会员增收。

（三）按照经营行业划分

按照经营行业可分为特色产品（比如茶叶、辣椒、水果等）经纪人、蔬菜经纪人、畜禽产品经纪人、水产品经纪人、中药材经纪人等。

（四）按照类型划分

1. 科技经纪人

科技经纪人是指利用自己掌握的技能，为农民服务并收取一定的佣金的经纪人。当前，现代化的农业生产科技迅速发展，而农业科技普及和应用相对落后，迫使农民聘请有关的科技人员来指导服务。

2. 信息经纪人

信息经纪人是指把自己掌握的科技、市场、种植、养殖、加工以及政策等多方面的信息提供给农民，从中收取一定的信息服务费的经纪人。在市场经济条件下，发展农村经济，离不开大量迅速、准确的市场消息。而一些农村相对偏僻，通信设备落后、信息闭塞，培养发展农村信息经纪人，能指导农民少走弯路，早日致富。

3. 营销经纪人

营销经纪人，简单地说就是买卖人、做生意的人。农村营销经纪人在农村从事农产品的购销活动，把农民生产的产品收过来再卖出去，把农民需要的生产资料买回来再卖给农民。这样的经纪人能带动一方产业的发展，带动一个地区的致富。农产品的销售是农民最头痛的问题，农民最盼望有经纪人牵线搭桥，实现产销衔接，解决农业生产的买难、卖难问题。农村营销经纪人就是我们经常谈到的农村经纪人。

4. 剩余劳动力输出经纪人

该类经纪人和某些城市的职业介绍所有联系，把农村的剩余劳动力介绍到城市中从事建筑、绿化、家庭服务等工作。

三、农村经纪人在经济发展中的作用

我国随着社会主义经济体制的建立，特别是加入世界贸易组织后，宏观经济环境发生了根本性变化，我国商品短缺时代已结束，“买方市场”已经形成。同时加入世界贸易组织后国外农产品进入我国市场给农业生产带来的巨大冲击。在这样的条件下，如何增加农业出路、增加农业收入已被提上各级政府的重要议事日程。农村经纪人由于其自身利益与农民的生产息息相关，加之其经营的灵活性，在一定程度上解决了小农户与大市场的对接问题，其对农村经济发展的作用越来越显著。

（一）推进了农业生产结构调整

成熟的农村经纪人从农业生产中独立出来后，专注于农产品市场的信息分析和产品销售，充当生产与市场之间的联结纽带，提高了农产品进入市场的速度。农民则根据经纪人的意见和信息安排生产，使生产出来的农产品和市场需求结合起来。在农村经纪人的连续服务过程中，农业生产结构得以不断地按市场需求导向进行调整。

（二）增加了农民的收入

以前农民自己要生产农产品，还要自己去销售农产品，而往往由于信息的缺乏，要么产品销售不出去，要么售价很低。农村经纪人利用自身的市场资源将农民的产品推销出去，使农民的生产活动能够持续有效地转变为不断增长的现金收入，从而保证了农民增收。农村经纪人起到了联系农业生产和市场需求之间的纽带作用。农民只管生产农产品，而把产品交给农村经纪人负责销售，大大减少了风险，增加了收入。

（三）促进了农村劳动力的合理利用

由于农业生产的季节性，农业生产中会出现阶段性的剩余劳动力。另外，把农民从土地中解放出来，投身到第二、三产业，带动农村劳动力的转移，推动农村小城镇建设，成为农村经纪人的主要工作内容。

（四）促进农村产业规模的扩大

农村经纪人自己的生产经营活动，以及农村经纪人在市场的中介作用，对农民起着重要的示范和引导作用。受他们的影响，很容易形成一村一品、一乡一业，甚至一县一业的格局。

(五) 推动了农村基层政府职能转变

过去为了改变农业生产和市场需求之间相互脱节的状况，农村基层政府往往采取行政指挥的手段安排农民的生产。在这个过程中，基层政府虽然做了种种努力，但由于采取的是非市场化手段，经常导致许多农产品无法顺利销售，不仅给农民造成经济损失，而且也影响党群关系。农村经纪人成长起来以后，农民生产什么、生产多少，由农村经纪人根据市场需求进行安排。农民在生产中遇到市场及技术困难时，一般都找农村经纪人，不再找政府。这样，农村基层政府就可以腾出更多的时间和精力，履行社会管理和公共服务职能，即“不找市长找市场，找不到市场找经纪”。

第二节　农村经纪人业务

一、经济活动种类

农村经纪人经纪的种类很多，市场上有多少种商品交易和服务，就可能有多少种的经纪业务。当前已经出现的经纪业务有：农村现货农产品经纪、农村技术经纪、农村劳动力转移经纪、农村文化经纪、农村保险经纪和农村物流信息经纪等经纪业务。相应地，也就有不同种类的农村经纪人，如表 14-1 所示。

表 14-1　　农村经纪人分类表

类别	业务内容
农产品经纪人	从事农产品收购、储运、销售以及销售代理、信息传递、服务等中介活动
农村技术经纪人	以“中间人”的身份来推广各种高效的新品种、新技术，促进科技成果转化为农村生产力
农村劳务经纪人	为劳动力供求双方提供居间或者代理服务，充当农村劳动力供求双方的中介
农村文化经纪人	活跃在农村文化演出市场，为文化供需双方牵线搭桥，满足农民文化生活的需要，活跃农村文化市场，且能够降低文化交易成本
农村保险经纪人	代表投保人选择保险公司，洽谈保险合同条款，为投保人和保险人订立保险合同，代办保险手续，提供中介服务
农村物流信息经纪人	利用现代信息，为农村居民的生产、生活以及其他经济活动提供运输、搬运、装卸、包装、加工和仓储等中介服务

二、经纪活动内容

农村经纪人经纪活动内容主要包括五个方面，具体见表 14-2。

表 14-2　农村经纪人经纪活动一览表

经纪活动	具体内容
信息传递	这是经纪人的基本职能。经纪人接受委托去寻找相应的需求方或供给方，从中牵线搭桥，促成交易并收取佣金。在这种活动过程中，经纪人只是为供求双方提供相互交流的机会，撮合双方成交
代表一方谈判	通过信息传递，经纪人把供需双方联系起来，经过委托方授权，在授权范围内，经纪人可代表委托方与交易双方进行谈判，并把谈判进程及时向委托人通报
交易咨询	在交易者不大熟悉商务、法律等时，经纪人可以提供咨询并协助其办理有关手续
草拟文件	根据委托方的意思表示，经纪人可草拟经纪活动中有关文件。交易文件虽可由经纪人草拟，但必须通过协商最终确定，并由当事人签名盖章，方可生效
为交易提供保障	经纪人的活动和职能，是交易安全的一种保障，起着经济担保的作用。这种担保不负连带赔偿责任，而是以信誉条件保证交易能够完成

三、经纪活动方式

农村经纪人的经纪活动方式主要有居间、行纪和代理。

居间是指农村经纪人按照委托人的要求，为委托人与第三人订立合同提供机会或进行介绍活动，这是经纪执业人员主要的经纪业务。行纪也叫信托，是指经纪人受委托人的委托，直接为委托人办理委托事项，并从中收取佣金。代理是指经纪人必须根据委托人的委托，在代理权限范围内，为委托人进行代理活动。

四、经纪活动的运作过程

经纪活动的运作过程是经纪人根据自己的经纪业务实际来设计的，科学的运作程序是经纪中介服务获得成功的保证。

不同经纪人的经纪运作程序是不一样的，就一般经纪业务而言，经纪运作程序包括接受委托、签订经纪合同、寻找合作伙伴、业务洽谈、促成交易、获取佣金等，见图 14-1。接受委托是经纪运作程序的第一步，没有委托就没有经纪中介业务。委托又称委任，是指当事人和经纪人双方约定，当事人为委托人，经纪人为受托人，双方要明确各自的责任义务。寻找到合作伙伴后，通过交易伙伴资信和履约能力调查，经纪人可及时撮合交易成交，这是经纪活动的最终目的。

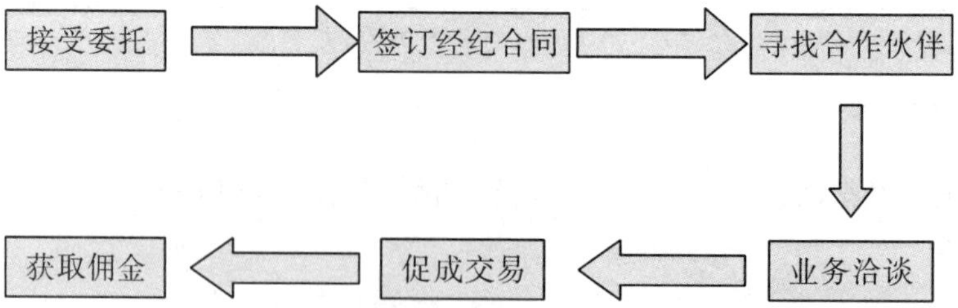

图 14-1　经纪运作程序

科学的经纪运作程序来自社会经纪的实践，经济活动成功率的高低，很大程度上取决于经纪机构的健全、完善和发展成熟度。

五、农村经纪人的发展现状及面临问题

（一）农村经纪人的发展现状

1. 农村经纪人规模与经营规模不断扩大

据农业部不完全统计，目前我国已有农村经纪人540多万人。除此之外，在农村还有大量从事临时性或季节性经纪活动、未登记而难以统计的农村经纪人。农村经纪人的经营范围不断拓宽，20世纪80年代，“贩运户”（农村经纪人的前身）的经营主要集中在蔬菜水果等农副产品项目上，而目前农村经纪人的生产经营范围几乎覆盖了农业生产与经营的方方面面，并逐渐从第二产业向第三产业延伸，有一批经纪人已经走上了“产+销”一体化经营的路子。

2. 农村经纪人类型多种多样

目前活跃在全国各地的农村经纪人类型多种多样。若按活动空间划分，有区域性经纪人和跨区域性经纪人；按活动时间划分，有职业性经纪人和临时性经纪人；按经营领域划分，有产品营销经纪人、技术经纪人和信息经纪人；按业务类型划分，有居间、代理、行纪经纪人；按运作方式划分，有龙头企业带动型（龙头企业+经纪人+农户）、基地带动型（基地+经纪人+农户）等各种类型。

3. 农村经纪人活动方式多样

农村经纪人按照市场需求选择经营品种，营销方式灵活多样。他们以个人或组织身份开展经济活动，具有决策自主、经营灵活的显著特点。作为农产品销售的联系桥梁，按照市场需求选择经营品种，他们充分利用报纸、电视、网络等媒体获取商品供求信息，通过走访集贸市场、参加农产品展销会等方式联系客户、寻找商机。他们中大多数人直接从事产品购销，在本地和外地设立流动或固定购销点，低买高卖，获取差价利润。很多经纪人建立和完善农产品营销网络，活跃了农产品的流通。

（二）当前农村经纪人面临的主要问题

1. 缺乏政府部门的鼓励扶持政策和中介服务组织的支持

有些部门对农村经纪人在调整农业产业结构中的作用缺乏足够的认识，存在不关心、不扶持现象，个别单位还存在对农村经纪人乱收费、乱设关卡等现象。媒体对农村经纪人的宣传力度也不强。此外，部分农村经纪人对登记注册条件和程序等知识了解不够。目前社会上对经纪人仍有偏见，“倒买倒卖”“无奸不商”“投机钻营”“二道贩子”等旧观念在人们的头脑中还根深蒂固，致使农村经纪人社会地位和知名度低。

2. 农村经纪人总体上文化程度较低，经济效率不高

目前，我国农村经纪人拥有中专以上学历的不到一半，不少经纪人只是凭个人经验闯市场，对相关的政策和法律也知之甚少，因而经纪活动带有随意性、盲目性。缺乏规范性，由此造成了一些不必要的纠纷。同时，农村经纪人的信息来源单一。大多数农村经纪人的信息来源主要靠相互之间口头传递或通过电话相互沟通，信息渠道狭

窄、时效性极差。

3. 市场准入混乱，无证经纪较为普遍

农村经纪人发展不平衡，地域性和行业差异较为突出，无照经营、“地下”经营较为普遍。就全国而言，60%以上的经纪人没有经纪人资格证书而直接进入市场经营。

4. 服务单一，手段落后，总体水平较低

目前农村经纪人单干多、个体营销多，分工协作少、联合少；在农产品的流通中，在本地营销的多，在外地甚至国外营销的少；传统手段营销多，拍卖、电子商务等新兴手段运用得少，连锁经营、物流配送等现代流通方式运用得少；收购农副产品的多，从事农业新技术中介服务的少，生产、加工、保鲜、贮藏、运销等一体化经营少。

5. 信誉观念和品牌意识不强、竞争力弱

少数经纪人不讲诚信，无视商业信用和职业道德，形成价格垄断，坑农、害农、损农的现象时有发生；有的农村经纪人与农民采取“口头协议”从事收购活动，不认真履行义务，伤害农民利益；有的利用虚假信息诱导农民签订合同，不择手段地压级压价、欺行霸市、强买强卖，影响了自身形象。大多数农村经纪人没有意识到品牌给农产品带来的丰厚附加值，缺少必要的营销手段。农村经纪人大部分都是自己经营自己的业务，单打独斗、各自为战，没有形成集体化生产经营，规模小，缺乏抵御风险的能力，对区域经济拉动作用也小。

六、培育和发展农村经纪人的有效途径

（一）加大宣传力度，深化思想认识

农村经纪人是活跃在农村经济领域，为促成他人交易提供中介服务并获取不同形式收益的自然人、法人或其他经纪组织。要充分认识农村经纪人的作用——农村经纪人以促成农副产品的流通，实现农业生产和市场之间的对接为目的，对发展农业经济、改善农村面貌、提高农民收入、促进农村产业结构调整有着巨大的推动作用。因此，农村经纪人成长的快慢、综合素质的高低直接关系到农村经济的发展和广大农民的增收。

各级党委、政府一定要转变传统观念，充分认识农村经纪人在农村经济发展中的重要作用，采取各种形式，加大发展农村经纪人对促进农村经济发展的重要作用的宣传，让社会各界都来关心、重视农村经纪人的发展工作。

要从实践“三个代表”重要思想、促进科学发展、构建和谐社会的高度，深刻认识培育和规范发展农村经纪人的重要意义。

要充分利用电视、广播、报纸等媒介加大宣传力度，将农村经纪人的作用和地位，经纪人的组织形式、注册条件和注册程序等宣传到乡村。可把农村经纪人经纪活动方式、签订经纪合同等事项制作成专题片等向农民进行展示。

要对带领乡亲致富的农村经纪人典型和守法守信农村经纪人典型，通过多渠道、多形式进行宣传和示范，以此提高农村经纪人的地位，扩大农村经纪人在农村的影响范围，引导农民积极投身于农村经纪人行业。

（二）加强组织机构建设，逐步规范管理

要使农村经纪人发挥好其应有的作用，加强组织机构建设，逐步进行规范化管理是一个十分重要的关键环节。没有组织机构，就难以进行规范化管理；不进行规范化管理，农村经纪人就难以发挥出应有的作用。

一是可以成立各级农村经纪人协会，选出有影响、有威望、有实力的农村经纪人担任协会领导，定期开展活动。要有效地组织农村经纪人建立自律组织，帮助农村经纪人自律组织建立起政府与经纪人之间、经纪人和经纪人之间相互沟通的渠道。通过自律组织开展法律法规及政策的咨询，传递市场信息，开展经纪行为自我管理，维护农村经纪人的合法权益。

二是可以成立各级农村经纪公司，把各地分散的农村经纪人组织到公司里，让其成为公司的一员，使其有单位有领导，便于开展工作和进行管理。

（三）加大引导力度，构建信息平台

农村经纪人经纪活动分散、经营规模小、信息闭塞，他们急需建立相互了解和沟通的平台。各级地方政府要加大对农村经纪人的引导和指导力度。

根据当地农副产品的生产和销售情况，定期或不定期地召开信息发布会，召集当地的农村经纪人进行信息和经验交流，通报党和国家近期的政策动向，介绍市内外、区内外、镇内外、村内外的市场动态，提供一些供求信息，为农村经纪人做一些有益的服务，从而调动他们的工作积极性和主动性。

加强信息服务，要利用现代信息网络，改善信息的收集、分析、传递和发布工作，促进信息互通、资源共享，鼓励开展网上交易，使农村经纪人的经纪行为网络化、高效化。

（四）规范市场准入制度，壮大农村经纪人队伍

农村经纪人主要来自当地的农民，他们文化水平相对较低，对经纪工作知道得不多，综合素质不高，如果严格按农村经纪人的准入条件，多数是达不到要求的。要迅速发展壮大农村经纪人队伍，就要在市场准入环节根据实际情况调整相应政策，鼓励更多的农民投身于农村经纪人行业。因此，工商部门在不违反法律法规及行政规章制度的前提下，按照“非禁即许”的原则，适当放宽农村经纪人的准入条件，形成一套先发展、后培训、再规范的工作机制。

要做好登记服务，对申请办理注册登记的农村经纪人，在限期内给予快捷、简便的登记服务；对季节性从事经纪活动的农村经纪人，依照申请人的申请依法进行注册登记；对从事个体经营的农村经纪人免收工商登记费和管理费。

要做好商标服务，深入开展“商标上山下乡”活动，引导农村经纪人运用商标战略开展特色经纪；鼓励经纪服务注册服务商标，打造“经纪品牌”；广泛推行“公司+农户+商标+市场”的经营模式，积极帮助农户和涉农企业注册农户商标，申报集体商标，打造“品牌农业”；在认定和推荐市著名商标、中国驰名商标时，把农产品和农业产业化龙头企业列为工作的重点，实行政策倾斜。

建立健全农村经纪职业人员备案及基本情况明示制度；建立健全农村经纪人及执业人员档案，实施信用分类管理，依法查处无照经营的“地下”农村经纪活动。

（五）加大示范力度，发挥样板作用

要积极动员组织农村党员带头做农村经纪人，发挥好农村经纪人领头雁的作用。组织动员一些有知识、有文化、年富力强的农村党员带头做农村经纪人，有效地带动农村经纪人发展，并成为农村经纪人中的领头雁，组织带领好农村经纪人队伍。以农副产品营销、农业生产资料、农村技术服务和劳务输出等领域为重点，结合当地经纪发展实际和产业发展优势，培育发展一批创效高、信誉好、贡献大、带动能力强的农村经纪能人，发挥其示范带动效应。

（六）建立奖惩机制，增强发展活力

各级政府要建立一套行之有效的奖惩激励机制，鼓励更多的农村经纪人走出本地市场，放眼外地市场，甚至放眼国际市场。对贡献突出的农村经纪人实行重奖，对违反有关法律法规和政策的农村经纪人给予严惩。这样，做到奖惩分明，充分调动农村经纪人的开拓创新精神和工作积极性与主动性，推动农村经济的快速发展。

（七）加强培训力度，提高综合素质

农村经纪人绝大多数文化水平较低，对党的一系列农村政策知之甚少，对经纪知识也是一知半解。因此，加强对农村经纪人的培训显得尤为重要。积极探索建立“政府牵头，部门培训”的培训机制，工商分局、农业局和职业学校等要密切配合，采取一系列有力的培训措施，加强对农村经纪人的培训力度，使其掌握农村经纪人应具备的一些基础知识、技能知识以及党在农村的一系列方针、政策。通过培训，提高农村经纪人的综合素质，以使其在工作中得心应手。培训的内容包括：经纪人基本理论和知识；经纪人设立及登记规范；市场营销知识；合同法律知识、合同基本技巧；商标基本常识及理论等。与此同时，还要根据农村经纪人及农民的需要，协助有关组织、邀请有关专家进行农业生产技术知识的培训。

（八）加强监督管理，促进行纪规范

在鼓励农村经纪人发展的同时，应严格按照《经纪人管理方法》的规定对其经纪行为加以规范，健全农村经纪执业人员备案以及执业人员基本情况明示制度，加强农业经纪合同指导，监督经纪职业人员在经纪合同中签名，建立健全农村经纪人信用记录及档案，逐步完善农村经济职业人员自我约束和社会监督机制。对于农村经纪人坑农、害农的行为要坚决予以查处，重点查处利用虚假信息诱导农民签订合同、欺行霸市、强买强卖的违法经纪行为，促进农村经纪行业的健康发展。

第十五章 国际贸易经纪人

随着我国经济进一步融入世界经济，国际贸易、投资、融资加速发展，国内经纪人的业务范围不断延伸。由于国际贸易、金融投资等业务受各国政治、法律、经济发展状况、文化背景等诸多因素影响，相较国内业务而言更为复杂，因此国际经纪业务逐渐从国内经纪业务中分离出来，并同时涌现出专业化的国际经纪人队伍。

第一节 国际经纪人概述

一、国际市场分类

国际市场是商品交换在空间范围上扩展的产物，它表明商品交换关系突破了一国的界限。国际市场又是不同的文明、文化，在时间、空间上交织而成的多维概念。从时间上看，国际市场是一个历史的概念，有其萌芽、形成和发展的过程；从空间上看，国际市场是一个地理的概念，它总是相对于某一个具体范围内的市场而言。国际市场按照不同标志分为以下种类：

（1）按照历史逻辑的演进和国际市场交换关系所涉及的空间范围大小，国际市场可以细分为外国市场、国际区域市场和世界市场三个不同的层面。其中，外国市场是指商品交换的范围突破国别的界限，由某国与其他国家之间的商品交换关系构成的市场。通常，外国市场即指国别市场，如美国市场、日本市场等。国际区域市场是指商品交换关系进一步扩大，由若干个国家或地区构成的统一市场，如欧盟、北美自由贸易区等。世界市场是指全球的统一市场，是在世界范围内的所有国家或地区之间，在国际分工基础上交换商品、交换劳务和进行资源配置所形成的统一体。按照地区划不同，可以分为欧洲市场、北美市场、亚洲市场、非洲市场、拉丁美洲市场和大洋洲市场。

（2）按照不同类型的国家划分，可以分为发达国家市场、发展中国家市场和落后国家市场等。

（3）按照经济集团划分，可以分为欧盟市场、中美洲市场、东南亚联盟市场、西非国家经济共同体市场、阿拉伯共同市场等。

（4）按照商品构成情况划分，可以分为工业制成品市场、半制成品市场和初级产品市场。工业制成品市场又可分为机械产品市场、电子产品市场、纺织品市场等。

（5）按照交易对象划分，可以分为商品市场、劳务市场、技术市场、资本市场、劳动力市场等。

（6）按照垄断程度划分，又可以分为垄断性市场、半垄断性市场和非垄断性市场等。

二、国际经纪人及其分类

（一）定义

国际经纪人是指在国际上从事商务活动，处于买卖交易中间人的地位，为买卖双方介绍交易、促成交易并获取佣金的个人或组织。

国际贸易区别于国内贸易，因为它们的贸易基础、面临的环境、所使用的货币及承担的风险不同。因此，国际经纪人是国际贸易活动复杂化、国际金融市场发展的必然要求，是商品生产和商品交换发展到一定程度的必然产物。

（二）分类

1. 根据所在领域划分

（1）国际贸易经纪人。国际贸易经纪人是指在国家间的商品和劳务交换过程中，掌握灵通的市场信息，具有扎实的专业知识、熟练的业务技巧和较准确的心理判断，为买卖双方提供各种贸易服务，并据以收取佣金的中间商。国际贸易经纪人还可细分为有形商品贸易经纪人和无形商品贸易经纪人。其中，无形商品贸易经纪人又可分为国际劳务经纪人、国际技术经纪人、国际保险经纪人等。

（2）国际金融经纪人。国际金融经纪人是指在货币和资本的国际转移领域为资金供求双方提供经纪服务，并收取佣金的中间商。金融市场范围广泛、产品繁多、变化迅速，相关业务内容庞杂、手续繁复，有关的法律和规章制度约束性强，故国际金融活动中交易双方面临着较大风险。为了抓住转瞬即逝的机会和规避风险，他们往往需要寻找经纪人牵线搭桥，完成交易。根据金融商品的不同，国际金融经纪人一般包括外汇经纪人、金融期货经纪人、国际证券经纪人和黄金市场经纪人等。

2. 根据交易场所划分

（1）交易所国际经纪人。目前国际上商品贸易或金融活动有不少是采取交易所形式开展的，例如一些大宗商品的现货、期货，以及证券交易等，都有指定的交易场所。交易所交易的优势是标准化协议和规范化操作，提高效率的同时也便于监管。交易所国际经纪人按照相关交易所的法规，代表客户进行国际商品或国际证券的交易，并收取佣金。

（2）场外国际经纪人。大量的国际商品贸易和金融活动并没有固定的交易场所，也没有标准的流程，主要依靠交易双方的协商和经纪人的中介。这一类经纪人不在交易所内撮合交易，属于场外国际经纪人。

三、国际经纪人的特征

1. 综合素质高

从事国际商品、国际金融的经纪工作，要求经纪人每天接收大量的信息，并能从中做出理智的分析和判断，面对瞬息万变的市场能反应敏捷。而且，由于经纪活动跨越了国界，他们不仅要对各国的风俗人情、交通运输、法律法规、政治经济等有所了解，在业务操作上，也要具备较高的专业素养，并能与不同文化背景的交易者沟通和保持良好的业务关系。这些都说明，一个合格的国际经纪人需要拥有较高的综合素质。

2. 业务成本高

国际经纪人的业务成本不仅体现在货币成本，如需要与不同国家的交易方联络，需要更多的通信费用，还体现在一些无形的隐含成本，如相对于国内业务而言，国际贸易手续更繁复，也需要花费更多的时间去学习不同地方的制度与文化等。

3. 承担风险大

国际经济往来中的风险来自多方面，不仅有来自宏观的政治、经济、文化等因素，还有来自微观的货币、信用、商品等因素；不仅有自然因素（如海上风暴对贸易运输的影响），还有人为因素（如装卸搬运的失误）等。这些风险带来的损失都有可能给经纪人的工作带来困扰。

四、国际经纪人应具备条件

1. 熟悉国际业务的法律法规

国际经纪人的业务范围拓展至全球，要对不同国家和地区的相关法律法规有所了解。尤其是在我国加入 WTO 之后，对外经济活动逐渐融入国际环境，并依赖国际通行规则。这一方面要求国际经纪人在业务活动中能够遵守相关的法律法规，按照国际惯例办事；另一方面，在对外业务中发生纠纷时，也要善于利用国际规则来解决问题和争取有利地位。

2. 掌握国际贸易和国际金融的专业知识

国际经纪人从事国际贸易实务，必须广泛掌握国际贸易专业知识，包括国际贸易中的基本概念、基本原理、业务流程、物流与货运、货物通关、检验检疫等。首先，要了解进出口业务谈判的全过程，明确订立有效的进出口合同所应包括的各项内容，诸如商品的数量和品质、商品的包装和价格、商品的装运和保险、货款的支付、商品的检验和争议的处理等。其次，要正确理解并应用国际贸易术语，维护自身的利益。最后，熟悉进出口业务的一般步骤和程序，了解在进出口业务中的开证、审证、改证、备货、报验、租船订舱、投保、报关、装运和制单结汇、索赔和理赔等各个环节所需要办理的手续。

国际金融的相关知识不仅是从事外汇、国际货币、国际证券市场经纪业务所必须掌握的，也是从事国际贸易经纪应该了解和熟悉的。国际金融经纪人还必须具备关于外汇交易、同业拆借、证券买卖等方面深入的专业知识，这样才能在业务运作中驾轻就熟，提高成交率。

3. 有较强的语言能力

国际经纪人面对的客户常常是他国的居民或组织，要使经纪业务得以顺利开展，必须有效地联系供需双方，明确供需双方的意愿和要求。这就要求国际经纪人要有良好的沟通能力，首先表现在具备较高的外语水平。在中介活动中，精通客户的母语，能缩短双方的距离，有利于准确无误地了解对方的要求，从而更有效地促成交易。就算有时不需要直接运用外语，掌握多种语言也有利于理解不同国度的文化背景，锻炼语言逻辑能力，提升综合素质，这对经纪活动也是大有裨益的。

第二节　国际贸易经纪人

一、国际贸易概述

国际贸易是在国际分工和商品交换基础上形成的。在奴隶社会，由于生产力低下、交通不便、商品流通量小，国际贸易很有限，交易的商品主要是奴隶和供奴隶主消费的奢侈品。在封建社会，随着社会经济的发展，国际贸易也有所发展。这一时期，中国与欧亚各国通过丝绸之路进行国际贸易活动，地中海、波罗的海、北海和黑海沿岸各国之间也有贸易往来。15 世纪末至 16 世纪初的地理大发现，推动了国际贸易的发展。当时参与贸易的商品主要是一般消费品和供封建主消费的奢侈品。

资本主义生产方式产生后，特别是产业革命以后，由于生产力迅速提高，商品生产规模不断扩大，国际贸易迅速发展，并开始具有世界规模。从 17 世纪到 19 世纪，资本主义国家的对外贸易额不断上升，英国在国际贸易中长期处于垄断地位。当时参与国际贸易的商品主要是一般消费品、工业原料和机器设备。19 世纪末进入帝国主义时期后，形成了统一的无所不包的世界经济体系和世界市场。

此后，第一次世界大战和 1929—1933 年世界经济危机使资本主义世界经济遭到很大破坏，世界贸易额锐减并停滞不前。第二次世界大战后，国际贸易进一步扩大和发展，美国成为国际贸易中的头号大国。20 世纪 50 年代以后，随着生产的社会化、国际化程度不断提高，特别是新科技革命带来的生产力的迅速发展，国际贸易空前活跃并带有许多新的特点，贸易中的制成品已超过初级产品而占据主导地位，新产品不断涌现，交易方式日趋灵活多样。

当代国际贸易以发达国家为主，美国仍是世界最大的贸易国，但地位有所下降；德、日等国的对外贸易有极大发展；广大发展中国家在国际贸易中所占份额不大，但与自身相比，对外贸易也有了很大发展，成为国际贸易中一支不可轻视的力量。国际贸易在当代国际事务中具有举足轻重的影响，对各国自身的经济发展也有重要意义。

根据国际贸易商品形态，大致可以划分为有形商品的国际贸易和无形商品的国际贸易。

二、有形商品国际贸易经纪人应注意的问题

首先，买卖双方必须明确商品的品名、品质、数量、包装、价格等基本条件，并且应该在买卖合同中作出明确的规定，便于国际贸易的顺利进行，并避免不必要的纠纷。

其次，在国际贸易实践中，货物运输路途遥远、情况复杂，较容易因为自然灾害

或意外事故而遭受损失，买卖双方也要对商品的运输方式作出安排，选择相应的投保险种，并在进出口合同中对商品的装运和保险事项进行明确而具体的规定。

再次，货款的收付直接影响到买卖双方的资金周转和融通，关系到金融风险和费用的负担。支付条款是关系到买卖双方利益的关键问题，交易双方在进行进出口业务谈判和合同签订过程中，应就这一问题达成一致，并在合同中对相关的支付工具、付款时间与地点、支付方式等进行确定。

最后，要做好进出口合同的检验和争议处理。在国际贸易中，由于长途运输而使货物发生残损、短少甚至灭失的情况屡见不鲜，而因货物的品质、数量和包装等问题发生争议的情况也经常出现，为了便于查明货损原因，确定责任归属，需要商品检验机构对货物及时进行检验与鉴定。

三、无形商品国际贸易经纪人业务内容

1. 国际劳动力经纪人

在当代国际经纪活动中，活跃着规模日益庞大、跨越国界的劳动力大军。随着世界经济一体化的发展，国际上的劳务人员流动会越来越频繁。在国际劳务市场上，国际劳务经纪人从事国际劳务经纪，提供中介服务进行国际劳务合作，促成一国派出技术人员、工人或其他人员，前往另一国为需要劳务的业主提供各种不同的技术、工程建设等专业服务，并收取佣金。

2. 国际技术贸易经纪人

国际技术贸易是指不同国家的企业、经济组织和个人之间，按照一般商量条件，交易技术使用权的贸易行为。对于某一国家而言，有技术出口和技术引进两个贸易方向。国际技术贸易采用的方式有许可贸易、特许专营、合作生产、技术服务与咨询等。其中，许可贸易又称许可证贸易，是指知识产权或专有技术的所有人作为许可方，通过与被许可方签订许可合同，将其所拥有的技术授予被许可方，允许被许可方按照合同约定的条件使用该项技术，制造或销售合同产品，并由被许可方支付一定数额的技术使用费的交易行为。

技术服务与咨询是指独立的专家、专家小组或咨询机构作为服务方，应委托方要求，就某一个具体的技术课题向委托方提供高知识性服务，并由委托方支付一定数额的技术服务费的活动。技术服务与咨询的范围和内容相当广泛，包括产品开发、成果推广、技术改造、工程建设、科技管理等方面，大到大型工程项目的工程设计、可行性研究，小到对某个设备的改进和产品质量的控制等。

国际技术贸易合同是指分属两国的当事双方就实现技术转让这一目的而缔结的规定双方权利义务关系的法律文件。它的形式往往是与国际技术贸易方式相对应的，如许可合同、技术服务和咨询合同、合作生产合同、设备合同等。其中许可合同是最基本和最普遍的一种形式，技术服务和咨询合同也较典型，被广为采用。

3. 国际保险经纪人

国际保险经纪人涉及的保险类别与国内保险经纪人所涉及的保险类别有很大的区别。在国际贸易中，货物的交接要经过长途运输、装卸和存储等环节，遇到各种风险

而遭受损失的可能性较大。国际保险经纪人的主要业务即是为国际贸易相关保险提供中介。

国际贸易保险的种类以其保险标的的运输工具种类相应分为四类：海洋运输货物保险、陆上运输货物保险、航空运输货物保险和邮包保险。

（1）海洋运输货物保险。

①平安险。平安险英文原意是指单独海损不负责赔偿。当前平安险的责任范围已经超出只赔全损的限制。

②水渍险。水渍险的责任范围除了包括上列“平安险”的责任外，还负责被保险货物由于恶劣气候、雷电、海啸、地震、洪水等自然灾害所造成的部分损失。

③一切险。一切险的责任范围除包括上列“平安险”和“水渍险”的所有责任外，还包括货物在运输过程中，因各种外来原因所造成保险货物的损失。不论全损或部分损失，除对某些运输途耗的货物，经保险公司与被保险人双方约定在保险单上载明的免赔外，保险公司都给予赔偿。

（2）陆上运输货物保险。

陆上运输货物保险是货物运输保险的一种，分为陆运险和陆运一切险两种。

陆运险的责任范围包括被保险货物在运输途中遭受暴风、雷电、地震、洪水等自然灾害，或由于陆上运输工具（主要是指火车、汽车）遭受碰撞、倾覆或出轨，如在驳运过程，包括驳运工具搁浅、触礁、沉没或由于遭受隧道坍塌、崖崩或火灾、爆炸等意外事故所造成的全部损失或部分损失。保险公司对陆运险的承保范围大致相当于海运险中的“水渍险”。

陆运一切险的责任范围除包括上述陆运险的责任外，保险公司对被保险货物在运输途中由于外来原因造成的短少、短量、偷窃、渗漏、碰损、破碎、钩损、雨淋、生锈、受潮、发霉、串味、沾污等全部或部分损失，也负责赔偿。

（3）航空运输货物保险。

保险公司承保通过航空运输的货物，保险责任是以飞机作为主体来加以规定的。航空运输货物保险也分为航空运输险和航空运输一切险两种。

航空运输险的责任范围包括被保险货物在运输途中遭受雷电、火灾、爆炸或由于飞机遭受恶劣气候或其他危难事故而被抛弃，或由于飞机遭碰撞、倾覆、坠落或失踪等意外事故所造成的全部或部分损失。

航空运输一切险除包括上述航空运输的所有责任外，对被保险货物在运输中由于外来原因造成的包括被偷窃、短少等全部或部分损失也负赔偿之责。

（4）邮包保险。

邮包保险是指承保通过邮政局邮包寄递的货物在邮递过程中发生保险事故所致的损失。

以邮包方式将货物发送到目的地可能通过海运，也可能通过陆上或航空运输，或者经过两种或两种以上的运输工具运送。不论通过何种运送工具，凡是以邮包方式将贸易货物运达目的地的保险均属邮包保险。邮包保险按其保险责任分为邮包险和邮包一切险两种。前者与海洋运输货物保险水渍险的责任相似，后者与海洋运输货物保险

一切险的责任基本相同。

邮包保险的责任范围为：被保险邮包在运输途中由于恶劣气候、雷电、海啸、地震、洪水自然灾害或由于运输工具遭受搁浅、触礁、沉没、碰撞、倾覆、出轨、坠落、失踪以及由于失火爆炸意外事故所造成的全部或部分损失。

参考文献

[1] 刘丽珍. 经济学概论 [M]. 上海：复旦大学出版社，2007.
[2] 党相文. 汽车经纪人培训教程 [M]. 北京：化学工业出版社，2008.
[3] 胡晓明. 文化经纪理论与实务 [M]. 广州：中山大学出版社，2011.
[4] 祝合良. 如何做一个成功的经纪人 [M]. 北京：人民日报出版社，1993.
[5] 杨松华，等. 经纪人通义 [M]. 北京：改革出版社，1993.
[6] 陈学彬，等. 经纪人——方法、策略与技巧 [M]. 成都：四川大学出版社，1993.
[7] 欧阳胜，等. 经纪人手册 [M]. 北京：中国经济出版社，1993.
[8] 金利民，等. 经纪人入门 [M]. 上海：上海人民出版社，1993.
[9] 顾宪龄. 经纪人实用手册 [M]. 上海：华东理工大学出版社，1993.
[10] 周天，等. 新编经纪人实务手册 [M]. 北京：中央民族大学出版社，1994.
[11] 徐声，等. 当代经纪人实用大全 [M]. 北京：北京师范大学出版社，1993.
[12] 刘燧明. 经纪人教程 [M]. 成都：成都科技大学出版社，1993.
[13] 平方. 经纪人全书 [M]. 西安：西北工业大学出版社，1993.
[14] 罗长天. 经纪人实用大全 [M]. 北京：光明日报出版社，1994.
[15] 杨玉川. 经纪业务与经纪人指南 [M]. 北京：经济管理出版社，1997.
[16] 何国民. 经纪人实用手册 [M]. 北京：机械工业出版社，1994.
[17] 赵灵奎. 现代经纪人 [M]. 北京：中国商业出版社，1993.
[18] 陈志云. 经纪人实务 [M]. 北京：中国商业出版社，1993.

目录

导论

【本章中心内容】

通过分析现实生活中的各种财政现象以及财政学与相关经济管理课程的关系，介绍了学习财政学的重要性、财政学的内容特点及如何学习财政学等基本问题。

一、关于财政学的简要说明

(一) 本课程的学科性质

财政学是一门宏观经济学科。财政学关注的是政府如何通过资金筹集和使用，以满足社会的公共需要，保持国民经济总量平衡和整体协调，从而实现社会利益的最大化。尽管财政学也涉及企业、个人等微观主体的行为方式等问题，但是其主要动机是揭示政府财政政策的作用机制，以更好地实现政府的宏观经济目标。

财政学是一门部门经济学科，研究的是政府财政部门的经济活动。财政学研究的出发点和归宿点都是如何提高财政部门经济活动的效率，为政府财政制度的制定和财政政策的设计提供理论基础。

(二) 财政与财政学

当今社会，无论从个人到集体，还是从居民日常生活到国家的政治活动和经济建设，时时处处都存在财政现象和财政问题。财政是国家的经济行为。

在市场经济条件下，满足人们需要的系统有两个：一是政府；一是市场。

市场是通过商品买卖来满足人们需要的系统。无论工人、农民、知识分子、工商业者都要依靠诚实劳动和合法经营取得货币收入，然后再到市场购买自己所需的商品或劳务，比如吃的食品、穿的衣服、住的房子等。通过市场提供给个人的商品，被称为私人物品，它的功能是满足私人的个别需要。但是人们的需求包罗万象，因此市场不可能提供人们所需要的全部物品，不可能满足人们的一切需要，而市场不能提供或不适于提供的物品，则必须由政府来提供。由政府提供的商品和服务，被称为公共物品，它的功能是满足社会的公共需要。

就家庭和居民个人而言，从“摇篮到坟墓”都和财政息息相关。出生时接生你的医院，学龄前儿童要上幼儿园，学龄儿童要接受义务教育，成人后要上高中，有人要进政府办的大学，参加工作后要享受政府提供的各种服务，同时也要尽纳税人的义务，退休人员要享受养老保险，城镇居民享受政府提供的价格补贴等，所有这些都离不开政府的财政服务。

此外，政府还承担着市场不可能承担的诸多的政治和社会职能，如行政、国防、义务教育、基础科研、公共卫生、公共设施等。你手里有钱，可以在市场购买吃的食品、穿的衣服、住的房子等，但是却买不到行政服务、国土安全、国家法规和安定的社会秩序等。例如，基础科研由于失败的风险很大，而且不能被授予专利，不能期望个别厂商热衷于这类事业，但是一旦成功，全社会甚至全人类都可以受益。因此这类“产品”理所当然的只能由政府来提供。

政府与家庭和企业一样，要办事就要有钱，有支出就要有收入，但是政府作为公共权力和公共服务机构，本身没有收入来源。它的收入来自于民，而后用之于民。居民个人一方面享受国家提供的服务，另一方面作为纳税义务人履行义务；工商企业一方面是主要纳税人，另一方面还要享受政府提供的各种优惠支持，如税收豁免、加速折旧、出口退税、财政补贴等。

以上所说的我们生活中的种种财政现象，就是我们现实生活中的财政学。

从现象上看，财政即政府的资金收支活动或者政府的理财活动。由此而言，财政学是一门关于“钱”的学问。学习财政学的目的就是了解政府理财的基本知识和基本理论。

二、为什么学习财政学

（一）学习财政学是完善经济知识结构不可缺少的一部分

财政是社会经济的一个重要侧面，是国家经济和政治活动的综合反映，是市场经济条件下公共经济活动的主要方面和政府调控经济的主要手段。财政与社会经济生活密切相关，财政学是经济学的重要分支和高校财经类的核心课程。学习财政学是系统、完整掌握经济学知识的需要，是现代市场经济条件下的财经管理人才知识结构中不可缺少的一部分。

（二）学习财政学有助于我们正确地认识和理解政府的财政行为

在现实生活中，政府的财政活动与我们每一个公民的生活息息相关。通过学习财政学，我们能够更加正确地认识和理解政府的财政行为。通过学习财政学，我们能正确地理解政府的征税行为；通过学习财政学，我们能知道税收是国家为了实现其职能，凭借政治权利，强制地、固定地、无偿地对国民收入所进行的分配。政府的一个重要职能就是向社会成员提供公共物品和公共服务，而征税是国家提供公共物品和公共服务的价值补偿。我们每个公民在享受政府提供的公共物品的同时还要依法纳税。因此，通过学习财政学会增强我们依法纳税、自觉纳税的意识。

（三）学习财政学有助于我们正确认识和理解生活中的种种财政现象

财政学就是要阐明财政的基本理论和知识，帮助我们更好的理解生活中的种种财政现象。当今人们生活在一个市场经济环境中，市场是一个主要通过买卖或交换方式来满足人们需要的系统。在市场体制下，经济主体是追求利润最大化的。因此，市场无法满足人们对公共产品的需求。事实表明，市场并非万能，也就是存在所谓“市场失灵”，从而要求实行政府干预，并建立与市场经济相适应的公共财政。从上面分析的财政现象我们知道，从个人的生、老、病、死到企业的生产经营都与财政密不可分。所以，学习财政学，对正确理解财政现象，研究财政问题是非常必要的。

三、财政学的研究对象和方法

（一）财政学的研究对象

财政学是一门应用理论学科，在学科体系中起着衔接一般经济理论课和财政业务课的中介作用：一方面将经济理论引向深化，另一方面对财政业务进行理论性分析。财政学通过研究财政现象及本质，揭示和阐明政府财政活动的规律，探索财政活动同整个国民经济和其他社会经济活动的关系及其变化的规律，进而为政府财政活动的实践提供理论依据。

财政学从财政现象入手，其研究内容包括以下几个方面。

1. 财政运行的基本规律

财政运行是经济运行的一个侧面、一个部分、一个层次。经济决定财政，财政影响经济，财政与经济的关系是财政学的一条根本线索。由于财政现象是国民经济的综合反映，所以财政学就是通过研究财政现象，探索财政本质，揭示隐藏在财政现象背后的基本规律。

2. 财政收支活动

财政活动主要具体化为财政的收入和支出。财政收入和支出均由若干项目构成。各收支项目得以成立的依据、各项目的特点和影响以及如何影响整个国民经济的发展，是财政学研究的主要内容之一。

3. 财政制度

政府的各项财政收支活动得以顺利进行，必须通过一些制度进行规范和约束。政府的财政制度制定得是否合理科学，直接影响政府财政活动的效果。因此，政府的财政制度，如税收制度、公债制度、国家预算制度等也是财政学研究的主要内容。

4. 财政政策

财政政策是国家宏观调控的重要方法之一。财政政策目标、财政政策手段、财政政策传导机制、财政政策工具以及实施的效果和评价、财政政策与货币政策相互配合，都是财政学研究的主要内容。

（二）财政学研究的方法

现代财政学在研究方法上吸取了其他学科的成果，已经形成了一套科学的研究方法。这套科学的研究方法是一个整体，它是由一系列既相互区别又密切联系着的方法所组成的。其中发挥重要影响的方法主要有：归纳与演绎、历史与逻辑、定量与定性、实证与规范等。

1. 归纳与演绎分析法

（1）归纳分析法是从个别事实走向一般概念、结论的思维方法。

（2）演绎分析法是从一般的概念、原理走向个别结论的思维方法。

2．历史与逻辑分析法

（1）历史分析法其实就是历史的归纳，是通过对历史的事实和经验的概括与抽象，从而归纳出本质和规律来。

（2）逻辑分析法其实就是逻辑的演绎，是以基本假设或基本概念为前提或起点，通过严密的逻辑分析，推导出一定的结论来。

3．定量与定性分析法

（1）定量分析法就是运用数理和统计技术，考察事物的“量”的规定性，从而把握事物性质的一种研究方法。其着眼点在于，用数量关系精确地揭示事物的根本特征。

（2）定性分析法就是运用理论分析、历史研究和逻辑演绎，剖析事物的“质”的规定性，从而把握事物性质的一种研究方法。其着眼点在于对事物的表象进行全面的、深入细致的考察和分析，进而揭示出决定这一事物运动、变化和发展的内在规律。

4．实证与规范分析法

（1）实证分析

所谓实证分析，就是按照事物的本来面貌描述事物，说明研究对象“是什么”，它着重刻画经济现象的来龙去脉，概括出若干通过经验证明正确或不正确的结论。将这一方法运用到财政学，就是要按照财政活动的原貌，勾勒出财政从取得收入到安排支出的全过程及其产生或者可能产生的经济影响；勾勒出财政活动同整个国民经济活动的相互作用，以及组织财政活动所建立的机构、制度和各种政策安排。原则上实证分析法不要求做价值判断，因为它的目的在于描述事物的表象。

（2）规范分析

所谓规范分析，就是确定若干准则，并据以判断研究对象所具有的状态是否符合这些准则，如果有偏离，应当如何调整。它要回答的问题是“应当是什么”。将规范分析法运用到财政学，就是要以社会主义经济是市场经济为前提，根据公平与效率两大准则，判断目前的财政制度是否与上述前提和准则相一致，并探讨财政制度的改革问题。原则上规范分析法要求有伦理标准，因为没有伦理标准，就无法说何者为“好”。

四、财政学的形成与发展

在社会科学演进的历史中，财政学是一门产生和发展较早的学科。回顾它的形成和发展过程，对于全面深入地研究财政学无疑有很大帮助。为了便于理清线索，下面我们对东西方财政理论的形成和发展过程分别做简单的介绍。

（一）西方财政学的形成与发展

1．古典学派的财政理论（1776年~20世纪30年代）

18世纪后期到20世纪30年代，财政学以古典学派和新古典学派为主。亚当·斯密在《国富论》中系统地讨论了财政赋税的问题。斯密认为政府只要像“守夜人”那样，维护国家治安，防止外来侵略就行了。其支出主要用于国防、司法、公共工程，支出方面需要遵循厉行节约、量入为出等一系列原则。“廉价政府”成为财政所追求的最高目标。斯密创立了财政学的基本框架，后来的古典经济学家，如李嘉图、穆勒等基本上是在斯密的框架中求发展的。

2．凯恩斯学派的财政理论（20世纪30年代~20世纪60年代）

20世纪30年代空前的大危机，催生了以宏观经济分析为主要特色的凯恩斯主义，财政学也因此在西方经济学体系中占据显赫的位置。凯恩斯首次系统地论证了财政赤字的经济合理性，冲击了古典的“量入为出”原则。在税收方面着重分析了税收调节收入分配，带动私人部门有效需求，从而调节经济运行的作用，并拟出一套以直接税为主和以累进税为特色的税收体系。

3．新自由主义学派的财政理论（20世纪70年代以后）

20世纪70年代，经济“滞涨”席卷西方，而凯恩斯拿不出良策，凯恩斯主义遂陷入低谷。于是，以弗里德曼为代表的货币学派、以布坎南为代表的公共选择学派及供给学派借机发动了对凯恩斯主义的一场革命。这些学派的理论基点就是：凯恩斯主义的国家干预窒息了市场经济的活力，从而引起了经济的“滞涨”状态。这一时期的财政理论主要是从更广泛的角度研究财政活动规律，如公共产品理论的完善和公共选择理论的引入，大大增加了西方财政学的基本理论分析的深度与广度。布坎南等人运用经济分析法研究了政治制度的运行，其中财政问题始终居于研究的中心。自布坎南1986年获得诺贝尔经济学奖以后，该学派的理论引起西方财政学界的广泛关注，其中很多观点被引入到财政学论著中。

（二）我国财政学的形成与发展

自从人类社会进入奴隶制社会以后，一些思想家和政治家从治理国家和管理财政的实践中形成了朴素的理财思想。在春秋战国时期，管仲提出了“相地而衰征，则民不移”① 的财政政策，主张按照土地的好坏征收差额不等的赋税，以鼓励农民的生产积极性。此外，他还提出了一系列财政措施，如轻税、食盐专卖、铁矿合营等。商鞅在秦国推行变法时，提出“为田开阡陌封疆，而赋税平”、“改帝王之制，除井田，民得买卖”的主张，即摧毁旧封建主的土地世袭占有制，允许土地自由买卖，并按照田亩征收赋税。这种主张反映了封建财政由过去的地方割据财政改革为统一的封建国家财政的要求。汉朝时桑弘羊提出了均输平准政策②；唐朝的杨炎提出了两税法③；宋朝的王安石推行了方田均税法④以平均税负；明朝的张居正推行一条鞭法⑤，这是我国税收历史上由实物税向货币税转变的一次重大改革。清初继承明制，继续实行一条鞭法。

---

① 《国语·齐语》。

② 均输法，是指汉武帝时期在中央主管国家财政的大司农之下设立均输官，由均输官到各郡国收购物资，易地出售，辗转交换，最后把中央所需货物运回长安。平准法，是在大司农之下设立平准官，用官物在市场上随物价涨落贵卖贱买以营利。实行均输法和平准法使得京师所掌握的物资大大增加，平抑了市场的物价，贩运商和投机商也无利可图。

③ 即政府量入为出，以贫富为等差向人民征税，每年分夏秋两季征税，其余杂徭全免。

④ 就是清理丈量土地，按地划等，按清理丈量后的土地等级重新征税，但因触及权贵阶级和豪强利益，于1120年废止。

⑤ 其主要内容：第一，把一切征项包括田赋、徭役、杂税等合并起来编为一条征收，化繁为简。第二，把过去按丁、户征收的力役改为折银征收，称为户丁银，户丁银摊入田赋中征收。需要注意的是一条鞭法还没有把力役全部摊入田赋，只是部分摊入。第三，“一概征银”，无论田赋或力役一律折银缴纳，差役由政府雇人充当。

到雍正年间，又在这一基础上进行重大改革，实行“摊丁入亩”①。可以看出我国古代的财政思想有非常丰富的理论和实践宝库，为后来的财政改革提供了丰富的经验。

1949 年以前，我国的财政学基本上秉承了英美财政学体系。其中有编译的文献，如黄可权所编的《财政学》(1907 年出版)、张锡之与宴才杰等翻译的《比较财政学》(1909 年出版)，还有一些自撰的财政学著作，如陈启修的《财政学总论》(商务印书馆，1924 年)、胡善恒的《赋税论》(商务印书馆，1934 年)、何廉与李锐合著的《财政学》(商务印书馆，1935 年) 等。新中国成立后，我国的财政学界才开始探索建立自己的财政学体系。20 世纪 50 年代中期经济建设的巨大成就和后期大跃进的失败，为财政基础理论的研究提供了正反两方面的实践经验，出现了一个财政理论探讨的活跃时期，产生了许多流派。

新中国成立初期，在我财政理论研究中占统治地位的是从苏联引进的“货币关系论”以及在此基础上形成的一些流派，如“价值分配论”和“国家资金运动论”等。

20 世纪 50 年代后期，财政理论研究出现了新的发展。开始注重结合我国的实际进行财政理论研究，逐渐形成了具有中国特色的理论内容和体系，出现了诸如“国家分配论”、“剩余产品决定论”、“社会公共需要论”等多个学派，其中居于主流地位的是“国家分配论”。许廷星从参与分配的主体不同，把分配关系分为社会经济的分配关系和国家职能所发生的分配关系两大类，在 1957 年出版的《关于财政学的对象问题》一书中，第一次比较系统地提出并论述了“财政学的对象是国家关于社会产品或国民收入分配与再分配过程中的分配关系，简单地说也就是人类社会各个发展阶段中国家对社会的物质资料的分配关系”。学术界关于财政本质的定义最终在 1964 年召开的第一届全国财政理论探讨会闭幕词中被总结为“社会主义财政的本质是无产阶级专政的国家为实现其职能，分配社会产品和国民收入而形成的分配关系”②，初步奠定了“国家分配论”在中国财政学界的主流地位。

随着改革开放以来，在社会主义市场经济建立的过程中，西方财政理论迅速传入国内，财政学界开始出现了对“国家分配论”的一系列争论，形成了一些新的理论流派。如“社会公共需要论”认为财政“是由人类社会生产的发展，出现了剩余产品和剩余劳动之后，发生了社会共同需要而产生的。它的实质是人们为了满足共同需要而对剩余产品进行的分配所发生的分配关系”③。“剩余产品分配论”则认为“财政是由剩余产品形成各种社会基金的一个过程，始终体现国家、集体与个人之间的剩余产品的分配关系”④。

---

① 其做法：第一，将丁银摊入田赋征收，废除了以前的“人头税”，所以无地的农民和其他劳动者摆脱了千百年来的丁役负担。第二，地主的赋税负担加重，也在一定程度上限制或缓和了土地兼并；而少地农民的负担则相对减轻。第三，政府也放松了对户籍的控制，农民和手工业者从而可以自由迁徙，出卖劳动力。这有利于调动广大农民和其他劳动者的生产积极性，促进社会生产的进步。

② 陈如龙．第一届全国财政理论讨论会闭幕词［M］//财政科学研究所，中央财政金融学院．财政学问题讨论集（上册）．北京：中国财政经济出版社，1965：24.

③ 何振一．财政起源刍议［J］．财贸经济，1982（3）.

④ 王绍飞．财政学新论［M］．北京：中国财政经济出版社，1984：10.

20 世纪 90 年代以后，随着党的十四大提出建立社会主义市场经济体制，我国财政学界开始注重对源于西方的“公共财政论”的认识与辨析，公共财政学说受到了推崇，一度引起关于“国家分配论”和“公共财政论”的理论争论。但是随着理论的不断深化，学界越来越倾向于两者不是直接对立而是相互兼容的关系。在争论的过程中，不仅对以市场经济为背景的“公共财政论”的认识得到清晰化和具体化，而且对“国家分配论”的认识也得到了深化，出版了为数不少的不同版本的《财政学》、《公共财政学》和《公共经济学》著作。

五、财政学与相关经济管理课程的关系

（一）财政学与主要的基础经济学课程——微观经济学、宏观经济学和马克思主义政治经济学的关系

1. 微观经济学、宏观经济学和马克思主义政治经济学作为基础经济学课程，都是讲最基本的经济知识和理论（各自的具体研究对象和理论体系不同）。财政学作为经济学的一个分支，只是研究政府或公共部门经济活动的一个主要方面——政府的资金收支活动，其中包括政府财政收支活动对个体和社会整体经济活动的影响。

2. 财政学与微观经济学内容的衔接关系。两者首尾相接。微观经济学通过对个体经济单位的经济行为的研究，说明市场机制的运行和作用以及改善这种运行的途径。其最后要讲到市场失灵，引出政府干预的必要性。而财政学正是从市场失灵讲起的。

3. 财政学与宏观经济学内容的衔接关系。宏观经济学是研究社会总体的经济行为及其后果，研究整个国家的经济运行情况，核心是讲国民收入的决定因素和宏观经济的均衡与增长问题。其中的主要内容之一是宏观市场失灵和如何运用财政政策与货币政策促进实现宏观经济的均衡与增长。财政学也要讲财政在经济稳定和增长中的作用和相应的财政政策问题。两者在这一点上是重合的。

4. 财政学与马克思主义政治经济学内容的衔接关系。马克思主义政治经济学的重要内容之一是社会再生产理论。社会再生产包括生产、分配、交换、消费等四个环节。财政收支属分配范畴。财政学要研究财政分配在社会再生产中的作用与影响。

（二）财政学与其他相关经济管理课程——主要是与金融学（或货币银行学）、财务管理学的关系

1. 财政学与金融学

财政学与金融学都是关于钱的学问。但财政学是研究政府的钱怎么来、怎样用；金融学是研究市场上的钱怎么来、怎么用，是讲各个经济主体如何通过金融市场进行资金融通，也包括政府通过金融市场进行的融资活动，如发行公债。财政收支一般是无偿的，属政府行为；通过金融活动形成的资金收支是有偿的，属市场行为。

2. 财政学与财务管理学

两者也都是关于钱的学问。但财政学是研究政府的钱怎么来、怎么用，财务管理学是研究企业的钱怎么来、怎么用。政府的钱怎么来、怎么用，主要是个政策问题；企业的钱怎么来、怎么用，是个经营问题。政府财政的理财目标是实现社会整体效益

的最大化，企业理财的目标是谋求自身利益的最大化。

六、本书框架

本教材的框架其实是本书的理论体系问题。财政学的理论体系是一个有机统一体，各环节之间存在着内在的、有机的逻辑联系。各大理论模块之间的逻辑联系可以表述如下：财政基础理论主要是阐述政府活动的经济理论基础，财政支出理论主要是阐述政府活动的合理范围，财政收入理论主要是阐述如何为政府活动融资，财政管理和调控理论主要阐述政府活动的体制和政策框架。中国传统财政学大致形成了一个“先收后支”的理论体系，而西方财政学自亚当·斯密以来一直是“先支后收”的理论体系。由于“先支后收”的理论体系包含着比较先进的民主理财思想，即先确定合理的公共支出范围与水平后，再向人民征收相应的公共收入，所以，中国现代财政学也越来越多地采取了“先支后收”的理论体系。本课程内容即按“先支后收”的体系分为五篇：基础理论篇—支出理论篇—收入理论篇—管理理论篇—调控理论篇。

【关键词】

财政　财政学　研究对象　财政制度　财政政策　实证分析　规范分析　归纳分析　演绎分析　历史分析　逻辑分析　定量分析　定性分析

复习思考题

1. 为什么学习财政学？
2. 财政学的研究方法有几种？
3. 简述西方财政学的形成与发展。
4. 简述我国财政学的发展。
5. 财政学的研究对象包括几个方面？
6. 简述财政学与微观经济学、宏观经济学、马克思主义政治经济学的关系。
7. 简述财政学与金融学的关系。

第一章 财政的概念和职能

【本章中心内容】

历史和经验证明，市场并非是万能的，市场失灵总是存在。为了矫正市场失灵，政府在经济、社会发展进程中总要进行必要的干预。而财政正是政府进行干预的重要手段。本章主要是以财政与经济的关系研究为基础，讨论什么是财政，为什么会需要财政，一个国家的财政能干什么。

第一节 财政的概念

一、“财政”一词的来源

在我国的古籍中，找不到“财政”这一专有词汇，但并不是说我国的历史上没有财政这一事物。中国作为一个历史悠久的文明大国，财政思想的产生要比西方早，古籍中也有很多关于政府理财之道的记载。在这些史料记载中并没有“财政”一词，而是用“国用”、“国计”、“度支”、“理财”、“邦计”等词语来表述国家的理财活动。我国最早在公文中正式出现“财政”一词是在清代光绪年间。1898 年，在戊戌变法期间的公文中提出“改革财政，实行国家预算”，这是我国官方用“财政”名称之始。同时，户部（掌管臣民户籍以及各种活动经费的审批）专门设财政处，以整顿财政。那么，为什么会在那个年代提出“财政”一词呢？这就要了解一下“财政”一词的由来。

从经济学的源流发展来看，最早使用“财政”一词的人是把经济学转为“科学”的第一人——亚当·斯密。1776 年，亚当·斯密发表了他的代表作《国富论》，《国富论》的第五篇“论君主或国家的收入”中专门讨论了国家财政问题，包括国家经费（国防费、司法经费、公共工程和公共机关的费用）、收入源泉（各种赋税和公债）以及征税的原则方法等。

英文“Finance”可翻译为财政、金融、财务之意。但最早“Finance”一词源于拉丁文“Finis”（支付期限之意）。16 世纪转成法语，变成“Finances”，始有公共收入的意义。20 世纪初，“Finances”由法国传入各国后，即被用以指国家及其他公共团体的财政。为了区分政府理财的活动与其他经济主体理财活动的不同，遂将“Finance”的意思进行了延伸，具体分为个人理财（Personal Finance）、公司理财（Corporate

Finance)、政府理财（Public Finance）。由于政府活动体现的是公共的需求，因此政府理财活动是一种代表公共的理财活动，这也就是我们现在所说的“财政学”或“公共财政学”。

1868 年，日本在明治维新过程中要向西方学习，日本大藏省官员岸田俊辅在翻译《国富论》时，对于其中第五篇关于政府或君主收入中的“Finance”一词进行翻译时创造了“财政”一词（借用了中国古代的“财”和“政”的词意）。“财”，从贝从才。“贝，货也”（《广雅·释诂》）；“才”，指人的能力和智慧。所以，“财”就是为创造财富的人和人所创造的财富及天地自然之物。“政”，正也；治也；官府所治公事，包括维持民生诸事。财政者乃管理公共钱财或财货之事。中国清朝光绪年间在向西方学习的过程中，严复留学英国时看到了《国富论》（当时译为《原富论》，之后的经济学家王亚楠译为《国富论》），他在将“Finance”一词进行翻译时借鉴了日本大藏省官员岸田俊辅的译法。至此，中国才出现了“财政”一词，并逐步取代了以前的各种名称。民国政府成立时，主管国家收支的机构被命名为财政部。“财政”一词在中国仅有 100 多年的历史，现今中国学术界对财政的概念仍有很多的理解。

二、财政的产生与发展

（一）财政的产生

财政的产生需要具备两个条件：一个是经济条件，另一个是政治条件。

1. 经济条件：剩余产品——充分条件

物质资料的生产是人类生存和社会发展的基础。原始社会公有制初期，在生产力极其低下的条件下，社会产品的分配只能在生产劳动者之间进行，以维持他们最低的生活需要。没有剩余产品，就不可能在生产领域之外再进行分配，也不可能供养不直接从事生产劳动的人口，财政更不可能产生。原始社会末期，随着社会生产力的发展，发生了社会分工，出现了商品生产，也出现了日益增多的剩余产品。当剩余产品出现以后，有了财政存在的物质基础，财政才会随之出现。因此，经济条件是财政产生的充分条件。黄帝、颛顼、帝喾、尧、舜、禹都从事社会活动，还有其他的官员以及这些人的家属，他们的生活和活动开支必然由社会上其他人提供，这只有在剩余产品产生后才有可能。也就是说只有社会生产力发展到人的劳动力所生产的东西超过了单纯维持劳动力再生产需要的数量时，天子及百官脱离生产专门从事社会管理才有可能。否则，贡献赋税者就会饿死，统治者也失去了征敛的对象。剩余产品的出现，是财政产生的充分条件。没有剩余产品，任何强权政治都无济于事。

2. 政治条件：国家——必要条件

政治条件是财政产生的必要条件。原始公社末期已经存在着从有限的剩余产品中分出一部分用于满足社会共同需要的经济现象。但这只是集体劳动成果由集体分配，属于经济分配，还没有财政分配。社会发展到更高的阶段，原始公有制解体，“黄帝二十五子”，“帝颛顼高阳者，黄帝之孙”，“帝喾高辛者，黄帝之曾孙”①。这不仅表明已产生家庭，而且帝位已由禅让制走向世袭制。天子还“置左右太监于万国”，对不纳贡的诸侯以武力征伐，可见这时已出现了强制索取物品的行为。也就是说财政是在家庭私有制阶级产生之后，统治阶级凭借其力量，以公共需要的名义向征服对象索取人力、财力。进入到私有制社会，由于奴隶主和奴隶的出现，产生了阶级。由于奴隶主和奴隶的经济利益冲突不可调和，就需要有一种日益脱离社会又居于社会之上的力量，这种从社会中产生但又自居于社会之上并且日益同社会脱离的力量，就是国家。

国家产生以后，在政治和经济上占统治地位的阶级为了维护国家的存在，依靠政治力量，强制占有和支配一部分社会产品，形成国家集中性收入，供国家的需要，保证国家机器的运行和社会的发展。于是在整个社会产品的分配中，除了以生产资料所有制为主体的分配外，又出现了以国家为主体的分配，财政就这样伴随着国家的产生而产生了。同时，如果国家没有这种分配，国家就不可能存在。所以，财政与国家同“生”共“死”，相互伴随着同时萌芽、产生、发展和消亡。可以说，财政与国家互为基础和前提。所谓财政，历来都是国家财政。这种观点在我国财政学研究领域中影响最深，学术界通常将其称为“国家分配论”。

各种历史资料表明，我国在炎黄时期就产生了国家和财政。正如《史记·五帝本纪》中所记载的：“轩辕之时，神农氏世衰，诸侯相侵伐，暴虐百姓，而神农氏弗能征，于是轩辕乃习用干戈，以征不享，诸侯咸来宾从”，“诸侯咸尊轩辕为天子，代神农氏，是为黄帝。天下有不顺者，黄帝从而征之”。这段话表明，炎黄之时，已有“天子”、“诸侯”、“百姓”的划分，即存在着统治阶级与被统治阶级。轩辕用武力“以征不享”，就是征伐不纳贡的诸侯。古代“来享”是纳贡的意思。贡是财政收入的形式，表明当时已产生了财政。

从上述内容可以看出，财政是一个历史范畴。它不是有了人类社会就出现的，而是社会发展到一定历史阶段的产物，它随着国家的出现而产生。

财政是一个经济范畴。由于社会产品的分配是社会再生产过程中的分配运动，分配关系是生产关系的一个方面，属于经济范畴。而财政是以国家为主体的一种分配活动，因此亦属于经济范畴。

财政是一个政治范畴。不论国家是何种性质，财政都是作为一定阶级专政的分配工具，它是为实现国家职能、维护国家及其正常运转而提供财力的，因此，它属于政治范畴。

（二）财政的发展

由于社会生产方式及由此决定的国家类型不同，财政的性质、内容和形式也在不断地发展变化，财政经历了奴隶制国家财政、封建制国家财政、资本主义国家财政和社会主义国家财政的历史演变。

---

① 司马迁：《史记·五帝本纪》。

1. 奴隶制国家财政

（1）经济基础

奴隶主在占有生产资料和奴隶这一经济基础之上实行土地国有制，国王是最大的奴隶主，也是全国土地的所有者。

（2）奴隶制国家的职能

“普天之下，莫非王土，率土之滨，莫非王臣。”（《诗经》）奴隶制国家对内依靠军队、监狱等各种强制机器，残酷地镇压奴隶反抗，以维持奴隶主阶级的统治；对外则不断进行以扩大领土、掠夺奴隶和物质财富为目的的战争。

（3）奴隶制国家财政的内容

奴隶制国家财政收入主要来自三方面：其一是实物，奴隶从事农业、畜牧业、手工业劳动所生产的产品，其中最重要的是农产品；其二是来自奴隶的劳役地租，土地国有的“井田制”（630 亩土地，化为 9 区，每区 70 计，中为公田，8 家各授 1 区，并助耕公田），国家的收入来自助耕的那一部分收获物；其三是掠夺、纳贡，主要来自战争和下属国、下属地方等。纳贡也是强制性的，不按期纳贡的，国家可以出兵讨伐。

奴隶制国家财政支出主要有三大类：一是战争和祭祀支出。除了发动战争掠夺别的国家或地方，奴隶主每年的祭祀活动频繁且动用大量的牲畜和奴隶，奴隶不是逃亡，就是暴动，于是镇压奴隶的战争也不断发生，维持军队和强化暴力机器的财政支出就显得非常重要。二是王室费用。这包括国王及其家属的衣物、食物等方面的挥霍浪费支出。三是兴办水利灌溉事业（公共工程）支出。这是一项体现国家社会职能的支出，是为了更好地发展农业。原因在于国家的主要收入均来自于农产品，所以只有农业发展了才能保证国家每年所需的财源。

（4）奴隶制国家财政的形式

这一时期的社会生产力水平低下，商品经济不发达，所以采用的是力役和实物的形式来实现财政收入。这种形式要求对上缴的实物进行统一计算，因此对照比较是不可能实现的。

（5）财政的公共性

从财政的收入和支出看，国王私人的收支和国家公共的收支是不可能完全分清的，甚至是合为一体的。即便有水利灌溉这样的公共工程，也是为了奴隶主能获得更多的收入。

2. 封建制国家

（1）经济基础

封建制国家的财政建立在封建主占有生产资料和不完全占有农业劳动者这一经济基础之上。

（2）封建制国家的职能

封建制国家的职能在于：对内保护封建剥削制度，对外防止侵略和从事扩张领土的战争。

（3）封建制国家财政的内容

封建制国家分为领主封建和地主封建两个时期。不同的时期，国家财政收入的内容是不同的。领主封建时期主要的财政收入是农民的无酬劳动。特别是春秋时期出现对土地进行课税，这是我国从地租到税的一个转变。战国时废除井田制，承认土地私有，开始准许土地自由买卖。地主封建时期的财政收入形式日益增多，主要有田赋、专卖、关市（关市是对所经营的货物征收的类似于营业税和关税）、纳贡、捐输、发行货币、发行期票、借债等。随着朝代的更替，征税的种类不断增加，税率也在不断提高。财政收入的形式除了税收以外，还出现了公债。在清王朝沦为半殖民地半封建社会以后，中国的公债得到更进一步的发展。

较之奴隶制国家，封建制国家的财政支出项目也随着生产力的发展、社会的进步而日益增加，其主要体现在以下三个方面：一是军队和各种强制机关的支出，如镇压农民起义所需的开支。二是王室和官俸费用，王室费用体现在诸如营建宫殿、华贵生活的享受上。秦始皇即位不久，便开始派人设计、建造秦始皇陵。秦始皇在统一六国之后，旋即修建豪华的阿房宫，最多时用工 72 万人（当时总人口 2000 万）。官俸费用体现在官员随着官爵高低的不同，享受不同数量的俸钱（工资）和禄米。同时还有官吏家养的坐待衣食之徒（不从事生产劳动的人），“食客三千”正是战国时期上层社会大量集中人才、迅速抬高自己的政治声誉，以号召天下，壮大自己的政治力量的主要方式。三是巩固国防、便利交通和兴修水利的支出。如秦长城、隋运河、秦都江堰等。秦时期修建灵渠，加强了对珠江流域的控制，并使该地区永远成为中国的版图；修建长城，使其成为农业民族与游牧民族的分界线。秦朝成为中国历史上第一个统一的、多民族的、中央集权制国家。也有人认为，“CHINA”一词的产生，正是由罗马语“CHIN”（秦）演变而来。

（4）封建制国家财政的形式

随着生产力和商品经济的发展，财政收支的形式从实物形式逐渐演变为货币形式。

（5）国家预算的出现

国家预算是国家的基本财政计划，是国家集中分配一部分社会产品的体现。中国国家预算的雏形始自周代的“九赋九式”①，专款专用，由太府掌管。到汉唐两代曾通过编制预决算，借以考核官吏。不过，无论是哪个朝代，每当发生政治动乱，统治力量薄弱时，预算制度就会遭到破坏。

西方各国的国家预算雏形，主要是在欧洲封建社会后期，新兴资产阶级通过对封建制国家财政的支持、参加议会，以限制封建特权。英国在 17 世纪末规定，封建国家必须向有资产阶级代表参加的议会提出财政收支报告，不经议会同意不得付诸实施，这种财政收支报告，就是资产阶级国家预算的雏形。

（6）财政的公共性

从财政的收入和支出看，国王私人的收支和国家财政的收支由不可分割，经历了

① 九赋主收入，九式主支出，九式与九赋相对，共同组成国家财政管理之总则。九赋是国家管理中最重要的政策性文件，它是国家财政的主要来源——赋税的征收办法。九赋包括邦中之赋、四郊之赋、邦甸之赋、家削之赋、邦县之赋、邦都之赋、关市之赋、山泽之赋、币馀之赋。九式是支出各种财物的法度。九式包括祭祀之式、宾客之式、丧荒之式、羞服之式、工事之式、币帛之式、刍秣之式、匪颁之式、好用之式。

从形式上分别管理逐步变为完全可以分开的过程。尤其是封建社会后期，在欧洲出现的新兴资产阶级，为了获得自由平等的权利，就要废除封建特权，限制王室的政权，并将王室收支与国家收支分离出来。国家预算的出现正是财政公共性的一个体现。

3. 资本主义国家

（1）经济基础

资本主义国家是建立在资产阶级占有生产资料和无产阶级受其雇佣这一经济基础之上。

（2）资本主义国家的职能

资产阶级不断扩大职能，对内镇压被剥削者，对外进行防御、侵略和争霸。这就要求国家分配更多的社会产品。

（3）资本主义国家财政的内容

资本主义经历了自由资本主义时期和垄断资本主义时期。自由资本主义时期，捐税成为主要的财政收入形式，政府不干预经济的自由发展，只能是“廉价政府”（由19世纪资产阶级学者提出）。这一时期的财政支出随着政府职能的减少而相对减少，主要用于开拓世界市场和对外掠夺等方面。征税给人民带来的负担亦相对减轻。

垄断资本主义时期，政府干预经济的程度更深，因而财政收支就出现不断增长的趋势。捐税仍然是这一时期主要的财政收入，只是相较于自由资本主义时期而言，这一时期税种、税率等都有很大的提高。而财政支出方面，主要是军政费用。军事支出中，与军事有关的购置、科研、设备维护等支出占的比重最大。同时，官僚机关的庞大致使行政机关的经费日益增加。另外，也出现了用于科学、教育、社会救济、福利和发展经济（经济建设方面的投资和对企业的补助）、政府机构等各方面的财政支出。垄断集团更是通过“国有化”来夺走财政收入获得高额利润。

（4）资本主义国家财政的形式

资本主义社会时期，由于商品经济的高度发达，国家财政收支形式以货币为主。

（5）财政的公共性

资产阶级夺取政权之后，对封建国家的财政税收制度进行了改革，不仅建立了比较完善的预算编制审核和执行制度，制定了发行公债以及公债到期还本付息的规定，还大力改进了税收制度。至此，财政的公共性取得了独立的、完全的存在形式。

社会主义国家财政是建立在生产资料公有制基础之上的，消灭了剥削制度，它是服务于人民根本利益的国家财政。可以看出资本主义国家及其以前的财政都是以生产资料私有制为经济基础的，随着国家的更替，财政分配是整个社会总产品分配的一个组成部分，国家为了维护其正常运转，实现其不同职能，凭借政治权力（资本主义国家还凭借财产权力），进行社会产品的分配活动。国家并不从事物质资料的生产，它要实现上述职能，必须要有一定的财力作保证。所以，财政分配的目的就在于通过各种财政收支形式，从社会总产品的分配中为国家实现其职能提供必要的财力保证，否则，没有财政的国家活动无疑会因失去物质基础而处于瘫痪状态。同时，财政的出现显然还成为国家可以利用的一种经济手段，从而为国家实现其职能、满足公共需要服务。财政的分配形式要以当时占支配地位的社会产品（实物、力役、货币）的分配形式为转移。这种分配关系体现了剥削阶级对劳动人民（奴隶阶级、农民、工人阶级和劳动人民）的超经济剥削关系。尽管不同社会制度下的财政代表着不同阶级的利益，反映着不同性质的社会产品分配关系，不同社会制度下的财政在内容和形式上都有区别，但作为一个经济范畴，它们又具有共性，即公共性。它们都是在一定生产资料所有制基础上的国家为实现其职能的公共需要，依据其权力而进行的一种社会产品的分配活动。其所反映的财政分配关系是各自社会总的社会产品分配关系的一个组成部分。财政分配的目的也由单纯满足国家政权机器的需要逐步发展为满足国家政权机器需要、促进社会事业发展和进行宏观经济调节三者并存。

三、财政的概念

概念是反映事物本质属性的基本思维形式之一。财政的概念问题实质上就是财政的本质问题，被称为财政基础理论的基石问题、核心问题。财政的本质代表了对"财政"最深刻的认识，是对财政的最根本性理解。关于财政是什么？从元概念的角度看，有多种认识。"财政"就其汉字字义理解，"财"即金钱、货币、财富、钱财；"政"即行政、政策、政治。财和政合起来，就是理财之政，由于"政"一般与国家、政府密切相关。所以，"财政"是一个专门表示"国家（政府）理财活动"的词。

总体来说，财政的概念可以表述为：国家为了实现其职能，凭借政治权力及财产权力，参与一部分社会产品或国民收入的分配和再分配所进行的一系列经济活动，包括组织收支活动、调节控制活动、监督管理活动等。

财政的这一概念包含了五个基本要素：

1. 财政的主体为国家

和国家相联系的就是政府。国家是政治权力机构和公共服务机构，国家具有政治、社会和经济职能。政府（国务院）则是国家的执行机构和行政机关，国家是通过它的执行机构和行政机关来实施并实现其职能的。一些行政机关既是国家机关也是政府机关。将分配的经济活动主体表述为国家，显得层次更高一点。如果将财政分配的主体范围缩小一些就是政府，再缩小一些就是理财部门。理财部门主要有，财政部、税务局（过去与财政部合在一起）、海关（查验货物，同时征收关税和进口环节的增值税、消费税等）。

2. 目的是为了实现国家的职能

对国家职能如何理解？过去讲国家的职能一般就是政治职能和经济职能，还因为国家具有阶级性，也会把职能区分为阶级职能，除此之外还有社会职能（公共的职能）。因此对于财政的职能要有一个全方位的理解，除了要考虑政治、经济职能外还更应该考虑收入的公平分配、资源的合理配置等这些社会职能（公共的职能）。

3. 手段：政治权力及财产权力

马克思讲赋税的经济体现就是国家，国家的经济体现就是赋税。国家凭借政治权力实现的财政收入就是税收。什么是政治权力？政治权力是国家作为主权者的权力。把握这一权力有两个标准：从地域上来说，实际上政治权力就是主权国家所能达到的全部空间，具体讲就是领土、领空、领海等；从人面的角度来把握，就是一个国家法律所判断的公民和居民（居住达到一定期限）。那么财产权力是什么？财产权力就是出资者或生产资料所有者的权力。这种财产权力的主体很多，它可以是国家（国有企业），也可以是企业单位或个人。我们讲的主体是国家或政府。

4．参与分配的对象

参与分配的对象就是一部分社会产品（社会产品是指一个国家在一定时期内由物质生产部门创造的全部物质资料的总和（c+v+m），是国家满足其实现职能的公共需要的基本收入来源）或国民收入（国民收入是指一个国家在一定时期内由物质生产部门新创造出来的那部分价值（v+m））。

为什么参与分配的是一部分社会产品？从社会产品价值的构成公式来看：W=c+v+m，其中c是成本，不参与分配，具有返还性，否则不能进行简单再生产；v是活劳动的表现形式，以工资支付职工的劳动报酬不得用于分配，税收直接或间接来自于这部分，从直接来说就是个人所得税（起征点3500元），间接的是消费税（烟酒、化妆品），消费税进行了税负转嫁；m（企业纯收入）则是财政收入的主要来源，流转税（增值税、营业税）、税后利润。因此我们在关心GDP（国内生产总值）时更关心m这部分的增长。

5．财政活动的一般过程：分配过程

也就是说社会产品分配给哪些部门、单位。社会分配的渠道是不同的，如：劳动者的报酬是通过企业财务分配渠道进行的。一个企业将它的闲置资金融通给另一个企业使用，是通过银行等金融中介机构的信贷分配渠道进行的。而国家为满足公共需要通过征税等方式，从社会生产中取得一定份额的产品，这便是我们要研究的财政分配。

四、财政的基本特征

我们知道，现象是事物的表面特征以及这些特征之间的外部联系；本质则是事物的根本性质，是一种事物与其他事物相区别的质的特殊性。要把握事物的本质，就必须透过现象看本质，再由本质到现象，循环反复地把握财政这一分配活动。财政的基本特征主要是指财政在同一社会或不同社会的共性。财政作为一种以国家为主体的分配关系，它在同一个社会中与价格、财务、会计等这些市场经济价值表象存在着质的“差异”，或者是在不同的社会、不同的国家中所具有的一些“共性”就是财政的基本特征，也可以说是财政的自然属性。

（一）国家主体性

既然财政是以国家为主体所进行的分配活动，那么政府理财部门所进行的一切财政活动直接代表国家。国家既要凭借政治权力对企业、事业和个人的一部分社会产品或国民收入进行分配，也要凭借财产权力对国有企业（经济）的一部分社会产品或国民收入进行分配。因此，以国家为主体，就成为财政分配与其他社会分配形式的一个极重要的区别，由此决定了财政分配必然是全社会的集中性分配。

（二）无偿性——相对意义上的无偿

财政一般是具有无偿性的一种分配，其主要是以剩余产品为客体的一种分配。在

公式 $W = c + v + m$ 中，c、v 的部分都具有返还性，而 m 的分配则是可以脱离生产过程，使财政分配可以采取不返还的无偿方式来进行。财政分配的结果，一般是使社会产品发生单方面的转移而形成的无偿性分配。例如，个人缴纳个人所得税、企业增值税、消费税，我们无法要求上缴了多少的税就要有多少回报，也无法要求在分配时将所上缴的部分全部再分配回来。因此财政收支的实现一般不能以直接的、相应的或者等价的报偿为条件，财政分配一般是所有权和使用权相统一的分配。

（三）强制性

财政分配一般是具有强制性的一种分配。国家作为统治机关本身不进行生产，但又必须消耗一定的物质资料，因此国家就会凭借法律权威或以政治权力为依据进行财政分配，强制地取得一部分社会产品。政府对企业和个人课征税款或收取费用，遵循的并不是自愿原则，无论纳税人或缴费者是否愿意，只要发生了应税或应费行为，就必须照章纳税缴费。财政的强制性分配，任何单位和个人不得拒绝。否则，将要受到一定法律或经济的制裁。财政分配的强制性体现的是一种经济强制，法律强制是其表现形式。例如：2007 年正式启动的对于年收入 12 万元以上者（包括工资、稿酬、企业债券利息、偶然所得等，不含三费一金、国债利息），第二年的 1 月 1 日 ~3 月 31 日期间自行申报个人所得税，否则将被追究法律责任。申报不符的经济罚款最高 2 万元。

财政的这三个一般特征是相互统一、缺一不可的，是财政区别于其他分配形式的根本标志，反映了财政的共性。无论是奴隶制国家、封建制国家、资本主义国家还是社会主义国家，财政都具有这三个特征。

第二节 市场与政府

我们知道在市场经济条件下，市场是一种资源配置系统，政府也是一种资源配置系统，二者共同构成社会资源配置体系。财政是以国家为主体的分配关系，而政府是国家的执行机关，财政收支、财政预算等各种财政活动都是由政府来完成的。可以说财政是一种政府的经济行为，是一种政府配置资源的经济活动。在亚当·斯密看来，市场是万能的，一切资源配置都由市场完成。那么，为何还要政府进行资源配置？这只有明确了市场与政府之间的关系，才能说明为什么有市场配置还要有政府配置，以及政府配置有什么职责和功能。

一、市场效率

什么是市场？完整的市场系统是由家庭、企业和政府三个相对独立的主体组成的。而要说明市场与政府之间的关系，需要先从没有政府的市场系统说起。这时的市场只有两个主体，即家庭和企业。从经济学的角度来看，市场不仅是商品交易的场所，而且是指在无数个买者与卖者的相互作用下形成的商品交易机制。市场机制的基本规律就是供求规律：供大于求，价格下降，库存增加，生产低迷；求大于供，价格上涨，库存减少，生产增长；通过价格和产量不断的波动，达到供给和需求的均衡。亚当·斯密将市场规律形容为“看不见的手”，认为不需要任何组织以任何方式干预，市场就可以自动地达到供给与需求的均衡，而且宣称每个人在追求私人利益的同时，就会被这只手牵动着去实现社会福利。

福利经济学的代表人物、意大利的经济学家帕累托，提出了一个被西方经济学和财政学经常引用的帕累托经济效率标准，又称为帕累托最优状态。帕累托最优状态是指这样一种状态：资源的配置无论做任何改变都不可能使一部分人受益而没有其他人受损，也就是说当经济运行达到了高效率时，一部分人改善处境必须以另一部分人处境恶化为代价。而市场要发挥最大的效率，要以完全竞争的市场为假设条件。

完全竞争市场（Perfect Competition），又称纯粹竞争市场，是指一种不受任何阻碍、干扰和控制的市场结构，即购买者和销售者的购买和销售决策对市场价格没有任何影响的市场结构。完全竞争市场的特点主要有以下四个：

1. 市场上有无数的买者和卖者。由于市场上有为数众多的商品需求者和供给者，他们中的每一个人的购买份额或销售份额，相对于整个市场的总购买量或总销售量来说是微不足道的。他们中的任何一个人买与不买，或卖与不卖，都不会对整个商品市场的价格水平产生任何影响。所以，在这种情况下，每一个消费者或每一个厂商都是市场价格的被动接受者，对市场价格没有任何控制力量。

2. 同一行业中的每一个厂商生产的产品是完全无差别的。这里的完全无差别的商品，不仅指商品之间的质量完全一样，还包括在销售条件、商标、包装等方面是完全相同的。因此，对消费者来说，购买哪一家厂商的商品都是一样的。如果有一个厂商提价，他的商品就会完全卖不出去。当然，单个厂商也没有必要降价。因为在一般情况下，单个厂商总是可以按照既定的市场价格实现属于自己的那一份相对来说是很小的销售份额。

3. 厂商进入或退出一个行业是完全自由的。厂商进出一个行业不存在任何障碍，所有的资源都可以在各行业之间自由流动。这样，各行业的厂商规模和厂商数量从长期来讲是可以任意变动的。但是在短期内，厂商规模和厂商数量仍然是不可变的。

4. 市场中每一个买者和卖者都掌握与自己的经济决策有关的商品和市场的全部信息。这样，市场上的每一个消费者或生产者都可以根据自己所掌握的完全的信息，确定自己的最优购买量或最优生产量，从而获得最大的经济利益。而且，这样也排除了由于市场信息不畅通而可能产生的一个市场同时存在几种价格的情况。

二、市场失灵

市场是一种有效率的经济运行机制，这是毋庸置疑的。但是在现实生活中，市场不可能达到完全竞争的状态；也就是说，现实的市场不具备充分竞争的条件。市场经济并不是万能的。在一些领域或场合，市场机制本身不能得到有效的发挥，自然无法达到有效配置资源的结果；而在另外一些领域或场合，市场机制即使能够充分发挥，也无法达到符合整个社会要求的正确的资源配置结果。西方经济学家将这些现象统称为“市场失灵”。

可以说市场效率是市场经济的出发点，是理解市场失效的前提。而市场失效是财政基础理论的关键性公理假设，是派生出其他一切财政理论的逻辑起点。现代财政学的整个理论体系都是建立在这个基础之上的，正是市场失效导致了政府干预，政府干预的介入又导致了混合经济的产生，而混合经济中公共部门活动的产生则导致了公共经济的存在，也就是财政的存在。财政的存在自然引出了财政的职能问题，而财政的职能是贯穿于整个财政理论的一条中心线索。所有的政府经济活动以及整个财政理论都是围绕着这个中心线索而展开的。因此，本节是全书最重要的基础理论部分。

市场失灵（market failure）又称市场缺陷或市场失败，是指由于现实生活中几乎不存在经济学假定的市场实现资源配置的帕累托最优状态所需的前提与条件，因而一些问题不能依靠市场解决或市场解决不好。市场失灵主要包括：公共产品的提供、外部效应、市场垄断（不完全竞争）、不完全信息、分配不公平、宏观经济总量失衡。

（一）不能有效提供公共产品

1．公共产品的含义

在经济生活中，一些产品可以通过市场竞争，按等价交换的原则取得，并且拥有者获得该产品的全部所有权与使用权。在此情况下，这种具有取得上的竞争性与消费上的排他性（排他性是指个人消费被排除在某种物品的消费之外，它与物品的所有权相关。在私人产品的概念下，拥有财产所有权的个人也对产品拥有使用权，只有其本人才拥有享受该产品消费的权利，而不允许受到他人的侵犯）的产品通常称为私人产品。私人产品是指那些同时具备排他性、竞争性特征的产品。

除此之外，经济生活中还存在一些物品是我们共同需要的，在同一时间内可以使多个个体受益，这就是公共产品（public goods）。

2．公共产品的供给

从公共产品和私人产品两者的消费表现形式上看，对于公共产品的消费无法计算某一个人具体消费的数量。对于公共产品的提供者来说无法获得直接的经济利益，从而出现“免费搭车者”（免费搭车是指不承担任何成本而消费或使用公共物品的行为，有这种行为的人或具有让别人付钱而自己享受公共物品收益动机的人成为免费搭车者）。作为企业和个人都是追求利益的，就使得他们在生产公共产品上缺乏热情和动力。即使有人愿意提供公共产品，也会因为其逐利行为导致公共产品价格上涨，从而使得人们对这类公共产品的需求下降。一些基础设施等公共产品需要巨额资本，也使得个人和一般企业无力承担。另一方面公共产品过度使用造成浪费或供给短缺，从而出现英国哲学家大卫·休谟所提出的“公共的悲剧”。1740 年，大卫·休谟（David Hume）提出这一概念，其含义是指，在一个社会中，如果有公共产品的存在，搭便车者的出现就是不可避免的，而如果社会所有的成员都成为搭便车者的话，结果最终是任何人无法享受到公共物品的好处。

因此，如果单纯依靠市场机制的调节，必然会导致社会所需要的各种公共产品在供应量上的不足。公共产品成为市场失灵的表现形式之一。如何有效地提供公共产品成为政府急需解决的问题。

（二）外部效应

有效的市场是人们自愿的以货币交换产品或服务，不存在强加于人的成本和收益，生产过程将全部成本与收益内部化（生产者承担全部成本，同时享有全部效益；消费者获得产品或服务）。但现实中存在着根本不发生经济支付的经济交易，这正是我们所说的外部效应。

外部效应是指某一个体在从事经济活动时，给其他个体造成了消极或积极的影响，却没有承担应有的责任或者没有取得应有的报酬的情形。人们将造成的积极影响称为正外部效应，它更多地体现在公共产品上。如在上游修建水库则下游的人民就会享受到这种利益，或者说某个个体修建了路灯就会使路过的人享受到照明带来的方便。对于给人们造成消极影响的经济活动，人们称之为负的外部效应。如城市的污染，就是由于在城市的一些重工业每天排放的污染物，使得城市的空气质量变差，对人们的身体健康带来不好的影响。还有现在日益增多的家用汽车所排放的尾气，也给人们的身体健康带来影响。这些负的外部效应都是人们无法拒绝的。在市场经济中，对于正外部效应的生产者没有给予补偿，对于负的外部效应的生产者也没有给予额外成本追加，就导致资源配置的不当。

外部效应的历史事件：20世纪初的一天，列车在绿草如茵的英格兰大地上飞驰，车上坐着英国经济学家庇古（A. C. Pigou）。他一边欣赏风光，一边对同伴说，列车在田间经过，机车在田间经过，机车喷出的火花（当时是蒸汽机）飞到麦穗上，给农民造成了损失，但铁路公司并不用向农民赔偿。这正是市场经济的无能为力之处，称为“市场失灵”。将近70年后的1971年，美国经济学家乔治·斯蒂（G. J. Stigler）和阿尔钦（A. A. Alchian）同游日本。他们在高速列车（这时已是电气机车）上见到窗外的禾苗，想起了庇古当年的感慨。他们问列车员，铁路附近的农田是否受到列车的损害而减产。列车员说，恰恰相反，飞速奔驰的列车把吃稻谷的飞鸟吓走了，农民反而受益。当然，铁路公司也不能向农民收“赶鸟费”。这同样是市场经济所无能为力的，也称为“市场失灵”。

仅仅依靠市场机制，对于具有正外部效应的物品或服务，由于得不到合理收益而会出现供应短缺；对于具有负外部效应的物品或服务，由于无需支付必要的成本，而难以遏制。可见，通过市场机制难以有效矫正或解决带有外部效应的物品或服务的供给问题，无法使资源配置达到社会最佳状态。

（三）市场垄断

市场垄断也称不完全竞争，是指市场主体处于一个可以影响价格的市场地位，一种商品只有一家公司供应，这家公司能够完全控制住这种商品的产量，使这种商品的供应量始终比较短缺，这样就能保住价格始终比较高，能保住自己的丰厚利润。当该主体以此优势地位牟利时，完全竞争条件受到破坏，就产生市场失灵。如：假设世界只有一个农民，那么粮食的供应就由这个农民垄断了，这时他就可以生产很少的粮食而卖很高的价格。比方说，他可以把粮食的价格控制在1000元/斤不变。这个价格下，如果市场缺少粮食了，他就往市场上投进一些；如果还有一些粮食暂时还没卖出去，他就停止向市场供应，什么时候这些粮食卖完了，他再生产一些继续供应。在这个价格下，当然只能有少数人才能买得起，所以粮食就成了只有最富裕的人才能享用的奢侈品，而其他人只能吃野菜度日。普通人对这样高居不下的价格是干生气没有办法。

但是市场上也没有绝对的垄断行业，只有相对垄断行业，如现在麦当劳和肯德基加起来形成洋快餐垄断；百事、可口可乐加起来形成碳酸饮料垄断；英特尔是处理器的垄断企业；戴尔、惠普、联想加起来形成电脑生产垄断；奥运会独家供应商也属于垄断。这些企业只是在自己的行业中占有主导地位，并非完全垄断。

（四）不完全信息

市场完全竞争的一个基本假定是信息是完全的。但是现实生活中的情形往往不是这样的，信息一般是不完全的。信息不完全既是指绝对意义上的不完全（无论是生产者（销售者），还是消费者（购买者）其本身只具有有限理性，不可能知道在什么时候、什么地方发生或将要发生什么事情），又是指相对意义上的不完全（市场本身不能够生产出足够的信息并进行有效的配置，同时获得信息往往是要付出成本的）。当市场上的供求双方中一方的信息多于另一方时便存在信息不对称，拥有信息较多的一方会通过道德风险和逆向选择两种途径在与另一方的交易中利用自己的信息优势影响到市场的资源配置效率，造成市场失灵。

“道德风险”和“逆向选择”这两个术语起源于保险行业。道德风险是指“从事经济活动的人在最大限度地增进自身效用时作出不利于他人的行动”①。在市场交易中，道德风险通常表现为由于知情方故意不采取谨慎行为而可能招致的对另一方的损害。以财产保险为例，一旦人们办理了保险，他们往往会因此故意地或不自觉地忽视日常的保管工作而让保险公司承担更大的风险。一个人购买了家庭财产保险之后，将不再像以前那样仔细地看管家中的财物了。当出门的时候，他可能不再像没买保险以前那样仔细地检查煤气是否关好，易燃的电源插头是否拔下来了等。因为现在如果屋子着火了，他将获得保险公司的赔偿。在这里，保险公司面临着人们松懈责任甚至可能采取“不道德”的行为而引致的损失，所以这种风险叫做“道德风险”。

在经济生活中有一个比较典型的道德风险案例，足以说明这一点。某地盐务部门为打击贩运私盐而设立了高额举报费，有一名精明的盐商看出有机可乘，便雇车谎称拉饲料，实际装运的是私盐，车开到了有高额举报费的县城后就让车停下，找借口离去，然后给盐务部门打电话举报车主贩盐。通过这种手法，他得到的举报费往往是他每次投入成本的十多倍。设立奖励的初衷是为了鼓励举报，但万万没想到却为盐商开

① 陈岱孙．新帕尔格雷夫经济学大辞典（中文版）[M]．北京：经济科学出版社，1996.

辟了一条发财的捷径。

逆向选择则是指市场交易中的一方无法观察到另一方的重要的外生特征时所发生的劣质品驱逐优质品的情形。例如有一群人想买医疗保险或者人寿保险，其中一些人可能有与生俱来的高风险，比如他们很容易得病、有家族病史，或天生喜欢以比较危险的生活方式生活等，而另外一些人具有与生俱来的低风险，例如家族寿命都比较长，或者很注意有规律的生活。这样的风险信息是个人的私有信息，而保险公司无从获知和观察到。保险公司只能得到诸如年龄、性别、受教育程度等外生特征。如果很容易得病的人才投保健康保险，不容易得病的人不参加保险，这样的保险公司将很可能由于多数的投保人是高风险类型人士而破产关门。平常人们说“选择”，都是往好的方面选。保险公司的上述市场活动带来的选择，“选”出来的是比较不那么好的一群人。所以这种选择叫做“逆向选择”。和逆向选择相关的问题是市场上的供求双方缺乏信息。

以上这四种市场失灵的表现均是指现实的市场不能提供实现帕累托最优的条件，从而导致市场资源配置低效，不能形成帕累托最优结果。

（五）分配不公平

社会公平是一般社会价值取向的组成部分，相应的公平观是承认贫富差别的共同富裕。但是由于社会制度、先天条件、后天环境等多种因素的影响，社会成员在进入市场时就是不平等的。市场可能会产生令人难以接受的收入水平和消费水平的巨大差别。通常，市场的主体都是相互独立和相互区别的利益主体。市场体现等价交换原则，凭借资本所有权、土地所有权、劳动力所有权对收入进行分配。但是收入分配与个人的智力、财力、体力、机会等禀赋相关，所以市场在个人收入分配方面最多只能保证有一个公平的过程，但不能矫正因初始禀赋不同带来的收入分配不公平。同时，商业欺诈、意外事故也会导致收入分配的不公平。因此，在市场经济竞争机制的优胜劣汰的作用之下，市场交换过程只能在既定的收入分配格局下实现资源的有效配置，却无法改变原有的收入分配格局。竞争性的市场可能会带来很不公平的收入分配结果，造成社会贫富差距过大的状态。

国际社会中通常用洛伦兹曲线和基尼系数衡量一个国家或地区居民的收入分配是否公平。

洛伦兹曲线由美国经济学家洛伦兹提出。这是指在一个总体（国家、地区）内，以收入获得者（从最贫穷的人口计算起，一直到最富有人口）在总人口中的百分比对应各个人口百分比的收入百分比的点组成的曲线。用以研究国民收入在国民之间的分配问题，以及比较和分析一个国家在不同时代或者不同国家在同一时代的财富不平等问题。该曲线作为一个总结收入和财富分配信息的便利的图形方法而得到广泛应用。

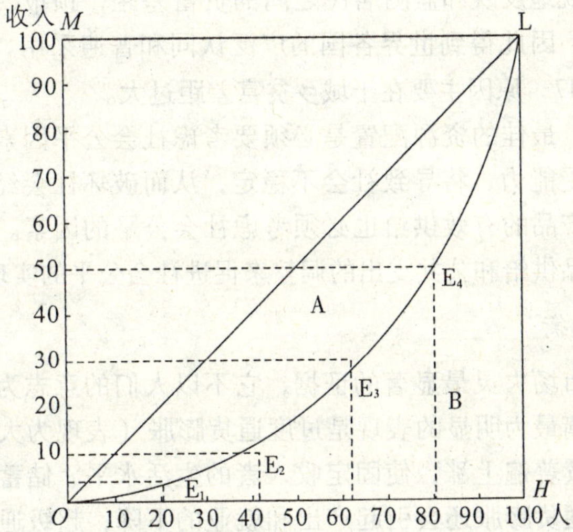

图 1－1　洛伦兹曲线

在图 1－1 中，正方形的底边即横轴代表收入获得者在总人口中的百分比，正方形的左边即纵轴显示的是各个百分比人口所获得的收入的百分比。如果当所有收入都集中在一人手中，而其余人口均一无所获时，收入分配达到完全不平等。这时洛伦兹曲线成为折线 OHL，说明社会中只有唯一的一个家庭拥有 100% 的社会财富，其他家庭则一无所有。另一方面，从坐标原点到正方形相应另一个顶点的对角线为均等线（直线 OL），即收入分配绝对平等线，代表社会财富完全绝对平均地分配给所有家庭。这两种情况在现实生活中一般不存在。一般来说，一个国家的收入分配，既不是完全不平等，也不是完全平等，而是介于两者之间。也就是说实际收入分配是一条曲线，即洛伦兹曲线（弧形曲线 OL），它不是折线 OHL，也不是 45°线 OL，而是像图中这样向横轴突出的弧线 OL，尽管突出的程度有所不同，但洛伦兹曲线都在均等线的右下方。一般来讲，洛伦兹曲线反映了收入分配的不平等程度。洛伦兹曲线的弯曲程度有重要意义，弯曲程度越大，当曲线越靠近折线 OHL 时，社会财富的分配则越不平等；反之，弯曲程度越小，当曲线越靠近对角线 OL 时，社会财富的分配越平等。

基尼系数，是 20 世纪初意大利经济学家基尼根据洛伦兹曲线所定义的判断收入分配公平程度的指标，是用以衡量一国贫富差距的标准。其含义是指在全部居民收入中，用于进行不平均分配的那部分收入占总收入的百分比。从图 1－1 中可以看到，图中的对角线和实际的洛伦兹曲线围成的面积占三角形 OHL 面积的比例（A 区域）的大小就是基尼系数。显然，基尼系数最大为“1”，表示居民之间的收入分配绝对不平均，即 100% 的收入被一个家庭全部占有了；最小等于“0”，表示居民之间的收入分配绝对平均，即人与人之间收入完全平等，没有任何差异。但是这两种情况在现实生活中一般不会出现，因此基尼系数实际数值只能介于 0～1 之间。如果个人所得税能使收入均等化，那么，基尼系数则会变小。联合国有关组织规定：基尼系数若低于 0.2 表示收入高度平均；0.2～0.3 表示比较平均；0.3～0.4 表示相对合理；0.4～0.5 表示收入差距较大；0.6 以上表示收入差距悬殊。基尼系数是反映居民之间贫富差异程度的数量界线，可以较客观、直观地反映和监测居民之间的贫富差距，预报、预警和防止居民之间出现贫富两极分化，因此得到世界各国的广泛认同和普遍采用。近几年来，我国的基尼系数在0.43~0.47，原因主要在于城乡贫富差距过大。

对整个社会来说，最佳的资源配置是必须要考虑社会公平因素的。如果社会不公平超过人们的心理承受能力，将导致社会不稳定，从而破坏社会经济，经济效益也不复存在。因此，公共产品的有效供给也必须考虑社会公平的因素。基尼系数能为政府提供一个通过公共产品供给和公共支出的调整来促进社会公平的实现的基本依据。

（六）宏观经济总量失衡

宏观经济波动是市场失灵最显著的证据，它不以人们的意志为转移而存在。在经济史上，宏观经济失衡最为明显的表现是过度通货膨胀（表现为大多数商品和劳务的价格在一段时间内连续普遍上涨，使固定收入者的生活水平、储蓄者的存款实际价值下降；成本推动型的通货膨胀还会引起产出和就业的下降；超级通胀则可能导致经济崩溃）、高失业率以及周期性的经济萧条（经济萧条导致存货积压，价格下降，产出减少，失业率增加）和危机等问题，它们充分验证了自由放任的市场经济在解决宏观经济失衡问题上的无能为力。由于市场存在一定的盲目性，使国民经济运行出现高涨—衰退—萧条（危机）—复苏的周期性波动，往往导致社会生产力的巨大破坏，甚至出现经济停滞和社会不稳定等严重问题。

三、市场经济中政府的作用

市场经济中，政府有以实现社会政治稳定、政府自身存在与发展等为内容的政治作用。同时因为市场存在以上这些方面的失灵，政府还要发挥其经济作用进行适当的干预。而作为直接计划配置资源手段的政府财政，必须介入和参与到政府克服和纠正市场失灵当中，并且通过自身的收支活动，服务和支持政府的干预活动。以下分别从市场失灵的各个方面讨论政府的经济作用。

（一）矫正市场失灵

1. 提供公共产品

解决公共产品问题的最重要方式就是财政。一方面，政府直接参与提供公共产品的供给，这就需要由政府财政予以资金上的支持；另一方面，针对公共产品所固有的、通过市场方式所无法有效解决的“免费搭车”现象，政府可以运用政治权力，对公共产品的需求者——社会公众课征税收，取得财政收入，并由此而获得公共产品的价值补偿。

2. 正确对待外部效应

政府可以通过行使公共权力，把外部性的成本和收益内部化，使外部性的生产者要么承担成本，要么享受收益。财政在解决外部效应问题时，对从事具有正外部经济效应的产品的生产经营，通过财政补贴或减免税收等形式，使该产品的个人收益能够与其所产生的社会效益对等，鼓励该产品的生产经营者将生产经营规模扩大到正常水平，克服社会在该产品上配置过少的弊病。如：我国近几年对农村接受义务教育的学龄儿童实施的“两免一补”政策（是指近年来我国政府对农村义务教育阶段贫困家庭学生就学实施的一项资助政策。主要内容是对农村义务教育阶段贫困家庭学生“免杂费、免书本费、逐步补助寄宿生生活费”。这项政策从2001年开始实施，其中中央财政负责提供免费教科书，地方财政负责免杂费和补助寄宿生生活费）。

对从事具有负外部经济效应的产品的生产经营，一方面对其生产经营行为征税，使该产品的生产成本提高，以克服该产品在生产经营时由于企业或个人负担的社会成本过低，而导致社会资源过多地配置到这类产品的情况；另一方面，政府可以通过罚款等行政手段或法律手段对负外部效应进行严格管制。例如：为了降低汽车尾气污染，很多国家和地区将每年的9月22日定为“世界无车日”。据统计，成都自2001年成为中国第一个举办无车日活动的城市以来，无车日一天可以降低污染两成至四成。另外，对化工厂、造纸厂等可能排放污染物的企业，政府向其征收污染费或污染税，从而约束或改变污染物排放企业的负外部性行为。

3. 反对垄断，鼓励竞争

政府对于市场垄断的干预，要根据具体情况，采取不同的政策手段，包括法律手段、行政手段和经济手段等。政府通过制定和实施反垄断法，在垄断行业建立多个相互竞争的公共企业，对垄断行业的企业进行管理和分拆以及依靠专利保护法案来改变垄断状况。而财政作为重要的经济政策工具，是其中重要的参与者，这主要表现为财政在克服因自然垄断而引起的市场失灵方面所起的重要作用。

所谓自然垄断，是指某一行业由于在生产上具有规模报酬递增的特点，为了避免由于无谓竞争而引起的经济资源浪费，在某一地区只需要由一家企业进行独家经营的垄断局面。这类情况通常存在于供水、供电、供热、供气、电信、铁路、市内交通等部门。与其他市场垄断不同，对于自然垄断行业来说，竞争反而会造成低效率。因此需要由政府出面，对具有自然垄断性质的行业实行市场准入限制，维持其独家经营的局面。同时，为了避免该行业依靠其垄断地位进行牟利，政府又需要对其服务收费制定标准，实行限价政策。自然垄断行业大多与居民的日常生活和生产有着密切的关系，都具有一定的公共服务性。政府出于提供社会福利方面的考虑，通常对自然垄断行业的服务制定较低的价格。当企业的生产经营只能获得低利微利时，企业和行业的发展往往需要依靠财政贷款的支持，而企业的亏损则需要财政补贴来弥补。

4. 控制风险和不确定性

政府控制风险和不确定性的核心目标是努力保证市场供求双方关于交易对象的信息是充分的、完全对称的。政府主要通过制定“消费者权益保护法”、规范产品广告，直接提供有关产品安全给健康带来风险的信息以及发展教育等手段，提高人们对信息的甄别能力。当然，只有我们接受了更高的教育，才会提高我们对事物正确的判断。

5. 促进社会公平

在市场经济条件下，解决社会分配不公问题，一般要依靠财政手段进行。其主要做法是，通过征收个人所得税、财产税和遗产税等，大幅度削减高收入阶层的收入和财产；同时通过实行社会福利政策，为低收入阶层提供各种补助和津贴，如社会保障支出、医疗保险等，把财政资金转移给社会低收入者。这样，在社会福利分布的高峰和低谷之间，通过削平峰尖、填补谷底的办法，缩小收入差距，缓解分配不公的状态。当然，各国政府还往往通过制定最低工资标准等方法，在一定程度上防止贫富悬殊状况的出现。但无论是在广度还是在深度上，其在解决社会分配不公方面所起的作用是远不及财政手段的。政府通过这些再分配工具，可以对参与收入分配的各利益主体关系进行调节，使利益主体之间的收入分配差距保持在合理范围之内，实现收入公平分配的目标。当然，政府在调节收入分配差距的同时，要正确处理公平与效率的关系，避免出现平均主义倾向（就是要避免不考虑个人能力差异和贡献大小，片面追求收入分配结果的平均化，防止出现经济效率丧失、最终阻碍社会福利水平提高的现象）。

6. 维护经济稳定

对宏观经济实施间接调控，是市场经济中政府经济干预职能的一个重要内容。为了熨平经济波动，解决宏观经济失衡以及由此而直接导致的失业、通货膨胀和经济剧烈波动等后果，政府通常必须运用多种政策手段进行干预，而财政政策与货币政策则是其中最基本的两大政策工具。当社会总需求明显超过总供给（经济过热）时，政府财政可以通过减少支出，压缩政府需求；或增加税收，减少非政府部门需求，以抑制社会总需求。当社会总供给明显超过总需求（经济萧条）时，政府财政可以通过增加支出，增加政府部门的需求；或通过减少税收，扩大非政府部门的需求，以刺激社会总需求。只有社会总需求与总供给大体平衡，才能间接调控社会的就业状况、通货膨胀上涨的幅度和外汇收支的平衡状况等宏观经济指标，才能尽可能地维持国民经济的稳定发展。

（二）政府失灵：经济作用的有限性

1. 政府失灵的含义

政府失灵是指市场经济中，政府矫正市场失灵的措施也未必一定“灵验”，相反，其经济作用是有限的。或者说，政府失灵是指政府对市场失灵的矫正不能完全达到资源配置的帕累托最优结果，不能确保公平。

2. 政府失灵的表现和原因

美国经济学家布坎南提出“政府失灵论”。他认为政府作为公共利益的代理人，其作用是弥补市场经济的不足，并使各经纪人员所做决定的社会效应比政府进行干预以前更高。否则，政府的存在就无任何经济意义。但是政府决策往往不能符合这一目标，而且有些政策的作用恰恰相反。它们削弱了国家干预的社会“正效应”。也就是说，政策效果削弱而不是改善了社会福利。政府失灵主要表现在以下几个方面：

（1）政府决策失效

政府决策失效不是指政府决策完全错误或完全失去作用，而是指政府决策不会尽善尽美，可能是决策低效，也可能是失效（政府在既定约束条件下的选择并非一定能达到资源配置的帕累托最优结果）。

决策规则的缺陷将导致政府决策低效或失效。在我国决策的规则一般是一致同意规则和多数同意的规则。一致同意规则实质是一票否决制，该规则是最符合维护共同利益要求的规则。但一致同意规则很难实施，原因是政府决策参与人有不同的偏好，难以达成一致意见，即使达成一致意见，其成本也是十分巨大的。多数同意规则是政府决策普遍采用的决策规则，但无论是简单多数同意，还是比例多数同意都并不必然有效。原因在于：一是在对两种以上的方案进行选择时可能出现循环表决，循环表决不可能有最终结果；二是为了消除循环表决，使决策有结果，便有可能规定表决程序，这样就会因决定表决程序的权力是决定表决结果的权力（谁决定程序，谁就决定决策结果）；三是多数同意规则不能反映个人偏好，特别是我们的多数同意在现实生活中取决于政府决策参与人是否进行了广泛深入的调查研究。

政府决策参与人的动机导致政府决策低效或失效。代表政府行使权力的是由人组成的，但是作为人都是自利的，都有自己的目标效用，个人的理性与集体理性不完全一致，因此政府决策并不一定有效。

利益集团的存在导致政府决策低效或失效。利益集团通常是指那些有某种共同目标并试图对政府决策施加影响的有组织的实体。使得政府的决策不能完全维护公共利益。

政府的有限理性导致政府决策的低效或失效。政府有限理性的核心是指政府在经验、信息、理论等方面的不充分，是对个人有限理性的借用和拓展。如政府的一些政策会出现相互冲突、相互摩擦、相互抵消的结果，从而使政府的预期目标难以实现，还有一些政策可能会对市场产生难以预料的负面作用。

（2）政府决策执行力失效（管理失控）

政府决策执行失效是指政府决策执行过程和结果的低效或失效。政府政策的贯彻执行需要依靠政府和有关机构，这些机构都是由各个机构和各层官员组成。无论政府机构还是政府官员，都有其特定的行为目标，如政治稳定、长治久安等“政绩”。

一方面他们是政府政策的执行者，拥有一定的行政权力；另一方面他们又是具有自身利益和偏好的个人。在执行过程中就会出现利用权力将自己的意志强加于某项决策的执行中。虽然在实践中，人们设置了各种监督机制来约束政府管理人员，但监督信息的不完备使得监督失去有效性。或者政府管理人员利用政策执行的监管能力的不足，形成“上有政策，下有对策”。因此，这种“长官意志”或政府行政权力的随意使用，以权谋私，假公济私，贪污腐化等非效率因素不能得到有效的控制，从而降低了政府机构的效率。

在这些政府失灵的表现中，特别要提到的是“寻租行为”所导致的政府失灵。

租，即租金（也就是利润、利益、好处）。寻租（Rent - seeking），即对经济利益的追求。根据寻租理论的鼻祖美国经济学家克鲁格的定义和阐述，寻租是指人们凭借政府保护而进行的寻求财富转移的活动。寻租的根源是政府，它的主要特征是不经过相应的生产劳动而将社会公众财富转移到一部人手中。寻租从根本上是与劳动和公平原则相违背的，也是对公共资源的侵害和浪费。这里所说的主要是权力寻租，就是某些人将自己手中的权力“租给”他人使用，以获得非法利益的行为。

从政府的角度来看，权力寻租的形成包括被动和主动两种情况。例如，现今各城市对出租车牌照的数量限制，在某种意义上具有一定的客观性。而一些地方政府在《中华人民共和国行政许可法》之外，新设立了一些不必要的审批事项就属于主动的情况。这种主动形成权力寻租的活动也被称为政府设租、创租或造租。例如：有的官员利用手中的权力为个人捞取好处，有的企业通过贿赂官员为本企业得到项目、特许权或其他稀缺的经济资源。寻租使政府的决策或运作受利益集团或个人的摆布，成为腐败、社会不公和社会动乱之源。显然，寻租或权力寻租是一种腐败行为，但腐败并不只限于权力寻租。准确地说，权力寻租是发生在政府和私人之间以及经济活动领域的，旨在获取权力租金的腐败行为。通常，这种腐败行为属于贿赂。如果行贿方是利益集团或企业，就是商业贿赂；如果只是一些特殊的个人，就是一般的贿赂。但如果两个村民因邻里纠纷打官司，其中一方贿赂法官（主动与被动都无关）以谋求偏袒，尽管对于法官来说这也是腐败，就不能算作寻租行为。

四、市场与政府的关系

政府与市场的关系是一个历史上争论不休的论题。在战乱和经济危机的情况下，天平向政府倾斜；在和平和经济繁荣的情况下，天平向市场倾斜。20 世纪 30 年代经济危机之后，又爆发第二次世界大战，政府的主导性逐渐加强。20 世纪 50 年代以后，尤其是20 世纪 70 年代以后，自由市场势力逐渐加强。现在，又爆发世界经济危机了，政府又不得不出来加大干预经济。市场失灵，市场运作可能发生的经济矛盾和危机，政府要运用法律手段干预调整解决危机。政府失灵，市场运行将成为无政府、无管理、无法治的混乱状态，市场也将失灵。因此要正确认识政府与市场的关系。首先，应认清市场的主体地位。在经济运行中，市场居于主体地位，政府从属于市场，服务于市场，维护市场秩序而居于次要地位。其次，在市场经济条件下，政府是市场的服务者，为市场提供交通、设施、场地、环境；政府是市场的管理者，维护市场的安全、秩序、卫生；政府是市场的受益者，解决就业，增加税收。最后，市场的运作是按照经济规律和法律法规有机地运行。当今的美国政府手中没有现金只有负债，也没有任何产业资源和自然资源。美国政府应对危机的办法可能只有借钱和印刷钞票，而世界各国也只能无可奈何地看着手中的各种债权和美元储备贬值。世界各国政府和人民也只好相信美国政府在借钱和印刷钞票后能够对导致危机的原因有所反思和改良，然后慢慢地消化，而不至于在不远的将来再爆发一次危机。

五、政府的行为目标

政府拥有一个递进的目标层次系统。初级目标是解决微观问题；次级目标是达到公平、效率、稳定；政府的存在与发展则是政府行为的终极目标。我们说公平并不是“吃大锅饭”，而是要在个人的能力和素质不同的基础上体现公平，是承认贫富差别的共同富裕。效率包括资源配置效率、收入分配效率、行政办事效率。稳定包括政治稳定、社会稳定和经济稳定。经济稳定的体现就是充分就业、物价稳定、国际收支平衡以及适度的经济增长。

第三节 财政职能

财政职能是指财政的内在功能与职责。财政的本质决定了财政能否具备某种功能和履行某种职责。市场失灵、市场经济中政府的作用以及政府失灵都决定了财政应当具备何种功能和履行何种职责。

西方传统的经济学家，由于过分相信市场自身的效力，所以不承认政府具有重要的经济职能，并把政府作用限制在很小的范围（小政府、小财政）内。传统的政府与经济的关系可以简单概括为“三自一狗”，即市场自由竞争、自发调节、自流放任，政府负责国家安全（看门狗）。现代的经济学家由于正确认识了市场失效问题，所以不仅承认而且高度重视政府的经济职能，并将政府的经济作用大大提高了（大政府、大财政）。现代的政府与市场的关系可以概括为“一缺三调”，即市场缺陷和政府三方面的调节——资源配置、收入分配和经济稳定。发展到现代社会，西方经济学家们对财政职能最权威的划分应首推美国财政学家理查·A. 穆斯格雷夫。1959 年穆斯格雷夫出版了使他名满天下的经典名著《财政理论》（The Theory of Public Finance），这本书理论体系严谨，以财政职能为中心线索横贯全书，近乎完美地构建了一个统一协调的财政理论框架。在此书中他创造性地将政府职能概括为资源配置、收入分配和稳定经济三大职能。这一分类简洁地勾勒出政府介入经济生活的主要轮廓，被认为是财政经济史上最富有成果的思想之一，并被视为 20 世纪社会科学中分离与抽象方法的典范。

从我国来说，新中国成立初期财政职能主要有两个分配和监督；到党的十一届三中全会以后中国进入到社会主义经济体制改革的阶段，财政职能分为分配、调节和监督；随着 1992 年党的十四大确立了社会主义市场经济体制后，财政职能演变为分配、调节、配置和监督。但是在这里我们给大家提出的是财政的五大职能，包括维护国家、配置资源、分配收入、稳定经济和监督管理。

一、维护国家的职能——实现政府的政治职能

（一）含义

维护国家的职能是指财政具有维护国家机器存在和发展的功能与职责，是市场经济中政府的政治作用在财政领域的延续和体现，决定于财政的社会属性（或者说政治性）。

（二）目标

财政要保证以物质资料支持国家机器，即政府的存在与发展。也就是说财政为建立、巩固和发展军队、警察、法庭等政权机构和行政管理机构提供资金的保障，巩固人民专政。

（三）存在原因

1. 在社会主义市场经济条件下，财政之所以具有维护国家的职能，在于国家除了

实现自己的经济职能之外，还要实现自己的政治职能。这就决定了财政必须具有从财力方面实现国家政治职能的特定内在功能。虽然党和国家的工作重点转移到以经济建设为中心的社会主义现代化建设轨道上，国家的政治职能仍然十分重要，仍然需要国家来保卫生产资料公有制，保卫劳动的平等和分配的平等，维护社会安定，保卫祖国和抵御外来的侵略等。财政具有维护国家的职能还在于为市场经济的运行提供政权秩序。国家的政治职能和市场自身不能解决的外部条件，正是由财政维护国家的职能来实现和维护的。

2. 国家机器要正常运转，就要依靠人和物。物质资料在不断消耗的同时也要不断补偿。国家既不能长期无偿使用人的要素，也不能长期随意使用物的要素。因此，国家机器的存在与运行都需要巨额资金来作为保障。但是国家本身不进行生产，那么它所需的资金就只能通过财政来筹集。

3. 随着生产力不断发展，技术的不断更新，社会成员对国家运行的质量要求越来越高，国家的技术装备水平和政府机关执行者的素质就要不断提高。因此，国家不仅在维持其存在上需要大量资金，同时在国家的发展上更需要投人资金，这也就需要财政进行配合。由此看来，国家的存在和发展与财政对社会产品的分配和再分配密不可分。

（四）实现方式

维护国家机器的存在和发展，必须借助于财政对社会产品的必要扣除，为国家政权提供物质基础。

二、资源优化配置职能——实现政府的经济职能

（一）含义

配置资源的职能是指财政具有通过一定方式，特别是通过资金、财力的分配，引导人才和物力的流向，最后形成一定的资产结构、产业结构和技术结构，促进资源配置趋向的帕累托最优状态的功能。

（二）目标

保证全社会的人力、物力和财力等资源得到有效的利用，通过财政分配最终实现资源的优化配置，以满足社会及成员的需要。由于资源具有有限性，就有必要对社会资源在各种可能的用途之间进行选择，尽可能使一切资源被有效利用，以获取最大可能的配置效益。资源优化配置的实现决定于市场失灵的程度、人们对政府的态度以及对财政配置资源的成本与收益的比较。

（三）存在原因

在社会主义市场经济条件下，财政之所以具有配置资源的功能，原因在于市场存在缺陷而不能有效地提供资源配置。本来，配置资源是市场机制的职能，即市场机制是配置资源的主要形式。市场这只“看不见的手”在配置人力、物力、财力资源方面有着重要的作用，但是市场配置资源是基础性的，而且市场也具有自身的弱点和消极

方面，例如生产和消费的供求信息不足，资源的转移受到限制等；市场对生产和消费偏重于内在成本和效益，但从整个社会来考察，不仅应注重内在成本和效益，而且还应注重外在成本和效益；市场只能提供具有市场供求关系且能够获得直接报偿的市场商品和服务，而不能囊括社会需要的全部商品和劳务（如公共卫生、行政管理、国防等）。市场的基础性作用及其存在的弱点和消极方面，需要财政配置资源的职能来调控和克服。

（四）财政配置资源的范围

配置资源于社会公共部门，以提供社会所需要的包括国防、警察、环保、水利、气象等公共产品；配置应由财政承担的部分资源于具有准公共产品性质的教育、医疗、保健等部门；配置资源于具有自然垄断倾向而导致竞争无效的行业和部门，即因存在规模效益递增易形成垄断，导致市场配置无效或低效的如铁路、邮电、电力、公用煤气、自来水等部门；配置资源于基础产业如农业、原材料、交通运输、能源等部门以及具有风险大而又难以预期收益的新兴产业、技术开发等。

（五）财政配置资源的方式

1. 直接配置

直接配置即政府把自身掌握的资源投资在“内部不经济”等市场失灵的领域以及对竞争性、盈利性国有企业进行投融资。它是再生产内部的配置，包括一些公共产品的供给、基础产业的投入以及关系到人们切身利益的相关公共企业。

2. 间接配置

间接配置指政府通过制定财税政策引导、改变资源流向的一种配置，它可以为再生产提供外部条件。如对成本外溢的项目，像制造环境污染的企业进行罚款或征收污染税，使其增加相当的成本；对收益外溢的项目进行财政补助，使其增加相当的收益，来调节资源配置方向；对易形成垄断经营的企业，通过限定价格，但由财政予以补贴来实施干预。总之，恰当运用直接和间接两种配置方式，可以有效地提高财政配置资源的效率。

例如：国家发展和改革委员会于2008年3月28日宣布，为提高农民种粮积极性，进一步促进粮食生产发展，国家决定从新粮上市起再次提高2008年生产的稻谷和小麦的最低收购价水平，稻谷最低收购价提高9%～10%，小麦最低收购价格提高4%～7%。中央财政增加252.5亿元投入，主要直接补贴给农民，以支持农业和粮食生产。这项政策有利于增加供给，进而有利于稳定市场粮价和价格总水平。

三、分配收入的职能——实现政府的经济职能

（一）含义

分配收入的职能是指财政具有通过对社会产品的占有、使用来调整各参与社会产品分配的行为主体的物质利益关系的功能与职责。这是政府从社会再生产中筹集一定数量的物质资料，然后供应安排出去的客观功能。

（二）目标

调整社会经济生活中各方面的分配关系与利益格局，实现国民收入和财富分配的公平合理，调整国家与企业、个人之间，企业和企业之间，个人和个人之间的分配关系，促进社会公平与共同富裕的实现。

（三）存在原因

在社会主义市场经济条件下，财政之所以具有分配收入的职能，原因在于市场机制的缺陷造成收入和财富分配的不公平。本来，分配收入是市场机制的职能，即市场机制是分配收入的主要形式，在生产要素市场上，各要素主体参与分配时，企业和个人分别取得利润（或利息）、租金、工资以及补贴、福利等，国家则主要以税收、上缴国有资产收益等形式取得收入。但是，仅有这一层次的分配是不够的。要实现国家的职能，就要求财政不仅是市场的参与者，而且是市场的调节者；不仅要以生产资料所有者的身份参与分配，而且还要以社会管理者的身份参与分配。就企业和个人而言，市场中讲求效率，但会造成收入分配出现不公平的情况，何况市场机制对没有劳动能力的人不会给予照顾。市场的基础性作用及其存在的弱点和消极方面，需要财政的分配收入职能来调控和克服。

（四）实现方式

财政在分配收入的过程中，主要通过按支付能力原则的税收、按受益能力原则的转移支付以及上缴国有资产收益等，调整并改变市场机制造成的情况，调节国家与企业、个人之间的分配关系，调节企业与企业之间的分配关系，调节个人与个人之间的分配关系，使之公平合理。

1. 对初次分配进行管理，正确处理政府、资本拥有者和劳工的关系。

初次分配最根本的是要解决资本拥有者与劳工的利益关系，平衡这两者关系，才能平衡社会总体利益的格局。对不同产业、不同企业实行有差别的税收政策或财政补贴政策，为不同产业与不同企业的生产经营活动提供一个公平的竞争环境，以调整产业之间、企业之间的物质利益关系，并为正确处理企业与劳动者之间的利益分配关系提供指导。

2. 通过个人所得税、财产税、赠与税等税赋方式来调整社会成员个人之间的收入分配和利益格局，以促进社会公平。

3. 通过社会保障支出，为社会成员的基本生存和基本权利提供物质条件，以解决市场经济条件下产生的失业、养老、医疗等对社会成员造成的负面影响，保障社会成员的基本利益。

4. 通过中央对地方的转移支付制度调整地区间的利益格局，促进公共产品供给的均等化，并为地区间社会、政治、经济、文化的协调发展创造条件。

5. 通过对公共项目的投资，优化文教科卫支出，通过公共财政分配满足社会共同需要，解决社会公共问题。

无论从财政本质看，还是从财政产生与发展角度分析，财政天然就具有分配社会产品或国民收入的功能。如果没有这一职能，财政就失去了存在的必要性及其基础。

四、稳定经济的职能——实现政府的经济职能

（一）含义

稳定经济的职能是指财政具有通过一定方式促进国民经济实现总量平衡并适度增长的功能与职责。

（二）目标

保持劳动力的充分就业、物力资源的充分利用、物价的稳定、有利的国际收支和适度的经济增长。

（三）存在原因

在社会主义市场经济条件下，财政之所以具有稳定经济的职能，原因在于市场存在着缺陷而不能自动调节，以致经济波动的幅度可能愈益变大。稳定经济和经济增长是市场机制的职能，即市场机制在稳定经济和经济增长方面起着基础性作用。市场能够随“看不见的手”在一定程度、范围、对象、内容方面调节和稳定经济。但是，市场也有其弱点和消极方面。市场经济活动是具有周期的，会出现经济波动的状态，会导致供给和需求总水平的不稳定。市场竞争又可能受其外部干扰出现竞争不足、不充分的情况。市场的基础性作用及其存在的弱点和消极方面，需要财政稳定经济的职能来调控和克服。

（四）实现方式

促进经济稳定和增长的主要任务是调节总供给和总需求的平衡。政府实现经济职能需要通过财政收支、信贷收支、外汇收支和物资供求来配套进行。就财政而言，它是调节总供给和总需求平衡的重要手段。一方面通过累进所得税制度和建立失业救济金等方式发挥自动稳定机制作用。另一方面通过相机抉择机制，在经济滑坡（萧条）时期，总需求小于总供给，财政可通过增加支出或减少税收，或两者同时并举，由此扩大总需求，增加投资和就业；在经济繁荣（过热）时期，总需求大于总供给，财政可通过减少支出或增加税收，或两者同时并举，由此减少总需求，紧缩投资，抑制通货膨胀。总之，通过财政收入和支出的松紧搭配、相机抉择，决定和影响总需求和总供给的平衡，阻止经济滑坡和维持经济繁荣，使整个经济协调、稳定地发展，并有适度的增长。

五、监督管理的职能 ——实现政府管理职能

（一）含义

监督管理的职能是指财政具有通过一定方式对财政资金运动进行监督、控制，对财政资金使用效益进行考核分析的功能和职责，其本质是对财政参与者的有限理性与因机会主义倾向导致的非理性行为的抑制性反应。

（二）目标

确保财政资金的运动能以最小的代价最大限度地满足公共利益的要求。

（三）存在原因

在社会主义市场经济条件下，财政之所以具有监督管理的职能，原因在于它不仅是政府自我管理、克服政府失灵的内在需要，而且是实现民主政治的根本要求。

（四）实现方式

1. 建立与完善激励—约束机制。鼓励权为民所用，反对以权谋私，杜绝首长项目、关系项目，并强化对财政活动参与者的非理性行为的惩罚。

2. 完善财政决策机制，使财政决策公开化、程序化、透明化与科学化，反对长官意志，杜绝财政决策的随意性和暗箱操作。

3. 强化财政决策执行过程中的监控，及时发现和解决财政决策执行过程中的各种问题，比如强化纳税检查，防止偷税、漏税以及完善税制。

4. 强化对财政决策执行结果的审核，即对财政决策执行结果要进行严格的内部审计和考核，比如：强化对财政支出和财政投资项目的评估，既可以有效地评价过去的财政政策及决策执行效果，又可以为未来的财政决策与决策执行提供经验与教训，防止在财政决策及其执行过程中重蹈覆辙。

5. 加强道德规范建设，在财政领域形成共同的符合社会道德标准的价值观、权利观、地位观和道德观。如：制定《中国共产党党员领导干部廉洁从政若干准则（试行）》、《人民检察院监察工作条例》等规章制度，以规范和引导公务员、领导干部的工作。

在市场经济条件下，财政具有维护国家、配置资源、分配收入、稳定经济、监督管理的职能。其中，维护国家的职能是市场经济中政府的政治作用在财政领域的延续与体现，其最终目标是维护政府的存在与发展；配置资源、分配收入、稳定经济三大职能是市场经济中政府的经济作用在财政领域的延续与体现，其总的目标是克服市场失灵，充分发挥市场在资源配置中的基础性作用，促进国民经济协调、可持续发展；监督管理的职能是弥补政府失灵的内在要求和完善民主政治的要求，其目标是抑制财政参与者的有限理性与因机会主义倾向导致的非理性行为，推动财政决策制定与财政决策执行过程的民主化和科学化，提高财政决策制定与财政决策执行的质量。

【关键词】

财政　市场效率　帕累托最优状态　公共产品　外部效应　自然垄断　道德风险　逆向选择　洛伦兹曲线　基尼系数　政府失灵　寻租　维护国家职能　资源配置职能　分配收入职能　稳定经济职能　监督管理职能

复习思考题

1. 怎样理解财政的国家主体性？
2. 财政分配为什么是强制的无偿的？
3. 怎样理解财政产生的条件？
4. 市场失灵所包括的内容有哪些？并对每一项市场失灵举例说明。
5. 什么是“寻租”？如何理解政府的寻租行为？
6. 如何正确处理政府与市场之间的关系？
7. 如何理解财政的配置职能？财政配置与市场配置的关系如何？它们该如何定位？
8. 你是否认为财政应当具有监督管理的职能？为什么？

第二章　公共产品理论

【本章中心内容】

本章主要阐述了公共产品的特征、分类，混合产品的分类，私人产品的特征以及私人产品与公共产品的区别，进一步明确公共产品的提供方式。

第一节　公共产品理论的发展

公共产品理论是现代财政理论体系的灵魂。这是因为所有的财政学问题（公共经济学问题）都可以归结为有关公共产品的四个基本问题：生产什么？如何生产？为谁生产？如何决策？不仅公共支出是围绕着公共产品的供给展开的，而且公共收入也是围绕着公共产品的成本费用负担展开的。所以该理论也是全书最重要的基础理论之一。公共产品理论最初出现于19世纪80年代，后来历尽许多人的贡献逐渐发展起来。其中主要贡献者有：

一、休谟的“免费搭车”论

休谟在他的《人性论》中用“草地排水”的例子对公共产品进行了分析。他分析说：“两个邻人可以同意排去他们所共有的一片草地中的积水，因为他们容易相互了解对方的心思，而且每个人必然看到，他不执行自己任务的直接后果就是把整个计划抛弃了。但是要使1000个人同意那样一种行为，就比较困难了，甚至是不可能的。他们对于那样一个复杂计划难以同心协力，至于执行那样一个计划就更加困难了，因为每个人都在找借口，都要想使自己省却麻烦和开支，而把全部负担加在其他人身上……政府虽然也是由人类所有的缺点所支配的一些人组成的，可是它却借着最精微、最巧妙的一种发明，成为在某种程度上免去了所有这些缺点的一个组织。”① 休谟的这些言论实际上指出了公共产品提供中的“免费搭车”② 心理与行为，这就决定了必须有政府参与才可能解决公共性的问题。

① 休谟．人性论［M］．关文运，译．北京：商务印书馆，1997：578.

② Free riding: Certain individuals may benefit trom a good without paying to support the good’s production.

二、穆勒的灯塔案例

穆勒认为，政府职责是保障人们生命、人身和财产安全，制定规则，铸造货币，建设公共设施，主办初等教育等。之所以需要政府提供上述公共设施，是因为这些服务不一定能获得适当报酬。穆勒还较早地分析了灯塔问题。他认为海中的船只虽然可以从灯塔的指引中获益，但要向他们收取费用就办不到了。除非政府用强迫抽税的办法，否则灯塔会因无利可图而无人建造。灯塔收费的困难，指出了要依靠市场力量来提供公共物品是困难。他的灯塔案例被后来研究公共物品的经济学家广泛使用。

三、奥意财政学派

公共产品理论作为系统理论，是建立在边际效用价值理论基础上的，是“边际革命”在财政学领域产生的最重要的结果之一。而最先完成这一革命的是奥地利和意大利的财政学者，如马左拉、萨克斯等。他们都认为，边际效用理论除了适用私人产品外，还适用于公共产品。但由于公共产品消费的不可分割性，人们无法通过消费数量的调节来改变边际收益，因此只能通过改变成本来适应同一数量的公共产品，其具体表现为不同的个人支付不同的税收价格。

四、林达尔均衡

1919 年产生的林达尔均衡理论是公共产品理论最早的成果之一。它的创立者林达尔认为公共产品价格并非取决于某些政治选择机制和强制性税收，而是每个个人都面临着根据自己意愿确定的价格，并均可按照这种价格购买公共产品总量。处于均衡状态时，这些价格使每个人需要的公用产品量相同，并与应该提供的公用产品量保持一致。因为每个人购买并消费了公用产品的总产量，按照这些价格的供给恰好就是每个人支付价格的总和。林达尔均衡理论使人们对公共产品的供给水平问题取得了一致，即分摊的成本与边际收益成比例。总之，林达尔均衡指个人对公共产品的供给水平以及它们之间的成本分配进行讨价还价，并实现讨价还价的均衡。

五、萨缪尔森模型

萨缪尔森 1954 年、1955 年分别发表的《公共支出的纯粹理论》和《公共支出理论的图式探讨》提出并部分地解决了公共产品理论的一些核心问题，如：如何用分析的方法定义集体消费产品？怎样描述生产公共产品所需资源的最佳配置的特征？他在“公共支出的纯粹理论”一文中将公共产品定义为这样一种产品：每一个人对这种产品的消费并不减少任何他人也对这种产品的消费。这一描述成为经济学关于纯粹的公共产品的经典定义。

六、蒂鲍特模型

1956 年蒂鲍特（C. M. Tiebout）发表了论文《一个地方支出的纯理论》后，随即出现了大量关于地方公共产品的文献。蒂鲍特构建的是地方政府模型，他认为：人口可以流动，存在足够多的潜在或者现存社区，这些社区提供不同的公共产品，居民能够通过无成本的迁移，选择提供最好的公共产品和税收组合的社区，并且通过这一过程显示出他们对公共产品的真实偏好。其结果是这样一个均衡：居民们在社区间的分布建立在对公共服务的需求上，每个居民获得他自己最想要的公共服务（税收）组合。

第二节　公共产品概述

在市场经济条件下，由于资源配置最终将通过市场与政府的共同作用来实现，这必然要回答市场与政府应分别提供哪些产品的问题。解决这一问题的前提是需要区分社会产品的不同属性，明确其相应的特征，才能确定政府通过财政来分配的对象。这一点是现代公共财政在实现资源配置时首先要回答的问题。

一、公共产品

（一）公共产品的特征

公共产品是与私人产品相对而言的。用来满足私人或个体需要的商品和服务被称为私人产品，私人产品具有排他性和竞争性以及效用的可分割性；而用来满足社会共同需要的产品和服务被称为公共产品。与私人产品相比较，公共产品主要有以下三个基本特征：

1. 非排他性

非排他性，即公共产品一旦提供出来，不可能排除任何人对它的消费。而排他性是指个人消费被排除在某种物品的消费之外，它与物品的所有权相关。在私人产品的概念下，拥有财产所有权的个人也对产品拥有所有权，只有其本人才拥有享受该产品消费的权利，而不允许受到他人的侵犯。所以，私人产品具有排他性。在公共产品概念下，这种排他性是不存在的。其原因是：①任何人都不可能不让别人消费它，即使有些人有心独占对它的消费，但或者在技术上不可行，或者虽然技术上可行但成本很高，因而是不值得的。例如，国防、环保等项目一旦建立或实施，就无法在其可覆盖的领域内排除某些个体的自然享用。②任何人都不得不消费它，即使有些人可能会不情愿，但却无法对它加以拒绝。③任何人都可以恰好消费相同的数量。

2. 非竞争性

简单地说，非竞争性就是一旦公共产品提供出来，没有必要排斥任何人对它的消费，因为该物品消费者的增加并不引起边际成本的任何增加。其原因是：①边际成本为零，即在生产方面，根本不再需要增加资源的投入。②边际拥挤成本为零，即在消费方面，根本不会减少其他人的满意程度，或者说根本不会带来“拥挤成本”。例如，公共道路和桥梁的建设，在达到拥挤状态之前，任何人的通过都不会妨碍他人的共同通过。

3. 效用的不可分割性

由于公共产品与社会共同需要密切相关，是出于社会成员的共同利益或国家利益而提供的，这种产品本身就具有社会共同受益和整体消费的特点。政府统一提供社会公共产品不仅能有效控制公共产品的成本，提高其效用，而且政府也希望在国家既定的社会制度和秩序条件下，每个公民既自然享有国家制度和秩序赋予的权利，也自然接受国家制度的相应约束。这实际上既说明公共产品的效用不可分割，也表现出公共产品还具有非拒绝性。强调这一点，可以更完整地体现政府提供公共产品的全部意图。

（二）公共产品与私人产品的区别

1. 私人产品

在经济生活中，一些产品可以通过市场竞争，按照等价交换的原则取得，并由拥有者获得该产品的全部所有权与使用权。在此情况下，这类产品将表现出显著的排他性，即一人取得，其他人将无权使用与拥有。这种具有取得上的竞争性与消费上的排他性的产品通常被称为私人产品。在社会经济生活中大量的商品都具有私人产品的属性。私人产品可以充分表现为社会成员对这种产品的需求愿望，可以在经济上对消费者希望的产品价格进行度量，可以使生产者通过市场供求情况的变化来决定其产量。因此，私人产品一般由市场提供，并建立在私人需要的基础上。

2. 私人产品与公共产品的比较

公共产品的上述特征，使其区别于私人产品。按照萨缪尔森的描述，纯粹的私人产品的消费表现为：

$$X_J = \sum_{j=1}^{n} X_J^{\ i}$$

其中 X_J为商品总量；$X_J^{\ i}$为第 i 个消费者对这种商品的消费量。上面的公式表明：①商品 X_J总量等于每一个消费者 i 对这种商品的消费数量之和；②私人品在个人之间是可分的。

就纯公共品而言：

$$X_{n+y} = X_{n+y}^{\ i}$$

上面的公式表明：①就消费目的而言，任何一个消费者 i 都可以支配公共物品的总量 X_{n+y}；②公共物品在个人之间是不可分的。

显然，这种能为任何人享用且具有非排他性和非竞争性的公共产品难以给提供者带来直接的经济利益，使得任何私人企业都不愿接受这类产品的生产与提供。因此，公共产品成为市场失灵的一种表现形式。但从整个社会角度看，公共物品是国家巩固、社会安定、经济发展及国民福利增长的需要。因此，公共物品的提供只能通过发挥政府的作用，由公共部门来提供。

（三）公共产品的分类

1. 纯公共产品与混合产品

按公共产品在消费过程中的不同性质，公共产品可以分为纯公共产品与混合产品。

纯公共产品是指该产品在消费过程中同时兼有完全的非竞争性和非排他性，如政府服务、政府政策、国防建设、公共卫生服务、城市绿化等。然而在现实生活中，纯公共产品并不多见，更为普通的是介于私人产品与公共产品之间的混合产品。

混合产品是不完全具备非排他性和非竞争性。它们或者有非排他性而没有非竞争性，或者有非竞争性而没有非排他性。因而其性质就处在纯公共产品和私人产品之间。由于其兼备公共物品和私人物品的性质，就既可以采取公共提供方式，也可以采取混合提供方式。

混合公共产品又可以分为两种：

一是所谓的俱乐部产品。其特征是在一定范围内其消费具有非竞争性，但却具有可排他性，即不付费者可以被排除在消费之外。这类公共产品是指那些随着消费者人数的增加而产生拥挤，从而会减少每个消费者可以从中获得的效用的公共产品和服务。如道路、桥梁、游泳池、博物馆等。

二是准公共产品。由于某些产品的效益外溢，使得非竞争性与非排他性变得不充分，我们称之为准公共产品。这类产品往往是由外部效应引起的。这类公共产品所提供的效用一部分由其所有者享用，或者说，其效用是可以定价的，从而可在技术上实现价格排他，使其具有私人产品的特性。同时，这类产品的另一部分效用可由所有者之外的人享有，即效用具有不可分性。因此，它又是公共产品。有人把混合产品统称为准公共产品，但严格来讲，只有效益外溢的混合产品才可成为准公共产品。如，某人接受痢疾疫苗的注射，对于他本人可以减少被传染的机会，他从中获了利益，这是完全为某个人拥有的内在利益。从这一角度来看，注射疫苗这种产品具有竞争性和排他性；但是，从另一角度来说，在他得到个人利益的同时，也使邻居因为能减少染上疾病的可能性而从中获益，由于这种产品的效益外溢，使得它具有非竞争性和非排他性。如高等教育或其他专门性教育，受到教育的人会因此直接受益，并为其日后的经济收益奠定基础，但教育无论在什么层次上，都带有社会功能，即教育可以使全社会的文明程度提高，创造更加和谐的社会环境和良好的发展前景。

混合产品与准公共产品的联系与区别。它们是整体与部分的关系。混合产品（mixed goods）既包括准公共产品，也包括准私人产品。而准公共产品（nopure public goods，partial public goods）是不完全具备公共产品两个特性（部分具有私人产品特性）的公共产品。典型的如：收费性公共产品（道路、桥梁、公园等）。而准私人产品是不完全具备私人产品两个特性（部分具有公共产品特性）的私人产品。典型的如：外溢性私人产品（烟酒、书籍等）。

2. 全国（性）公共产品与地方（性）公共产品

公共产品按其受益范围的大小，又可分为全国性公共产品和地方性公共产品。

全国性公共产品的受益范围是全国性的，可供全国各社会成员同等享受和同等消费。它的受益对象往往是全国居民，如国防、外交等。

地方性公共产品是指满足一定区域内广大居民需求的物品。其受益对象、受益范围有限，有着一定的地域性，其提供者主要是地方政府。实际上，现实中的全国性公共产品是屈指可数的，绝大部分公共产品是以地方公共产品的形式存在的。

3. 拥挤性公共产品与非拥挤性公共产品

拥挤性公共产品的供给水平（效应）随消费者数量的递增而递减，如道路、桥梁、博物馆、图书馆等。拥挤性公共产品产生的根源在于其受益范围的空间限制，或者说服务范围的有限性。

非拥挤性公共产品的供给水平（效应）同消费者的数量无关，例如国防，不会因人口的增加而导致效应的下降和边际成本的上升。大部分地方公共产品由于其受益具有一定的空间范围限制，因而当该产品的消费者达到一定规模后，就产生了拥挤性，从而使消费者的效应降低。

二、公共需要

在社会经济生活中有一类特殊的需要，即涉及全体社会成员共同利益的需要，可以表现为国家的安全、社会的安定有序、良好的环境、公共信息等众多方面。我们把这种需要称为社会的公共需要。公共需要和私人需要是对应的。简单来讲，社会公共需要就是指社会作为一个整体或以整个社会为单位而提出的需要。这些公共需要不可能也不必准确计算出每一个社会成员的个别需要量，实践中也难以计算每一个社会成员应当为此支付的代价。因此共同需要往往不能在私人之间进行分割。

前面既然有了公共物品的概念，为什么在这里还要提出公共需要的概念呢？原因主要有以下几个方面：第一，我们在研究经济学时，要通过物的关系来透视人们的社会关系。公共物品是指商品和服务的使用价值形态，而它们的社会性要通过以货币表现的价值形态来体现。例如，在市场经济条件下公共部门提供公共物品不是实物供给，而是通过货币形式的征税和拨款等财政收支过程提供。因而提出公共需要的概念是为了明确提供公共物品的目的并有利于从货币价值形态上分析提供公共物品所体现的社会关系。第二，我们在学习财政学时，需要说明的是，提供公共物品是国家所有公共部门的职责；而财政部门并不直接生产或提供公共物品，而是通过收支形式为各公共部门供给公共物品提供财力保障。因而财政的目的不是提供公共物品，而是为供给公共物品筹集资金并有效使用资金，最终目的是满足社会的公共需要。

（一）公共需要的特征

1. 社会公共需要是社会公众在生活、生产和工作中的共同需要。作为向社会全体公众提供的公共产品，其效用具有“不可分割性”。

2. 为了满足社会共同需要而提供的公共产品，应由社会成员共同享用，也就是个别或一些社会成员享用这种公共产品时，并不排斥其他社会成员的享用，即不具有排他性。如市民从市政府投资兴建公共工程、治理大气污染中受到呼吸新鲜空气、延年益寿的好处，并不排除其他人也从中受益。

3. 社会成员享用为满足社会公共需要所提供的公共产品和劳务，无需直接付出代价或只需支付与提供这些公共产品的耗费不对称的少量费用。如居民使用道路、桥梁、港口等公共设施时，不支付费用或支付少量费用。

4. 满足社会公共需要的物质来源只能是社会产品的剩余部分。如果剩余产品表现为价值形态，就只能是对 m 部分（剩余价值）的抽取。

（二）社会公共需要包括的范围和内容

1. 典型的社会公共需要（纯社会公共需要）：指保证执行国家职能的需要，包括政权职能和某些社会职能。如公安、司法、监察、国防、外交、行政管理等。

2. 半社会公共需要，又称准社会公共需要：指介于公共需要与个人需要之间，性质上难以严格划分的一些需要，如高等教育。

3. 大型公共设施，包括基础产业。这些属于再生产的共同条件。马克思在《经济学手稿》中指出：共同生产条件是指处于直接生产过程之外的生产条件，直接生产过程是指单个资本的生产过程。共同生产条件则是为每个企业直接生产提供的外部条件，是社会公共资本的生产过程。公共资本是指铁路、建筑物、农业改良、水利设施等固定资本，它在使用上具有共同性的特点，它不能被单个企业独占，也不能包括在某个特殊的生产过程中，而是具有广泛的外部经济效益，因而具有公共产品的性质。

（三）社会公共需要具有共同性、历史性和特殊性

社会公共需要具有共同性，但又具有历史性、特殊性。一般来说，社会公共需要在任何社会形态下都是存在的，不会因为社会形态的更迭而消失，这是社会公共需要的共同性。但是公共需要又具有特殊性，即社会公共需要具体地存在于特定的社会形态之中，它是具体事物而不是抽象的东西。所谓其历史性，是指社会公共需要随着社会的发展而变化，但主要表现为统治集团的需要。对它的历史性可以沿两条线索去探索：一是社会生产发展的线索，研究在一个个具体的经济发展阶段上，社会产生了或者可能产生怎样的一些公共需要；二是生产关系变迁的线索，研究在一个个具体的社会形态下，统治阶级或集团如何以社会公共需要的名义将剩余产品的分配做有利于本阶级或本集团的安排。

第三节　公共产品提供方式

由于公共产品的性质并非完全相同，因此，公共产品的提供方式也不一样。其基本原则是：纯公共产品由政府提供，混合产品则要同时借助于政府和市场的力量共同提供。

一、公共物品的提供方式

（一）公共物品的市场均衡问题

关于资源最优配置的市场是否适用于公共物品的生产和消费的问题，是有关研究公共物品时需要解决的一个前提问题。有些学者认为，如果已知公共物品的需求曲线和供给曲线，就可以根据供求分析法得出公共物品的均衡价格和均衡产量，于是公共物品的生产问题就会像私人物品一样迎刃而解。但是，事实并非如此。

通过经济学的学习可知，市场需求曲线是将同一市场的所有个人需求曲线水平相加得出的，而公共物品的市场需求曲线则不同。由于公共物品具有非排他性和非竞争性，所有个人对公共物品愿意支付的价格等于每个个人愿意支付的价格。因此，公共物品的市场需求曲线不是像私人物品市场需求曲线那样通过水平相加求得，而是通过

垂直相加求得，如图2－1所示，d_1、d_2、d_3是公共物品的个人需求曲线，D是公共物品的市场需求曲线。公共物品的市场供给曲线可以用生产公共物品的边际成本曲线表示，如图2－1中所表示的S曲线，公共物品的需求曲线和供给曲线的交点决定公共物品的均衡产量和均衡价格。图中的均衡产量Q是社会有限资源下所提供的公共物品的产量，价格P等于边际成本。

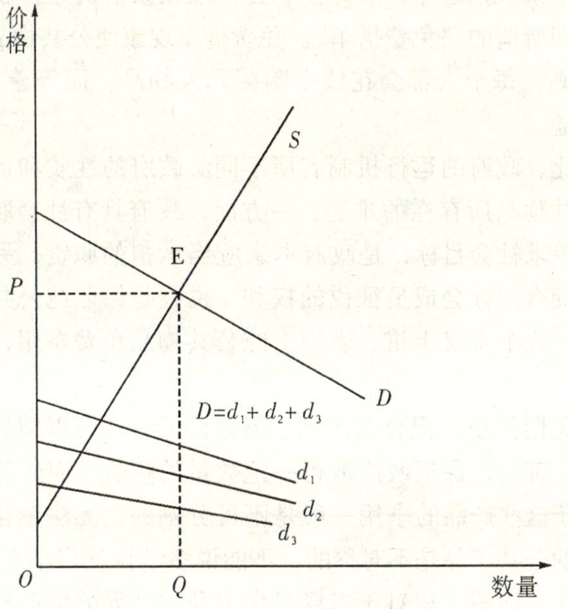

图2－1　公共物品的市场需求曲线和市场均衡

但是，有些学者认为，公共产品的市场均衡分析并没有实际应用意义。因为，公共物品的需求曲线是立足于许多不可能存在的假设条件。其中假设条件之一是消费者能够准确地说明其对公共物品的价格和需求量的关系，而这一假设显然不符合事实。事实上，公共物品的消费者说不出自己对公共物品的需求价格，而且都想免费搭车享用公共物品。因此，公共物品的市场均衡是一个特殊问题，不可能通过市场上个人决策方式来决定，必须寻求决定公共物品提供的特殊方式。正是在这种情况下，西方学者提出了成本—效益分析法。通过效益与成本的对比来选定和评估经济建设项目。特别是在公共物品占社会产品的比重明显升高之后，又提出公共选择理论，探索通过改进政治决策来优化公共物品的配置效率。

（二）纯公共物品的提供方式

一般而言，纯公共物品只能由政府来提供而不能由市场提供，这是由政府运行机制和市场运行机制的不同决定的。市场是通过买卖关系提供产品和服务的。在市场上，谁有钱，谁就可以购买商品和享用服务，钱多多买，钱少少买，无钱就不能买。总之市场完全遵从自愿和对等的原则实现交易过程。因此，市场买卖要求利益边界的精确性。

由于公共产品具有非排他性和非竞争性的特征，对它的需要或消费是公共的或集合的。所以决定了竞争性的市场机制不适于提供公共物品。原因在于：一方面，从公共物品提供的角度看，非竞争性是指新增一个消费者的边际成本为零。这就意味着，如果公共物品按照边际成本定价，那么，私人部门提供就得不到其所期望的最大利润，所以私人投资者不会自愿提供纯公共物品；另一方面，从公共物品消费的角度看，非排他性意味着一个人使用公共物品，并不排除其他人也从中受益，即使从技术上可以排他，但花费的成本太大，这样，消费者不会自愿花钱消费这种物品，而期望他人购买自己从中受益，即所谓的“免费搭车”。免费搭车现象使公共物品也不适于通过市场买卖方式提供，否则，每个人都会花钱去购买私人物品，而等着他人购买公共物品，自己搭便车从中受益。

与市场机制相比，政府的运行机制有所不同。政府的性质和运行机制决定了其可以解决市场提供公共物品所存在的难题。一方面，政府具有社会职能，因而满足社会成员的公共需要、追求社会目标，是政府本来应当承担的职责；另一方面，政府是一个公共权力机构，拥有向社会成员征税的权利，税收是保证纯公共产品供给成本得到补偿的最好途径。从这个意义上讲，表面上纯公共物品免费享用，实际上是以纳税为代价的。

政府主要通过无偿征税来提公共产品。但是，征税是可以精确计量的，如无论按率征收或定额征收，都可以保证政府取得一定数量的税收。而政府运用税收向社会提供公共产品时，由于这些产品的享用一般是不可分割的，无法量化，因此，每个人的纳税额与他所享用的公共产品是不对称的，不能说多纳税就多享受，少纳税就少享受，不纳税就不享受。换句话说，相对于市场买卖中利益边界的精确性而言，纳税人负担与公共产品享用之间的关系缺乏精确的经济依据。正是这种矛盾存在的缘故，决定了公共产品的提供不能由私人去完成，而只能作为政府的责任。

由以上分析可知，市场只适于提供私人产品和服务，对提供公共物品是失效的。而提供公共物品恰恰是政府活动的领域，是政府的首要职责。政府经济学关心的问题，是政府提供公共物品与市场提供私人物品之间的恰当组合，以及政府提供公共物品所花费的成本和代价，合理地确定政府提供公共物品的范围和财政支出的规模。

（三）混合物品的提供方式

前面我们提到了纯公共物品的提供方式，而公共物品可以分为纯公共物品和混合物品两类。混合物品的特征是兼备公共物品和私人物品的性质，因此既可以采用公共提供方式，也可以采用市场提供方式。由于混合物品又是由两种原因引起的：一类是具有非竞争性又具有排他性，另一类是由外部效应引起的。

先看具有非竞争性又具有排他性的第一类混合物品。以一座桥梁为例，桥梁成本可以通过两种方式来弥补：一是由政府税收弥补，免费使用，这是公共提供方式；二是向过桥车辆收费弥补，如同一般商品买卖一样，谁过桥谁交费购买使用权，这是市场提供方式。政府要考虑的问题是从社会角度出发比较两种提供方式何者为优，比较的根据是什么。比较的依据只能是效益和成本。不论采取哪种提供方式，该桥梁提供的社会效益和建筑成本是相同的，但是无论征税或收费都会产生本身的成本并可能带来一定的效率损失。征税成本是指征管成本和缴纳成本；税收的效率损失是指因征税而带来的社会福利损失，亦称税收超额负担。收费要设置管理设施和管理人员，要花费成本。另外，由于收费会在一定程度上限制过桥的车流量，在不过分拥挤的情况下，对社会而言产生一部分消费损失，这是收费的效率损失。最终选取哪种提供方式，取决于税收成本和税收效率损失同收费成本和收费效率损失的对比。

再看具有外部效应的第二类混合物品。选取这类混合物品的提供方式，首先在于判断外部效应的大小。当外部效应很大时，可视为纯公共物品，采取公共提供方式。例如基础科研成果是一种典型的外部效应物品，而且政府的政策是鼓励付诸应用的，一般是采取公共提供方式。其实多数公共物品都具有较大的外部效应，但是为了提高公共物品的使用效率并适当减轻政府负担，对多数混合物品采取混合提供方式是一种较佳的选择。例如卫生保健，一部分由政府提供，一部分向医疗者收费。采取混合提供方式，既可以保障职工和居民的医疗需要，又可以避免病床过分拥挤和药品的浪费。当采取收费方式时，政府所要关心的问题是合理制定收费标准，同时严加管理，避免利用垄断地位滥收费，或提高收费标准，加重居民负担，甚至造成严重的社会问题。

从各国的实践来看，混合物品的有效提供主要有以下几种方式：①政府授予经营权。对于具有规模经济效益的自然垄断行业，政府部门通过公开招标形式选择民间企业，通过签订合同的方式委托中标企业去经营，但政府部门对这一领域实行政府规制，一方面禁止其他企业自由进入，另一方面又禁止中标企业制定垄断价格。②政府参股。对于那些初始投资量较大的基础设施项目，如道路、桥梁、高速公路、机场、港口等，由政府通过控股和入股参与建设和提供。③政府补助。对于那些提供教育服务、卫生服务的民间机构以及从事高新技术产品开发的民间企业，政府给予一定数量的补助。这是因为教育服务、卫生服务、高新技术的开发都具有正的外部效应。补助的方式包括补贴、贷款贴息、减免税等。

（四）公共物品私人提供问题的研究和实践

20世纪80年代以来，财政学中有关公共物品的理论在许多方面取得了进展，其中尤以公共物品的私人供应问题的讨论最为引人注目。传统理论认为，公共物品特别是纯公共物品领域是公共部门活动的范围，但公共物品私人提供的研究对此提出了挑战。

公共物品的私人提供问题研究是科斯提出的。他在1974年发表了《经济学中的灯塔》一文，回顾了英国早期历史上灯塔这种公共物品的供应情况。在1610—1675年间，当时英国的领港工会拥有建造灯塔的特权，向船只收取费用，但并没有建造一个灯塔，而私人却建造了10个灯塔。私人建造灯塔需要向政府申请许可证，得到政府批准授权收费，于是形成船只收费制度。到1820年，英国公营灯塔24个，私营灯塔22个，到1842年，因私人收费过高又全部收归公营。科斯在这里提出了公共物品供给的一个重要理论问题，就是在政府批准授权下的公共物品的私人提供问题。这带动了其后许多经济学家展开对公共物品私人提供问题的研究。

美国乔治梅森（George Mason）大学教授、布坎南中心研究员泰勒·柯文（Tyler Cowen）曾对公共物品私人提供问题的可能性进行了多方面的阐述，并提出了值得人们思考和参照的意见。他指出人们支持政府干预的最主要的经济学论据，是市场不可能提供公共物品或无法解决外部性问题，于是公共保健、福利项目、教育、道路等都贴上了公共物品的标签。但他认为，大多数人没有意识到，市场经常采用变化多端的方式解决公共物品供给问题，并列举了许多例证：①企业通常通过开发出某种技术，使不掏钱者不能享受到某种物品或服务的好处，从而解决了搭便车问题。如，有线电视公司对其转播加密，没有定购的家庭就不能收看电视。②公共物品也可以在人们购买私人物品时由卖主“捆绑”提供。比如购物街向购物者提供的照明、保安、休息室等，就这些服务直接向每个人收费是不可能的。于是，购物街就通过在这条街上销售的私人物品中增加一定的费用，将公共物品和私人物品“捆绑”在一起来提供这些服务。③灯塔案例是经济学家认为最著名的公共物品不可能由私人提供的例子。经济学家论证说，如果私人灯塔主不能向享受灯塔服务的船只收费，就会出现免费搭车问题。然而，19 世纪英国海岸线的灯塔却是由私人拥有的。灯塔主知道，他们不便于直接向船主收费，于是他们将灯塔的服务转让给附近港口的所有者，这就更有利于拥有灯塔的港口所有者吸引船只进入他们的港口。结果证明，经济学家津津乐道的最普遍的私人不能提供公共物品的案例，并不是十分令人信服的。④有些公共物品由私人提供可以通过明晰经济资源的产权关系的办法来解决。比如一个被污染的湖泊的清淤问题，如果是一个国有湖泊，用国家税收清淤便没有理由向公众收费。但是如果是一个私人所有或者政府批准授权经营的湖泊，所有者或经营者就可以向钓鱼者、船夫、游客等从中获益的人收费。

泰勒·柯文教授还特别指出，市场供给公共物品的失灵，必须和政府供给公共物品的不完善进行一番认真的比较和权衡。政府依靠官僚机构为消费者服务，由于缺乏激励机制，难免效率低下。而且，往往掺杂了官员自身的利益，为了显示个人政绩或为了拉选票而滥用公帑的例子，不胜枚举。他认为，只要有可能，让私人来供给公共物品，通常要比由政府供给更有效率。

当经济学家正在争论不休仍然没有得出确定结论的时候，世界各国公共物品由私人提供的实践已经悄悄地在进行，而且在不断扩展。公共物品由私人提供的事实原本早已存在，比如慈善事业，就是公共物品由私人自愿提供的例证，国际的多边援助，我国私人捐助的希望小学等也是如此。在财政学理论中，行政、国防、公安、司法等部门被认为是提供纯公共物品的绝对典型。人们难以想象监狱、警察、法庭这类国家权力的象征性机构交由私人经营管理的后果会怎样。然而，在美国却允许举办“私人监狱”、“私人警察”和“法庭的私有化”。当然，这种做法是和美国的政治经济制度相联系的，其他国家不可以随意模仿。我国随着改革开放的深化，公共物品私人提供的做法正在扩展，如公路的“贷款修路，收费还款”方式，公共项目采取“BOT”(build - operate - transfer，建设—经营—转让）方式，吸引外资和私人投资进行污水处理和城市垃圾处理，等等。这些新的做法，对缓解我国公共设施建设的滞后状况发挥了重要作用。

二、公共生产

（一）公共生产的地位和类型

公共物品的提供方式涉及公共物品的生产方式问题，因为公共物品可以由政府直接组织生产，即所谓公共生产，也可以由私人生产，政府购买。在市场经济条件下生产的方式有两种：私人生产和公共生产。私人生产具有很大的盲目性，这种盲目性源于信息不灵，而生产者的盲目性会损害生产效率。这是私人生产者自身无法克服的。公共生产是指由政府出资（由预算拨款）兴办的所有权归政府所有的工商企业和单位。按广义的生产概念，既包括生产有形产品和提供服务的工商企业，包括提供无形产品和服务的学校、医院、文艺团体，以及政府机关、公安、司法、国防和准国家机构的事业单位等部门。按狭义生产概念理解的公共生产，就是国有企业，也包括垄断性的国有企业。国有企业可分为竞争性与不完全竞争性两类，不完全竞争性企业又分为基础产业和自然垄断性行业。对不同性质的企业，改革措施也不一样。公共物品由国家机关和公共部门来提供，并不表明这些公共物品必须由国家机关和公共部门来生产，即公共提供不等于公共生产。公共提供无非是强调这种产品要通过预算程序来供给，消费者通常可以免费获得。但是产品的生产可由公共部门来承担，也可以由私人部门来承担。同样道理，私人提供也不等于私人生产，私人在市场上提供的产品也可以由公共部门来生产。

需要注意的是，公共物品的生产方式和提供方式并不是一回事。两者可以形成多种相互交错的组合：有些公共物品是公共提供、公共生产，如政府机关、国防等部门提供的服务以及这些部门从国有企业购置的办公用品和设备，垄断性国有企业提供的物品等都属于这一类；有些公共物品是公共提供、私人生产，如政府部门从私人企业采购的设备和购置的办公用品，私人企业承包政府工程等，都属于这一类；至于公共生产部分收费或私人生产由政府给予补贴的混合物品，则属于公共生产、混合提供或私人生产、混合提供。

为了进一步分析公共物品的生产问题，有必要对我国国有企业的地位、性质及其和财政的关系略作分析。我国处于并将长期处于社会主义初级阶段，以公有制为主体、多种所有制经济共同发展，是社会主义初级阶段的基本经济制度。公有制经济不仅包括国有经济和集体经济，还包括混合所有制经济中的国有成分和集体成分。国有经济在整个国民经济中以及在公有制经济主体中具有特殊地位，社会主义市场经济是以社会化、现代化大生产为基础的。而国有经济是社会化、现代化大生产体系中的核心部门，它控制着国民经济命脉，对经济发展起主导作用。

我国社会主义建设特别是经济体制改革的实践证明，单纯从形式上和数量上追求全面国有化，并不符合社会主义初级阶段生产力发展的要求，也不利于国民经济的全面、协调、可持续的发展。国有经济的主导作用，不在于它的数量和比重的大小，主要表现在它的控制力上，要从战略上调整国有企业的布局。目前，我国国有企业的覆盖面过宽，整体素质不高，资源配置不尽合理，必须着力加以解决。国有企业要控制的行业和领域主要包括涉及国家安全行业、自然垄断行业、提公共物品和服务的行业以及支柱产业和高新技术产业中的重要骨干企业，而不同类型的国有企业在国民经济中的地位、作用及同市场的关系是不同的。因而国有企业改革不应采取以完全市场化和竞争化为目标的单一模式，而应是分门别类，采取不同形式，分类改革，分别管理。

（二）提供公共物品和某些提供准公共物品的国有部门和单位，采取国有国营模式

在国有部门的单位中，有一类是提供纯公共物品，典型的如国防、公安、司法、城市建设中的上下水道、绿化以及基础教育等，这些部门、单位和事业，不能靠向居民收费或通过市场化来维持和发展，基本上是由国家预算拨款，免费向公民提供服务的，它的资金来源主要是国家税收。另一类是提供准公共物品的企业和单位，如高校、医院、文艺团体、公共交通、自来水供应和煤气供应等，这些部门、单位和事业凡是由国家预算拨款创办的，自然应由政府直接控制和管理。但这些企业和单位运行中的资金可以有两种来源：一是国家预算，二是按政府规定的项目和标准向公众收费。因而，这些企业和单位可以根据不同情况采取不同的管理方式。

（三）垄断性国有企业宜采取国有国控模式

垄断性国有企业主要集中在邮电、铁路、交通运输、能源以及原材料工业等基础设施和基础工业部门，还可以包括支柱产业和高新技术产业。基础设施和基础工业属于“上游”生产部门，为其他生产部门提供生产资料。他们的价格构成其他部门产品成本的组成部分。基础产业和支柱产业以及高新技术产业都是国民经济的命脉，在整个经济发展中具有高度连锁效应和带动作用。作为一个发展中国家，我国政府必须在这些部门中占据支配地位，以便实现资源的优化配置，调节收入分配，保证国民经济快速稳定增长。显然，这些部门不适于完全按照市场化原则进行改造，应选择国有国控模式，因此垄断性国有企业提供的物品可视为一种具有特殊性质和特殊意义的公共物品。国有国控并不意味着由政府直接经营，而是通过有法律效力的契约关系明确政府与企业间的责权利关系。为了发挥规模效益，应以资本为纽带，通过市场形成具有竞争力的跨地区、跨行业、跨所有制的大企业集团。但是，即使那些适合股份制改造的企业也必须保持国有资本的控制力，尤其要避免外国资本在这些部门拥有控制权。

（四）竞争性的大中型国有企业宜进行公司制改造

竞争性国有企业是指那些由国家投资建成、基本上不存在进入和退出限制、竞争性充分、以盈利为经营目标的国有企业。这些企业主要集中在加工工业、建筑业、商业和服务业，应按照“产权明晰，权责分明、政企分开、管理科学”的原则，分别改造为上市公司、不上市公司和有限责任公司，使企业成为以盈利为目的、自主经营、自负盈亏的市场竞争主体和法人实体。国企改革面临着观念转变、机制转变、运作转变等问题，其中基础是观念转变，核心是机制转变，但最终要实现运作转变。大中型国有企业的公司制改制，是指我国对国有企业从产权制度入手进行的改革，是多年来国企改革迈出的最大的一步，也是十分艰难的一步。这里需要政府特别是财政给予大力的支持。

（五）中小型国有企业的改革方向是放开搞活

对国有企业改革必须把握战略性改组的策略，抓大放小，集中力量搞好大中型国企改革，尽快把小型国有企业推向市场，使其在市场竞争中求生存、求发展。搞活小型企业的形式可以是多样的，如以大带小，实行资产重组、鼓励兼并、合资、联合、托管，实行股份合作制或改造为有限责任公司，承包租赁或者拍卖出售等。

【关键词】

免费搭车　林达尔均衡　公共产品　非排他性　非竞争性　私人产品　纯公共产品　混合产品　俱乐部产品　准公共产品　全国（性）公共产品　地方（性）公共产品　拥挤性公共产品　非拥挤性公共产品　公共生产

复习思考题

1. 简述公共产品理论。
2. 简述公共产品的特征。
3. 简述公共产品和私人产品的区别。
4. 简述公共产品的分类。
5. 简述公共需要的特征。
6. 简述纯公共物品的提供方式。
7. 简述混合物品的提供方式。
8. 简述公共物品私人提供的原因。

第三章 公共选择理论

【本章中心内容】

公共选择即对非市场决策的经济学研究，或者说是对政府决策过程的经济分析。公共选择的特点是将经济交易和政治决策这两种人类行为的基本方面纳入单一私人利益分析模式，并在此基础上运用经济学的方法解释个人偏好与政府的公共选择之间的关系，研究作为投票者的消费者如何对公共产品或劳务的决定表达意愿。

第一节 公共选择理论概述

一、公共选择理论兴起的背景和原因

公共选择理论的兴起同西方社会经济的发展密切相关，它是应一定时代的发展需要而产生的。西方传统的经济学在分析经济问题时，都以亚当·斯密的“经济人”假设作为出发点，即个人参与经济活动的动机都是利己心，其经济行为的目的都是为了个人利益的最大化——作为消费者要实现效用最大化；作为生产者要实现利润最大化。但在分析社会的政治行为时，经济学家们并没有运用这种“经济人”假设，而是把各种政治团体特别是政府作为摆脱了利己心的公共机构，作为一个专门为社会谋福利而没有自身利益的组织，其参与主体更是无私奉献的“圣人”。在自由放任时代，由于国家干预经济很少，这种分析方法并没有遇到挑战。但是，当凯恩斯主义的国家干预对经济的影响不断加深、人们对政府行为日益关注之时，经济学家们就要着手探讨政府所制定的各种经济政策为什么会失败或出现偏差，财政赤字、通货膨胀、效率低下和资源浪费等经济困境的根源在哪里。公共选择理论就是在这个时候应运而生的。

第二次世界大战后的西方经济日益依赖于政府干预的现实，给经济学家和政治学家提出了重大的研究课题。20 世纪 40 年代末 50 年代初，三个年轻的美国经济学家——詹姆斯·布坎南、肯尼斯·阿罗和保罗·萨缪尔森，将经济学的分析方法应用于政治领域，力求解释民主政治和社会选择（公共选择或公共政策）的过程。他们的思想后来发展成为人所共知的公共选择理论、社会选择理论和公共物品理论。在这三种理论中，公共选择理论影响最广泛而且争论最大。公共选择理论提出了不同于作为新主流经济学的凯恩斯理论的解释。凯恩斯理论完全肯定政府对经济的干预，认为市场经济的内在缺陷必然导致经济衰退和严重失业，而国家的干预是弥补市场缺陷的唯

一良策。公共选择理论则认为，人们必须破除凡是国家政府都会全心全意为公共利益服务的观念，不应视政府为公众要求提供公共物品的机器，而要看到政府既是由个人选出，也是由个人组成的群体。因此，选举规则和个人的多元目标追求是决定政府行为的重要因素。在任何不合理的选举规则下产生的政府以及政府官员为满足不合理的个人追求而采取的行动，都将把经济状况和社会福利引入恶化的境地。英国经济学家邓肯·布莱克（Dencan Black，1908—1991 年）被尊为“公共选择理论之父”，他于 1948 年发表的《论集体决策原理》一文（载《政治经济学杂志》1948 年 2 月号），为公共选择理论奠定了基础。他在 1958 年出版的《委员会和选举理论》被认为是公共选择理论的代表作。当时，公共选择理论对这些社会“痼疾”给予了独树一帜的分析，其主要创建人是美国经济学家詹姆斯·布坎南（James M. Buchanan）。他发表的第一篇专门研究公共选择的文章是《社会选择、民主政治与自由市场》（载《政治经济学杂志》第 62 期，1954 年 4 月号）。布坎南与戈登·塔洛克（Gordon Tullock，1922—）二人合著的《同意的计算——立宪民主的逻辑基础》被认为是公共选择理论的经典著作。布坎南因在公共选择理论方面的建树，尤其是提出并论证了经济学和政治决策理论的契约和宪法基础而获得 1986 年度诺贝尔经济学奖。

此外，著名经济学家阿罗（K. J. Arrow）、唐斯（A. Downs）（代表作《民主的经济理论》）、奥尔森（代表作《集体行动的逻辑》）、尼斯卡南（代表作《官员与代议制政府》）等对公共选择理论的建立和发展也做出了重要贡献。

二、公共选择及公共选择理论

（一）公共选择概念

私人部门主要是生产私人商品，满足私人需要；公共部门则主要提供公共品，满足公共需求。私人部门之所以愿意提供私人商品，是因为存在自身利益的内在驱动，他们在私人商品的价格信息引导下，追逐利润并力图实现利润最大化目标。与私人商品不同，公共商品具有非排他性、非竞争性等特征。这就造成了竞价与收费上的困难。因此，私人部门无法提供公共商品。在这种情况下，由于不可能通过竞争确定出公共商品的价格，从而不可能在均衡价格下产生能使供求达到均衡的产量。因此，这种由众多个人构成的公共需求的产生以及公共部门对于公共商品的生产和提供，都需要经过一个复杂的选择和决定过程。这种过程，不仅是一个经济的决策过程，而且在更大程度上是一个政治的选择和决定过程。但是，社会成员的偏好有差异，公众对公共商品的品种、质量、数量有不同的要求。那么，如何从个人偏好引申出一个集体的偏好就成为公共选择的基本问题。

所谓公共选择，是指在市场经济条件下，选民以个人利益最大化为内在动力，通过投票等民主程序来实现对公共经济政策的理性抉择。换言之，就是选民按照自身愿望和利益，通过投票选择最能表达自身偏好的政府来提供公共产品，履行公共经济职能。

在实际生活中，个人的偏好是千差万别的。因此，公共选择的目的就是为了保证政府能够按照大多数社会成员的意愿来提供公共产品。为此采取的方法主要是投票或其他民主形式和程序。公共选择的机制是各参与主体通过交易来实现个人利益最大化。因此，公共选择的过程实质上就是将个人偏好转化为社会偏好的过程。

（二）公共选择理论

公共选择理论就是关于公共需求和公共商品决定过程和决定机制的理论。公共选择学派最主要的研究成果是“政治市场”学说，即把政府预算的决策过程看成是类似于市场由供求双方相互决定的过程。这个学说的中心是对投票制度的分析。

所谓公共选择理论（Public Choice Theory），是一门介于经济学和政治学之间的新的交叉学科，它是运用经济学的分析方法来研究政治决策机制如何运作的理论。

公共选择理论的代表人物詹姆斯·布坎南说：“公共选择是政治上的观点，它以经济学家的工具和方法大量应用于集体或非市场决策而产生。”丹尼斯·缪勒（Dennis C. Mueller）的定义常被西方学者引用：“公共选择理论可以定义为非市场决策的经济研究，或者简单地定义为把经济学应用于政治科学。公共选择的主题与政治科学的主题是一样的：国家理论、投票规则、投票者行为、政党政治学、官员政治等等。”保罗·萨缪尔森和威廉·诺德豪斯在他们合著的流行教科书《经济学》中的定义是：“这一理论是一种研究政府决策方式的经济学和政治学。公共选择理论考察了不同选举机制运作的方式，指出了没有一种理想的机制能够将所有的个人偏好综合为社会选择；研究了当国家干预不能提高经济效率或收入分配不公平时所产生的政府失灵；还研究了国会议员的短视，缺乏严格预算，为竞选提供资金所导致的政府失灵等问题。”通过这些定义，我们不难对公共选择理论及其研究的主题有一个大概的了解。

（三）公共选择理论提出的意义

公共选择理论的提出，一方面是基于政府提供公共产品这一前提假设；另一方面，它也开辟了对投票等政治行为进行经济学观察与研究的崭新视角。从这个意义上说，公共选择理论打破了长期以来存在的政治学和经济学的界限，成为沟通两者的桥梁。简言之，公共选择理论的核心就是对投票及其相关决策程序的研究。它重点研究个人偏好是如何转化为社会偏好的，以及在这一过程中选民的真实意愿是否得以完整、充分的表达。

（四）公共选择理论的内涵

1. 公共选择理论的前提：经济人假设

经济人假设是公共选择理论的重要前提。传统政治学中的“人”同经济学中的“人”是两个不同的概念。经济学中的“人”是理性的人，即追求个人利益最大化的人。然而，政治学中的人则是“政治人”，即代表民众利益，为了追求公共利益而展开活动，力图实现公共利益最大化的人。公共选择理论彻底颠覆了政治学中“人”的概念。经济人假设认为人有两个基本特点：自利和理性。公共选择理论认为，虽然理性原则并不总是意味着利己主义或一味追求个人主义，但个人即使在公共选择活动中也主要是追求个人物质利益，只是可能比在私人市场活动中要弱一些。而绝不是像传统理论中认为的那样，只存在公共利益而不存在个人利益。因此，在公共选择理论分析中将利己主义因素放在主要地位。

公共选择理论认为，政治领域中的人（如政治家、文官及其他国家（政府）代理人）同经济领域中的人是一样的，都是“经济人”，都是以追求个人利益最大化为行为目标的。公共选择理论认为，政治家追求选票最大化，选民追求投票净收益最大化，执行决策的政府官员追求预算最大化。这一假设，开辟了对政治现象和政治行为全新的观察视角和研究方法，构成了公共经济学的逻辑出发点和理论前提。

2. 政治市场的交易

有了经济人的假设和理论的切入点，公共选择理论还需要解决的一个问题是：在每个人都力图实现个人利益最大化的过程中，最终的结果是如何产生的？这一问题的关键在于“交易”。

交易是指各经济主体从个人利益最大化的目的出发，相互之间进行自愿交换，从而实现个人利益最大化。这一过程的本质是帕累托改善过程，其结果是帕累托最优的实现。布坎南接受哈耶克的观点，认为经济学是关于交易的学科，主要研究交易的过程及交易过程中次序的产生，研究独立的个体在自由交易中自发产生的秩序。经济学的基本命题是不同个体之间的交易。经济学是关于契约的学科，政治领域中的基本活动也是交易。政治是个体、团体之间出于自利动机而进行的一系列交易过程。政治过程与市场过程一样，基础是交易行为，是利益的互换。交易还可以分为简单交易和复杂交易。简单交易是指基本的直接的交换，一对一的银货两讫。经济领域中的交易大部分属于简单交易。复杂交易则是指在多个主体之间进行多重反复交换，即多个“经济人”的相互交易。在政治领域，由于某项决策往往会影响到多个主体的利益。因而，大部分政治决策属于复杂交易。

在经济领域里，交易各方是平等的，交易完全是自愿的，交易的过程也是非强制性的，如果有任何一方不满意，交易就可以取消。但在政治领域，交易各方的权力是不均等的，而且交易一旦确定，就不能轻易取消或更改，因而具有一定的强制性特征。

引入交易的概念，能够很好地提炼和概括政治领域中各个利益主体之间进行的复杂的利益折冲过程，描述和解释政治决策的产生过程及其结果。

3. 方法论的个人主义

公共选择理论的第三个基本出发点是方法论的个人主义，认为人类的一切活动都应从个体的角度来理解，个人是分析的基础。社会被看做一种个人追求其自身利益的总量效果，国家被当做个人得以通过它寻求自身利益的一种机构。集体行动是一些个人为了各自的利益而共同行动，并承诺遵守相应的规则的活动，它不过是个体利益得以实现的工具。

4. 公共选择理论的特点：不在于做出价值观和道德上的判断

首先必须指出的是，公共选择理论事实上就是经济分析工具在政治领域的应用。正因为如此，公共选择理论的重心不在于判断“选择”的结果，而在于研究“交易”的过程。也就是说，事实上它并不在意人们选择的结果究竟是好还是坏，是对还是错；而仅是着力于研究组成集体的国民为什么选择这样而不是选择那样。因此，公共选择理论不涉及价值观和道德观上的判断，而只是对普遍规律的总结。公共选择认为，在选民投票选择政府的过程中，或者说在个人偏好转化为社会偏好的过程中，中位选民、利益集团、官僚集团、政治经济周期等因素发挥了重要作用。同时，也正是在这些因素的作用下，最终使政府失灵成为必然。

5. 公共选择理论的切入点：市场决策和非市场决策的划分

有了"经济人"的假设作为前提，那么从何处入手来剖析政治现象和政治行为呢？公共选择理论是从对决策环境的划分开始入手的。在日常生活中，每天都充斥着大量的选择：小到穿什么衣服，买什么食品；大到在选举中投哪一个候选人的票，确定什么样的银行存款利率等。公共选择理论认为，所有这些选择，都可以根据其决策环境的不同划分为市场环境和非市场环境两大类。

表3－1进一步说明了市场决策和非市场决策的联系与区别：

表3－1　市场决策和非市场决策的联系与区别

	内　容	媒介	杠　杆	主　体	动　力
经济市场	物物交换（商品）	钞票	价格（等价交换、平等自愿）	个人之间可进行的简单交易（个人、厂商）	个人利益最大化
政治市场	参与者共同认可的公共产品成本（政策、法律制度）	选票	规则（不平等性和强制性，服从与统治）	个人或集体之间进行的复杂交易（政客、组织）	

表3－2　英国经济学家皮科克的政治市场三级结构表

初级政治市场：政治家出售政策给选民，选民为购买的政策支付选票
政策供给市场：官员向当选政治家提供政策选项和实施政策的手段，政治家向官员提供预算
政策执行市场：官员向选民提供公共产品和公共服务，选民向政府纳税

三、公共选择理论基本思路

公共选择理论认为，人类社会由两个市场组成，一个是经济市场，另一个是政治市场。在经济市场上活动的主体是消费者（需求者）和厂商（供给者）；在政治市场上活动的主体是选民、利益集团（需求者）和政治家、官员（供给者）。在经济市场上，人们通过货币选票来选择能给其带来最大满足的私人物品；在政治市场上，人们通过政治选票来选择能给其带来最大利益的政治家、政策法案和法律制度。个人在社会活动中主要是做出这两类决策，只不过，前一类行为是经济决策，后一类行为是政治决策。该理论进一步认为，在经济市场和政治市场上活动的是同一个人，没有理由认为同一个人在两个不同的市场上会根据两种完全不同的行为动机进行活动；即在经济市场上追求自身利益的最大化，而在政治市场上则是利他主义的，自觉追求公共利益的最大化。同一个人在两种场合受不同的动机支配并追求不同的目标，是不可理解的，在逻辑上是自相矛盾的，这种政治经济截然对立的"善恶二元论"是不能成立的。

公共选择理论试图把人的行为的两个方面重新纳入一个统一的分析框架或理论模式，用经济学的方法和基本假设来统一分析人的行为的这两个方面，从而拆除传统的西方经济学在经济学和政治学这两个学科之间竖起的隔墙，创立使二者融为一体的新政治经济学体系。

第二节　投票理论

一、西方民主决策机制与投票规则

民主决策机制分为直接民主决策和间接民主决策两种形式。直接民主决策机制是指公民直接投票，参与公共决策，并以投票结果作为最终选择的一种决策制度。间接民主决策机制是指不由公民直接投票进行公共决策，而是由他们投票选举出少数人作为代表，并授权这些代表按确定的政治程序做出公共决策的一种决策制度，它也被称为代议制民主决策机制。直接民主决策机制的复杂性和运行的高成本，使其不能成为经常使用的决策机制。在西方国家现实政治生活中，实际运行的主要是间接民主决策机制。

间接民主决策机制的投票规则包括一致同意规则和多数票规则。

1. 一致同意规则

这是指一项决策须经全体投票人一致赞同或没有任何人反对，才能获得通过的一种投票规则。该规则实行的是一票否决制。根据这个规则做出的集体决策，可以满足所有投票人的偏好。因此，一致同意规则可以达到帕累托最优状态，这一点已经由维克塞尔（Wicksell）和林达尔（Lindahl）提出的维—林模型得以证明。

但在实际中，一致同意规则由于一些明显的缺点而难于被普遍使用，这些缺点是：①决策成本太高。有人曾证明，在三个人的场合一致同意就难以达成决策，在成千上万人的社会就更加困难。②这一规则要求人们在投票时能真实表达自己的偏好（如希望的公共物品数量及自己愿承担的税收份额），而由于公共决策利益分享的特殊性，投票者会采取策略行为隐瞒自己的真实偏好，以使自己获得更大利益而承担较少的成本。在多数投票者持有这种动机时，将使决策无法达成。③这一规则会被某些不良用心的人利用，从而造成少数人的苛政。因为任何一个人都有否决权，不良用心的人会借此敲诈那些极想使表决议案通过的人，以获得好处。基于此，一致同意规则只有在较小范围的公共决策活动中才是适宜的。

2. 多数票规则

这是指一项决策须经半数以上投票人赞成才能获得通过的一种投票规则。多数票规则又分为简单多数票规则和合格多数票规则。按照简单多数票规则，只要赞成票超过 1/2，议案或决策就可以通过。按照合格多数票规则，赞成票必须高于半数以上的相当大的比例，议案才能获得通过。这种合格多数票规则又可以分为 2/3 多数制，3/4 多数制，4/5 多数制等。

虽然简单多数票规则最为基本和常用，但是实践中到底使用哪种具体的投票规则，通常视被表决议案的重要性而定。

在我国，决策的规则一般是一致同意规则和多数同意的规则。一致同意规则实质是一票否决制，该规则是最符合维护共同利益要求的规则，但一致同意规则很难实施。其原因是政府决策参与人有不同的偏好，难以达成一致意见；即使达成一致意见，其成本也是十分巨大的。

多数同意规则是政府决策普遍采用的决策规则，但无论是简单多数同意，还是比例多数同意并不必然有效。原因在于：第一，在对两种以上的方案进行选择时可能出现循环表决，循环表决不可能有最终结果；第二，为了消除循环表决，使决策有结果，便有可能规定表决程序，这样就会因决定表决程序的权力是决定表决结果的权力，谁决定程序，谁就决定决策结果；第三，多数同意规则不能完全反映个人偏好，特别是我们的多数同意在现实生活中取决于政府决策参与人是否进行了广泛深入的调查研究。（例如：公交车票的涨价，听取听证会，但参加人并没有一定代表性，政府如依此为决策标准，势必会造成决策的失效。）

二、投票机制与中位选民

（一）投票与社会偏好

西方学者认为，民主有两种基本形式，即直接民主和代议制民主。直接民主是指主权由公意组成，不可转让，不可剥夺，也不可被代表，只能由人民集体直接行使。代议制民主是指现代国家实现人民主权的制度安排，它通过选举来委托专门代表行使管理国家事务的权力。无论直接民主还是代议制民主，都把投票看做其基本手段。

在公共选择理论看来，投票是把个人偏好转变为社会偏好的手段之一，是现有的民主决策中的最佳方法。肯尼斯·阿罗将投票描述成“一种纯粹的社会选择行为……社会按照选定的投票制度加总选票做出选择”。选民（纳税人）参加投票的原因是期望通过投票来改善其处境或提高其福利水平。因此，投票不仅是公民权的体现，更是个人偏好的显示。所以，个人偏好是投票的研究起点。

对个人偏好的研究，又集中在两个方面。一是对个人偏好显示的研究，二是对个人偏好加总的研究。对个人偏好显示的研究表明，在个人利益最大化的作用下，人们个人偏好的显示往往有种种偏差。例如出于对公共产品成本负担的恐惧而故意隐瞒个人偏好；进行策略性投票以取得更为有利的选举结果；不愿意参加投票；不同集团或个人偏好显示的强度不同等。在对偏好加总的研究上，肯尼斯·阿罗认为，将个人偏好加总为社会偏好必须要首先满足下面五个前提。一般称之为“阿罗五原则”。

1. 理性原则

理性原则即所有备选项之间均具有可比性和可逆性。也就是说，在每两项备选项中，必然是一个比另一个更加符合个人偏好。即如果X优于Y，Y优于Z，那么X肯定优于Z。

2. 帕累托改进原则

所谓“帕累托改进”，就是一项政策能够至少有利于一个人，而不会对任何其他人造成损害，即选择的结果必须有利于对现有状态的改善。如果在经济政策中为了改善某些人的利益而损害另外一些人，那么这就不是帕累托改进。最好我们能够找到一些政策，对一部分人有益，同时不损害任何人，这就是帕累托改进。我国在经济改革中就大量地应用了帕累托改进的理论，使改革能够比较顺利地推进。因为谁也没有受损，改革的阻力就比较小。

3. 独立原则

在针对不同的备选项进行选择的时候，只取决于人们对这些选项的偏好排序而不受其他因素的影响。

4. 非限制原则

个人按照自己的意愿进行自由选择，即不应对个人偏好的选择排列顺序作限制。

5. 非独裁原则

非独裁原则即排除某一个人偏好强加于全社会的可能性。

有必要指出，阿罗五原则全部都得到满足是很困难的。在个人偏好经过加总向社会偏好转化的过程中，面临着诸多难题。

（二）多数决策与投票悖论

在实际生活中，普遍采用的是多数原则。在只有两种被选方案时，多数投票原则是非常有效的。但是，如果同时有两个以上备选方案时，就会出现循环投票，无胜出者的现象，我们称之为“投票的悖论”。

我们先通过例子来说明投票悖论。假定有三个选民甲、乙、丙，每人要共同面临A、B、C三种选择方案，A代表低水平的财政支出方案，B代表中等水平的财政支出方案，C代表高水平的财政支出方案。每个人的偏好顺序见表3-3：

表3-3　选民个人偏好顺序排列表（1）：

排序 / 选民	第一选择	第二选择	第三选择
选民甲	A	B	C
选民乙	B	C	A
选民丙	C	A	B

按多数票规则由三个人对三个方案进行两两投票表决，看能否排出一个稳定的集体偏好顺序来。

先就A与B表决，A获胜。

再就A与C表决，C获胜。

如果偏好具有传递性，C将最终获胜，偏好顺序为C胜A胜B。

但如果再就C与B表决，集体偏好顺序为$C>A>B>C$，出现了投票循环现象，投票结果不具有传递性和稳定性。

这种在多数票规则下，投票可能不具有稳定一致的均衡结果的现象，被称为投票悖论（Paradox of Voting）。由于早在18世纪80年代，法国社会学家孔多塞和数学家博尔塔就发现了这一现象，因此它也被称为孔多塞悖论（Condorcet's Paradox）。

那么，是否可以在投票程序上通过某种“技术”性的改变来消除投票悖论呢？为此我们引入淘汰制，如上例：

A 与 B 先表决，A 胜 B，则 B 被淘汰；A 再与 C 继续对决，C 胜 A，表决结束。其结果 C 最终获胜，且是稳定和唯一的。

但是，我们会发现，如果改变投票程序，比如先让 B 与 C 进行表决，胜者再与 A 对决，则会出现 A 最终获胜的结局。这时，尽管选民的个人偏好没有任何的改变，表决结果也是唯一的，但结局却和前面不一样了。由此可见，在淘汰制的直接民主决策机制下，虽然投票悖论被消除，但投票的结果依赖于投票程序，投票程序的改变将直接影响到决策结果。这就又出现了问题：如何在不违背民主宗旨的前提下来确定投票程序呢？能有效保证投票程序不被人为操纵吗？遗憾的是，这些问题几乎无法被理想地加以解决。这就是多数票决策规则面临的困境。

投票的悖论告诉人们，在面临多个备选项时，根本不存在能同时满足“阿罗五原则”的社会选择。为此，学者们试图通过对“阿罗五原则”的修正来避免投票悖论的产生。

布莱克就此提出了单峰偏好理论。所谓单峰偏好，是指每个选民的偏好只有一个峰值。布莱克的理论实际上是对“阿罗五原则”中的第 4 项（非限制原则）做出的修正。单峰偏好是指在可选择的方案中，人们最理想的结果只有一个，如偏离这一点，无论方向如何，其效用都是下降的。布莱克单峰偏好理论实质是要求每位选民在多轮的投票中只能锁定一个偏好。与单峰偏好相对的是多峰偏好，即选民的偏好有两个或两个以上的峰值。而多峰偏好是指人理想的结果不止一个，如在偏离了最理想的结果后其效用出现先降后升，则具有双峰偏好。

如果所有的投票者的偏好都是单峰型的，则不会出现投票悖论。我们可用下面的例子来说明布莱克的这一理论。将上一个例子中选民丙的个人偏好顺序作一些调整，调整后的结果见表 3-4。

表 3-4　　选民个人偏好顺序排列表（2）：

排序 / 选民	第一选择	第二选择	第三选择
选民甲	A	B	C
选民乙	B	C	A
选民丙	C	A	B
选民丙 2	C	B	A

在 A 与 B 的表决中，B 胜 A；在 A 与 C 的表决中，C 胜 A；在 B 与 C 的表决中，B 胜 C。

表决的最终结果是唯一的，且具有传递性，显示出的集体偏好顺序为 B 胜 C 胜 A。

我们再将表中数据分别用坐标图表示，以观察一下不同偏好的“峰”型。

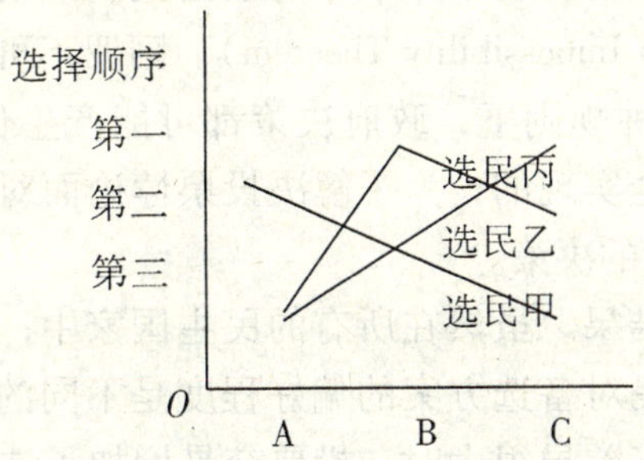

图 3－1 单峰偏好

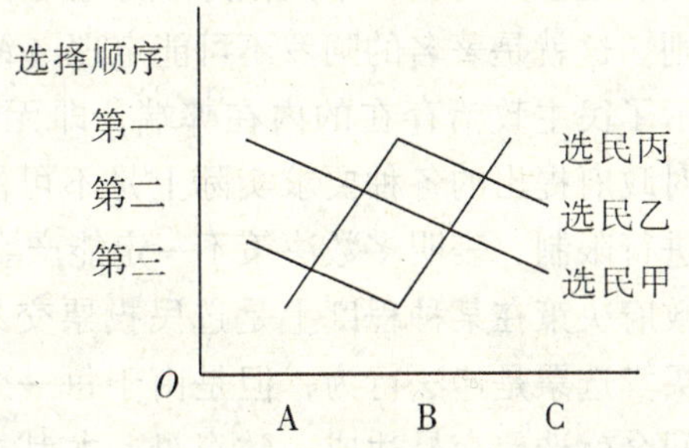

图 3－2 单峰偏好和双峰偏好

所谓中间投票人是指这样一位投票者，他的偏好正好处于所有投票者的偏好的中点上，高于他偏好的人的数量和低于他偏好的人的数量正好相等。

正式提出中间投票人定理的是唐斯。他在 1957 年出版的《民主的经济理论》（An Economic Theory of Democracy，New York）中指出：如果在一个多数决策模型中，个人偏好都是单峰型的，则反映中间投票人意愿的那种政策会最终获胜，因为选择该政策不仅使中间投票人获益最大，也使其他人损失最小。

（三）偏好强度与投票交易

假定一个社区有三个备选项目，分别是医院、幼儿园、图书馆。该社区有三个投票人，分别为选民甲、选民乙、选民丙，表 3－5 显示了每个项目对于每个投票人的效益（负号表示净损失）。

表 3－5 投票交易可以增进社会福利

项目	投票者			净效益之和
	选民甲	选民乙	选民丙	
医院	200	－55	－50	95
幼儿园	－30	150	－40	80
图书馆	－120	－65	300	115

我们看一下选民甲与选民乙能否进行交易，假定两人互投赞成票，甲可获 170 单位的净效益，乙可获 95 单位的净效益，因此交易可以达成，使医院和幼儿园方案均获通过。同理，选民甲和选民丙也可达成交易，互投赞成票。最后，三个项目因为选民互投赞成票均获通过，而这增加了社区的整体利益，是有效率的。

综上所述，正如阿罗所指出的：满足一切民主要求而又能排除循环投票困境的决策机制是不存在的。单峰投票和多峰投票之间的矛盾证实了民主政治的内在缺陷：循环投票。其结果是，要么造成多数人暴政，要么进行投票交易，即互投赞成票。无论采取什么方式，最终都是选民利益受损，全社会福利水平下降。

（四）阿罗不可能定理与中位选民定理

经济学家阿罗经过研究并用数学方法证明，不存在一种既满足民主制度的一切要求，又能把已知的各种个人偏好顺序总合为统一的社会偏好顺序的政治机制或集体决策规则。这就是著名的阿罗不可能定理（Arrow’s Impossibility Theorem）。阿罗不可能定理揭示了民主政治存在的内在弊端，即无论哪种规则下，政府决策都可能产生偏差，民众对政府提出的各种要求实际上是不可能完全实现的；为了解决投票悖论而对投票前提进行限制，表明多数决策不一定能产生正确的决策。

政府决策在某种程度上是选民投票交易的结果。虽然在所有的民主国家中，选民个人买卖选票是违法行为，但是由于每一个选民对备选方案的偏好程度是不同的，选民之间会就选票交易达成一致意见。尤其当偏好差异很大时，投票交易增加了选民赢得对他们而言相对重要的方案的可能性，增加了选民利益，并且可以推测其最终结果是增加了社会整体福利。投票交易是经济学家从经济人假设出发的合理推断，也是现实政治生活中普遍存在的现象。但是，对投票交易的进一步分析表明，由于交易总是限于一定规模的选民，对没有参与交易的选民而言，他们的个人收益很可能由于这些交易而受到严重损害。因此，批判投票交易的经济学家认为，投票交易不利于社会福利的提高。投票交易中存在的另一个问题是，参与投票的选民可能隐瞒或者故意公开错误的偏好信息，以此骗取交易机会，并实现个人收益最大化。因此，投票过程是可以操纵的。更进一步说，每个非独裁的投票过程都是可以操纵的，除非选择只限制在两个选项内作出，或者严格限制了个人偏好的范围。也就是说，当面临多个备选方案时，如果个人偏好是单峰的，或者选民的偏好中存在多峰偏好，选民可以通过改变自己的偏好显示来操纵投票。此外，如果投票规则的制定者减小选民对投票结果的影响，也可以操纵投票过程。

尽管投票过程中会出现各种影响投票结果的不确定因素，经济学家还是发现了影响投票行为的普遍规律，这就是中位选民定理。所谓中位选民，是指将处于所有投票者最优偏好结果的中间状态的投票者。中位选民最偏好的公共产品或劳务的提供量，往往是多数规则下的政治均衡。西方经济学家将此称为中位选民定理。

中位选民与中产阶级有联系但并非一定就是中产阶级。中位选民所选择的公共产品供给水平往往是多数决策机制下可能得出的政治均衡。所谓政治均衡，是指在一个社会里按一定规则就公共产品的供给量及相应的成本分摊（税收）达成协议。安东尼·唐斯据此进行研究后提出：在代议制民主中，各党派是为了赢得选举而制定政策，而不是为了制定政策去赢得选举。在多党政治中，谁抓住了中位选民的偏好谁就赢得了选举。

中位选民在西方民主政治中的作用体现在两方面：对政党而言，他们必须寻找中位选民的偏好以获得最多的选票而当选，各个政党的竞争会导致一个代表大多数人意见的政治纲要；对社会福利而言，中位选民定理能将社会福利损失降到最低点。

在实际政治生活中，中位选民定理并不能完全发挥决定作用。因为在西方多党制代议制民主的选择方式下，选民不是直接选取某一个党派的政策或者选取某个党派的承诺，而是选取某个党派或代表，选民相信这个代表在政策制定过程中会以像公民本人亲自去投票那样的方式进行投票。在进行政府政策分析时，多数通过原则以及由此引出的中位选民定理是经常被用到的。中位选民的规模和他们的偏好往往难于测定，社会分化程度是研究中位选民和所有选民关系的关键。

三、影响公共选择的各种因素

除了投票的悖论和中位选民之外，影响公共选择的其他因素还有：利益集团、官僚集团以及政治家人为造成的政治经济周期等因素。

（一）利益集团

在投票过程中，除了选民作为个体进行选择之外，还存在大量的利益集团的行为。这些利益集团的存在，在相当程度上影响了选民真实意愿的表达和政府的决策。所谓利益集团，是指具有同样偏好的个人群体。

利益集团可以划分为以下两种：一种是以提高社会整体福利为目标的利益集团（如环保、动植物保护组织利益集团等）；另一种是以福利再分配为目标的利益集团（如行业协会、工会等，其目的是在再分配性公共决策中取得或维护其垄断地位）。

利益集团的形成有其必然性：首先是可以降低信息成本。如前所述，由于利益集团是具有相同偏好的个人群体，因此其成员可以分摊利息成本和交易成本。其次是可以增强其偏好显示的稳定性。利益集团的存在有一定的稳定性，其成员偏好具有一定的可预见性。因此，在选举和政府决策中，各政党的候选人和相关政府官员往往会对利益集团的要求做出反应。

利益集团发挥作用的途径有二：一是影响立法程序，二是干涉行政事务。影响立法程序的行为包括：向立法机构施加影响，争取代表公共利益的议员群体和集团直接参与立法程序，在投票中争取多数选民。干涉行政机构的决策的行为包括：充任民意代表，控制有关部门的官员人选，参与法律制定的前期工作。

公共选择理论从成本—收益法则出发，还对利益集团内部关系进行了研究。利益集团一般可以分为相容性利益集团和排他性利益集团。前者是指一个人的收益不影响同一集团中他人的收益，因而成员具有扩大本集团利益的动力；后者是指个人收益的获得会影响同一集团中他人的收益，因而成员缺乏扩大本集团利益的动力。同样，根据成本—收益法则，利益集团及其成员之间的相互关系表现为：当收益大于成本时，个人选择进入利益集团；当收益小于成本时，个人选择退出利益集团。因此，当个人收益与集团规模成正比时，集团倾向于扩大；当个人收益与集团规模成反比时，集团倾向于缩小。

利益集团与寻租有着密切的联系。在公共经济学中，寻租是指那些以福利再分配为目标的利益集团或个人通过影响公共选择和决策来为己谋利的行为。寻租会造成一定的成本付出。一般而言，寻租成本有三种形式：①利益集团或个人为取得和保持垄断地位的支出；②政府部门为这类支出做出的反应；③寻租行为引起第三方行为扭曲的支出。这些成本有可能超过集团或个人从寻租中获得的收益。无论寻租的收益是否超过其支出成本，任何寻租行为都将极大地降低社会整体的福利水平。

（二）官僚集团

在西方民主政治体制下，政府的组成包括政治家和官僚两部分。政治家需要通过选举获得职位，对选民负责，经常更换。官僚则是凭借专业技术受到雇佣，基本上是终身的，他们只对机构和上级负责。

官僚是公共决策的执行者，是公共产品的生产者、提供者和维护者。他们的行为具有以下一些特征：

（1）缺乏竞争性：不存在其他提供同类产品的竞争者；

（2）缺乏激励机制：官僚体制的稳定性和决策程序的封闭性排斥了有效的激励手段；

（3）非利润化：官僚对公共产品的供给只重视保证供给，而不计利润和效率；

（4）缺乏敏感性：所提供的公共产品不通过市场价格来表现，因而对公共产品的评价缺乏敏感性；

（5）个人影响力较大：由于政府信息的非公开性，官僚个人的好恶会不同程度地影响公共产品的供给水平。

公共选择理论从经济人的假设出发，认为官僚的任何行为也是以争取个人利益最大化为目标的，因而官僚体制有着不断扩大本部门权限，并为此争夺预算的内在动力。由此而产生的后果就是政府规模的不断扩大。这是导致政府失灵的原因之一。

（三）政治经济周期

所谓政治经济周期，是指经济活动往往围绕大选周期发生波动。政府一般在大选来临之际寻求对其有利的经济结果，而把对其不利的经济结果推迟到大选之后。

政治经济周期形成的根本原因在于：在代议制民主中，各党派是为了赢得选举而制定政策，而一旦政党赢得选举组成政府，政府的一切行为便被认为是为了赢得下一次的选举。在西方，这种选举往往是每隔 4 年或者 5 年举行一次，因而政府的行为也形成了相应的政治经济周期。其具体表现可细分为：①政治家行为的出发点是保证在选举中当选；②选民关心的是事关己利的事：通货膨胀和失业，而不大关心其他指标；③选民是近视的，只有短时期内使选民利益最大化的政策调整，才为选民所欢迎；④政治家之间的竞争不是社会福利最大化之争，而是现有福利的再分配之争；⑤政策的目标是可组合、可选择取舍的。

在分析了投票过程中发挥作用的诸多因素后，公共选择理论得出的结论是政府失灵是必然的。这是因为：①首先选民真实意愿的表达存在问题；②投票机制和投票加总方法的选择实际上制约了选民实际的选择能力；③利益集团的存在又进一步使选民失去了对选择结果的“平等”的影响力；④尤其重要的是，无论用何种方式做出的公共选择，最后的施行者又是缺乏制约的官僚机构；⑤政治经济周期的存在使政治家或者说候选人只关心当选和继任，在选举中对公共产品供应所许下的诺言往往在当选后不能完全兑现。因而，从逻辑上看，西方代议制民主国家中，政府的失灵是必然的。

第三节　政治行为的经济理论

在间接民主决策机制中，有三类主要的决策参与者，即选民、政治家和官僚。

一、选民行为目标和特点

公共选择理论是这样认为的：选民个人无论是作为消费者还是投票者，无论是在经济市场上还是在政治市场上，其行为动机和目标都是一致的，都是为了追求个人利益最大化，即都作为理性的经济人在进行经济活动或政治活动。

按理性投票人假设，选民的行为会有两个特点：一是某些选民会放弃投票权，二是某些有着共同利益的选民会结成特殊利益集团。

二、政治家行为目标和特点

公共选择理论认为，政治家也是理性的经济人，他和消费者、生产者具有同样的行为动机，即追求自身利益的最大化，其具体目标是当选或连任，也可说是争取选票最大化。

在这一假设前提下，政治家的行为具有如下特点：

（1）政治家在竞选时会宣布一些最能被“中间投票人”接受的政策主张。

（2）在收入政策方面，政治家更多地倾向于用发行公债来代替税收。

（3）在支出政策方面，政治家总是倾向于扩大公共支出的规模和范围。之所以这样做，一是有利于获得和不同支出项目相关联的特殊利益集团的支持；二是钱多好办事，可以突出政绩；三是受到具有信息优势的官僚影响，官僚们希望扩大本部门的支出。

三、官僚行为目标和特点

在公共选择理论看来，官僚的行为动机同样是追求自身利益的最大化，具体体现为追求高薪、晋升、特权、恩惠等。而这些都是与财政预算的规模正相关的。因此，尼斯卡宁（Niskanen）得出结论说，官僚们的目标是追求预算的最大化。

对官僚行为的认识需注意以下几点：

（1）官僚并非完全被动地执行政治家的决策，而是有一定的主动权。

（2）由于政治家与官僚之间信息的严重不对称性，使得政治家在决策时不得不依赖于官僚的配合，从而使官僚能够对政治家的决策施加重要影响。

（3）由于信息的不对称，尽管政治家可以对官僚的行为进行监督和约束，但其效果十分有限，这也许是政府行政效率低下的一个重要原因。

四、公共选择理论的启示和借鉴意义

公共选择理论用经济学的思维方法，对政府管理过程中所出现的一系列问题进行

了深入的分析。这不但在经济学界开辟了一个新的研究领域，而且也为研究政府的行为提供了一个新的研究途径。同时，它也深刻揭示了市场经济条件下政府与市场之间存在的一些共同特征，指出了政府干预经济的限度和政府干预失败的根本原因。因此，我国在市场经济发展的时期，可以从公共选择理论中得到一些启发。

第一，政府必须把握好在干预经济活动中的适度原则，在政府利益和社会公共利益之间架构起一套激励共容机制。由于市场存在着一定的自发性，注定了它会在有的时候失灵，所以政府就有必要对市场进行一定程度的干预。但是，政府在干预经济的过程中，并不一定就能弥补市场的不足之处，因为政府本身也有职能上的缺点，它也会失败。因此，在建立社会主义市场经济的过程中，我们既要发挥好市场对资源配置的基础性作用，同时又要把握好政府干预经济行为的限度，使政府能够有效地弥补市场机制的不足，而不是取代它。当然，我们也不能完全照搬公共选择理论的结论，因为对于市场经济已经非常成熟而且官僚体制已达到极致的西方发达国家是适用的而且实践证明是成功的理论，但对于我们这样一个“后发外生型”的国家，要实现跨越式发展，没有政府的大量干预和推动是不可能实现的。所以，解决问题的关键是在政府利益与公共利益之间建立起一整套激励共容机制。这样，政府利益不仅不会损害公共利益，反而更能促进公共利益。

第二，在经济体制改革的同时，要进行政治体制和行政体制改革，逐步转变政府职能。经济市场与政治市场具有相似性，经济过程和政治过程也有密切的联系。政治过程的缺点会对经济过程产生不良的影响。目前，我国正处于改革的关键时期，虽然市场经济体制改革已初见成效，但政治体制改革却相对滞后，特别是政府机构改革、政府职能与效率改革等方面还存在许多理论上与实践上的障碍。公共选择理论的政府观，为我们对政府、政府与市场关系的研究提供了有益的启示，对我国的政治体制改革也有一定的借鉴意义。所以，为了早日建成比较完善的社会主义市场经济，必须进行相应的政治体制改革，并依据市场经济的内在要求转变政府职能。

第三，必须加强法制建设，将政府的决策纳入法制建设的轨道。布坎南认为，一方面，由于决策者会被自身“经济人”的动机所左右，导致其对公共利益的理解难以切合实际；另一方面，由于决策者自利动机的刺激作用，使得他们的决策行为往往不是倾向于最大限度地增进公共利益，而是依据自己获得的信息和个人效用最大化原则来决策。可见，政府的决策并不能确保资源的最佳配置，其原因在于缺乏一种约束机制来制约政府的决策行为，因此必须为政府制定政策建立某种规则和程序，以使政策方案趋于合理，避免决策失误。在我国建立和发展社会主义市场经济的过程中，公共决策的制定和执行必须按照法律的规定进行，逐步优化制定和执行公共政策的系统，完善公共决策体制和相关规则，逐步提高政策制定和执行的质量。

第四，公共选择理论中的“经济人”假设，为我们的财政决策机制的设计提供了富有启发性的思路。要正确看待政府行为在市场经济条件下的“经济人”特征，并且适当考虑政府行为的经济效益。由于我国是社会主义国家，我国政府无疑是代表最广大人民群众根本利益的，政府机关的工作人员必须全心全意地为人民服务，始终是人民群众的公仆。但是，政府部门和其相关的工作人员对于他们自身利益的追求，我们不但要加以重视，而且要正确地进行引导，并进一步加以规范。这样做的根本目的是调动政府机关工作人员的积极性，防止腐败行为的发生。还有，我国政府机关工作效率低的主要原因是没有减少成本的激励机制，缺乏对经济效益的监控。依据公共选择理论，我们可以利用经济学的方法对政府的经济行为特别是公共开支项目进行损益分析，以此评价项目的净收益及政府的绩效。

【关键词】

公共选择　阿罗五原则　阿罗不可能定理　中位选民　投票悖论　单峰偏好　多峰偏好　官僚行为　选民行为　政治家行为

复习思考题

1. 简述公共选择理论的内涵。
2. 简述阿罗不可能定理与中位选民的产生。
3. 简述公共选择的影响因素。
4. 如何理解投票悖论？单峰偏好与投票悖论之间是什么关系？
5. 简述选民、政治家和官僚在间接民主决策机制中的行为目标和特点。
6. 公共选择理论对我国改革和完善财政决策机制有借鉴意义吗？试具体分析一下。
7. 什么是“阿罗五原则”？
8. 在我国，公共选择理论主要应用于哪些方面？

第四章　财政支出概论

【本章中心内容】

本章主要阐述了财政支出的概念、原则，财政支出的规模及影响因素，财政支出增长的不同理论解释以及我国财政支出结构的发展变化趋势和优化的思路，还有衡量财政效益的方法。

第一节　财政支出的原则和种类

财政支出可以从两个角度理解：第一，财政支出是政府把集中起来的社会资源按照一定原则进行分配，以满足社会公共需要的各项财政活动的一个过程；第二，财政支出表现为政府为了履行其职能而花费的资金总和。财政支出是政府分配活动的重要环节，反映了财政活动的范围和方向。

一、财政支出的原则

财政支出是指政府为履行其职能而支出的一切费用的总和。政府在安排财政支出的过程中，必须考虑影响财政支出实现的客观经济基础，确定财政支出安排的基本原则，才能既满足政府公共支出的需要，又达到公共支出的最大社会效益。

（一）收支平衡原则

财政支出要遵循量入为出和量出为入的原则。量入为出是说政府根据一定时期内的财政收入总量来安排财政支出，力争做到财政收支平衡。从总体看，这一原则体现了一国经济发展水平对财政支出的制约，是政府理财的重要思想。量出为入原则的含义是指应根据国家最基本的财政支出需要来确定收入规模，从而将财政支出放在一个明显的地位来考虑，是对政府公共支出保持必要数量的一种肯定。因此，量出为入的财政思想与现代国家财政分配普遍认可的国家干预市场经济的理论更为接近。这既是社会发展的需要，也是一种积极的财政分配观念。此外，财政收支平衡不是绝对的，略有赤字，略有结余，都被看做是财政平衡。

（二）公平原则

财政支出所强调的公平原则是指实现社会公平。其具体表现为促进社会财富分配的相对合理，最基本的要求是每一社会成员的基本生存需要和发展需要有相应的物质来满足，这是保证社会稳定和发展的重要条件。社会公平问题的提出，在于因种种原因形成的社会财富分配上的差距过大和贫富悬殊。这种差别在一定范围内可以为社会所接受，但超越一定界限则会造成社会成员不可克服的困难，并引起一系列社会问题甚至殃及社会的稳定与发展。由于社会成员是根据市场原则进行的财富分配，不可能讲究社会公平。因此，实现社会公平必然成为国家和社会考虑的问题。

从财政支出角度讲，政府更多的是通过财政支出结构和对象的调整来修正或改善社会成员、社会集团对物质财富的占有份额，实现相对的社会公平。由于社会公平因不同的社会制度和不同的历史发展阶段而存在差异，这使得各国政府在促进社会公平上的具体制度也各有特点。在国际社会中，能用反映社会财富分配和贫富差异的洛伦兹曲线和基尼系数，可以作为政府解决社会不公平的参考指标。此外，各国政府也可以根据国内经济发展水平，按人均收入划出贫困线，并以此作为政府扶持的标准。还可以在医疗、教育、环境等各方面提供公共服务，作为政府促进公平实现的措施。为了有效地保证公平的实现，当代许多国家都认同建立政府的转移支付制度，特别是社会保障制度和财政补贴制度。这些制度的建立，一方面，通过转移支付制度可以协调地区经济发展，缩小贫富差距；另一方面，通过财政补贴可以解决居民的基本生活保障，调节社会集团间的利益差距。在向市场经济过渡的过程中，我国政府间转移制度和社会保障制度的建立与完善，也是出于实现社会公平的需要。

（三）效率原则

财政支出的效率原则就是通过公共选择过程，优化财政支出结构，优化公共资源配置结构，使社会效率最大化。财政支出实际上是一种资金的投入，这种投入与产出的对比关系，反映着财政支出的效率问题。因此，在安排财政支出的过程中，要尽可能用同样多的投入获取更大的产出。但是，财政支出效率与一般的经济效率是有区别的。通常情况下，经济效率是用来衡量生产经营效果的重要经济指标。它可以准确地反映经济活动各种投入与产出的关系。产出的总价值量越大，经济效率越高；反之，经济效率越低。由于财政支出的安排是以国家和社会稳定、国民经济各部门的协调发展、全社会共同利益的实现为目标，这使财政支出首先要实现的是经济效率和社会效率，即要求通过公共支出使资源的配置能促进相关部门的发展来影响整个社会经济，使国家宏观经济状况得到改善。在这一前提下，即使财政支出并未对增加财政收入、改善财政状况发挥直接影响，也是符合财政支出效率原则的。

（四）稳定原则

财政支出的稳定原则是财政的稳定发展职能的体现，就是政府通过对财政支出进行“逆风向经济”操作，以防止经济的波动，最大限度地克服市场失灵的一种宏观调控手段。由于政府的财政支出可以直接扩大需求，财政支出自然成为调节经济、稳定经济的一种有效的杠杆。当然，不同的财政支出则对经济的影响是不同的：政府的购买性支出，可以直接扩大社会的就业与产出；而转移性支出则对国民收入分配具有直接的影响。前者侧重于经济效率的调节，后者侧重于社会公平的调节。不管是出于经济效率的考虑，还是社会公平的选择，最终目的都是要实现社会经济的稳定。稳定发展的目标包括四个方面：充分就业、物价稳定、经济适度增长、国际收支平衡。但这四大目标之间是有矛盾冲突的，所以稳定的目标只能基于特定的经济条件。

二、财政支出的分类

财政支出结构可以反映政府在一定时期内的政治经济目标和政策取向，也能在一定程度上反映国家经济发展的阶段性特征。合理的财政支出结构可以为国家预定目标的实现提供重要的物质保障。但由于财政支出的种类繁多，各种支出的性质不同、目的各异。如果缺乏科学的分类，难以对其进行专门的研究和有效的管理，对科学地确定各种财政支出之间的比例关系也将缺乏依据。因此，对财政支出进行分类有利于从理论上加强对财政支出结构的研究，以及从实践上探索建立合理的财政支出结构的途径。

（一）按照支出用途分类

按照支出用途分类是我国迄今为止财政支出的主要分类方法。其理论依据是马克思关于社会产品价值构成理论。社会总产品在价值构成上分为 c、v、m 三部分。经过初次分配以后，社会总产品相应地转化为补偿基金、消费基金和积累基金。从最终的使用来看，补偿基金并非全部用于补偿消耗的生产资料（重置投资）。因为在固定资产规模不断扩大的情况下，在全社会的固定资产折旧价值中，有一部分可以用于积累性的投资。消费基金也不会全部消费掉，有一部分会以储蓄的形式沉淀下来，用于新增投资。一般来说积累基金都用于新增投资，但剩余产品并非全都转化为积累基金，有一部分转化为社会消费基金，用于扩大再生产和提高人民的物质文化水平。可见，社会总产品经过初次分配后，最终的使用在静态上形成了补偿性支出、消费性支出和积累性支出。在动态上形成了投资性支出和消费性支出。

我国财政支出按照用途分类，主要有基本建设支出、增拨企业流动资金、企业挖潜改造资金、科技三项费用、地质勘探费、工业交通商业等部门事业费、支援农村生产支出、农林水利气象等部门事业费、文教科卫事业费、抚恤和社会救济事业费、国防费、行政管理费、价格补贴等 13 大项。

按照社会总产品的价值构成归类，其中挖潜改造资金属于补偿性支出；基本建设支出、增拨企业流动资金、支援农村生产支出以及科技三项费用、地质勘探费、工业交通商业等部门事业费、农林水利气象等部门事业费、文教科卫事业费等支出中增加固定资产部分，属于积累性支出；抚恤和社会救济事业费、国防费、行政管理费、价格补贴以及科技三项费用、地质勘探费、工业交通商业等部门事业费、农林水利气象等部门事业费、文教科卫事业费等支出中非增加固定资产的部分，属于消费性支出。

（二）按照政府职能分类

2007 年以前，我国财政支出按照政府职能可分为：经济建设支出、文教科卫支出、行政管理费支出、国防费支出、其他支出五大类。

经济建设费主要包括：基本建设拨款支出、国有企业挖潜改造支出、科技三项费用、简易建筑支出、地质勘探费、增拨国企流动资金、支援农村生产支出、城市维护建设支出等。

文教科卫费主要包括：文化、教育、卫生、出版、通信、海洋、地震、广播、计划生育等方面的研究费、补助费等。

国防费主要包括：武器与军事设备支出、军事人员给养支出、对外军事援助支出、民兵建设事业费支出等。

行政管理费主要包括：国家行政机关、事业单位、公安机关、司法机关、检察机关、驻外机构的各种经费、业务费和培训费等。

其他支出主要包括上述以外的支出。

（三）按照经济性质分类

按照经济性质分类，财政支出分为购买性支出和转移性支出。

购买性支出指政府在商品和劳务市场上购买所需要商品和劳务的支出。它既包括政府购买日常行政管理所需商品和劳务的支出，又包括政府投资兴办各种事业所需商品和劳务的支出。前者如政府各部门的事业费，后者如政府各部门的投资拨款。购买性支出的特点在于政府支出获得了等价性补偿。也就是说，一方面政府通过财政支出了资金；另一方面它也获得了相应的商品与服务，并运用这些商品和服务来实现其政府的职能。可见，在这种性质的支出安排中，政府如同其他经济主体一样在从事等价交换的活动，它所体现的是政府的市场性再分配活动。

转移性支出指政府单方面、无偿的资金支付，没有相应地取得商品和劳务。这类支出主要有补助支出、捐赠支出和债务利息支出。转移性支出有一个区别于购买性支出的特点，即政府支出未获得等价性补偿。也就是说，政府付出了资金，却无任何所得。这里不存在任何交换的问题，它所体现的是政府的非市场性经济分配活动。

下面我们简要比较一下两种不同性质的支出对经济的作用：

（1）购买性支出对社会生产和就业有直接影响，对收入分配只有间接影响；而转移性支出正好相反。因为在购买性支出安排中，政府掌握的资金与微观经济主体提供的商品与服务相交换，政府直接以商品和服务购买者的身份出现在市场上，从事等价交换的活动，从而对社会的生产和就业产生直接的影响。此类支出当然也影响分配，但这种影响是间接的。在转移性支出安排中，政府支出的资金转移到微观经济主体手中，它只是资金使用权的转移，对分配产生直接影响。微观经济主体获得这笔资金以后，究竟是否用于购买商品和劳务以及购买哪些商品和劳务，已不在政府的控制范围内。因此在转移性支出中，财政对生产和就业的影响是间接的。

（2）购买性支出体现出的财政活动对政府形成较强的效益约束，而转移性支出对政府的效益约束则相对较软。因为在安排购买性支出时，政府必须遵循等价交换的原则。而在安排转移性支出时，政府并没有十分明确的和一以贯之的原则可以遵循，而且财政支出的效应也极难换算。所以转移性支出的规模及其结构在相当大的程度上只能根据政府同微观经济主体，中央政府与地方政府的谈判情况而定。显然，通过转移性支出体现出的财政分配活动对政府的效益约束较软。

（3）购买性支出对微观经济主体的预算约束较强，转移性支出对政府微观经济主体的预算约束较软。这是因为微观经济主体在同政府的购买性支出发生联系时，也必须遵循等价交换原则。对于向政府提供商品和服务的企业来说，它们收益的大小完全取决于市场供求情况以及销售收入同生产成本的对比关系。所以，对微观经济主体的预算约束是硬的。微观经济主体在同政府的转移性支出发生联系时，并无交换发生。因而，它们收入的高低在很大程度上并不取决于自己的能力和生产能力，而是同政府讨价还价的能力。显然，对微观经济主体的预算约束是软的。

综上所述，对财政支出按其经济性质分类可以使我们认识到：在财政支出总额中，购买性支出所占的比重大，财政活动对生产和就业的直接影响就大，通过财政所配置的资源的规模就大；反之，转移性支出所占的比重大，财政活动对收入分配的直接影响就大。联系财政的职能来看，以购买性支出占较大比重的支出结构的财政活动，执行配置资源的职能较强；以转移性支出占较大比重的支出结构的财政活动，执行收入分配的职能较强。

（四）国际分类方法

国际货币基金组织（IMF）的分类有两种：一种按职能分类；另一种按经济分类。大多数国家按照国际货币基金组织的分类方法编制预算。

1. 按职能分类

按照这种分类，财政支出分为 9 大类：一般公共服务、国防、教育、保健、社会保障和服务、住房和社区生活设施、其他社区和社会服务、经济服务、其他无法归类的支出。

2. 按经济分类

按照经济分类，财政支出分为 3 大类。

（1）经常性支出。其中包括 3 小类：商品和服务支出；利息支出；补贴和其他经常性转让。

（2）资本性支出。其中包括 4 小类：现存的和新的固定资产购置；存货购买；土地及无形资产购买；资本转让。

（3）净贷款。

（五）按照自主性分类

按照财政支出是否具有自主性分类，财政支出可分为法定性支出和随意性支出。

法定性支出是按照法律必须进行的财政支出。

随意性支出是立法机关根据每个财政年度的需要分别自主决定的支出。

（六）按照受益范围分类

按照财政支出的受益范围，财政支出可分为一般利益支出和特殊利益支出。

一般利益支出指全体公民均可享受其利益的支出，如国防、行政管理等。

特殊利益支出指社会中某些特定公民才能享受其利益的财政支出，如公共教育支出、公共福利等。

（七）按照支出目的分类

按照财政支出的目的，财政支出可分为预防性支出和创造性支出。

预防性支出指用于维护社会秩序和保卫国家安全，不使其受国内外敌对力量的侵犯和破坏，以保障人民生命财产安全与社会稳定的支出，如国防、警察、法庭等支出。

创造性支出指用于改善人民生活，使社会秩序更为良好、经济更加发达的支出，如经济、文教、卫生等支出。

（八）按照支出方式分类

按照支出的方式，财政支出可分为无偿拨款和有偿贷款。

无偿拨款指财政将货币资金直接拨付给有关单位部门使用，不要求其归还和支付任何代价的支出方式。

有偿贷款指财政直接贷放或通过银行贷放给有关部门和单位使用并收取一定的利息或占用费的支出形式。

对于一个财政支出项目应该采用无偿拨款还是有偿贷款的方式，主要取决于该支出的性质、内容、用于何处、有谁使用以及所产生的经济效益。

（1）从经济的使用主体看，资金使用单位的所有制性质是确定财政支出方式的一个重要因素。如果资金使用单位属于国有制单位，财政支出可选择无偿拨款方式，因为政府将资金无偿拨给国有制单位使用，不会引起资金所有权的变化，财政资金仍属政府所有；如果资金使用单位属于非国有制单位，则应采取有偿贷款的方式，这样不会引起资金所有权的转移。

（2）从资金使用单位的经济性质看，如果资金使用单位属于非生产性非营利性机构，则财政支出应采用无偿拨款方式，因为这些机构没有偿还贷款的能力；如果经济使用单位是生产性营利性机构，则财政支出应采用有偿贷款的方式，因为这些机构具备偿还贷款的能力。

（3）从资金的使用效果看，如果财政支出直接用于那些只产生社会效益，而没有直接的经济效益的项目，则财政支出应采用无偿拨款形式；如果财政支出用于那些直接带来经济效益的项目，则可以采取有偿贷款的方式。

（九）按照级次分类

按照财政支出的级次，财政支出可分为中央财政支出和地方财政支出。

中央财政支出是指中央政府提供公共产品和公共服务的全部费用和成本。

地方财政支出是指地方政府提供地方公共产品和公共服务的全部费用和成本。

（十）按照财政支出经济分类

2007年，我国实行了财政收支的分类改革，财政支出按照经济性质和具体用途分类，支出经济分类设类、款两级，具体财政支出分类科目如下：

（1）工资福利支出，下设7款：基本工资、津贴补贴、奖金、社会保障缴费、伙食费、伙食补助费、其他工资福利支出。

（2）商品和服务支出，下设30款：办公费、印刷费、咨询费、手续费、水费、电费、邮电费、取暖费、物业管理费、交通费、差旅费、出国费、工程建设费、工会经费、维修费、租赁费、会议费、培训费、招待费、专用材料费、装备购置费、作战费、军用燃料费、军队其他运行维护费、被装购置费、专用燃料费、劳务费、委托业务费、福利费、其他商品和服务支出。

（3）对个人和家庭的补助，下设14款：离休费、退休费、退职费、抚恤金、生活补助、救济费、医疗费、奖励金、生产补贴、住房公积金、提租补贴、购房补贴、其他对个人和家庭的补助支出。

（4）对企事业单位的补贴，下设4款：企业政策性补贴、事业单位补贴、财政贴息、其他对事业单位的补贴支出。

（5）转移性支出，下设2款：不同级别政府间转移性支出、同级政府间转移性支出。

（6）赠与，下设2款：对国内的赠与、对国外的赠与。

（7）债务利息支出，下设6款：国库券付息、向国家银行借款付息、其他国内借款付息、向国外政府借款付息、向国际组织借款付息、其他国外借款付息。

（8）债务还本支出，下设2款：国内债务还本、国外债务还本。

（9）基本建设支出，下设9款：房屋建筑物构建、办公设备购置、专用设备购置、交通工具购置、基础设施建设、大型修缮、信息网络构建、物资储备、其他基本建设支出。

（10）其他资本支出，下设9款：房屋建筑物构建、办公设备购置、专用设备购置、交通工具购置、基础设施建设、大型修缮、信息网络构建、物资储备、其他资本性支出。

（11）贷款转贷及产权参股，下设6款：国内贷款、国外贷款、国内转贷、国外转贷、产权参股、其他贷款转贷及产权参股支出。

（12）其他支出，下设5款：预备费、预留费、补充全国社会保障基金、未划分的项目支出、其他支出。

（十一）按照财政支出功能分类

按照2007年1月1日正式实施的政府收支分类改革，我国现行支出分类采用了国际通行做法，支出功能下设类、款、项三级科目。类、款科目设置如下：

（1）一般公共服务，下设32款：人大事务、政协事务、发展与改革事务、统计信息事务、税收事务、审计事务、海关事务、人事事务、人口与计划生育事务、商贸事务、知识产权事务、工商行政管理事务、宗教事务、民族事务、民主党派事务、地震事务、气象事务等。

（2）外交，下设8款：外交管理事务、驻外机构、对外援助、国际组织、对外合作与交流、对外宣传、边界勘界联检、其他外交支出。

（3）国防，下设3款：现役部队及国防后备力量、国防动员、其他国防支出。

（4）教育，下设10款：教育管理事务、普通教育、职业教育、成人教育、广播电视教育、留学教育、特殊教育、教师进修及干部继续教育、教育附加及教育基金支出、其他教育支出。

（5）科学技术，下设9款：科学技术管理事务、基础研究、应用研究、技术研究与开发、技术条件与服务、社会科学、科学技术普及、科技交流与合作、其他科学技术支出。

（6）文化体育与传媒，下设6款：文化、文物、体育、广播电视、新闻出版、其他文化体育与传媒。

（7）社会保障和就业，下设17款：社会保障和就业管理事务、民族管理事务、抚恤、退役安置、残疾人事业、就业补助、红十字事业、农村社会救济、自然灾害社会补助等。

（8）社会保险基金支出，下设6款：基本养老保险基金支出、失业保险基金支出、基本医疗保险基金支出、工伤保险基金支出、生育保险基金支出、其他保险基金支出。

（9）医疗卫生，下设10款：医疗卫生管理事务、医疗服务、社区卫生服务、医疗保障、疾病预防控制、卫生监督、妇幼保健、农村卫生、中医药、其他医疗卫生支出。

（10）环境保护，下设10款：环境保护管理事务、污染防治、自然生态保护、退牧还草、退耕还林等。

（11）城乡社区事务，下设10款：城乡社区管理事务、城乡社区规划与管理、城乡社区住宅、城乡社区环境卫生、建设市场管理与监督、政府住房基金支出等。

（12）农林水事务，下设7款：农业、林业、水利、南水北调、扶贫、农业综合开发、其他农林水事务支出。

（13）交通运输，下设4款：公路水路运输、铁路运输、民用航空运输、其他交通运输支出。

（14）工业商业金融等事务，下设18款：采掘业、制造业、建筑业、金融业、电力、信息产业、旅游业、涉外发展、粮油事务、物资储备等。

（15）其他支出，下设4款：预备费、年初预留、住房改革支出、其他支出。

（16）转移性支出，下设8款：返还性支出、财力性转移支出、调出资金、年终结余、专项转移支出、政府性基金转移支出、彩票公益金转移支出、预算外转移支出等。

第二节　财政支出规模分析

财政支出是政府经活动的一个主要方面，这不仅是因为财政对社会经济的影响主要表现在财政支出上，而且政府干预和调节经济的职能也主要通过财政支出来实现。因此，财政支出的规模既反映着政府介入经济活动和社会生活的范围和力度，也反映财政在经济生活和社会生活中的地位。

一、财政支出规模的衡量指标

财政支出规模是一定财政年度内政府安排的财政支出的总额。它反映的是政府在一定时期内集中支配使用的社会资源量，是考察政府活动规模和满足公共需要能力的重要指标。

衡量财政支出规模的指标通常有两个：静态指标和动态指标。

（一）静态指标

静态指标包括绝对指标和相对指标。

绝对指标是以一国货币单位表示的财政年度内政府实际安排和使用的财政资金的实际数额。绝对指标的特点是能够比较直观地反映财政支出的现状和变化情况，同时还是计算相对指标的基础。不过，由于这一指标很难反映影响财政支出的各种复杂因素，因此学者们往往较为关注财政支出的相对指标。

相对指标是绝对指标与有关指标的比率。财政支出的相对规模指标主要有两层含义：一是财政支出总额与其他相关经济指标（如国内生产总值、个人可支配收入等）的比值，通过这些比值及其变化，考察财政支出的增长情况；二是将财政支出加以分类，通过主要支出项目与 GDP 之间的比值，考察财政支出增长的结构性特点，并从对比中发现有意义的新特点。常见的相对指标有以下几种：

1. 财政支出占财政收入的比重

由于财政支出规模的大小受一定时期内财政收入的总量和增长情况的制约。因此，财政收支具有总体上的数量对比关系，表现为财政多收则可以多支，财政支出规模也可以扩大；反之，财政支出规模必须压缩。财政支出占财政收入的比重可以有几种表现：①当这一比重等于100%时，表示财政收支相等，财政支出完全以财政收入为实现基础；②当这一比重小于100%时，表示财政支出小于财政收入，有财政结余，财政支出仍然完全以财政收入为实现基础；③当这一比重大于100%时，表示财政收不抵支，产生了赤字，财政支出超出财政收入总量。

2. 财政支出占 GDP 的比重

一个国家在一定时期内的 GDP 总量是反映一国经济实力的最主要指标，也是支撑一国经济社会发展的主要物质基础。财政收入规模的大小主要与 GDP 的总量有关，因而财政收入占 GDP 的比重也是反映一国财政收入规模的主要指标。但是财政支出占 GDP 的比重比财政收入占 GDP 的比重能够更加实际地反映财政活动的规模。原因是：

（1）财政收入占 GDP 的比重常常被人们看做为衡量财政集中度的指标。其实，财政支出占 GDP 的比重能够更加切合实际地反映财政集中程度。因为财政收入占 GDP 的指标只是表示了财政可能使用和支配的规模，而并不代表财政实际使用和支配的规模。而财政支出无论采取哪种形式，都是财政对 GDP 的实际使用和支配。

（2）财政收入反映的是财政参与 GDP 分配过程中的活动，财政支出反映的是财政在使用过程中的活动。从社会再生产的过程来看，财政支出通过其规模和结构实现资源配置，直接影响社会再生产的规模和结构。财政分配的全过程固然始于财政收入，但是通过财政支出才能最终完成。

（3）财政收入和财政支出都体现了财政对宏观经济运行的调控，但后者更能全面而准确地反映财政对宏观经济运行的调控能力。因为财政的资源优化配置职能、收入分配职能以及稳定经济与增长的职能，大都是通过财政支出执行的。

（二）动态指标

动态指标是考察财政支出变化发展趋势的指标，常见的动态指标有以下几种：

（1）财政支出增长率：表示当年财政支出比上年财政支出增长的百分比。

财政支出增长率 =（当年财政支出额 - 上年财政支出额）/上年财政支出额

（2）支出增长的弹性 = 财政支出增长率/国民生产总值增长率

财政支出弹性是反映财政支出增长与 GNP（国民生产总值）增长之间的关系，当计算结果大于 1 时，说明财政支出的增长快于 GNP 的增长，财政支出的弹性较好；计算结果小于 1 时，反映财政支出增长慢于 GNP 的增长，财政支出的弹性较差；计算结果等于 1，说明财政支出与 GNP 同步增长。

（3）财政支出边际倾向 = 财政支出增加额/GNP 增加额

这是西方财政学研究中常用的一个指标，主要用以说明 GNP 的增加额中用于增加财政支出份额的大小。通过这一指标计算一国或一国内各地区间的不同时期与若干年度中的变化。可以在一定程度上考察财政支出增长的趋势，当然也可以用于国际间各国的比较。

二、财政支出规模的增长趋势

近年来世界各国的财政支出规模都呈现出增长的趋势，我国也不例外。

表 4 - 1　　1978—2010 年中国财政支出总额及增长速度　　单位：亿元、%

年份	财政支出	财政支出增长率	GDP	财政支出占 GDP 的比重
1978	1122.09	33	3645.2	30.78
1985	2004.25	17.8	9016	22.23
1990	3083.59	9.2	18 667.8	16.25
1991	3383.62	9.8	21 781.5	15.55
1992	3742.20	10.5	26 923.5	13.90
1993	4642.30	24.1	35 333.9	13.14
1994	5792.62	24.8	48 197.9	12.02
1995	6823.72	17.8	60 793.7	11.22
1996	7937.55	16.3	71 176.6	11.15
1997	9233.56	16.3	78 973	11.69
1998	10 798.18	16.9	84 402.3	12.79
1999	13 187.67	22.1	89 677.1	14.71
2000	15 886.50	20.5	99 214.6	16.01
2001	18 902.58	19.0	109 655.2	17.24
2002	22 053.15	16.7	120 332.7	18.33
2003	24 649.95	11.8	135 822.8	18.15
2004	28 486.89	15.6	159 878.3	17.82
2005	33 930.28	19.1	183 084.8	18.53

表4-1(续)

年份	财政支出	财政支出增长率	GDP	财政支出占 GDP 的比重
2006	40 422.73	19.1	216 314.4	18.68
2007	49 781.35	23.2	265 810.3	18.72
2008	62 592.66	25.7	314 045.4	19.93
2009	76 299.93	21.9	340 506.9	22.40
2010	89 874.16	17.8	397 983	22.58

注：1. 在国家财政收支中，价格补贴在 1985 年以前冲减财政收入，1986 年以后列为财政支出。为了便于比较，本表将 1985 年以前冲减财政收入的价格补贴改列在财政支出中。

2. 财政收入中不包括国内外债务收入。

3. 从 2000 年起，财政支出中包括国内外债务付息支出。

资料来源：中国财政部网站。

(一) 从绝对指标看

自 1978 年以来，我国的财政支出规模呈上升的趋势。自 1978 年以来，伴随着我国经济的高速发展和财政收入的增加，我国财政支出总额基本上连年增长。2010 年达到 89 874.16 亿元，比 1978 年 1122.09 亿元增加了 88 752.07 亿元，增长了 80 倍。

(二) 从相对指标看

自 1978 年以来我国财政支出占 GDP 的比重呈先下降后上升的趋势。在经济体制改革以前，我国政府扮演一个总企业家和“家长”的角色，在分配上实行统收统支，一方面实行“低工资、高就业”的政策；另一方面，国有企业的利润乃至折旧基金几乎全部上缴国家。在这种体制下，财政支出占 GDP 的比重自然较高。改革后，国家对国企放权让利，同时提高人民的收入水平，削减了许多支出，财政支出占 GDP 的比重自然下滑。1998—2003 年这 5 年内，财政支出占 GDP 的比重维持在 10% ~18% 之间，目前这一比重维持在 20% ~25% 之间，虽然比重有所上升但与发达国家相比还有一定差距。

三、财政支出增长理论

(一) 瓦格纳法则

19 世纪 80 年代，德国经济学家瓦格纳考察了英国产业革命和当时的美、法、德、日等国的工业化状况之后，发现了政府职能不断扩大以及政府活动持续增加的规律，并将其命名为“政府活动扩张法则”。瓦格纳法则可以做如下表述：随着人均国民生产总值的提高，财政支出占 GDP 的比重相应提高。瓦格纳认为现代工业的发展会引起社会进步的要求，社会进步必然导致国家活动的扩张。他把导致政府支出增长的因素分为政治因素和经济因素。所谓政治因素，是指随着经济的工业化，正在扩张的市场与这些市场中的当事人之间的关系会更加复杂。市场关系的复杂化引起了对商业法律和契约的需要，并要求建立司法组织执行这些法律。这样，就需要把更多的资源用于提供治安和法律设施。所谓经济因素，指工业化的发展推动了都市化的进程，人口的居住将密集化，由此将产生拥挤等外部效应问题。这样，也就需要政府进行管理和调解工作。此外，瓦格纳把对于教育、娱乐、文化、保健与福利服务的公共支出的增长归因于需求的收入弹性，即随着实际收入的上升。这些项目的公共支出的增长将会快于GDP的增长。

（二）梯度渐进增长论（替代—规模效应理论）

1961年，英国经济学家皮科克和威斯曼提出了财政支出的"梯度渐进增长论"，对财政支出规模的扩张性趋势进行了进一步研究。他们认为政府财政支出的不断增长是因为受内在因素和外在因素的影响而导致的，并认为外在因素是说明公共支出增长超过GDP增长的主要因素。所谓内在因素，是指在正常情况下，随着经济增长，国民收入增加，居民收入随之也增加，以不变税率所征得的税收也会上升。于是，政府支出上升会与GDP上升呈线性关系。所谓外在因素，是指在外在因素影响下，如战争、经济危机、自然灾害，会迫使纳税人接受较高的租税容忍水平。这就是所谓的"替代效应"，即在危机时期，公共支出会代替私人支出，财政支出的比重增加。但在危机时期过去以后，公共支出并不会退回到原先的水平，比如一个国家在结束战争以后，总会积累大量的债务，公共支出会持续较高的水平。因此，每一次较大的经济和社会动荡，都会导致财政支出水平上一个新的台阶。这样，较高的财政支出水平就会因惯性而持续存在。财政支出梯度发展规律可以通过图4－1表示。

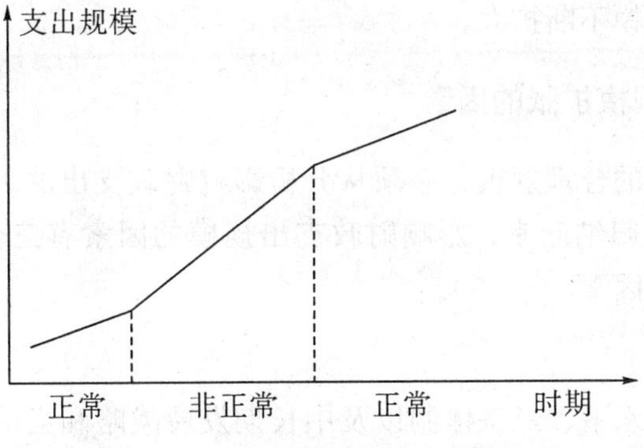

图4－1　财政支出梯度发展规律

（三）经济发展阶段论

马斯格雷夫和罗斯托用经济发展阶段论来解释公共支出增长的原因。他们把经济发展分为三个阶段：经济发展的早期阶段、经济发展的中期阶段和经济发展的成熟阶段。在经济发展的早期阶段，政府投资在社会总投资中占有较高的比重，公共部门为经济发展提供社会基础设施，如铁路、运输系统、机场、港口、环境卫生系统以及其他用于人力资本的投资等。这些投资，对于经济和社会发展处于早期阶段的国家进入"起飞"，以至于进入发展的中期阶段是必不可少的。在经济发展的中期阶段，政府投资还应继续进行，但这是政府投资将逐步转化为对私人投资的补充，并开始将注意力转移到收入分配上。在经济发展的成熟阶段，政府支出从基础设施投资支出转移到不断增长的教育、保健与福利等支出，政府转移性支出明显上升并超过够买性支出，也会快于GDP的增长速度。

（四）官僚行为增长论

从官僚行为的角度来研究财政支出规模问题，是强调政治制度与官僚行为对财政支出规模的影响。公共选择理论认为：官僚是指负责执行通过政治制度做出的集体选择的代理人集团，或者说是政府负责提供服务的部门。这些部门通常拥有提供公共用品的垄断权，如国防、治安、环境保护公共福利等。但在许多情况下，官僚也具有独掌信息进而垄断信息的权利，这为他们让政府或政治家相信他们确定的公共品的产出水平具有较高的社会效益，进而实现预算规模最大化的产出提供了条件。这种结果的形成，建立在经济学家关于"经济人"假设的基础上，这一理论认为"经济人"都是以追求自身利益为最大化目标。个人、企业、政府官僚都是"经济人"，目标都是追求利益最大化。美国经济学家尼斯克南认为：公共部门是以追求机构的最大化为自己的理性原则。因为机构最大化，相应的权力也是最大的，并且还可能带来预算拨款的最大化，由此造成财政支出的不断扩大，甚至使财政支出规模超出了公共用品最优产出水平所需要的支出水平。在实践中，官僚机构通常可通过两种方式来扩大预算规模：第一，他们千方百计地让政府相信他们确定的产出水平是必要的；第二，利用低效率的生产技术来增加既定的产出量。但这里产生效率的代价并非源于官僚对公共产品或公共服务的过度供给，而是源于投入的浪费。由此可见，官僚行为从产出和投入两个方面迫使财政支出规模不断扩大。

四、影响财政支出规模扩张的因素

为探讨财政支出的合理规模，必须从分析影响财政支出的因素入手，寻求本国财政支出的最佳规模。归纳起来，影响财政支出规模的因素有三个方面：经济性因素、政治性因素和社会性因素。

（一）经济性因素

主要指经济发展水平、经济体制以及中长期发展战略和当前经济政策。关于经济发展水平对经济的影响，前面讲了经济发展阶段论，说明了不同经济发展阶段对财政支出规模以及支出结构变化的影响。经济体制的选择对财政支出的影响，主要表现在政府选择不同的干预经济的手段。干预的效应是不同的，而且引起的财政支出规模也不同。这种不同的干预效应将体现出不同的资源配置效应和收入再分配效应。

（二）政治性因素

政治性因素对财政支出的影响主要体现在两个方面：第一，政局是否稳定；第二，政体结构和行政效率的高低。对于政局是否稳定，皮科克与威斯曼的梯度渐进增长理论已经做出了解释。当一国发生战争或特大自然灾害等突发性事件时，财政支出的规模必然会超常的扩大，而且战后一般难以降到原来的水平。一国的国家结构形式和市场经济模式有关，一般来讲，单一制国家财政支出占 GDP 的比重高些；联邦制国家财政支出占 GDP 的比重相对低些。至于行政效率则涉及政府机构的设置问题，如果一国行政机构臃肿、人浮于事、效率低下时，经费开支自然会增加。

（三）社会性因素

社会因素包括人口、就业、医疗卫生、社会救济、社会保障以及城镇化等因素。这些因素都会在很大程度上影响财政支出的规模。发展中国家人口基数大、增长快，相应的教育、卫生保健、社会保障、失业、贫困救济等支出的增长压力较大。在发达国家，人口老龄化，公众要求改善生活质量，也对财政支出不断扩大提出新的需求。

五、财政支出规模的控制

尽管财政支出的增长与相应的规模扩张已成为政府财政支出中的一个带规律性的问题，但由于财政支出本身是政府的主观行为，加上财政支出可能存在超分配的条件，不加约束十分容易失控，并产生严重的不良后果。这使得合理控制财政支出增长与财政支出规模成为一种必要的防范措施。

（一）明确政府的职能范围

经济学界普遍认为，财政支出是由政府的职能范围决定的。这使得科学界定不同时期内的政府职能成为合理确定财政支出规模的前提。由于政府职能的范围是一个变量，受国家制度、经济发展阶段以及众多环境因素的影响，使政府职能范围的确定客观上存在一定的难度。但从最基本的方面研究，国家的政治经济制度和所处的经济发展阶段应当是确定政府职能的最基本要素。

对于大多数发展中国家来说，由于政府对经济发展起着非常重要的作用，从而普遍采用了扩大政府财政支出规模来换取经济发展速度的政策。这与老牌资本主义国家当年强调政府干预经济而形成的财政支出增长有不同的时代背景。发展中国家大多是第二次世界大战后才取得民族独立或开始考虑国家的经济发展问题，经济发展起点低，国民财富积累有限，同时还面临着已被发达国家瓜分完毕的世界市场。如果按照典型的资本主义经济发展道路来实现本国经济的起飞是不可能的。因此，通过增加政府财政支出，直接介入经济发展过程，就成为实现赶超发达国家的必然选择。近二三十年来，许多发展中国家开始引入市场机制，重新调整政府职能，完善了国家投资环境，改善了国民福利，使经济增长速度加快。这也从侧面体现出对政府职能范围的合理确定的重要意义。

（二）财政支出规模总量的控制

控制财政支出规模的总量需要建立在科学界定政府的职能范围的基础上，但即便如此，仍有可能出现在政府职能范围内的失控，或者说在政府职能范围内，财政支出的弹性是很大的。这一问题的产生在于忽视了经济增长对政府职能实现的基础性作用。如果不顾这一前提来考虑政府的职能范围，将使研究政府职能范围以确定公共支出变得毫无疑义。因此财政支出应该有多大的规模，其增长的总量应该如何确定，从根本上讲，要看一定经济发展阶段上的经济总量和增长速度。一般来讲，公共支出的增长速度不应超过 GDP 的增长速度。失去这个前提，即使政府行为并未超越自身职能范围，也会削弱社会积累，造成财政的超分配，从而不能准确评价财政支出的效果。

（三）财政支出结构增长的控制

在一定的社会政治经济制度下，财政支出结构的确定因时期不同而有差异，这必然使一定时期内财政支出的增长有一定的侧重。正如国家面临战争威胁时，国防支出的增长肯定最为突出。这些较为特殊的原因所形成的财政支出增长在结构上的倾斜，往往会因其他支出的不能削减而扩大财政支出的总量，造成财政的较大压力。因此，不加控制并不完全合理。作为政府来讲，除了如保卫国家安全应付出必要的国防支出外，对在不同时期因各种社会经济因素要求进行的财政支出结构的调整，以及可能带来的不同财政支出结构的增长，都有必要进行科学的测量与比较，并应当在合理确定财政支出规模与增长量的前提下来确定财政支出的结构性增长。在这里，利用财政支出增长的边际效益进行比较是一个可行的方法。

第三节 财政支出结构分析

财政支出结构是指政府财政支出中各类支出的比重。分析各类支出所构成的组合比分析支出总额更有价值。其原因主要有两个方面：第一，一国政府财政支出结构的现状及其变化，能够反映出该国政府正在履行的重点职能及其变化趋势；第二，在财政支出总额受到严格控制的现代预算管理体制下，财政支出管理的主要内容就是对财政支出进行调整，通过优化财政支出结构，提高财政资金的使用效率，以更好更合理地实现政府的各项职能。

一、我国财政支出结构的发展变化趋势

（一）财政支出的用途结构

自从我国实行市场经济以来，财政支出的用途结构发生了很大变化。公共消费性支出呈现上升的趋势，而补偿性支出和积累性支出却出现下降趋势。在改革开放以前，政府承担国有经济的运营支出。因此，财政支出中用于经济建设积累性支出与补偿性支出一度达到60%。而改革开放以来，财政支出中用于经济建设的费用不到30%。随着市场经济体制的不断完善，政府从事公共经济活动的重心转向矫正市场失灵，并为所有的社会成员提供公共产品和公共服务。公共消费性支出所占比重上升，成为财政支出的主要项目。“五五”时期，经济建设费占财政支出的比重为59.9%，而“十一五”时期下降到29.9%。

财政支出用途结构的变化，反映了我国财政由计划经济时代直接参与社会生产活动的“生产型财政”转变为市场经济条件下的“消费型财政”。

（二）财政支出的职能结构

图4-2显示了我国“五五”时期和“十五”时期财政职能结构的变化，通过对两个时期财政职能结构变化表的对比，得出如下结论：

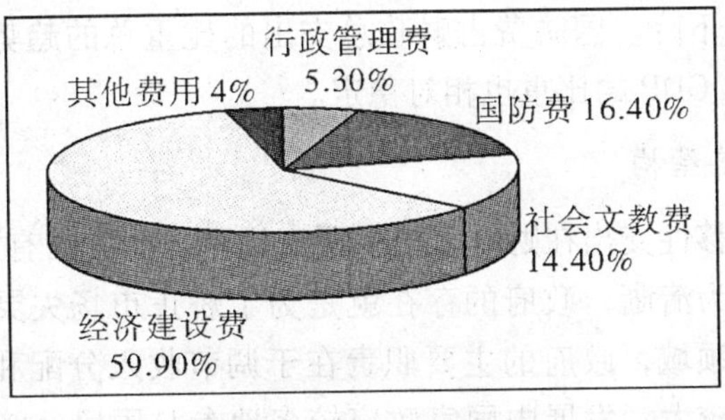

"五五"时期财政支出表

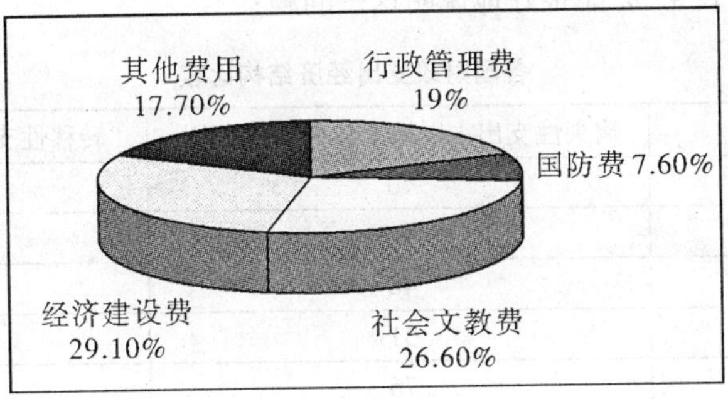

"十五"时期财政支出表

图 4－2 财政支出职能结构变化

（1）经济建设费比重有所下降，但仍然偏高。改革开放以来，我国的经济建设费比重虽然逐年下降，但与国际相比，仍然偏高。经济建设费下降的原因主要有两个方面：一是流动资金支出下降。从 1983 年 7 月开始，除了核工业部、航空航天工业部所属的少数国企外，其余绝大多数国有企业的流动资金供应从拨款改为银行贷款，从而使流动资金支出占总财政支出的比重大幅度下降。二是基本建设支出下降。在经济体制改革的过程中，投资主体的多元化以及投资主体的资金来源多元化，使得预算内基本建设支出的比重迅速下降。"五五"时期基本建设支出的比重为 35.1%，到"八五"时期已经下降为 12.1%。

（2）社会文教费比重上升明显。随着我们对"科学技术是第一生产力"认识的提高，政府不断加大对教育、科学等领域的投入。特别是 1981—1985 年的"六五"时期，文教科卫事业费支出比重增长速度很快，高达 44%；1986—1995 年该比重增长率平均也达 17%。

（3）行政管理费比重逐年上升。自 1978 年以来，我国的行政管理费比重一直呈上升的趋势，从 1978 年的 5.3% 上升到到 2005 年的 19%。行政管理费的增长，有随着经济发展、社会进步而合理增长的一面，也存在机构膨胀、人浮于事的不合理的一面。自"七五"时期以来，行政管理费支出增长超过了同期财政收入、财政支出和 GDP 的增长速度，加速了其比重的上升。虽然几次机构消肿、精简人员，但行政管理费占财政支出的比重仍然没有明显下降。同时行政管理费支出内部结构也发生变化，主要表现在：个人经费增长快于公用经费增长；在个人经费内部，补助工资的增长明显过快；公务费、业务费比重上升，而修缮费、购置费比重下降。

（4）国防费逐年下降。国防费占财政总支出的比重总的趋势是逐年下降的，近年来一直低于10%，占GDP的比重也相对稳定。

（三）财政支出的经济结构

购买性支出与转移性支出在财政支出中所占比重，在各国有所不同。在发达国家，政府和市场的界限较为清晰，政府的存在就是为了矫正市场失灵，所以政府的经济活动较少介入市场经济领域，政府的主要职责在于调节收入分配和宏观调控。因此，转移性支出所占的比重较大。发展中国家政府较多地参与国民经济活动，因此购买性支出所占比重较大。表4－2能很好地说明这一问题：

表4－2　各国财政支出经济结构比较

国家	购买性支出占财政支出的比重(%)	转移性支出所占的比重(%)
美国	40	60
英国	44	56
加拿大	40	60
澳大利亚	31	69
马来西亚	76	24
印度尼西亚	79	21
约旦	89	11
科威特	80	20
中国	70～80	<20

资料来源：《中国统计年鉴》，中国财政部网站。

（四）财政支出的级次结构

自从我国1994年实行“分税制”以来，中央政府和地方政府事权得到明确的划分。中央政府主要承担全国性的公共事务，提供全国性公共物品。地方政府主要承担地方性公共事务，提供地方性公共物品。按照最优财政分工理论，地方财政应该在财政支出总额中占较大比重，中央政府刚好相反。表4－3显示了历年来我国中央财政支出和地方财政支出的比重关系：

表4－3　我国财政支出的级次结构

年份	中央财政支出所占比重(%)	地方财政支出所占比重(%)
1995	29.2	70.8
1996	27.1	72.9
1997	27.4	72.6
1998	28.9	71.1
1999	31.5	68.5
2000	34.7	65.3
2001	30.5	69.5
2002	30.7	69.3

表4－3(续)

年份	中央财政支出所占比重(％)	地方财政支出所占比重(％)
2003	30.1	69.9
2004	27.7	72.3
2005	25.9	74.1
2006	24.7	75.3
2007	23.0	77.0
2008	21.4	78.6
2009	19.99	80.1
2010	17.79	82.21

资料来源：《中国财政统计年鉴》。

二、我国财政出结构的优化

（一）配合行政管理体制改革，压缩行政管理经费

应通过体制建设，对行政管理经费支出进行严格的控制，特别是要坚持精简机构，裁减冗员，建立科学的行政管理考核机制，提高行政管理的效率，以减轻财政负担，为优化财政支出结构，增强财政的公共服务功能。

（二）调整财政的经济建设支出结构

在经济建设方面要重点突出，支持国家基础设施项目的建设，特别是要为改善农村基础设施落后状况提供财力支持，为解决经济发展中的瓶颈制约问题，增强农业的基础地位发挥作用。

（三）增加对文教科卫的支出

文教科卫有突出的公共产品特征，对一国国民素质与基本福利的提高有重要的保障作用，关系着国家的稳定发展和社会的进步，应当是公共财政支出的主要对象。随着我国财政能力的增强，应当使这方面的支出有较快增强，其中改变农村教育与医疗长期落后的状况更应当在未来财政支出结构优化中得到体现。

（四）增强财政支出对社会救济、基本生活保障与基本养老的保障力度

财政要考虑通过公共支出的合理安排，为缩小我国收入分配差距，保障人民的基本生存权利与基本养老需要创造条件。要通过公共财政的必要扶持，逐步解决农村的养老问题。目前实施的新型农村基本养老保险已取得显著成效，但还不尽如人意。政府今后应加大对这两方面的投入，尽快解决我国农村人口的养老问题。使财政支出能成为我国社会文明进步、稳定发展和人民物质生活水平提高的重要基础。

财政支出结构的优化既是一个财政问题，也是一个社会问题。财政支出结构合理，会加快社会的发展和人民物质文化水平的提高；财政支出结构不合理，会导致收入差距过大，社会不稳定。因此，加快我国各项制度的完善，对实现我国财政支出结构的优化也是一个重要的前提条件。

第四节 财政支出效益分析

一、财政支出效率

财政支出效率由财政资源配置效率和公共物品的生产效率组成，这实际上是研究财政支出效率的两个方面。

（一）财政支出的配置效率

财政支出的资源配置效率与财政职能关系密切。分析资源配置的效率问题，需要选定一个更为可行的效率标准。这样的效率标准就是净社会效率最大化，即当改变资源配置时，社会的所得要大于社会的所失，其差额越大越好。财政支出所取得的各种效益，包括社会效益和经济效益的总和，应当大于聚集财政收入过程中对经济形成的代价或成本，也就是要取得效益剩余或净效益。

在市场经济条件下，民间部门通过资源配置提供私人物品满足个人需要，而政府财政通过资源配置提公共物品满足公共需要。这样的资源配置组合就在公共部门与私人部门之间进行。所以，财政支出的配置效率首要的是财政支出占 GDP 的比重适度问题，也就是政府资源配置与市场资源配置恰当结合的问题。

这里用 Z 表示社会总资源，X 表示民间部门配置的资源，Y 表示财政部门配置的资源，则 $Z=X+Y$。从图 4－3 中可知，资源配置存在着各种不同比列的组合，如果公众期望的配合点在 A 点，实际的资源配置组合也恰好在 A 点，此时，公众的个人需要与社会的公共需求在 A 点上都可以满足。如果公众期望的组合点在 A 点，而实际的资源配置点在 B 点或 C 点上，则预示着公众的期望未能实现，社会资源配置处在非均衡点上。因此，若是财政决策符合公众意愿，必须选择在 A 点的资源配置组合。

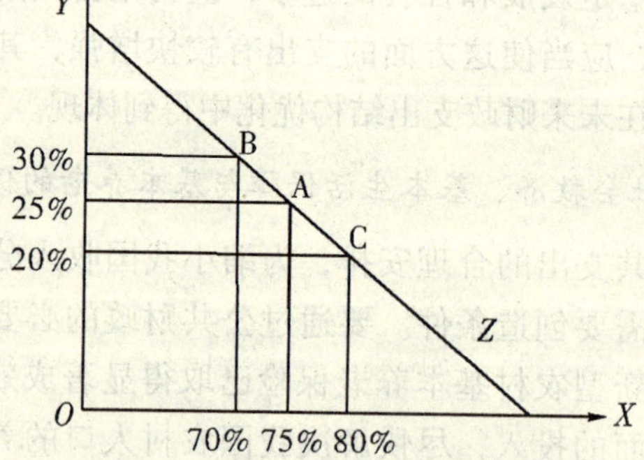

图 4－3　政府与市场在资源配置中的关系

（二）财政支出的生产效率

财政支出的生产效率，是指如果把政府机关和公共部门看做是提供公共物品的“生产部门”，那么在资源配置既定的前提下，政府部门内部的组织管理状况决定着提供公共物品的数量和质量，从而决定财政支出的效率。政府部门内部的组织管理蕴藏着提高财政支出效率的巨大潜力，如反腐倡廉、加强审计和监督、实行国库集中制度等，都是提高财政支出效率的重大举措。尽管如此，评价政府部门的管理状况历来是个难题，它的潜在效率如同未知数 X 一样难以确定。所以，通常把财政支出的生产效率称为政府部门的 X 效率。

二、财政支出效益分析

财政收支过程，就是将资源集中到政府手中并由政府支配使用。由于资源的有限性，所以，政府在配置资源时，首先要考虑的就是有限的资源由谁使用更能促进社会经济的发展和社会财富的增加的问题，即谁使用会更有效率。这就产生了效率的衡量问题。而财政支出效率具体表现为财政支出效益，所以衡量财政支出效率也就是分析和评价财政支出效益。

所谓效益，就是人们有目的的实践活动中“所费”与“所得”的对比关系。所谓提高经济效益，就是“少花钱、多办事、办好事”。对于微观经济主体来说，提高经济效益，有着十分明确而且容易把握的标准。“赚”的比“花”的多，这项活动便是有益的。从形式上讲，财政支出与微观经济主体的支出效益追求是一样。但是，由于政府处于宏观调控的地位，支出项目的性质千差万别，同微观经济主体的支出效益又不同。其原因在于：一是二者计算所费与所得的范围不同。微观经济主体只分析发生在自身范围内的直接的有形的所费与所得；政府不仅要分析直接的所费与所得，还要分析长期的、间接的、无形的所费与所得。二是二者的选优标准不同。微观经济主体的目标是追求利润最大化；政府的目标则是以社会利益为最大效益，为达到此目标，局部的亏损是可能的也是必要的。

三、财政支出效益评价的方法

由于财政支出项目繁多，而且性质各异，对不同项目必须采取不同的评价方法。具体方法有以下几种：

（一）成本—效益分析法

1. 成本—效益分析法的概念

成本—效益分析法是西方发达国家于20世纪40年代。它是把私人企业中进行投资决策的财务分析法运用到财政收入分配领域，成为政府进行财政支出决策，从而有效地使用财政资金的重要方法。

成本—效益分析法指针对政府确定的建设目标，提出若干实现建设目标的方案，详细列出各种方案的全部预期成本和全部预期效益，通过分析比较，选择出最优的政府投资项目。其关键的问题是确定项目的效益、成本和贴现率。成本—效益分析法适用于那些效益是经济的、有形的、可以用货币计量的支出项目。

2. 成本与效益的确定

（1）直接成本效益和间接成本效益

直接成本包括为建设、管理和维护该项目而实际耗费的人力和物力。直接效益则指该工程直接增加的商品量和劳务量，以及使社会成本得以降低的价值。间接成本又称为次级成本，主要指由于建设该工程而附带产生的人力和物力的消耗。间接效益又称为次级效益，主要包括与该工程相关联部门的产量的增加以及得到的其他社会福利。

（2）内部成本效益和外部成本效益

内部成本与效益指在建设工程实施的管辖区之内所发生的一切成本和效益。外部成本与效益指在建设该工程所实施的管辖区之外所发生的成本与效益。

（3）中间成本效益和最终成本效益

中间成本效益指建设工程中加入的其他经济活动所产生的一切成本与效益。最终成本效益指建设工程作为最终产品所产生的一切成本与效益。

（4）实际成本效益和金融成本效益

实际成本指由于建设该项目而实际耗费的人力和物力以及对社会、经济和人民生活造成的实际损失。实际效益指由于该工程建设而更多地生产出社会财富，促进社会的发展和人民生活水平的提高。金融成本与效益指由于该工程的建设，使得社会的某些方面受到影响，致使价格上升或下降，从而使某些单位或个人增加了收入或减少了收入，但社会总成本和总收益并没有发生变化，因此，又称为虚假的成本和效益。

（5）有形成本效益和无形成本效益

有形成本效益指可以用市场价格计算的而且能够计入会计账簿的一切成本与效益。无形成本效益指不能由市场估价的，因此也不能用价值形式记载在会计账簿上的一切社会成本和社会效益。只能用间接的方法来计算它们的近似值。在西方国家，这些间接计算项目成本效益的方法有三种：

成本节约法：指政府财政支出项目给社会所带来的福利减少了某一社会成本，从而节约了人力物力的消耗，这个节约额就是该项目无形效益的近似值。例如，美化环境而增进人们健康的效益，可以近似地等于医院医疗结构费用的降低额。

成本有效性分析法：对各备选项目分别计算其可能提供的社会效益，通过分析比较得出何优何劣。如，财政支出 10 亿元，备选项目为军事支出和教育支出。分别计算这 10 亿元增强军事实力的社会效益与降低退学率的社会效益，根据当时的社会情况选择其一。

生命价值法：对某些公共支出项目如减少交通事故、降低疾病死亡率等项目的社会效益，可以用人们没有死亡或减少疾病，能健康地工作而取得的收入来表现。如国家打算建立一个癌症研究所，预计将解决 10 万人的癌症痛苦，这项投资的社会效益可等同于这 10 万人不患癌症，能健康地工作而取得收入。

3. 项目是否可行的确定

（1）同一项目是否可行的确定

对于一个项目，如何判断其可行性呢？主要依靠分析其净效益。净效益是贴现后的收益与贴现后的成本的差额。这时判断项目是否可行主要取决于净效益现值与 0 的关系。净效益的现值：

$$NPV = \sum_{i=0}^{n} \frac{B_i - C_i}{(1+r)^i}$$

B_i：第 i 的收益；C_i：第 i 的成本；R_i：第 i 的贴现率；N：项目的使用年限。根据上面计算出来的结果，我们可以对某一项目的投资可行性作出判断：NPV＞0，该项目可行；NPV＜0，该项目不可行；NPV＝0，就需要计算该项目的内部收益率（净现值等于 0 的贴现率），如果内部收益率大于银行贷款率，该项目可行，如果内部收益率小于银行贷款率，则该项目不可行。

例：假定某一政府的项目可以持续 4 年，把实施的当年作为第 0 年。当年没有收益，只有成本 1000 元，以后每年不再追加成本。下一年开始有收益 350 元，以后每年都有相同数额的收益，假定社会贴现率 5%，也就说第 N 年的贴现系数为 $1/(1+0.05)^n$。

表 4－4　　NPV 计算的程序和结果

项目	第 0 年	第一年	第二年	第三年	总额
N 年的贴现系数（贴现率 5%）	1	0.952	0.907	0.864	
N 年的收益	0	350	350	350	1050
N 年的收益×贴现系数	0	333.33	317.46	302.24	953.13
N 年的成本	1000	0	0	0	1000
N 年的成本×贴现系数	1000	0	0	0	1000
NPV					－46.87

尽管总收益（1050 亿元）大于总成本（1000 亿元），但是贴现后的收益（953.13）小于贴现后的成本（1000），因此净现值 NPV 是负数（－46.87）。所以政府不应该实施这个项目。

（2）不同项目选优的确定

对不同的项目进行比较时，分别计算它们 NPV 的大小，同等条件下取 NPV 值最高的。

4. 采用成本—效益分析法进行评估要注意以下两点：

（1）对贴现率 r 的选择。应该采用社会贴现率，这种贴现率一般比私人投资收益率要高。这是因为社会贴现率是从国家宏观经济角度，对其投资所应达到的收益率标准，它不但要考虑该项目投资在当代的收益，还要考虑下一代人的收益。

（2）对公共项目的投入、产出物的价格应采用影子价格。所谓影子价格，指当社会经济处于某种状态之下，能够反映社会劳动消耗、资源稀缺程度和最终产品需求状况的价格。将影子价格应用到公共支出项目评估中，有利于使资源配置向优化的方向发展。

（二）最低费用选择法

1. 最低费用选择法的概念

这是衡量财政支出效益的一种方法。它是指对各备选的财政支出项目进行分析时，不用货币计算各备选项目的社会效益，只计算每个项目的有形成本，并以成本最低为择优标准。这种方法技术上较为简单，但是难点在于备选方案的确定。这种方法主要用于军事、教育、卫生、政治等支出项目。通过这类支出所提供的公共产品不能以任何形式进入市场进行交换。

2. 最低费用选择法的步骤

（1）根据政府确定的建设目标，提出多种备选方案。

（2）以货币为尺度，分别计算出各方案的各种有形费用并予以加总。

（3）按费用的高低排出顺序，以供决策者选择。

例如：假定政府为适应“三农”建设，要求今后每年培养出 1 万名农学专业的大学生。经专家讨论提出四个可以达到这一目标的方案：方案一，新建 5 所农学院，各校招生 2000 人，这要求新建校舍，招聘教师和管理人员；方案二，现有农学院扩大招生规模，这要新建部分校舍，新聘部分教师和管理人员；方案三，兴办广播电视大学，这就不仅要求新建校舍，新聘教师和管理人员，而且还要购置与广播电视教学相关的各种设备；方案四，组织农学专业自学考试，这仅要求增加辅导、考试等一系列工作量。假定四种方案都可以培养出 1 万名质量相同的农学专业的大学生，但四种方案之间的成本费用肯定存在较大差异，显然以成本费用最低作为择优的标准。

（三）公共定价法

1. 公共定价法的概念

在市场经济条件下，政府可以提供公共产品，市场也可以提供。市场提供公共物品自然不是无偿的，政府提公共物品也不是全部无偿的。所以提供公共物品如同私人物品的交易一样，也存在一个出售价格或收费问题。政府相关部门通过一定的程序和规则制定提供公共物品的价格和收费标准，即公共物品价格和收费标准的确定。通过这类支出所提供的商品或劳务可以部分或全部进入市场进行交换。

公共定价是政府保证公共物品提供和实施公共物品管理的一项重要职责。公共定价的对象不仅包括国家机关和公共部门提供的公共物品，而且包括私人部门提供的公共物品。从定价政策看，公共定价实际上包括两个方面：一是纯公共定价，即政府直接制定自然垄断行业（能源、通信、交通、煤、石油、原子能等）的价格；二是管制定价或者价格管制，即政府规定涉及国计民生而又带有竞争性行业（如金融、农业、高等教育、医药等行业）的价格。政府实施公共定价的目的和原则，不仅在于提高整个社会资源配置的效率，而且是保证居民的生活水平和生活安定的重要措施。

2. 公共定价的方法

无论是纯公共定价还是管制定价，都涉及两个方面，即定价水平和定价体系。定价水平是提供每一单位的公共物品和服务的定价是多少。管制行业定价水平是依据正常成本加合理报酬的总成本计算的。因此研究定价水平实质上是研究如何确定总成本。定价体系是指把费用结构（固定费用和可变费用的比率）和需求结构（家庭享用或企业使用、少量需求或大量需求等不同类型的需求）考虑进来的各种定价组合。

公共定价法一般包括平均成本定价法、二部定价法和负荷定价法。

（1）平均成本定价法

平均成本定价法是指在提供公共物品的企业和事业在保持对外收支平衡的情况下，

采取尽可能使经济福利最大化的定价方式。从理论角度看，按公共物品的边际成本定价是理想的定价方式，但这种定价方法会使企业长期处于亏损状态，必须依靠财政补贴维持运行。长此以往，很难保证按质按量地提供公共物品。因此，在成本递减的行业，为了使企业保持基本收支平衡，公共定价或管制定价一般采取按高于边际成本的平均成本定价。

（2）二部定价法

二部定价法是由两种要素构成的定价体系：一是与使用量无关的按年或按月支付的“基本费”；二是按使用量支付的“从量费”。因此，二部定价法是定额定价和从量定价二者合一的定价体系，也是反映成本结构的定价体系。由于二部定价法中的“基本费”是不管使用量多少而收取的固定费用，有助于企业财务的稳定，所以二部定价法具有“以收支平衡为条件实现经济福利最大化的性质”。因而现在几乎所有受管制行业（特别是电力、城市煤气、自来水、电话等自然垄断行业）都普遍采用这种方法。

（3）负荷定价法

负荷定价法是指按不同时间段或时期要求制定不同的价格。在电力、煤气、自来水、电话等行业，按需求的季节、月份、时区的高峰和非高峰的不同，系统地制定不同的价格，通过价格杠杆以平衡需求状况。在需求处于最高峰时，收费最高；而处于最低谷时，收费最低。

3. 公共定价法使用的范围

（1）适用于混合公共产品和劳务的支出项目。

（2）适用于私人不愿意提供或无力提供，只有政府提供才最能体现公平和效率的公共产品和劳务的支出项目上。

（3）适用于收入需求弹性较高的公共产品和劳务的项目。

（4）适用于能够明确区分支付能力和受益程度的项目，并且区分这种受益人群在技术上是可行的。

第五节 财政支出决策的民主性、法制化和财政监督

财政支出随着经济的发展不断地增加，但在特定时期财政支出的规模究竟多大合适？这是一个难以确定的问题。政府不可能以财政支出不断增长为借口，将国民收入的90%据为己有。那么财政支出应该保持在什么样的水平？这个实际上涉及财政支出的民主性和法制性问题。

一、财政支出决策的民主性、法制性

（一）财政支出决策的民主性

在西方国家的财政支出决策中，政府往往利用公共选择机制来优化财政支出结构。决策的程序有两种：直接民主决策与间接民主决策。直接民主决策指全体公民都参加

决策，采取“一人一票”原则，投票表决通过决策。间接民主决策指选民通过投票选举产生一定数量代表，并授权这些代表代表选民作出公共决策。间接民主制运用到财政领域，主要是通过政治程序来审批国家预算和决算，包括财政支出、财政收入和国家预算的总体规模。民主决策机制的最高目标是政府行为的效率并寻求最有效的政府决策体系与规则。为达到这一目标，必须通过加强法制化来约束政治家与政府的行为。

《中华人民共和国宪法》规定我国的国体是工人阶级领导的、以工农联盟为基础的人民民主专政的社会主义国家。这一国体决定了我国特殊的政治制度和选举制度，也决定了我国的财政决策程序。

1994 年通过的《中华人民共和国预算法》对立法机关、政府机关、各级财政部门与各预算执行部门和单位的预算权限做出了明确的划分。各级人民代表大会的预算职权是：政府预算和决算的审批权、监督权以及不当预算和决算的撤销权。各级人民代表大会常务委员会的职权是：预算执行的监督权，预算调整方案的审批权，根据授权对决策的审批权，对不当预算、决算的撤销权。这些规定的基本精神在于强化预算的法律约束力，使预算收支真正成为法令性的刚性指标。针对过去预算编制和执行中存在的问题，为了推进依法理财，加强预算监督，第九届全国人大常务委员会第十三次会议专门做出了《全国人民代表大会常务委员会关于加强中央预审查监督的决定》。该《决定》主要针对当时预算缺乏必要透明度、财政行为不够规范、腐败现象屡禁不止等现象，采取了编制部门预算、政府采购制度、国库集中制度和“收支两条线”管理制度。这些制度的建立，增强了政府预算的透明度，提高了财政效率，规范了财政行为，加强了预算监督。

（二）财政支出决策的法制化

财政活动是国家的一种经济行为，依法理财是财政活动的基本要求，而财政法制则是财政政策和财政管理的基本依据。没有财政法制，财政决策管理活动就缺乏法律依据，就不可能规范有序、公正合理。财政法制建设的基本任务是：围绕并服务于财政改革与财政发展，加快立法步伐，建立健全符合社会主义市场经济发展要求的财政法律制度，使一切财政活动及财政管理工作都能做到有法可依、有法必依、执法必严、违法必究，充分发挥国家财政在国民经济和社会发展中的重要作用。财政法制化建设，包括财政立法、财政执法、财政行政复议三方面内容。

1. 财政立法

财政立法是指国家权力机关在其权限范围内，依据法定的程序，制定、修改或废立财政法律法规的活动。在我国全国人民代表大会及其常务委员会、国务院及其财政主管部门、省级人民代表大会及其常务委员会、省级人民政府可以在其权限范围内从事财政立法活动。

2. 财政执法

财政执法指国家财政机关（包括国家各级主管财政经济工作的行政机关和财政职能机关）及法律法规授权的组织，在领导、组织和管理财政工作的过程中，实施法律、行政法规、财政规章等财政法律规范的行为。

3. 财政行政复议

财政行政复议指公民、法人或其他组织不服财政执法主体的具体行政行为而发生争议时，财政执法主体的上一级财政机关或者制定法律、法规的其他机关，根据相对方的申请，依法对该具体行政行为进行审查并作出决定的行政法律制度。它是财政机关在系统内部自行解决行政争议的一种行之有效的方式。

二、财政监督

（一）财政监督及其作用

1. 财政监督的内涵

财政监督是指财政机关在财政管理过程中，依照国家有关法律法规，对国家机关、企事业单位及其他组织涉及财政收支事项及其他相关事项进行的审查、稽核与检查活动。财政监督体现财政管理的本质属性，与财政管理有机联系、不可分割，是财政部门进行财政管理的一项重要职责和重要的组成部分。财政监督寓于管理活动中，与财政资金运动同步进行。因此，凡有财政收支与财政管理业务的领域，就必然有财政监督。财政监督是贯穿于财政收支执行的全过程，有事前审查、事中跟踪监督和事后检查稽核。改革越深入，经济越发展，就越需要加强和完善财政监督。

2. 财政监督的地位和作用

财政监督是社会主义市场经济监督体系的重要组成部分，是依法理财、切实执行国家财政政策和实现宏观调控目标的重要保证。因此，加强财政监督，对于建立稳固、平衡、强大的国家财政，促进财政的民主化和法制化，建立健全社会主义市场经济体制乃至反腐倡廉，都具有重要意义。

（二）财政监督的构成要素

1. 财政监督的主体

财政部门是主管国家预算编制和执行的部门，则各级财政部门是财政监督的主体。一般来讲，财政监督是财政部门内部各职能机构的共同任务，各级财政机关内部的预算编制、预算管理、国库等业务机构都行使监督的职责。同时，各级财政部门内部还设有财政监督专门机构，财政部在各省、市、自治区设置财政监察专员办事处，专门行使财政检查职责。

2. 财政监督范围

财政监督的范围主要包括：①预算监督。我国《预算法》的颁布为财政机关实施预算监督提供了法律保障。我国《预算法》规定，财政机关是预算的编制、组织实施的职能机构，负责编制预算草案，监督本级各部门和所属单位预算的执行。②税务监督。税收是国家财政收入的主要来源，税务监督是财政监督的一项内容，包括依法对税务机关和纳税人执行税法的情况进行监督检查，及时发现并纠正违反国家税法的情况，保证税款及时、足额上缴国库。③财务会计监督。财务会计监督是财政机关依《会计法》及国家有关财务会计法规制度对行政事业单位和企业的各项财务会计的合法性、规范性、真实性实施的监督，包括对会计事务所等社会中介机构合法执业的监督。④预算外资金监督。预算外资金是国家财政的重要组成部分，尽管未列入国家预算管理，但其收支管理的好坏直接影响着国家职能的实现。对预算外资金的监督主要是监督预算外资金的来源和使用的合法性，确保预算外资金取之有道、用之有效，杜绝一切乱收费、乱摊派、乱罚款现象。

（三）财政监督的流程和财政监督的方式

1. 财政监督流程

财政监督流程包括检查、调查、建议与反映。财政机关在履行监督职责时，对监督对象的情况经常接触、持续观察，熟悉并掌握监督对象的财政和财务收支情况，通过检查、调查、建议与反映，充当公众“守夜人”的角色。检查是财政监督部门的一项权力，是履行财政监督职责的一种手段，也是检测财政运行状况的一种最直接方式和有效途径。通过检查发现重大问题线索，而后再进一步深入调查，弄清情况，进行分析研究，并提出检查报告。建议是检查与调查处理的自然延伸与必要补充。这里的建议是说被检查对象存在不当行为，但尚未构成追究法律责任的程度，或者违法的直接责任人已受到查处，财政监督部门对受检查的单位或它的上级主管机构提出纠正或补救性的建议。由财政监督机构提出的专门建议，对接收单位来说具有一定的行政法律效力，负有履行的义务。反映是指对于实施财政监督过程中认定的财税运行的重要情况及其已经或可能发生的影响，进行分析或综合，向决策层及时做出信息的反馈。财政监督中的情况反映既是财政监督工作质量升级的标志，也是扩展财政监督功能、加强经济宏观调控能力的客观需要。

2. 财政监督方式

财政监督方式包括日常监督检查、专项监督检查和个案检查。财政机关依照国家法律、行政法规和财政规章的制定，根据财政管理需要确定年度财政监督检查计划，或根据日常财政管理过程中发现的问题，及时组织开展财政监督检查。

【关键词】

财政支出　经济建设费　社会文教费　国防费　行政管理费　购买性支出　转移性支出　瓦格纳法则　梯度渐进增长论　经济发展阶段论　成本效益分析法　最低费用选择法　公共定价法　财政监督

复习思考题

1. 发展阶段论是如何解释政府公共支出变化?
2. 你对中国财政支出规模有何看法?
3. 试分析购买性支出和转移性支出对社会总需求的影响。
4. 解释财政支出增长原因的理论有哪些?
5. 影响财政支出规模的因素有哪些?
6. 如何优化我国当前的财政支出结构?
7. 试论述财政监督的内涵、作用及其构成要素。

第五章 购买性支出

【本章中心内容】

购买性支出是指政府购买特定商品和劳务的活动。其支出的实现是以换回等价的商品和劳务为条件的，包括社会公共消费支出和政府投资两部分。社会公共消费支出包括购买日常政务活动所需的国防行政费、用于科教文卫等事业部门的经费开支。政府投资支出包括政府各部门的固定资产、流动资产、国家物资储备等投资拨款。

第一节 行政管理支出

行政管理支出是实现国家职能必不可少的支出，是财政运用于国家政权机构的维持和运转的根基。行政管理支出具有重要的基础性作用。行政管理经费的供给，是保证政府职能部门正常运行，发挥政府对社会经济的管理、控制与协调作用，进而保障国家安定的物质条件。政府需通过各种行政管理部门才能实现国家的职能。随着社会经济发展水平的不断提高，对政府的公共服务水平也有了更高的要求。因此，政府的行政管理支出也呈现出扩张趋势。

一、行政管理支出的基本构成

（一）含义及特点

1. 含义：

行政管理支出是财政用于国家各级权力机关、行政管理机关、政法机关和外交机构行使其职能所发生的费用开支，是维持国家政权存在、保障各级国家管理机构正常运转所必需的费用。行政管理支出反映着国家性质和一定时期政治经济任务的主要方向，决定于国家政权结构及其范围。

2. 特点：

（1）非生产性

行政管理支出是一种纯消费性开支，资金一旦投入，便不能收回。其支出只能引起社会产品消耗和价值丧失，而不能实现其价值的补偿和增值。因此，在保证国家管理机构正常运转的条件下，该项支出的比重应该越小越好。

（2）连续性

只要国家权力机关存在，各种行政管理机关也随之存在，就需要有连续不断的行政管理支出作为保证。

（3）增长刚性

该支出一般不受技术条件的限制，容易随意扩大开支范围，支出额呈刚性增长而难以压缩。对该项支出必须采取行政手段加以约束和控制。

（二）内容

行政管理支出的内容有广义和狭义之分。广义包括立法、司法、行政执行机构的支出；狭义仅指行政执行机构的支出。按照我国预算的决定，行政管理支出属于广义范畴，主要包括以下五大类：

1. 行政管理费

这是指国家财政用于国家各级政府机构的各项经费支出，包括行政经费、党派补助费、政协经费、人民团体补助费、人大经费。行政管理费的增加显然是党政机关扩大的结果。原有机关的扩大和机关新设，都会使机关经费——“人头费”和行政业务费增加。随着社会经济的发展，经济活动日趋复杂，公共事务也日益增多。如果确认这是一种趋势，那么行政管理支出的增长就有一定的必然性。

2. 公检法支出

主要指国家财政用于公共安全机关、各级法院、检察院以及司法行政机构的经费支出。包括公安支出、安全支出、司法支出、法院支出、检察院支出等。公安、司法、检察、安全支出是用于维持社会秩序的。社会经济活动日趋复杂，可能导致犯罪和违法事件增多。为了保证社会在法制的轨道上有序地运行，用于维持秩序的机关的增大以及相应的经费的增长也是不可避免的。

3. 武装警察部队经费

主要包括中央预算对内卫部队、边防部队和消防部队的经费支出。1983 年国家改革军队体制，将担任内卫、守护任务的地方部队从军队中划出，移交公安部门，同公安部门原来实行义务兵役制的武装、边防、消防三个警种统一组建成中国人民武装警察部队。1983 年 4 月 5 日正式成立，其任务是维护国家主权和尊严，维护社会治安，保卫党政领导机关、重要目标和人民生命财产的安全。

4. 外交外事支出

主要指国家财政用于外事机构进行外交活动的经费支出。包括驻外机构经费、国家公务人员出国访问经费、外国代表团招待费、应缴国际组织会费、对外捐赠支出和其他外事费等。2001 年中国加入世界贸易组织（WTO）以来，国际交往随着经济发展和外事活动的频繁而增多。于是，驻外机构的费用也将呈不断增加的趋势。

5. 对外援助支出

这是指国家财政用于对外援助的各项经费支出。中国的援外支出比重呈不断上升趋势。通过资金、技术、医疗服务向非洲、东南亚等地的多个国家和地区实行援助。2004 年印尼海啸后，中国政府先后援助近 7 亿元，期间中国民间援助就达 6 亿元。

通常外交支出中含有对外援助支出。2007 年中国安排外交支出 230 亿元，同比增长 37.3%，以加强国际间交流与合作。而中国外交支出大幅增长的原因是：根据中非合作论坛会议精神，增加了对非洲国家等地区的援外支出；增加了国际组织会费、维和摊款，以及驻外使馆人员工资改革支出。2007 年中央财政用于对外援助的支出达 108 亿元，占外交支出的47%。

从世界范围看，行政管理费的绝对数是上升的；相对数是严格控制的，虽呈波动上升趋势，但变化却较小。总体来说行政管理支出的绝对数是增长的，但它在财政支出总额中所占的比重却应呈下降趋势，世界各国一般都是如此。通常市场经济国家行政管理费相对数是较低的，这与其“小政府，大服务”的传统信念相一致，但在中国行政管理费所占比例仍然过高。马克思在阐述社会主义社会产品分配原理的时候曾指出，和生产没有直接关系的一般管理费用“和现代社会比起来，这一部分将会立即极为显著地缩减，并将随着新社会的发展而日益减少”①。新中国成立以后，我国的行政管理支出占财政支出的比重曾一度出现下降的趋势。但自改革开放以来，行政管理支出一度出现了上升的趋势。行政管理费的规模是由多种因素相互作用形成的，而且具有历史的延伸性。

影响行政管理支出不断上涨的因素主要有：经济总体增长水平、财政收支规模、政府职能、机构设置、行政效率以及管理费本身的使用效率等。从我国的情况分析，政府的职能范围及其相应的机构设置与行政管理费的使用效率有直接的关系。

按照行政管理经费的用途划分，行政管理费是由人员经费（政府权力机关、行政机关和外事机构的工作人员的工资、津贴、福利等）和公用经费（公务费、修缮费和业务费等）两部分组成的。那么，政府职能范围的大小，行政机构设置的多少，以及由此决定的机关工作人员的多少，自然是决定行政管理费规模的关键因素。在较长时间内我国政府机构和人员过分膨胀，是影响行政管理费居高不下的一个重要因素。经济体制改革的目标之一，就是要转变政府职能，削减政府机构。然而，实际情况却不令人满意。例如，与社会主义市场经济的运行有关的若干机构在扩大或者增设，而那些已与新体制运行不那么协调的机构的压缩却需要一定的过程，新旧叠加的结果，自然是行政支出增加。

近年来行政管理支出中“三公消费”（指政府部门人员在因公出国（境）经费、公务车购置及运行费、公务招待费产生的消费）的大力开支成为一种普遍的现象，并引起社会广泛关注。这一现象的持续存在无论是对干部，还是对社会、对人民都会造成持续的不良影响，是当前公共行政领域亟待解决的问题之一。2011 年 11 月 21 日，国务院法制办公室公布《机关事务管理条例（征求意见稿)》，已明确机关运行经费支出、资产配置和服务保障标准的原则。

二、行政管理支出的确定与控制

（一）行政管理支出的确定

行政管理支出的数量和比重的变化，直接受国家政权组织结构和职能范围的影响。

① 马克思：《哥达纲领批判》。

这使国家怎样设置政权机关，行政管理机关的构成与编制都成为确定行政管理支出的基本依据。但是，这并不是说国家机关的设置对行政管理支出有决定性作用。从根本上看，国家能将多少社会财富用于行政管理，不是决定于实现行政管理的需求，而是决定于社会生产能创造多少物质财富来满足行政管理的经费需求。

1. 确定原则

（1）社会利益原则

要求支出所获得的社会效益应当超过社会成本。行政管理的支出通常要根据政治、经济等方面的具体情况和社会公众的个人偏好，来确定支出的方向和规模。

（2）量入为出原则

根据收入的多少来安排支出规模，以资金来源规模控制支出，杜绝超支。

（3）最小费用原则

就是“少花钱，多办事，办好事”。以这条原则来约束由于官僚行为增长而使行政机构经常出现的支出膨胀现象。

2. 影响行政管理经费确定的主要因素

影响行政管理经费确定的主要因素有：以政府应有的职责范围为前提而合理配备的行政机构的基本需要，国家在一定经济发展阶段的经济发展总体水平和财政收入状况，行政机关工作人员的数量，物价水平升高，服务开支标准等。

通过一系列的比较（从国家财政收支总量及行政经费占财政收支的比重的历史数据比较，实现一定的行政效率所需要的行政支出的比较，行政支出占财政支出或国民生产总值的比重的比较），一些客观因素的变化都可能影响一定年度内的行政经费的变动。如国家遇到战争时，通常会大力压缩行政开支；而在通货膨胀时，行政支出也有可能出现相应增长。但这些客观因素对行政支出的影响大多表现在一定时期内，一旦国家形势趋于正常，这类因素的影响也将消退。

从国家职能实现的角度考查，财政必须提供足够的经费才能保证国家机器的正常运转，国家才能稳定，国民才会有安全感，社会经济生活才能正常运转。但是行政管理支出是消费的组成部分，在社会总产品一定的条件下，如果行政管理支出过高，就会造成消费过高，削弱社会积累，不利于国民经济的发展。

以我国为例，行政管理支出占财政支出的比重从 1986 年的 10% 到 2005 年的 19.2%。20 年间增长将近一倍，超出国际货币基金组织 15.6% 的标准。中国人均负担的年度行政管理费用由 20.5 元到 498 元，增长 23 倍，而同期人均 GDP 增长 14.6 倍，人均财政收入和支出分别增长 12.3 和 12.7 倍。可见 20 年来人均负担行政费用的增长速度明显快于人均 GDP 和财政收支的增长速度。同期，中国抚恤和社会救济支出占财政支出比重只提高了 0.5%，国防、科技和农业支出占财政支出的比重分别下降了 1.8、1.2 和 0.4 个百分点。我国的行政成本不但远高于欧美发达国家，而且高出世界平均水平 25%。行政成本过高的直接后果就是，不仅加大了财政负担，还大大挤占教科、文卫、社会保障等公共服务事业资金。尽管 21 世纪以来，我国公共财政收入不断增长，但据国家统计局数据显示，2004 年社会文教支出占政府总支出的比重为 26.29%，2005 年为 26.38%，2006 年为 26.83%；不仅止步不前，甚至低于 2000 年的 27.6%。

(二) 行政管理支出的控制

现代许多国家都十分重视对行政管理费用的适当控制。从上述影响考虑，应当说，对行政费支出的控制，是一个需要考虑多方面的因素才能决定的问题。而社会经济管理的需要以及社会总供求的对比关系，则是其中最重要的两个因素。如果考虑到这两个最重要的因素，那么，至少在目前的一段时期中，我国的行政费是应当严加约束的。从今后的发展看，行政管理费的改革应按照"公共财政"的要求，变"吃饭财政"为"办事财政"。那么，究竟该怎样约束行政费用呢？

1. 通过某种政治程序来实现

通过某种政治程序来确定政府需要哪些职能些部门，各部门应有多大规模，可以实现对行政管理费用的规模进行有效的控制。因为决策过程实际上是一个权衡与选择的过程，它需要特定的政治程序来表达人民大众的意愿。在我国，人民代表大会制度便是这样的政治程序。人民大众可以通过这一政治程序来表达自己对包括行政事业费支出在内的财政支出的意见，从而决定行政管理费用的规模以及支持这一规模的资金来源。如果这一政治程序能充分实施，公民也能得到充分的信息，行政机构的规模以及行政费的规模当可得到适当的确定。

2. 对行政费支出的规模或其占财政支出的比重规定一个具有法律效力的指标，由司法和民意机关对之施行严格监督

这是各国在控制行政管理费上的一个可行的经验。但这种方法还有待于政治体制和经济体制改革的深化，政府职能的转变和权力过分集中等问题的解决。应建立增收节支的激励和约束机制，并且建立事中、事后的监督制度。

3. 加强行政机关的设置和合理的法制建设

其主要措施有：为各机构的设置和活动规定基本的规范和程序；严格定员定编管理；控制差旅费、会议费等行政费用开支标准；健全财务管理制度；抑制社会集团的实力；制定细致的预算管理办法，明确各级领导的审批权限和范围，并承担控制预算的经济责任。

三、行政管理支出的管理

行政管理支出是一项有益于社会安定的公共管理支出，其支出水平具有"刚性"的特征，但其消费性质又决定了行政管理经费应尽力节约使用。从我国的情况来看，我国行政管理支出要合理、适度，不能超越社会经济发展水平，更不能超越国家财政的承受能力。

1. 深化行政体制改革，优化行政组织机构，转变行政职能

行政体制改革包含行政结构和行政职能两方面的改革。建立科学、高效、精简的行政管理组织，并在结构、职能、体制等方面不断完善，是实现政府管理职能，压缩行政管理支出规模，优化财政支出结构的重要一环。2008 年，国务院新组建工业和信息化部、交通运输部、人力资源和社会保障部、环境保护部、住房和城乡建设部，裁撤了建设部、交通部、信息产业部、人事部、劳动保障部、国防科工委。改革后，除

国务院办公厅外，国务院组成部门设置27个，改革前为28个。

2. 规范行政管理支出范围

规范行政管理支出范围，就是在全面推进机构改革的基础上，将现有行政经费开支的企事业主管部门一律改由相应的企事业费开支，实行部门预算；属于国家的执法监督部门的，如基层工商、税务、物价部门应列入行政经费开支范围；不行使国家管理职能的各类协会、学会和人民团体，不应由行政经费负担，必须由国家资助的，国家财政可给予一定的事业费补助；对机构改革中已转为公司或行业协会的，不再由行政管理经费中开支，并相应调整经费渠道。

3. 认真贯彻执行预算法，严格预算管理，强化预算约束力，提高预算严肃性

凡是财政资金都应当通过预算，严格在预算内统筹安排全年的行政经费，清除行政机构掌握的预算外资金所带来的一切可能的危害。在2008年的财政预算中，行政管理支出占财政支出的14.3%。在2009年中央预算中，行政管理支出零增长。

4. 提高工作效率

机构越来越庞大，人员也越来越多，使得行政管理经费增长过快。因此，国家机关必须切实紧缩人员编制，大力裁减机构人员，提高工作效率，改变人浮于事的状况。

5. 按市场经济要求，进一步健全制度，加强财务管理，控制不合理支出

财务管理范围的不明确，制度不严，是造成违纪现象的主要原因。因此，必须明确开支范围和开支标准。财政部门也要从制度上严格监督，要指定一整套完整的财务制度，完善审计功能，监督各单位财务执行情况。

第二节　国防支出

国家的存在和发展必须具备两个条件：一是建立军队，以此来抵御外敌侵入，保卫国家领土的完整和主权独立；二是设立警察、法庭、监狱、行政等设施和组织，以此来维护国内社会经济生活秩序的稳定。建立军队是政府最基本的职责之一，而建立军队就必然会有国防支出。因此国防开支是与国家直接相关的一个特殊分配范畴，只要国家存在，就有为维护国家独立、保护国家领土不受外来侵犯、保证国家主权完整的需要。国防力量是国家稳定政权，实现社会安定，保证国家主权和领土不受侵犯的重要条件。国防开支在公共支出中有极为重要的地位，在许多国家，都将国防开支作为首要开支来安排。

一、国防支出的基本构成

（一）国防支出的含义及性质

1. 含义：国防支出是指国家为满足全体社会成员安全需要而用于陆、海、空军及国防建设的各种费用。国防开支是与国家直接相关的一个特殊分配范畴，是为维护国家独立，保护国家领土不受外来侵犯，保证国家主权完整所必需的支出。

2. 性质：国防所提供的服务是最为典型的公共产品，即纯公共产品，它必须由政府来提供。由于国防开支是政府购买性支出的组成部分，并不为社会经济地发展提供直接的物质财富，反而还消耗大量的社会产品，因此，国防支出是一种纯社会消费性支出。

（二）国防支出的内容

1. 分类：国防支出在各国有不同的分类，但基本上都可以划分为维持费和投资费。

维持费：主要用于维持军队的稳定和日常活动，提高军队的战备程度，是国防建设的重要物质基础，包括军事人员经费、军事活动维持费、武器装备维修保养费和教育训练费。

投资费：主要用于提高军队的武器装备水平，是增强军队战斗力的重要条件，主要包括武器装备的研制费、武器装备的采购费、军事工程建设费和防空费。

2. 内容：我国的国防支出，其内容包括国防费（如部队生活费、装备购置费和维护管理费、军事行动作战费、部队训练和教育费等）、国防科研事业费、民兵建设费（民兵事业费、民兵装备购置费）、动员预编费、招飞事业费、专项工程以及其他支出等。国防支出的分配与使用，必须通过政府预算来安排。我国的国防支出的各项经费，除了民兵建设费中的民兵事业费和动员预编经费由地方预算安排外，其余的均由中央预算安排。

中国国防费包括：人员生活费、活动维持费、装备费。人员生活费主要用于军官、文职干部、士兵和职工的工资、伙食、服装等；活动维持费主要用于部队训练、工程设施建设及维护和日常消耗性支出；装备费主要用于武器装备的科研、试验、采购、维修、运输和储存等。中国国防费的保障范围，既包括现役部队，又包括民兵、预备役部队，并负担了部分退役军官供养和军人子女教育等方面的社会性支出。

二、影响国防支出的因素

国家制度与对内对外政策是影响国防支出的首要因素。不同的国家制度将产生不同的对内对外政策，特别是因此而形成的全球战略是影响一国国防力量配置的重要因素。如美国是十分重视本国在全球利益的资本主义国家，因而也是国防支出最高的国家。而我国奉行和平共处、互不干涉的对外政策，国防支出必然是以保卫国家安全、实现有效防御为主。

国家经济力量。国防支出规模从根本上说是由经济实力决定的。经济实力越强，能用于国防方面的支出就越大；经济实力越弱，国防开支就会受到很大的限制。每一个国家在安排国防支出时都不能以牺牲本国经济应有的发展要求为前提，在资源有限的条件下，兼顾经济发展与国防建设需要是必须坚持的原则。

国际环境也是影响国防支出的因素之一。国际环境的变化对国家安全产生潜在的影响。在爆发军事战争或处于军事对峙时期，国防开支会大幅上升；而在和平时期，国家周边外交政策比较成功，与邻近国家和睦相处时，则国防开支会相应减少。

国家管辖控制的范围。一个国家领土越大、人口越多，用于保卫国土、保护国民安全的防护性开支就会越大。

国防军事现代化的压力。随着当代科学技术的发展，实现国防现代化成为当代各国建立巩固国防的客观要求。实现这一目标，不仅需要增加对国防科学研究的投入，还必须通过大量的投入来改善和提高国防常规力量和战略力量的现代化装备水平。

三、国防支出效益的管理

国防支出属于非生产性消耗支出。适度的国防支出可刺激经济发展，过多的国防支出对经济发展有副作用。从积极方面看，国防开支除了对国家安全和社会稳定有直接的效益外，还会产生一些间接的经济与社会效益。军事研究可以推动科学技术的开发与应用，也有利于经济的发展。从消极方面看，国防工业一般具有垄断性，缺乏竞争性，军事开支过度增长就会削减政府其他一些有益项目的开支。长此以往，必然会对经济发展不利。

国防支出的合理限度，主要是指国防支出究竟多少才合适的问题。如果单纯从国防角度看问题，可能就会得出军费开支越多越好的结论。因为充足的军费开支有助于提高威慑和防御能力。但是，在政府人力、物力和财力一定的条件下，国防开支数额应被控制在一定的限度之内。同时也应考虑军需与民需之间的此消彼长的相互制约关系。

我国的国防开支是通过国防预算来控制的，主要采用"规划计划预算制度"的方法来促进对国防经费的规模的控制和合理分配。规划计划预算制度主要是指：国防的目的是保卫国家不受侵犯。侵犯之敌或可能的侵犯之敌位于何方，可能动员的侵犯力量有多大，有效地遏止这些侵犯所需的军事力量要有多大，都是可以接近准确地估计出来并可以量化为若干指标的。这就为确定国防费奠定了基础。一国可以首先确定所需的军事打击力量规模，然后为此制定军事措施计划，再为执行各个计划项目拟定各种可以替代的实施方案。对各种方案的成本收益进行分析比较，选定成本最小而收益最大的方案，最后根据被选定的方案所需资金，编制国防支出的预算。

第三节　科学、教育、文化、卫生支出

一、含义及性质

科学、教育、文化、卫生支出，是财政用于科学、教育、文化、卫生、体育及广播电台电影电视等各种社会事业支出的总称。其通常指用于社会事业部门的事业费，一般由事业单位的职工工资、各种性质的公务费、科学研究经费及必要的修缮费和设备购置费等组成。这类支出是国家为提高国民素质，满足社会共同需要，实现社会经济的长期发展的必要安排。由于对科教文卫的支出在短期内并不体现出对社会经济发展的直接作用，因而长期以来将其视为社会消费性支出，并主要由财政支出来保证。

科、教、文、卫支出属于准公共产品，属于非生产性支出，即非直接从事物质资

料的生产、非直接创造物质财富。

二、科学、教育、文化、卫生事业与社会经济发展的关系

科学技术与社会生产力的发展互为条件。人类社会的发展进步建立在社会生产力水平不断提高的基础上；而科学研究的发现与科学技术的广泛应用，将极大地提高劳动生产率。推动人类社会生产力产生飞跃，社会生产力的发展也为科学研究提出了需求与可能。

教育是社会经济发展的基础。当代世界各国之间的差距，首先表现为经济发展水平的差距，进一步讲是科学技术上的差距，但从根本上考查则是教育上的差距。因此，教育事业对一国社会经济的发展起着重要的基础性作用。

文化、卫生事业在社会经济发展中具有重要的地位。文化事业是为国家和民族提供精神财富的重要部门，对国家社会的稳定和健康发展有积极的作用。卫生事业对提高国民身体素质和国民福利水平、保护和发展社会生产力等方面均有重要的保障作用。

三、合理确定科学、教育、文化、卫生支出

首先，有必要正确区分各类科教文卫事业所提供的服务的属性，即分析其是属于公共产品还是准公共产品或私人产品的属性，并以此作为政府确定怎样支持其发展的基本依据。

在科教文卫事业中，提供具有显著公共产品属性服务的部门，应当是政府扶持的对象。如全民性的卫生防疫条件的改善，对一些文化遗产的继承和重要的基础理论的研究。这类事业通常缺乏内在效益，但外部效应显著，如果没有政府财政必要的支持，很难得到应有的发展。但是，作为提供公共产品的事业部门的发展，从形式上看表现为一定时期内社会消费的增长，客观上要受该时期内社会总产品与国民收入总量的限制。其发展也应考虑社会积累和其他部门的需要，政府给予扶持应根据经济发展的可能来考虑。

对于以提供准公共产品属性的服务为主的科教文卫事业的发展，则应提倡由国家、社会共同兴办，共同扶持。在实际社会经济生活中，大部分科教文卫事业提供的服务都是界于公共产品和私人产品之间的混合产品（准公共产品）。这些特殊产品一方面因其对整个国家社会的重要作用，社会效益突出，不能完全讲究内在效益；另一方面又因其对个人具有可以确定的私人利益，从而又具有“私人产品”的属性（如学校、医院提供的服务）。因此，为保证实现这些部门的社会效益，其发展的主体规划主要应由政府公共支出来保障，以满足社会共同需要。同时，这些部门的发展在一定程度上也可以采取市场原则，即应当允许甚至鼓励非政府主体的适当参与。这不仅能减轻政府在发展社会事业方面的负担，还能提高这些混合产品的使用效率。教育事业、科学研究、文化事业、医疗保健事业在不同程度上采取市场原则，可以配合政府促进这些事业本身更快地发展。

其次，有必要确定政府用于科学、教育、文化、卫生事业支出的重点。这可以使一定的政府公共支出对科教文卫事业的发展产生更大的作用。

政府对科学研究支出的选择重点有三个主要领域。一是能为科学技术的应用提供依据的基础理论研究领域。由于基础理论研究需要长期的研究积累与投入，研究成果的形成时间难以预测，其研究的耗费更难以由科学家个人或一般经济主体所承受。如果没有政府的财力扶持，许多基础理论研究项目根本无法进行。二是涉及人类共同利益的科学研究领域。这些领域研究规模庞大，需要消耗大量的资财，基本不具有内部效益，因此其经费开支只能由各国政府来分担。三是对社会经济的发展可能产生重大影响的应用性科研项目。这类科研项目的成功往往会对国家经济的增长产生极大的推动，需要政府将其作为支持的重点。

政府对教育事业的支出，重点应将提高全民族素质的教育作为主要支持对象。其中应将基础教育的发展作为政府投资教育的主要对象，以长期不断地提高全民族的素质。但在现代科学技术飞速发展的条件下，教育的功能也日益变化与扩张，传统教育正在被终身教育取代，对人口再教育，特别是对劳动者的职业再教育已成为一种趋势，这客观上要求增加对继续教育的投入。在再教育的经费来源中，有相当部分是企业经济组织自行提供，但受到政府有关财政制度的扶持。从发展来看，政府对继续教育的支出将会不断增长，并将成为政府教育支出的又一重点。中国的教育支出地区差异较大，初级、中级教育投入严重不足。

文化事业因其典型的消费性质在政府财政支出中占有的比重不大，但政府必须对一些特殊的文化事业的发展给予保证。如考古和文物保护，博物馆建设，国家民族文化传统的继承与发扬，以及一些关系国家利益的文化事业等，都应当作为政府扶持的重点。

在卫生事业的发展方面，政府应以保证国民的基本医疗条件作为支出确定的依据，并应将对全民卫生防疫系统的建设放在重要地位来安排支出。特别是对各种传染病的防治和消除，这是一种社会性、公益性很强而又没有直接经济效益的支出，更需要作为财政支出的重点。

四、科学、教育、文化、卫生支出的供应方式

财政支出对科教文卫事业的供应中，因科学研究与文化事业基本属于纯公共产品，基本依赖财政支出以保证其稳健发展，教育事业和医疗卫生事业属混合产品，财政对其的供应方式有所不同。

教育是典型的具有正外部效应的混合产品，不属于纯粹的公共产品。市场供应存在一定程度的失灵，其供应方式应采取混合方式，即政府预算供应与私人市场供应相结合的方式。又由于教育服务具有可收费性，即可以向受教育者征收学费，因而可以考虑市场机制的运用，包括允许和鼓励私营部门办学。政府教育供应的政策导向为：因基础教育的公共性较强而市场化程度较低，所以教育经费应向基础教育倾斜，教育拨款的大部分都应用于保证基础教育的需要；高等教育的公共性较弱而市场化程度较高，所以高等教育一般不是政府教育投入的重点，政府应通过控制甚至降低高等教育拨款，促使高校寻求更多的其他经费来源。

医疗卫生是具有很强正外部效应的混合产品，卫生教育和宣传则几乎是纯粹的公

共产品，因此医疗卫生市场供应存在一定程度的失灵。政府一方面对其正外部性提供一定的补贴，另一方面对其“信息不对称性”所产生的“逆向选择”和“道德风险”也进行必要的干预和管制。其供应方式应采取混合方式，即政府预算供应与私人市场供应相结合的方式。又由于医疗卫生服务具有可收费性，即可以向受接受服务者征收医疗费，因而可以考虑市场机制的运用，包括允许和鼓励私营部门办医院、投资医疗卫生产业。

第四节　政府投资支出

一、政府投资概述

在任何社会中，社会总投资都是由政府投资和非政府投资两大部分构成的。政府投资是社会总投资的一个特殊组成部分，是指政府为了实现其职能，满足社会公共需要，实现经济和社会发展战略，投入资金用以转化为实物资产的行为和过程。非政府投资则是指由具有独立经济利益的微观经济主体进行的投资。

在一个社会中，政府投资和非政府投资所占比重究竟多大，主要取决于以下两个因素：一是社会经济制度的不同。一般而言，实行市场经济的国家，政府投资所占的比重相对较小，非政府投资所占的比重相对较大；实行计划经济的国家，政府投资所占的比重相对较大，非政府投资所占的比重相对较小。二是经济发展阶段的不同。在经济发达国家，政府投资占社会总投资的比重较小，非政府投资所占比重较大；在欠发达和中等发达国家，政府投资占社会总投资的比重较大，非政府投资所占比重较小。

（一）政府投资的特点

与非政府投资相比，政府投资具有以下特点：

1. 政府投资以实现经济和社会的全面发展和良性循环为目标

与非政府部门（具有独立法人资格的企业或个人）从事投资、追求盈利不同，政府投资着眼于国家社会的全局利益与长远利益。因此，政府要考虑社会总成本和社会总效益来安排自己的投资。投资的个别成本以及是否盈利，并不是政府投资要考虑的主要问题。在特殊情况下，比如基础设施的建设是可以极大提高国民经济整体效益的，对此项目的政府投资可以允许微利甚至亏损。

2. 政府投资只能是对市场投资行为的补充

政府投资主要用于外部效应好、社会公益性强的公共服务领域（基础性投资领域的具有社会效益的长期大型项目）。如：城市交通及奥运会场馆周边的市政配套设施，环境生态保护、节约能源、治理污染等。对于具有明显经济效益的投资项目都属于非政府投资范围。因此，政府投资只能是对市场投资行为的补充。

3. 政府投资通常用于事关国计民生的大型项目和长期项目

企业、个人依靠自身积累和社会筹资来提供资金。受到资金量的限制，企业、个人只能用于周转性强、见效快的短期项目。而政府财力雄厚，多半资金来源于无偿的收费或税收，可以投资于一些大型的长期的项目。如：三峡水利工程建设。

4. 政府投资是国家调控经济的重要手段

政府通过投资不仅可以产生一般投资所具有的经济效益，同时可以实现国家在一定时期内的政治经济目标，对国家整体经济进行宏观调控。

（二）政府投资的范围

从市场经济条件下政府投资的领域看，政府投资的范围有广义和狭义之分。狭义的政府投资主要是指政府各类资本性支出，这种资本性支出最终会形成社会资本存量。广义的政府投资主要指政府对社会公益性、公共服务领域、基础产业领域、农业生产领域和国家物资储备等方面的投资。尤其是基础产业、农业等领域的投资已成为世界各国尤其是我国政府投资的重点。必要的条件下，政府也对一些重要的新兴产业部门的创建进行投资。另外，政府还可投资科学研究、社会事业与国防建设。

实际上，在确定政府投资范围时，目前有一个不容忽视的问题是：中央政府和地方政府的投资范围的划分问题。

表 5－1　　中央政府和地方政府投资范围的具体确定

中央政府投资范围	为全国公民提供，在整个国家的范围内受益，且分布较为均匀的公共产品的投资，如国防方面的投资。
	全国性的能源、交通运输、邮电、科教文卫等基础设施投资。
	关系国计民生的重大生产建设项目投资。这主要包括农业、基础工业和高新技术产业等重点产业投资。
	对具有“正外部效益”的开放性、地方性公共产品和服务，中央政府要给予一定的投资补助。
	为稳定经济而进行的投资。
地方政府投资范围	投资兴建辖区内的基础设施。
	地方性文化教育、社会治安、卫生保健、就业培训等投资。
	与其他地区合作举办一些跨区的基础设施投资。

（三）政府投资的方式

政府投资的方式是指政府在进行投资活动时的资金供应和资金运用方式。由于政府投资的项目有些是纯公共产品（如生态工程），有些则不是纯公共产品（如收费公路、有线电视、污水处理厂、垃圾处理厂），因此政府投资可采取纯政府预算供应（政府直接投资）和混合供应（私人投资加政府补贴，或政府投资加对私人收费）相结合的方式。

财政投资政府预算供应的方式具体来讲主要有四种，即财政无偿拨款方式、财政有偿贷款方式、财政基本建设基金制和国家资本金制度。

财政无偿贷款方式是传统计划经济体制下最主要的供应方式，以后成为行政事业单位财政投资资金的最主要供应方式。

财政有偿贷款方式：1979 年开始试行财政投资的有偿使用，即改拨为贷。1983 年 7 月起，一般国有企业的流动资金一律改由银行贷款供应。1980 年 11 月 18 日，国务院批转国家计委等单位《关于实行基本建设拨款改贷款的报告》，决定从 1981 年起，凡是实行独立核算、有还款能力的企业，进行基本建设所需的投资，除尽量利用自有资金外，一律改为银行贷款。从 1986 年起，国家预算内基本建设投资实行拨款、贷款两种资金供应方式，即拨、贷并存方式。行政事业单位实行无偿拨款方式，企业实行有偿贷款方式 。

财政基本建设基金制：1988 年出台，是财政投资资金供应方式的完善措施。这种基金制具有稳定性、周转性、发展性和风险责任性的特点，可以较好地保证财政专项事业的发展。

国家资本金制度：1994 年，国家对国有大型骨干、重点企业实行国家资本金制度。将历年财政拨款、贷款及所有国有资产全部转为国家资本金，实行资本化管理，既有利于财政投资资金的有效使用，又有利于国有经济的健康发展。

财政投资的资金运用方式主要有五种：

第一，直接投资方式。它是指国家将其掌握的投资资金直接投入建设领域。这是一种无偿的直接投资方式，主要用于非经营性投资。

第二，委托银行贷款方式。它是指国家将其掌握的投资资金委托给专门的银行（主要是中国建设银行），再由他们贷款给国家专业投资公司进行投资建设。这是一种有偿的间接投资方式，主要用于生产性投资。

第三，股份债券租赁投资方式。它是指国家将其掌握的投资资金由专门的国家投资公司通过股份债券的资本运营方式进行投资建设。这是一种具有直接和间接双重性质的灵活投资方式，既可用于生产性投资，又可用于适宜产业化、商业化运作的事业性投资。

第四，风险创业投资基金方式。它是指政府出资设立特定目的的引导基金，引导基金不直接对项目进行投资，而是作为共同发起人吸引境内外的非政府资本，共同发起设立创业投资机构。这种新方式通过投资工具实现对行业发展的整体推进，能提高财政资金的使用有效性。

第五，建设—经营—转让投资方式（build - operate - transfer，BOT）。它是指是政府将一些拟建基础设施建设项目通过招商转让给某一财团或公司，由其组建一个项目经营公司进行建设经营，并在双方协定的一定时期内，由该项目公司通过经营该项目偿还债务，收回投资，在协议期满后将项目产权转让给政府。这是近年发展和兴起的一种基础设施投资方式。这种投资方式的最大特点是，鼓励和吸引私人投资者特别是外国直接投资者对发电厂（站）、高速公路、能源开发等基础设施进行投资。

二、基础产业投资

（一）基础产业的内涵

基础产业的内涵有广义和狭义之分。狭义的基础产业，是指经济社会活动的基础设施和基础工业。基础设施和基础工业是一个社会赖以生存和发展的基本条件，是一个国家综合实力和现代化程度的重要标志。基础设施主要包括交通运输、机场、港口、桥梁、通信、水利和城市供排水、供气、供电等设施；基础工业主要指能源（包括电力）工业和基本原材料（包括建筑材料、钢材、石油化工材料等）工业。广义的基础产业，除了上述基础设施和基础工业外，还包括一些提供无形产品或服务的部门，如科学、文化、教育、卫生等部门。这些部门提供服务所需的固定资产，通常归于广义的基础设施之列。

（二）基础产业的特征

基础产业部门具有明显的外部经济效应和社会效益。这一部门的内部效益不高，更不能取得社会平均利润，因此在许多条件下需要政府投资来解决。基础产业具有规模大、建设周期长、收益慢、投资效率低的特点。同时，基础产业投资大，时间长，过度超前发展也会造成社会投资总成本的提高。因此，基础产业的建设应与一定时期内社会经济的发展要求相协调，严重短缺或发展过度都是不可取的。基础产业投资难以吸引一般市场投资者的兴趣，但从经济长期持续增长的要求看，基础产业和直接生产活动都必不可少。因此，要保证基础产业的发展，必须依靠政府的直接投资或相关政策的扶持。政府介入基础产业的投资方式在市场经济国家已取得成功经验，这就是建立并完善财政投融资制度。

（三）财政投融资制度

财政投融资是政府为了实现其特定的政策目标，以信用方式直接或间接投融资而产生的资金筹集和使用活动。财政投融资是以政府为主体的投资、融资活动，是财政性金融活动，是商业金融的有益补充。同时，财政投融资也是资金运用上的政策性和有偿性的统一。

我国建立财政投融资的资金来源主要以居民所有的社会闲置资金为对象。其具体方式可选择：①通过政策性银行——国家开发银行吸储和发行金融债券。②建立基金制融资渠道，广泛吸收社会资金。③把当前的社会保障等基金所筹集的资金纳入财政投融资的资金范围。目前来说建立财政投融资制度，比较成功的经验是发展政策银行。

（四）基础产业投资规模与结构的确定

1. 规模的确定

确定基础产业投资规模的直接依据是基础产业的发展规模。而基础产业应保持多大的规模又与社会经济发展的需要与可能密切相关。在实践中，确定基础产业的投资规模，主要是应处理好一定时期内的社会经济和社会事业发展规模对基础产业发展的需要。其中，最主要的是处理好两对关系：①处理好基础产业与主导产业（国民经济中科学技术先进、技术渗透力强并对经济增长发挥直接推动作用的产业部门）发展的关系；②处理好基础产业与社会公共部门及事业部门发展的关系。以此为基础，才能合理确定一定时期内的基础产业投资规模。

2. 结构的确定

基础产业主要由基础工业和基础设施两大系列构成。它们既共同构成整个社会经济存在与发展的基础，但又各有特点、作用不同。这要求政府在基础产业投资规模确定的基础上，将投资结构确定的重点放在合理安排对基础工业与基础设施建设方面。

三、发展农业支出

农业是国民经济中关系国计民生的重要物质生产部门，也是其他国民经济部门发展的重要条件。农业的稳定发展直接影响各国社会经济的稳定与增长。因此，政府有必要通过投资或政策安排来促进农业的发展。

（一）影响农业投资增长的原因

1. 传统农业生产方式

传统的农业以自然经济模式和小规模经营为主。在这种生产方式下，人们依靠简单的农业技能、劳动工具和土地而生存繁衍。从事农业生存主要依靠劳动力的投入，使农业成为最大的劳动密集型产业。因此，无需更多的投资就可以维持农业生产活动。

2. 农业人口的增长

农业人口的增加，使得农业土地资源相对短缺，劳动力资源反而过剩。有限土地上的产出要为越来越多的人口分享，农业积累水平必然会越来越低。

3. 工业化压力

一国的经济发展水平通常以工业化程度来衡量。因此，实现工业化成为各国尤其是发展中国家经济快速发展的必由之路。这就使得大量的政府投资资金用于工业化建设，势必削弱了对农业的投入。

4. 市场经济制度下各经济部门效益的比较，影响对农业的投资

由于农业生产关系到社会大众的生存需要，农产品的价格往往不能定得过高。因此，农业的盈利水平通常要低于非农业经济部门。这就阻碍了社会投资流入农业部门，从而使得农业发展经常面临投资短缺的局面。

5. 农业生产风险大，影响社会投资流向农业

总体上来看，农业的发展仍取决于自然条件的好坏。在风调雨顺的年景，农业可能有好的收成；如果自然灾害发生频繁，农业可能歉收甚至颗粒无收。因此，农业更多的是“靠天吃饭”，而不是依靠技术。这就使得农业生产的风险无法准确预测。例如，2008 年 1 月至 2 月，在中国发生的大范围低温、雨雪、冰冻等自然灾害就导致 1.78 亿亩（1 亩≈666.67 平方米）的农作物受灾，成灾 8764 万亩，绝收 2536 万亩①。这些都是人们无法准确预测的灾害。这种风险使得社会投资更偏向于一些安全的项目或产业，而减少在农业上的投资。

---

① 中华人民共和国民政部．民政部通报近期低温雨雪冰冻灾情和救灾工作情况［EB/OL］．［2008-02-24］．http://www/mca/gov.cn.

（二）政府促进农业发展的主要途径

由于农业生产的特殊性和一些外部因素的影响，造成农业投资经常面临短缺的困扰。这使农业发展严重滞后，削弱了农业作为国民经济基础的作用。因此，为保证经济的稳定发展和国民生活的物质条件，政府有必要扶持农业，并通过以下主要途径来实现：

（1）通过税收政策、价格政策、财政补贴及信贷政策等扶持农业。2006年，我国全面废除了农业税。农业税作为一种在农村征收、来源于农业并由农民直接承担的税赋，已在中国存续了2600年之久。此次废除农业税可以说是“三农”建设的一项有力措施。另外，一些财政补贴政策也可以对农业的发展起到一定的积极作用。例如，2008年中央支持“三农”的力度前所未有。国家一方面在4月初提高农产品的收购价10%～14%，以鼓励农业生产，提高农民收入；另一方面对粮食直补、农资综合直补、良种补贴、农机具购置补贴和测土配方施肥补贴等补贴资金达到756.63亿元，比2007年增加234亿元，增长44.8%。

（2）通过对农业科学研究与推广的投资与扶持促进农业生产发展。传统的农业技术科技含量低，增产潜力小，已不能满足我国人口增长的需要。科技兴农——通过农业科学技术提高农产品产量，已成为各国农业发展的必由之路。农民自身不可能从事农业研究，农业研究需要政府投入资金。我国最高科学技术奖章的获得者袁隆平，被称之为世界杂交水稻之父。他的研究成果造福了中国大众，也为世界农业的发展做出了巨大贡献。

（3）通过对农业的直接投资为农业发展创造条件。这不仅是要对重要的公共水利工程给予财力上的支持，更要加大政府对农业基础建设的支出、农业原材料的直接投资等。通过政府对农业的直接投资，解决农民难以解决的问题，为社会稳定、经济的发展发挥重要作用。

（三）政府对农业投资的范围

政府对农业的投资主要包括大江大河大湖的治理工程、国家级重要农业商品粮生产基地、大型重点防护林工程、退耕还林还草工程、气象预报预测系统和农业社会化服务体系等重要基础设施建设，其中水利建设将是农业基本建设的中心。

政府对农业投资还应以公益性农业投资和农业科技成果开发、推广为主体的基础性农业投资为主。普通单位及个人难以胜任这一类投资的要求。国家财政应从盈利性投资领域退出，将投资范围严格限定在地方政府难以完成而企业不能做或不愿做的领域。当前国家财政应在水利设施建设、农村电网改造、农村道路建设、农业生态环境保护等领域加大投资力度，改善农业生产条件及农村生活环境，推动农村经济社会的全面发展。

四、国家物资储备支出

（一）国家物资储备支出的含义

国家物资储备支出，是国家为防备因各种难以预见因素的产生所造成的重大意外事故和国民经济的重大脱节而形成的物资缺口，有计划地建立国家物资后备所安排的财政支出。国家物资储备支出既不用于当前的扩大再生产，也不用于当前的消费，而是通过这种支出购买特定的物资，作为国家的长期性战略性后备保存起来，以备必要时使用，如储备粮油、储备肉等。

（二）物资储备构成

我国的国家物资储备由国家储备和地方储备构成。国家储备是由国家统一建立并通过国家预算的专项拨款实现的物资储备，包括为储备物资所需要的资金和管理费用。地方储备是按国家制度规定，由地方各级政府建立的物资储备，储备所需要的资金和管理费用由地方各级政府在地方预算中拨专款支付，主要用于解决地方性的重大物资供给缺口。如按期限和目的划分，国家物资储备又可分为长期储备（帐篷、棉被等）、当年储备（粮、油等）和生产储备（活体猪）。

（三）中国国家物资储备支出的原则

中国在历史上是一个农业大国，但也是一个自然灾害发生频繁、受灾严重的国家。据史料记载，夏代时期就有了仓储制度。发展到战国时期，魏国李悝变法，主张实施平籴法，储藏粮食。随后，这一制度在中国古代有了更进一步的发展。民国时期，各省建立起了比较完善的粮食储藏制度。目前，我国已建立起了物资储备管理制度。

中国国家物资储备支出的原则主要是：①长远目标和当前生产相结合。既要考虑长远目标的需要，又要考虑当前生产发展可能提供的储备物资；在生产发展较快，财力充裕时，可以多储备一些，否则就少储备一些。②年景丰歉相结合。要考虑农业上有丰有歉，既不能都当做歉年储备过多，积压物资和资金；又不能都当做丰收年储备过少，不够应付意外事故。③与现有物资储备情况相结合。现有物资储备比较充裕，就可少增加储备，否则就多增加一些储备。在一般情况下，国家物资储备支出是根据当年物资储备局的储备计划，结合基本建设和流动资金的需要情况以及财力的可能，确定物资储备的支出预算。

（四）财政后备

财政后备是包括国家物资储备支出、预算预备费、预算周转金和预算结余在内的国家后备的总称。除国家物资储备支出外的其他财政后备主要是货币形态的后备，主要用于解决年度内预算资金分配中的不足与缺口，为实现预算平衡服务。

第五节　政府采购制度

无论是社会消费性支出还是政府投资支出，都是政府对商品和劳务的一种购买行为，因此属于购买性支出。政府作为一个庞大的消费体，其购买的品种、数量和品质等都会对国家的经济产生很大的影响，因此，必须要对政府的这种购买行为进行管理和监督。这就形成了目前世界各国通用的一种制度，即政府采购制度。

一、政府采购概述

（一）政府采购的产生与发展

政府采购制度是国际通用的财政支出管理办法。在西方发达国家已有一二百年的历史，最早形成于18世纪的英国（1782年）及美国（1791年）。1782年英国成立了文具供应局，用来专门处理政府办公人员文具采购事宜。经过实践发展，改为国家物资供应部，其处理范围扩大到政府各部门所需物资采购。其主要特点就是对政府采购行为进行法制化管理。在这之后瑞士、美国也相继出现政府采购事宜，并形成了相应的制度。

中国的政府采购起步较晚，一直以来都是政府各部门根据自己的需要自行采购，在这过程中出现了不少腐败现象。1994年开始引进国外的政府采购管理办法。政府采购工作试点始于1996年，1998年后规模不断扩大，采购范围由单纯的货物类扩大到工程类和服务类，但一直没有形成专门的法律。我国第一部政府采购规章是由财政部于1999年4月17日正式颁布的《中华人民共和国财政部政府采购管理暂行办法》。直至2002年，第九届全国人民代表大会常务委员会第二十八次会议才审议通过了《中华人民共和国政府采购法》，其于2003年1月1日正式生效。

（二）政府采购的内涵

政府采购也称公共采购，是指各级政府及其所属机构为了开展日常政务活动或为公众提供公共服务的需要，在财政的监督下，以法定的方式、方法和程序，对各种物资（货物、工程或服务）的购买。可以说是一种集团采购，是一种政府行为。

这个概念可以从以下几方面来理解：①政府采购的采购人是各级政府及其所属机构；②政府采购的目的是为了开展日常政务活动或为公众提供公共服务的需要，并不以盈利为目的；③政府采购的对象是各种物资，包括有形的货物与无形的服务；④政府采购过程应遵循法定的方式、方法和程序，接受财政监督。

所谓政府采购制度，不仅是指具体的采购过程，而且是政府为从事日常政务活动或为满足公共服务的目的，利用财政性资金和政府借款，在财政监督下，以公开招投标为主的方式，从国内外采购货物、工程和服务的一项财政制度。这种制度通常以法律条文的形式来体现。它对加强财政支出管理，提高财政资金使用效益，规范政府采购行为具有重要意义，可平均节约资金10%左右。政府采购制度主要内容包括：政府采购的目标和原则、政府采购的方式和程序以及政府采购的组织管理。

政府采购实质上是对过去分散采购的改革和创新。它冲破了分散采购形成的既得利益障碍，实现了机制转换，变“暗箱”采购为“阳光”采购。由于引入了以竞争性招标投标为代表的、与市场经济通行规则相容的公开、公平、公正的新机制，不仅以较好地抑制分散采购中滋生腐败行经的可能条件，而且可以消除分散采购中分散设租、寻租的腐败，还可以防止集中采购中集中设租、寻租的腐败。

（三）政府采购的特点

与私人采购相比，政府采购具有以下明显的特征：①政府采购资金来源是公共资金。这些资金的最终来源为纳税人的税收和政府公共服务收费。②政府采购的目的主要是实现政府目的。③政府采购的主体是依靠国家财政资金运作的政府机关、事业单位和社会团体、公共事业等。④政府采购为非商业性采购，它不是以盈利为目标，也不是为卖而买，而是通过购买为政府部门提供消费品或向社会提供公共利益。⑤采购范围广，规模大。⑥采购过程要能够较充分地体现公平、公正、公开的原则。⑦采购制度一般是围绕政府意图而制定的，具有较强的政策性。

二、政府采购的主体和客体

（一）主体

政府采购的主体是政府。政府是一个国家内最大的单一消费者，购买力非常大。据统计，欧共体各国政府采购的金额占其国内生产总值的14%左右（不包括公用事业部门的采购）；美国政府在20世纪90年代初每年用于货物和服务的采购就占其国内生产总值的26%～27%，每年有2000多亿美元的政府预算用于政府采购。正因为如此，政府采购对社会经济有着非常大的影响。采购规模的扩大或缩小，采购结构的变化对社会经济发展状况、产业结构以及公众生活环境都有着十分明显的影响。政府采购对社会经济的其他采购主体具有不可替代的影响，它已成为各国政府经常使用的一种宏观经济调控手段。

一些部门或机构也会参与在政府采购过程中，但都不能代替政府，这主要包括：①主管机构：财政部设立用于监督、指导、规范采购活动的行政管理机构，不参与采购活动。②供应商：提供物资的法人、其他组织或自然人。③采购实体：即采购人——国家机关、事业单位、团体组织。成立采购中心，它一方面使政府可以得到价廉物美的商品和服务，有效地节约财政资金；另一方面使财政管理从价值形态延伸到实物形态，从而改变过去财政支出一拨了之、管理粗放的状况，提高财政资金的使用效率。④中介机构：介于政府与企业之间，为政府采购提供代理服务的机构。包括法律、审计、信息咨询服务。⑤仲裁机构：遇到法律纠纷予以处理。目前我国没有此机构，有待完善。2010年，在北京召开的全国政协十一届三次会议上，民盟中央提交的一份《关于规范和完善政府采购制度的提案》①引起业界关注。本次提案的重点一是创新地提出建立仲裁机构，既可以是专门成立的政府采购仲裁委员会，也可以是一般性的仲裁机构，应按规范的工作程序和规则进行仲裁，解决招投标和履行中的争议。

（二）客体

政府采购的客体主要有三大类：第一类是货物，即各种形态和种类的物品，包括原材料、燃料、设备、产品等，例如计算机、复印机等办公设备。第二类是工程，主要是指建设工程。第三类是服务，主要包括其他维修、服务、培训等。

① 中国经济网. 民盟中央：规范和完善政府采购制度［EB/OL］.［2010-03-11］. http://www.ce.cn.

三、政府采购的模式

经过西方国家200多年的政府采购实践，各个国家根据自身的政治制度和经济发展水平，形成了不同的政府采购模式。从总体来看，各国的政府采购模式可以分为以下三种：

（一）集中采购模式

实行集中采购模式的代表国家是韩国。这种模式的特点是由一个专门的政府采购机构负责本级政府的全部采购任务。

集中采购模式的优势在于能吸引大量的供应商前来竞争，减少采购项目的数量，减少采购人员的数目，有助于降低产品的购买成本，节约财政开支。同时由于采购人员较少，对其进行针对性的培训更加可行，可以提高采购的管理效率。但是这种模式却对采购组织与用户的沟通提出很高的要求，需要大量的时间，因而这种采购模式往往周期较长。

（二）分散采购模式

实行分散采购模式的代表国家是新加坡。其特点是由各支出采购单位自行采购。这种采购模式克服了集中采购模式中周期长、信息沟通不足的缺点。但是如没有一个强有力的监督体系和资金控制系统，会出现腐败、资金浪费的现象。

（三）半集中半分散采购模式

实行半集中半分散采购模式的代表国家是美国。这种模式的主要特点是由专门的政府采购机构负责部分项目的采购，而其他的则由各单位自行采购。那些重要的、通用性的物品，周期长、价值和风险较高的项目采用集中采购的方式；而对于需求较急、价值和风险较低的零碎物品的项目主要采用分散购买方式。半集中半分散采购模式集中了低成本、高资金使用效率及灵活的优势。但是，前两种采购模式的不足都将会同时在这种采购模式中存在。

中国的政府采购中集中采购占了很大的比重。列入集中采购目录和达到一定采购金额以上的项目必须进行集中采购。

四、政府采购方式

（一）公开招标采购

公开招标采购又称竞争性招标采购，通过此方式可以邀请潜在的供应商参加政府采购项目的招标，能够有效的促进公平竞争，节约项目成本。它是政府采购的主要采购方式。

采购单位编制采购计划，通知供应商参加招标。供应商根据项目要求填写投标申请文件，并递交申请。在规定的时间和地点之下，采购单位揭晓标书，这个过程称为开标。之后根据预先公布的标准进行评审并选择一个最适合的方案，通知中标单位，这就是决标。最后，双方签订合同，确定相应权利和义务。与企业采购的方式类似，公开招标的具体数额标准有以下规定：属于中央预算的政府采购项目，由国务院规定；属于地方预算的政府采购项目，由省、自治区、直辖市人民政府规定；因特殊情况需要采用公开招标以外的采购方式的，应当在采购活动开始前获得设区的市、自治州以上人民政府采购监督管理部门的批准。

程序：招标—投标—开标—评标—决标—授予合同

采购人不得将应当以公开招标方式采购的货物或者服务化整为零或者以其他任何方式规避公开招标采购。这种方式一般适合于金额较大、潜在供应商较多的采购项目。

（二）邀请招标采购

邀请招标采购也称选择性招标，由采购人根据供应商或承包商的资信和业绩，选择一定数目的法人或其他组织（不能少于三家），向其发出招标邀请书，邀请他们参加投标竞争，从中选定中标的供应商。对于采用邀请招标采购的要求主要有以下两点：

（1）具有特殊性，只能从有限范围的供应商处采购的。

（2）采用公开招标方式的费用占政府采购项目总价值的比例过大的。

（三）竞争性谈判采购

竞争性谈判采购指采购人或代理机构通过与多家供应商（不少于三家）进行谈判，最后从中确定中标供应商。一般在出现以下几种情况时将会采用竞争性谈判采购：

（1）招标后没有供应商投标或者没有合格标的或者重新招标未能成立的。

（2）技术复杂或者性质特殊，涉及机密的，不能确定详细规格或者具体要求的。如政府的国防项目。

（3）采用招标所需时间不能满足用户紧急需要的。

（4）不能事先计算出价格总额的。

（四）单一来源采购

单一来源采购也称直接采购，是指达到了限额标准和公开招标数额标准，但所购商品的来源渠道单一，或属专利、首次制造、合同追加、原有采购项目的后续扩充或是发生了不可预见紧急情况，从而不能从其他供应商处采购等情况。该采购方式的最主要特点是没有竞争性。采用这种采购方式需具备三个条件：第一，只能从唯一供应商处采购的，如专利采购。第二，发生了不可预见的紧急情况，不能从其他供应商处采购的。第三，必须保证原有采购项目的一致性或者服务配套的要求，需要继续从原供应商处添购，且添购资金总额不超过原合同采购金额百分之十的。

（五）询价采购

询价采购指采购人向有关供应商发出询价单让其报价，在报价基础上进行比较并确定最优供应商的一种采购方式 。这种方式较少采用。只有当采购的货物规格、标准统一、现货货源充足且价格变化幅度小的政府采购项目，可以采用询价方式采购。

以上所介绍的政府采购方式，其中前两种属于招标性采购方式，适用于采购金额达到一定数量的；后三种属于非招标性采购，适用于不足一定金额的采购项目。

五、我国现行政府采购状况

政府采购制度在我国起步较晚，自 2003 年《政府采购法》实施以来，仅九年时间。我国目前各支出单位的采购行为都是各自分头进行的，这种方式的弊端非常明显。一是政府采购资金的分配和使用脱节，资金使用效益不高，财政无法实行有效监督。二是采购过程不透明、不公开，容易产生腐败，损害政府的形象。三是强化了地方保护主义，不利于全国统一市场的形成。为了克服上述弊端，推广和完善政府采购制度，必须完善财政部门作为政府采购管理机关的主要职责。其主要职责是：制定政府采购的政策、法律和集中采购目录；审核政府采购预算；制定供应商和中介组织的市场准入规则；拨付与管理采购资金；监督采购行为；收集、统计和发布政府采购信息。

【关键词】

购买性支出　行政支出　国防支出　基础产业投资　农业发展投资　国家物资储备支出　财政后备　政府采购　政府采购制度　公开招标采购

复习思考题

1. 为什么有必要控制行政管理支出？
2. 怎样认识国防支出的特殊性？
3. 财政应怎样扶持科、教、文、卫事业的发展？
4. 市场经济制度下为什么还需要政府投资？
5. 哪些国民经济部门是属于基础产业？
6. 为什么农业的发展需要政府的扶持？
7. 政府采购主要有几种模式？各有什么特点？
8. 目前国家物资储备管理存在什么样的问题？

第六章　转移性支出

【本章中心内容】

本章在阐述了转移性支出的含义和性质的基础上，明确转移性支出的主要内容、社会保障支出和财政补贴的异同；介绍了我国社会保障和财政补贴的现状、不同社会保险模式的特点和保障资金的管理方式、财政补贴的分类以及财政补贴的经济效应；并对特殊的财政补贴——税收支出的特征、形式、分类等方面有一定的介绍。

在介绍转移性支出之前，首先需要辨析两个概念——转移性支出和转移支付。虽然二者都有转移的意味，但表达的意思却有不同。转移性支出是指政府单方面把一部分财政资金无偿转移给居民、企业和其他受益者所形成的财政支出；而转移支付则是政府间财力的上下移动，是政府间收入的转移。从广义来看，转移支付是指一个国家内部各级政府间按照财权和事权相统一的原则，合理划分财政收入级次和规模的一种分配形式，它既包括上级政府对下级政府合理的财政补贴，也包括下级政府对上级政府上缴的收入。从狭义来理解，转移支付一般特指相邻政府，上级对下级的财力补助。

转移性支出从内容上讲主要包括补助支出、捐赠支出、债务利息支出。其中补助支出所占份额最大，它全面影响着收入分配，并间接影响资源配置。补助支出，按照同一市场上相对价格结构的关系对之进行划分，则可以分为社会保障支出和财政补贴支出。其中社会保障支出包括那些与价格结构基本没有联系或关系不密切，因而其变动也不影响相对价格结构的补助支出。财政补贴支出包括那些与相对价格结构关系密切，因而其变动将导致相对价格结构发生相应变化的补助支出。政府之所以提供转移性支出，目的是为了促进社会公平。

第一节　社会保障支出

一、社会保障的界定

（一）社会保障的概念

社会保障有狭义和广义之分。广义的社会保障包括多层次的保障体系，既有个人、单位内部、社会成员之间以及商业保险机构提供的部分，又有由政府提供的部分。狭义的社会保障指由政府统一提供的部分。本章只讨论狭义的社会保障。

社会保障是政府按照一定的法律和法规，强制性地参与一部分国民收入的再分配，对全体社会成员的基本权利和基本福利提供保障的一系列物质帮助和社会服务，是一种非市场化的再分配方式和社会机制。

（二）社会保障的基本特征

纵观世界各国社会保障的实践和理论，有效的社会保障应具备以下基本特征：

1. 广泛性

社会保障的实施主体是国家，目的是为满足全体社会成员的基本生活需要，这就决定了社会保障的受益范围是广泛的，保障的辐射角度是全方位的。完整的社会保障体系犹如一张安全网，应该覆盖社会经济生活各个层次、各个方面。从原则和道义上讲，任何一个社会成员都不应该被排斥或遗漏在这张安全网之外。

2. 强制性

社会保障是由政府强制实施的，并通过一定的立法程序，以法律的形式予以明确规定。当某种社会保障项目一经设立并以法律形式确定下来，符合条件的社会成员必须按照相关规定参与该项目的保障，交纳一定的保障费用，并按规定条件享受社会保障。鉴于此，社会保障资金也具有稳定的来源。

3. 互济性

社会保障资金来自参与社会保障的社会成员缴纳的保障费用，但社会保障资金只能向社会成员中那些因生、老、病、伤、残、失业等原因而亟待获得物质帮助的人提供。即对每一个社会保障的享受者而言，其社会保障基金的扣除、储存、分配和使用存在数量和时效的差别，因此社会成员之间就可以相互调剂。这使社会保障的能力也因此得到提高。

4. 福利性

社会保障是在社会成员面临生活困难时提供的物质帮助和社会服务。这种物质帮助和社会服务是多方面、全方位的，其范围既包括社会成员的生、老、病、死、残和失业，又涉及社会成员的教育，医疗卫生、环境保护、住房条件等。社会保障的目的除保证社会成员的基本生活需要之外，还将对人们的生活质量与社会福利水平的提高、对促进社会的文明进步发挥更大的作用。

（三）社会保障的原则

西方国家根据本国的实际情况，遵循不同的社会保障原则。西方国家遵循的社会保障原则主要有特殊性原则、普遍性原则和特殊性与普遍性相结合的原则。

实行特殊性原则的国家是德国。他们认为，社会保障是为那些生、老、病等原因而丧失劳动能力或遭受意外、不能参加市场竞争的人或家庭提供生活保障，或通过社会保障的提供使他们重新获得参与竞争的机会。社会保障的中心思想是实现社会最低层次的分配公平，建立市场经济有效运行的社会安全网。

实行普遍性原则的国家是英国。他们认为，社会保障是一种以国家为主体的公共福利计划，其目的是保护全体社会成员避免因失业、生病和年老等问题而丧失收入来源，或者因工薪收入大幅度减少对基本生活造成不利影响。通过社会保障、公共服务与救助以提高他们的福利水平。社会保障实质上国民收入的再分配，每一个社会成员均有权利享受，也有义务为此做出贡献。

实行特殊性与普遍性相结合的国家主要是美国和日本。他们认为，社会保障是市场经济正常运行的安全网，社会保障只是解决部分社会成员的基本生存权的问题。

(四) 社会保障的内容

国际上一般认为，一个国家的社会保障应该包括社会保险、社会救济、社会福利和社会优抚等几个方面。其中，社会保险处于核心地位，社会救济属于最低层次的社会保障，社会福利被视为社会保障的最高纲领，社会优抚起着安定特定阶层生活的功能。

1. 社会保险

社会保险是依据国家有关法律，由劳动者及其所在单位或政府多方共同筹资，在劳动者及其家属遭遇生、老、病、伤残、失业等风险时，为防止其收入中断而提供帮助，以保障其基本生活需求的制度。社会保险是社会保障的核心内容，是覆盖面最广的社会保障制度。主要包括五方面的内容：

(1) 养老保险

这是指政府通过立法，为解决劳动者在达到国家规定的解除劳动义务的劳动年龄界限，或因年老丧失劳动能力退出劳动岗位后的基本生活而建立的一种社会保险制度。

(2) 医疗保险

这是指政府通过立法，当社会成员生病或受到伤害后，由政府或社会给予的一种物质帮助，即提供医疗服务或经济补偿的一种社会保险制度。

(3) 失业保险

失业保险是指国家通过立法强制实行的，由社会集中建立基金，对因失业而暂时中断生活来源的劳动者提供物质帮助的制度。

(4) 工伤及遗属保险

工伤及遗属保险又称为职业伤害保险，指政府通过立法，为在生产、工作中遭受事故伤害和患职业性疾病的劳动者及亲属提供医疗救治、生活保障、经济补偿、医疗和职业康复等物质帮助的一种社会保险制度。

(5) 生育保险

生育保险指通过政府立法，在劳动者因生育子女而导致劳动能力暂时中断时，由政府和社会及时给予物质帮助的一项社会保险制度。

社会保险与商业保险的区别：

社会保险是在商业保险的基础上发展起来的，所以商业保险是社会保险的技术基础。但是社会保险不同于商业保险，二者之间有明显的差别：

(1) 目的不同

社会保险是国家强制实施的以保证社会安全为目的保险制度。社会保险机构不是盈利机构。政府对保险财务负有最后责任，保险金盈余作为保险后备，发生亏损则由国家财政拨款弥补。商业保险是以盈利为目的的企业经营活动，保险公司与投保人双方以契约规定各自的权利与义务，一旦契约履行完毕，保险责任自行终止。保险公司是独立核算、自负盈亏的企业单位，国家财政不予补贴。

（2）对象不同

社会保险以劳动者及其供养的直系亲属为对象，在劳动者丧失劳动能力时按规定标准给予物质帮助。凡在法令规定范围内的劳动者，以企业为单位都必须参加社会保险。商业保险是以全体国民为对象，一般险种实行任意投保的办法，保险人与被保险人均有自由选择的权利，按缴纳保费的多少和事故发生的种类，给予被保险人一定经济补偿。

（3）权利与义务对等关系不同

社会保险强调劳动者必须为国家贡献劳动的义务，并由此获得享受社会保险待遇的权利。商业人身保险强调投保人员缴纳保费的多少决定保险金的多少，权利与义务的对等只表现为一种“多投多保，少投少保，不投不保”的等价交换关系。

（4）管理体制不同

社会保险由中央或地方政府集中领导，由社会保险专门机构负责组织管理，保险待遇标准基本一致，实行保险业务工作和管理服务工作一体化，属于行政领导体制。商业保险机构——保险公司是自主经营、相对独立的经济实体，属于金融体制。它只负责补偿经济损失，不涉及补偿以后的社会服务。

（5）保障水平不同

因为社会保险是以保障劳动者在丧失劳动能力时的基本生活需要为标准，所以保障水平要考虑劳动者原有的生活水平和社会平均的消费水平，并随着生产的不断发展而提高。商业保险的保障水平完全以投保人所缴保费的多少为标准，不考虑其他因素。也就是说，社会保险着眼于“保障”，而商业保险着眼于“偿还”。

（6）立法范畴不同

社会保险是国家规定的劳动者的基本权利，属于劳动立法范畴。商业保险是企业的金融活动，合同双方权益受经济合同法的保护，属于经济立法范畴。

2. 社会救助

社会救助是指国家和社会对因各种原因无法维持最低生活水平的公民给予无偿救助的一项社会保障制度。社会救助是基础的、最低层次的社会保障。其目的是保障公民享有最低生活水平，其给付标准低于社会保险。社会救助的经费来源主要是政府财政支出和社会捐赠。社会救助具有两个显著特点：第一，由于社会救助的接受对象是社会中的弱势群体，所以社会救助不以接受者预先支付一定费用作为受助前提，资金全部由财政拨款或由社会捐助；第二，受益人的选择性，即只有经过一定形式的经济情况调查被证明符合救济条件的个人或家庭才能得到救济。这类社会保险实质上是一种贫困救济金。其主要内容包括：

（1）救助

社会救助分为城市救助和农村救助。城市对社会贫困者，要给予必要的物质救援。救助款主要用于购买绝对必需的商品和劳务。农村社会救助的对象主要是指那些因缺少劳动力、资金、技术或因长期生病、人口多、天灾人祸而不能维持全家基本生活的农户。国家对这部分人的社会救助，通过发放一定数额的救助款以保障其基本生活。

（2）救灾

它是指国家或社会对因灾害造成生存危机的社会成员进行抢救与援助，以维持其最低生活水平并使其脱离灾难和危险的一项社会救助工作。这些灾害的主要特点是人力不能抗拒并造成物质财富的损坏和人身伤亡。灾害救助面向社会全体成员，只要是遭受各种自然灾害的袭击导致生活困难的社会成员，均可获得来自国家和社会的援助。救灾是一种需要紧急处理的短期行为，必须以最快的速度向灾民提供资金和物资帮助，包括灾害发生时对灾民的紧急抢救和援助，灾后重建时期维持灾民的最低生活水平，甚至维持简单再生产也成为救灾工作的重要内容。

（3）扶贫

它是指从政策、思想、资金、物资、技术、信息、劳务、就业等方面对农村贫困户给予扶持，使其通过发展生产，脱贫致富的工作。扶贫是社会救助工作的延伸和发展，变单纯的生活救济为生活救济和扶持生产相结合。

（4）城市居民最低生活保障制度

它是指政府对城市中的贫困居民按照最低生活保障标准实行基本生活保障的制度。最低生活保障是社会救助的基础和核心，是一项生命线工程。它能保障贫困家庭起码的生活，维护宪法赋予每个人的生存权利，保持稳定的社会生活秩序。

3. 社会福利

社会福利是指以国家为主体，为帮助全体社会成员改善生活条件、提高素质，为社会弱势群体实施补贴而实行的制度、采取的措施和举办的各项公益性事业的统称，是在劳动报酬之外的资助和服务。社会福利的目的是为了改善和提高国民的素质和生活质量，促进社会的文明与进步。

社会福利是社会保障体系中内容较为广泛的一个子系统。它按照不同的社会阶层和社会成员设置众多项目，既有国家直接举办的社会福利项目，又有民间团体和志愿组织举办的福利项目；既有现金、实物援助的福利，又有劳务形式上的福利。按照享受福利待遇的对象划分，它又可分为未成年人福利、老年人福利、残疾人福利、职业福利等。

中国社会福利制度的框架主要包括：民政部门负责的各种福利，如老年人福利、儿童福利、残疾人福利等，简称民政福利；各单位举办的职业福利，即职工福利，主要包括生活福利服务、文体福利设施、福利津贴等；国家或社会举办的公益性事业和服务，如教育、文化、卫生、体育事业，简称公共福利；价格补贴和其他福利等。

4. 社会优抚

社会优抚是社会保障体系中特定的、综合性的组成部分。这主要是因为社会优抚的对象主要是军人。军人肩负着保卫祖国的任务，是一个有着特殊性的群体。军队的独立和军人高度集中的群体意识与职业要求，使军人与普通成员不可能被纳入同一个社会保障体系，军人需要相对独立的制度安排。因此，世界各国都有专门针对军人的社会保障制度。

社会优抚指国家以法定形式，对那些为保卫国家安全和保护人民利益而做出贡献和牺牲的人及其家属给予优待和抚恤，并妥善安置复员退伍军人的社会保障制度。如我国政府对残疾军人、复员军人、烈属、军属给予的优待、抚恤和照顾等。

（五）社会保障功能

社会保障功能是指社会保障制度在运行过程中所发挥出来的实际效能和作用。其功能主要包括社会性功能、经济性功能和政治性功能。

1. 社会保障的社会性功能

（1）社会补偿功能

社会保障的补偿功能主要体现在社会救助和社会保险两个方面。社会救助的目的在于保障最低生活水平，具有鲜明的扶贫特征。社会保险的直接功能就是对劳动者在其生命周期遇到各种失去收入的风险后进行的一种补偿，以保证其基本生活需要。虽然社会保险仍是一种对事故发生后的补救手段，但它也是一种事前的预防措施，并能有效地将这种风险分散。

（2）社会稳定功能

导致社会不安定的因素很多，其中，社会成员的生存无保障是重要因素之一。社会保障通过保证劳动者乃至全体国民的基本生活问题，从而实现整个社会乃至统治秩序的稳定。因此，世界各国实施社会保障，都把它视为社会震动的减震器和安全网，给予高度的重视。

（3）社会公平功能

社会保障的公平功能，是指社会保障通过其资金的筹集和待遇的给付，把一部分高收入的社会成员的收入转移到另一部分生活陷入困境的社会成员手中，达到促进社会公平的目标。

2. 社会保障的经济性功能

（1）调节投融资功能

社会保障的资金是直接来自于保险费、财政负担以及资金运用增值的收入，具有较高的稳定性。经过几十年的积累，社会保障基金在许多国家的财政运用上的作用已不可忽视。如庞大的养老金基金都正在被广泛地运用，在财政投融资上发挥了重要的作用。这虽然是按照增值保障基金形式考虑的行动，但客观上已成为这些国家调节投资的一大支柱。

（2）平衡需求功能

社会保障通常还被称之为调节经济的蓄水池，具有非常有效的平衡需求的作用。当经济衰退而失业现象增多时，由于失业补助和社会救济给付，抑制了个人收入减少的趋势，给失去职业和生活困难的人们以购买力，从而具有唤起有效需求的效果，一定程度上促进了经济复苏。

（3）收入再分配功能

社会保障对低收入阶层给予生活所需要的给付，或者在老年、失业、伤病、残废等情况发生时，实施必要的收入给付，其结果是对市场经济活动所造成的收入分配不公平进行了再分配。可以说这是社会保障的最主要功能。

（4）保护和配置劳动力的功能

在市场经济条件下，社会保障是保护劳动力再生产和促进劳动力合理流动及有效配置的重要制度之一。社会保障对劳动力再生产的作用体现在以下几点：缓解了劳动者在疾病、工伤期间的医疗和生活困难，为其恢复健康重返工作岗位创造了条件；为暂时离开工作岗位的失业者提供基本生活保障，使其体力和智力得以维持和发展，为经济发展提供产业后备军；提供失业人员技能培训，不断提高劳动者的劳动技能和择业能力，为其再就业创造了条件。

3. 政治性功能

社会保障是一国执政党必须承担的一项重要使命。各国政府在社会保障中发挥主导作用，承担社会保障事务，也是当今世界所公认的职能之一。现代社会保障在工业化国家已成为党派斗争和政党政治、民主竞选中的重要议题。

社会保障既是社会各种利益集团权力较量的结果，同时也是调整不同利益集团、群体或社会阶层利益的必要手段，并在不同的社会制度条件下表现出不同的政治功能。如在资本主义社会，社会保障调节着不同社会阶层的政治矛盾，以促进政治秩序的长期稳定；在社会主义社会，社会保障除了具有巩固执政地位、缓解社会矛盾等一般的政治功能外，还特别促进了社会成员在国家和社会生活中的主人翁地位。

二、社会保障制度

（一）社会保障制度的发展历史

社会保障制度是由国家法律规定的，并按照确定的规则规范地推行和经常实施的社会保障措施和政策体系。社会保障制度不同于社会保障措施或政策。社会保障措施或政策不是系统而规则地实施，如政府鼓励或提倡的灾民救济、社会捐赠互助等，均是临时的、非系统的，不能称为制度。

社会保障制度的原始形态可以追溯到很远。在古埃及，修建金字塔最兴盛的时期是古王国第三王朝至第六王朝（约公元前 2685 年 ~ 公元前 2180 年）的 500 年间。在这种大规模修建工程中，不可避免地发生了大量的工伤事故。为了解决因工伤事故而导致生活陷入困境的人们的基本生活问题，工匠们自发组织了一种互助组织，规定参加者缴纳一定的互助会费，用于补偿遭受伤亡的工友或亲属。这可以看做是一种民间组织的社会保障形式，它是建立在工匠们自愿的基础之上的。

在公元前 2000 年左右，古巴比伦国王汉谟拉比（Hammurabi）曾经颁布过一部法典。法典全文共有 280 多条，其中关于社会成员的生活问题作了许多规定。例如，个人财产怎样受到保护，百姓应该遵守哪些规范，最低工资标准，臣民之间的隶属关系等。可见，社会保障很早就以制度的形式出现了。

1601 年，英国伊丽莎白女王统治时期颁布的英国《济贫法》（Poor Law）（被后人称为“旧济贫法”），被学者们认定是现代社会保障制度萌芽或政府介入的开始，或低层次社会保障制度建立的象征。

现代社会保障制度是在 19 世纪末 20 世纪初，随着生产的社会化而产生和发展的，是社会化大生产的产物。最早创立社会保障制度的是德国的俾斯麦政府。当时为了缓和阶级矛盾，维护阶级统治，俾斯麦政府分别于 1883 年、1884 年、1889 年颁布了疾病保险、工伤保险、老年与病残强制保险三项社会保险立法，形成了世界上第一个社会保险制度，为世界各国建立社会保障制度提供了范例。此后，所有的工业化国家都先后实施了由不同项目、不同内容组成的社会保障制度。1935 年，美国政府正式通过了《社会保险法》，并以国家法案的形式出现。这一国家法案的实施标志着现代社会保障制度的真正建立。1942 年，英国经济学家贝弗里奇撰写并发表了堪称具有里程碑作用的《社会保险以及有关服务》的报告。在这份报告里，贝弗里奇强调应该实施社会性的保障制度，具体包括儿童补助、养老金、残废津贴、丧葬补助、丧失生活来源补助、女性福利补助、失业补助七个方面的保障。英国据此从 1942 年到 1947 年相继通过了一系列有关社会保障的法律，率先在世界上建立起完整的社会保障制度。1952 年，国际劳工组织制定并通过的《社会保障最低标准公约》（以下简称《公约》）被西方国家誉为国际社会保障事业发展的里程碑。《公约》对退休待遇、疾病津贴、医疗护理、失业津贴、工伤补偿、残疾津贴、子女补助、死亡补助以及定期支付应遵从的最低标准作了明文规定。《公约》制定的标准对各国社会保障制度的建立和发展起到了指导和参考作用。《公约》的制定表明社会保障已成为全球共同关注的问题。

（二）社会保障制度的模式

由于各国政治体制不同、经济发展水平不同、社会文化背景不同，推行社会保障制度的时间有长有短、有先有后。因此，社会保障的项目和水平也呈现出不同的特色。从其模式来看，主要有以下几种类型。

1. 社会保险型

保险型社会保障制度模式又称为俾斯麦模式，或者自保公助型模式。这一模式起源于德国，随后为美国、日本、法国、比利时、卢森堡等国效仿。该模式的特点：遵循保险原则；强调权利与义务的对等，社会成员只有在缴纳保险费后才能领取社会保障补贴；保险基金以雇员和雇主缴纳的保险费为主，政府的税收只起补充作用；实行现收现付制。

2. 福利国家型

福利型的社会保障模式，又称为贝弗里奇模式，起源于英国。随后在丹麦、荷兰、芬兰、瑞典、瑞士等北欧国家推广开来，其中以号称“福利国家橱窗”的瑞典为代表。该模式的特点：不完全遵守保险原则，强调“收入均等化、就业充分化、福利普遍化、福利设施系统化”；不过分强调权利与义务对等；政府的一般税收是保险基金的重要来源，雇主、雇员缴纳的保险费只是补充，即高福利、高税收；实行现收现付制；保障项目一般包括“从摇篮到坟墓”的一切福利，保障标准也较高。

3. 储蓄基金型

储蓄型社会保障模式的代表是新加坡、智利。其特点：完全遵循保险原则；强调权利和义务一一对应，即雇员享受保障的高低程度取决于账户上资金的多少；保险基金全部来源于雇员的个人账户，强调自我积累、自我保障；政府的职责主要是立法、监督和提供最低生活保障；实行基金制；社会保障基金实行经营化管理，以达到基金的保值和增值。

4. 国家保险型

国家型的社会保障模式由苏联初创，东欧社会主义国家均效仿。其特点：不遵循保险原则；不强调权利和义务一一对应，保障范围仅限于公有制领域的工薪收入者；保障资金全部来源于政府和劳动者单位；实行现收现付制；保障项目不全，保障水平较低。

（三）社会保障资金的管理

由于西方国家社会保障制度的模式不同，因此，其对社会保障资金的管理方式也各有差异。概括起来主要有以下三种资金管理的办法：现收现付制、完全基金制、部分基金制。

1. 现收现付式

现收现付式是指当期的缴费收入全部用于支付当期的养老金开支，不留或只留很少的储备基金。从资金角度看，现收现付式的养老保险是一种靠后代养老的保险模式。上一代人并没有留下养老储备基金的积累，其养老金全部需要下一代人缴费筹资，实际上这种保险靠的是代际之间的收入转移。它的特点是费率调整灵活，社会共济性强，基本上不存在基金受投资风险影响的问题，具有较强的代际分配功能。日本、德国、美国在实行社会保障制度的初期都实行这种管理模式，后因人口老龄化的影响，现在已经基本上转变为部分基金制。

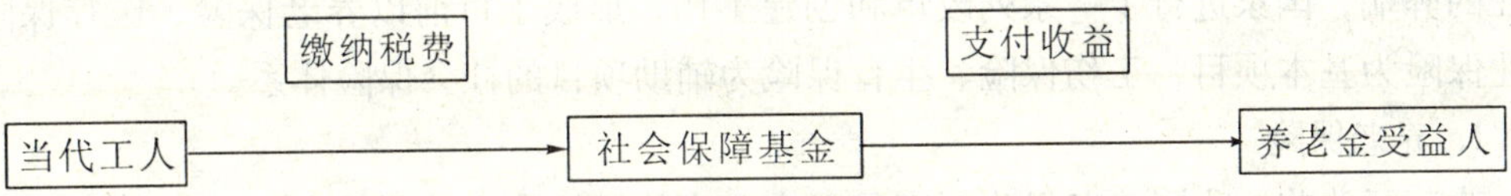

图6-1　现收现付制

2. 完全基金式

完全基金式是指当期缴费收入全部用于为当期缴费的受保人建立养老储备基金，建立储备基金的目标应当是满足未来向全部受保人支付养老金的资金需要。完全基金式是一种自我养老的保险模式，各代之间不存在收入转移，每一代人都是靠自己工作期间缴纳的保险费所积累起来的养老储备基金来维持老年生活。它的特点是在较长的时间内费率可以保持稳定不变，而且在保险初期就能产生大量储备金。实行完全基金式有四个优点：首先，它能够缓解养老保障制度所受到的人口老龄化的冲击，避免了现收现付所需要的工薪税的增加。其次，它完全靠劳动者本人融资，没有收入再分配的功能，不会造成政府额外的财政负担。再次，由于每个成员都有明确的个人账户，对自己所缴的费用有充分的权益，不会期待政府的补助和津贴，因此这一模式不会扭曲个人的工作和储蓄行为。最后，该模式会产生更多的储蓄，有助于资本积累。

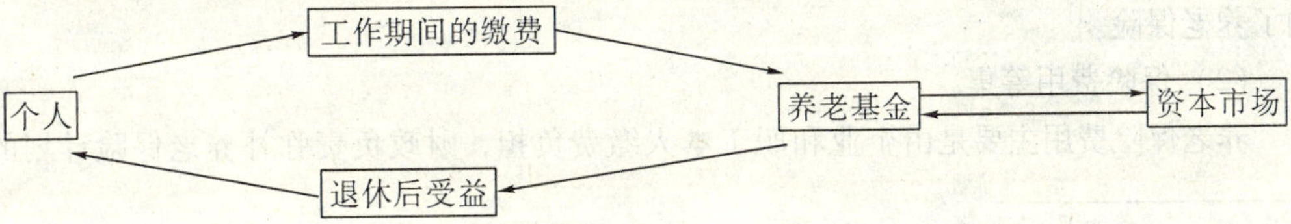

图6-2　完全基金式

3. 部分基金式

部分基金式则是介于现收现付式和完全基金式之间的一种筹资模式，即当期的缴费一部分用于应付当期的养老金开支，另一部分用于为受保人建立养老储备基金。按照世界银行的标准，当一个非完全基金式的养老保险的储备基金可以满足2年以上的养老支出需要时，则属于部分基金式。部分基金式的养老保险则是自我养老和后代养老相结合的一种养老模式。它的特点是一定时间内相对稳定。日本实行的是这种管理办法。

三、中国的社会保障制度及其发展创新

（一）中国的社会保障制度

我国的社会保障制度主要是在新中国成立后参照前苏联的模式建立起来的国家保险型模式，主要内容有退休制度、医疗保险制度、伤残保险、丧葬补助、社会救助等，但那时的社会保险制度并不具备社会统筹的性质。伴随着社会主义市场经济体制的建立和完善，我国于1982年在四川省自贡市进行了养老保险社会统筹的试点，由此拉开了我国社会保障改革的序幕。此后逐步建立起与市场经济相适应的社会保险、社会福利、社会救助、社会优抚等在内的社会保障体系的基本框架。针对原有社会保险制度存在的弊端，国家进行了一系列改革和创建工作，形成了目前以养老保险、医疗保险、失业保险为基本项目，工伤保险、生育保险为辅助项目的社会保险体系。

1. 养老保险

改革开放前，我国养老保险制度是以企业为单位的“企业保险”。当时由于老企业退休职工多，新建企业几乎没有退休职工，新老企业之间退休金负担畸重畸轻，从而形成企业之间不平等的竞争。为了建立和完善符合市场经济体制下的企业职工养老制度，国务院先后颁发了《关于企业职工养老保险制度改革的决定》（1991年6月）、《关于深化企业职工养老保险制度改革的通知》（1995年3月）、《关于建立统一的企业职工基本养老保险制度的决定》（1997年7月）。《关于建立统一的企业职工基本养老保险制度的决定》提出在全国范围内实施养老保险方案，于是奠定了现行养老保险制度的基础。现行养老保险制度的主要内容包括以下几方面：

（1）保险覆盖范围

现行养老保险的覆盖面包括城镇各类所有制企业，包括国有企业、城镇集体企业、私营企业、股份制企业、外商投资企业的职工及城镇个体工商户的帮工，所有员工都必须在单位参加养老社会保险，称为基本养老保险。城镇个体工商户本人、私营企业主、自由职业者也可以参加社会养老保险。截至2010年年底，全国已有25 707万人参加了养老保险。①

（2）保险费用筹集

养老保险费用主要是由企业和职工本人缴费负担，财政负责弥补养老保险计划的

① 数据来源于人力资源社会保障部网站。

赤字。企业要按照本地区（省、自治区、直辖市）政府规定的企业缴费比例向社会保险机构缴纳保险费。企业缴费的比例一般不得超过企业工资总额的20%，确需超过20%的必须报劳动部、财政部审批；个人养老保险的比例在1997年不得低于本人缴费工资的4%，自1998年起每两年提高一个百分点，最终达到本人缴费工资的8%。目前大多数地区的社会养老保险计划出现收不抵支的问题，为了确保这些地区养老金能按时足额发放，中央财政给予了大量的资金支持。

（3）运行模式

养老保险实行社会统筹与个人账户相结合的运行方式。社会统筹与个人账户相结合的基本养老保险制度是我国在世界上首创的一种新型的基本养老保险制度。这个制度在基本养老保险基金的筹集上采用传统型的基本养老保险费用的筹集模式，即由国家、单位和个人共同负担。该模式要求各地要按职工个人缴费工资的11%的数额为职工建立基本养老保险个人账户，个人缴费全部记入个人账户，其余部分从企业缴费中划入。随着个人缴费比例的提高，企业缴费划入个人账户的比例应逐步减小，当个人缴费比例提高到8%的最高限额时，企业缴费划入个人账户的比例应降低到3%。但是从2006年1月1日起，企业不再为职工向个人账户缴费，企业缴费全部进入统筹基金，用于支付当期的养老金开支；职工个人要按工资总额的8%向个人账户缴费，因为企业不再向个人账户缴费，所以个人账户总的缴费率将从过去的11%降低到8%。个人账户的存储额每年参考银行同期存款利率计算利息；这部分存储额只能用于职工养老，不得提前支取。职工调动时，个人账户里的存储额全部随同转移；职工或退休人员死亡，个人账户中的个人缴费部分可以继承。

（4）养老金待遇

新的养老保险制度实行以后涉及三种人的利益：即老人、新人、中人。所以养老金的发放按照“老人老办法，新人新办法，中人中办法”的原则进行。

老人：新的养老保险制度实施前已经退休的职工，仍按国家原来的规定发放养老金，同时执行养老金的调整办法。其月养老金 = 原规定养老金 + 按职工基本养老保险个人账户存储额除以120增发。

新人：新的基本养老保险制度实施以后参加工作的职工，个人缴费年限满15年，其退休后可按月领取基本养老金。基本养老金 = 基础养老金 + 个人账户养老金。退休后基础养老金的月标准为省、自治区、直辖市、地级市上年度职工月平均工资的20%；个人账户养老金的月标准按本人退休时个人账户存储额除以120的方法确定。个人缴费年限不满15年的，退休后不能享受基础养老金，其个人账户中的存储额一次性的支付给本人。

中人：新的养老保险制度实施前参加工作，实施之后退休且个人缴费和视同缴费年限累计满15年的退休人员，则要按照“新老办法平稳衔接、待遇水平基本平衡”的原则。在发放基础养老金和个人账户养老金的同时，还要发放一定的过渡性养老金。其月基本养老金 = 基础养老金 + 个人账户养老金 + 过渡性养老金。过渡性养老金 = 退休前一年全市职工月平均工资 × 个人缴纳基本养老保险费工资平均指数 × 1.3% × 职工应建立职工基本养老保险个人账户前工龄年数。

（5）养老基金管理

按照国务院的要求，养老保险的统筹应逐步由县、市级统筹向省级统筹过渡。以提高统筹层次，有利于国家对社会养老保险的宏观调控。目前做到省级统筹的主要是北京、上海、天津等少数地区，大多数地区在县市级统筹的基础上建立了省级资金调剂机制。在资金管理上，养老保险基金实行收支两条线管理，即养老保险计划的缴费收入要纳入财政专户存储；支出要专款专用，并要经过严格的审批程序。养老保险基金结余除预留相当于两个月的养老金开支外，其余全部要购买国家债券和存入专户，不能用于其他营利性投资。

2. 医疗保险

我国于20世纪50年代初建立的公费医疗和劳保医疗统称为职工医疗保险。它是国家社会保障制度的重要组成部分，也是社会保险的重要项目之一。医疗保险具有强制性、互济性、社会性等基本特征。因此，医疗保险制度通常由国家立法，强制实施，建立基金制度，费用由用人单位和个人共同缴纳，医疗保险费由医疗保险机构支付，以降低劳动者因患病或受伤害带来的医疗风险。

我国的医疗保险实施四十多年来，在保障职工身体健康和维护社会稳定等方面发挥了积极的作用。但是，随着社会主义市场经济体制的确立和国有企业改革的不断深化，这种制度已难以解决市场经济条件下的职工基本医疗保障问题。国务院于1998年12月下发了《关于建立城镇职工基本医疗保险制度的决定》，从而创立了我国现行的医疗社会保障制度。医疗保险制度的主要内容如下：

（1）医疗保险覆盖范围

城镇所有用人单位，包括各种所有制企业、机关、事业单位、社会团体、民办非企业单位等都要为职工投保医疗保险，称为基本医疗保险；乡镇企业、城镇个体户是否需要为职工投保基本医疗保险，由当地省级政府决定。截至2010年年底，全国已有43 263万人参加了基本医疗保险。①

（2）保险费用筹集

按照规定，基本医疗保险费要由用人单位和职工共同缴纳；用人单位的缴费率应控制在职工工资总额6%左右，职工个人（一般不含退休职工）的缴费率一般为本人工资收入的2%。从实际情况看，目前一些地区的单位缴费率已经远远超过了6%，如上海12%，云南、青海、海南海口为10%，北京、江苏的苏州和镇江为9%；但也有一些地区的缴费率低于4%。

（3）运行模式

我国目前的基本医疗保险实行社会统筹与个人账户相结合的运行模式。基本医疗保险基金由统筹基金和个人账户两部分构成；职工个人缴纳的基本医疗保险费全部计入个人账户；用人单位缴纳的基本医疗保险费一部分用于建立统筹基金，一部分划入个人账户。划入个人账户的比例一般为用人单位缴费的30%左右，具体比例由统筹地

① 资料来源于人力资源社会保障部网站。

区根据个人账户的支付范围和职工年龄等因素确定。统筹基金和个人账户分别有各自的支付范围，并分别核算。统筹基金的起付标准原则上应控制在当地职工年平均工资的10%左右，最高支付限额（封顶金额）原则上应控制在当地职工年平均工资的4倍左右。起付标准以下的医疗费用从个人账户中支付或由职工个人负担；起付标准以上、最高支付限额以下的医疗费用则主要从统筹基金中支付，同时个人也要支付一定的比例。

3. 失业保险

失业保险是我国社会保障制度的重要组成部分，也是社会保险的重要项目之一。失业保险具有强制性、互济性、普遍性等基本特征。在计划经济体制下，由于劳动就业一直实行“铁饭碗”制度，企业不倒闭，职工也不会失业，因此不需要失业保险。到了20世纪80年代中期，我国开始在国有企业中推行劳动用工合同制和国有企业的破产制度。为了配合这两项改革，国家从1986年开始率先在国有企业职工中实施失业保险（当时称待业保险）。1999年1月，国务院正式颁布了《失业保险条例》，将失业保险的实施范围进一步扩大，从而创立了现行的失业保险制度。失业保险制度的主要内容如下：

（1）失业保险覆盖范围

根据《失业保险条例》的规定，城镇企业和事业单位均应参加失业保险计划。这里的城镇企业包括国有企业、城镇集体企业、外商投资企业、城镇私营企业以及其他城镇企业。据统计，截至2010年年底，全国参加失业保险的职工已达13 376万人。①

（2）保险费用筹集

按照规定，城镇企业、事业单位要按照本单位工资总额的2%缴纳失业保险费，职工个人要按照本人工资的1%缴纳失业保险费，但城镇企业、事业单位招用的农民合同制工人不缴纳失业保险费。

（3）失业保险金的发放

失业保险金应按照低于当地最低工资标准、高于城市居民最低生活保障标准的水平发放，具体标准由省、自治区、直辖市政府确定，因而地区之间的差异较大。按照规定，失业人员失业前所在单位和本人累计缴费时间不足1年的，不能领取失业保险费；累计缴费时间满1年不满5年的，领取失业保险金的最长期限为12个月；累计缴费时间满5年不足10年的，领取失业保险金的最长期限为18个月；累计缴费时间达10年以上的，领取失业保险金的最长期限为24个月。单位招用的农民合同工连续工作满1年而且本单位已经为其缴纳失业保险费的，其劳动合同期满未续订或提前解除劳动合同的，由社会保险机构根据工龄的长短一次性支付生活补助。另外，失业人员在领取失业保险金期间患病就医的，可以按规定向社会保险机构申请领取医疗补助金。

4. 辅助社会保险项目

（1）工伤保险

按照2003年4月16日国务院讨论通过的《工伤保险条例》的规定，境内各类企

---

① 资料来源于人力资源社会保障部网站。

业及有雇工的个体工商户均应参加工伤保险计划；境内各类企业的职工和个体工商户的雇工均有权享受工伤保险待遇。2010 年全国工伤保险费收入为 258 亿元，支出 179 亿元，累计结余 91 亿元。[①] 工伤保险基金的收入由用人单位缴纳的工伤保险费以及工伤保险利息和依法纳入工伤保险基金的其他基金构成；职工个人不缴纳工伤保险费。国家在确定保险费率时，要根据不同行业工伤风险程度、工伤发生率、工伤保险费使用等情况在每个行业内确定若干费率档次。目前大多地区的缴费率为 1%。职工治疗工伤应当在签订服务协议的医疗机构就医，情况紧急时可以先到就近医疗机构急救。职工住院治疗工伤的，由所在单位按照本单位因公出差伙食补助标准的 70% 发给住院伙食补助费；工伤职工到统筹地区以外就医的，所需交通、食宿费由所在单位按照本单位职工因公出差标准报销。工伤职工治疗非工伤引发的疾病，不享受工伤医疗待遇，按照基本医疗保险办法处理。

（2）生育保险

1994 年 12 月，劳动部颁发了《企业职工生育保险试行办法》，该《办法》从 1995 年 1 月 1 日起执行，要求城镇企业及其职工都要参加生育保险。2010 年全国生育保险费收入为 152 亿元，支出 116 亿元，累计结余 48 亿元。[②] 生育保险费由企业按照工资总额的一定比例（不超过 1%）向社会保险机构缴纳，职工个人不缴费；对逾期不缴费的企业，按日加收千分之二的滞纳金。另外，生育保险费用实行社会统筹。我国生育保险待遇主要包括两项：一是生育津贴，用于保障女职工产假期间的基本生活需要。女职工生育按照法律、法规的规定享受产假，产假期间的生育津贴按照本企业上年度职工月平均工资计发，由生育保险基金支付。二是生育医疗待遇，用于保障女职工怀孕、分娩期间以及职工实施节育手术时的基本医疗保健需要。女职工生育的检查费、接生费、手术费、住院费和药费由生育保险基金支付，超过规定范围的医疗服务费和药费（含自费药品和营养药品的药费）由职工个人负担。所以，和其他保险项目相比，生育保险的补偿额最高。

（二）中国社会保障制度的改革

社会保障是社会的“减震器”和“安全网”，任何一国政府都给予高度重视。随着我国构建和谐社会和小康目标的实现，关注民生、改革社会保障制度成为当前紧迫的问题。如何进一步深化社会保障改革，今后应做好以下几方面的工作：

在改革的原则上，坚持效率优先兼顾公平、社会保障水平与生产发展水平相适应和城乡有别三大原则。

在改革的步骤上，根据经济发展水平的不均衡状态和社会保障制度的现状，坚持有先有后、有轻有重的改革步骤：先城市后农村，先国有后其他，先职工后个体，逐步深化社会保障制度的改革。

在改革的内容上有四个方面。第一，进一步扩大社会保障的覆盖面，将更多的企

① 资料来源于人力资源社会保障部网站。
② 资料来源于人力资源社会保障部网站。

业职工个体劳动者纳入社会保障“安全网”之中。第二，开征社会保障税，作为社会保障的融资体制，逐步将社会保障筹资方式由地区统筹向全国统筹过渡，以此来规范全国社会保障融资行为，实现社会保障基金的社会化，彻底解决企业办社会的保障办法。第三，逐步实现我国社会保障基金由现收现付制向基金制转变，确保社会保障有稳定的资金来源。第四，进一步完善和细化社会保障与救济制度，以此为社会成员提供更加全面系统的社会保障服务。

在改革目标上有近期目标和远期目标的分别。近期目标是在城市地区建立统一的以提供维持基本生活需要为目标的社会保障制度，同时加强社会保障的管理与立法。其远期目标是根据公平与效率相协调的原则，防止公共财政负担过重和促进经济增长，建立全体国民在内的统一的社会保障制度，最终建立以社会保障法为基础的覆盖城乡所有成员的社会保障预算制度。

第二节 财政补贴

一、财政补贴的界定

（一）财政补贴的概念

财政补贴是国家财政部门根据国家政策的需要，在一定时期内对某些特定的产业、部门、地区、企事业单位、居民个人或事项给予的补助或津贴。它是财政分配的一种形式，是国家实现其职能的一种手段。

财政补贴的构成要素包括：

（1）财政补贴的主体是国家的财政部门。其他单位和部门对其内部成员进行的补助或津贴都不能认为是财政补贴。

（2）财政补贴的依据是一定时期内社会、经济等方面的政策。

（3）财政补贴的对象有三个。一是地区，即对国家领土范围内的某个地区进行补贴；二是部门、单位和个人，即对经济生活中的不同主体进行补贴；三是事项，即对经济活动中的某些特定的事项给予补贴。

（二）财政补贴的性质

财政补贴可以通过对补贴对象、补贴数量、补贴范围、补贴环节等的选择，影响不同经济主体的经济利益，从而对国民收入进行再分配。它属于财政分配的第二个阶段。

由于财政补贴总是和相对价格的变动联系在一起，或者财政补贴引起价格变动，或者价格变动导致财政补贴，所以，很多人干脆把财政补贴称为财政价格补贴或者价格补贴。因为与相对价格结构有直接联系，所以财政补贴便具有改变资源配置结构、供给结构、需求结构的影响。财政补贴的性质就是通过影响相对价格结构，进而影响供给结构、需求结构、资源配置结构的政府无偿性支出。

（三）财政补贴的特征

财政补贴是一种特殊的财政再分配形式。它具有以下几个特征：

1. 政策性

财政补贴的政策性导源于财政补贴的依据，即一定时期的国家政策。由于国家政策是多方面的，不仅有经济方面的，而且还有社会方面的。因此，财政补贴不仅是调节经济的一个杠杆，也是协调国家社会各方面关系，保持社会秩序稳定的一个重要手段。

2. 可控性

政策不同于制度，也不同于法律、财政部门需要根据国家特定时期的政策，灵活地掌握补贴的对象、补贴的数量、补贴的方式、补贴的环节等内容。因此，财政补贴是国家可以直接控制的经济手段。

3. 特定性

实施财政补贴的依据是国家一定时期的特定政策。因此，财政补贴的对象、数量、范围以及要发挥的作用和要达到的效果也是特定的。

4. 灵活性

财政补贴是国家实现特定政治、经济任务和社会目标的经济手段。它可以直接针对具体的对象，选择不同的补贴方式和补贴金额，迅速、直接地进行调整，以适应经济形式和政策的需要。因此，财政补贴不需要依靠相对规范的制度、固定的补助数量来实施，具有相当大的灵活性。

5. 时效性

财政补贴的时效性决定于国家政策的时效性。由于国家政策会随着政治经济形势的变化而不断地修正、调整和更新，此时出台的政策措施到了彼时可能已经不适用了。所以，当社会经济形势发生变化从而政策效力减退时，财政补贴的量可能也会相应减少。

（四）财政补贴和社会保障支出的异同

财政补贴和社会保障支出都属于政府财政支出中的转移性支出，自然有很多相似之处。从政府角度看，无论是以补贴形式还是以社会保障形式拨付支出，都不能换回任何东西，支付都是无偿的。从领取补贴者角度看，无论以什么名目得到政府的补贴，都意味着实际收入的增加，因而经济状况都较以前有所改善。

但是这两类转移性支出又有差别。差别主要体现在这两类支出的目的和经济影响以及与价格结构的关系上。

1. 目的不同

财政补贴是对由于政策的实施或市场机制的不足而受影响的特定的企业或个人的经济补偿，直接目的在于弥补政策的某些不良影响和市场经济的不足。而社会保障支出则是对由于各种原因导致生活困难的社会成员给予物质上的帮助，其直接目的在于均衡收入，保证社会成员的基本生活水平和福利，缓解收入差距导致的社会矛盾。

2. 经济影响不同

财政补贴是对某个行业、某类人、某个地区或者某种产品的补贴，往往与价格变动联系在一起，既产生收入效应，也产生替代效应。而社会保障支出是政府对低收入者的经济援助，它所产生的经济影响是受益者的消费预算约束线发生了变化，而不会导致产品价格的变化。人们可以自由支配获得的社会保障收入，因此政府的社会保障支出只产生收入效应。

3. 与相对价格结构关系不同

财政补贴与价格变动联系在一起。社会保障支出与价格不发生直接的联系，虽然人们获得保障收入以后会用于购买，可能会使价格变化，但这种影响既不确定也不直接。而财政补贴与价格却有直接关联，财政补贴便具有改变资源配置结构、供给结构、需求结构的影响，而社会保障支出则很少有这种影响。

二、财政补贴的分类

财政补贴普遍存在于世界各国的财政支出中。由于各国的社会制度不同、经济发展水平各异，其财政补贴的分类也呈现出多样性。主要有以下几种：

（一）按照补贴的项目进行分类

1. 价格补贴

价格补贴也被称为政策性补贴。1998 年以后，统计资料上将以前的价格补贴称为政策性补贴。它是指国家财政在商品购销价格倒挂的情况下对工商企业支付的补贴和购销价格顺挂的情况下对消费者支付的提价补贴。价格补贴有利于价格稳定，调节供求关系，维护生产者和消费者利益。价格补贴按照产品的类别不同主要包括农副产品价格补贴、农业生产资料价格补贴、日用工业品价格补贴、工矿产品价格补贴。其中农副产品价格补贴在财政补贴中所占比例最大、最主要。

2. 企业亏损补贴

它主要指国家为了使国有企业能够按照国家计划生产、经营一些社会需要但由于客观原因导致生产经营中出现亏损的产品，而向这些企业拨付的财政补贴。企业亏损补贴可分为政策性亏损补贴和经营性亏损补贴。政策性亏损补贴是指国家财政对由于贯彻国家对某些产品的低价政策而造成亏损的企业给予的补贴。经营性亏损补贴指国家财政对经营管理不善而造成亏损的企业给予的补贴。一般而言，国家只对政策性亏损给予补贴，对经营性亏损不补贴。但是对于一些生产急需产品和重要产品的企业，经过国家财政部门审批后，也可以给予暂时性补贴。

企业亏损补贴与价格补贴的区别：

（1）补贴的对象不同。价格补贴主要与市场零售有关；而企业亏损补贴主要与工业生产资料有关。

（2）补贴的受益人不同。价格补贴的直接受益人主要是城乡企业居民；企业亏损补贴的受益人主要是相关企业。

（3）补贴的环节不同。价格补贴多在流通环节和消费环节，一般向商业企业和消费者提供；企业亏损补贴在生产环节，一般向生产企业提供。

（4）补贴的用途不同。价格补贴主要用于弥补购销价格倒挂给企业造成的价差损失；企业亏损补贴主要向经营价格倒挂产品的企业提供经营费用和合理留利。

3. 财政贴息

它是指为了鼓励企业开发名优产品、采用先进技术，国家财政为企业支付全部或部分的贷款利息。

4. 税收支出

它又被称为税收补贴或税式支出，是国家对于需要鼓励的企业所给予的税收优惠待遇，包括税收豁免、优惠税率、税收扣除、加速折旧等。

5. 进出口补贴

进口补贴是国家为了体现产业政策，对某种商品的进口给予的补贴。补贴商品一般是国家急需的产品。出口补贴是国家为了降低出口商品的成本，提高该商品在国际市场的竞争力，而由财政直接或间接地给予出口商品的生产者或者出口商的补贴。出口补贴的形式主要有现金补贴、出口退税、出口信贷等。

（二）按照补贴的透明度分类

按照财政补贴的透明度的不同，可将财政补贴分为明补和暗补。

所谓明补，是指政府直接把一笔补贴金发给消费者，增加消费者的收入。明补是对由于产品涨价所导致的消费者购买力的损失而提供的现金补偿。在明补中，消费者对于自己拿到多少补贴是确定的，但却无法自行增加补贴金额。明补只产生收入效应，不产生替代效应。

暗补是政府将补贴发给生产者，同时强制要求其降低产品的价格，使消费者能够以低于市场均衡价格的价格购买到商品，从而获得补贴。从消费的角度看，暗补是一种无限制的实物补贴，消费的补贴商品越多，获得的补贴也就越多。从这个意义上讲，消费者可以任意增加补贴金额。但是在一般情况下，消费者并不知道自己拿到了多少补贴，有时甚至不知道自己在无形中已经享受到了补贴。暗补既产生收入效应，也产生替代效应。

从经济效率的角度看，明补不改变商品的价格，不会干扰市场经济的正常运行，因此不会产生效率损失；而暗补改变被补贴商品的价格，使商品的价格信号失真，从而导致了市场效率损失。

（三）按照补贴的对象分类

按照补贴的对象的不同，财政补贴可分为个人补贴和企业补贴。

个人补贴是指政府为了稳定和改善居民生活而支付给居民的补贴。如交通补贴、医疗补贴、住房补贴等。

企业补贴是指政府给企业的补贴，是我国财政补贴的主要部分。如进出口补贴、企业亏损补贴等。

（四）按照补贴的用途分类

按照补贴的用途的不同，财政补贴可分为生活补贴、生产补贴和其他补贴。

生活补贴是对居民的粮油、副食品、煤炭、棉花等的补贴。

生产补贴是对农业用的化肥、农药、农机农具、塑料薄膜以及工业用的棉花、煤炭等的补贴。

其他补贴如出口粮食价差补贴、粮食储备费用补贴、外贸亏损补贴等。

(五) 按照补贴的环节分类

按照补贴的环节的不同，财政补贴可分为生产阶段补贴、流通阶段补贴和消费阶段补贴。

生产阶段补贴是对生产者进行的，目的在于增加生产资料的投入，保持生产稳定发展的补贴，如对生产农业生产资料的企业的补贴。

流通阶段补贴是对商业企业进行的，目的在于降低商品的价格，使商品的供给增加，并使企业的经营能正常进行的补贴，如粮、棉、油的补贴。

消费阶段补贴是对消费者进行的，目的是满足居民的基本生活需要，保证人民生活稳定的补贴，如交通补贴。

(六) 按照补贴方法分类

按照补贴方法的不同，财政补贴可分为现金补贴和实物补贴。

现金补贴是政府以货币的形式支付补贴，这种补贴直接增加了受益者可支配的收入。

实物补贴是政府用实物的方式给予受益者的补贴，如灾区救灾。在实物补贴中，有一部分项目要通过购买才能消费和享受补贴，不购买实际上得不到这种补贴。如政府提供的公费医疗，只有生病时去指定医院看病才能享受这种补贴。

三、财政补贴的经济效应

财政补贴是一种世界性的财政经济现象。世界各国均把这种特殊的财政支出作为调节经济活动的重要手段来使用。在市场经济条件下，财政补贴的经济影响主要有以下几方面：

(一) 财政补贴可以影响需求结构

人们的需求结构由两个因素构成：一是人们所需要的商品和服务种类；二是各种商品和服务的价格。一般来说，商品和服务的价格与需求量成反比例关系：商品和服务的价格越低，需求越大；商品和服务的价格越高，需求越低。也就是说，价格的高低可以影响需求结构，所以能够影响价格水平的财政补贴也会影响需求结构。

(二) 财政补贴可以影响供给结构

政府可以通过给予某些产品或行业价格补贴，改变行业或企业的盈利水平，促进该产品或行业的发展，进而调节商品的供应量，实现供给结构的调整和优化。如国家对农业部门提供补贴，可以使从事农业生产的获益提高，促进了农产品供给量的扩大。

(三) 财政补贴可以影响产业结构

财政补贴是国家调节经济的杠杆之一。政府可以通过是否补贴、补贴多少、补贴方式的选择来改变相对价格体系，充分发挥收入效应和替代效应，以引导生产和消费。这对弥补市场失灵，贯彻国家的产业政策和技术政策，促进产业结构的调整和技术进步以及优化资源配置，都能起到调节作用。

（四）财政补贴可以消除“排挤效应”

排挤效应是指政府支出增加所引起的私人消费或投资降低的效果。如我国实施积极财政政策后，政府大量增加公共工程支出，在货币供应量不变的前提下，这会造成货币供不应求，从而抬高市场利率。微观经济主体面对上升的贷款利率，自然会减少市场投资行为，这就是政府投资行为对私人投资行为的挤出效果。但是通过财政贴息的办法，可以减少微观经济主体的融资成本，消除这种挤出效果。

四、我国现行财政补贴存在的问题及完善的思路

（一）我国现行财政补贴存在的问题

我国财政补贴的不断增长适应了当时经济改革和发展的需要，对促进经济发展、保证经济改革、维护社会稳定起到了一定的积极作用。但是，在市场经济条件下，国民经济的正常运行主要依靠市场机制的自动调节。财政补贴作为调节经济运行的手段，只能纠正既定的经济制度和市场机制产生的不利后果。因此，财政补贴的适用范围和规模就有一个限度，超过这个限度，其积极作用就可能趋弱，甚至会出现消极的作用。我国财政补贴制度目前仍然存在一定的消极作用，也仍然存在一些需要进一步完善和解决的问题，主要包括以下几个方面：

1. 财政补贴项目仍然偏多，规模仍然偏大

财政补贴项目几乎遍及生产、流通和消费等各个环节，补贴项目的大项有价格补贴、企业亏损补贴，此外还有财政贴息、进出口补贴、税收支出等。由此而形成的补贴金额自然过大，加重了财政负担，甚至是构成长期存在财政赤字的重要原因之一。虽然从局部看财政补贴起到了调节经济的作用，但从总体上看，它会削弱国家宏观调控的能力。

2. 长期的财政补贴不利于建立现代企业制度

在市场经济条件下，企业要自负盈亏，在竞争中求生存和发展，以实现优胜劣汰。因为“政策性亏损”和“经营性亏损”很难区分，所以当企业的亏损被定义为“政策性亏损”时，客观上掩盖了部分企业由于经营不善导致的亏损。这在一定程度上助长了经营管理中的落后和经营中的浪费现象，不利于企业提高生产、经营的效率，有的甚至起到了保护落后的作用。

3. 长期的财政补贴不利于经济体制改革的顺利进行

长期过多过广的补贴，人为地扩大了经济体系中的政府行为，相应地缩小了市场活动覆盖的范围。而且财政补贴成为受补单位既得利益，易上难下，既是财政的包袱也是受补单位的包袱。当经济改革一旦触动受补单位的既得利益时，它就会演变为经济改革顺利进行的阻碍因素。

4. 某些补贴不当，扭曲了价格体系

价格作为经济杠杆，在经济活动中有着不可忽视的作用。合理的价格是通过价格

机制和市场化来实现的。财政补贴改变了相对价格体系，使价格具有了一定的刚性。这样就掩盖了商品的真实价格，造成价格违背价值，不能如实反映供求关系，使价格杠杆调节经济、引导竞争等功能受到一定程度的限制，违背了市场经济的运行机制。同时，价格补贴削弱了人们对价格的心理承受能力，不利于价格的调整、回归，加大了价格改革的难度。

（二）财政补贴进一步完善的思路

在建立社会主义市场经济的过程中，需要政府从发挥市场资源配置的基础性作用、加强国家宏观调控出发，通过经济体制的深化改革，建立适应市场经济体制要求的新型财政补贴制度。针对我国现行补贴制度中存在的诸多问题，根据市场经济应该遵循的基本原则，改革财政补贴的基本思路是：在总量上，减少补贴项目，压缩补贴规模；在结构上，规范补贴方式，调整分配格局。具体来讲，今后应从以下几个方面进行完善：

1. 合理确定财政补贴的项目

目前，我国财政补贴项目过于泛滥，造成了沉重的财政负担，也影响了市场机制的运行。这就需要政府对于补贴项目进行周期性的审核，保留合理的项目，如对带有公共产品性质的、市场竞争力比较弱的社会公益事业，基础产业和农业补贴要予以保留；及时取消一些过时的补贴项目，比如某项改革的实施总会有受益者和受损者，出于维护社会安定的需要，政府往往对利益受损比较大的一方进行补贴，但是改革的根本目的就是要调整利益关系，这类补贴应该尽可能地取消。

2. 充分利用世界贸易组织的优惠待遇

政府应如何合理地进行财政补贴，世界贸易组织的《财政与反补贴措施协议》有很好的界定。《财政与反补贴措施协议》将财政补贴分为三类：红箱补贴、绿箱补贴和黄箱补贴。

红箱补贴，又称禁止性补贴。这种补贴是针对质疑性价格补贴和进出口补贴的，往往严重扭曲价格机制，造成不公平竞争。

绿箱补贴，即不可起诉补贴。这种补贴并不直接刺激生产，对价格和市场影响不大，成员方可以自由施行；其他国家或地区也不能以此为由，而采取反补贴措施。就农业来说，绿箱补贴有产品研究、人员培训、技术推广、检验、农业基础设施建设、为保障食品供给的储存费用、自然灾害补贴、农业生产结构调整补贴、农业生产条件恶劣地区发展补贴等。

黄箱补贴，又称可诉补贴。它介于红箱补贴和绿箱补贴之间，指那些虽被禁止，又能自动免于质疑的补贴。评判其是否合理，就看该项补贴是否使起诉的成员方利益受损：如果利益受损，就是不合理的；反之，如果利益不受损，就是合理的。黄箱补贴基于互惠互利，只要贸易双方两相情愿，心照不宣，世贸组织就不予过问。

3. 调整补贴环节，改革补贴方式，提高补贴效益

财政补贴将补贴多集中于消费环节，变“暗补”为“明补”。财政补贴按补贴环节可分为：生产阶段补贴、流通阶段补贴和消费阶段补贴。补贴集中于消费环节可直

接增加人民的收入，不仅不会扭曲价格，而且还有利于调节生产和消费。“暗补”是间接对特定受补贴者的补贴，一般采用非现金形式（实物补贴、低价优惠、减少上缴等）；“明补”是直接对特定补贴者的补贴，一般采用现金补贴形式。“暗补”比“明补”多了一些中间环节，补贴不够透明，会使补贴品的价格信号失真，干扰市场经济的正常运行，从而产生效率损失，扭曲社会需求结构。明补比暗补少了中间环节，且补贴较透明，所以可以达到更高的经济效率。

4. 运用财政补贴，加强环境保护

环境保护问题是当今全人类共同面临的挑战性问题，关系到人类的生存和发展。因此，环境问题受到世界各国政府的高度重视。当前我国在经济发展突飞猛进的大好形势下，运用财政补贴政策保护环境和修复被破坏的环境，引导企业、居民保护环境，已成当务之急。

在市场经济条件下，传统财政补贴的许多内容在减少、退出；但同时一些新的补贴内容在增加、扩展。比如对重要产业的支持，对具有明显正外部效益的生态环境改善事业等的鼓励，都是迫切需要政府增加补贴的新内容。

第三节 税收支出

一、税收支出的界定

（一）税收支出的概念

税收支出是一个新范畴。1955 年，英国皇家利润与所得税委员会注意到，在税收制度中安排的许多减免税实际上相当于用公共的货币收入提供津贴。“税收支出”的概念于 20 世纪 70 年代在美国应运而生。1973 年，美国财政部长助理、哈佛大学教授萨里在其所著《税收改革之途径》一书中，正式使用“税收支出”一词。在 1976 年于耶路撒冷召开的国际财政学委员会上，国际税收专家们正式接受了“税收支出”的概念。1984 年，来自经济合作与发展组织（OECD）6 个国家的财政学者共同完成了这些国家税收支出制度的首次比较研究。1996 年，OECD 财政事务委员会对 14 个成员国税收支出制度进行了调查，分析了各国做法的差异及差异的理由，并形成了根据各国资料整理的税收支出数量估算表。20 世纪 90 年代以后，税收支出已经发展成为一个世界性的财政经济范畴。不仅绝大多数发达国家编制了税收支出表，建立了税收支出制度；而且许多发展中国家也逐步接受了税收支出概念，并尝试着编制自己的税收支出表，建立适合本国实际的税收支出制度。

税收支出，也称为税收补贴、税式支出，是国家为了实现特定的政策目标，通过制定与执行特殊的税收法律条款，给予特定纳税人或纳税项目以各种税收优惠待遇，以减少纳税人的税收负担而形成的一种特殊的财政支出。

对于税收支出概念的理解应该把握以下三点：

（1）应该明确税收支出在性质上属于财政支出，只不过是一种特殊形式的财政支出，属于财政补贴的范畴。它与政府的直接财政支出有区别。具体来讲，税收支出是采取税收豁免、优惠税率、纳税扣除、投资抵免、加速折旧等形式减免纳税人的税款而形成的支出；而直接的财政支出是将纳税人的税款缴入国库后，通过财政预算安排的支出。

（2）应该明确税收支出是税法体系的有机组成部分。任何国家的税收制度都可以分解为两个部分。一部分是为确保国家财政收入而设置的纳税基础、税率、纳税期限、纳税人等条款，西方国家称之为正规的税制；另一部分是以改善资源配置、提高经济效率，或减少纳税人的纳税义务、主动放弃财政收入为特征的。后一部分就是我们讲的税收支出。

（3）应该明确税收支出造成的税收损失与偷税漏税造成的税收损失是有区别的。税收支出是国家为达到特定的政策目标主动放弃的税收收入，而偷税漏税是纳税人的一种违法行为，其结果是国家应该收的税收收入没有收上来。

（二）税收支出的性质

税收支出是对正规税制结构的一种背离。从内容上看，它主要表现为各种税收优惠项目；从数量上看，它主要是政府主动放弃的税收收入额。

（三）税收支出的特征

所谓税收支出，从本质看，是政府对一部分财政收入的放弃；从性质看，是政府的无偿支出，一旦资金安排出去，就不要求返还报偿，也不像银行贷款那样要求利息，而是无偿的；从结果看，税收支出会使国家收入减少，同时使受益人的实际收入增加；从目的看，税收支出能够调节经济、发展社会。这些特点都和直接财政补贴一样。因此，税收支出是财政补贴的一种特殊形式。但它又不同于一般的财政补贴，其特殊性表现在以下几方面：

1. 时效性

税收支出与受益人的相关程度很高，纳税人本身直接受益，无时间落后效果；而直接的财政支出具有财政政策的内在落后效果。另外，税收支出是一种激励措施，只能作为短期可使用的工具，如果其激励对象与手段长久不变，则必然会在资源配置与收入分配的公平上产生若干扭曲现象，反而有损国民经济的均衡成长。

2. 导向性

税收支出是透明的，是事先确定和公布的，能否获得税收优惠往往和纳税的行为和努力有关。因此，纳税人会从自己的利益最大化出发，自觉地向国家的产业、投资等政策方向靠拢。所以，税收支出对纳税的行为具有一定的导向性。

3. 间接性

通常的财政支出需要按照法律规定的程序编制预算，经立法机关批准后才能付诸实施，是政府用已实现的财政收入进行的一种直接支出，因而有实际的支出程序，是看得见、摸得着的。而税收支出不一定编列正规预算，而是表现为纳税人对政府财政收入的一种“坐支”。对政府来说，它没有实际的支出程序，是一种看不见、摸不着、隐蔽的间接财政支出。

4. 弹性

税收支出要像弹簧一样具有伸缩性，能随着经济情况的变化而变化。经济作用于税收，税收又反作用于经济，具有缓冲作用，从而保持经济的稳定发展。在一定经济条件下，税收支出是影响税收收入的一个重要因素：税收支出与税收收入是反向运动，你多我少或你少我多。基于税收支出的弹性，在处理具体问题时需要根据不同情况分别对待。

（四）税收支出的分类

1. 税收支出按其发挥的作用分类，可分为照顾性税收支出和刺激性税收支出。

（1）照顾性税收支出

它主要是针对纳税人由于客观原因在生产经营上发生临时困难而无力纳税时所采取的照顾性措施。其目的在于扶持国家希望发展的亏损或微利企业以及外贸企业，以保持国民经济各部门发展的基本平衡。如国企的政策性亏损或纳税人由于自然灾害造成临时性财务困难，政府除了用财政补贴外，还可以采用税收支出的办法予以扶持。

（2）刺激性税收支出

它主要是指用来改善资源配置、提高经济效率的特殊减免规定。其目的是为了正确引导产业结构、产品结构、进出口结构以及市场供求，促进纳税人开发新产品、新技术以及安排劳动就业等。刺激性税收支出又可以分为两类：一是针对特定的纳税人的税收支出。享受这种税收支出的特定纳税人，不论其经营业务的性质如何，都可以依法得到优惠照顾。二是针对特定的征税对象的税收支出。这种主要是从行业产品的性质考虑，不论经营者是什么性质的纳税人，只要从事相关行业，都可以享受优惠待遇。

2. 税收支出按照支出的方式分类，可分为直接的税收支出和间接的税收支出。

（1）直接的税收支出，如通过税收豁免、税收扣除等使得纳税人直接受益。

（2）间接的税收支出，如通过加速折旧或者延期纳税为纳税人提供无息贷款。

二、税收支出的形式

税收支出是国家运用税收优惠调节社会经济的一种手段。其具体形式主要有以下几种：

1. 税收豁免

它是指在一定时期内，免除某些纳税人或纳税项目应该缴纳的税款。税收豁免有部分豁免和全部豁免之分。部分豁免就是免除纳税人或纳税项目部分应纳的税款；全部豁免就是免除全部应纳的税。税收豁免在我国被称为“减免税”。最常见的税收豁免包括免除关税与货物税和免除所得税。免除关税与货物税，可以使企业降低成本、增强市场竞争能力。免除所得税，一方面可以增加企业的利润，使企业更快地收回所投资本，减少投资风险，以刺激投资；另一方面可以促进社会政策的顺利实施，以稳定社会正常生活秩序。

2. 纳税扣除

它是指准许企业把一些符合规定的特殊支出，以一定的比率或全部从应税所得中扣除，以减轻其税收负担。在累进税制下，纳税人的所得越高，这种扣除的实际价值就越大。这样做的原因是：一方面，有些国家的纳税扣除是按照纳税人的所得额以一定的百分比扣除，这样在扣除比例一定的条件下，纳税人的所得额越高，其扣除额就越多；另一方面，就某些纳税人来说，由于在其所得中扣除了一部分数额，使得原较高的税率档次降到低一级甚至低几级的税率档次，这等于降低了这部分纳税人的课征税率。

纳税扣除有直接扣除和加成扣除两种。加成扣除是允许纳税人对其某些规定项目的费用可以超支，以增加费用的方式来减少应税所得。直接扣除是允许纳税人将某些符合规定的费用作全部或部分的扣除。

3. 税收抵免

它是指允许纳税人从其某种符合奖励规定的支出中，以一定比率从其应纳税额中扣除，以减轻其税收负担。税收抵免可以分为限额抵免和全额抵免。限额抵免是指税务机关不允许其抵免额超过其应纳税额；全额抵免是指税务机关允许其抵免额超过应纳税额。现实的税收抵免大多是限额抵免。在西方国家，税收抵免的形式多种多样，其中最主要的两种形式是投资抵免和国外税收抵免。投资抵免是指允许纳税人将一定比例的设备购置费从其当年应纳公司所得税税额中扣除。这相当于政府对私人投资的一种补助，也被称为投资津贴。其目的在于刺激民间投资，促进资本形成，增加经济增长的潜力，但是它通常是通过造成纳税人税收负担不平等来实现的。一般来讲，投资抵免是鼓励投资以刺激经济复苏的短期税收政策。国外税收抵免，常见于国际税收业务中，即纳税人用其在非居住国已纳的税款抵免其在本国的纳税义务。其目的是为了避免对跨国纳税人进行国际重复征税，以消除国家间资本、技术和劳务流动的障碍。

税收抵免与税收扣除额不同之处在于：税收抵免是在计算出应纳税额后，从中减去一定数额；而税收扣除是从应税收入中减去一定金额。由于税收抵免可以减轻纳税的税收负担，增加其税后所得，它通常作为政府的一种政策工具在实践中被加以应用，以实现政府的某些政策目标。

4. 优惠税率

它是指对符合国家规定的企业或征税对象适用较低的税率。其适用的范围可根据实际需要予以调整。优惠税率，可以是短期优惠，也可以是长期优惠。一般说来，长期优惠税率的帮扶力度大于短期优惠税率。尤其是那些需要巨额投资且获利较迟的企业，常常可以从长期优惠税率中得到较大的利益。在实践中，优惠税率的表现形式很多，如规定比一般税率低的税率政策或实行纳税限额政策等。

5. 盈亏相抵

它是指准许企业以某一年度的亏损，抵消以后年度的盈余，以减少其以后年度的税款；或者冲抵以前年度的盈余，申请退还以前年度已纳的部分税款。一般而言，抵消或冲抵前后年度的盈余，都有一定的时间限制。如美国联邦政府规定前后抵消或冲抵的时间是前3年、后7年；中国台湾地区规定抵补的时间是前4年、后5年；中国大陆则规定连续抵补5年。由于盈亏相抵方式可以使亏损企业按照规定从以前或以后年度的盈余中得到补偿，所以对具有高度冒险性的投资有相当大的刺激效果。当然，盈亏相抵是以企业发生亏损为前提的，对于从未发生亏损但盈利很小的企业来说，没有丝毫的鼓励效果。而且就其应用范围来说，盈亏相抵办法通常只能适用于所得税方面。

6. 退税

退税是指国家按规定对纳税人已纳税款的退还。它包括多征误征的税款、按规定提取的地方附加税金及按规定提取代征手续费等方面的退税。但作为税收支出形式的退税是指优惠退税，是国家鼓励纳税人从事或扩大某种经济活动而给予的税款退还，包括出口退税和再投资退税。出口退税是国家为了鼓励出口，使出口产品以不含税价格进入国际市场而给予纳税人的税款退还。其主要包括两种：一是退还进口税，即用进口原料或半制成品，加工为成品后再出口时，退还已纳的进口税；二是退还已缴纳的消费税、国内销售税、增值税等。再投资退税是国家为了鼓励投资者将获得的利润进行再投资，全部或部分退还再投资部分已纳的税款。

7. 延期纳税

延期纳税又称“税负延迟缴纳”，是指允许纳税人延迟缴纳或分期缴纳那些符合规定的应负担的税额。延期纳税可适用于各种税的缴纳，其通常都应用于税额较大的税收上。延期纳税表现为将纳税人的纳税义务向后推迟，其实质上相当于在一定时期内政府给予纳税人一笔与延期税额相等的无息贷款，它可以在一定程度上帮助纳税人解除财务上的暂时困难。对政府而言，实行延期纳税相当于退后收税，损失的只是一定量的利息。

8. 加速折旧

加速折旧是指政府为了鼓励特定的行业或部门投资，允许纳税人在固定资产使用年限的初期多提折旧，后期少提折旧。加速折旧可以使企业在固定资产的使用年限内早一些扣除折旧费或获得减免税的税款。加速折旧是一种特殊的税收支出形式。虽然它可以在固定资产使用年限的初期多提折旧，但折旧累计总额不可能超过资产的可折旧成本。所以，其总折旧额并不会比一般折旧高。由于折旧是一项费用，折旧费用越大，企业的应纳税所得越小，税负就会越轻。前期折旧多，企业的税负轻；后期折旧少，企业的税负重。因此，从总量上看，加速折旧并不能减轻企业的税收负担。对于企业来讲，虽然总税负未变，但税负前轻后重有税收递延缴纳的好处，也相当于政府给企业一笔无息贷款；对政府而言，只是损失了一部分收入的“时间价值”。因此，加速折旧同延期纳税一样，都是税收支出的特殊形式。

9. 准备金制度

它是指政府为了使企业将来发生的某些费用或投资有资金来源，在计算企业应纳税所得额时，允许企业按照一定的标准将一定量的应税所得作为准备金处理，从应税所得总额中扣除，不必纳税。如投资准备金、技术开发准备金、出口损失准备金、国外投资损失准备金等。

三、税收支出的经济效应

（一）税收支出的正效应

（1）在宏观管理方面，税收支出有利于政府经济政策、社会政策的贯彻实施。如通过出口退税，可以增强本国产品在国际市场的竞争力；通过对技术开发费用的扣除，鼓励企业积极开发新技术等。

（2）在微观方面，能够对弱势群体给予一定的照顾。如政府通过税收豁免，可以减轻低收入群体和农民的纳税负担，提高其实际收入水平；通过盈亏互抵，可以对亏损企业进行扶持等。

（3）在一定程度上可以弥补市场机制的不足。在市场经济条件下，产品生产者在自身利益最大化的驱动下，不愿意提供微利甚至无利却有很强社会效益的产品。在这种情况下，政府可以通过适当的税收政策，使产品的外部效益转化为企业的内部效益，增加企业的利润，促进微利甚至无利而具有社会效益的产品的供给。

（二）税收支出的负效应

（1）税收支出会增加税收成本。目前税收支出的形式多样、实施范围和执行期限也各不相同，使得税收承担了较多的经济和社会职能，从而增加了税制的复杂性，导致税收成本增加。

（2）税收支出会违背税收公平原则。首先，税收支出的受益人是纳税人，但现实中非纳税人才是最需要政府资助的。其次，一些人由于具备某些条件而获得了税收支出，另一些人不具备某些条件而不能享受税收优惠，但是前者可能是实力较强的大公司，而后者可能是实力单薄的小企业，这样就人为地加剧了贫富差距。最后，税收支出会导致政府收入减少。在税收总额不变的情况下，对一些人实施减税，可能会对另一些人增税，从而违背了税收的公平原则。

（3）税收支出会扭曲纳税人的经济行为。产品生产者在税收优惠政策的吸引下，可能会改变投资的金额、投资的项目等，从而造成对市场原则和资源配置的扭曲。

四、税收支出的预算管理

税收支出作为政府财政补贴的一种特殊形式，政府应该像对待直接的财政补贴一样，对其支出的规模和方向进行预算控制，以便于对其经济效果和社会效果进行分析和度量。税收支出的预算管理，是指通过建立税收支出预算制度和编制预算的方式，对各种税收优惠措施导致的财政收入减少及其鼓励方向进行计算管理。

纵观世界各国，税收支出的预算控制可分为三种类型：规范的预算管理模式、非制度化的临时监督与控制模式、报告式的准预算管理模式。

（一）规范的预算管理模式

它是一种全面、规范的管理办法，是指政府根据统一的税收支出账户，按年度定期编制规范的预算报表，连同主要的税收支出成本估价，附于年度预算报表之后，是预算报告的组成部分，需要经过议会的审议批准才能生效。美国、加拿大、澳大利亚、奥地利、法国、西班牙等国家采用这种做法。

（二）非制度化的临时监督与控制模式

它是一种临时的、专项的管理办法，是指政府只有在临时决定运用税收支出方式解决某一特殊问题或对某一部门（行业）提供政策支持时，才对所放弃的税收收入进行估价。它没有形成统一的、定期的和系统的制度，无固定的统计方法和评估方法，不需要向议会提供预算或经议会审批，只是政府内部的分析评估行为。经济合作与发展组织的许多国家采用了该方法，一些发展中国家也比较多地采用该方法。

（三）报告式的准预算管理模式

它是介于前两种预算管理模式之间的一种制度化与临时性相结合的控制模式，是指政府只对那些比较重要的税收支出项目编制定期报表，并做税收支出分析和评估。这种税收支出报表没有建立统一的税收支出账户体系。虽然税收支出被纳入国家预算程序，但报表不是国家预算报告的组成部分，而是作为预算法案的参考和解释性说明资料，不需要议会审议批准。意大利、葡萄牙、德国、英国、荷兰等国家采用这种方法。

为了实现我国税收支出的预算控制，我们目前亟待完成的工作是研究分析现行税收法规，对各种税收优惠项目进行归类，形成税收支出与预算支出项目的对照关系。其方法有：①对现行税法条款进行梳理和分析，将可能减少税收收入的法令条款开列出来。②确定出正规的税制结构，进而确定税收支出的范围和内容。③对认定为税收支出的各种减免项目进行归类，建立税收支出的控制体系。

【关键词】

转移性支出　社会保障支出　社会保险型　福利国家型　国家保险型　储蓄基金型　完全基金制　现收现付制　部分基金制　财政补贴　现金补贴　实物补贴　明补　暗补　税收支出　税收豁免　税收扣除　加速折旧　延期纳税　盈亏互抵　优惠税率　准备金制度　退税　税收抵免　照顾性税收支出　刺激性税收支出

复习思考题

1. 社会保障的主要内容包括几个方面？
2. 社会保障的功能是什么？
3. 社会保障制度的模式有几种？各有什么特点？
4. 试论述我国养老保险、失业保险和医疗保险制度的主要内容。
5. 试论述财政补贴的性质和分类。
6. 试论述财政补贴的经济效应。
7. 财政补贴和社会保障支出有什么不同点和相同点？
8. 试论述财政补贴进一步完善的思路。
9. 税收支出有什么特点？
10. 分析税收支出的经济效应。
11. 税收支出的预算管理模式有几种？

第七章　财政收入理论

【本章中心内容】

在前面的章节中我们已经讨论了财政的职能和作用，知道了政府职能的履行和作用的发挥是通过财政支出活动来实现的。那么，政府财政支出活动中的资金是从哪里来的，又是怎样获得的呢？这正是有关财政收入活动的问题。本章主要介绍财政收入的含义、作用和形式，同时了解财政收入的原则，进而理解有关财政收入的内容、结构和规模的分析方法及基本观点。

财政收入最终来源于经济。在现代市场经济与政府公共经济所组成的“混合经济”中，存在着经济决定财政，财政反作用于经济的规律。政府以何种形式取得财政收入？财政收入与国民经济关系如何？诸如此类的问题是政府在取得财政收入过程中必须要考虑的问题。

第一节　财政收入的含义及分类

财政收入是一个过程，是财政分配活动的一个阶段或一个环节，是特定的财政分配活动。财政收入不仅表现为取得一定的货币资金，它还在整个财政分配关系中起着承前启后的作用。

一、财政收入的内涵

（一）财政收入的含义

财政收入是政府为满足支出的需要，依据一定的权力、原则，通过国家财政集中的一定数量的货币或实物资财收入。

可以从两个层面解释财政收入的含义。第一，它是指政府为满足财政支出的资金需要而必须进行的筹资活动。在这个过程中，必须解决怎样筹资（运用什么财政收入手段），从哪里去筹资（财政收入有哪些来源），以及能够筹到多少资金（财政收入的规模可以有多大）等一系列问题。第二，无论在上述三个方面怎样选择，筹资的结果都会形成归政府占有和支配的财政资金。这些财政资金即为财政收入。

需要注意的是财政收入并不等于政府收入。财政收入与政府收入之间既有统一性，又有差异性。财政收入和政府收入具有统一性，是因为财政部门是专门为政府理财的一个职能部门，政府的所有收入应统一由财政部门加以管理。所以，财政收入（Fiscal Revenue）和政府收入（Government Revenue）在内涵上（分配性质）和外延上（计算一国财政收入数量或规模时都要求包括的项目和内容）应是等同的。但是财政收入与政府收入之间又有差异性。由于多种因素的影响，我国政府收入中的许多部分都未纳入财政收入的管理范围。因此，我国的财政收入是一种规范的、不完全的政府收入。例如，2009 年政府收入近 10 万亿元，而财政收入为 68 477 亿元，其中税收收入为 63 104 亿元，非税收入为 5373 亿元。土地出让金属于政府性基金收入，并不在非税收入的范围之内。财政部公布的 5373 亿元的非税收入主要是指国有资本和国有资源有偿使用收入等项目。据估算，除了 6.8 万亿元预算内收入，2009 年社保收入参照 2008 年的 1.3 万亿元，收费和罚没收入大约 1.5 万亿元，仅这几项构成的 2009 年政府收入就近 10 万亿元。

（二）财政收入的经济作用

财政收入是政府财政活动的组成部分。这对政府而言有着十分重要和不可或缺的作用，主要表现在两个方面。

1. 收入作用

政府从事财政收入活动的首要目的就是获取财政资金，这使取得收入成为政府财政收入活动的主要作用。在政府组织财政收入的过程中，社会经济的方方面面都会与政府发生关系。它们各自的利益会因为政府选择不同的收入政策和收入手段而发生改变，从而可能影响它们的行为选择。政府在这一活动过程中，必须考虑怎样的收入手段既可以帮助政府获得较多的财政收入又不伤害人们投资和劳动的热情，怎样的征收方式才能使收入过程的成本耗费最小。

2. 调节作用

政府组织财政收入会影响经济社会中各主体的自身利益，进而影响它们的行为，这使财政收入可以成为政府调节社会经济的一种重要工具，并用以体现国家对收入再分配、改善资源配置、稳定经济等方面的政策取向。

这种调节作用可以从几方面表现出来：

（1）收入再分配

市场经济的分配规则会导致贫富差距的增大，会导致社会矛盾的增加，进而影响社会稳定，这就需要政府通过再分配手段去进行调整。而在所有手段中，首先选择的就是财政收入手段。如：建立累进课征的个人所得税和财产税，加大对高收入者的征收比例以及对奢侈品课以重税等。这被称为财政收入的社会政策。对收入差距改善程度的不同，通常体现了政府在收入分配政策上对公平和效率的选择不同。一般认为，在经济发展的初期，应更多地体现效率优先的要求；而在经济发达以后则应转而更多地追求公平。

（2）改善资源配置

财政收入在改善资源配置方面的作用是比较间接的。这主要是通过政府对不同的产业或不同的产品采用有差别的税收政策，来使各经济主体调整自己的投资方向和结构，最终实现原有资源配置状态的改善。这种做法被称为积极的财政（税收）政策。

反之，如果政府在资源配置方面不采用有差别的税收方式，而是对所有的产业和产品都采用一致的征收规模，这种做法则被称为消极的财政（税收）政策或中性的财政（税收）政策。一般认为，市场机制运行在资源配置上基本有效时，政府应更多地采用中性的财政政策为好。而当市场在配置资源失灵时，政府则应采用积极的财政政策。

（3）稳定经济

政府通过财政收入稳定经济的方式，主要是根据不同经济波动周期中的总供求状况去调整财政收入的规模。即经济高涨时增加财政收入，经济衰退时减少财政收入。一般认为，在以累进制所得税作为财政收入的主要形式时，财政收入制度本身就具备了这一调节功能，即所谓内在稳定器功能。

（三）组织财政收入的原则

从根本上来看，财政收入是政府为实现自己的职能而进行的筹资。组织财政收入不仅关系到社会经济发展和人民生活水平的提高，也关系到正确处理国家、单位和个人三者和中央与地方两级之间的利益关系，还关系到不同征收对象的合理负担问题。为了处理好这些关系，在组织财政收入时，必须掌握好以下几项原则：

1. 受益原则

受益原则是指人们对财政收入的分担应该同人们对政府所提供的物品和劳务的消费状况相联系。消费多的多分担（多交纳），消费少的少分担（少交纳）。这种原则的执行必须取决于个人能正确表达对政府提供物品的消费效用，否则就没有可操作性。然而，政府提供的物品绝大部分是公共物品，人们很难正确表达其真实的消费效用。这就必然使受益原则在现实执行中面临困境。

2. 兼顾三者和两级利益原则

所谓“兼顾三者利益”是指国家在处理国民收入分配，并相应取得财政收入的过程中，不能只顾财政收入的取得，还应将必要的财力留给单位和个人，以调动和发挥它们的积极性。“兼顾中央与地方两级利益”，是指国家财政在处理国民收入分配，并相应取得财政收入的过程中，应该同时兼顾中央级财政和地方级财政的利益关系。按目前的财政管理体制，我国的国家财政是由中央预算和地方总预算构成的两级财政。两级财政有各自的具体职能，也形成相互的利益关系。因此，在组织财政收入时应兼顾两级利益关系。

3. 支付能力原则

支付能力原则是指市场经济中的各个经济主体对财政收入的分担要与其支付能力相匹配的原则。收入水平高的多分担、多交纳，收入水平低的少分担、少交纳。支付能力原则主要体现在税收中，就是指在组织财政收入时，按纳税人收入的多少，采取不同的征收比例，实行负担能力强的多负担，负担能力弱的少负担。它通常采取不同的征税范围、不同的税率、减免税等方式来实现。实行合理负担，是实现企业公平竞争的需要，也是保证国家财力的需要。

二、财政收入的分类

为了更好地分析财政收入的内容，更清楚地了解不同财政收入的特点和性质。历来的财政学者都非常重视对财政收入进行分类，其分类的依据大体可以归为两种：一种是以收入来源作为分类的依据，另一种则是以政府获取收入时凭借的权力（或手段）作为分类依据。

西方经济史中自亚当·斯密开始就对财政收入有不同的分类方法。早期的分类方法以亚当·斯密的分类方法和道尔顿（H. Dalton）的分类方法为主。现代西方财政学对财政收入的分类方法以西拉斯的分类方法为主兼有其他分类方法。早期的西方资本主义时期，被称为“经济学之父”的亚当·斯密在其著作《国富论》中主张支出节俭的“廉价政府”，并分析了国家财政收入的来源和税收原则。斯密指出，财政收入主要来源于税收和公债。税收的来源包括工资、利润和地租三种形式。他认为，最适合课税的项目是地租。在此基础上，英国经济学家道尔顿把财政收入分为三类十二目。一是强制收入类，包括税收收入目、战争赔偿收入目、强迫公债收入目和罚金收入目；二是代价收入类，包括国有财产收入目、国有企业收入目和筹募公债收入目；三是其他收入类，包括专卖收入目、特许权使用费收入目、发行钞票收入目和捐献收入目。

现代西方财政学中，对于财政收入的分类以西拉斯的分类方法为主。印度学者西拉斯按财政收入的形式，将财政收入分为税收和非税收两个大类：税收收入包括直接税和间接税；非税收收入指公产和公业收入、行政收入、公债收入等。这种按收入形式分类的方法在分析政府收入时是最常用的。税收收入是国家财政收入最基本、最可靠的来源，其他收入是国家财政的重要组成部分。

目前我国对于财政收入的分类方法主要有三种，即按财政收入形式分类，按财政收入来源分类和按财政收入归属分类。

（一）按财政收入形式分类

在现代各国，政府财政收入形式虽因各国的社会经济状况而存在一定的差异，但基本上都包括了税收、国有资产收入、政府收费收入和债务收入等四种主要的形式。

税收是政府凭借政治权力无偿地、强制地取得的一种财政收入。在市场经济条件下，税收是政府取得财政收入的最主要形式。

国有资产收入主要是指国家凭借其所拥有的资产取得的财政收入，即经营和使用国有资产的企业、事业单位和个人把其收入的一部分交给国家。国有资产收入既包括国家拥有的工商金融资产收入，也包括国家拥有的各种财产所带来的收入。

表 7-1　　国有资产的界定

国有资产界定的不同角度	从资产归属角度界定	从管理范围（或内容）界定
具体表述方式	国有资产，指的是属于国家所有的全部财产以及各种自然资源财富	国有资产是指国家或依据法律，或基于权力行使，或由于预算内或预算外支出，或由于接受馈赠，或由于资产收益，取得应属于国家的财产
共同点	国有资产就是国有财产	

按照市场经济的理论，“资产”与“财产”的含义是有区别的。一般来讲，只有作为生产要素投入生产经营活动的财产才叫“资产”，它一般具有增值的要求；“财产”是一个含义更为广泛的概念，财产可以是经营性的，也可以是非经营性的。

在计划经济体制条件下，国有企业收入成为国家财政收入的主要来源，而在市场经济条件下，国有资产收入的规模和重要性都小于税收收入。

政府收费收入是指政府公共部门中的行政事业单位在向社会提供行政管理和服务时，以管理者或供应者的权力，向被管理对象或接受服务的消费者收取的费用，一般由行政管理性收费（包括手续费、罚款等，如注册费、迁移费、办理户口费等）、事业服务性收费（中央或地方所属事业性单位向国家缴纳的收入）和专项收费（如学校的借读费）构成。政府收费收入的特点：一是收费标准不是根据市场原则来确定，而是由政府单方面定价来确定的；二是这类收费基本上都与消费者接受服务和管理的自愿选择有关，即使是罚款也是以被罚款者做出了某种违规行为为前提的。由于政府提供的多为公共产品，因此政府通过收费可以抑制人们对公共产品的过度消费，有利于提高政府公共服务的效用，降低政府提供公共服务的成本，从而增进社会福利。

政府收费与税收之间是有区别的。第一，税收具有无偿性，而收费具有直接偿还性。第二，征收主体不同。税收的征收主体是各级税务机关和海关，而收费的收取主体有的是政府行政部门，有的是事业单位。第三，收入的稳定性不同。税收具有稳定性，收费则具有灵活性。第四，收入的使用不同。税收收入由国家预算统一安排，主要用于固定资产投资、物资储备、文教、行政、国防等支出，而收费一般有着专门的用途，需专款专用。

债务收入是指政府以债务人的身份，依据借贷原则，运用信用形式所获得的财政收入。具体形式有通过国内公债、国库券等形式获得的财政收入，也有政府直接向银行或外国政府及国际组织的借款。

上述四种财政收入反映了政府在获取收入过程中所凭借的不同权力、原则和采用的不同手段。财政收入的取得一般凭借的是公共权力，包括政治管理权（核心）、公共资产所有或占有权以及公共信用权。

这种按收入形式的分类方式成为各国国家预算收入项目分类的基础。税收是预算内收入，是财政收入的主要来源。在我国，税收收入占财政收入的90%以上。预算外资金收入是指行政事业单位为履行政府职能、弥补事业发展经费不足，依据国家法律、法规或具有法律效力的规章收取或提取，纳入财政预算外专户管理的财政性收入。预算外资金收入具体包括行政事业性收费、主管部门集中收入、其他预算外收入三种类型。

表7-2　　2009年中国税收总收入和主要税种税入表

税种	收入（亿元）	比去年同期增收（亿元）	增长率（%）
税收总收入	59 514.70	5290.91	9.8
国内增值税	18 481.24	484.30	2.7
国内消费税	4759.12	2190.85	85.3

表7-2(续)

税种	收入（亿元）	比去年同期增收(亿元)	增长率（%）
进口环节增值税和消费税	7729.15	338.02	4.6
关税	1483.57	-286.38	-16.2
外贸企业出口退税	-6486.56	-620.63	10.6
营业税	9013.64	1387.25	18.2
企业所得税	11 534.45	358.82	3.2
个人所得税	3949.27	226.96	6.1
证券交易印花税	510.47	-468.69	-47.9
房产税	803.64	123.30	18.1
车辆购置税	1163.17	173.28	17.5
城镇土地使用税	920.97	104.07	12.7
土地增值税	719.43	182.00	33.9
耕地占用税	632.99	318.58	101.3
资源税	338.24	36.48	12.1
契税	1734.99	427.46	32.7
上述税种收入合计	57 287.78	4975.67	9.5

(二）按财政收入来源分类

在现代商品生产的社会经济关系中，按财政收入来源对财政收入进行分类可以从三个不同的角度来考察。

一是以社会经济成分为标准，将财政收入划分为来自不同经济成分的收入。如国有经济收入、集体经济收入、私营经济收入、外资企业收入、个体经济收入、中外合资经营企业收入。我国的财政收入主要是国有经济收入。

二是按财政收入来源的产业部门，将财政收入划分为来自各国民经济产业部门的收入。如农业、工业、交通运输业、商业、服务旅游业等。目前我国的财政收入主要直接来自于工业。

三是按社会产品的价值构成，将财政收入划分为来自社会产品各价值构成部分的收入（W=c+v+m)。m是财政收入的主要来源。产品剩余价值包括税金、企业利润和用产品剩余价值支付的费用（如利息)，其中主要是税金和企业利润。在社会主义市场经济体制下，国家赋予国有企业经营自主权，具有相对独立的经济利益。国家不能取走国有企业的全部m，只能参与一部分企业纯收入的分配，即国家以行政管理者身份参与分配，向企业收取税金，同时以资产所有者身份参与企业利润分配。v是指以劳动报酬的形式付给劳动者个人的部分。从我国目前的状况来看，v虽构成财政收入的一部分，但它在全部财政收入中所占的比重很小。这是因为我国长期以来实行低工资制度，劳动者个人的收入普遍较低，国家不可能从v中筹集更多的资金。随着社会主义市场经济体制的逐步建立和发展，人民生活水平的不断提高，以及个人所得税制的改革和完善，财政收入来自v的比重将不断提高。西方资本主义国家中，普遍实行高工资政策和以个人所得税及工薪税为主体税的财税制度，因而其财政收入有相当部分直接来自 v。补偿价值 c 中的基本折旧基金在计划经济体制下构成财政收入的一部分，在市场经济中一般已不适宜将折旧基金列为财政收入，但是，由于实行国民生产总值型的增值税，仍有一部分 c 通过增值税成为财政收入。

（三）按财政收入归属分类

从财政收入归属划分，财政收入分为中央财政收入和地方财政收入。

（四）其他分类

财政收入也可以按国际标准及政府预算收入科目分类。

1. 按国际标准分类

国际货币基金组织在《2001 年政府财政统计手册》中，将政府收入划分为税收、社会缴款、赠与、其他收入四类，具体情况如下：①税收收入类细分为：对所得、利润和资本收益征收的税收，对工资和劳动力征收的税收，对财产征收的税收，对商品和服务征收的税收，对国际贸易和交易征收的税收，其他税收等。②社会缴款类收入细分为：社会保障缴款和其他社会缴款。其中社会保障缴款又按缴款人细分为雇员缴款、雇主缴款、自营职业者或无业人员缴款、不可分配的缴款。③赠与收入类细分为：来自外国政府赠与、来自国际组织赠与和来自其他广义政府单位的赠与。④其他收入类细分为：财产收入，出售商品和服务，罚金、罚款和罚没收入，除赠与外的其他自愿转移，杂项和未列明的收入等。

2. 政府预算收入科目分类

自 2007 年起，根据目前我国政府收入构成情况，结合国际通行的分类方法，我国的政府收入被划分为类、款、项、目四级，具体包括 6 大类、49 款、354 项、750 个目级科目。而《2006 年政府预算收支科目》及之前的政府预算收支科目规定的政府预算收入科目只反映政府预算内收入，分一般预算收入科目、基金预算收入科目、债务预算收入科目三部分。与旧的分类方法相比，新的收入分类范围进一步扩大，不仅包括预算内收入，还包括实行财政专户管理的预算外收入、社会保险基金收入。新的收入分类将政府预算内、预算外收入和社会保险基金收入纳入一个统一的分类体系，按收入性质进行划分，设置相应科目。

根据 2007 年政府收支分类改革方案，政府预算收入类级科目分别为税收收入、社会保险基金收入、非税收入、贷款转贷回收本金收入、债务收入、转移性收入等六大类。其中，税收收入大类分不同税种设置 20 个款，与旧科目一般预算收入中分税种设置的 32 个大类相对应。社会保险基金收入大类设基本养老、失业、基本医疗、工伤、生育和其他等 6 款，与政府预算收支分类改革前的“基金预算收入”科目中“社会保险基金收入”类下的各款相对应，且增设了“项”级科目。非税收入是政府财政收入的重要组成部分，也是政府收入分类改革变化比较大的一部分。非税收入类下分设 8 款，分别为政府性基金收入、专项收入、彩票资金收入、行政事业性收费收入、罚没收入、国有资本经营收入、国有资源（资产）有偿使用收入、其他收入。其覆盖范围包括三个方面：一是原一般预算收入中的行政事业性收费、罚没收入、专项收入、国有资产经营收益、国有资产计划亏损补贴和部分其他收入；二是原基金预算收入中除社会保险基金收入外的其他政府基金预算收入；三是原未纳入科目体系反映的预算外收入。贷款转贷回收大类之下的本金收入和债务收入两个科目主要是中央使用，与地方关系不是很大。转移性收入类分为返还性收入、财力性转移支付、专项转移支付等9款，与旧科目“一般预算收入”中的“一般预算调拨收入”类相对应。

三、影响财政收入的因素

影响财政收入的首要因素是国家政权。财政收入的主体是国家。因此得出两点结论：第一，没有国家就没有财政收入，企业的利润、个人所得都不属于财政收入的范畴。第二，国家自身也是一个直接影响财政收入的重要因素。在一个腐朽没落、管理不善、贪污充斥的国家，财政收入的状况不可能是良好的。要增加财政收入，必须加强国家政权建设，建设一个廉洁高效的国家政权。

财政收入的形式和渠道是影响财政收入形成的因素之一。财政收入可以分为税收收入、利润收入、债务收入和其他收入，简言之即税、利、债、费。因此，税、利、债、费是国家取得财政资金的形式。财政收入的形式和渠道是否健全，这些形式和渠道之间的关系处理是否得当，直接影响财政收入的形成。税收是征收面最广、最稳定可靠的财政收入形式，在形成财政收入的渠道中居主导地位，这是由税收具有的强制性、无偿性、固定性的特征决定的。国家是政治组织，不是经济组织，国家的主要职能不是投资。因而，“利”是国家取得财政收入的重要形式，但绝不是主导形式。“债”的特点在于到期还本付息。因此，债虽能形成财政收入，但又必须严格控制其规模，否则会形成债务危机甚至经济危机，影响经济发展和财政收入。“费”具有一定程度上的随意性。正是这种随意性，易加重企业和群众的不合理负担，降低国家的威信。因此，“债”和“费”都不能成为财政收入的主导形式。要增加财政收入，必须完善税制，推进税费改革，建立健全合理的形成财政收入的形式和渠道的体系。

价格和汇率也是影响财政收入形成的因素之一。财政收入是指国家通过一定的形式和渠道筹集起来的资金。在市场经济条件下，这些资金所能代表的社会财富并非常数。在通货膨胀时，同量的财政收入就会缩水。在经济全球化的背景下，这些资金所能代表的国际价值会因为汇率的波动而变化。例如，美元兑人民币汇率下跌时，美元贬值使我国美元债务收入贬值，我国以本币计算的财政收入增值。价格和汇率的巨大波动都会阻碍经济的发展，进而不利于财政收入的增加。要增加财政收入，要对内保持物价总水平稳定，对外保持人民币实际有效汇率稳定，防止价格和汇率的大起大落，促进国民经济持续快速健康发展。

经济发展水平对财政收入的影响是基础性的，也是影响财政收入的最主要因素。组织财政收入的过程实际是国家参与社会产品分配的过程。分配归根到底是由生产决定的，财政分配的对象是社会产品和国民收入。因此，财政收入的规模归根到底是由经济发展水平决定的。在价格不变的条件下，生产规模、结构、水平及其发展速度，对财政收入规模和增长速度有决定性的影响。要增加财政收入，就要落实科学发展观，优化经济结构，努力保持经济的全面协调和可持续发展。另外，从动态的角度看，经济发展水平与财政收入还有相互影响的一面。经济决定财政，财政影响经济。并不是在任何情况下都是财政收入越多越好。财政收入要坚持聚财有度的原则，处理好国家、企业、个人的关系，既要保证国家财政收入稳步增长，又要促进生产发展和人民生活水平提高。

分配政策也是影响财政收入的主要因素之一。经济发展水平是形成国家财政收入的基础，但是在社会总产品中，最终有多少能够成为国家集中起来的财政收入，还必须要通过现实的分配过程才能实现。所以财政收入要受到分配政策的制约。

第二节 财政收入的结构分析

一、财政收入的形式结构分析

（一）财政收入形式结构的内涵

财政收入的形式结构是指不同形式的财政收入在财政总收入中的比重。在西方市场经济国家中，税收收入通常占财政收入的80% ~90%。在社会主义市场经济条件下，我国改变了以前以国有资产为主的财政收入形式，现在税收收入所占比重上升趋势相当明显。2007年我国财政总收入累计达到51 304.03亿元，比上年同期增收12 543.83亿元，增幅达到32.4%。这也是近几年来我国财政收入增幅最高的一年。从财政收入总量的结构来看，税收收入是我国财政收入的最主要来源。2007年税收收入总额达到51 304.03亿元，占财政总收入比重为96.4%。在税收项目中，增值税、企业所得税和证券交易印花税等相关税种的收入增长较快，对税收总收入增收额的贡献率分别达到16.8%、21%和15.9%，其中证券交易印花税较2006年增长了将近11倍。2008年，由于受到国际金融危机的影响，我国税收占财政收入的比重下降到88.4%，但仍然是国家财政收入的最主要来源（参考表7-3）。

表7-3　　1994—2008年税收收入占财政收入比重情况

项目	税收收入（亿元）	财政收入（亿元）	税收收入占财政收入比重(%)
1994年	5070.79	5218.10	97.2
1995年	5973.75	6242.20	95.7
1996年	7050.61	7407.99	95.2
1997年	8225.51	8651.14	95.1
1998年	9092.99	9875.95	92.1
1999年	10 314.97	11 444.08	90.1
2000年	12 665.80	13 395.23	94.6
2001年	15 165.47	16 386.04	92.6
2002年	16 996.56	18 903.64	89.9
2003年	20 466.14	21 715.25	94.2

表7－3(续)

项目	税收收入（亿元）	财政收入（亿元）	税收收入占财政收入比重(%)
2004 年	25 723.48	26 396.47	97.5
2005 年	30 865.83	31 627.98	97.6
2006 年	37 636	39 373.2	95.6
2007 年	49 449	51 304.03	96.4
2008 年	54 219.62	61 316.9	88.4

由表7－3可知，财政收入总额以及税收在财政收入中的比重是连年变化的。那么是什么影响财政收入的形式发生如此变化呢？

（二）影响财政收入形式变化的原因

1. 基于社会经济制度的约束

社会经济制度主要是指一个国家的生产资料所有制状况。在生产资料国家所有或国家代表全体社会成员所有的情况下，政府可以更多地凭借对生产领域的直接控制去获得财政收入。在古代土地国有制的社会经济制度下，财政收入就更多地表现为公有土地收入或公产收入等形式。而在社会主义计划经济制度下，财政收入则更多地表现为国营企业收入（上缴利润和折旧等）的形式。反之，在生产资料绝大部分归私人所有的社会经济制度中，政府就无法直接从生产领域获取财政收入，因而只能更多地选择以政治权力为依托的税收收入形式。这在封建的地主经济制度中就主要表现为对农业征收的田赋收入。而在资本主义社会的市场经济中则更多地表现为对商品劳务和收益所得的课税。在社会主义市场经济制度中，绝大部分生产资料的所有权仍然归国家代表全社会所有，但使用这些生产资料的企业性质却发生了很大的变化。它们作为独立的市场经济主体，已不再受到国家（政府）的直接控制。因此，政府不能再通过企业收入的直接分配获取财政收入，而只能先以社会管理者的身份凭借政治权力向企业征税，然后再以资产所有者的身份参与企业税后利润的分配。这样，原来在社会主义计划经济制度下的国营企业收入形式就必然分解为税收和国有资产收益两个部分，从而使税收在社会主义市场经济国家的财政收入中的比重上升很快。

2. 基于公共产品供给的特殊性

理论上讲，政府在获取财政收入时应尽量减少效率损失。这里的效率主要是指人们对公共产品的消费效用最大和个人在交纳财政收入时的福利损失最小。这样看来，政府公共部门提供的各种公共服务（公共产品）都是当其按受益原则直接收取使用费时，其效率最高。因为，直接收取使用费可以使个人交纳财政收入与个人从公共服务受益相结合，能更好地反映个人对公共服务的偏好和选择，从而使公共服务的效用最大，个人福利的损失最小。而收税则是将公共服务的消费与费用的交纳相分离的，因而使人们在对公共服务的选择上不能更好地体现个人的特殊偏好，从而造成公共服务的效用降低和个人的福利损失增大。此外，使用费通常是由公共服务的具体供应单位直接收取的，不必再设专门的征收机构，因此征收成本也是相对较低的。

然而，现实存在着两个必须考虑的问题。第一，政府的绝大部分公共部门提供的服务是纯公共产品，人们通常不会真实地表达自己的需求，从而在技术上无法按需求状况直接收费，这就决定了政府的绝大部分财政收入都不得不采用受益与交纳相分离的税收形式来筹集。第二，即使是在那些可以从技术上解决收费问题的公共部门，也会由于其具有的垄断性以及部门利益与国家利益的不一致，而使收费的定价过高。为了使收费符合效率的要求，就仍然需要建立相应的监督机制和机构，这样会增大收费成本。因此，从实践来看，收费这种形式始终不可能成为财政收入的主要形式，受益能力原则也不可能成为财政收入遵循的主要原则。

3. 基于调节社会经济的需要

政府组织财政收入的作用不仅仅表现在获取收入上，还可以表现为政府用于调节经济和改善社会状况。而后一种作用的发挥需要更多地运用形式多样的税收来实现。如果需要政府调节和改善的社会经济问题越多，税收的作用就越大。这自然使税收在现代各国的财政收入中的地位变得越来越重要。

4. 出于短期融资的需要

税收是一种强制无偿的收入形式，其征收要求具有一定的固定性。税收在财政收入中的比重和财政支出中的作用是大致稳定的。这样，当政府出于各种政治的、军事的或是经济的原因需要在短期内筹得大笔资金时，就自然会考虑选择债务收入等其他的形式。

二、财政收入的来源结构分析

财政收入的来源结构可以从三方面加以分析。三种分析的侧重点虽各有不同，但都能从不同的侧面为政府合理制定和调整收入政策提供理论依据。

（一）财政收入的所有制构成分析

在亚当·斯密的财政收入分类中，就曾将政府财政收入分为来自君主私产及国家公产的收入与来自国民财产的收入两类。在现代社会中，尽管在各国的经济制度中占主导地位的所有制形式各有差异，但多种经济成分并存是各国经济所有制构成的主要表现形式。因此，分析财政收入的所有制构成至少有以下两个方面的意义：第一，从一个特殊的角度反映一定时期内社会的制度特征。第二，可以反映不同所有制经济成分在一定时期内对政府财政的贡献状况。

（二）财政收入的价值构成分析

无论财政收入以什么形式取得，最终都表现为政府对一部分社会产品价值的占有。从生产成果分配的角度来看，市场经济中的社会产品价值可以被分解为资本转移价值和国民收入（新增价值）两个部分。而国民收入则又可被分为劳动者工资和企业利润两个部分。分析财政收入的价值构成，就是分析财政对这三部分价值的征收状况。

第一，从转移价值部分来看，理论上讲，资本的转移价值部分是社会维持简单再生产的基础。如果政府对其进行征收势必造成资本的萎缩，从而使简单再生产无法正常进行。因此，原则上，政府财政是不可以对社会产品中的转移价值部分进行征收的。

第二，从劳动者的工资（v）部分来看，工资能否成为政府财政收入征收的对象，关键是要看劳动工资中剩余劳动的含量，即以工资中剩余劳动含量的多少来确定财政的征收程度和征收方式（直接征收或间接征收）。这样既可以获取财政收入又可以在收入过程中贯彻政府的再分配政策。直接来源于v的财政收入包括：①直接向个人征收的税。如个人所得税、个人交纳的房产税、契税、土地使用税、车船使用税等。②直接向个人收取的规费收入（如户口证书费、结婚证书费、护照费等）和罚没收入等。间接来源于v的财政收入有：①生产销售烟酒、化妆品等产品的消费税中，包含个人工资收入等转化。②服务行业和文化娱乐业等企事业单位上缴的税收，其中一部分是通过对v的再分配转化来的。

第三，从企业利润部分来看。在市场经济条件下，国民收入在扣除劳动工资后，总是首先表现为企业利润。政府财政能否参与企业利润的分配以及能分配多少，主要应考虑企业利润在国民收入中所占的比重，企业利润被分解再分配的程度，企业在扩大再生产中的地位。

一般认为，在国民收入初分配主要倾向于以个人收入为主的分配制度下，且市场运行基本正常，平均利润率规律也在起作用，则企业利润不应当成为财政收入的主要征收对象，而各种形式的个人收入才是财政收入的主要来源。这样既可以更好地在财政收入过程中贯彻政府的收入再分配政策，又可以避免因对企业利润课征税收不当而造成对扩大再生产和投资的影响。

（三）财政收入的产业部门构成分析

财政收入的产业部门构成分析，主要是根据国民经济中产业部门的结构来分析财政收入来源。通过这种来源结构分析，有利于国家掌握各产业部门的发展状况和主要财源，也有利于财政收入政策的制定与调整。这种来源结构分析有两种表达方式：一种是按照传统产业部门分类的财政收入来源构成，即来自工业、农业、商业、建筑业、交通运输业及旅游、金融等服务业的财政收入构成；另一种是现代意义上的产业分类，分为第一（重要源泉）、第二（主要来源）、第三（比重日益增强，在国民经济中所占比重越来越大）产业财政收入构成。现代产业分类也就是我们所说的三大产业，其中第一产业为农业（包括种植业、林业、牧业和渔业）；第二产业为工业（包括采掘工业、制造业、自来水、电力、蒸气、热气、煤气等）、建筑业；第三产业为除上述第一、第二产业以外的其他各业。第三产业包括的行业多、范围广，具体可以分为两大部门：①流通部门：包括交通运输业、邮电通信业、商业、饮食业、物资供销业和仓储业。②服务部门：包括金融业、保险业、综合技术服务业、农林牧渔服务业和水利管理业、咨询服务业、公路内河（湖）航道养护业、居民服务业、公用事业、房地产业、教育文化广播电视和科学研究事业、卫生体育和社会福利事业、国家与党政机关、社会团体、军队和警察等。

在传统意义分类中，工、农业是国民经济中两大生产部门，它们创造的国民收入始终占国民收入总额的80%以上，也是提供财政收入的主要部门。在现代产业结构分类中：第三产业的作用越来越大，提供的财政收入增长最快。

（四）财政收入的地区构成分析

财政收入按来源地的不同可以分为不同地域或行政区划提供的财政收入。我国财政收入地区分布，主要集中在东部沿海地区。

从这一角度分析财政收入结构，一方面是认识区域经济差异和财政差异的重要途径，另一方面是制定区域经济发展战略和财政分配政策的重要依据。

表 7－4　　2009 年中国部分地区财政收入　　单位：亿元

地区	一般预算收入	税收收入	非税收入	专项收入	行政事业性收费收入	罚没收入	国有资本经营收入	国有资源（资产）有偿使用收入	其他收入
北京	2026.81	1913.97	112.84	44.01	36.66	19.48	－23.52	25.49	10.72
内蒙古	850.86	576.83	274.03	109.76	42.54	21.91	70.71	20.70	8.41
辽宁	1591.22	1183.98	407.24	45.67	93.76	41.89	145.66	69.46	10.80
上海	2540.30	2368.45	171.84	42.30	85.27	20.01	－9.28	6.30	27.24
江苏	3228.78	2654.75	574.03	91.33	159.68	77.19	184.78	46.18	14.88
福建	932.43	778.14	154.28	27.28	42.52	27.98	18.93	29.05	8.52
山东	2198.63	1720.35	478.29	87.41	171.59	68.02	68.22	60.95	22.10
河南	1126.06	821.50	304.56	63.83	99.28	45.96	51.80	26.07	17.61
湖南	847.62	568.27	279.34	40.64	93.32	40.31	14.85	51.37	38.86
四川	1174.59	886.67	287.92	57.56	95.11	32.16	36.78	49.43	16.88
西藏	30.09	18.51	11.58	2.00	1.26	1.16	－0.09	2.74	4.51
陕西	735.27	532.80	202.47	70.46	24.53	20.68	62.08	14.41	10.31
甘肃	286.59	176.04	110.55	46.75	16.36	7.34	16.25	5.68	18.18
青海	87.74	70.17	17.57	7.70	3.18	1.65	0.95	1.36	2.73
宁夏	111.58	90.74	20.84	6.70	6.20	3.43	0.75	2.55	1.21
新疆	388.78	301.13	87.66	28.70	15.20	12.12	14.59	7.06	9.98

第三节　财政收入的规模分析

一、财政收入规模的含义

财政收入规模是指一国政府在一个财政年度内所拥有的财政收入总水平。财政收入规模的大小，可以采用两个指标来描述：一是年度财政收入的总量，这是反映财政收入规模的绝对数指标；二是财政收入占国民生产总值的比重，这是反映财政收入规模的相对数指标。前者表现了一国政府在一定时期内的具体财力状况，适用于财政收入计划指标的确定、完成情况的考核以及财政收入规模变化的纵向比较；后者则主要反映一国政府参与国民生产总值分配的程度（财政征收程度），适用于衡量财政收入水平、分析财政收入的动态变化以及对财政收入规模进行纵向和横向的比较分析。

财政收入规模的绝对数指标适用于静态和个量分析。衡量财政收入规模的绝对量指标是财政总收入，主要包括中央和地方财政总收入、中央本级财政收入和地方本级财政收入、中央对地方的税收返还收入、地方上解中央收入、税收收入等。财政收入的绝对量指标系列，具体反映了财政收入的数量、构成、形式和来源。

财政收入规模相对数指标适用于动态和总体分析。衡量财政收入规模的相对指标反映政府对一定时期内新创造的社会产品价值总量（国民收入）的集中程度，又称为财政集中率（K）。这一指标一般表示为：

$$K = \frac{FR}{GDP} \times 100\%$$

其中，FR 表示一定时期内（1 年）的财政收入总额。它可以根据反映对象和分析目的的不同，运用不同的指标口径，如中央政府财政收入、各级政府财政总收入、预算内财政收入、预算内和预算外财政总收入等，常用的是各级政府预算内财政总收入。同样地，上面公式中的国民收入也可运用不同的指标口径，如国内生产总值、国民生产总值等，还经常使用中央财政收入占全国财政收入的比重来反映，即经常提到的“两个比重”。

表 7－5　　2005—2009 年中国全国财政活动　　单位：亿元

财政活动	2005 年	2006 年	2007 年	2008 年	2009 年
财政收入	31 649. 29	38 760. 20	51 304	61 300	68 477
财政支出	33 930. 28	40 422. 73	49 565. 40	62 500	75 874
赤字或结余	－2280. 99	－1662. 53	1738. 60	－1200	－7397
财政支出占财政收入的比重(%)	1. 07	1. 04	0. 97	1. 02	1. 1

二、财政收入规模的制约因素

（一）主要因素

1. 经济发展水平和生产技术水平

经济发展水平对财政收入规模的影响表现为基础性的制约，二者存在源与流、根与叶的关系。经济发展水平是指一国的生产力发展水平，其反映一个国家的社会产品的丰富程度和经济效益的高低。经济发展水平高，社会产品丰富，其净值——国民生产总值就多，或者说，该国的财政收入总额就较大，占国民生产总值的比例也较高。

对财政收入规模分析最有意义的经济因素描述指标有“国民生产总值”和“人均国民收入水平”。经济因素对财政收入的影响可以从两个方面来分析。首先，经济因素影响财政收入的绝对额。经济越发达，国民生产总值越高，可供财政分配的物质基础就越雄厚。即使是财政参与分配的程度不变，政府财政收入通常也会随着国民生产总值的增长而基本同步的增长。其次，经济发展水平影响财政收入占国民收入的比重。经济发展水平提高，才可能使个人收入（包括劳动工资和各种资本收益）不断增加，抽象地看就是使人均国民收入水平提高。人均国民收入水平的提高使人们对财政税收的承担能力加强，这就为财政提高分配比重奠定了基础。当市场经济相对成熟、管理体制和税制结构相对稳定的时期，财政收入占 GDP 的比重便会相对稳定。从横向来看，财政收入占GDP的比重在经济发达国家要高于发展中国家，在中等收入国家要高于低收入国家。从纵向来看，英、法、美三国1980年全部财政收入仅相当于国民生产总值的10%左右，目前已上升到30%~50%，并保持相对稳定。如美国在长达40年的时间里，其财政收入占GDP的比重基本保持在30%左右。1995年23个发达国家平均财政收入占GDP的比重为39%，29个中等收入国家为26%，12个低收入国家为20.7%。

生产技术水平则是指生产中采用先进技术的程度，它囊括于经济发展水平之中，是影响财政收入规模的重要因素。它对财政收入规模的制约可从两个方面来分析：一是技术进步往往以生产速度加快、生产质量提高为结果，技术进步速度较快，GDP的增长也较快，财政收入的增长就有了充分的财源；二是技术进步必然带来物耗比例降低，经济效益提高，产品附加值所占的比例扩大。由于财政收入主要来自产品的附加值，所以技术进步对财政收入的影响更为直接和明显。

2. 经济制度因素

经济制度因素是指一个国家的基本社会经济制度对财政收入规模的影响。美国著名的财政学家马斯格雷夫曾将基本的社会制度划分为古典的（自由的）资本主义、新古典的（国家干预的）资本主义、正统的（计划经济的）社会主义和自由的（市场经济的）社会主义四种类型。并且他认为，在古典的资本主义制度下，政府的职能最小，而在正统的社会主义制度下，政府的职能最大。随着资本主义由古典到新古典的变化，政府的职能是不断增大的；而随着正统的社会主义向自由的社会主义的转变，政府的职能则是不断缩小的。政府职能的增大势必引起财政支出的增长，这自然会加大政府对国民生产总值的分配程度，财政收入占国民生产总值的比重就会不断上升。反之，随着政府职能的缩小，政府财政收入占国民生产总值的比重自然也会不断降低。

3. 分配政策与分配制度

分配制度因素是指一个国家分配政策对财政收入的影响。在经济总量一定的前提下，如果分配政策使国家财政集中的财富过多，会直接减少企业的收入，不利于企业生产的扩大，最终将对经济发展和财政收入的增加产生不利影响。相反，如果分配政策使国家财政集中的收入太少，将会直接减少财政的经济建设支出，降低国家对经济的宏观调控能力，最终也将不利于企业的发展和个人收入的增加。因此，国家应当制定合理的分配政策，既保证国家财政收入稳步增长，又促进企业的持续发展。

从收入分配政策的表现形式上看，其对财政收入规模的作用有两个：一是收入分配政策能够影响剩余产品在国民生产总值或国民收入总量中所占的份额；二是收入分配政策直接决定财政收入占剩余产品的份额。比如，荷兰、瑞典等北欧国家，由于政府承担着较大比例的社会福利职能，其收入分配制度向政府倾斜较多，因此其财政收入的规模较大，一般都占GDP的50%以上。

从我国的具体情况来分析，分配政策和分配制度对我国财政收入规模的影响大体可以分为三个阶段。

（1）新中国成立至1978年

改革开放前，分配政策向国家倾斜。我国在传统的计划体制下，国家对企业实行统收统支的财务管理体制，对城市职工实行严格的工资管理，对农产品实行“剪刀差”

政策。在这种分配政策和分配制度下，国民收入分配格局中政府的财政收入规模较大，平均达到30%以上。

（2）1978—1995年

这期间分配制度逐步向居民和企业倾斜。改革开放以来，我国采取三大财政措施和实行减税让利政策，使财政收入占GDP的比重下降。政府财政收入占GDP的比重由1978年的31.2%下降到1995年的10.7%。1978年，居民、企业和政府三者的分配比例为55.0∶11.1∶33.9。1978—1988年，政府和企业可支配收入占国民可支配总收入的比重持续下降，居民可支配收入占国民可支配收入的比重持续上升，国民收入分配主要向居民倾斜。1990—1994年，政府可支配收入占国民可支配收入的比重下降幅度明显减小，而企业可支配收入占国民可支配收入的比重稳步上升，宏观收入分配向居民倾斜的趋势减缓。

（3）1996年至今

1996年以来国民收入分配的格局适当地发生了转变，分配政策倾向于国家和企业。1996—2000年，政府可支配收入比重小幅上升，企业和居民可支配收入比重小幅回落。2000年至今，居民可支配收入占国民可支配收入的比重明显下降，企业可支配收入占国民可支配收入的比重进一步上升，政府可支配收入占国民可支配收入的比重大幅度回升。在此期间，政府可支配收入占国民可支配收入的比重由1995年的16.5%上升到2007年的22.8%，而居民可支配收入占国民可支配收入的比重则由1995年的66.81%下降到2007年的52.3%，企业可支配收入占国民可支配收入的比重则由1995年的16.7%上升到2007年的22.9%。

总之，目前我国政府部门可支配收入占国民可支配收入的比重不断上升；企业部门可支配收入占国民可支配收入的比重在波动中上升，我国国民收入分配出现了向政府和企业倾斜的现象。GDP分配格局的变化首先是经济体制转轨的必然结果。分配体制和分配模式是由经济体制决定的，过去在计划经济体制下的统收统支体制，显然是和市场经济体制不相称的，经济体制转换带来分配体制的转换是必然的。其次是GDP分配向个人倾斜，财政收入比重的不断下滑，与分配制度不健全、分配秩序混乱有直接关系。

（二）其他因素

除主要因素之外还有一些其他因素也会对财政收入的规模产生影响。这些因素包括以下五个方面。

1. 价格因素

财政收入是一定量的货币收入，是在一定的价格体系下形成的，又是按一定时点的现价计算的。因此，价格会影响到价值的实现，从而对财政收入产生影响。

价格总水平升降对财政收入规模的实现产生重大的影响。在市场经济条件下，价格总水平一般呈现上升趋势，持续地、大范围、大幅度地上涨就是通货膨胀，反之则为通货紧缩。从2006年到2008年10月之间，我国就出现了一定程度的通货膨胀，之后，物价又开始慢慢回落。随着价格总水平的上升而财政收入同比例地增长，则产生了财政收入的“虚增”，即名义增长而实际并无增长。参考表7-6可以分析财政收入的实际增长率。

表7-6　　我国零售物价上升率和财政收入增长率对比（%）

年份	零售物价上升率	财政收入增长率
1984	2.80	20.20
1986	6.00	5.80
1994	21.70	19.99
2004	3.90	21.37
2005	1.80	20.08
2006	1.50	24.40
2007	4.80	30.30
2008	5.90	19.50

注：表中零售物价上升率的价格和财政收入的价格依据是不可比的。这里只反映两者对比的趋势，其中财政收入增长率不包括国内外债务。

从表7-6中零售物价上升率与财政收入增长率的对比中，可以总结出物价上升对财政收入影响的几种不同情况。一是财政收入增长率高于物价上升率，财政收入实际增长大于名义增长，如1984年、2004—2008年的情况。二是物价上升率高于财政收入增长率，财政收入名义上正增长，而实际上是负增长，如1994年。三是财政收入增长率与物价增长率大体一致，财政收入只有名义增长，而实际不增不减，如1986年。不同原因引起价格总水平上升对财政收入增长的影响是不同的。连年财政赤字造成通货膨胀，财政通过赤字从国民收入再分配中分得更大的份额；在国民收入只因物价上升形成名义增长而无实际增长的情况下，财政收入增长就是通过价格再分配机制实现的。如果通货膨胀不是由赤字引发的，财政在再分配中有得有失，而且可能所失大于所得，即财政收入实际下降。

2. 税收制度对财政收入的影响

当一个国家的税收制度主要采用累进制所得税的征收方式时，由于以货币计值的各种收入会随着价格的升高而增大，其纳税所得的税率也会随之升高，这就必然起到提高财政收入分配比率的作用，即出现所谓“档次爬升”效应，其结果是使财政收入的增长速度快于价格水平的上升幅度。反之，价格水平的下降会使财政收入的下降幅度快于价格水平的下降幅度，起到降低财政收入分配比例的作用。如果一个国家实行以比例税率的商品劳务税为主体的税制，就意味着税收收入的增长等同于物价上涨率。这样，财政收入只有名义上的增长而不会有实际增长。如果一个国家实行的是定额税制，税收收入的增长总要低于物价上涨率，即使财政收入有名义上的增长，实际也必然是下降的。此外，如果一个国家价格水平的提高是由于财政性货币发行引起的，则财政收入也会因此而获得额外的增加，即通货膨胀税。这些情况下，价格变动会对财政收入产生实质性影响。因此，在分析一个国家财政收入规模时一定要考虑价格因素。

3. 产品比价关系变动对财政收入的影响

价格总水平的变动往往还和产品比价同时发生，而产品比价关系变动将以另外一种形式影响财政收入。产品比价变动会引起货币在企业、部门和个人等经济主体之间的转移，形成国民收入的再分配，而使财政收入在各企业、各部门和个人之间的分布成非均衡状态，或者说，各经济主体上缴财政的税利比例是不同的。这样，当产品比价变化导致财源分布结构改变时，相关企业、部门和个人上缴的税收就会有增有减，而增减的综合结果最终会影响财政收入规模。

4. 战争等特殊因素

当一个国家面临战争、巨大自然灾害以及严重的经济危机等特殊情况时，政府财政支出的数量会急剧增长，与此相适应，政府财政收入的规模也会相应有所扩大。这种扩大，开始多以债务形式实现，在特殊因素结束后，政府自然会提高税收的征收比重，以偿还债务，从而使财政收入的绝对数和相对数都有所提高而很难恢复到以前的水平。

5. 管理水平的影响

财政收入是通过设计收入制度和建立相关的征管机构来获得的，因此，在既定收入政策下，收入制度设计是否科学合理，征管机构设置和工作是否讲求效率，会对征收成本及财政收入规模产生影响。

三、财政收入规模的合理确定

就我国目前的现状来看，预算内财政收入的规模仍然明显偏低，既低于发达国家，也还要略低于其他发展中国家。而我国预算外收入（规费、罚款、专项收费等）规模的水平，已经高出许多发展中国家的平均水平（参考表7－7），也接近财政收入规模水平较低的发达国家（美国）的水平。

表7－7　　2001—2005年预算外收入与支出情况

年份	预算外收入			预算外支出	
	收入额（亿元）	增长速度（%）	相当于预算内财政收入的比例（%）	支出额（亿元）	增长速度（%）
2001	4300.0	12.4	26.3	3850.0	9.1
2002	4479.0	4.2	23.7	3831.0	-0.5
2003	4566.8	2.0	21.0	4156.4	8.5
2004	4699.2	2.9	17.8	4351.7	4.7
2005	5544.2	18.0	17.5	5242.5	20.5

那么，财政收入在一国的国民生产总值中究竟应占多大的比重才合适，什么样的规模才算合理？到目前为止，财政理论界对最优财政收入规模的认识，主要存在着以下几种不同的观点：

一种观点认为，最优财政收入规模是指最小化的财政收入规模。这种观点，主张轻徭薄赋，反对横征暴敛。如我国古代孔子在他的“仁政”思想中提出了执政者必须“敛从其薄”的观点。孟子在阐述其“民本”思想的过程中，主张执政者在理财方面必须实行“薄赋敛”的财政政策。从历史上看，将财政收入规模最小化视为最优化的观点，不仅是我国早期社会里由“轻重论”沿袭下来的一种主流观点，而且也是西方国家一直延续到古典经济理论时期的占统治地位的财政理论观点。在现代社会条件下，这种观点仍然具有较大的影响力。现代社会中产生的“小政府、大社会”思想，实际上就是这种观点在现代社会中的具体体现。

另一种观点认为，所谓最优财政收入规模是指在既定的财政收入分配制度下，最能体现财政收入分配制度要求的财政收入规模。将既定财政收入分配制度下形成的财政收入规模及其发展趋势视为财政收入规模的未来走势，并赋予其“最优”含义。这种观点是近年来我国财政数理研究中较为流行的一种观点。

还有一种观点认为，所谓最优财政收入规模是指在财政分配实践中达到“以支定收”与“以收定支”相适合状态下的财政收入规模。这种观点，实际上是一种在财政收支关系分析基础上形成的财政收支相互决定论思想。它在当今财政理论界占有主流地位。

最优财政收入规模的概念被界定为：所谓最优财政收入规模，是以实现社会投资最大化、社会资源利用效率最大化和社会福利最大化为追求目标，以正确处理公共经济与私人经济关系为基础，所形成的处于社会经济均衡状态下的财政收入规模。要实现最优的财政收入规模必须做到以下几方面：

（1）具备能够充分反映社情民意的社会民主制度。只有在民主制度的保障下，社会居民才能充分反映自己的意愿和要求，才能按照集合民意、体现民愿的集体表决方式，以真实性的社会公共需要来界定政府的公共职责范围和政府公共职责的具体内容，将政府应该履行的公共职责建立在真实、客观的基础上。

（2）必须按照政府履行公共职责的预算公开、透明原则，将政府预算的公共收支规模、财政收入来源的结构和财政支出的具体用途等信息，向社会成员公布，通过社会成员或社会成员代表的集体表决，行使社会成员的审议权、否决权、批准权和实际监督权。

（3）必须按照市场经济发展的内在要求，不断改进财政支出方式，提高财政资金的使用效果。由于实践中财政收入规模的高低，是国家对财政收支关系权衡的结果，总要受到财政支出规模的影响。而财政支出规模的大小又会受到财政资金使用方式所体现的使用效果的影响。因此，从“财政支出方式——财政资金使用效果——财政支出规模——财政收入规模”的传递性影响过程来看，通过改进财政支出方式，有利于提高财政资金使用效果，有利于控制财政支出规模和提高政府服务于社会的公共经济运行效率，进而通过对财政收支规模的权衡，使财政收入规模处于优化状态。

（4）必须改进财政收入征收管理方式，提高财政收入的征管效率。财政收入征管效率的高低，是从征收管理的实际执行方面影响财政收入规模的一个重要因素。财政收入征管效率越高，越有利于提高财政资金的使用效果和公共经济的运行效率，使公共经济与私人经济发展过程中的社会资源配置处于相对均衡状态，实现最优财政收入规模分配。提高财政收入征管效率，不仅要做到依法组织财政收入，还必须不断改进财政收入征收管理方式，努力降低财政收入征管成本。

为了实现我国财政收入规模的最优化，应当根据国内外经济形势的变化和我国经济发展的长远目标，合理调节我国财政收入规模。目前，合理调节我国财政收入规模的基本政策思路包括：适当增大国家财力，合理调节财政收入占 GDP 的比重；调节财政收入规模的关键在于调节财政收入增长弹性和增长边际倾向；推进税费改革，坚决取缔乱收费，实行结构性减税，控制预算外收入增长；继续对现行税制和税收政策实行有增有减的结构性调整，兼顾“以收定支”和“以支定收”方针，规范政府与市场关系，确定财政收入规模的合理区间。在2009年，为了使中国经济第一个从金融危机走出来，国家实施了积极财政政策，具体包括五个方面：一是扩大政府公共投资，着力加强重点建设。2009年中央政府在安排保障性住房、灾后恢复重建方面投资9080亿元，比2008年增加4875亿元。二是推进税费改革，实行结构性减税。2009年减轻企业和居民负担约5000亿元。三是提高低收入群体收入，大力促进消费需求，提高居民收入在国民收入分配中的比重和劳动报酬在初次分配中的比重，增加财政补助规模。四是进一步优化财政支出结构，保障和改善民生。中央财政用于“三农”支出和民生支出安排分别达到7161.4亿元和7284.63亿元。五是大力支持科技创新和节能减排，推动经济结构调整和发展方式转变，稳步推进资源有偿使用制度和生态环境补偿机制改革，改革完善资源税制度。

从总体上看，我国目前的经济发展水平、长远的社会经济发展战略和相应的方针政策，是确定我国合理财政收入规模的主要依据。2008年，我国人均 GDP 已经达到3266.8美元，登上了3000美元的新台阶，这标志着中国经济社会发展步入新阶段。国际经验表明，当一个国家和地区的人均 GDP 超过3000美元后，它的城市化、工业化进程会加速发展，居民消费类型也将发生大的转变。因此，我国财政收入规模从横向和纵向比较的结果来看，保持在30%~35%左右应该比较合适。

【关键词】

财政收入　财政收入形式　财政收入来源　财政收入规模　经济发展水平　生产技术水平　最优财政规模

复习思考题

1. 财政收入的作用有哪些？
2. 财政收入的征收原则有哪些？
3. 回顾改革开放以来我国财政收入主要形式的变化，并讨论分析这些现象背后的原因。
4. 政府收费的特征是什么？为何政府收入不能以盈利为目的？
5. 财政收入规模分析的内容及其意义是什么？
6. 如何实现最优财政规模？
7. 政府可以通过哪些途径来增加财政收入？

第八章　税收原理

【本章中心内容】

本章在阐述税收的概念和基本特征以及税收术语和分类的基础上，明确税收的公平原则和效率原则、税负转嫁和税收归宿的含义、税负转嫁的形式及影响因素、国家课税产生的收入效应和替代效应以及税收优化设计的最优课税理论。

第一节　税收的概念与特征

一、税收的概念

税收既是一个分配范畴，也是一个历史范畴。从原始社会到资本主义社会，再到今天的社会主义社会，税收已经有几千年的历史。马克思认为“赋税是政府机器的基础，而不是其他任何东西”①，“国家存在的经济体现就是捐税”②。可见只要国家存在，阶级存在，税收就会一直存在。

在人类社会发展的过程中，中外经济学家一直在探索研究国家为什么要向人民征税，人民为什么要向政府纳税这个看似简单而实际复杂的问题。

17 世纪英国著名哲学家托马斯·霍布斯的“利益交换说”认为“人们为公共事业缴纳的税款，无非是为了换取和平而付出的代价”③。税收就是人们为了享受政府提供的公共事业服务而付出的代价，是政府与人民之间一种利益的交换，体现了一种权利与义务的对等关系。

18 世纪英国著名经济学家亚当·斯密在其著作《国富论》中认为“公共资源与土地，即君主或国家所持有的两项大收入源泉，既不宜用于支付也不够付一个大的文明国家必要的费用，那么，这必要费用的大部分，就必须取决于这种或那种税收，换言之，人民须拿出自己一部分收入，给君主或国家，作为一笔财政收入”④。

---

① 中共中央马克思恩格斯列宁斯大林著作编译局．马克思恩格斯全集：第 19 卷［M］．北京：人民出版社，2006：32.

② 中共中央马克思恩格斯列宁斯大林著作编译局．马克思恩格斯全集：第 19 卷［M］．北京：人民出版社，2006：342.

③ 霍布斯．利维坦［M］．北京：商务印书馆，1985：96.

④ 亚当·斯密．国民财富的性质和原因的研究（下卷）［M］．北京：商务印书馆，1997：383.

资产阶级近代财政学的创造者、德国19世纪新历史学派的代表人物阿道夫·瓦格纳给出的税收定义为："所谓租税，从财政意义上讲，就是公共团体为满足其财政上的需要，凭借其主权，作为对公共团体的事务性设施的一般补偿，依据一般原则和准则，以公共团体单方面所决定的方法及数额，强制地征自个人的赋税；再从社会政策的意义上讲，所谓赋税，就是满足财政上的必要的同时，或不同财政上有无必要，以纠正国民收入分配及国民财富的分配，借以矫正个人所得与个人财产的消费为目的所征收的赋课物。"①

美国财政学家塞里格曼在1895年指出："赋税是政府对人民的一种强制性征收，用以支付谋取公共利益所需的费用，其中不包含是否给予特种利益的关系。"②

美国《现代经济学词典》对税收的定义为："税收的作用在于为了应对政府的开支需要而筹集稳定的财政资金。税收具有强制性，它可以直接向公民或公司征收。"

英国《新大英百科全书》对税收的定义是："在现代经济中，税收是国家财政收入的最重要的来源，税收是强制的固定的征收；它通常被认为是对政府财政收入的捐献，用以满足政府开支的需要，而并不表明是为了某一特定的目的。税收是无偿的，它不是通过交换来取得。这一点与政府其他收入大不相同，如出售公共财产或发行公债等。税收是为了全体纳税人的福利而征收，每一个纳税人在不受任何利益支配的情况下承担了纳税义务。"

日本《现代经济学词典》对税收的定义："税收是国家或地方公共团体为筹集满足社会公共需要的资金，而按照法律的规定，以货币的形式对私人的一种强制的课征。因此，税收与其他财政收入形式相比，有以下几个特征：第一，税收是依据课税权进行的，它具有强制地、权力课征的性质；第二，税收是一种不存在直接返还性的特殊课征；第三，税收是以取得的财政收入为主要目的，调节经济为次要目的；第四，税收负担应与国民的承受受能力相适应；第五，税收一般以货币形式课征。"

《中国税务百科全书》对税收的定义为："国家为满足社会公共需要，依据其社会职能，按照法律规定，参与国民收入中剩余产品分配的一种规范形式。"

综上所述，我们将税收定义为：税收是国家为了实现职能，凭借政治权利，按照法律规定，强制地、固定地、无偿地参与一部分社会产品或国民收入的分配与再分配的一系列经济活动。这一概念包含了以下几个含义：

第一，税收的课税权主体是政府，包括中央政府和地方政府以及其财税部门。

第二，课税的依据是国家的政治权力，即国家作为主权者的权力。马克思指出，在我们面前有两种权力：一种是财产权力，即所有者权力；一种是政治权力，即国家的权力。政治权力即国家作为主权者的权力。国家政治权力的范围，从地域的角度看，就是政治权力所能达到的全部空间，如领土、领空、领海；从人员的角度看，就是该国的公民或居民。政治权力在经济上的实现形式就是税收。

第三，税收的目的是国家为了实现职能而筹集资金。公共经济学的一般原理阐明，

① 瓦格纳. 财政学［M］//李九龙. 西方税收思想. 大连：东北财经大学出版社，1992：140－141.

② 塞里格曼. 租税各论（英文版）［M］. 北京：经济管理出版社，1991：432.

社会成员要想获得最大限度的福利，除了从市场上花钱购买商品消费之外，还需要享受政府提供的公共产品和公共服务（以下合称“公共产品”）。尽管在不同的时代，政府职能范围和内容构成有较大差异，但是政府毕竟是公共选择的结果。几乎没有一个国家可以缺少政府（事实上，没有政府的国家也就不能成为国家），政府的存在就是为了向社会成员及其组织提供公共产品。但是政府提供的公共产品是需要消费物质资源的，即需要花费成本，税收正是政府为了提供公共产品而筹集的资金。政府利用税收筹集资金，以确保有足够的资源来提供社会成员及其组织所需要的公共产品。更确切地说，税收是公共产品的成本。正是因为公共产品的提供需要花费税收这种成本，政府提供的公共产品量并不是越多越好，而是存在一个最佳的数量界线的选择，即最优税收规模的选择。

第四，税收课征的对象是一部分社会产品或国民收入。我们从社会产品的价值构成角度分析税收的来源问题。社会产品价值由 c、v、m 构成。其中 c 是补偿消耗掉的生产资料的价值。税收一般不参与其分配；v 是支付给职工的工资，税收可以直接或间接来自 v；m 是剩余产品价值，是税收的主要来源之一。因此，从总体上看，税收课征的主要对象是 v 和 m。

第五，税收是国家参与一部分社会产品或国民收入分配与再分配所进行的一系列经济活动，包括税收组织收入活动、税收调控活动、税收监督管理活动等。

二、税收的本质和形式特征

（一）税收的本质

税收的本质是什么？对此，理论界有不同的观点，其中曾经占据重要地位的观点有两种：第一种观点认为，税收体现了国家与纳税人之间的分配关系，即国家在征税过程中是向纳税人取得了收入，再将这些收入支出用于社会成员。这中间产生了三个维度的分配关系，其一是国家向纳税人征税时发生了收入从纳税人向国家转移的收入分配；其二是纳税人与非纳税人之间的收入分配，即由于有些社会成员纳了税，而有些社会成员不纳税却也可以享受国家提供的公共福利，所以发生了收入从纳税人向非纳税人转移的收入分配；其三是纳税人与纳税人之间的分配关系，即由于有的纳税人纳的税多享受的公共福利却少，而有的纳税人纳的税少却享受了较多的公共福利，即形成了收入从纳税多的社会成员向纳税少的社会成员转移的分配。这种观点是注重从道德的甚至阶级关系的角度来分析税收的一种属性。对这种观点的分析一则有助于揭示政府从征税到支用税收的过程中包含的道德关系，从而有助于启示人们注重税收的征收与支用过程中应该遵循道德公平的原则；二则有助于揭露阶级关系和社会中的利益集团的利益分配关系，从而有助于启示人们从政治角度来认识政府是如何利用税收来维护统治阶级和特殊利益集团的利益的。应该说，在揭示税收的道德和政治属性方面，这种观点是有积极意义的。

第二种观点认为，税收是政府为实现职能（提供公共产品）而向社会成员筹集的收入。这种观点是从公共财政的框架体系内来认识税收的本质。公共财政关系的基本内容是：政府是应社会成员共同需要而产生的，政府的职能就是向社会成员提供公共产品（包括公共产品的总量和结构），以达到社会成员福利的最大化。而提供这些公共产品就必须向社会成员筹集资金，这就需征收税收，即税收是公共产品的成本。政府征税在总量和结构上、在税收负担的分配上必须符合社会成员的公共意愿。所以公共财政必然包括税收，税收是公共财政关系中的一个重要环节，即筹集资金的重要环节。从公共财政关系的框架内认识税收的本质，有助于我们看清税收的征收是实现公共意志，使公共利益最大化的过程，而不只是从纳税人那里取走了收入。如果确实只是税收征收环节表现的那样，只是从纳税人那里取走收入，那么税收如何得以从政府一诞生开始就存续至今呢？所以税收在本质上是政府为了实现公共利益的最大化，为了满足其向社会成员提供公共产品而承受的代价。尽管在不同的社会时代、不同的社会制度中，税收的这一本质的表现有较大的差异，即政府在征税和向社会成员提供公共产品的过程中，其“公共性”会发生偏差，即财政支出的一些内容方向有益于某些阶级、某些利益集团，影响了税收分配的公平合理性，会使某些阶级、某些利益集团享受一些特殊优惠。但就总体而言，特别是在当代社会里，税收主要是政府为了实现社会成员利益最大化，向社会成员提供公共产品而需要由社会成员负担的成本。

（二）税收的形式特征

从上面税收的定义中，我们已经可以初步地看出税收所具有的基本特征：强制性、无偿性和依法征税所具有的固定性。税收的特征反映了税收区别于其他财政收入形式，从中我们也可以理解税收为什么能成为财政收入的最主要形式。

1. 税收的强制性

税收的强制性是指税收参与社会物品的分配是依据国家的政治权力，而不是财产权力，即和生产资料的占有没有关系。税收的强制性具体表现在税收是以国家法律的形式规定的，而税收法律作为国家法律的组成部分，对不同的所有者都是普遍适用的，任何单位和个人都必须遵守，不依法纳税者要受到法律的制裁。税收的强制性说明，依法纳税是人们不应回避的法律义务。我国宪法就明确规定，我国公民“有依法纳税的义务”。正因为税收具有强制性的特点，所以它是国家取得财政收入的最普遍、最可靠的一种形式。

2. 税收的无偿性

税收的无偿性是就具体的征税过程来说的，表现为国家征税后税款即为国家所有，并不存在对纳税人的偿还问题。

税收的无偿性是相对的。对具体的纳税人来说，纳税后并未获得任何报酬。从这个意义上说，税收不具有偿还性或返还性。但若从财政活动的整体来看，税收是对政府提供公共物品和服务成本的补偿，这里又反映出其有偿性的一面。特别在社会主义条件下，税收具有马克思所说的“从一个处于私人地位的生产者身上扣除的一切，又会直接或间接地用来为处于私人地位的生产者谋福利”的性质，即“取之于民、用之于民”。当然，就某一具体的纳税人来说，他所缴纳的税款与他从公共物品或劳务的消费中所得到的利益并不一定是对称的。

3. 税收的固定性

税收的固定性是指课税对象及每一单位课税对象的征收比例或征收数额是相对固定的，而且是以法律形式事先规定的，只能按预定标准征收，而不能无限度地征收。纳税人取得了应纳税的收入或发生了应纳税的行为，也必须按预定标准如数缴纳，而不能改变这个标准。同样，对税收的固定性也不能绝对化，不能认为标准确定后永远不能改变。随着社会经济条件的变化，具体的征税标准是可以改变的。比如，国家可以修订税法，调高或调低税率等，但这只是变动征收标准，而不是取消征收标准。所以，这与税收的固定性是并不矛盾的。

税收具有的三个特征是互相联系、缺一不可的。同时具备这三个特征的才叫税收。税收的强制性决定了征收的无偿性，而无偿性同纳税人的经济利益关系极大，因而要求征收的固定性。这样对纳税人来说比较容易接受，对国家来说可以保证收入的稳定。税收的特征是税收区别于其他财政收入形式如上缴利润、国债收入、规费收入、罚没收入等的基本标志。税收的特征反映了不同社会形态下税收的共性。

税收的“三性”集中体现了税收的权威性。维护和强化税收的权威性，是我国当前税收征管中一个极为重要的问题。

第二节　税收术语和税收分类

无论一个国家开征什么税，都要在相应的税法中明确规定向谁征税，对什么东西征税，征多少税和怎样征税的问题。这些内容构成理解税收制度的基础，并表现为税制的构成要素或税收术语。具体包括：纳税人、课税对象、税率、纳税环节、纳税期限、纳税地点、税收减免和违章处理等。掌握这些税收术语有助于我们理解和掌握税收制度的基本含义和内容。

一、税收术语

（一）纳税人

纳税人是指税法规定的负有纳税义务的单位和个人。纳税人包括自然人和法人。自然人纳税人是一个以自然生命为基础和特征的普通个人，是一个国家中最重要的纳税人之一。自然人纳税人包括本国公民和外国人、无国籍人。法人纳税人是依照法定程序设立的具有民事权利义务主体资格的社会组织。法人纳税人包括企业法人纳税人、事业法人纳税人和团体法人纳税人。

纳税人这一税收术语解决的是对谁征税的问题。在税法体系中，纳税人必须依法纳税，如果不履行纳税义务，就要承担相应的法律责任。

在税收征收管理中，与纳税人密切相关的一个重要主体是扣缴义务人。所谓扣缴义务人，是指依法在纳税支付时将纳税人的应纳税款扣除并缴纳入库的单位和个人。

与纳税人有关的另一个主体是负税人。所谓负税人，是指实际负担税款的单位和个人。纳税人是法律上的纳税主体，而负税人是经济上的纳税主体。由于税负转嫁的原因，纳税人不一定就是负税人。在税负不能转嫁的情况下，纳税人就是负税人；在税负可以转嫁的情况下，纳税人和负税人是不一致的。

（二）征税对象

征税对象又称课税的客体，是主要解决对什么征税的问题。它是课税的对象或目的物。由于每一种税都有自身特定的征税对象，因此征税对象是一种税区别于另一种税的主要标志，也是税收制度的最基本要素。市场经济发达国家的课税对象主要有所得、财产、商品三大类型。与此相对应，税收制度分为所得税制、财产税制、商品税制。而我国在此基础上又增加了特定行为与资源两大课税对象，并形成了特定行为税制与资源税制。征税对象的选择体现了政府开征该种税的目的意图，即每一种税除了为政府筹集财政资金外，还都有调节收入、调节产业结构、引导社会成员的经济行为等意义和作用。与征税对象存在区别和联系的概念主要有税目、计税依据、税源、税基等。

1. 税目

税目是征税对象的具体分类。税目在立法技术上有重要意义：第一，由于税收立法在技术上一般采取列举法，即列入税目的要征税，不列入税目的不征税，所以税目确定了征税的范围，即体现了征税的广度。第二，由于税目是征税对象的具体分类，所以有利于政府对不同的征税对象制定不同的税率，实行轻重不同的区别对待政策。

2. 计税依据

计税依据是计算税款时的数量或数额依据。计税依据乘以税率得出应纳税款。计税依据是征税对象的具体量化，也是决定纳税人实际税负轻重的一个重要因素。在税率既定的条件下，计税依据确定的范围广，实际税收负担就重，反之就轻。由此可见，计税依据是制定税制时所要具体确定的一个重要因素。

3. 税源

税源指一种税的经济来源或最终出处。从理论上讲，税源归根到底是国民收入。有的课税对象与税源是一致的，如所得税的课税对象和税源都是纳税人的所得；有的课税对象与税源不一致，如财产税的课税对象是纳税人的财产，但税源往往是纳税人的收入。

4. 税基

税基就是课税的基础，指一种税或者一种税制的经济基础或依据。它与税源的区别在于：税源总是以收入的形式存在，而税基既可以以收入形式存在，又可以以支出形式存在。税基宽，则税源广，税款多；税基窄，则税源薄，税款少。

（三）税率

税率，是税额与征税对象的比例，更确切地讲是税额与计税依据的比例。税率是税收制度的核心。其原因有两点：第一，税率的高低直接决定了政府税收收入的多少和纳税人税收负担的轻重。第二，税率充分体现了政府的经济、社会政策。税率低，意味着对某些产业或行为的鼓励；而税率高，意味着对某些产业或行为的限制。对低收入者实行低税率甚至免税，意味着对低收入者的照顾优惠；而对高收入者实行高税率，则意味着对高收入者的收入进行调节，以期缩小收入差距。

税率有多种形式，主要有比例税率、累进税率和定额税率。

1. 比例税率

比例税率，是指对同一征税对象不论其数额大小只规定一个征收比例的税率制度。在计算征收税款时，只需用同一比例的税率乘以征税对象的数额就可以得到应纳税款。比例税率的优点是计算简便，并有利于体现中性原则，即不论什么征税对象、什么纳税人都适用一个税率征税，使不同纳税人在同一条件下平等竞争。我国现行税法中规定的比例税率还可以具体分为：

（1）单一比例税率，即对一种税只规定一个税率，也称统一比例税率。

（2）差别比例税率，即对一种税规定不同的比例税率。按照范围差别比例税率可分为以下四种。①产品差别比例税率，即同一种税，产品不同，税率不同。如消费税的最高税率为56%，最低税率3%，其中烟类中的甲类卷烟为56%，烟丝30%，化妆品30%，贵重首饰10%。②行业差别比例税率，即同一种税，行业不同，税率不同。如以营业税为例，金融保险业为5%，邮电通信业、建筑业均为3%，娱乐业5%～20%。③地区差别比例税率，即同一种税，地区不同，税率不同。如新疆的牧业税税率为2.8%，甘肃牧业税税率3%。④幅度差别比例税率，指税法统一规定税率幅度，由各地区在此幅度内具体规定本地区征税比例的税率。如现行税制中归地方收缴的一些税就是由各地在一定幅度内自主确定。

2. 累进税率

累进税率，是指按征税对象的数额大小从低到高设计多级税率，随着征税对象数额的增大，各档适用的税率逐级提高的一种税率制度。累进税率的优点是可以对所得多的多征，所得少的少征。这样能实现调节收入、缩小收入差距的目标，体现量能负担的原则。累进税率也有缺点，即计算比较复杂。累进税率按征税对象累进的方式和征税对象划分等级的依据不同，可分为全额累进税率与超额累进税率，全率累进税率与超率累进税率。

（1）全额累进税率，是指按征税对象的数额大小从低到高设计多档税率后，当征税对象达到某一级距时，对征税对象全额按该级距对应税率征税。计算的公式为：$T_1 = R_1G_1$（R是税率，G是所得额，T是税额）。

（2）超额累进税率，是指按征税对象的数额大小设计多档税率，当征税对象的数额超过某一个级距时，只对超过部分按高一级税率计算征税。计算的公式为：

$$T = R_1G_1 + R_2(G_2 - G_1) + R_3(G_3 - G_2) + R_4(G_4 - G_3) + \cdots + R_n(G_n - G_{n-1})$$

表8－1　个人所得税税率（工资薪金所得使用）

级数	含税级距（元）	税率（%）	速算扣除数（元）
1	0～1500	3	0
2	1500～4500	10	105

表8-1(续)

级数	含税级距（元）	税率（%）	速算扣除数（元）
3	4500~9000	20	555
4	9000~35 000	25	1005
5	35 000~55 000	30	2755
6	55 000~80 000	35	5505
7	80 000 以上	45	13 505

例1. 假如某人月工资收入6000元，根据表8-1列示的税率，分别用全额累进税率和超额累进税率计算其应该缴纳的个人所得税。

全额累进税率计算：应税所得 = 6000 - 3500 = 2500（元）

应纳税额 = 2500 × 10% = 250（元）

超额累进税率计算：应税所得 = 6000 - 3500 = 2500（元）

应纳税额 1500 × 3% + (2500 - 1500) × 10% = 145（元）

例2. 假如有甲、乙两个人，甲的应税所得为4500元，乙的应税所得额4501元。根据表8-1列示的税率，用全额累进税率分别计算甲乙二人应纳所得税额。

甲的应税所得为4500元适用税率为10%。则甲应纳所得税额：4500元 × 10% = 450（元）

乙的应税所得额4501元，适用税率为20%。则乙的全年应纳所得税额：4501元 × 20% = 900.2（元）

乙的应税所得额仅比甲的应税所得额多了1元钱，但税负却比甲的多了450.2元。税负增加额超过了所得增加额，这就是全额累进税率不合理之所在。

由以上举例可以看出，全额累进税率和超额累进税率各有不同的特点：

①在所得额相同（名义税率相同）的条件下，使用全额累进税率计算的税负重，而采用超额累进税率计算的税负轻。

②在所得额级距的临界点附近，全额累进税率会出现税负增加超过所得额增加的不合理现象。由于全额累进税率这种技术上的“缺陷”有违一般的公平观，也会导致效率损失，所以除非是在特定的时期出于特别的政策目的，各国在税制设计中一般都不采用全额累进税率。而超额累进税率即使在累进级距的临界点附近，税负的增加仍然较合理，具有调节收入分配的合理性，即既可以适度调节收入分配，也不会出现全额累进税率那种“增加的应纳税款超过增加的收入”的不合理情况。所以，目前世界各国大多将超额累进税率应用于以调节收入分配为主要职能的税种。

③在计算方法上，全额累进计算简便，超额累进计算复杂。为了克服这一计算上的缺陷，在实际工作中常使用“速算扣除数”法简化按定义计算的超额累进税额。

速算扣除数实际上是征税对象按全额累进税率计算的税款减去按超额累进税率计算的税款的差额：

速算扣除数 = 全额累进税款 - 超额累进税款

反过来，在计算超额累进税款时，只需用全额累进税款减去速算扣除数即可：

超额累进税款 = 全额累进税款 - 速算扣除数

假如某人的收入为 12 000 元，则应税所得为 8500 元。如果采用全额累进税率，则该某人本月应缴纳的个人所得税为：8500 × 20% = 1700（元）。如果采用超额累进税率，则该某人本月应缴纳的个人所得税为：1500 × 3% + 3000 × 10% + 4000 × 20% = 1145（元）。通过计算可得第三等级的速算扣除数为：1700 - 1145 = 555（元）。那么，采用速算扣除数法来简化计算，则某人本月应纳的个人所得税为：8500 × 20% - 555 = 1145（元）。这种计算的办法在超额累进税率级数比较多的时候更能显示其优越性。

只要在制定税法时将速算扣除数计算出来，那么以后纳税人在每次申报纳税和税务机关在每次征税时，应纳税款只需按上面方法计算，就会比较容易地得到按超额累进税率计算的税款。

（3）全率累进税率，是指依据征税对象的某种比例将征税对象划分为若干级距，然后也以与全额累进税率相同的方式累进计算征税。全率累进税率与全额累进税率在累进方式上是相同的，只是划分征税对象的标准（依据）不同。目前，全率累进税率在我国尚未实行。

（4）超率累进税率，即以征税对象数额的相对率划分若干级距，分别规定相应的差别税率，相对率每超过一个级距的，对超过的部分就按高一级的税率计算征税。然后也以与超额累进税率相同的方式累进计算征税。如我国现行土地增值税是以土地增值额与扣除项目的比率为累进的基率，实行四级超率累进税率。

3. 定额税率

定额税率，是指依据征税对象的数量单位，直接规定固定征税数额的一种税率制度，因此又称为固定税率。一般适用于从量征收的税种。从量税就是以征税对象的重量、容积、面积、数量等实物数量为计税依据的各种税收。

定额税率的特点是计算简便，而且由于采用从量计征的办法，不受价格变动的影响。但是由于它是一个固定的数额，随着税基规模的增大，纳税的比例变小，因此定额税率具有累退性。定额税率是典型的累退税率，如图 8 - 1 所示。这种税率表现出来的缺点是负担不尽合理，因而只适用于特殊税种，如我国的资源税、车船牌照税等。

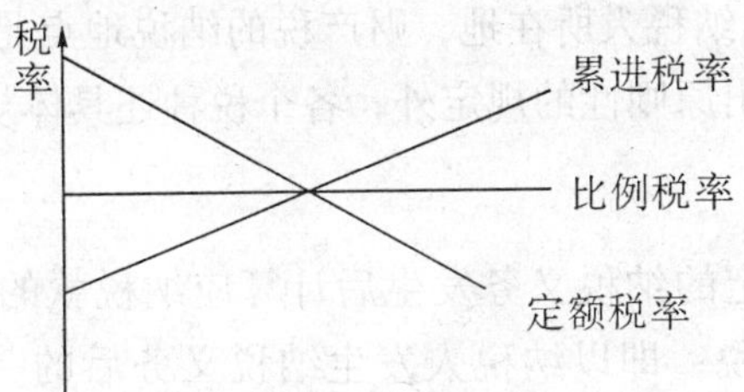

图 8 - 1　定额税率、比例税率、累进税率

（四）纳税环节

纳税环节是税法规定在商品或收入流转过程中应该征税的环节。例如，在商品从工厂生产出来到消费者手中要经过出厂、批发、零售等多道流转环节，如果确定只在其中的一个环节征税，称为单环节征税。如消费税一般选择在出厂环节征税，以后各环节不再征税。如果确定在多个流转环节征税，称为多环节征税。如我国现行的增值税是选择各个环节征税，即道道征税。需要注意的是，即使是同样性质的税种在不同的国家选择的征税环节也是不一样的。

纳税环节的选择有两方面的重要影响：第一，纳税环节的选择确定会影响征管效率。例如，对卷烟征收的消费税，其征税目标是调节卷烟消费者的收入和行为。但若将卷烟消费税的征税环节选择在消费环节，即以成千上万的卷烟消费者为纳税人，以卷烟消费者的消费行为或消费数量为征税对象进行征税，其征收管理的难度之大是不堪设想的。若将卷烟消费税的征税环节确定在卷烟生产环节，以生产者为纳税人，在卷烟销售出厂时征收，则可以集中控管税源，减少纳税人管理数量，从而大大减少税务机关的征收成本与纳税人的奉行成本，极大地提高征收管理效率。第二，纳税环节的选择确定会影响税收收入在地区间的分配。例如，如果对卷烟征税的环节选择在出厂环节，由卷烟厂所在地税务机关征税；而如果选择在零售环节征税，那么就要由零售地税务机关征税。按我国现行税收管理体制，虽然其消费税属中央税，消费税收入全额归属中央财政，但同时征收的增值税收入则是在中央与地方间分享，而附征的一些城市维护建设税、教育费附加等则完全归属地方财政。在分税制财政管理体制下，由于税款的征收地与地方财政税收利益密切相关，所以征税环节的选择还会直接影响到地区间的财权利益分配，因而是税收制度设计中的一个重要问题。

（五）纳税地点

纳税地点是税法规定纳税人缴纳税款的地点。纳税地点的规定对于税收收入在不同地区之间的分配归属有重要意义。纳税地点对纳税人的管辖权与税收收入的获得权是其经济主权的重要内容。同时，纳税地点的确定对于税务机关对纳税人和经济税源的控管具有重要意义。确定纳税地点有利于不同地区的税务机关密切配合与协调，防止税收流失与重复征税。一般来说，流转税的纳税地点是商品与劳务的销售地（提供地），所得税的纳税地点是纳税人所在地，财产税的纳税地点是财产坐落地。除了在税收征管法中对纳税地点作出原则性的规定外，各个税种还具体规定了各自的纳税地点。

（六）纳税期限

纳税期限是税法中规定的纳税义务发生后计算应纳税款的期限。纳税期限一般分为两种形式：一是按期纳税，即以纳税人发生纳税义务后的一定时间作为纳税期限。例如，我国规定增值税的纳税期限分别为一日、三日、五日、十日、十五日或者一个月，具体根据纳税人的生产经营规模和应纳税款的多少确定；所得税的纳税期限分别为按月、按季或按年缴纳等。二是按次纳税，即以纳税人发生纳税义务的次数作为纳税期限。如我国对个人分次取得的某些收入征收的个人所得税，规定在发生纳税义务后按次纳税。纳税期限虽由各地税务机关根据纳税人的具体情况按确定，但是一旦确定，不得随意改变。

不同的行为对象具有不同法律内容的期限。税法对于违反期限的行为分别规定了相应的惩罚措施。

（七）附加、加成和减免税

纳税人负担的轻重主要通过税率的高低来调节，同时还可以通过附加、加成和减免税等措施来调节。

1. 附加

附加，是地方附加的简称，是地方政府在正税以外，附加征收的一部分税款。通常把按国家税法规定的税率征收的税款称为正税，而把在正税以外征收的附加称为副税。

2. 加成

加成，是加成征税的简称，是对特定纳税人的一种加税措施。指在根据税制规定的税率征税以后，再以应纳税额为依据加征一定成数的税额。加征一成等于加征10%，加征五成等于加50%，加十成等于加100%。附加和加成都属于加重纳税人负担的措施。

3. 减免税

减免税以及与此相关的免征额和起征点都属于减轻纳税人负担的措施。减免税是税法规定对某些纳税人或征税对象给予少征一部分税款或全部免予征税的优惠规定。一般有两类：政策性减免税，通常为列举项目，统一实行；临时性减免税，通常是结合纳税人实际情况和相关政策规定灵活机动地实行。

起征点和免征额都是国家减轻纳税人负担的措施，但是它们又根据自身的特点相互区别。

（1）起征点是指税法规定的对课税对象开始征税的数额。

（2）免征额是指税法规定的对课税对象全部数额中免予征税的数额。如我国个人所得税工资薪金所得的免征额为3500元。

（3）起征点与免征额的相同点在于：当课税对象小于起征点时不征税；当征税对象小于免征额时，也不予征税。

（4）两者的区别在于：当课税对象大于起征点时，要求对课税对象的全部数额征税；当课税对象大于免征额时，则要求仅对课税对象超过免征额部分征税。

（5）当课税对象等于起征点时，要求对课税对象的全部数额征税；当课税对象等于免征额时，则不征税。

（八）违章处理

违章处理是对纳税人发生违反税收法规的行为采取的处罚措施。它对维护国家税法的强制性和严肃性具有重要意义。

税收违章行为主要有欠税、漏税、偷税、骗税、抗税等。欠税是指纳税人不按规定的期限缴纳税款。漏税是指纳税人因不熟悉税法或财务制度，或计算错误而发生的少缴、漏缴税款的行为。偷税是指纳税人采用欺骗、隐瞒等手段逃避纳税。我国《税收征管法》第63条规定："纳税人伪造、变造、隐匿、擅自销毁账簿、记账凭证，或者在账簿上多列支出或者不列、少列收入，或者经税务机关通知申报而拒不申报或者进行虚假的纳税申报，不缴或者少缴税款的，是偷税。"骗税是指纳税人采取对所生产或经营的商品假出口等欺骗手段骗取国家出口退税的行为。抗税是指纳税人以暴力、威胁方式拒不缴纳税款的违法行为。其中偷税、抗税和骗税都属于违法犯罪行为；欠税和漏税属于一般违章行为，不构成犯罪。对于纳税人的违章行为，可以视情节轻重不同，分别采取下列方式进行处理：批评教育、限期纳税、加收滞纳金、罚款、扣押或查封财产、通知纳税人开户银行暂停付款等惩罚措施直至追究刑事责任。

二、税收分类

税收分类就是按照某种标准将税种划分成不同的类别。对税收管理和政策理论研究有重要意义的分类方法主要有下述几种。

（一）按课税对象的性质分类

依据征税对象的不同性质，可以将税收分为商品税、所得税、财产税、资源税和特定行为税。这种分类方法在税收理论研究与各国税制征管实践中运用最为广泛。

1. 商品税

商品税是指以商品为征税对象所征收的一类税。商品税也称为对物税，即税收立法者的着眼点是确定每种商品所应承担的税负。换言之，是按照商品种类来设定税负，不同的商品负担不同的税负。需要指出的是，这里的商品包括有形商品和无形商品。无形商品是指无形资产和劳务。因此商品税也包括对各种服务行业征税，又有商品与劳务税之称。由于商品税习惯上采取按商品的销售收入或数量征税，而销售收入习惯又称为流转额，所以商品税又称为流转税。流转税由于具有课税对象普遍、税源丰富、征税简单等优点，成为发展中国家或不发达国家的主体税种。我国也是以流转税为主体税种的国家，目前开征的流转税主要有增值税、消费税、营业税、关税等。

2. 所得税

所得税是指以所得额为征税对象的一类税。所得额就是总收入减去成本、费用和损失以后的纯收入，即可支配收入。因为所得不像商品那样会随销售转手于不同的社会主体，所得是以"人"（包括法人和自然人）为中心而归集的，所以对所得征税，实质上是对"人"的收入进行调节，因此所得税又称对人税。由于发达国家的市场机制比较成熟完善，而且人均收入（所得）水平比较高，所以所得税在许多发达国家是主体税种。在我国所得税的比重地位也在不断提高，目前我国的所得税主要有企业所得税、个人所得税等。

3. 财产税

财产税是指以财产为征税对象的税种。对财产征税可以按照财产的价值或实物数量征税。以土地为主要征税对象的财产税在中国相当长的历史时期曾作为最重要的税种。目前财产税也是世界上许多国家和地方政府的重要甚至主要税种。我国现行税制结构中，财产税处于辅助税种地位，开征的主要税种有房产税、契税、车船税，以及准备开征的遗产税和赠与税。

4. 资源税

资源税是指对某些自然资源征税的税种。随着经济的增长和社会的发展，人类可利用的自然资源日益短缺，各国政府对自然资源的合理、节约、有效使用也日益重视。因而不少国家已经采取了多种政策和法律手段来保护自然资源，促进自然资源的合理、有效使用，其中包括开征资源税。资源税在不同的国家开征有不同的法律依据。在宪法规定自然资源私有的国家，开征资源税主要是为了保护和促进资源的合理开采使用，以促进经济和社会的可持续发展。在宪法规定自然资源为国有的国家，开征资源税还有国家以资源税形式补偿国有资源权益收入的意义，以及调节由自然资源差别引起的级差收入，促进企业平等竞争的作用。

5. 特定行为税

特定行为税是指对某些特定行为征收的税种。被确定需要特别征税的行为一般是政府认为需要调节引导的社会经济行为。从广义上说，大多数税种都是行为税。例如消费税是对消费行为进行征税调节的税种，财产税是对持有或转让财产的行为征税的税种，资源税是对开采自然资源的行为进行征税的税种等。这里所指的特定行为税是指传统税种以外的，对某些特定行为征税的税种。例如，我国的屠宰税、城市维护建设税、土地增值税、印花税、车辆购置税等。特定行为税往往包含着政府特定的政策目标，征收特定行为税的根本目的是为了实现社会经济的和谐发展。

按征税对象的性质分类是税收的主要分类。在世界各国，流转税、所得税、资源税等税类在整个税收中的地位是不同的。一个国家的税收体系中以何种（类）税为主体税种（类）可以分为不同的税制模式，如有以所得税为主体税种的税制模式，有以流转税为主体税种的税制模式，有以资源税为主体税种的税制模式。在西方发达国家，一般是以所得税为主，即所得税是主体税种；而在大多数发展中国家一般是以流转税为主，即流转税是主体税种。我国现行的税制模式就是以流转税为主体的税制模式。一般来说，决定一个国家的税制模式的主要因素是生产力发达程度、人均收入水平、市场经济的发达程度、政府管理经济的模式和其他国情因素。

（二）按税负能否转嫁分类

1. 直接税

直接税是指税负不能转嫁、由纳税人直接负担的各种税收。因此，纳税人就是负税人。例如，企业所得税、个人所得税和一般财产税等被认为是直接税。所得税是对所得的所有人所拥有的所得额进行征税，所得所有人不能将税款转嫁给他人，而是自己负担税款。所以所得税纳税人就是负税人。可见，直接税制下税款不发生转嫁。由于直接税一般是对纳税人所拥有的所得和一般财产进行征税，是以调节人的收入和财产为目标，所以所得税和财产税也是对人税。

2. 间接税

间接税是指纳税人能将税负转嫁给他人负担的税收。因此，纳税人不一定就是负税人，最终负担税收的人可能是消费者、生产者或者纳税人本身。例如，现行的增值税、消费税和营业税确定对应税商品与劳务征税，由生产与经营应税商品与劳务的单位和个人纳税，然后将税款加在商品与劳务的价格中，当购买者购买应税商品与劳务时间接地负担了税款。可见，间接税制中，税款有转嫁性。由于在间接税制中，总是选择某种商品货物为征税对象，确定某种商品货物应该负担的税款，然后这种税款包含在这种商品货物中，随着这种商品货物的买卖流转而辗转下去，直到最后消费者购买、消费，应税商品才最终负担了税款。所以间接税又称为对物税，并大致对应于流转税。这种划分只是一种大致的、原则性的分类。实际上，对物税或者说流转税并不一定能全部转嫁，其转嫁实现程度还取决于商品供求弹性等多种因素。与之相对应的是，对人税也并不一定就不能转嫁，例如，企业所得税的纳税人也可以提高商品与劳务价格转嫁企业所得税，个人也可以通过提高报酬要求来转嫁个人所得税。

（三）按税收管理和使用权限分类

1. 中央税

中央税也称国税，是指收入归中央，税收的管理权限也归中央的税种。如我国现行税制中的关税、消费税就是中央税。中央税是中央政府财政收入的主要来源。

2. 地方税

地方税是指税收收入归地方，管理权限也主要归地方的税种。如我国现行税制中的房产税、城市维护建设税、车船税等。地方税是地方财政收入的主要来源。

3. 中央与地方共享税

中央与地方共享税是指主要管理权限在中央，征收的税款由中央与地方共同享有，并按照一定比例或其他办法分成的各种税收。如我国现行税制中的增值税、资源税、企业所得税等就是共享税。

把税种分成中央税、地方税、中央与地方共享税是分税制财政收入分配体制下的财政收入分配模式和税收管理模式。在这种分税制财政收入分配体制下，有两点在各国之间会有较大差别。一是这三类税所占的结构比重会有较大差别。如果一个国家的各个地方之间的经济发达程度和经济结构差别很小，那么中央与地方共享税的比重会很小，反之则大。二是地方税和共享税的管理权限分配归属给地方部分也不完全一样。在有的国家，共享税的管理权限基本上归中央，不仅如此，甚至连地方税的管理权限也主要归中央。中国目前的税收管理体制就是如此。

（四）按税收与价格的关系分类

1. 价内税

价内税是指税款是价格的组成部分，价格中包含了税款，税款按照含税的价格计算征收的税种。理解价内税应该明确三点：一是价格中包含了税款；二是税率是依据含税价格设计的；三是税款是按照含税价格计算的。价内税的转嫁具有隐蔽性。

2. 价外税

价外税是指价格中不包含税款，税款是价格的附加，税款按照不含税价格计算的税种。理解价外税也应该注意三点：一是价格中不包含税款；二是税率是依据不含税价格设计的；三是税款按照不含税价格计算。价外税的转嫁性较为明显。

在实际运用中，价内税和价外税经常要对含税价格与不含税价格进行互相换算。

(五) 按计税依据的形态分类

1. 从价税

从价税是指以商品的销售金额计算税款的税种。如现行的营业税、增值税就是从价税。从价税是现代税制中的主要形式。

2. 从量税

从量税是指按应税商品的数量计算税款的税种。如现行的城镇土地使用税就是依据纳税人占用的城镇土地和规定的单位税额计算税款，现行的资源税就是按照应税资源的吨位数量计算税款。

需要说明的是，在某些税种中，对部分应税项目实行从价税，而对另一部分项目实行从量税。如我国现行的消费税对黄酒、啤酒等就是实行从量税，而对其余大部分项目是实行从价税。实行从价税时，政府的税收收入和纳税人的税收负担可以摆脱物价变化的影响。在从量税下，政府的税收收入和纳税人负担会受到物价变动的影响，由于对每个单位商品的税额固定不变，所以物价上涨时，实际负担会下降，而在物价下跌时期，实际负担会提高。

(六) 按税收收入的形态分类

根据税收收入的形态不同，税收可以分为货币税、实物税、力役税。

货币税的收入形态是货币；实物税的收入形态是实物；力役税的收入形态是力役。

几乎在所有国家的历史上都存在过实物税和力役税。但总的趋势是，随着商品和货币的发达，税收收入形式由实物税、力役税向货币税发展，这是税收进步的一种标志。在当代社会里，世界各国的税收一般都是货币税。

第三节　税收原则

税收原则即税制建立的原则，是一个国家在设计税收制度时应遵循的基本准则，是判断税收制度是否合理的标准。制定科学的税收原则，始终是设计税收制度的核心问题。税收原则发展演变不仅能反映经济理论和财政思想的演变过程，更能够反映出各个历史阶段的时代要求。

一、西方税收原则

西方税收原则的发展已有几百年历史，且在发展过程中经历了各种不同经济学派的激烈争论。了解西方税收理论发展、税收制度的发展及税收政策的制定等，对我国税收理论的确定，有参考和借鉴意义。

(一) 古典税收原则（19 世纪以前）

19 世纪以前西方许多经济学家提出了关于税收原则的观点，其中具有代表性的有英国资产阶级古典政治经济学的创始人威廉·配第、德国官方学派的代表尤斯迪和英国古典经济学派的代表人亚当·斯密。

1. 威廉·配第的税收原则

威廉·配第是英国资产阶级古典政治经济学的创始人。现代政治经济学之所以称他为创始人，是因为他最先从生产过程来探讨资本主义生产的发展规律，为古典政治经济学的创立奠定了基础。其代表作《赋税论》、《政治算术》集中探讨了财政税收问题，并首次提出了税收原则理论（他自己称其为税收标准）。

威廉·配第提出了三条税收标准：公平、简便、节约。公平的标准就是课税对象对任何人没有偏袒，而且税负不能过重；简便的标准就是征税的手续不能太复杂，也不能模糊不清、模棱两可，应当清楚明了，而且还应该给人民以便利，即在纳税形式的选择和日期的确定上给纳税人以便利；节省标准就是征收费用不能过多，应注意尽量节约。

威廉·配第虽然提出并初步解释了税收标准，但遗憾的是他没有系统地进行必要的论述。他只是提出了问题，而把归纳和阐述的任务留给了后人。

2. 尤斯迪的税收原则

尤斯迪是德国最著名的官方学派的代表人物，其主要代表作有《政府行政管理》、《国家经济学》、《租税及岁出论》、《财政学体系》等。其中，1766 年出版的《财政学体系》被捧为当时论述德国政府财政问题的第一本系统论著。在这本书中，他首次提出了征税的六条原则：

（1）税收应该采用使国民自动自发纳税的方法。

（2）税收不要侵害人民的合理自由，也不要对产业加以压迫。

（3）税收应该平等课征。

（4）课税应有明确的依据，并且要实行确实的征收，不能发生不正常的情形。

（5）税收应对征收费用较少的物品课征。

（6）税收的征收，必须使纳税容易且便利。

3. 亚当·斯密的税收原则

亚当·斯密是英国古典政治经济学的主要代表人物。其代表作《国富论》是一本划时代的著作。他在这本书里不仅论述了政治经济学和经济政策理论，而且还专篇论述了财政税收问题，使财政学从此成为一门独立的经济学科。他提出了著名的税收四原则：

（1）平等原则：个人为了支持政府，应该按照各自的能力，也就是以个人在国家保护下所获得的收益为比例，缴纳税收。平等原则包含三层含义：①取消免税特权。取消贵族、僧侣享有的免税权，意味着贵族和平民均应依法纳税。②税收应该采取“中立”的态度。主张对于自然形成的财富的分配形态不因国家征税而变更其分配比例；对于经济发展所需要的资本形成或储蓄，也不能因征税而受到阻碍和限制。换句话说，税收不应干涉社会财富的分配问题。在这种条件下，征税应采用比例税率。③主张按能力大小比例课税。能力是就各个国民在国家保护之下所获得的利益而言的，即表现为个人的收入。它与现代能力“量能课税”是不同的。

（2）确实原则：个人应缴纳的税收，必须明确确定，不可含糊不清，征税者不可肆意征收。该原则实际上强调的是依法纳税和依法征税。

（3）便利原则：税收的课征，应站在纳税人的立场上考虑其纳税时间、地点以及简单的缴纳方法。换句话说就是一切以纳税人为依据。

（4）节约原则（又称经济原则）：向国民征税要适量，不能超过一定的量度。如果向国民征收的税过多，反而不利于国家财政。其原因有四：第一，多的收入任务必然需要较多的税吏，税吏过多，就会使得大部分税款成为薪俸，这又会增加人民的负担。第二，税收会妨碍人民的勤劳和经营的积极性，妨碍许多人的经济活动，从而导致减少甚至消灭纳税的资金。第三，对逃税未遂者采取惩罚，往往会使其倾家荡产，因而社会便会失去使用这部分资本所能获得的利益。第四，税吏频繁的访问和稽查，常常使纳税者遭受极不必要的麻烦、困扰与压迫。

亚当·斯密的税收四原则对资产阶级税收原则理论的发展起着承前启后的桥梁作用，为今后资产阶级税收原则理论的发展奠定了基础。后人在论述税收原则时基本上是围绕这四项原则进行补充和发展的。

（二）近代西方税收原则（19 世纪至 20 世纪 30 年代）

这一时期关于税收原则的研究最具有代表性的是瑞士经济学家西斯蒙第的税收原则和德国新历史学派的代表瓦格纳的税收原则。

1. 西斯蒙第的税收原则

西斯蒙第的税收原则理论是以亚当·斯密提出的税收原则为基础的。他赞成斯密提出的公平原则、确实原则、便利原则及节约原则。从经济发展的观点出发，他又补充了四项原则：税收不可侵及资本、税收不可以总产品为课税依据、税收不可侵及纳税人的最低生活费用、税收不可驱使财富流向国外。①

（1）税收不可侵及资本。“一切赋税必须以收入而不是以资本为对象。对前者征税，国家只是取走了个人所支出的东西；对后者征税，就是毁灭了应该用于维持个人和国家生存的财富。”

（2）税收不可以总产品为课税依据。“制定赋税标准时，不应该对每年的总产品和总收入混淆不清，因为每年的总产品除了年收入外含包括全部流动资本。必须保留着部分产品，以维持或增加各种固定资本。一切积累起来的产品，保证或提高所有生产工人的生活。”

（3）税收不可侵及纳税人的最低生活费用。“赋税是公民换得享受的代价，所以不应该向得不到任何享受的人征税。”

（4）税收不可驱使财富流向国外。“绝不应该因征税而使应纳税的财富逃到国外。因此规定赋税时对于最容易逃税的财富应该特别慎重考虑，赋税绝不应该触及保持这项财富所必需的那部分收入。”

2. 阿道夫·瓦格纳的税收原则

德国柏林大学教授阿道夫·瓦格纳也是德国 19 世纪新历史学派的代表，其代表作

① 西斯蒙第．政治经济学研究：第 1 卷［M］．胡步尧，李直，李玉民，译．北京：商务印书馆，1997.

有《政治经济学原理》和《财政学》。其《财政学》的最大特色，就是以社会政策思想为立论，主张确立社会政策的财政制度。瓦格纳根据自己所处的时代，在吸收其他人思想和观点的基础上，形成了自己以社会财政、税收思想为核心的理论体系。为了更好地制定和实施他所提出的社会政策税收目标，瓦格纳提出了著名的"四项九端"税收原则（社会政策原则）。

（1）财政政策原则（财政收入原则）。税收的主要目的是为国家其他公共团体筹经费，必须有充分的收入来源来保证这些支出的需要。同时，如果政府的支出需要增加或政府除税收以外的收入减少时，税收能够根据法律增税或自然增加。瓦格纳将其划分为两条具体原则：①充分原则，即税收必须能满足国家财政的需要。②弹性原则，即税收收入必须能充分适应财政收支的变化。

（2）国民经济原则。就是税收如何保证国民经济正常发展的原则，即税收不可危及税源。在可能的范围内，应促进资本的形成，促进国民经济的发展。瓦格纳针对此原则又具体提出了税源选择原则和税种选择原则。①税源选择原则，即税源选择必须适当。一般而言，可以作为税源的有所得、资本和财产三项，但以所得作为税源最为适当。因为资本和财产不免损及税本，阻碍国民经济的发展。②税种选择原则，即税种的选择必须考虑税负转嫁问题，应将税负的归宿点落在应该承担税负的人身上。因为谁负担税收，要比谁缴纳税收更为重要，所以税种最好选择不易转嫁的所得税。

（3）社会公平原则（社会正义原则）。具体可分为普遍原则和平等原则。①普遍原则，即对一切有收入的国民，都要普遍征税。不能因身份或社会地位特殊而例外，要做到不偏不倚。②平等原则，即不承认收入和财富的自然分配状态是合理的，应根据纳税能力的大小课税。

（4）税务行政原则（课征技术原则）。具体分为确实原则、便利原则和征收费用节约原则。①确实原则，即税收法令必须简明确实，在解释上不容有质疑的余地；税务人员必须具有相当的技术知识，以免征税时查定不实；纳税时间、地点及方式都应明确告知纳税人，使纳税人有所遵循。②便利原则，即政府征税应为纳税人的方便考虑。纳税的时间、地点和缴纳方式等都应从方便纳税人的角度出发。③征税费用节约原则，即征收管理所开支的费用，应力求节省，以增加国库的实际收入。同时，征管费用不单纯指征税的费用，纳税人因交税而直接负担或间接负担的费用也包括在内。所以，如果纳税人直接或间接的负担或损失过重，也是不符合这一原则的。

综上所述，瓦格纳的税收原则是完全为他提出的社会政策服务的，由于他的理论核心是建立在社会政策基础之上的，所以他将税收原则也称为社会政策的原则。

（三）现代西方税收原则（20世纪30年代以后）

1. 公平原则

税收公平原则是西方国家设计税收制度的最基本的准则。税收公平与否往往是检验税制和税收政策好坏的标准。所以公平原则主要表现在两个方面，即受益原则和能力原则。

（1）受益原则

受益原则要求纳税人按从政府提供的公共品和公共服务中获得的受益程度大小来

分担税收，即社会成员的税收负担应和它从政府支出中获得收益相等。受益多者多纳税，受益少者少纳税，收益相同者负担相同的税收。从理论上讲，受益原则是很理想的，可以把受益与纳税、公共支出与纳税联系起来加以衡量。但是在实际中受益原则的缺点显而易见。①该原则难以解释转移性支出问题。转移性支出主要对低收入者或无收入者进行补助。如果按受益原则，低收入者或者无收入者从这部分转移性支出中受益较多，因而他们应分担较多的税收，这显然违背了转移性支出的本意。②每个纳税人从政府支出中所得到的收益是很难计算的。除了每个纳税人对公共服务的需求不同，因而感受度也不同外，还有直接收益与成本、间接收益与成本等问题，这些都是难以计算的。所以受益原则在实际中难以全面推行。

（2）能力原则

能力原则是指按纳税义务人的纳税能力的大小纳税。它包括横向公平和纵向公平。横向公平是指纳税能力相同的人应同等纳税；纵向公平是指纳税能力不相同的人应纳不同的税收。但如何衡量纳税人的纳税能力呢？关于度量标准，有客观说和主观说之分。客观说主张以个人的所得、财产和消费支出为标准；主观说主张以在享用公共物品时，个人感受到的牺牲程度为标准。纵观世界各国税制，实际上都是以客观标准作为度量支付能力的标准；主观说难以度量，会演变为人的标准，难以付诸实施。

2. 效率原则

税收效率原则是指税收制度的设计应讲求效率，就是要求政府征税要有利于资源的有效配置和经济机制的有效运行，提高税务行政的管理效率，以促进经济的稳定与发展。税收不仅应是公平的，而且应是有效率的，这包括两层含义：

（1）尽量缩小纳税人的超额负担。征税过程会给纳税人造成诸多负担。首先，会给纳税人造成相当于征税数额的负担。其次，征税会影响纳税人的经济活动。征税会在一定程度上干扰纳税人的生产决策和消费决策，给纳税人和整个经济的运行造成征税范围之外的超额负担。为了尽量降低税收造成的社会超额负担，所以效率原则就是要求政府征税时必须坚持“中性原则”。税制设计尽可能地使税收不影响市场中的相对价格，保证纳税人征税前后行为的一致性。

（2）尽量降低征收费用。在征税过程中，税务部门要支出税务人员的工资，要耗费办公费等各种相关费用，称之为“税务行政费用”。对纳税人来讲，纳税人围绕如何纳税，纳多少税，要花费大量的人力、财力，称之为“执行费用”。税收效率原则要求征纳双方花费的费用尽量地小，从而增加税收的实际收入数量。

税收的公平原则与效率原则是一对矛盾。公平原则强调量能负担，可能干扰生产和消费决策，影响经济发展，破坏税收效率；而效率原则强调税收应尽量避免对经济产生干扰，实现资源有效配置和经济增长，这就有可能拉开贫富差距，从而破坏公平原则。处理好公平与效率之间的矛盾，对一国经济的发展，社会的安定具有重要意义。处理好公平与效率之间的矛盾，要兼顾公平的需要和效率的提高，既要考虑经济的稳定发展，又要考虑到贫富差距不能过分拉大，不能片面追求效率或片面追求公平，或侧重公平、兼顾效率，或侧重效率、兼顾公平，应该根据各国国情来决定。

3. 稳定原则

税收的稳定原则是指在经济发展的波动过程中，运用税收的经济杠杆作用，引导经济趋向稳定。具体地说，税收可以通过两个方面的作用来达到经济稳定。

(1)“内在稳定器”作用

它是指税收制度本身所具有的内在稳定机制。它不需要政府随时作出判断和采取措施，就能收到自行稳定经济的效果。

(2)“相机抉择”作用

“相机抉择”作用又称“人为稳定器”作用，是指政府根据经济运行的不同状况，相应采取灵活多变的税收措施，以消除经济波动，谋求既无失业又无通货膨胀的稳定增长。

总的来看，当经济不景气时，应实行减税政策，以鼓励投资，稳定就业水平；当经济过度繁荣时，则应提高税率，防止私人资金的过度投资，爆发危机。

西方学者提出的现代税收原则，主要基于凯恩斯主义的经济学说和社会经济福利学派的经济思想。公平原则是对社会正义原则的发展，效率原则和稳定原则是对国民经济原则的发展。公平和效率是社会经济福利的两项准则，以它们作为评价税制的标准，是美国当代著名财政学家马斯格雷夫的主张。稳定原则主要是基于凯恩斯强化国家干预经济的思想。这些原则对西方税收制度的发展以及经济的稳定起到了一定的促进作用。

二、我国的税收原则

(一) 我国古代赋税思想

我国历史上的征税原则论述是比较丰富的。归纳起来，大致是从四个方面的需要出发而提出来的。一是从争取民心、稳定统治秩序出发，强调征税要合乎道义、公平，为公为民等原则，二是从发展经济的需要出发，强调征税要坚持适时、有度、培养税源等原则。三是从组织财政收入出发，强调征税要采用普遍、弹性、税为民所急等原则。四是从税务管理的要求出发，强调征税要贯彻明确、便利、统一、有常规、有效益等原则。这些原则之间既有相辅相成、相互促进的一面，又有相互矛盾、相互制约的一面，而每一原则又有其特定的意义。

1. 有义原则

有义原则即强调国家征税要合乎道义。孔子说，“义然后取，人不厌取”，“有君子之道，其使民也义”。这里强调的“义”，就是要行仁政、轻徭薄赋。因为“财聚则民散，财散则民聚”，所以轻征赋税有利于争取民心，使统治长治久安。因而历代思想家都重视这一原则。

2. 有度原则

有度原则即强调国家征税要适度。《管子》一书指出，“地之生财有时，民之用力有倦，而人君之欲无穷，以有时与有倦养无穷之君，而度量不生于其间，则上下相疾也”，“国虽大必危”。所以，应坚持“取于民有度”的原则。历代思想家都强调取民有度，但对有度的标准认识不一致，大都强调征税量不能超过人民负税能力允许的限度。

3. 有常原则

有常原则即强调国家定税要有常规，税制要相对稳定。针对魏晋时期税制兴废无常，影响人民的生产和生活的安定，傅玄指出，应坚持赋税有常的原则："国有定税，下供常事，赋役有常，而业不废"。而要做到"制有常"，关键在于中央决策者和地方官吏的行为规范化。傅玄强调税制稳定，但并不反对随着形势的发展对税制作必要的改革。

4. 统一原则

统一原则即全国的税政要统一。商鞅在《商君书・垦令》中主张"上一而民平，上一则信，信则臣不敢为邪"。就是说，国家税政统一，对所有的人一视同仁，没有歧视，人民就感到赋税公平，就能取信于民，官吏也不便营私舞弊了。

5. 弹性原则

弹性原则即强调赋税的征收量有伸缩性，依条件的变化而变化。孟子反对征定额税、主张丰年多征、灾年少征。《管子》将年成分为上、中、下三等，提出不同的年成依不同的税率征收，最坏的年成"不税"或"驰而税"。至近代，将弹性原则作为评价税收制度的重要标准。

6. 普遍原则

普遍原则即强调征税的面要宽，纳税人要普遍。《周礼》提出，国中从事各种职业的人都要交纳赋税。耕田的贡九谷；经商的贡货物；从事牧业的贡鸟兽；从事手工业的贡器物；连无职业的也要"出夫布"。

7. 均平原则

均平原则即强调征税中应做到的均平合理。但各思想家强调的角度不同。第一种认为，按负担能力征税才算均平合理。第二种认为，征税不分贵贱强弱，一律平等对待方算均平合理。第三种认为，征税既要坚持"横向均平"，又要坚持"纵向均平"。即能力相同的人同等纳税，能力不同的人纳不同的税。

8. 明确原则

明确原则即强调让纳税人对征税的有关规定有明确的了解。《管子》指出，让人民知道赋税征收的比重是合适的，即"审其分，则民尽力也"。苏绰认为，贯彻明确的原则，对征纳双方都有利。刘晏在理财治税中，坚持了明确的原则，做到了"知所以取人不怨"。

9. 适时原则

适时原则即强调征税所规定的时间和时限要适当。很多思想家都强调征税要适时。如孔子提出"使民以时"，荀况提出"无夺农时"。《管子》还认识到，纳税的时限规定应适当，时限越短，纳税人所受的损失越大。纳税人为了在规定的时限内完纳赋税，在出售产品中不得不接受商人压价的盘剥，因而时限越短，所受的降价损失越大。

10. 便利原则

便利原则即强调定税应尽量给征纳双方以便利。《史记》载，"禹乃行相地所有以贡及山川之便利"。说的是夏禹时就注意定税中方便纳税人。而当商品经济发展到一定程度、货币税取代了实物税，又进一步给纳税人带来便利。杨炎推行的"两税法"，张居正推行的"一条鞭法"，除均平税负、增加财政收入等目标外，还考虑了征纳双方便利的需要，简化了税制。

11. 为公为民原则

为公为民原则即强调国家只能为公为民而征税。荀悦指出，国君应有“公赋而无私求”，“有公役而无私使”。丘浚在《大学衍义补》中强调，国家征税应“为民聚财”；凡所用度，“必以万民之安”不能“私用”。严复在《原富》中提出，赋税收入不应只供少数统治者享受，应“取之于民，还为其民”，为民兴公利、除公害。

12. 增源养本原则

增源养本原则即强调国家治税中要重视培养税源。荀况认为，生产是财富的本源，税收是财富的末流，国家应“节其流，开其源”。司马光也强调要“养其本而徐取之”。

13. 税为民所急原则

税为民所急原则即强调选择人民必需的生活、生产用品征税，以保证税收充沛、可靠。在战争年代或财政困难时，从组织财政收入的需要出发，统治者常采用这一原则。桑弘羊在汉武帝对外用兵时，为筹军费实行过盐铁酒专卖，寓征税于价格之中，取得了大量的财政收入。刘晏也认识到“因民所急而税之则国用足”。

（二）社会主义市场经济下的税收原则

我国目前正处在社会主义市场经济逐渐规范和完善的阶段。伴随着经济的全球化，我国经济也正日益融入世界经济。与此相适应，我国的税收制度乃至税收体制的改革就显得尤为迫切，而确定适当的税收原则则是决定税收改革成败的核心和关键。

根据我国税收工作的具体情况，新时期的税收原则大致可概括为：财政、法治、公平、效率。

1. 财政原则

筹集财政收入是税收作为满足公共需要的分配手段的最基本的职能。因此，设计税收制度的首要原则就是财政原则。财政原则包括充裕、弹性、适度三个方面内容。

（1）所谓充裕，是指税收收入必须充足、稳定可靠。

（2）所谓弹性，是指税收收入必须具有随国家财政需求的变化而伸缩的可能性。它包括经济弹性和法律弹性两个方面。经济弹性又称“自然弹性”，即税收随经济的升降和国民收入的增减而自然伸缩；法律弹性又称“政策弹性”，即通过税收政策调整或修改税法，提高或降低税率，使税收有可能增加或减少。税收杠杆作用往往需要利用这种税收弹性来实现。一般说来，累进所得税具有经济和法律的双重弹性，而消费品税则较少具有法律弹性，因为提高消费品的税率，有可能减少消费品的需求，从而造成税收的减少。

（3）所谓适度，是指税收收入在满足国家财政需要的同时，必须兼顾负担的可能，即应照顾经济的承受能力，做到取之有度。这个客观限度，就是税收占国民收入或国民生产总值的一定比例。由于各国社会制度和发展水平的不同，这就需要根据各个国家的国情确定符合自己国家客观实际的合理限度。在通常情况下，当税收保持与国民生产总值或国民收入同步增长时，大体是符合收入适度这一要求的。

2. 法制原则

税收的法治原则，就是政府征税，包括税制的建立和税收政策的运用，应以法律为依据，要依法治税。法治原则的内容包括两个方面：税收的程序规范原则和征收内容明确原则。前者要求税收程序（包括税收的立法程序、执法程序和司法程序）法定；后者要求征税内容法定。税收法治原则，从根本上说，是由税收的性质决定的。

要实现依法治税，一是要做到有法可依，这是法治原则的前提；二是要严格进行征收管理；三是要必须使用现代化手段，兴建税务“信息高速公路”；四是要加强税收法制教育，造就一支忠于国家和人民利益、责任心强、政治素质过硬、业务素质高、善于思考、严格执法、不徇私情的执法队伍，同时逐步提高全体公民的纳税观念，增强其遵章纳税的自觉性。

3. 公平原则

税收公平只是一种相对的公平，它包含两个层次：税负公平、机会均等。

（1）税负公平是指纳税人的税收负担要与其收入相适应。这必须考虑到以下两点：一是具有同样纳税条件的纳税人应当缴纳相同的税额，即横向公平；二是具有不同纳税条件的纳税人应承担不同的税额，即税收的纵向公平。

（2）机会均等是基于竞争的原则，通过税收杠杆的作用，力求改善不平等的竞争环境，鼓励企业在同一起跑线上展开竞争，以达到社会经济有秩序发展的目标。

要实现税负公平，就要做到普遍征税、量能负担，使税收起到有效的调节作用。

要做到税负公平，就要做到统一税政、集中税权，保证税法执行上的严肃性和一致性。根据我国现行的财税管理体制，税收立法权和解释权必须统一到国家最高权力机关及其授权部门。其他任何机关不得制定与税收征纳有关的条例或条款，任何地方法令都不得与国家税收法规相抵触。

要实现机会均等，就必须贯彻国民等遇原则，实现真正的公平竞争。市场经济是通过市场机制组织经济运行，使市场对资源配置起基础作用的一种体制。“统一规范、平等竞争”是市场经济的基本要求。

4. 效率原则

税收的效率原则，就是政府征税，包括税制的建立和税收政策的运用，应讲求效率，遵循效率原则。这里的效率，通常有两层含义：一是行政效率，也就是征税过程本身的效率，它要求税收在征收和缴纳过程中耗费成本最小：二是经济效率，就是征税应有利于促进经济效率的提高，或者对经济效率的不利影响最小。

（1）税收的行政效率

税收的行政效率是指政府应该以尽可能小的税收成本获得税收收入。它通过一定时期内的税收成本率即税收成本与税收收入的比率来反映。追求效率就是要求以尽可能少的税收成本征收尽可能多的税收收入，即税收成本率越低越好。显然，税收成本，既包括政府为征税而花费的征收成本，称之为“税务行政费用”；也包括纳税人为纳税而耗费的缴纳成本，即西方所称的“奉行成本”。税收的征收成本和缴纳成本是密切相关的，有时甚至是可以相互转换的。一项税收政策的出台，可能有利于降低征收成本，但它可能是以纳税人的缴纳成本的增加为代价的，或者相反。这说明，税收的行政效率要对征收成本和缴纳成本进行综合考虑，才有真正意义。在现实中，如何提高税收的行政效率，是税收征管工作所要解决的重要目标。首先，要提高税收征管的现代化程度。加强计算机网络建设，这是提高征管效率的根本途径。其次，要改进管理形式，实现征管要素的最佳结合。最后，要健全征管成本制度、精兵简政、精打细算、节约开支。

（2）税收的经济效率

税收的经济效率是税收效率原则更高层次的内容。经济决定税收，税收又反作用于经济。税收分配必然对经济的运行和资源的配置产生影响，这是必然的客观规律。那么如何提高税收的经济效率？首先是要求税收的“额外负担”最小。所谓税收的额外负担，简单地说就是征税所引起的资源配置效率的下降，它是税收行政成本以外的另一种经济损失，即“额外负担”。因此，相对于税收行政成本，税收额外负担通常又被称为税收的经济成本。其次是要求保护税本。税本，就是税收的本源。通常认为，国民生产是税本，国民收入是税源。税收只能参与国民收入的分配，而不能伤及国民生产。最后是要求通过税收分配来提高资源配置的效率。基于对税收调控作用的积极认识，我们知道税收不只是消极地作用于经济。税制设计合理，税收政策运用得当，不仅可以降低税收的经济成本，而且可以弥补市场的缺陷，提高经济的运行效率，使资源配置更加有效。

从税收经济效率的不同层次可以看出，税收是否有效率，必须结合经济运行本身的效率来考察。如果经济运行本身是高效率的，则应以税收不干扰或少干扰经济运行为有效率，即以税收的经济成本最小作为判断税收效率的依据；而当经济运行处于低效率甚至无效率状态时，则税收效率应反映在对经济运行的有效干预上。总之，遵循行政效率是征税最基本、最直接的要求；而追求经济效率，则是税收的高层次要求，同时也反映了人们对税收调控作用的认识的提高。

综上所述，我国税收制度的设计和改革应遵循四项原则：财政原则、法治原则、公平原则和效率原则。四项原则之间不是相互割裂的，而是密切联系的。财政原则是前提；法治原则是基础；公平与效率是税制设计的主体原则，其中，效率是公平的前提，公平则是效率的必要条件。如果税收活动阻碍了经济的发展，影响了 GDP 的增长，尽管是公平的，也是无意义的；公平必须以效率为前提，但失去了公平的税收也不会提高效率。

随着改革开放的不断深化，社会各项经济活动全面展开，经济关系错综复杂、头绪繁多。税收要完全适应这一新形势，在上述四项原则的指导下充分发挥作用，还必须注意处理好“三个关系”。

第一，依法治税与发展经济的关系。经济决定税收、税收反作用于经济，这是一条必须遵循的客观规律。社会主义市场经济是法制经济，依法治税与发展经济是相辅相成的统一体，必须强调严格执行新税制、纠正各种税收违法行为，把依法治税与发展经济有机结合起来。

第二，完善税制与加强征管的关系。税制是征管的基本依据，征管是税制得以正确贯彻实施的保证。实践证明，税制再完善，没有征管的实施，也无法发挥作用；征管改革的成败，决定着税制改革的成败。因此，必须根据税制的要求，加强和改进征管，把税收政策法规落到实处。实现税收征管现代化，是提高征管质量和效率的根本出路，而由传统征管向现代化征管过渡是一个循序渐进的过程。

第三，税务专业管理与社会协税护税的关系。税务专业管理指税务部门的管理，社会协税护税指社会各有关部门对税收工作的支持和配合，也包括群众性的协税护税。税务专业管理与社会协税护税相结合，税务专业管理为主，社会协税护税为辅，是具有中国特色的税收管理方式。税务部门的专业管理，必须在整个税收管理活动中起主导作用。同时，要动员社会各方面的力量，调动各方面的积极性实行协税护税。只有全社会动员起来，才能达到文明办税、提高税收效率的目的。

第四节 税收负担、税负转嫁与税收归宿

一、税收负担的定义、分类及衡量

（一）税收负担的含义

税收负担，简称税负，是指由于政府征税而给纳税人或其他经济主体带来的经济利益的损失或转移，是纳税人应履行纳税义务而承受的一种经济负担。税收负担是国家税收政策的核心。税收负担，从绝对额考察，它是指纳税人应支付给国家的税款额；从相对额考察，它是指税收负担率，即纳税人的应纳税额与其计税依据价值的比率。这个比率通常被用来比较各类纳税人或各类课税对象的税收负担水平的高低，因而它是国家研究制定和调整税收政策的重要依据。任何一项税收政策首先要考虑的就是税收负担的高低。税负水平定低了，会影响国家财政收入；定高了，又会挫伤纳税人的积极性，妨碍社会生产力的提高。一般说来，税收负担水平的确定既要考虑政府的财政需要，又要考虑纳税人的实际负担能力。

（二）税收负担的分类

税收负担是一个总体概念，在实际运用中，又可以有多种形式：

1. 按税收与国民经济的关系划分，可分为宏观税收负担和微观税收负担

（1）宏观税收负担：指一个国家在一定时期内对其所有纳税人课征的税负总额。研究宏观税收负担，可以比较国与国之间的税负水平，以及总的税负内部构成情况。

（2）微观税收负担：指一定时期内的单个涉税主体的税负情况。单个涉税主体可以是单个纳税人、某个纳税人集合、单个产品、单个行业、单个市场、单个税种等。研究微观税收负担，便于分析企业之间、行业之间、产品之间的税负水平，以及单个涉税主体的税负构成问题。这为制定合理的税负政策提供决策依据。

2. 按税负能否转嫁划分，可以分为直接税收负担和间接税收负担

（1）直接税收负担：指纳税人依据税法规定而直接承担的税负。

（2）间接税收负担：指由于税负转嫁，纳税人承受的比税法规定的多的一部分税负。

3. 按税收负担的内容划分，可以分为名义税收负担和实际税收负担

（1）名义税收负担：指纳税人按照税法规定缴纳税款而形成的税收税负，在相对

指标上通常表现为税法规定的名义税率。

（2）实际税收负担：指纳税人实际缴纳税款所形成的税收负担。它在相对指标上表现为纳税人承受的实际税率。名义税收负担与实际税收负担往往存在背离的情况，一般是后者低于前者。究其原因，主要是存在减免税、税基扣除，以及由于管理原因导致的征税不足。

（三）税收负担的衡量

税收负担是高还是低，是通过对比来说明的。如果仅仅是一个纳税数量，而没有对比关系，很难科学地进行税收负担高低的比较。因此，设计科学的指标体系，是衡量税收负担的关键。

1. 宏观税收负担的衡量指标

宏观税收负担的衡量是指一定时期内（通常是 1 年）国家税收收入总额在整个国民经济体系中所占的比重。这实际上是从全社会的角度来考核税收负担，从而可以综合反映一个国家或地区税收负担的总体情况。

衡量宏观税收负担关键是选择一个社会总产出指标。如何核算社会总产出，国际上曾存在两种核算体系：一是苏联的宏观统计体系，即物质产品平衡表体系（MPS）；二是联合国的国民经济核算体系（SNA）。1993 年后，全世界开始实行联合国的 SNA 核算体系。目前衡量全社会经济活动总量比较通行，并可进行国际比较的指标，一是国内生产总值，二是国民收入（NI）。因而衡量宏观税收负担状况的指标也就主要有两个：一是国内生产总值税收负担率，简称 GDP 税收负担率；二是国民收入税收负担率，简称 NI 税收负担率。其计算公式如下：

国内生产总值税负率＝税收总额/国内生产总值 ×100%

国民收入税负率＝税收总额/国民收入 ×100%

其中：税收总额是指一国政府利用税收手段参与国民收入分配所集中的财富的货币形态，是全体纳税人实际纳税的总量。国内生产总值是指在一定时期内（1 个季度或 1 年），一个国家或地区的经济中所生产出的全部最终产品和劳务的价值。这常被公认为衡量国家经济状况的最佳指标。国民收入是指一个国家内部的物质生产部门劳动者在一定时期所创造的所有价值。从社会总产值中扣除物质消耗后的剩余部分就是国民收入。国际经济组织对各国税收水平的衡量，主要使用国内生产总值税收负担率。税负在 35% ~45% 或 45% 以上的为重税负国家，如北欧国家；在 20% ~30% 的为中等税负国家，如大多数发展中国家；在 10% ~20% 并以 15% 居多的为低税负国家，如以非税的资源收入为主的石油输出国组织。

2. 微观税收负担的衡量指标

微观税收负担的衡量是指纳税人实际纳税额占其可支配产品的比重。由于流转税存在税负转嫁问题，因此衡量微观税负比衡量宏观税负复杂。简单地把企业或个人缴纳的全部税收除以其毛收入总额，有时并不能真实地反映其税收负担水平。

通常采用下列指标来反映企业的税收负担状况：

①企业税收总负担率＝（纳税总额/同期销售收入或者同期所得额）×100%

②企业流转税负担率=(流转税总额/同期销售收入)×100%

③企业所得税负担率=(所得税总额/同期所得额)×100%

④企业资产税负担率=(所得税总额/同期资产平均值)×100%

⑤企业净资产税负担率=(所得税总额/同期净资产平均值)×100%

和企业税收负担的衡量类似,个人税收负担通常采用下列指标来反映:

①个人税收负担率=(个人纳税总额/同期个人收入总额)×100%

②家庭税收负担率=(家庭纳税总额/同期家庭收入总额)×100%

二、影响税收负担的因素

由于税收负担必须考虑需要和可能这两方面的情况。因此，一个国家在制订税收政策，确定总体税收负担时，必须综合考虑国家的总体经济发展水平，并根据不同的经济调控需要来制定税收负担政策。一般来看，影响税收负担水平的主要因素有四点。

(一) 政府职能范围

政府职能范围越广泛，对经济活动的参与程度就越高，客观上需要更多的财政收入来满足其支出的需要，则宏观税负相对较高；而政府职能范围相对较小的国家，由于政府职能相对地弱于市场职能，政府的职能只是纠正“市场失灵”，公共财政活动区域相对有限，因而所需的财政收入相对要少，则其宏观税负较低。

(二) 社会经济发展水平

经济发展水平是决定宏观税收负担的最根本因素。一个国家的社会经济发展总体水平，可以通过国民生产总值和人均国民生产总值这两个综合指标来反映。国家的国民生产总值越大，总体负担能力越高。特别是人均国民生产总值，最能反映国民的税收负担能力。一般而言，在人均国民收入比较高的国家，社会经济的税负承受力较强。世界银行的调查资料也表明，人均国民生产总值较高的国家，其税收负担率也较高；人均国民生产总值较低的国家，其税收负担率也较低。发达国家的税负自 20 世纪 70 年代以来逐步上升，1980 年平均为 34%，1990 年为 37%，20 世纪 80 年代与 20 世纪 90 年代的税负比 20 世纪 70 年代提高了 50%。税收占 GDP 的比重，世界平均为 30% ~ 35%，工业国家平均为 33% ~38%，而发展中国家为 20% ~25%。

我国人均国民生产总值比较低，属于发展中国家。国家通过税收能够积累多少资金，社会总体税收负担应如何确定，不取决于人们的主观愿望，也不能只考虑国家的需要，必须首先考虑社会经济体系和纳税人承受能力。只有税收负担适应本国经济发展水平和纳税人的承受能力，税收才能在取得所需的财政收入的同时，刺激经济增长，同时提高社会未来的税负承受力。如果税收负担超出了经济发展水平，则势必会阻碍社会经济的发展。

(三) 国家的宏观经济政策

国家的宏观经济政策，是指国家或政府为了增进整个社会经济福利、改进国民经济运行状况、达到一定的政策目标而有意识和有计划地运用一定的政策工具制定的解决经济问题的指导原则和措施。任何国家为了发展经济，必须综合运用各种经济、法律以及行政手段来强化宏观调控体系。国家会根据不同的经济情况，采取不同的税收负担政策。如在经济发展速度过快过热时，需要适当提高社会总体税负，以使国家集中较多的收入，减少企业和个人的收入存量，抑制需求的膨胀，使之与社会供给总量相适应。此外，还要根据经济情况的发展变化，在征收中实行某些必要的倾斜政策和区别对待办法，以利于优化经济结构和资源配置。

（四）税收征收管理能力

税收征管能力，是指税务机关和税务人员贯彻执行税收政策，组织税收征管活动的能力和素养。它是衡量税收征管质量与税收征管效率的重要标尺。由于税收是由国家无偿征收的，所以税收征纳矛盾比较突出。因此，一个国家的税收征收管理能力，也会对税收负担的大小和构成产生影响。税收征收管理能力强的国家，在制定税收负担政策时，可以根据社会经济发展的需要设置合理的但是征管技术要求较高的税种，以削弱征纳双方的矛盾；而税收征管能力较差的国家为了保障财政收入的需要，在制定税制时，就不得不更多地采用征管技术难度低但不一定合理的税种，由此更容易引发征纳双方的矛盾。

税收征管能力具体包括：征管决策能力、为国聚财能力、依法治税能力、征管执行能力、税源监控能力、税收分析能力、征管信息资源的深加工能力、征管要素的优化配置能力等。

三、拉弗曲线

在共同研究应对 20 世纪 70 年代出现的经济“滞涨”的过程中，以拉弗为代表的供给学派提出了较为著名的税收负担理论—拉弗曲线原理。该理论与美国弗里德曼为代表的货币主义理论，被美国总统里根付诸实践，取得了辉煌的成绩，使美国出现了“第二次革命”。如图 8－2 所示：

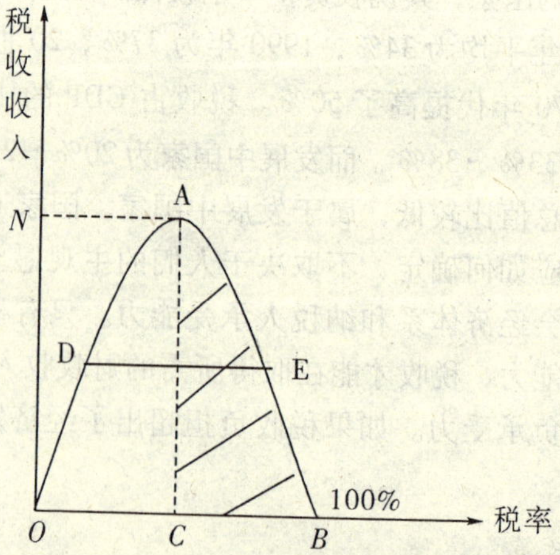

图 8－2　拉弗曲线原理

图中横轴坐标代表税率，纵轴坐标代表税收收入或经济增长。税率从原点开始，然后逐级增加到 B 点时为 100%；税收收入从原点向上计算，随税率的变化而变化。税收收入与税率的函数关系呈曲线 OAB 状态（抛物线），当税率逐级提高时，税收收入也逐级增加，当税率提高到 C 时，税收收入达到最大化，即 N。但是当税率超过 C 以后，税收收入反而会呈现减少的趋势，当税率上升到 B 时，理论上说，税收收入应该是最大化的；可实际上，由于所有的收入都向国家集中，纳税人“劳作”后一无所获，这时他们会选择“休闲”，从而使课税对象趋于为零，税收收入也将因无人愿意从事工作和投资而降为零。所以在 0 到 100% 之间肯定存在一个“最优税率”。当国家实行的税率低于最优税率，由于这是税收收入与税率之间存在正相关的关系，国家在此情况下提高税率，则税收收入会同步增加；当国家实行的税率超过最优税率时，这时提高税率不仅不增加收入，反而会使收入下降，原因是国家设计的税率已进入“税率禁区”，即“CAB”区域（图中的阴影区域）。

拉弗曲线至少阐明了以下三方面的经济意义：

（1）税收、税率与 GDP 之间存在着十分密切的关系，高税率不一定取得高收入，而高收入也不一定要实行高税率。因为高税率会挫伤生产者和经营者的积极性，削弱经济行为主体的活力，导致生产停滞或下降。

（2）取得同样多的收入可以采取高、低两种税率，如图中 D 点和 E 点，税收收入是相等，但是 D 点的税负轻。由于低税负刺激了工作意愿、储蓄意愿和投资意愿，促进了经济增长，随着经济增长，税基扩大，税收收入自然增加。

（3）税收、税率与 GDP 之间存在着十分密切的关系。从理论上讲应当存在一种兼顾税收收入与经济增长的最优税率。因此，保持适度的宏观税负水平是促进经济增长的一个重要条件。

四、税收负担转嫁与归宿的概念及其分类

（一）税负转嫁与税收归宿的含义

1. 税负转嫁

税负转嫁是指商品交换过程中，纳税人通过提高商品销售价格或压低购进价格的方法，将税负转嫁给购买者或供应者负担的一种经济现象。其具体表现为该税款最初的纳税人与最后的负担者可能不一致。它具有以下三个特征：①税负转嫁是与商品价格直接联系的。国家课税以后引起商品价格上升而实现转嫁，课税在先，价格变动在后。税负转嫁是一个客观的过程，是纳税人通过价格变动将所纳税款转移给他人负担的过程。没有税收价值转移的过程不能称为转嫁。②税负转嫁是各经济主体之间税负的再分配，也是经济利益的一种再分配。税负转嫁的结果必然导致纳税人与负税人不一致。③税负转嫁是纳税人的一般行为倾向，是纳税人的主动行为。因为课税是对纳税人经济利益的侵犯，在利益机制的驱动下，纳税人必然千方百计将税负转移给他人，以维护和增加自身的利益。

依据税负转嫁的程度，可把税负转嫁分为部分转嫁（不完全转嫁）和全部转嫁

（充分转嫁）。前者指纳税人只把部分税收负担转嫁给负税人；后者指纳税人将全部税收负担转嫁给负税人。

税负转嫁与逃税是有区别的：逃税指个人或企业以不合法的方式逃避纳税义务，包括偷税、漏税和抗税等；税负转嫁是经济现象，逃税是社会的、政治的现象；税负转嫁的结果只是税收负担结构及税负归宿不同，政府的税收并无减少或损失，逃税的结果是无人承担纳税义务，使政府的税收收入总量减少或损失，是一种不正常的违法行为，必然受到法律制裁。

2. 税收归宿

税收归宿亦称“税负归宿”、“赋税归宿”、“课税归宿”。它是税收负担的最后归着点，即是税收负担运动的最后归着环节，表明全部税收负担最后是由谁来承担的。税负转嫁往往不是一次形成的，而是一个经济过程。如同一笔税款，厂家转嫁给批发商，批发商转嫁给零售商，零售商转嫁给消费者，则消费者就是税负转嫁的归宿。国家对纳税人课税，其税负的运动结果有三种情况：一是纳税人将所缴纳的税款，通过转嫁使税负最终落在负税人身上；二是税负无法转嫁而由纳税人自己承担；三是转嫁一部分，纳税人自己承担一部分。不管出现何种情形，税负总是要由一定的人来承担，归着于一定的人身上。

依据税收的最后实际负担情况，税收归宿可分为法定归宿和经济归宿。法定归宿是指由税法规定的纳税人负担税款。经济归宿是指税负不由纳税人负担而由其他人负担。如果法定归宿就是经济归宿，则税负转嫁没有发生。因此，税收的法定归宿始终只有一个，而经济归宿则可能是一个、两个甚至更多。

（二）税负转嫁的形式

根据税负转嫁的途径和方向，税负转嫁方式主要有前转、后转、混转、消转、税收资本化等。

1. 前转

前转又称顺转，指纳税人将其所纳税款顺着商品流转方向，通过提高商品价格的办法，转嫁给商品的购买者或最终消费者负担。前转是卖方将税负转嫁给买方负担，通常通过提高商品售价的办法来实现。在这里，卖方可能是制造商、批发商或零售商，买方也可能是制造商、批发商、零售商，但税负最终主要转嫁给消费者负担。前转的过程可能是一次，也可能经过多次。

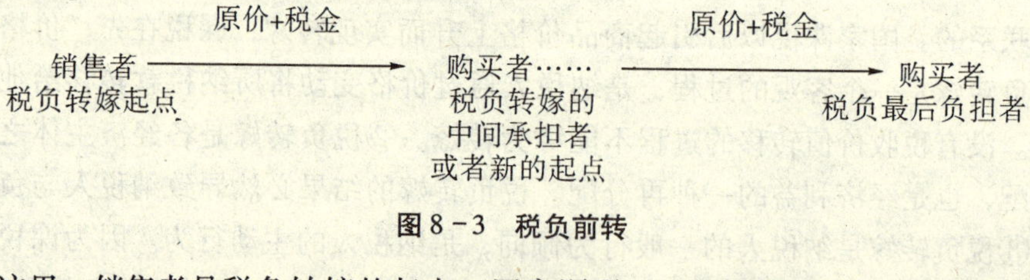

图 8－3　税负前转

在这里，销售者是税负转嫁的起点，国家课税后，销售者就可以提高价格，以原价＋税金的价格销售商品，从而实现税负前转。如果加价＝税金，则可以实现全部转嫁，称为充分转嫁或完全转嫁；如果加价＜税金，则只能实现部分转嫁，称为不充分转嫁；如果加价 > 税金，则纳税人不但可以实现完全转嫁，而且还会获得超额利润，称为超额转嫁。当购买者属于经营者时，他又会再次提高价格，将税负向前转嫁给消费者负担。前转是最主要的税负转嫁形式。前转的顺利与否要受到商品供求弹性的制约。税负前转实现的基本前提条件是课税商品的需求弹性小于供给弹性。当需求弹性大时，转嫁较难进行；供给弹性大时，转嫁容易进行。

2. 后转

后转又称为逆转，即纳税人将其所纳税款逆着商品流转的方向，以压低购进商品价格的办法，向后转移给商品的提供者。例如对某种商品在零售环节征税，零售商将所纳税款通过压低进货价格，把税负逆转给批发商，批发商又以同样的方式把税负逆转给制造商，制造商再以同样方式压低生产要素价格把税负逆转与生产要素供应者负担。税负后转实现的前提条件是供给方提供的商品需求弹性较大，而供给弹性较小。

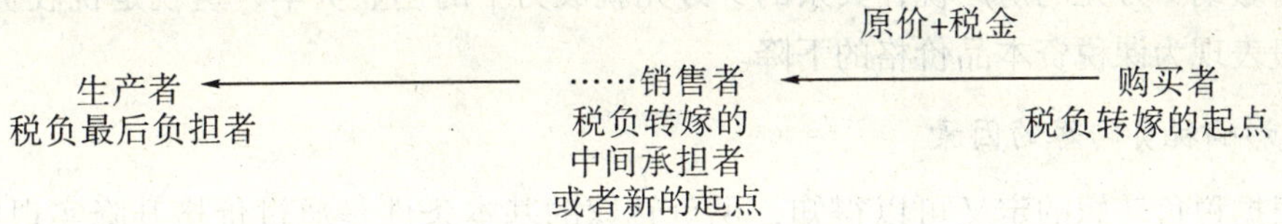

图 8-4 税负后转

3. 混转

混转又叫散转，是指纳税人将自己缴纳的税款分散转嫁给多方负担。混转是在税款不能完全向前顺转，又不能完全向后逆转时采用。例如织布厂将税负一部分用提高布匹价格的办法转嫁给印染厂，一部分用压低棉纱购进价格的办法转嫁给纱厂，一部分则用降低工资的办法转嫁给本厂职工等。严格地说，混转并不是一种独立的税负转嫁方式，而是前转与后转的结合。

4. 消转

消转是指纳税人用降低课税品成本的办法使税负在新增利润中求得抵补的转嫁方式，即纳税人在不提高售价的前提下，以改进生产技术、提高工作效率、节约原材料、降低生产成本，从而将所缴纳的税款在所增利润中求得补偿。因为它既不是提高价格的前转，也不是压低价格的后转，而是通过改善经营管理、提高劳动生产率等措施降低成本增加利润，使税负从中得到抵消，所以称之为消转。从严格意义上来讲，消转并未把税负转嫁给他人，因此是一种特殊的税负转嫁形式。

5. 税收资本化

税收资本化亦称"赋税折入资本"、"赋税资本化"、"税负资本化"，即纳税人以压低资本品购买价格的方法将所购资本品可预见的未来应纳税款，从所购资本品的价格中作一次扣除，从而将未来应纳税款全部或部分转嫁给资本品出卖者。

税负资本化是税负后转的一种形式，它与税负后转有共同点又有不同点。共同点在于都是买主将应当支付的税款通过压低购进价格转由卖主承担。不同点主要表现在两个方面：首先转嫁的对象不同，税负后转的对象是一般消费品；税负资本化的对象是耐用资本品，主要指土地、房屋、股票等。其次转嫁的方式不同，税负后转是商品交易时发生的一次性税款一次性转嫁；而税负资本化是商品交易后发生的预期历次累计税款一次性转嫁。

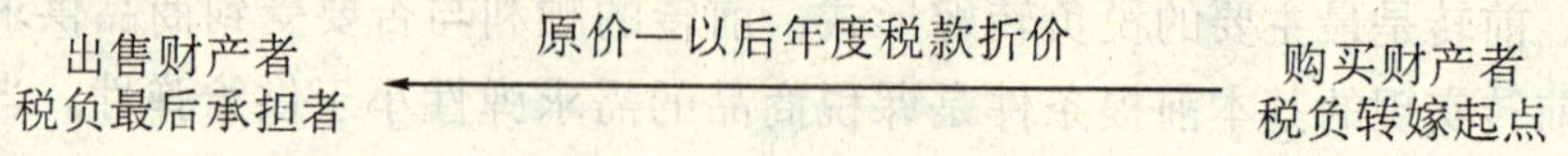

图 8－5　税负资本化

比如某一工业资本家甲向另一资本家乙购买一幢房屋，该房屋价值 50 万元，使用期限预计为 10 年，根据国家税法规定每年应纳房产税 1 万元。甲在购买之际将该房屋今后 10 年应纳的房产税 10 万元从房屋购价中作一次扣除，实际支付买价 40 万元。对甲来说，该房屋价值 50 万元，而实际支付 40 万元，其中的 10 万元是甲购买乙的房屋从而“购买”了乙的纳税义务，由乙付给甲以后代乙缴纳的税款。实际上，甲在第一年只需缴纳 1 万元的房产税，其余的 9 万元就成为甲的创业资本，这就是税收资本化。它一般表现为课税资本品价格的下降。

（三）影响税负转嫁的因素

根据税负转嫁的定义可以得知，税负转嫁的基本条件是通过价格升降实现的，如果价格不能自由浮动，纳税人虽有转嫁的动机，却不存在转嫁的条件，税负的转嫁也是不可能。在价格可以自由浮动的前提下，税负转嫁的程度还受到多种因素的影响。

1. 税种的性质

由于税负转嫁的最主要方式是变动商品的价格。因此，以商品为课税对象，与商品价格关系密切的增值税、消费税、关税等比较容易转嫁；而与商品及商品价格关系不密切或距离较远的所得税和财产税往往难以转嫁。但是实际上，并非所有的商品税都能实现转嫁，也并非所有的所得税和财产税都不能转嫁。国家对商品的课税，在不具备转嫁条件时，是不会转嫁的。所得税和财产税在具备一定的转嫁条件时，也有可能发生税负的转嫁。

2. 商品的供求弹性

供求弹性是影响税负转嫁最直接的因素。在自由竞争的市场上，课税商品价格能否增高，不是供给一方或需求一方愿意与否的问题，而是市场上供求弹性的压力问题。下面从需求弹性与供给弹性两方面分析税负转嫁。

供给弹性是商品的供给量对市场价格变动所作出反应的程度，它用弹性系数表示如下：

供给弹性系数 = 供给变化百分比/价格变动百分比

需求弹性是指商品的需求量对市场价格的升降所作出的反应程度，它用弹性系数表示如下：

需求弹性系数 = 需求变化百分比/价格变动百分比

一般来说，供给弹性大、需求弹性小的商品课税容易转嫁；供给弹性小、需求弹性大的商品课税不容易转嫁。因而，商品供求弹性的大小决定了税负转嫁的方向和数量。

（1）商品的供给弹性越大，说明生产者对商品销售价格下降而作出的反应强烈，其生产量下降的幅度大于价格下降的幅度，从而促使价格上升，税负通过抬高价格转嫁出去。反之，供给弹性小的商品，生产者难以控制价格水平，税负前转的可能性就小。所以，供给弹性越大，税负越向需求者转嫁。

（2）需求弹性大，说明当某种商品因税负增加而提高价格时，购买者因价格提高而作出的反应强烈，从而迫使价格下降，此时，税负前转较难。反之，商品的需求弹性较小，卖者转嫁税负较容易，税负会较多地通过前转而落在购买者身上。所以，需求弹性越大，税负越向供给者转嫁。

（3）综合考虑供给和需求弹性时，当某种商品的需求弹性大于供给弹性时，说明当某种商品由于政府征税而价格变动，其需求量的变动幅度大于供给量的变动幅度。在这种情况下，税负前转较困难，会更多地向后转嫁或不能转嫁，税负会更多地由生产要素提供者或生产者自己承担。反之，当需求弹性小于供给弹性时，说明当某种商品由于政府征税而引起价格变动，其需求量的变动幅度小于供给量的变动幅度。在这种情况下，税负前转比较容易，会更多地由消费者（购买者）承担。

总之，商品的供求弹性是制约税负转嫁的形式及规模的关键因素。税负通常是一部分通过提价形式向前转给消费者，一部分通过成本减少（或压价）向后转给供应者或生产要素者。究竟转嫁比例如何，根据供需弹性而定。

3. 课税范围

征税范围不同，税负转嫁的数量、难易程度和速度是不一样的。具体有以下几种情况：

（1）课税商品范围广的，税负容易转嫁；课税商品范围窄的，税负转嫁较困难。税负转嫁必然引起商品价格的上升，如果另外的商品可以代替加价商品，消费者往往会转而代之，从而使税负转嫁失效；如果一种商品课税范围很广，甚至波及同类商品的全部，消费者无法找到价格不变的替代品，只好承受税负转嫁的损失。

（2）就不同课税商品而言，对生产资料课税，税负转嫁次数多，转嫁速度快；对生活资料课税，税负转嫁次数少，转嫁速度慢。

（3）就消费品而言，对生活必需品课税，由于消费是必不可少的，故消费基础广，税负易于转嫁；对奢侈品课税，由于消费可有可无，故消费基础窄，税负不易转嫁。

第五节 税收效应

一、税收效应的含义

税收效应是指纳税人因国家课税而在其经济选择或经济行为方面作出的反应。从另一个角度说，税收效应是指国家课税对消费者的选择以及生产者决策的影响，也就是税收对经济所起的调节作用。税收效应有多种表现形式，其中最重要的是收入效应和替代效应。

（一）税收的收入效应

税收收入效应是指课税减少了纳税人可自由支配的收入和改变了纳税人的相对所得状况，从而降低了商品购买量和消费水平。如图 8－6 所示：

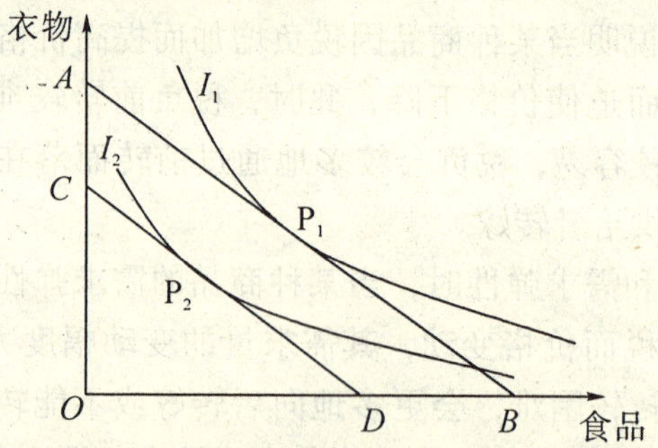

图 8－6

图中横轴和纵轴分别表示食品和衣物两种商品的数量。纳税人消费偏好可用一组无差异曲线来表示，每条曲线表示个人得到同等满足程度下在两种商品之间选择不同组合的轨迹。假定纳税人的收入是固定的，而且全部用于购买食品和衣物，两种商品的价格也是不变的。将纳税人购买两种商品的数量组合连成一条直线，即图中 *AB* 线，此时纳税人对衣物和食品的需求都可以得到满足。由于边际效应随数量递减，无差异曲线呈下凹状。*AB* 线与无数的无差异曲线相交，但只与其中一条 I_1 相切，切点为 P_1。在这一切点上（P_1），纳税人以其限定的收入购买两种商品所得到的效用或满足程度最大，即用于衣物的支出为 P_1 与轴线的垂直距离乘以衣物的价格，用于食品的支出为 P_1 与轴线的水平距离乘以食品的价格。

如果政府决定对纳税人课征一次性税收（如个人所得税），税款相当于 *AC* 乘以衣物的价格或 *BD* 乘以食品的价格，那么，该纳税人购买两种商品的组合线由 *AB* 移至 *CD*。*CD* 与另一条无差异曲线 I_2 相切，切点为 P_2。在这一切点上，纳税人以其税后收入购买两种商品所得到的效用或满足程度最大，即用于衣物的支出为 P_2 与轴线的垂直距离乘以衣物的价格，用于食品的支出为 P_2 与轴线的水平距离乘以食品的价格。

从以上分析可知，由于政府课征一次性税收而使纳税人在购买商品的最佳点由 P_1 移至 P_2。这说明政府课税后对纳税人的影响，表现为因收入水平下降而减少商品购买量或降低消费水平，但不改变购买的两种商品的数量组合。

税收的收入效应本身并不会造成经济的无效率，它只表明资源从纳税人手中转移到政府手中。但因收入效应而引起纳税人对劳动、储蓄和投资等所作出的进一步反应则会改变经济的效率与状况。

（二）税收的替代效应

替代效应是指国家实行选择性征税政策而对纳税人经济行为的影响。具体表现为：当政府对一部分商品课税，而对另一部分商品不课税，或对一部分商品课重税，对另一部分商品课轻税时，会造成商品比价关系的变化，从而使纳税人相对增加无税或轻税商品的购买，减少含税或重税商品的购买，即发生以无税或轻税商品对含税或重税商品的“替代”行为。如图 8-7 所示：

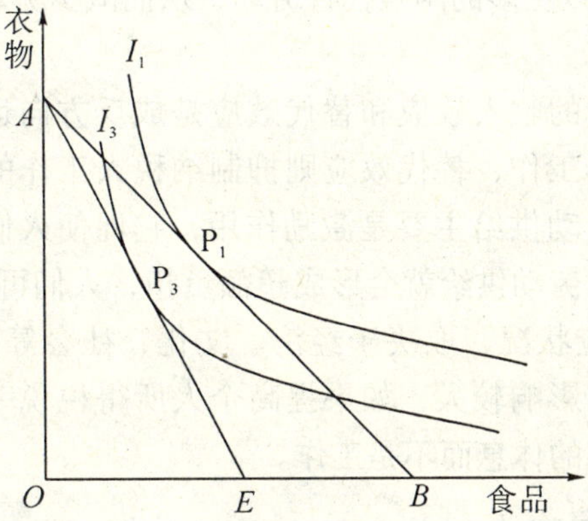

图 8-7

仍假定政府不征税或征税前纳税人购买两种商品的组合线为 AB，最佳选择点仍为 P_1。现假定只对食品征税，税款为 BE 乘以食品价格，而对衣物不征税。在这种情况下，纳税人则会减少食品的购买量，对购买两种商品的组合线便由 AB 移至 AE，与无差异曲线 I_3 相切于 P_3。在这一点上纳税人以税后收入购买商品所得到的效用或满足程度最大，即用于衣物的支出为 P_3 与轴线的垂直距离乘以衣物的价格，用于食品的支出为 P_3 与轴线的水平距离乘以食品的价格。

由此可见，由于政府对食品征税而对衣物不征税，改变了纳税人购买商品的选择，其最佳点由 P_1 移至 P_3。这意味着纳税人减少了食品的购买量，相对增加了衣物的购买量，从而改变了两种商品的数量组合，也使消费者的满足程度下降。

税收的替代效应一般会妨碍人们对消费或活动的自由选择，不利于生产要素供应进而导致经济的低效或无效。因此，国家在制定税收制度时应尽量事先避免某些税种的替代效应。

二、税收的经济影响

（一）税收对劳动供给的影响

在市场经济中，劳动者对劳动和收入的选择包括是否工作，是否努力工作，这就是通常所说的人们在工作以取得收入和享受闲暇之间进行的选择。当然工作的时间越多和工作质量越高，收入就越多，生活就越富裕。但要取得收入就要放弃闲暇，要取得更多的收入就要放弃更多的闲暇。人们对两者之间的取舍取决于许多因素，诸如个人的偏好、工资率的高低（闲暇的机会成本）、其他收入水平的高低等，此外还有政府征税的因素。税收对劳动供给的影响，是通过税收收入效应和替代效应来表现的。

税收对劳动供给的收入效应表现在：当政府对工资收入课税时，劳动者实际支配的收入减少，为了维持税前的收入和水平，必须减少闲暇时间，更加努力的工作，从而使劳动力供给增加。它表明个人收入的减少，但并未改变闲暇与劳动的相对价格。

税收对劳动供给的替代效应表现在：由于政府对劳动收入课税降低了实际工资率，改变了劳动与闲暇之间的“比价”关系，即劳动的相对“价格”提高，闲暇的相对“价格”降低，使劳动者以更多的闲暇代替劳动，从而减少劳动力的供给。它表明了纯粹的价格变化效应。

税收对劳动供给产生的收入效应和替代效应是成反方向运动的，即收入效应激励纳税人为增加收入而努力工作，替代效应则抑制纳税人工作的积极性。如果收入效应大于替代效应，征税对劳动供给主要是激励作用，它促使人们增加工作；如果收入效应小于替代效应，征税对劳动供给就会形成超额负担，人们可能会选择闲暇代替劳动。两种效应相抵后的净效应状况，取决于经济、文化、社会等多种因素。在各税种中，个人所得税对劳动供给的影响较大，如果提高个人所得税税率，使劳动者的边际收入下降，则他们会选择更多的休息而不是工作。

（二）税收对居民储蓄的影响

储蓄是投资的重要资金来源。因而储蓄规模对投资数量有很大的制约作用，对经济增长也有重要的影响。税收的储蓄效应同样分为收入效应和替代效应。

税收对储蓄的收入效应是指政府对个人所得征税以后，个人的实际收入会下降，导致当期的消费减少，但当期储蓄会增加。

税收对储蓄的替代效应是指政府对个人所得征税以后，个人的实际收入会下降，为了保持当期消费的必要水平，纳税人会减少当期储蓄而增加当期的消费支出。

这两种效应对纳税人储蓄行为选择的影响方式不同。实际作用的结果究竟是增加还是减少储蓄，受多种主观因素的制约，其中纳税人的偏好、税制以及纳税人的经济状况等都是重要因素。一般来说，当消费偏好较强的纳税人，税收对储蓄的替代效应起主导作用，反之，则收入效应起主导作用。具有累进性或累进程度较高的税负与不具有累进性或累进程度较低的税负相比，前者的替代效应较强，后者可能会产生一定的收入效应。在对所有的社会成员均按统一标准课税情况下，收入水平低的纳税人与收入水平高的纳税人相比，前者的替代效应明显，而后者的收入效应明显。

近年来，我国家庭储蓄增长速度很快，目前城乡居民储蓄存款余额已超过 10 万亿元。就我国的情况而言，税收对储蓄的影响并不明显，这说明人们对储蓄的态度还取决于税收以外的诸多因素，如居民未来消费的预期、其他投资渠道等。因此，应该适当地运用税收杠杆促进储蓄向投资转化。

（三）税收对投资行为的影响

在市场经济条件下，影响纳税人投资行为的因素主要有两种：投资的预期收益和投资的风险。税收正是通过这两项因素来影响纳税人的投资行为。

政府课税减少纳税人的投资收益，并影响投资收益和投资成本的比率，从而对纳税人的投资行为产生方向相反的两种效应：一是因为税收减少纳税人可支配的收入，使纳税人为了实现既定的收入目标而增加投资，即发生收入效应；二是税收使投资收益减少而降低了投资对纳税人的吸引力，造成纳税人以消费代替投资，即发生了替代效应。在企业所得税的征收中，还有就扣除和税收抵免的规定，这都可能影响企业投资的资本使用成本和税后实际收益率。就折旧扣除而言，如果课税时允许的折旧扣除与实际的折旧扣除一致，则税收对企业投资的资本使用成本和税后收益不发生影响，对投资的影响是中性；如果课税时允许的折旧扣除大于实际的折旧扣除，即实行加速折旧，则税收降低了企业投资的资本使用成本而增加了税后收益，会对投资产生刺激作用。就税收抵免而言，由于税收抵免降低了企业投资的资本使用成本，实际上是鼓励税收投资的税收政策。

税收对纳税人投资风险因素的影响，取决于所得税的征收是否允许纳税人用投资亏损抵消以后的投资收益。在不允许抵消的情况下，税收会抑制纳税人的风险投资行为；相反，如果允许抵消，则税收对投资风险具有一定的激励作用。

三、税收的“中性”

所谓税收中性是指政府课税不扭曲市场经济的正常运行，或者不影响私人部门原有的资源配置状况。如果政府课税改变了消费者以获得最大效用为目的的消费行为，或改变了生产者以获取最大利润为目的的市场行为，就会改变私人部门原来（税前）的资源配置状况，这种改变就被视为税收的非中性。

税收是一种分配方式，从而也是一种资源配置方式。国家征税是将社会资源从纳税人转向政府部门。这个转移过程除了会给纳税人造成相当于纳税税款的负担以外，还可能给纳税人或社会带来超额负担，所谓超额负担主要表现为两个方面：一是国家征税一方面减少纳税人支出，同时增加政府部门支出，若因征税而导致纳税人的经济利益损失大于因征税而增加的社会经济效益，则发生在资源配置方面的超额负担；二是由于征税改变了商品的相对价格，对纳税人的消费和生产行为产生不良影响，则发生在经济运行方面的超额负担。税收的中性就是针对税收的超额负担提出的。税收理论认为，税收的超额负担会降低税收的效率，而减少税收的超额负担从而提高税收效率的重要途径，在于尽可能保持税收的中性原则。所谓税收中性包含两种含义：一是国家征税使社会所付出的代价以税款为限，尽可能不给纳税人或社会带来其他的额外损失或负担；二是国家征税应避免对市场经济正常运行的干扰，特别是不能使税收成为超越市场机制而成为资源配置的决定因素。

上面关于税收效应的分析已经说明，只要国家征税就必然对商品购买、劳动投入以及储蓄和投资等诸多方面产生不同程度的影响。因而在现实生活中保持完全的税收中性是不可能的。提出税收中性原则的实践意义，在于尽量减少税收对市场经济正常运行的干扰，使市场机制在资源配置中发挥基础性作用。在这个前提下，只有掌握好税收超额负担的量和度，才能有效地发挥税收的调节作用，使税收机制与市场机制两者取得最优的结合。一般而言，所得课税只产生收入效应，产生的替代效应较弱，对市场的干预程度较小，是中性的；商品课税往往难以避免替代效应，是“非中性”的。因而，在由市场决定的资源配置达到最优状况的情况下，使征税只产生收入效应而不产生替代效应应是最佳选择。因为它使纳税人因纳税而造成效用水平下降的幅度较低。

第六节 最适课税理论

一、最适课税理论的基本含义

最适课税理论是一个以资源配置的效率性和收入分配的公平性为标准，对构建经济合理的税制体系所进行分析的学说。它研究的是政府在信息不对称（政府对纳税人的纳税能力、偏好结构等信息不完全了解）且征管能力有限的前提之下，如何征税才能既满足效率原则的要求，又符合公平原则的要求。由于现实中税制设计主要是围绕着直接税和间接税展开，并且税基的选择主要是在所得和消费之间进行，所以最适课税理论的内容主要以直接税与间接税的搭配理论、最适商品税理论、最适所得税理论以及反映税收组合的最适税收结构理论构成。

二、最适课税理论的主要内容

经过西方经济学家多年的探索，最适课税理论有了一定的成果积累，不少分析还矫正了以前的错误。下面就将这一领域中比较重要的一些基本研究结论进行归纳总结。

（一）直接税与间接税搭配理论

直接税有助于实现公平分配的目标，而间接税则有助于实现经济效率目标。最适课税理论首先分析了将公平原则与效率原则统一起来的可行性，承认了无论是直接税还是间接税都有其存在的必然性，两者是相互补充而非相互替代的关系。其次，在直接税和间接税并存的复合税制情况下，选择以所得税还是以商品税为主体税种，则取决于公平与效率目标间的权衡。所以，一国的税制结构模式还是要取决于该国政府的政策目标以及税收征管能力。

（二）最适商品税理论

最适商品税理论研究的基本问题是：在选定以商品和劳务作为课税基础之后，应如何设计各种商品的课税税率，才能实现超额负担最小。英国剑桥大学福利经济学家拉姆齐通过严格的数学推导，提出了“拉姆齐规则”①，即为了使总超额负担最小化，税率的制定应当使各种商品在需求量上按相同的比例减少。“拉姆齐规则”后来又被称为需求等比例递减法则。“拉姆齐规则”所揭示的内涵是，一套有效的商品税并不要求对不同的商品课征统一的税率，而是要求使不同的商品税后需求量的变动比例能够统一。“拉姆齐规则”简洁而清晰，成为西方经济学家研究最优商品税问题的重要理论基石。后来，西方经济学家又进一步探讨了“拉姆齐规则”与商品需求弹性的关系，并将“拉姆齐规则”重新表述为“逆弹性法则”或“反弹性法则”。“逆弹性法则”是指为了使总超额负担最小化，商品的税率应当与其需求弹性成反比。“逆弹性法则”所揭

① 哈维·S. 罗森. 财政学［M］. 4版. 北京：中国人民大学出版社，2000：299.

示的内涵是，一套有效的商品税应该尽可能少地扭曲人们的行为，而商品的需求弹性与人们的行为调整是呈正比的，即商品的需求弹性越大，人们的行为被扭曲的可能性也越大。因此有效课税要求对需求弹性较小的商品，应当课以较高的税率；对需求弹性大的商品，则课以较低的税率，即商品税税率的高低应与商品价格供求弹性大小成反比。新表述的逆弹性法则丰富了“拉姆齐规则”的内容，但是由于一般商品税并没有把闲暇这种特殊的消费品包括在税基里，因此商品税就存在着对工作—闲暇关系干扰的可能性。为了纠正这一缺陷，科勒特（Corlett）和哈格（Hague）证明了一个有关“拉姆齐规则”的新法则：科勒特—哈格法则。该法则主张，当有两种与闲暇具有互补和替代关系的商品时，有效课税要求对与闲暇具有互补关系的那种商品应课以相对较高的商品税率，而对与闲暇具有替代关系的那种商品应课以相对较低的商品税率。科勒特—哈格法则所揭示的内涵是，为了减少税收对人们工作—闲暇选择的扭曲，政府可以通过商品税率的选择获得高效率。虽然税务当局不能直接对闲暇课税以促使人们更多地工作而得到一个超额负担最小的“最佳”结果，但是政府可以通过对与闲暇具有互补和替代关系的商品课税的办法在实际上达到对闲暇间接课税的结果。对闲暇互补品征高税可以减少闲暇的消费，对闲暇替代品征低税也可以减少闲暇的消费，这样的税率设计可以非常趋近于对闲暇课税所产生的那种高效率状态。到科勒特—哈格法则为止，西方的最优商品税研究在减少税收的效率损失方面有了很大进展，但也暴露了它的一个最为严重的问题——忽视收入分配。按照“逆弹性法则”，低弹性的生活必需品税率应高，而高弹性的奢侈品反而税率应低，显然有违分配正义的原则。根据最适课税理论的要求，“拉姆齐规则”理所当然应适当加以修正。斯特恩（Stern）概括了修正后的结论：基于公平的考虑，对于高收入阶层尤其偏好的商品无论弹性是否高也应确定一个较高的税率；对于低收入者阶层尤其偏好的商品即使弹性很低也应确定一个较低的税率。从目前西方的现行商品税来看，效率取向比较明显，但公平问题也不得不考虑。西方最适商品税研究与最适所得税研究一样，最终面临的仍然是一个效率和公平的得失权衡问题。

（三）最适所得税理论

与最适商品课税立足于效率相反，最适所得课税的研究是从公平问题开始的。最适所得税理论研究的基本问题是：在选定以所得作为课税基础之后，设计何种程度的累进税率能实现公平准则。最适所得税理论的核心是如何确立所得税的最适税率，以使得社会在达到合意收入分配目标的同时，还能够实现对所得征税所带来的效率损失最小化。

最适所得税理论是维克里在1946年首先提出的。他研究的基本问题是：如何使个人累进所得税的设计既能促进收入再分配目标的实现，又不影响个人工作的积极性。从某种意义上说，维克里的研究思路实际上是现代最适课税理论的真正出发点。他首先论证了累进所得税对劳动供应与个人工作积极性的负面影响，进而创造性地建立了使所得税效率与公平达到相对均衡的模式。但他对这一问题的论述模式过于复杂，而且许多论点不够明确。

后来，米尔利斯用数理推导出了关于优化累进所得税的一般结论，即在政府目标是使社会福利函数最大化的前提下，社会完全可以采用较低累进的所得税来实现收入再分配。所得税累进程度越高，替代效应越大，超额负担也越大，即过高的边际税率不仅会导致经济效率的损失，而且对公平分配目标的实现也是无益的。因为，低收入者所得税的免征额是固定不变的，过高的边际税率只能使高收入者的收入减少，却不能使低收入者的福利水平提高。从理论上说，要兼顾效率与公平两大原则的最佳平衡，所得税税率结构就应处于是收入再分配带来的福利与累进税制削弱激励机制造成的效率损失相抵的边际点上。米尔利斯进一步提出了"倒U形"的最适累进所得税课税模式，即从社会公平与效率的总体考虑，中等收入阶层边际税率可适当高点；相反，对低收入阶层和高收入阶层应实行较低的边际税率。这一结论是基于这样的判断：在同样的效率损失情况下，政府通过提高中等收入者的边际税率，从较为富裕者那里取得更多的收入；而通过降低最高和最低收入者的边际税率，增加这一群体的福利（效用）。这样既能实现帕累托改进，又能促进收入分配公平。

当然，由于"倒U形"的所得课税理论是在完全竞争市场的假定前提下进行的，从管理上看，要计算出最佳税率，政府就要充分掌握纳税人的效用水平、收入与闲暇的边际替代率等信息，而这有很大难度，并且这些信息本身也具有不确定性。因此，在实践中，还没有哪个国家完全按照最适所得税理论来设计本国的税收制度。但值得注意的是，西方国家20世纪80年代中期开始进行的所得税制度的改革，不少措施是符合最适课税理论要求的。如许多国家大幅度降低了个人所得税的边际税率，个别国家个人所得税的边际税率曲线也略呈"倒U形"。

由于在实践中"倒U形"的所得税税率难以实现，于是一种不同于"倒U形"课税模式，比较接近现实的"U"型非线性所得税制的最优设计又引起了人们的注意。在这方面比较有名的是米尔利斯的老搭档——美国麻省理工学院的戴尔蒙德（Diamond）。他在1998年发表文章，反对倒"U"型最优边际税率，主张"U"型最优边际税率的设计，即对低收入的个人，边际税率要高，对高收入的个人，边际税率也应高，而对中等收入者，边际税率应低。从目前西方的现行所得税来看，"U"型边际税率仍是比较现实的选择，其地位还是不可动摇的。经济学家分析的结论是税制设计应尽力保证"U"型边际税率表不是陡峭的，而现实中存在的过高边际税率是有害的，应大幅削减。

（四）最适税收结构理论

最适税收结构理论研究的基本问题是：在同时考察所得税和商品税的税收框架中，应如何设计税收方案以实现税收结构的最优化。西方经济学家对于所得税和商品税的看法大致是两者各有优势。所得税的优点在于它可以对不同类型的人和不同收入水平课征不同的税；商品税的优点在于它可以对一些产品课征比其他产品更重的税。两者在很大程度上是不可替代的。如何在两者之间实现最优平衡，是个相当复杂的问题。一个比较流行的观点是，最优解决方法可以设计为所得税用于收入再分配的公平目标，商品税用于获取税收收入的效率目标。但是最适税收理论的研究表明，问题比这要复杂得多。由于所得税本身就存在着线性和非线性两种边际税率选择的差别，商品税也存在统一税率和差别税率两种选择的差别，这就给最适税收结构的设计增加了难度。一些经济学家从最优税收的角度对所得税和商品税进行了比较分析。占上风的观点认为所得税优于商品税，因此主张所得税在税收结构中应该占据较大比重。另一些经济学家对不同的税收方案选择进行了最优分析：比如线性所得税与差别商品税方案，非线性所得税与统一商品税方案。从分析的结论看，在最优解决方法中所得税仍然占据优势地位。如果忽略征管问题、逃税、横向公平和纳税人对税收的偏好等因素，那么出于公平和效率的考虑，非线性所得税和统一商品税的税收结构比较可取。在此结构中非线性所得税用来增加平等，统一商品税用来在效率基础上增加收入，这种税收结构与流行的看法基本一致。但是，如果考虑到那些其他因素，那么有非常好的理由支持线性所得税和差别商品税的税收结构。在此结构中线性所得税用来在效率基础上增加收入，而差别商品税用来增加平等。这种税收结构与前面所讲的流行看法正好相反，所得税不是用来实现公平目标而是成了效率工具，商品税不是用来实现效率目标而是成了公平工具。根据目前西方最有影响的研究最适税收结构理论的经济学家阿特金森的总结，除非做出极严格的假设，最适税收结构的选择应是所得税和商品税二者某种平衡性的结合。从目前西方最适税收结构理论的研究结果看，它也同样陷入了效率和公平得失权衡的旋涡之中。

从整个最适课税理论的研究来看，其研究成果离实用性还有相当大的差距。最适税制文献的大量研究模型高度依赖于某些远离现实的假设条件，而离开了这些假设条件，最适课税理论所谓精确的标准数学公式最终便几乎没有什么意义了。由于它太拘泥于经济学上的功利主义福利分析方法，因此有些缺陷是致命的。正如罗森所说："最适课税理论一般不考虑政治和社会制度。一种'最适'税收可能会很容易地毁灭在政治家的手中或者行政管理费用过高。"① 总的来讲，最适课税研究在理论上的进步要远远大于实践上的成功，它要为政府税收政策设计提供某种可行方案还有许多事情要做。

【关键词】

税收　纳税人　负税人　课税对象　税基　税率　比例税率　累进税率　定额税率　超额累进税率　纳税环节　纳税期限　纳税地点　附加和加成　减免税　直接税　间接税　中央税　地方税　从量税　从价税　价内税　价外税　效率原则　公平原则　税负转嫁　税收归宿　税收资本化　税收收入效应　税收替代效应　最适课税理论

复习思考题

1. 简述税收的基本特征。
2. 纳税人与负税人有什么区别。

① 哈维·S.罗森. 财政学［M］. 4版. 北京：中国人民大学出版社，2000：318.

3. 什么是税负转嫁与归宿？税负转嫁的条件是什么？
4. 简述拉弗曲线。
5. 简述影响税收负担的因素。
6. 税收中性原则的意义是什么？
7. 简述最适课税理论的主要内容。

第九章　税收制度

【本章中心内容】

本章主要阐述了我国税收制度改革与发展的历史演进，尤其是1994年以来流转税制和所得税制的改革与完善。我国现行流转税的主要税种：增值税、消费税、营业税和关税的基本内容。我国现行所得课税的主要税种：企业所得税、个人所得税的基本内容。我国现行财产税、资源税、行为税以及其他课税的主要税种及内容。

第一节　税制概述

一、税收制度概念

税收制度，简称税制，是国家向纳税人征税的制度依据，是国家征税机关税收活动的工作规则，也是纳税人履行纳税义务的法定准则。

对税收制度可以从不同角度理解。从立法的角度而言，税制包括一个课税主权之下的所有税收法律、法规、条例等。从构成角度看，它是国家各种税种组成的税收体系，其核心是主体税种的选择和各种税种的搭配问题。广义的税制包括税收法律法规、税收征管体制、税收征管制度、税务工作规程；狭义的税收制度是指国家各个税种的税收法规、管理制度，包括具体税种的税收条例、实施细则、征管办法和其他相关的税收规定等。

二、税收制度的组成

税收制度总是由具体的税种组成的，但组成的方法可以有不同的选择。回顾整个税收理论演进历史，关于税收制度的组成主要有两种不同的理论主张。一是主张单一税制，二是主张复合税制。

（一）单一税制

单一税制即一个国家的税制由一个税类或少数几个税种组成。

1. 单一税制模式的内容

单一税制模式的提出由来已久，但在人类历史上始终没有一个国家采用单一税制模式。对它的研究，仅仅停留在理论设想上。由于各个时期经济发展情况不同，单一税制学说的理论依据与内容也不相同。最有代表性的有以下四种理论观点：

（1）单一消费税论

主张单一消费税论的多为重商主义者。17 世纪，英国人霍布斯主张实行单一消费税。他认为，人人都要消费，因此按消费品课税，能使税收负担普及全体人民，而没有身份、阶级和职业的区别，使贵族和其他特权阶级都无法逃避纳税。19 世纪，德国经济学家普费菲也有过类似主张。他认为税收应以个人的全部支出为课税标准，即对全部消费课税，这样才能做到课税平等。单一消费税论，符合税收的普遍原则，对于废除免税特权有一定的积极意义，但单一消费税在公平税负和保证财政收入稳定方面却显露出不足。

（2）单一土地税论

这一思想为法国重农学派所提倡，魁奈和布阿吉尔贝尔则是其代表人物。他们认为土地是一切财富的真正源泉，只有农业生产出来的物品才是“纯产品”，而只有“纯产品”才可能负担税收。对土地收益以外课征的各种税种，最终都会转嫁到土地收益上来，因此只应征收土地税（他们称之为“地租税”），而废除其他各税。他们的理论对于当时反对苛捐杂税、废除封建贵族免税特权有一定意义，但不符合普遍原则，也片面地理解了税负转嫁问题。19 世纪，单一土地税论又被美国经济学家乔治·亨利再次提出。他认为资本主义制度的弊病就在于对社会财富分配不公，经济发展导致土地日益不足，社会进步过程中财富的积累和贫困的根源是由于少数人占有土地。对此，他主张实行“单一地价税”，把不劳而获的地租用于发展生产和为全社会创造福利。

（3）单一资本税论

这种主张的代表人物是法国学者吉拉丹和莫尼埃，以及后来的一些美国学者。他们主张单对资本征税，即以资本和财产价值为标准征税。凡拥有资本和财产的都应纳税，其他的所得不征税。这一学说又分为两派：美国学者派主张资本课税应以不动产为主；法国学者派主张资本课税应以有形的资本为准。

（4）单一所得税论

这一理论由 16 世纪法国重商学派的博丹提出，但他当时还主张设立关税。18 世纪法国重农主义经济学家沃邦提出“什一税”。所谓“什一税”是以包括土地税、养老金、工资所得等各种所得为课税对象的税种。“什一税”是一种彻底的单一所得税论的主张。至 19 世纪后半叶，德国也开始盛行单一所得税制的思想。他们认为，消费税对多数贫民课税有失公平，而所得税对少数富有者课税最为公平合理；而且所得税富有弹性，能够满足国家财政需要，所以国家只需课征所得税，取消其他各税。

2. 单一税制模式的优缺点

由于单一税制理论仅限于理论上的探讨，并没有哪个国家真正实施过。因此，讨论其优缺点也只局限于对其理论的主观分析。

（1）单一税制的优点有三点：一是税收的课征只有一次，对生产和流通的影响很小；二是课征范围小，征收方法简单，节约征收费用；三是对纳税人来说，可以减少苛捐杂税的困扰，减轻了人民的税收负担。

（2）单一税制的缺点有三点：其一，收入缺乏弹性，难以发挥聚财和调节经济的作用；其二，不符合普遍课税原则，税负不合理，易激化社会矛盾；其三，枯竭税源，损害经济资源，阻碍经济平衡发展。

(二) 复合税制

复合税制即一个国家的税收制度由多个税类的多个税种组成，通过多税种的互相搭配和相辅相成组成一个完整的税收体系。复合税制并不是否定各税种在功能、作用和地位上的差别，它往往以某一个税种或某两个税种作为筹集财政收入或调节经济活动的主导，即所谓主体税种。在不影响其他各税种的前提下，会突出主体税种的作用。

1. 复合税制模式的内容

复合税制模式作为由多种税组合而成的税收制度，究竟应该由哪些税种组成，西方学者对此看法不同，存在争论。具体有以下三种不同的理论学说：

(1) 两大税类论

两大税类论是指税收制度由直接税和间接税组成。如德国社会政策学派的谢夫勒曾直接提出以直接税与间接税组成复合税制。而有的学者虽然未直接提出但实质上是主张直接税与间接税的，如德国的劳若提出的赋课税与消费税，劳兹提出的配赋税与从率税等。

(2) 三大税类论

有些学者认为税制结构应由三类税构成。如瓦格纳认为税制结构应由所得税（对所得、收益、利息的课税）、所有税（指财产税）与消费税组合，才较为全面。日本小川乡太郎主张所得税、消费税、流通税三个税类组成的税制。这种理论观点为现代西方国家所得税、商品税和财产税三大税类理论的建立和发展奠定了基础。

(3) 四大税类论

在上面三大税类论的基础上，有些学者又增加了流通税类，从而构成了四个税类。流通税类的课税对象为经济流通，并以经济流通的行为作为税源，其主要税种为财产流通税。但流通税实际上是财产税和商品流转税的结合，其意义上更接近财产税，而且在数额上所占的比例不大，不应作为代表税类。因此，四大税类论实际上还是三大税类论。

2. 复合税制模式的特点

复合税制模式同单一税制模式相比，有如下的优缺点：

(1) 复合税制模式的优点：一是税源充裕，能保证国家财政需要，税制有较大的弹性，能适应时政需要的变动；二是复合税制涵盖面广，能捕捉各种税源，容易做到普遍课税和公平课税；三是复合税制模式能够保证税源不致枯竭，并能促使社会经济综合平衡发展。

(2) 复合税制模式的缺点：一是税种过于繁杂，二是税负分布不均，三是征收成本高。

三、税制结构模式

税制结构模式是指由主体税特征所决定的税制结构类型。一般来讲，只有在复合税制下才会涉及税制结构的问题。在一个国家税制结构中占主要地位、起主导作用的税种即所谓的主体税种。主体税种是税制结构类型的划分依据。从理论上讲，一个复合税制结构中的主体税种可以是一个或多个，因此复合税制结构相应划分为单一主体税制结构、双重主体税制结构和多重税制结构。从当今世界各国复合税制结构的选择上看，目前主要存在以商品劳务税为主体的税制结构和以所得税为主体的税制结构两大税制结构模式。

（一）以商品劳务税为主体的税制结构模式

以商品劳务税为主体的税制结构模式即以增值税、消费税、营业税、关税等作为主体税种，构成国家税收收入的主要来源，能对社会经济运行起调节作用。因此，它又被称为以间接税为主的税制结构模式。它可以进一步分为以下两种类型：

（1）以一般商品劳务税为主体，也就是对全部商品和劳务，在生产、批发、零售及劳务服务等各个环节实行普遍征税。一般商品税具有普遍征收、收入稳定、调节中性等特点。一般商品税在课税对象确定上，既可以对收入全额征税，也可以对增值额征税。前者称为周转税（产品税），征收简便易行，但重复课税，不利于专业化协作；后者称为增值税，可避免重复征税但对征管有较高要求。

（2）以选择性商品和劳务税为主体，也就是对部分商品和劳务，在生产、批发、零售及劳务服务等环节选择性征税。选择性商品税具有特殊调节作用。

（二）以所得税为主体的税制结构模式

以所得税为主体的结构模式即对个人所得和公司所得普遍课征，且这些所得税成为税收收入的主要组成部分，其在商品税、财产税等辅助下实现对社会经济调节。这种税制结构模式又被称为以直接税为主的税制结构模型。可进一步分为以下三种类型：

（1）以个人所得税为主体。以个人所得税为主体税一般是在经济比较发达的国家，个人收入水平较高，收入差异较大，需运用个人所得税来稳定财税收入，促进个人收入的公平分配。

（2）以企业所得税为主体。在经济比较发达，又实行公有制经济的国家，在由间接税制向直接税制转换过程中，有可能选择以企业所得税而不是个人所得税为主体税。

（3）以社会保障税为主体。在部分福利国家，政府为实现社会福利经济政策，税制结构已由以个人所得税为主体转向以社会保障税为主体。

（三）商品劳务税和所得税双主体的税制结构模式

双主体税制结构模式，是指在整个税制体系中，商品劳务税和所得税占有相近比重，在财政收入和调节经济方面共同起着主导作用。一般说来，在由商品劳务税为主体向所得税为主体的税制结构转换过程中，或由所得税为主体，扩大到商品劳务税的过程中，均会形成双主体税制结构模式。从发展的角度看，这种税制模式是一种过渡性税制结构模式，最终会被其中一种主体税取代其双主体地位。

四、我国税收制度的发展改革

新中国成立以后，随着生产力的发展和社会经济制度的改革，税收制度也经历了多次改革发展。回顾我国税收制度的改革发展历程，对于进一步完善我国税制有重要的指导意义。

(一) 1950 年统一全国税政

新中国成立以前，革命根据地的税收主体是农业税，此外还有向单位和个人征收的工商所得税、营业税、交易税、烟税、酒税、盐税、出入口税、屠宰税、薪给工资所得税等。那时的税收体系的一个重要特征是革命老区和新解放区的税收制度很不统一。老革命根据地的税制是革命政府建立的税制，而新解放区的税制建设工作由于一时跟不上，所以采取了“除某些绝不合理的苛捐杂税外，其余暂时沿用国民党旧税法，进行稽征，在稽征过程中，再加以研究改进”的方针。这种税收制度的不统一情况与新中国成立后全国政治上的统一极不适应，不利于国家的统一与稳定。所以迫切需要统一全国税政，建立新中国的统一税制。

1949 年 11 月 24 日 ~12 月 9 日，中央人民政府召开了第一届税务会议。会议制定了《关于统一全国税政的决议》、《全国税政实施要则》和《全国各级税务机关暂行组织规程》，并于 1950 年 1 月由政务院颁布实施。《全国税政实施要则》规定了全国开征 14 种税：货物税、工商业税（包括坐商、行商、摊贩营业税及所得税）、盐税、关税、薪给报酬所得税、存款利息所得税、印花税、遗产税、交易税、屠宰税、房产税、地产税、特种消费行为税（筵席、娱乐、冷食、旅店）、车船使用牌照税。同时规定了各级政府的税收立法权限以及税务机关的任务和职权等项内容。1950 年 4 月公布了《契税暂行条例》。1950 年 6 月，党中央召开了七届三中全会。会后，政务院根据毛泽东主席的《为争取国家财政经济状况的基本好转而斗争》报告中的“巩固财政经济工作的统一管理和统一领导，巩固财政收支的平衡和物价的稳定。在此方针下，调整税收，酌量减轻民负”的指示，对税收作了如下调整：①调整税种。决定暂不开征薪给报酬所得税和遗产税；将房产税和地产税合并为城市房地产税。②调整税目。将货物税原定的 1136 个税目减并为 358 个；将印花税原定的 30 个税目调整为 25 个。③调整税率。降低了货物税中部分税目的税率；对所得税通过调整累进级距调减了税负；对营业税、临时商业税、印花税、利息所得税、房地产税、特种消费行为税以及车船使用牌照税的税负作了部分调整。

经过这次建立和调整，新中国的税制体系初步建立起来了。这一税制体系的特点是以流转税为主要税种，实行多种税、多次征。

(二) 1953 年修订税制

至 1953 年，国民经济结构发生了很大变化，国营、合作经营、公私合营经济在整个国民经济中所占的比重显著提高。这种经济成分的变化也导致了经营方式（商品流通渠道）的变化，委托加工、代购代销和内部调拨的范围日益扩大，商品中间周转次数大大减少，这使得征税环节相应减少，所以出现了“经济日益繁荣，税收相对下降”的局面。另外，1950 年颁布实施的税制主要是针对私有经济的，税制显得过分复杂，所以也需要改进。为此，1952 年召开的第四届全国税务会议提出了“保证税收，简化手续”的原则。会后，政务院颁布了《关于税制若干修正及实行日期的通告》，并从

1953年1月起实施。其修订的主要内容有四点：

1. 试行商品流通税

该税是以原来征收货物税的一部分应税项目为基础，把原来在生产和流通各环节征收的货物税、工商营业税及其附加税、印花税简化合并而成的一种税。该税实行从生产到消费的一次课征制，凡已缴纳商品流通税的商品，不再征收其他各种税。未试行商品流通税的商品仍按有关规定分别征收货物税、工商营业税及其附加、印花税。

2. 修订货物税

主要是调整了货物税的税目、税率。

3. 修订工商业税

主要是将向工商企业征收的印花税、营业税及其附加并入营业税。对已纳入商品流通税的商品不再征收营业税；对已征货物税的货物，在批发或零售时仍征收营业税；既不征商品流通税，又不征货物税的货物，征收营业税。临时商业税部分主要是将临时商业经营者应纳的地方附加及印花税并入临时商业税。

4. 其他各税的修订

主要内容是：调整了印花税税目；取消棉纱统销税，将其并入商品流通税；屠宰商应纳的印花税、营业税及其附加，均并入屠宰税征收；交易税中只保留牲畜交易税，粮食交易税并入货物税，棉花交易税并入商品流通税；取消特种消费行为税，将“电影、戏剧及娱乐”税目独立成“文化娱乐税”。

经过1953年修订后，我国还有如下14种税：商品流通税、货物税、工商业税、盐税、关税、农（牧）业税、印花税、屠宰税、牲畜交易税、城市房地产税、文化娱乐税、车船使用牌照税、利息所得税和契税。

（三）1958—1978年期间的税制改革

1. 1958年建立了工商统一税和统一了全国农业税

1956年，我国完成了对农业、手工业和资本主义工商业的社会主义改造。因所有制结构发生了根本的变化，原来主要针对私营经济的税制需要进一步简化。所以，1958年9月全国人大常委会通过了《中华人民共和国工商统一税条例（草案)》。其主要内容是：

（1）合并税种。把对工商企业原来征收的商品流通税、货物税、工商业税中的营业税、印花税合并为工商统一税。

（2）简化纳税环节。对工农业产品基本上实行只在生产或采购环节征收一次，再在商业零售环节征收一次的两次课征制，取消了批发环节的营业税。

（3）简化计税价格。工农业产品以实际出厂价和实际采购价格计税，商业服务以实际业务收入计税。

（4）简化对中间产品征税。从原来对26种中间产品征税，改为只对棉纱、皮革、白酒3种产品征收中间产品税。

（5）适当调整税率。在保持原税负的前提下，对个别利润过高或过低的产品适当调整了税率。

(6) 把工商所得税从工商业税中独立出来，建立独立的工商所得税。此税又在1963年进行了重大调整。

在农业税制方面，由于“三大改造”完成后的农业也走上了合作化的道路，所以有条件统一全国的农业税。1958年6月公布了《中华人民共和国农业税条例》。虽然此后我国的农业税不断进行调整修改，但全国统一的农业税是从1958年开始，这是具有划时代意义的。

2. 1973年进一步简化税制，试行工商税

经过1958年以后陆续的税制改革，我国还有11个税种：工商统一税、工商所得税、盐税、关税、农（牧）业税、屠宰税、城市房地产税、车船使用牌照税、牲畜交易税、集市交易税（保留税种，但未开征）和契税。经过改革开放，社会主义市场经济的改革试点，从1973年起在全国范围内实施了工商税。这次税制改革的主要内容是：

(1) 合并税种。摊贩工商统一税及其附加税、城市房地产税、车船使用牌照税、盐税和屠宰税合并为工商税（后来盐税暂时按原办法征收）。

(2) 简化税目税率。实行工商税后，税目由过去的108个减少到44个；税率由过去的141个减少到82个，其中真正不同档次的税率只有16个。

(3) 简化征收办法。主要是废除了许多在当时被认为是不合理的繁琐的征税办法。

经过这次税制改革，对国营企业只征收工商税，对集体企业征收工商税和工商所得税。城市房地产税、车船使用牌照税和屠宰税只对个人和外侨征收。

（四）1980—1982年中国涉外税制初步建立

我国自1978年党的十一届三中全会以后实行了改革开放，开始引进外资和先进技术。为了维护国家的经济利益，促进对外经济交往，根据国际惯例，我国人大常委会于1980年公布了《中华人民共和国合资企业所得税法》和《中华人民共和国个人所得税法》，并于1981年起实施；1981公布了《中华人民共和国外国企业所得税法》，并于1982年起实施。这三个涉外税种主要是为了适应我国实行对外开放的局面而开征的，在我国税制改革史上具有重要意义。随着这些税种的运行，1991年将《中华人民共和国合资企业所得税法》和《中华人民共和国外国企业所得税法》合并成《中华人民共和国外商投资企业和外国企业所得税法》，1993年将《中华人民共和国个人所得税法》与针对我国公民的《中华人民共和国个人收入调节税条例》合并为统一的适用于所有外国人和中国公民的《中华人民共和国个人所得税法》。

（五）1984年实行以国营企业利改税为核心的税制改革

在实行对外开放的同时，我国也积极实行“对内搞活”的经济改革，不断改革国营企业的体制和经营机制。其核心的内容是国家与国营企业的收入分配制度的改革。国家决定将国营企业原来的上缴利润改为上缴所得税。改革中实行不断试点，大体上分两步走。

1. 第一步利改税的主要内容

(1) 凡是有盈利的国营大中型企业，均根据其实现的利润按55%的税率征收国营

企业所得税。税后利润除按国家核定的留利水平留给企业外，其余部分根据不同情况，分别采取递增包干上交、固定比例上交、定额包干上交和缴纳调节税等办法上交国家。

（2）凡有盈利的国营小型企业，均根据其实现利润按八级超额累进税率征收所得税，税后利润归企业支配。

（3）营业性的宾馆、饭店、招待所和饮食服务公司按15%征收所得税，国家不再拨款。

第一步利改税在理论上和实践上都是一个重大的突破，但却是不完善的。对国营企业除征收所得税外，对原有的税种、税率并未进行合理调整和改革；税后利润还要征收调节税或以各种形式的利润上交，这使得国家与国营企业之间的分配关系也没有真正固定下来，并且国营企业内部、国营企业与其他所有制企业之间的分配关系也不规范，所以仍需进一步改革。

2. 第二步利改税的主要内容

1984年10月1日，我国在全国范围内进行了第二步利改税。第二步利改税是与工商税制的全面改革结合进行的。主要内容是：

（1）将原实行的工商税按性质划分为产品税、增值税、营业税和盐税。同时将税目划细，适当调整税率。

（2）对某些企业开征资源税，以调节由于自然资源和开发条件的差异而形成的级差收入，有效地管理和利用国家资源。

（3）恢复和开征房产税、土地使用税、车船使用牌照税和城市维护建设税等4个地方税种。

（4）对国营大中型企业按55%的比例税率征收所得税，税后利润超过合理留利水平的，还要征收调节税；国营小型企业按新八级超额累进税率征收所得税，并适当放宽小型企业的划分标准。

1984年以国营企业所得税改革为核心的工商税制改革在我国税制改革史上也具有重要意义。这主要是突破了国家与国营企业原来的分配模式，为以后按照市场经济的规则，统一所有不同所有制性质的税收制度打下了基础。

（六）1994年的税制改革

随着以社会主义市场经济为取向的经济体制改革的深化，税制改革也需要不断深化。另一方面，税制改革的深化又反过来推动了市场经济改革的深化。

1. 流转税改革的主要内容

建立以增值税为主体，并实行增值税、消费税、营业税相配套的税制格局。即在生产环节、商品批发和零售环节全面实行增值税，第三产业中加工和修理修配也实行增值税；并且，增值税的税率是对大部分征收对象实行17%的基本税率，只对少数有关国计民生的货物和劳务实行13%的优惠税率。在征收增值税的基础上选择少数商品再征收一道消费税，实行增值税与消费税交叉调节；对不实行增值税的劳务交易、转让无形资产和销售不动产征收营业税。取消对外商投资企业征收的工商统一税，对内外资企业实行统一的流转税。

2. 企业所得税改革的主要内容

将原国有企业所得税、集体企业所得税和私营企业所得税合并为一个企业所得税（2001 年起又将不具法人资格的私营企业划入个人所得税的纳税人范围），合并后的企业所得税采用统一的 33% 的比例税率，对盈利水平低的企业在两年内征收 27% 和 18% 两档过渡税率（事实上一直延续到内外资企业所得税的合并），取消国有企业调节税和税后上交的国家能源交通重点建设基金和国家预算调节基金。

3. 个人所得税改革的主要内容

将原来的个人所得税、个人收入调节税和城乡个体工商户所得税合并为个人所得税。

4. 调整、撤并和开征其他一些税种

调整资源税、城市维护建设税和城镇土地使用税，取消集市交易税、牲畜交易税、烧油特别税、奖金和工资调节税，开征土地增值税、证券交易税，盐税并入资源税，特别消费税并入消费税等。

1994 年的税制改革可以说是一场“革命性”的税制改革，这是因为这场税制改革是以市场经济为导向的改革。主要表现为两点：一是作为主体税种的流转税中的增值税实行了 17% 的基本税率，这符合市场经济体制下以市场对资源的配置为基础，以政府的调节为辅助的原则。我国过去的税制建设和改革中都过分强调税收的杠杆作用，这实际上是一种计划经济体制下政府调控代替市场调节的反映。二是企业所得税改革中将不同所有制的企业所得税合并为统一的企业所得税。这意味着在税收政策上基本上取消了所有制成分论，促进了市场经济条件下不同所有制的企业平等竞争，有利于经济效率的提高。

（七）21 世纪以来的税制改革

1. 合并内外资企业所得税

从 2008 年 1 月 1 日起执行新的企业所得税法。新的企业所得税法统一适用于内外资企业。新企业所得税法的主要改革之处有四点：①不再区分内外资企业分别适用所得税法。②由原来的外商投资企业与外国企业适用的所得税率 30% 加 3% 的地方所得税率和内资企业适用的 33% 的税率，调整为统一适用的 25% 的税率。③规范了作为税基的所得额计算办法，取消了计税工资等税前纳税调整项目，在一定程度上减轻了企业所得税的负担。④统一了内外资企业的税收优惠，取消了原来给予外资企业的过多的税收优惠。新的企业所得税法更好地适应了我国市场经济进一步发展的需要，也更好地适应了我国外贸形势迅速发展和外汇储备过快增长、人民币快速升值的新形势，有利于在加入世贸组织后更好地落实“国民待遇”原则，促进内外资企业平等竞争，促进我国改革开放更加健康地发展。

2. 改生产型增值税为消费型增值税

扩大增值税抵扣范围的试点首先是在 2004 年 7 月被作为支持东北振兴的优惠政策而加以运用的。2007 年 7 月，我国又在中部地区进行扩大增值税抵扣范围的试点。在此基础上，我国从 2009 年 1 月 1 日起，正式在全国范围内改生产型增值税为消费型增值税，允许纳税人抵扣购入的固定资产已纳增值税税款。

3. 取消农业税和农业特产税

2005 年 12 月，第十届全国人大常委会第十九次会议通过决定，自 2006 年 1 月 1 日起废止《中华人民共和国农业税条例》。取消农业税有助于进一步减轻农民负担，更好地解决“三农”问题，保障农业生产的发展。

4. 2007 年 1 月 1 日起实行新的车船税

将原来对内资企业和中国居民征收的车船使用税和对外资企业、外籍人员、香港、澳门、台湾同胞征收的车船使用牌照税合并为车船税，促进了内外资企业的公平税负和平等竞争，税额也作了相应的调整。

5. 修订城镇土地使用税

2006 年年底，国务院颁布了《关于修改〈中华人民共和国城镇土地使用税暂行条例〉的决定》。其主要改革的内容有：①从 2007 年 1 月 1 日起，将城镇土地使用税的纳税人拓宽到外商投资企业、外国企业，促进了内外企业平等纳税和公平竞争。②将单位税额大致提高了两倍，促进了土地资源的节约使用。

6. 2011 年个人所得税改革

2011 年 6 月 30 日，第十一届全国人大常委会第二十一次会议表决通过《关于修改〈个人所得税法〉的决定》。其中规定，工资、薪金所得以每月收入额减除费用 3500 元后的余额为应纳税所得额；工资、薪金所得适用超额累进税率，税率为 3% 至 45%。修改后的个税法于 2011 年 9 月 1 日起施行。

7. 2011 年资源税改革

2011 年 11 月 1 日起，在新疆试行了一年多的新的《中华人民共和国资源税暂行条例》将在全国范围内施行。此次资源税改革的核心内容就是资源税税额从“从量计征”改为“从价计征”。对原油、天然气资源税由“从量计征”改为“从价计征”，并相应地将两者的税率水平提高到 5% ~10%，此次暂按 5% 的税率征收。其次是把焦煤、稀土分别从煤炭和有色金属矿中单列出来，分别将其税率提高到每吨 8 ~20 元和 0.4 ~60 元。

8. 2011 年增值税、营业税改革

2011 年财政部、国税总局审议通过《关于修改〈中华人民共和国增值税暂行条例实施细则〉和〈中华人民共和国营业税暂行条例实施细则〉的决定》，对营业税起征点和增值税起征点进行修改。新规定自 2011 年 11 月 1 日起施行。

该《决定》将《中华人民共和国增值税暂行条例实施细则》第三十七条第二款修改为：“增值税起征点的幅度规定如下：销售货物的，为月销售额 5000 ~20 000 元；销售应税劳务的，为月销售额 5000 ~20 000 元；按次纳税的，为每次（日）销售额 300 ~500 元。”

将《中华人民共和国营业税暂行条例实施细则》第二十三条第三款修改为：“营业税起征点的幅度规定如下：按期纳税的，为月营业额 5000 ~20 000 元；按次纳税的，为每次（日）营业额 300 ~500 元。”

经过一系列的税制改革，我国已形成了以流转税为主，所得税次之，其他税种辅助的复合税制体系。现行正式征收的税种及其分类如下：

流转税类：增值税、消费税、营业税、关税。

所得税类：企业所得税、个人所得税。

财产税类：房产税（城市房地产税）、契税、车船税。

其他税类：城市维护建设税、资源税、城镇土地使用税、耕地占用税、土地增值税、固定资产投资方向调节税（自 2000 年 1 月 1 日起新发生的投资额暂停征收印花税、车辆购置税）。

第二节 流转税

流转课税又称商品课税，是指以流转额为课税对象的税类。流转额包括商品流转额和非商品流转额。商品流转额是指在商品交换（买进和卖出）过程中发生的交易额。对卖方来说，具体表现为商品销售额；对买方来说，则是购进商品支付金额。非商品流转额是指交通运输、邮电通信以及各种服务性行业的营业收入额。此外，流转课税既可以全部流转额作为课税对象，又可以部分流转额作为课税对象。流转税是我国现行税制结构中的主体税类，对我国财政收入的稳定增长发挥了积极作用。流转税主要包括：增值税、消费税、营业税、关税以及一些地方性的工商税种。

一、流转税的特点

（一）以商品交换为前提，课征普遍

由于流转税的课税对象是流转额，而流转额只能在商品（包括劳务）交换过程中形成，因此流转税的征收必须以商品交换为前提。同时流转课税中的许多问题，像计税价格、纳税环节、重复征税、税负转嫁等，都直接同商品交换相联系。在现代社会中，商品经济高度发达，商品生产和商品交换是社会生产的主要形式，流转课税自然是最普遍的税类。

（二）以流转额为计税依据

在税率已定的条件下，流转税额的大小直接依存于商品、劳务价格的高低及流转额的多少，而与成本、费用水平无关。即不论课税的商品有无盈利，只要发生了商品销售或提供劳务的行为，所发生的流转额都要课税。

（三）实行比例税率，计征简便

商品课税主要适用从价比例税率，但一般情况下均为差别比例税率，只有少数税种或税目实行定额税率。这是商品税的一个重要特征。

商品课税课征对象的普遍性及以流转额为计税依据的特征决定了商品课税税源的充足性，保证了国家财政收入的充裕；实行有差别的比例税率有利于国家通过商品课

税对经济进行有效调节，引导资源的优化配置和经济结构的调整；计征便利性的特征既有利于税务机关的征收管理和节约征收成本，又有利于纳税人节约纳税成本，这两方面都有利于税收效率的提高。但是流转税也存在一些明显的缺点，如不符合税收的公平原则，具有明显的累退性；影响生产和流通的发展；商品课税加重了消费者的生活负担等。因此在税收实践中，必须扬长避短，这也正是我国流转税制度建设中应该遵循的基本原则。

二、流转税的主要税种

根据1994年税制改革内容，我国现行税收制度中流转税设置有多个具体税种。这里简单介绍具有代表性的主要税种及其基本制度规定，即增值税、营业税、消费税和关税，以说明流转课税的纳税人、税率及计征方法等税制中的基本问题。

（一）增值税

1. 增值税概述

增值税最早发源于丹麦，于1954年创建于法国。从20世纪70年代开始，增值税在全世界迅速推开，成为一个国际性的税种，甚至在有些国家的税收体系中占主体税种地位。为了适应国民经济发展和改革开放的需要，我国于1979年引进、试点增值税，1984年正式建立。1993年年底，国务院颁布了《中华人民共和国增值税暂行条例》，从1994年1月1日起在全国范围内统一施行，这标志着我国统一的、规范的增值税制度的建立。2009年1月1日起增值税税制又进行了改革。

增值税是对在我国境内销售货物、提供应税劳务以及进口货物的单位和个人，就其增值额征收的一种流转税。对于增值额可以从以下几个角度理解：

（1）从马克思劳动价值理论来看，增值额就是劳动者在生产过程中新创造的那一部分价值额。它相当于从社会产品总值（$W=c+v+m$）中，扣除生产过程中消耗掉的那一部分生产资料 c 的价值后的余额，即 $v+m$ 部分。其中 v 是劳动者必要劳动为自己所创造的价值，m 是劳动者为社会所创造的剩余价值。劳动者在生产过程中新创造的价值（$v+m$），在增值税中称为增值额。

（2）从具体生产经营单位来看，增值额相当于该单位商品销售收入额或业务收入额扣除非增值项目金额后的余额。这些非增值项目，主要是指外购的原材料、燃料、动力、包装物和外购低值易耗品等。

（3）从一种商品生产的全过程来看，一个商品最终实现销售时的最后销售价格，相当于该商品从生产到最终销售各个生产经营环节的增值额之和。

（4）从税收征管实际分析，增值额表现为法定增值额，即商品销售收入额或劳务服务营业收入额减去税法规定的扣除项目金额之后的余额。这种法定增值额可能与理论上的增值额不一致，因为实行增值税的国家或地区税法规定各有不同，扣除项目存在差异，形成不同类型的增值税。

2. 增值税的特点

增值税作为一种新型流转税税种，与其他税种比较，具有以下一些特点。

（1）按增值额征税

增值税以货物和劳务的增值额为计税依据，只对货物销售或劳务收入额中属于本单位新创造的、尚未征过税的部分征税。这与按商品销售全额、劳务收入全额征收的其他流转税形成最显著的区别。

（2）实行道道征税，但不重复征税

增值税保留了传统流转税对商品和劳务的道道征税制度，即一种货物或劳务从生产到最后进入消费，每经过一道生产经营环节就征收一道税。增值税以增值额作为征税对象，只对销售额中本企业新创造的、尚未征过税的新增价值额征税，而对销售额中由以前各环节创造、已征过税的转移价值额不再征税。所以，从理论上不存在重复征税的问题。但由于采用的增值税类型不同，有的还存在部分重复征税的问题（如生产型增值税）。

（3）税收负担平衡

就一项货物或劳务而言，只要最后销售价相同，不论经过多少道生产经营环节，也不论是一个或是多个生产经营单位，该货物或劳务应纳增值税额是相同的。从全社会来看，增值税的负担不受商品生产结构变化或生产经营环节多寡的影响，同一货物或劳务的税负始终保持平衡。

（4）税收负担具有向前推移性

在增值税的征税过程中，增值税后一阶段纳税人总是前一阶段纳税人已交税款的负担者，商品和劳务的买者总是销售者已纳税款的归宿。当税负随商品流转推移至最终销售环节时，消费者便成为增值税的最终归宿。

我国现行增值税不仅具有增值税的一般特点，而且还具有自身特点。如实行价外税，使增值税的间接税性质更加明显；统一实行规范化的购进扣税法，采用凭发票注明税款进行抵扣的办法；实行"消费型"增值税，对外购固定资产的税金予以抵扣；对不同经营规模的纳税人，采取不同的计税方法；大幅度减少了税收减免项目，并将减免税权限高度集中于国务院等。

3. 增值税的类型

为了避免重复征税，世界上实行增值税的国家，对纳税人外购原材料、燃料、动力、包装物和低值易耗品等已纳的增值税税金，一般都准予从销项税额中抵扣。但对固定资产已纳的增值税税金是否允许扣除，政策不一，在处理上不尽相同，由此产生了三种不同的类型。

（1）生产型增值税

采用生产型增值税，不允许纳税人从本期销项税额中抵扣购入固定资产的进项税额。就整个社会来说，由于增值税允许抵扣的范围，只限于原材料等劳动对象的进项税额，这样，增值税的计税基数就等于工资、薪金、租金、利息、利润和折旧的数额之和，所以实际征税对象相当于国民生产总值。我们将这种征税模式称为生产型增值税。

（2）收入型增值税

采用收入型增值税，只允许纳税人从本期销项税额中抵扣购置用于生产经营的固定资产的当期折旧价值额的进项税额。这样，增值税的计税基数就等于工资、薪金、租金、利息、利润的数额之和。就整个社会来说，实际征税对象相当于社会产品扣除补偿消耗的生产资料以后的余额，即国民收入。我们将这种征税模式称为收入型增值税。

（3）消费型增值税

采用消费型增值税，允许纳税人从本期销项税额中抵扣购置用于生产经营的固定资产的全部进项税额。纳税人购入的固定资产，虽然在以前的经营环节已经缴纳过增值税，但购入时全部扣除，实际上这部分商品是不征税的。就整个社会来说，对生产资料不征税，而只对消费资料征税，则增值税的税基只包括消费品，我们将这种征税模式称为消费型增值税。

4. 增值税的计征方法

增值税的计征方法比较复杂，从理论上讲主要有三种。

（1）加法

加法又称分配法，是指将纳税人在一定时期内生产经营活动中新增加的价值额逐项相加，求出增值额，据以计算应纳增值税额的方法。其计算公式为：

增值额 = 工资 + 利息 + 租金 + 利润 + 其他增值项目金额

这种方法由于增值因素与非增值因素不易划分，使得增值额计算复杂，难以计算准确，因而实际上未被采用。

（2）减法

减法又叫扣额法，是指以纳税人的销售额减去法定扣除额（如燃料、原材料、动力、零配件等）后的余额为增值额，据以计算应纳增值税额的方法。其计算公式为：

增值额 = 销售额 − 法定扣除额

我国在试行增值税时，曾经采用这种方法。但由于扣额法存在实际整体税负与设计税率不一致等缺点，从 1987 年 1 月 1 日起，停止采用扣额法计税。

（3）扣税法

扣税法是指按纳税人的销售额乘以适用税率，再减去法定扣除项目的已纳税金，求出应纳增值税额的方法。其计算公式如下：

应纳增值税税额 = 销售额 × 增值税税率 − 法定扣除项目已纳税

这种方法既能排除重叠征税，又能避开直接计算增值额的繁琐，比较简便易行，为大多数实行增值税的国家所采用。我国现行增值税采用购进扣税法，并通过购进发票所列税款进行抵扣。这种抵扣方法，不涉及成本、费用核算，计算简便，纳税人也易于掌握。通过税款的抵扣关系，可以在购销双方纳税人之间形成相互制约、相互监督的机制，有利于保证税收收入的及时足额入库。

5. 我国现行增值税制度

按照国际上通行的惯例，在我国现存的条件下，建立一种比较完整的增值税课税机制，使之符合市场经济的内在要求，是增值税改革的目标。现行增值税的税制要素有七个方面。

（1）纳税人

凡是在我国境内销售货物或者提供加工、修理修配劳务以及进口货物的单位和个人，都是增值税的纳税人。原缴纳工商统一税的外商投资企业，因工商统一税的废除，也是增值税的纳税人。按照经营规模大小和会计核算健全与否，将增值税的纳税人分为一般纳税人和小规模纳税人。

一般规定是：从事货物生产或提供应税劳务的纳税人和以从事货物生产或提供应税劳务为主，并兼营货物批发或零售的纳税人，年应征增值税销售额在50万元及以下；从事货物批发或零售的纳税人，年销售额在80万元及以下的为小规模纳税人。

从事货物生产或提供应税劳务的纳税人和以从事货物生产或提供应税劳务为主，并兼营货物批发或零售的纳税人，年应征增值税销售额在50万元以上；从事货物批发或零售的纳税人，年销售额在80万元以上的为一般纳税人。

（2）征税范围

增值税征税范围的一般规定：凡纳税人在中华人民共和国境内从事销售货物或者提供加工、修理修配劳务以及进口货物等都列入增值税的征税范围。

其中，货物是指除去土地、房屋和其他建筑物等一切不动产之外的有形动产，包括电力、热力和气体在内，不包括无形资产和不动产。加工是指接受来料承做货物，加工后的货物所有权仍属于委托者，即委托方提供原料及主要材料，受托方按照委托方的要求制造货物并收取加工费的业务；修理修配是指受托对损伤和丧失功能的货物进行修复，使其恢复原状和功能的业务。

增值税征税范围的特殊规定：

第一，税法中确定属于增值税征税范围的特殊项目：货物期货（包括商品期货和贵金属期货），在期货的实物交割环节纳税；银行销售金银的业务；典当业的死当物品；销售业务和寄售业代委托人销售物品的业务；集邮商品（如邮票、首日封、邮折等）的生产、调拨，以及邮政部门以外的其他单位和个人销售的集邮商品；印刷企业接受出版单位委托自行购买纸张，印刷有统一刊号（CN）以及采用国际标准书号编序的图书、报纸和杂志。这些项目都按货物销售征收增值税。

第二，税法中确定属于增值税征税范围的特殊行为：

①视同销售货物行为。视同销售就是将不属于销售范围或尚未实现销售的货物，视同销售处理，纳入增值税的征税范围。

②混合销售行为。混合销售行为是指一项销售行为既涉及货物又涉及非增值税应税劳务（以下简称非应税劳务）。混合销售行为的特点是：销售货物与提供非应税劳务是由同一纳税人实现，价款是同时从一个购买方取得的。

③兼营非应税劳务行为。兼营非应税劳务行为是指纳税人在经营应税货物或者劳务的同时，还兼营增值税非应税劳务的行为，并且这两项经营活动间并无直接的联系和从属关系。纳税人兼营非增值税应税项目的，应分别核算货物或者应税劳务的销售额和非增值税应税项目的营业额；未分别核算的，由主管税务机关核定货物或者应税劳务的销售额。

（3）税率

我国增值税税率包括基本税率（17%）、一档低税率（13%）、零税率和征收率（3%）。

基本税率适用于纳税人销售或进口货物、提供加工、修理修配劳务。

低税率的适用范围为纳税人销售或进口的粮食、食用植物油、自来水（不含自来水生产厂）、暖气、冷气、热水、煤气、石油液化气、天然气、沼气、居民用煤炭制品、图书、报纸、杂志、饲料、化肥、农药、农机（不包括农机零部件）、农膜以及国务院规定的其他货物，如农产品、食用盐、音像制品和电子出版物、二甲醚等。

纳税人出口货物，除了国务院另有规定外，适用零税率。

考虑到小规模纳税人经营规模小，且会计核算不健全，难以按上述两档税率计税和使用增值税专用发票抵扣进项税额，因此实行按销售额与征收率计算应纳税额的简易方法，征收率统一为3%。

（4）增值税的起征点（适用范围限于个人）。自2011年11月1日起增值税起征点实行新标准，规定如下：

①销售货物的，为月销售额5000～20 000元；

②销售应税劳务的，为月销售额5000～20 000元；

③按次纳税的，为每次（日）销售额300～500元。

（5）实行价外计算办法

现行增值税的基本税率17%是在原有的产品税、增值税、营业税的基础上转换而来的。原来的产品税、增值税、营业税都是价内税，即价税合一，以含税价格作为计税依据。现行的增值税则实行价外税，即将原来含税价格中价和税分开，并以不含税价格作为计税依据，在零售以前各环节销售商品时，专用发票上要求分别填写税金和不含税价格。据测算，原商品含税价格中税款所占的比重平均为14.5%左右，即100元的商品价格中大体包含税款14.5元。现行增值税实行价外计税办法以后，首先要求按现行税率将原含税价格转换为不含税价格，即不含税价格＝含税价格÷（1＋税率），如100÷（1＋17%）＝85.5（元）；应缴纳税款则是85.5×17%＝14.5（元）。因此由于实行价外计税办法，实行17%的税率，与原来实行价内税时，纳税人的税负基本一致。从国民经济运行看，仍保持原来的税负水平，并不意味着在原含税价格之外另加17%的税金。在零售环节，消费者购买商品为自己使用，已不存在税款抵扣问题。为了照顾消费者的习惯心理，零售环节仍然实行价、税合一的办法。

（6）按购进扣税法计算应纳税额，实行根据发货票注明税金进行税款抵扣制度。

具体的计算公式为：

应纳税额＝当期销项税额－当期进项税额

当期销项税额小于当期进项税额不足抵扣时，其不足部分可以结转下期继续进行抵扣。

这里的销项税额是指纳税人销售货物或应税劳务按照销售额和使用的税率计算并向买方收取的增值税额，计算公式为：

销项税额 = 销售额 × 税率

由于我国采用销售额与销项税额合并定价的方法，因此，此公式可转换为：

销项税额 = 含税销售额 ÷（1 + 税率）× 税率

准予从销项税额中抵扣的进项税额包括：从销售方取得的增值税专用发票上注明的增值税额；从海关取得的完税凭证上注明的增值税额；一般纳税人向农业生产者、农民专业合作社购买的免税农业产品，或者向小规模纳税人购买的农业产品，准予按照买价和13%的扣除率计算进项税额抵扣，其计算公式为：准予抵扣的进项税额 = 买价 × 扣除率；增值税一般纳税人外购或销售货物支付的运输费用，根据运费结算单据所列运费金额，按照7%的扣除率计算进项税额准予扣除，其计算公式为：准予抵扣的进项税额 = 运费 × 扣除率。

（7）对小规模纳税人实行简易征收办法，使用征收率3%。

应纳税额 = 销售额（不含税）× 征收率

不含税销售额 = 含税销售额 ÷（1 + 征收率）

（二）消费税

消费税是指以消费品和消费行为为征税对象的一种税。从性质上来说，它属于对消费的征税。我国消费税是在1994年税制改革后建立起来的一个新税种，但我国对特定消费品的课税自古就有，且几乎从未间断。如西周时期的“山泽之赋”、“关市之赋”及后世历代课征的盐税、茶税、酒税等。新中国成立初期征收的货物税，20世纪50年代征收的商品流通税，1958—1973年征收的工商统一税，1973年改革实行的工商税，1984工商税制改革分离出来的产品税、增值税，1988年开征的汽车、彩电特别消费税，均属于对特定消费品的征税。

1. 消费税的概念

我国现行消费税是对在我国境内从事生产、委托加工和进口应税消费品的单位和个人，就其销售额或销售数量，在特定环节征收的一种税。

2. 消费税的特点

就世界各国目前开征的消费税，与一般商品劳务税相比，其课征制度的特点主要有：

（1）征税项目具有选择性

世界各国目前通行的消费税均属于选择性商品税。征税产品主要包括特殊消费品、奢侈品、高能耗消费品、不可再生的稀缺资源消费品，以及税基宽广、消费普遍、不影响人民群众生活，但又具有一定财政意义的普通消费品。我国现行消费税于1994年开征时选择了11类产品征税，2006年4月调整后扩大到14类产品征税。

（2）征税环节具有单一性

消费税通常实行一次课征制，只在消费品的生产、商业批发、商业零售诸环节中选择一个环节课税。一般多选择生产环节，以利于税款的源泉控制，减少征收费用，保证财政收入。我国现行消费税根据不同应税消费品的特殊情况，除卷烟于2009年5月1日起同时在生产与批发环节征税外，其他均实行一次课征制。一般规定在生产环节或进口环节计征，也有少数规定在零售环节征税。

(3) 征税方法灵活多样

消费税的计税方法一般比较灵活，针对不同应税消费品的具体情况，规定了多种计税办法，以便于核算、计征，减少税务成本。我国现行消费税对一部分价格变化较大，且便于按价格核算的应税消费品采用了从价定率计征的办法；对一部分价格变动小，且品种、规格比较单一的大宗应税消费品采用了从量定额计税的办法；对部分需要特殊应税消费品如卷烟、白酒等，还采用了既从价又从量的复合计税办法。

(4) 税率（税额）差异性大

消费税属于非中性税收，主要目的是配合国家的社会经济政策，对某些消费品或消费行为发挥特殊调节作用。因而其应税项目的税率（税额）差异通常较大，以鲜明地体现国家鼓励或限制的政策意图。如我国现行消费税从价定率计税部分，就设有12档税率，最低税率为1%，最高税率为56%，差别很大。

3. 纳税人

《中华人民共和国消费税暂行条例》规定，凡在中华人民共和国境内生产、委托加工和进口应税消费品的单位和个人，以及国务院确定的销售本条例规定的消费品的其他单位和个人，均为消费税的纳税义务人。

4. 征税范围、税目及税率

消费税征税范围的选择主要考虑以下因素：1994年税制改革在大范围推广增值税后，与原产品相比税负有所下降的产品；高档奢侈品；不利于人身健康、不利于环境保护的产品和特殊消费品。

表9-1　　消费税税目税率表

税　　目	税　　率
一、烟	
1. 卷烟	
(1) 甲类卷烟	45%加0.003元/支
(2) 乙类卷烟	30%加0.003元/支
2. 雪茄烟	25%
3. 烟丝	30%
二、酒及酒精	
1. 白酒	20%加0.5元/500克（或者500毫升）
2. 黄酒	240元/吨
3. 啤酒	
(1) 甲类啤酒	250元/吨
(2) 乙类啤酒	220元/吨
4. 其他酒	10%
5. 酒精	5%
三、化妆品	30%

表9-1(续)

税 目	税 率
四、贵重首饰及珠宝玉石 1. 金银首饰、铂金首饰和钻石及钻石饰品 2. 其他贵重首饰和珠宝玉石	 5% 10%
五、鞭炮、焰火	15%
六、成品油 1. 汽油 (1) 含铅汽油 (2) 无铅汽油 2. 柴油 3. 航空煤油 4. 石脑油 5. 溶剂油 6. 润滑油 7. 燃料油	 0.28元/升 0.20元/升 0.10元/升 0.10元/升 0.20元/升 0.20元/升 0.20元/升 0.10元/升
七、汽车轮胎	3%
八、摩托车 1. 气缸容量(排气量,下同)在250毫升(含250毫升)以下的 2. 气缸容量在250毫升以上的	 3% 10%
九、小汽车 1. 乘用车 (1)气缸容量(排气量,下同)在1.0升(含1.0升)以下的 (2)气缸容量在1.0升以上至1.5升(含1.5升)的 (3)气缸容量在1.5升以上至2.0升(含2.0升)的 (4)气缸容量在2.0升以上至2.5升(含2.5升)的 (5)气缸容量在2.5升以上至3.0升(含3.0升)的 (6)气缸容量在3.0升以上至4.0升(含4.0升)的 (7)气缸容量在4.0升以上的 2. 中轻型商用客车	 1% 3% 5% 9% 12% 25% 40% 5%
十、高尔夫球及球具	10%
十一、高档手表	20%
十二、游艇	10%
十三、木制一次性筷子	5%
十四、实木地板	5%

5. 计税依据

虽然,我国现行消费税实行从量定额、从价定率及既从价又从量的复合征收三种计税办法,但计税依据依然无外乎应税消费品的销售数量和销售额两种。

(1) 从量定额计征的计税依据

从量定额计征的应税消费品以应税消费品的销售数量为计税依据。

我国现行消费税对烟、酒及酒精、成品油3个税目中的卷烟、粮食白酒和薯类白酒、黄酒、啤酒、汽油、柴油、石脑油、溶剂油、润滑油、燃料油、航空煤油等11个子目实行从量定额计征。规定了相应的标准计税单位，卷烟为标准箱，粮食白酒和薯类白酒为每斤（500克），黄酒、啤酒为吨，所有的成品油为升。

(2) 从价定率计征的计税依据

从价定率计征的应税消费品，以应税消费品的销售额为计税依据。我国现行消费税为价内税，增值税为价外税，由于消费税和增值税实行交叉征收，因而这部分消费品其消费税税基和增值税税基是一样的，即均是以含有消费税但不含增值税的价格作为计税依据。

(3) 从价定率与从量定额复合的计税依据

这是对前两种征收方式的综合，由于计算复杂，因此极少被采用，我国只有对卷烟和白酒采用此方法课征消费税。

6. 应纳税额的计算

(1) 从量定额计征的应税消费品应纳税额的计算公式为：

应纳税额 = 应税消费品的销售数量 × 单位税额

(2) 从价定率计征的应税消费品应纳税额的计算公式为：

应纳税额 = 应税消费品的销售额 × 适用税率

(3) 从量定额与从价定率复合计税方法的计算公式为：

应纳税额 = 应税消费品的销售额 × 比例税率 + 应税消费品的销售数量 × 定额税率

公式中，“销售额”、“销售数量”与前述从价计征、从量计征的计税依据相同。

(三) 营业税

1. 营业税的概念

我国现行营业税是对在我国境内提供应税劳务、转让无形资产和销售不动产的单位和个人，就其营业收入额征收的一种流转税。

营业税作为一个税种的名称，起源于中世纪的法国。1791年，法国对营业商户每年征收的营业许可金改为按营业收入额征收营业税，营业税从此得名。

营业税作为一种对商品与劳务的流转额全额征税的税收形式，有着悠久的历史。在我国，营业税始于两千多年前周代“关市之赋”中的“市之赋”。后历朝历代，均开征有营业税性质的税种，如汉代的“算缗钱”、明代的课铁和“市肆门摊税”、清代的“铺间房税”和“牙当”等。在我国几千年封建社会中，由于商品经济不发达，因而基于商品与劳务交易的营业税在财政收入中一直不具有重要地位。

新中国成立初期，1950年，政务院颁布了《中华人民共和国工商营业税暂行条例》，将固定工商业户应纳的营业税和所得税合称为工商业税。1958年税制改革时，将工商业税中的营业税与当时的货物税、商品流通税、印花税等合并为工商统一税。1973年，工商统一税同其他税种进一步合并为工商税。直至1984年税制改革，将原工商税"一分为四"，分解为营业税、产品税、增值税和盐税，营业税才正式作为一个独立的税种开征。1994 年，我国实施全面工商税制改革，对流转税体系进行了结构性的大调整，拓宽了增值税的征收领域，将货物的生产、销售和加工、修理修配劳务纳入了增值税的征收范围，其他劳务与转让无形资产和销售不动产列为营业税的征收范围，与增值税平行征收。2008 年 11 月 5 日，国务院重新修订了《中华人民共和国营业税暂行条例》，并于 2009 年 1 月 1 日起施行。

2. 我国现行营业税的特点

我国现行营业税与其他流转税相比，其特点主要有三点。

（1）以营业收入全额为税基

营业税一般是以纳税人取得的营业收入全额为计税依据，税收收入不受营业成本费用高低的影响，具有收入的稳定性。但由于营业税对营业收入全额道道征税，会产生重复征税。

（2）按行业设计税目税率

由于营业税的征收范围主要是第三产业，而第三产业大多属于专业性经营业务，历史上已形成一定的行业界限和自然分工，各行业的经营方式和盈利水平存在较大的差异。营业税按行业设计税目税率，有利于体现国家的产业政策，促进第三产业各行业的均衡发展。

（3）采用比例税率和价内税计税形式

营业税采用单一的比例税率形式，以含税的营业收入全额为计税依据，计算十分简便，税务机关的征收成本与纳税人的奉行成本都很低。

3. 纳税义务人

（1）纳税义务人的一般规定

营业税的纳税义务人是在我国境内提供应税劳务、转让无形资产或者销售不动产的单位和个人。

这里所称的单位，是指企业、行政单位、事业单位、军事单位、社会团体及其他单位；所称的个人，是指个体工商户及其他个人。负有营业税纳税义务的单位为发生应税行为并收取货币、货物或者其他经济利益的单位，不包括单位依法不需要办理税务登记的内设机构。

（2）纳税义务人的特殊规定

我国现行铁路运行体制主要分中央铁路、地方铁路、合资铁路三种类型，营业税纳税人也相应确定为：中央铁路运营业务的纳税人为铁道部；地方铁路运营业务的纳税人为地方铁路管理机构；合资铁路运营业务的纳税人为合资铁路公司；铁路专用线运营业务的纳税人为企业或其指定的管理机构；基建临管线铁路运营业务的纳税人为基建临管线管理机构。

单位以承包、承租、挂靠方式经营的，承包人、承租人、挂靠人（以下统称承包人）发生应税行为；承包人以发包人、出租人、被挂靠人（以下统称发包人）名义对外经营并由发包人承担相关法律责任的，以发包人为纳税人，否则以承包人为纳税人。

4. 征收范围、税目及税率

我国现行营业税的征税范围为在我国境内提供应税劳务、转让无形资产和销售不动产的所有行为，按不同的行业、类别具体设置了交通运输业、建筑业、金融保险业、邮电通信业、文化体育业、娱乐业、服务业、转让无形资产和销售不动产 9 个税目。它们覆盖到了第三产业的大多数行业。

表 9－2　　营业税税目税率表

序号	税目	税率
1	交通运输业：陆路运输、水路运输、航空运输、管道运输、装卸搬运	3%
2	建筑业：建筑、安装、修缮	3%
3	金融保险业：金融、保险	5%
4	邮电通信业：邮政、电信	3%
5	文化体育业：文化业、体育业	3%
6	娱乐业：歌厅、舞厅、卡拉 OK 歌舞厅、网吧、高尔夫球、游艺	20%
	保龄球、台球（为顾客进行台球、保龄球活动提供场所和服务的业务）	5%
7	服务业：代理业、旅店业、饮食业、旅游业、仓储业、租赁业、广告业务及其他服务业	5%
8	转让无形资产：转让土地使用权、专利权、非专利技术、商标权、著作权、商誉	5%
9	销售不动产：销售建筑物及其他土地附着物	5%

5. 营业税起征点（仅限于个人）

自 2011 年 11 月 1 日起营业税起征点实行新标准，规定如下：

（1）按期纳税的，为月营业额 5000～20 000 元；

（2）按次纳税的，为每次（日）营业额 300～500 元。

6. 营业税纳税期限

（1）一般规定

营业税的纳税期限，分别为 5 日、10 日、15 日、1 个月或者 1 个季度。纳税人的具体纳税期限，由主管税务机关根据纳税人应纳税额的大小分别核定；不能按照固定期限纳税的，可以按次纳税。纳税人以 1 个月或者 1 个季度为一个纳税期的，自期满之日起 15 日内申报纳税；以 5 日、10 日或者 15 日为一期纳税的，自期满之日起 5 日内预缴税款，于次月 1 日起 15 日内申报纳税并结清上月应纳税款。扣缴义务人的解缴税款期限，比照此规定执行。

（2）特殊规定

银行、财务公司、信托投资公司、信用社、外国企业常驻代表机构的纳税期限为 1 个季度。

7. 营业税纳税地点

营业税的纳税地点采用属地原则与属人原则相结合的方法。具体规定如下：

（1）纳税人提供应税劳务应当向其机构所在地或者居住地的主管税务机关申报纳税。但是，纳税人提供的建筑业劳务以及国务院财政、税务主管部门规定的其他应税劳务，应当向应税劳务发生地的主管税务机关申报纳税。

（2）纳税人转让无形资产应当向其机构所在地或者居住地的主管税务机关申报纳税。但是，纳税人转让、出租土地使用权，应当向土地所在地的主管税务机关申报纳税。

（3）纳税人销售、出租不动产应当向不动产所在地的主管税务机关申报纳税。

（4）纳税人应当向应税劳务发生地、土地或者不动产所在地的主管税务机关申报纳税而自应当申报纳税之月起超过6个月没有申报纳税的，由其机构所在地或者居住地的主管税务机关补征税款。

（5）扣缴义务人应当向其机构所在地或者居住地的主管税务机关申报缴纳其扣缴的税款。

8. 营业税与增值税征税范围的界定

我国现行流转税体系中，增值税与营业税平行征收，货物销售及提供加工、修理修配行为征收增值税；提供其他劳务与转让无形资产、销售不动产征收营业税。由于现代企业经营形式复杂多样，特别是一些经营行为交叉兼跨营业税和增值税的征收范围，给计算纳税带来一定困难，因而需要正确界定和划分两者的征收范围。

（1）混合销售行为的界定

混合销售行为是指一项销售行为既涉及销售货物又涉及提供应税劳务。按我国现行税法规定，从事货物生产、批发或零售的企业、企业性单位及个体工商户（包括以从事货物的生产、批发或者零售为主，并兼营应税劳务的企业、企业性单位和个体工商户）的混合销售行为，视为销售货物，征收增值税；其他单位和个人的混合销售行为，视为提供应税劳务，征收营业税。纳税人的销售行为是否属于混合销售行为，由国家税务总局所属征收机关确定。

纳税人的混合销售行为，应当分别核算应税劳务的营业额和货物的销售额。其应税劳务的营业额缴纳营业税，货物销售额不缴纳营业税。未分别核算的，由主管税务机关核定其应税劳务的营业额。纳税人的混合销售行为包括：提供建筑业劳务的同时销售自产货物的行为；财政部、国家税务总局规定的其他情形。

（2）兼营行为的界定

兼营是指纳税人同时兼而经营营业税应税劳务与属于增值税征税范围的货物销售或提供非应税劳务的行为。纳税人兼营应税行为和货物销售或者非应税劳务的，应当分别核算应税行为的营业额和货物销售或者非应税劳务的销售额，其应税行为营业额缴纳营业税，货物或者非应税劳务销售额不缴纳营业税；未分别核算的，由主管税务机关核定其应税行为的营业额。

9. 营业税应纳税额的计算

营业税应纳税额的计算公式为：应纳税额 = 营业额 × 税率

（四）关税

1. 关税的概念

关税是主权国家海关对进出境的货物和物品，就其进出口流转额征收的一种税。

关税是非常古老的一个税种。在西方，关税最早产生于古希腊时期。公元前500多年，地中海、爱琴海及黑海一带的经济发展十分迅速并成为当时欧洲的贸易中心。位于这一地区的部落联盟及其各领地的领主为了维护各自利益，纷纷增关设卡，对往来的外地商人征收入关关税。18世纪以后，随着欧洲各国资本主义生产方式的形成，真正的国际贸易开始出现。关税成为宗主国对殖民地进行经济掠夺的工具。

我国关税的历史比欧洲大陆更为久远。秦汉时期的关税是我国最早有较详细文字记载的关税。唐玄宗时，曾在广州设置市舶使，这是我国海关设置的最早形式，也是对外国征收关税的开端。此后各个朝代都征收关税。鸦片战争以后，我国的关税自主权丧失。1930年5月，我国才恢复关税自主权，制定了关税税率。新中国成立以后，我国收回了海关的管理权，实行独立自主的关税政策。1950年5月，我国颁布了《中华人民共和国暂行海关法》和《中华人民共和国海关进出口税则》、《中华人民共和国海关进出口税则暂行实施条例》和《税则注释》，建立了中国统一的关税政策。改革开放以后，国家对关税法律制度进行了完善，于1985年和1992年重新制定了《海关进出口税则》。我国现行的关税法律规范以2000年7月第九届全国人民代表大会修订颁布的《中华人民共和国海关法》、国务院2003年11月发布的《中华人民共和国进出口关税条例》，以及国务院关税税则委员会审定并报国务院批准，作为条例组成部分的《中华人民共和国海关进出口税则》和《中华人民共和国海关入境旅客行李物品和个人邮递物品征收进口税办法》为基本法规。

2. 关税的分类

（1）按征税货物流向划分，关税分为进口税、出口税和过境税。

进口税，是指海关在外国货物和物品进口时所课征的关税。现今世界各国的关税，主要是征收进口税。征收进口税的目的在于保护本国市场和增加财政收入。

出口税，是指海关在本国货物和物品出口时所课征的关税。

过境税，又称转口税，是指对运经本国国境销往第三国的货物和物品征收的关税。

（2）按征税目的划分，关税分为财政关税和保护关税。

财政关税，也称收入关税，是指以增加财政收入为主要目的而征收的关税。

保护关税，是指以保护本国经济发展为主要目的而征收的关税。保护关税政策始于重商主义。

（3）按计征方法划分，关税分为从价税、从量税、复合税、选择税、滑准税。

从价关税，是指以货物的价格为计征标准而计算征收的税。从价关税是关税的主要征收形式。

从量关税，即以货物的数量、重量、体积、容量等计量单位为计税标准，以每计量单位货物的应征税额为税率。

复合关税，是指对同一种进口货物采用从价、从量两种标准课征的一种关税，即征收时两种税率合并计征。

选择关税，是指在税则中对同一货物或物品规定从价和从量两种税率，在征税时可由海关选择其中一种计征。一般是选择税额较高的一种。选择的基本原则是，在物价上涨时，使用从价税；在物价下跌时，使用从量税。

滑准税，是指根据货物的不同价格适用不同税率的一类特殊的从价关税。它是一种关税税率随进口货物价格由高至低或由低至高设置计征关税的方法。通俗地讲，就是进口货物的价格越高，其进口关税税率越低；进口货物的价格越低，其进口关税税率越高。

（4）按税收政策的国别差异划分，关税可以分为优惠关税和加重关税。

优惠关税，是指一国对特定的受惠国给予优惠待遇，使用比普通税率较低的优惠税率。具体形式有：互惠关税、特惠关税、普惠关税、最惠国待遇。

加重关税，也称歧视关税，是指对某些输出国、生产国的进口货物，因某种原因（如歧视、报复、保护和经济方面的需要等），使用比正常税率较高的税率所征收的关税。在歧视关税中，使用较多的是反倾销税、反补贴税和报复关税等三种形式。

3. 关税的征税对象

关税的征税对象是准许进出境的货物和物品。货物是指贸易性商品；物品是指入境旅客随身携带的行李物品，个人邮递物品，各种运输工具上的服务人员携带进口的自用物品，馈赠物品以及其他方式进境的个人物品。

4. 关税的纳税人

进口货物的收货人、出口货物的发货人、进出境物品的所有人，是关税的纳税义务人。进出口货物的收、发货人是依法取得对外贸易经营权，并进口或者出口货物的法人或者其他社会团体。进出境物品的所有人包括该物品的所有人和推定为所有人的人。一般情况下，对携带进境的物品，推定其携带人为所有人；对分离运输的行李，推定相应的进出境旅客为所有人；对以邮递方式进境的物品，推定其收件人为所有人；对以邮递或其他运输方式出境的物品，推定其寄件人或托运人为所有人。

5. 应纳税额的计算

（1）从价应纳税额的计算

关税税额 = 应税进（出）口货物数量 × 单位完税价格 × 税率

（2）从量税应纳税额的计算

关税税额 = 应税进（出）口货物数量 × 单位货物税额

（3）复合税应纳税额的计算

我国目前实行的复合税都是先计征从量税，再计征从价税。

关税税额 = 应税进（出）口货物数量 × 单位货物税额 + 应税进（出）口货物数量 × 单位完税价格 × 税率

（4）滑准税应纳税额的计算

关税税额 = 应税进（出）口货物数量 × 单位完税价格 × 滑准税税率

第三节 所得税

一、所得税制

（一）所得税含义

所得税是指以所得额为课税对象的税类。所得税可以根据纳税人的不同分为对企业课税和对个人课税两大类。所得税是大多数西方国家的主体税种。

这里的“所得”是指法人或个人在一定期间内（通常为 1 年）的劳动、营业、投资或把财产、权利供他人使用而获得的连续性收入中，扣除为取得这些收入所需费用后的余额。

（二）所得税的类型

按照课税的标准不同。所得税分为分类所得税、综合所得税和分类综合所得税。

1. 分类所得税是针对各种不同性质的所得分别规定不同税基和税率，分别计算应纳税额进行课征的那一类所得税。分类所得税一般采用比例税率，并以课源法征收。其优点是征管简便，税收流失少；缺点是拥有多种收入渠道的个人一般收入水平较高，但是享受扣除较多，从而影响了税收公平的实现。

2. 综合所得税，即对纳入课税范围的纳税人全年各种不同来源的所得，按照统一的方法确定税基和统一的税率综合计算应纳税额。这种税制多采用累进税率，并以申报法征收。其优点是能够量能课税，公平税负；缺点是比较复杂。

3. 分类综合所得税，亦称“混合税制”，即将分类和综合两种所得税的优点兼收并蓄，综合起来使用。当收入低于一定的标准时，可以采取分类课征；而当收入达到一定标准时，再加征综合所得税。分类综合所得税制首先是法国在 1917 年第一次世界大战期间开始实行的，目前成为世界范围内广泛使用的所得税。其优点是征管简便、税收流失少、税负公平；其缺点是计税复杂，征管难度大，对征税人员的专业素质要求较高。

（三）所得税的特点

1. 税负不易转嫁。由于所得税的课税对象是纳税人的最终所得，一般不易进行税负转嫁。这一特点有利于直接调节纳税人的收入，缩小收入差距，实现公平分配的目标。在采用累进税率的条件下，这一作用尤为明显。

2. 一般不存在重复征税，税负较公平。所得税以所得额为课征对象，征税环节只要不存在两个以上课税主体，就不会存在重复征税。另外，所得税一般是以净所得为计税依据，所得多的多征，所得少的少征，体现了量能负担原则。同时，所得税通常都规定起征点、免征额及扣除项目，可以照顾低收入者，不会影响纳税人的基本生活。

3. 税源普遍，课征有弹性。在正常条件下，凡从事生产经营活动的一般都有所得，都要缴纳所得税。因此，所得税的税源很普遍。同时，随着社会生产力的发展和经济效益的提高，各种所得会不断增长，国家可以根据需要灵活调整税负，以适应财政支出增减的变化。

4. 计税方法复杂，稽征管理难度大。由于所得税的对象是纳税人的所得额，而所得额的多少又直接取决于成本、费用的高低，这就使得费用扣除问题成为计征所得税的核心问题，从而带来了所得税的计征方法复杂、稽征管理难度大等问题。

二、所得税的主要税种

（一）企业所得税

企业所得税是对我国境内企业（外商企业除外）的生产经营和其他所得（包括来源于我国境内外的所得）征收的一种税。

我国现行的《中华人民共和国企业所得税法》是2007年3月16日第十届全国人民代表大会第五次会议通过的，于2008年1月1日起施行。

1. 企业所得税的纳税人

在中华人民共和国境内，企业和其他取得收入的组织（以下统称企业）为企业所得税的纳税人，依照税法规定缴纳企业所得税。个人独资企业、合伙企业不适用本法。《中华人民共和国企业所得税法》规定企业分为居民企业和非居民企业。

（1）居民企业是指依法在中国境内成立，或者依照外国（地区）法律成立但实际管理机构在中国境内的企业。具体包括国有企业、集体企业、私营企业、合资企业、股份制企业、外商投资企业、外国企业以及有生产经营所得的企业和其他所得的企业。居民企业应当就其来源于中国境内、境外的所得缴纳企业所得税。对居民企业的认定所采用的标准是登记注册地标准或实际管理机构所在地双重标准。实际管理机构，是指对企业的生产经营、人员、账务、财产等实施实质性全面管理和控制的机构。

（2）非居民企业是指依照外国（地区）法律成立且实际管理机构不在中国境内，但在中国境内设立机构、场所的，或者在中国境内未设立机构、场所，但有来源于中国境内所得的企业。

非居民企业在中国境内设立机构、场所的，应当就其所设机构、场所取得的来源于中国境内的所得，以及发生在中国境外但与其所设机构、场所有实际联系的所得，缴纳企业所得税。

非居民企业在中国境内未设立机构、场所的，或者虽设立机构、场所但取得的所得与其所设机构、场所没有实际联系的，应当就其来源于中国境内的所得缴纳企业所得税。

2. 企业所得税的征税对象

企业所得税的征税对象是纳税人从事生产经营所得和其他所得，包括销售货物所得、提供劳务所得、转让财产所得、股息红利等权益性投资所得、利息所得、租金所得、特许权使用费所得、接受捐赠所得和其他所得。

3. 企业所得税的税率

（1）基本税率为25%。适用于居民企业和在我国境内设有机构、场所而取得所得的非居民企业。

（2）低税率为 20%。适用于非居民企业中在我国境内没有设立机构、场所，或虽设立机构场所，但取得的所得与机构、场所没有直接联系的。但实际征税时，对居民企业减按 10% 的税率征收。

（3）照顾小型微利企业和国家需要重点扶持的高新技术企业实行的优惠税率。我国企业所得税法对小型微利企业和国家需要重点扶持的高新技术企业给予了税率上的优惠。符合条件的小型微利企业，减按 20% 的税率征收企业所得税。国家需要重点扶持的高新技术企业，减按 15% 的税率征收企业所得税。

4. 应纳税所得额的计算

（1）课税对象

企业所得税的课税对象是纳税人每一纳税年度内来源于中国境内、境外的生产、经营所得和其他所得。

居民企业负全面纳税义务，应当就其来源于中国境内、境外的所得缴纳企业所得税。

非居民企业负有限纳税义务。在中国境内设有机构、场所的，应就来源于中国境内的所得，以及发生在中国境外但与其所设机构、场所有实际联系的所得缴纳企业所得税。在中国境内没有设立机构、场所的，或虽设立机构、场所但取得的所得与其所设机构、场所没有实际联系的，应就其来源于中国境内的所得缴纳企业所得税。实际联系，是指非居民企业在中国境内设有机构、场所拥有的据以取得所得的股权、债权，以及拥有、管理控制据以取得所得的来源。

（2）所得来源的确定

销售货物所得，按照交易发生地确定所得来源。

提供劳务所得，按照劳务发生地确定所得来源。

股息红利等权益性所得，按照分配所得的企业所在地确定所得来源。

转让不动产所得，按照不动产所在地确定所得来源；转让动产所得按照出让动产的企业或者机构、场所确定所得来源。

利息所得、租金所得、特许权使用费所得，按照负担、支付所得的企业或者机构、场所所在地确定所得来源，或者按照负担、支付所得的个人的住所地确定所得来源。

（3）应税所得的确定

在计算应纳税所得额时，企业会计处理办法与税收法律、行政法规的规定不一致的，应当依照税收法律、行政法规的规定计算。因此，在实际工作中，企业应纳税所得额的计算通常以会计核算的结果为基础。在税务与会计制度规定不一致的时候，企业要按照税法的规定进行纳税调整，并按调整后的应纳税所得额计算缴纳企业所得税。

企业每一纳税年度的收入总额，减除不征税收入、免税收入、各项扣除以及允许弥补的以前年度亏损后的余额，为应纳税所得额。其计算公式为：

应纳税所得额 = 收入总额 − 不征税收入 − 免税收入 − 税前扣除额 − 允许弥补的以前年度亏损

收入总额 = 销售货物收入 + 提供劳务收入 + 转让财产收入 + 股息、红利等权益性投资收益 + 利息收入 + 租金收入 + 特许权使用费收入 + 接受捐赠收入 + 其他收入

不征税收入 = 财政拨款 + 依法收取并纳入财政管理的行政事业性收费、政府性基金 + 国务院规定的其他不征税收入

免税收入 = 国债利息收入 + 符合条件的居民企业之间的股息、红利等权益性投资收益 + 在中国境内设立机构、场所的非居民企业从居民企业取得与该机构、场所有实际联系的股息、红利等权益性投资收益 + 符合条件的非营利组织的收入。

税前扣除额 = 成本 + 费用 + 税金 + 损失 + 其他支出

亏损和以前年度亏损都是税法所称的亏损，是指企业根据企业所得税法及其实施条例的规定将每一纳税年度的收入总额减除不征税收入、免税收入和各项扣除后小于零的数额。企业纳税年度发生的亏损，准予向以后年度结转，用以后年度的所得弥补，但结转年限最长不得超过5年。因此，企业以前年度有亏损的，在规定的期限内，企业可以按规定用税前所得加以弥补。弥补后仍有所得的，便是应纳税所得额。如果弥补后仍有亏损的，可继续按照上述规定进行处理。

（二）个人所得税

1. 个人所得税的概念

个人所得税是对个人（自然人）取得的各项应税所得征收的一种税，它体现了国家与个人之间的分配关系。

个人所得税1799年首创于英国，此后世界各国相继仿效，开征此税种。到目前为止，世界上已有140多个国家和地区开征了个人所得税。第二次世界大战后，西方各国个人所得税发展较快，长期稳居各税之首位。其收入数额占税收总额的比例大多在30%以上，甚至某些国家在个别年份，还达到40%以上。相对来说，低收入国家的个人所得税所占比例较低，大多数国家在10%以下。

我国现行个人所得税是以1993年10月31日第八届全国人民代表大会常务委员会第四次会议修订的《中华人民共和国个人所得税法》和2011年7月19日修订的《中华人民共和国个人所得税法实施条例》为依据的。

2. 个人所得税的特点

个人所得税是对个人的应税所得征税，除了具有所得税的一般特点以外，还具有其特殊性。我国现行个人所得税有以下四个主要特点：

（1）实行分类征收

据前所述，世界各国个人所得税制不外乎三种类型，即分类所得税制、综合所得税制和分类综合所得税制。受我国目前纳税人纳税意识、税务征管能力、其他法规、政策的配套措施等客观因素所限，我国目前采用的是分类所得税制，即把个人应税所得划分成11类，分别采用不同的费用减除规定、不同的税率和不同的计税方法。

（2）多种税率形式并用

实行分类所得税制既有利于源泉扣缴方法的运用，又有利于体现不同的税收政策。同时，在分类课征制条件下，由于个人税收负担不能直接依据某项所得水平的高低来确定，因此，我国个人所得税存在多种税率形式，有比例税率，有累进税率，有加成征收，有减征优惠，形成了集多种税率形式和多种税负水平于一体的税率结构。

（3）实行不同的费用扣除方式

个人所得的确定与企业所得的确定一样，都需要从取得的收入中扣除相应的成本费用。由于个人取得收入过程中发生的费用包括生计费用、赡养费用、经营费用等多个方面，因此，个人在确定所得时又不可能像企业一样进行规范的收入、成本费用核算。因此，个人所得税在征收时按分类所得税制的要求，就不同所得类型需要确定不同的费用扣除方式。目前，我国个人所得税的费用扣除方式视情况不同有定额扣除、定率扣除、限定据实扣除、据实扣除、对消极所得不扣除费用等多种方法。

（4）采用源泉扣缴和自行申报两种征纳方法

尽管分类课征制有利于广泛推行源泉课征制度，但是在同类所得被不同源泉课征者扣缴时，就会产生多重费用扣除和降低税率征收造成税负不公平的问题，而且在不存在源泉扣缴者或源泉不扣缴的情况下，同样也会造成税负不公平问题。因此，按分类课征制的要求，对符合源泉课征要求的所得项目，必须由源泉扣缴者扣缴税款；对不能使用源泉扣缴方法、扣缴税款不彻底和未扣缴税款的所得项目，就必须要求纳税人自行申报纳税。这既是税收征管的要求，也是不断提高纳税人纳税意识的要求。

3. 个人所得税的纳税人

个人所得税的纳税人的确定一般取决于一国采用的税收管辖原则。税收管辖原则通常分两类，即属人主义原则与属地主义原则。从世界各国的具体情况看，有的国家和地区采用属人主义原则，而有的国家和地区则采用属地主义原则。目前，国际上普遍的做法是把这两种征收原则结合起来，对本国公民或居民采用属人主义原则征税，对非本国公民或本国非居民采用属地主义原则征税。按照国际通行的做法，我国现行个人所得税纳税人的确定也是按照上述两种原则来确定，既包括有应税所得的我国居民，也包括从我国境内取得所得的非居民。

（1）居民纳税人

在中国境内有住所的个人和在中国境内虽无住所但在中国境内居住满1年的个人为中国居民纳税人，其负有无限纳税义务，就其来源于中国境内和境外的全部所得征收个人所得税。

（2）非居民纳税人

在中国境内无住所又不居住或无住所且居住不满1年的个人为非居民纳税人，其负有有限纳税义务，仅就其来源于中国境内的所得征收个人所得税。

自2000年1月1日起，个人独资企业和合伙企业投资者也为个人所得税的纳税义务人。

4. 我国个人所得税的税目、税率与应纳税额的计算

（1）工资薪金所得

对于工资薪金所得，中国人允许扣除3500元，外籍人员允许扣除4800元，其差额作为应税所得，适用于3%~45%的7级累进税率课税（见表9-3）。

表 9－3　适用于工资薪金所得的个人所得税税率表

级数	全月应纳税所得额（元）	税率（%）	速算扣除数
1	不足 1500	3	0
2	1500～4500	10	105
3	4500～9000	20	555
4	9000～35 000	25	1005
5	35 000～55 000	30	2755
6	55 000～80 000	35	5505
7	80 000 以上	45	13 505

（2）个体工商户的生产、经营所得和对企业事业单位的承包、承租经营所得

这类所得以每一纳税年度的收入总额，减除成本、费用以及损失后的余额，为应纳税所得额，适用于 5%～35% 的五级累进税率课税（见表 9－4）。

表 9－4　适用于个体工商户的生产、经营所得和对企事业单位的承包经营、承租经营所得的税率表

级数	全年应纳税所得（元）	税率（%）	速算扣除数
1	不足 15 000	5	0
2	15 000～30 000	10	750
3	30 000～60 000	20	3750
4	60 000～100 000	30	9750
5	100 000	35	14 750

（3）劳务报酬所得、稿酬所得、特许权使用费所得、财产租赁所得

这类所得适用于 20% 的比例税率。如果每次收入不超过 4000 元的，减除费用 800 元后的差额作为应税所得；如果每次收入在 4000 元以上的，减征 20% 的差额作为应税所得。对劳务报酬所得一次性收入畸高的，可以实行加成征收（见表 9－5）。稿酬所得，税率为 20%，并按应纳税额减征 30%，则实际税率为 14%。对于个人出租住房所得，从 2001 年 1 月 1 日起减按 10% 的税率征收个人所得税。

表 9－5　劳务报酬所得个人所得税税率表

级数	每次应纳税所得额（元）	税率（%）	速算扣除数
1	不足 20 000	20	0
2	20 000～50 000	30	2000
3	50 000 以上	40	7000

注：本表所称每次应纳税所得额是指每次收入额减除费用后的余额。

（4）财产转让所得

这类所得以转让财产的收入额减除财产原值和合理费用后的余额，为应纳税所得额，适用比例税率，税率为 20%。

（5）利息、股息、红利所得，偶然所得和其他所得

这类所得适用比例税率，税率为20%，以每次收入额为应纳税所得额。从2007年8月15日起，居民储蓄利息税率调整为5%。自2008年10月9日起暂免征收储蓄存款利息的个人所得税。

5. 个人所得税应纳税额的计算

（1）工资薪金所得应纳税额的计算

应纳税额 = 应纳税所得额 × 适用税率 − 速算扣除数

= （每月收入额 − 3500 或 4800 元） × 适用税率 − 速算扣除数

（2）个体工商户的生产、经营所得应纳税额的计算

应纳税额 = 应纳税所得额 × 适用税率 − 速算扣除数

=（全年收入差额 − 成本、费用以及损失）× 适用税率 − 速算扣除数

（3）对企事业单位承包经营、承租经营所得应纳税额的计算

应纳税额 = 应纳税所得额 × 适用税率 − 速算扣除数

或 应纳税额 =（纳税年度收入总额 − 必要费用）× 适用税率 − 速算扣除数

（4）劳务报酬所得应纳税额的计算

劳务报酬所得的减除标准为，每次收入低于4000元的，定额扣除800元；每次收入超过4000元的，定率扣除费用20%。

每次收入不超过4000元的：应纳税额 = 应纳税所得额 × 税率 = （每次收入额 − 800元） × 20%

每次收入在4000元以上的：应纳税额 = 应纳税所得额 × 税率 = 每次收入额 × （1 − 20%） × 20%

每次收入超过25 000元（应税所得超过20 000元的），其应纳税总额应依据相应税率和速算扣除数计算。其计算公式为：

应纳税额 = 应纳税所得额 × 适用税率 − 速算扣除数

（5）稿酬所得应纳税额的计算

稿酬所得适用税率20%，并按应纳税额减征30%，实际税率为14%。稿酬所得每次收入低于4000元的，定额扣除800元；每次收入超过4000元的，定率扣除费用20%。

每次收入不超过4000元的：应纳税额 = 应纳税所得额 × 20% × （1 − 30%） = （每次收入 − 800） × 20% × （1 − 30%）。

每次收入超过4000元的：应纳税额 = 应纳税所得额 × 20% × （1 − 30%） = 每次收入 × （1 − 20%） × 20% × （1 − 30%）

（6）特许权使用费所得应纳税额的计算

特许权使用费所得以个人每次收入低于4000元的，定额扣除800元；每次收入超过4000元的，定率扣除费用20%。

其计算公式为：

每次收入不超过 4000 元的：应纳税额 = 应纳税所得额 × 税率 = （每次收入额 - 800 元） ×20%

每次收入在 4000 元以上的：应纳税额 = 应纳税所得额 × 税率 = 每次收入额 ×（1 -20%） ×20%

（7）利息、股息、红利所得和偶然所得应纳税额的计算

利息、股息、红利所得以个人每次取得的收入额为应纳税所得额，不得从中扣除任何费用。其计算公式为：

应纳税额 = 应纳税所得额 ×20%

（8）财产租赁所得应纳税额的计算

财产租赁所得一般以个人每次收入不超过 4000 元的（含 4000 元），定额扣除 800 元；每次收入超过 4000 元的，定率扣除费用 20%。财产租赁所得以一个月内取得的收入为一次。允许扣除的修缮费用以每次（每月）800 元为限，一次扣除不完的，准予下次继续扣除直至扣完。其计算公式为：

每次(月)收入不超过 4000 元的(含 4000 元)：应纳税额 = [每次(月)收入额 - 准予扣除项目 - 修缮费用(800 元为限) - 800 元] ×20%

每次(月)收入超过 4000 元的：应纳税额 = [每次(月)收入额 - 准予扣除项目 - 修缮费用(800 元为限)] ×（1 -20%）×20%

（9）财产转让所得应纳税额的计算

财产转让所得以个人每次转让财产取得的收入额减除财产原值和合理费用后的余额为应纳税所得额。其计算公式为：

应纳税额 = 应纳税所得额 ×20% =（应税收入总额 - 合理费用 - 财产原值）×20%

6. 个人所得税的缴纳方式

个人所得税的缴纳方式主要有自行申报纳税和代扣代缴两种。

（1）自行申报纳税

自行申报纳税，是指由纳税人在税法规定的纳税期限内，自行向税务机关申报取得的应税所得项目和数额，如实填写个人所得税纳税申报表，并按照税法规定计算应纳税额，据此缴纳个人所得税的一种征收方法。

税法规定凡个人所得税纳税人有下列情形之一的，必须自行向税务机关申报所得并缴纳税款：自 2006 年 1 月 1 日起，年所得 12 万元以上的；从中国境内两处或两处以上取得工薪所得的；从中国境外取得所得的；取得应纳税所得，没有扣缴义务人的；国务院规定的其他情形。

自行申报纳税的申报期限：年所得 12 万元以上的纳税人，在纳税年度终了后 3 个月内向主管税务机关办理纳税申报；个体工商户和个人独资、合伙企业在每月或每季终了后的 7 日内预缴，年终后 3 个月内汇算清缴；承包经营、承租经营所得的，一次性取得所得的，自取得所得之日起 30 日内办理纳税申报，分次取得所得的按月 7 日内申报预缴，年度终了后 3 个月内汇算清缴；从中国境外取得所得的纳税人，在纳税年度终了后 30 日内向国内申报；其他所得取得后于次月 7 日内申报。

（2）代扣代缴

代扣代缴，是指按照税法规定负有扣缴义务的单位或个人，在向个人支付应纳税所得时，应计算应纳税额，从其所得中扣出并缴入国库，同时向税务机关报送扣缴个人所得税报告表的一种征收方法。

税法规定：凡支付个人应纳税所得的企业（公司）事业单位、机关、社团组织、军队、驻华机构、个体户等单位或个人，为个人所得税的扣缴义务人。其中驻华机构不包括外国驻华使领馆和联合国及其他依法享有外交特权和豁免的国际组织驻华机构。

代扣代缴的范围包括个人所得税法中除个体工商户所得以外所列的各个应税所得项目，即工资、薪金所得，对企事业单位的承包经营、承租经营所得，劳务报酬所得，稿酬所得等。

第四节 资源税

一、资源税概述

资源的范围比较广泛，大体上包括：各种金属矿产资源，各种非金属矿产资源，各种野生动植物资源，森林资源，水资源，草原、荒地、滩涂资源，城乡土地资源等。开征资源税，不可能对所有资源开采都进行征税。根据我国的实际情况，只能有选择地对一小部分资源开采进行征税。现在，我国已对部分矿产资源和盐资源的开采，以及城镇土地使用和耕地占用开征资源税。这是广义上的资源税。我国资源税类包括资源税、城镇土地使用税和耕地占用税。作为资源税类中的资源税，是我国中央与地方的共享税。海洋石油开采中缴纳的资源税归中央，其他的资源税、城镇土地使用税和耕地占用税归地方政府。因此，资源税是地方政府重要的财政来源。我国西部大开发中，资源税类形式所产生的财政收入全部归西部地方政府所有，这对于发展西部经济将发挥重大作用。

二、资源税的主要税种

（一）资源税

资源税是指为了体现国家的权益，促进合理开发利用资源，调节资源级差收入，对开采资源产品征收的一种税。

1. 资源税的特点

资源税与其他税收相比具有以下几个特点：

（1）资源税的征收范围小

从理论上说，资源税的征收范围不仅包括矿产资源，而且也包括矿产资源以外的其他资源。世界上一些征收资源税的国家，其征税范围也非常广。而我国现行资源税法却采用列举方法，仅把原油、天然气、煤炭、非金属矿原矿、黑色金属矿原矿、有色金属矿原矿和盐等七种资源产品列入征税范围之内，因而征税范围窄小。

（2）资源税的征税目的是为了调节级差收入

征收资源税可以起到多方面的作用，如筹集财政收入，加强对资源开发的引导和监督等。但资源税的开征目的主要在于调节资源开采企业因资源开采条件的差异所形成的级差收入，为资源开采企业之间开展公平竞争创造条件。

（3）资源税采用差别税额，实行从量定额和从价定率征收相结合

目前，世界各国征收资源税的方法主要有三种：一是从价定率征收，二是从量定额征收，三是以矿产净收入为计税依据按率征收。我国现行资源税法规定资源税以应税资源产品的销售量和销售额为计税依据，实行从量定额和从价定率计税，这样有利于计征和足额缴纳税款，增加财政收入。

（4）资源税属于中央和地方共享税种

世界上征收资源税的国家，在资源税的管理权限和收入归属上，主要有三种类型，即中央税、共享税和地方税。我国现行资源税属于共享税，并按资源种类划分收入归属。

2. 资源税的纳税人

资源税的纳税人是指在中华人民共和国境内开采应税资源的矿产品或者生产食盐的单位和个人。

3. 资源税税目和税率

2011 年 9 月国务院对《中华人民共和国资源税暂行条例》作了修改，增加了从价定率的资源税计征办法。新规定自 2011 年 11 月 1 日起施行。

表 9－6　资源税税目和税率表

税　目		税　率
一、原油		销售额的 5% ~10%
二、天然气		销售额的 5% ~10%
三、煤炭	焦煤	每吨 8 ~20 元
	其他煤炭	每吨 0.3 ~5 元
四、其他非金属矿原矿	普通非金属矿原矿	每吨或者每立方米 0.5 ~20 元
	贵重非金属矿原矿	每千克或者每克拉 0.5 ~20 元
五、黑色金属矿原矿		每吨 2 ~30 元
六、有色金属矿原矿	稀土矿	每吨 0.4 ~60 元
	其他有色金属矿原矿	每吨 0.4 ~30 元
七、盐	固体盐	每吨 10 ~60 元
	液体盐	每吨 2 ~10 元

4. 应纳税额的计算

资源税实行从价定率和从量定额征收的办法。其应纳税额的计算方式如下：

（1）采用从价定率征收的资源税税目，其应纳税额的计算公式：

应纳税额 = 应税产品的销售额 × 纳税人具体适用的比例税率

（2）采用从量定额征收的资源税税目，其应纳税额的计算公式：

应纳税额 = 以应税产品的销售数量 × 纳税人具体适用的定额税率

（二）城镇土地使用税

1. 城镇土地使用税的概念

城镇土地使用税，是指以开征范围的土地为征税对象，以实际占用的土地单位面积为计税标准，按规定税额对拥有土地使用权的单位和个人征收的一种税。

2. 城镇土地使用税的纳税人

在城市、县城、建制镇、工矿区范围内使用土地的单位和个人，为城镇土地使用税的纳税人。

3. 城镇土地使用税的征税范围

城镇土地使用税的征税范围为城市、县城、建制镇和工矿区内的国家所有和集体所有的土地；具体的征税范围是：城市的征税范围为市区和郊区的土地；县城的征税范围为县人民政府所在的城镇的土地；建制镇的征税范围为镇人民政府所在地的土地。工矿区是指工商业比较发达，人口比较集中的大中型工矿企业所在地的土地。工矿区的设立必须经省、自治区、直辖市人民政府批准。

4. 适用税率

城镇土地使用税实行分级幅度定额税率，按大、中、小城市和县城、建制镇、工矿区分别规定每平方米土地的年应纳税额。

其中大、中、小城市以公安部门登记在册的非农业正式户口人数为依据，按照国务院颁布的《中华人民共和国城市规划条例》中规定的标准划分。人口在50万以上者为大城市；人口在20万至50万之间者为中等城市；人口在20万以下者为小城市。

表9－7　城镇土地使用税税率

级数	级别	人口	每平方米税额（元）
1	大城市	50万以上	1.5～30
2	中等城市	20万～50万	1.2～24
3	小城市	20万以下	0.9～18
4	县城、建制镇、工矿区		0.6～12

5. 应纳税额的计算

城镇土地使用税以纳税人实际占用的土地面积为计税依据，依照规定税额计算征收。其计算公式如下：

全年应纳税额 = 计税土地面积（平方米）× 适用税额

（三）耕地占用税

1. 耕地占用税的概念

耕地占用税，是指对占用耕地建房或者从事其他非农业建设的单位和个人征收的一种税。根据国务院发布的《中华人民共和国耕地占用税暂行条例》的规定，从1987年4月1日起，全国普遍开征耕地占用税。

2. 耕地占用税的纳税人

占用耕地建房或者从事非农业建设的单位或者个人，为耕地占用税的纳税人。

3. 耕地占用税的征税范围

耕地占用税的征税对象，是指占用耕地建房或从事其他非农业建设的行为。具体列入耕地占用税征税范围的耕地有5种：

（1）种植粮食作物、经济作物的土地，包括粮田、棉田、麻田、烟田、蔗田等。

（2）菜地，即用于种植各类蔬菜的土地。

（3）园地，包括苗圃、花圃、茶园、果园、桑园和其他种植经济林木的土地。

（4）鱼塘。

（5）其他农用土地，如已开发从事种植、养殖的滩涂、草场、水面、林地等。

具体是否要征收耕地占用税则由省、自治区、直辖市人民政府结合当地情况确定。

纳税人占用除耕地以外的农用地，比如林地、牧草地、农田水利用地和养殖水面等，均应按照条例规定，缴纳耕地占用税。建设直接为农业生产服务的生产设施而占用农用地的，不征收耕地占用税。

4. 适用税率

耕地占用税实行从量计征的地区差别定额税率，以规定单位面积的税额作为征收标准。

我国耕地占用税的税额规定如下：

（1）人均耕地不超过1亩的地区（以县级行政区域为单位，下同），每平方米为10～50元。

（2）人均耕地超过1亩但不超过2亩的地区，每平方米8～40元。

（3）人均耕地超过2亩但不超过3亩的地区，每平方米6～30元。

（4）人均耕地超过3亩的地区，每平方米5～25元。

国务院财政、税务主管部门根据人均耕地面积和经济发展情况确定各省、自治区、直辖市的平均税额。

5. 应纳税额计算

其计算公式为：应纳税额 = 计税依据 × 适用税率

第五节　财产税和行为税

一、财产税概述

财产税是一个古老的税种。虽然从财政收入规模上看，财产税目前在各国的税制结构中并不是主体税种，但其独特的财政收入功能和调节财富分配的作用，使其一直在各国税制体系中占有一席之地。

财产税的课税对象是财产。财产是指一定时点的财富存量，它分为不动产和动产。不动产指的是土地以及附属于土地上的长期固定的设施。动产则指的是人们占有的除不动产之外的全部所有的财产，包括有形动产和无形动产两大类。前者如家具、用品、首饰、货物等，后者如股票、债券、货币等。

二、财产税的主要税种

（一）房产税

1. 房产税的概念

房产税，是指以房屋为征税对象，按房屋的计税余值或租金收入为计税依据，向产权所有人征收的一种财产税。

2. 房产税的纳税人

根据《中华人民共和国房产税暂行条例》规定，房产税以在征税范围内的房屋产权所有人为纳税人。

3. 房产税的征税范围

《中华人民共和国房产税暂行条例》规定“房产税在城市、县城、建制镇和工矿区征收”，因此房产税的征税范围为城市、县城、建制镇和工矿区。城市是指国务院批准设立的市，包括市区、郊区和市辖县县城，但不包括农村。

4. 房产税的税率

房产税采用比例税率，根据房产税的计税依据分为两种：依据房产计税余值计税的，税率为1.2%；依据房产租金收入计税的，税率为12%。从2001年1月1日起，对个人按照市场价格出租的居民住房，其应缴纳的房产税暂减按4%的税率征收。自2008年3月1日起，执行对企事业单位、社会团体以及其他组织按市场价格向个人出租用于居住的住房，减按4%的税率征收房产税。

5. 房产税的计税依据

房产税实行从价计征和从租计征的两种计税方法，其计税依据分别为房产余值和租金收入。

（1）纳税人经营自用应税房产，采用从价计征的办法，其计税依据为房屋原值一次性减除10% ~30%后的余值。

（2）纳税人出租应税房产，采用从租计征的办法，其计税依据为房产的租金收入。房产的租金收入是指房屋产权所有人出租房产使用权所取得的报酬，包括货币收入和实物收入。对以劳务或其他形式作为报酬抵付房租收入的，应根据当地同类房产的租金水平，确定一个标准租金额，依率计征。

6. 应纳税额的计算

根据税法规定，房产税的计算方法有以下两种：

（1）按房产原值一次减除规定的扣除比例后的余值计算，其计算公式为：

年应纳税额 = 应税房产原值 × （1 - 扣除比例） ×1.2%

（2）按租金收入计算，其计算公式为：

年应纳税额 = 年租金收入 × 12%

（二）契税

1. 契税的概念

契税，是指以所有权发生转移变动的不动产为征税对象，向产权承受人征收的一种财产税。现行契税的基本规范，是1997年7月7日国务院发布并于同年10月1日起开始实施的《中华人民共和国契税暂行条例》。

2. 契税的纳税人

契税的纳税人是承受中国境内转移土地、房屋权属的单位和个人。所谓承受，是指以受让、购买、受赠、交换等方式取得土地、房屋权属的行为。

3. 契税的征税对象

契税的征税对象为发生土地使用权和房屋所有权权属转移的土地和房屋。

4. 契税的税率

契税实行3% ~5%的幅度税率。实行幅度税率是考虑到我国经济发展的不平衡，各地经济差别较大的实际情况。因此，各省、自治区、直辖市人民政府可以在3% ~5%幅度税率规定范围内，按照本地区的实际情况决定。

5. 应纳税额的计算

其计算公式为：契税应纳税额 = 计税依据 × 税率

（三）车船税

1. 车船税的概念

所谓车船税，是指在中华人民共和国境内，对所有人或管理人拥有的车辆、船舶（以下简称车船），依法征收的一种税。车船税不仅对国内企业、单位和个人征收，同时也对外商投资企业、外国企业和外籍个人征收。

2. 车船税的纳税人

车船税的纳税人是在中华人民共和国境内，车辆、船舶（以下简称车船）的所有人或者管理人，即在我国境内拥有车船的单位和个人。

3. 车船税征税范围

按照规定，车船税的征税对象是依法应在公安、交通、农业等车船管理部门登记的车船，具体可分为车辆和船舶两大类。其中，车辆为机动车，包括载客汽车、载货汽车、三轮汽车、低速货车、摩托车、专项作业车和轮式专用机械车；船舶为机动船和非机动驳船。

4. 车船税税率

2011年2月25日十一届全国人大常委会第十九次会议通过了新的《中华人民共和国车船税法》，将乘用车的计税标准依据排气量大小分七档。新的《中华人民共和国车船税法》从2012年1月1日起执行（税目税额见表9-8）。

表 9－8　车船税税目税额表

税目		计税单位	年基准税额（元）	备注
乘用车按照发动机汽缸容量（排气量）分档	1.0 升（含）以下		60～300	核定载客人数 9 人（含）以下
	1.0 升～1.6 升（含）		360～660	
	1.6 升以上～2.0 升（含）		660～960	
	2.0 升以上～2.5 升（含）		960～1620	
	2.5 升以上～3.0 升（含）		1620～2460	
	3.0 升以上～4.0 升（含）		2460～3600	
	4.0 升以上		3600～5400	
商用车	客车	每辆	480～1440	核定载客人数 9 人以上，包括电车
	货车	整备质量每吨	16～120	1. 包括半挂牵引车、客货两用汽车、挂车、三轮汽车和低速载货汽车等 2. 挂车按照货车税额的 50% 计算
其他车辆	专用作业车	整备质量每吨	16～120	不包括拖拉机
	轮式专用机械车	整备质量每吨	16～120	
摩托车		每辆	36～180	
船舶	机动船舶	净吨位每吨	3～6	拖船、非机动驳船分别按照机动船舶税额的 50% 计算
	游艇	艇身长度每米	600～2000	

5. 应纳税额的计算

车船税的应纳税额，应当根据不同类型的车船及其适用的计税标准分别计算。其计算公式为：

应纳税额＝计税依据×适用的年税额

（四）行为税

1. 印花税

（1）印花税的概念

印花税，是指对经济活动和经济交往中书立、领受的凭证征收的一种税。印花税的征税对象是《中华人民共和国印花税暂行条例》所列举的各种凭证，由凭证的书立、领受人缴纳，是一种兼有行为性质的凭证税。

（2）印花税的纳税人

《中华人民共和国印花税暂行条例》规定：“凡在中华人民共和国境内书立、领受本条例所列举凭证的单位和个人，都是印花税的纳税义务人，应当按照本条例规定缴纳印花税。”

（3）征税范围

印花税征税范围可以归纳为五类，即经济合同及合同性质的凭证；产权转移书据；营业账簿；权利许可证照；以及经财政部门确认的其他凭证。对纳税人以电子形式签订的各类应税凭证也应按规定征收印花税。

（4）印花税税目税率

表9－9　　印花税税目税率表

税　目	比例税率（‰）	税　目	比例税率（‰）
1. 财产租赁合同	1	9. 建筑安装工程承包合同	0.3
2. 仓储保管合同	1	10. 技术合同	0.3
3. 加工承揽合同	0.5	11. 借款合同	0.05
4. 建设工程勘察设计合同	0.5	12. 财产保险合同	0.1
5. 货物运输合同	0.5	税　目	定额税率
6. 产权转移书据	0.5	1. 权利许可证照	5元
7. 营业账簿中记载资金的账簿	0.5	2. 营业账簿中的其他账簿	5元
8. 购销合同	0.3		

（5）应纳税额的计算

纳税人应根据应税凭证的性质，分别按比例税率或者定额税率计算其应纳税额。其计算公式是：

应纳税额＝应税凭证计税金额（或应税凭证件数）×适用税率

2. 车辆购置税概述

车辆购置税是以《中华人民共和国车辆购置税暂行条例》（以下简称《条例》）以及国家税务总局与交通部联合发布的《国家税务总局、交通部关于做好代征车辆购置税工作有关问题的通知》为依据，自2001年1月1日起征收并取代车辆购置附加费的新税种。该税是以车辆为课税对象，在特定环节向车辆购置者征收的一种兼有财产税和行为税特点的税种。

（1）车辆购置税的纳税人

车辆购置税的纳税义务人，是指在中华人民共和国境内购置应税车辆的单位和个人。

（2）征税对象

车辆购置税的征税对象是在我国境内购置的应税车辆。

这里所说的购置，包括购买、进口、自产、受赠、获奖或者以其他方式取得并自用应税车辆的行为。

（3）税率

车辆购置税实行从价定率的征收办法，税率为应税车辆计税价格的10%。该水平的税率与原来的车辆购置附加费的征收标准基本相同，从而使购车者在开征车辆购置税后负担不会加重。

（4）应纳税额的计算

按照《条例》规定，车辆购置税实行从价定率征收的办法计算应纳税额。其计算公式为：

应税税额 = 计税价格 × 税率

3. 城市维护建设税

（1）城市维护建设税的概念

城市维护建设税，是指对从事工商经营，缴纳消费税、增值税、营业税的单位和个人征收的一种税。

（2）纳税人

城市维护建设税的纳税人是在征税范围内从事工商经营，并缴纳消费税、增值税、营业税的单位和个人。不论是国有企业、集体企业、私营企业、个体工商户，还是其他单位、个人，只要缴纳了消费税、增值税、营业税中的任何一种税，都必须同时缴纳城市维护建设税，都是城市维护建设税的缴税人。外商投资企业和外国企业暂不缴纳城市维护建设税。

（3）计税依据

城市维护建设税的计税依据是纳税人实际缴纳的消费税、增值税、营业税税额。城市维护建设税以"三税"税额为计税依据，这里指的是"三税"实际缴纳税额，不包括加收的滞纳金和罚款。因为滞纳金和罚款是税务机关对纳税人采取的一种经济制裁，不是"三税"的正税，因此不应包括在计税依据之内。

（4）城市维护建设税的税率

为了体现受益性原则，城市维护建设税实行地区差别比例税率。按照纳税人所在地的不同，税率分别规定为7%、5%、1%三个档次。不同地区的纳税人实行不同档次的税率。具体适用范围如下：

①纳税人所在地在城市市区的，税率为7%；

②纳税人所在地在县城、建制镇的，税率为5%；

③纳税人所在地不在城市市区、县城、建制镇的，税率为1%。

纳税单位和个人缴纳城市维护建设税的适用税率，一般按其缴税所在地的规定税率执行。县政府设在城市市区的，其在市区办的企业，按市区的规定税率计算纳税。纳税人所在地为工矿区的，应根据行政区划分别按照7%、5%、1%的税率缴纳城市维护建设税。

（5）应纳税额的计算

城市维护建设税纳税人的应纳税额大小是由纳税人实际缴纳的消费税、增值税、营业税的"三税"税额决定的。其计算公式是：

应纳税额 = 计税依据（纳税人实际缴纳的消费税、增值税、营业税）× 适用税率

【关键词】

税收制度 单一税制 复合税制 流转税 生产型增值税 消费型增值税 收入型增值税 消费税 营业税 关税 企业所得税 居民企业纳税人 非居民企业纳税人 个人所得税 居民纳税人 非居民纳税人 分类所得税 综合所得税 分类综合所得税 资源税 城镇土地使用税 耕地占用税 房产税 契税 车船使用税 印花税 车辆购置税 城市维护建设税

复习思考题

1. 什么是税收制度？
2. 比较单一税制和复合税制的优劣。
3. 增值税的特点是什么？
4. 试述所得税的一般功能和特征。
5. 试分析超额累进税率和全额累进税率的区别。
6. 如何界定营业税与增值税的征税范围？
7. 消费税的特点有哪些？
8. 资源税的特点有哪些？
9. 什么是城市维护建设税？
10. 房产税从价计征和从租计征有什么区别？

第十章 公债

【本章中心内容】

国债，亦称公债，是一个特殊的财政范畴，通常是指国家公债的简称，意指政府债务，是政府对团体、公司、个人或别的政府的债务，是一种非经常性的财政收入，它反映着以国家为主体的一种分配关系。公债的发行、流通及偿还过程是研究国债制度的核心。

第一节 公债基础理论

一、公债的起源和发展

（一）国外公债的产生和发展

公债作为一个财政范畴出现，在历史时序上比税收要晚些。西方的公债在奴隶社会就已经开始萌芽了。公元前4世纪，古希腊、古罗马等国出现了政府向商人、高利贷者和寺院借债的情况。公债的产生有四个必要条件：首先，公债产生的前提条件是因为国家财政的需要。随着国家职能的进一步扩展，国家财政的需求也逐渐扩大。国家财力不充裕，出现了财政困难，有了资金和经济上的需要。其次，公债产生还应具备基础条件，如社会上出现大量的闲置货币资本。再次，政府与企业、个人之间的经济关系要平等，无论是企业还是个人都有一定的货币经济意识。最后，要有较发达的货币信用制度。

到了封建社会，由于战争等原因，公债又得到了进一步的发展。公债在西方国家更进一步的发展则是在商品经济和信用制度高度发展的资本主义社会。公债能在这一时期高度发展的原因主要有四点：

（1）从支出需求看，国家对外扩张等职能引起了财政支出的过度膨胀，政府支出总量已超过税收等无偿收入的承担能力，这就迫使资本主义国家不得不扩大公债的规模，以增加政府的财政收入。

（2）从发行条件看，只有到了资本主义时代，才有可能集聚起大量的货币资本，从而使国债的发行成为可能。经济增长促使闲置资本规模的扩大，给公债发行提供了大量的、稳定的资金来源。

（3）从利益分配角度看，资本主义的生产关系以及反映资本主义意识的个人主义是政府发行公债的前提条件。从公债中获利最大的是资产阶级。新兴资产阶级通过大量认购公债而获得巨额利息，并借机得到一些特权。

(4) 从经济理论和财政实践看，赤字财政理论和赤字财政政策在西方各国的流行和推广，为公债的膨胀提供了理论上的诠释和制度上的保证，也为公债的发行提供必要的技术条件。在20世纪30年代以前，公债发行规模相对有限。此后，凯恩斯主义在西方盛行。为刺激总需求、缓和经济危机，不少发达国家纷纷推行赤字财政政策，大规模发行公债。在公债数额与日俱增的同时，有关的制度安排也逐渐完善。更为重要的是，公债已越来越成为各国政府干预经济生活的重要工具。

在西方，公债的产生和发展经历了如下几个阶段：第一个阶段是公债萌芽阶段（奴隶、封建社会，公元前4世纪~公元12世纪末）。第二个阶段是公债产生和兴起阶段（封建社会末期，12世纪末~16世纪）。12世纪末至13世纪初在商品经济和信用制度比较发达的意大利城邦，如佛罗伦萨、热那亚、威尼斯等，由于诸侯战争的需要，最早产生了近代意义的公债。亚当·斯密也认为"首先采用这种方法（公债），似为意大利各共和国"。16世纪，随着西方殖民扩张的发展，公债这种财政收入新形式便在西欧各国广泛流行起来。第三个阶段为公债确立和发展阶段（自由、垄断资本主义时期，17世纪~20世纪30年代）。现代意义的公债制度是在17世纪的荷兰最早确立起来的。之后，随着殖民战争和帝国主义战争的推动，公债制度在资本主义国家大大发展起来。第四个阶段为公债的兴盛和完善阶段（国家垄断资本主义时期，20世纪30年代至今）。1936年，凯恩斯国家干预主义登上历史舞台。第二次世界大战之后，赤字财政政策广泛流行于西方各国。由于干预经济的需要，公债制度进一步发展完善起来，成为资本主义国家调控经济的重要手段。

(二) 中国公债的产生和发展

从中国来看，公债经历了一个曲折发展的过程。在封建社会时期的旧中国，最早的公债是外债，始于1865年向英格兰银行的借款。最早的内债是1894年的"息借商款"。清政府于光绪二十年（1894年）发行了中国历史上的第一次公债，即"息借商款"，当时发行目的是为了应付甲午战争的军事支出需要。此后的北洋军阀政府和国民党政府也曾多次举债。

新中国建立以后，政府曾多次发行公债。与我国的经济制度从计划体制到市场体制的变革相适应，我国公债的发展大致可分为四个时期。

1. 20世纪50年代（1950—1958年）的公债

新中国成立初期，为了保证解放战争的胜利和恢复国民经济，制止通货膨胀，稳定市场物价，弥补财政赤字，中央人民政府于1950年首次发行了总价值约302亿元的"人民胜利折实公债"。1954—1958年，为满足国家经济建设需要又连续5年发行了总额为3456亿元的"经济建设公债"。

2. 1959—1978年，公债停滞及空白阶段

"既无内债，又无外债是社会主义优越性的表现"的错误思想导致中国1959年停止公债发行，并出现了20年的公债空白期。1969年5月11日《人民日报》还就中国

成为一个既无内债、又无外债的国家发表了署名蔡正的文章。

3. 20世纪80年代~20世纪90年代中期，公债的恢复和重建阶段

改革开放后，大规模的重点建设和渐进的体制改革使财政支出迅速增加。1979年以后，财政连年出现赤字。政府为了适应经济体制变化所导致的财政困难、重点建设资金紧张以及市场经济下宏观调控的需要。政府从1981年起开始启动了公债的运用，恢复发行国内公债，称之为国库券。另外，还发行了国家重点建设债券、财政债券、保值公债等，并向外国政府、国际金融机构、外国银行等借入大量外债。这一时期，公债的发行目的主要是为了弥补赤字、支持经济建设。

4. 20世纪90年代末期以来，公债的飞跃发展阶段

20世纪90年代末期，我国经济发展进入了新时期。伴随着国民经济总量的不断增长，我国的经济结构发生了重大变化。与此同时，也出现了通货紧缩、内需不足等严重问题。在这种形势下，各界对公债的宏观调控功能寄予了热切的期望。政府不断增发公债，并配合其他经济政策，以期拉动经济、走出困境。此时发行的公债不仅在规模上连连上台阶，而且使制度日益完善，具有了新的内涵。这标志着我国的公债进入了一个新的发展时期。

二、公债理论

从公债产生以来，人们对“政府是否应该举债”，以及“政府举债有害还是有利”等问题进行了长期的争论。这些争论形成一系列的公债理论学说。从公债理论的发展史上看，经济学家对公债的经济认识是经历了一个漫长的由肯定到否定再到否定之否定的辨证认识过程。

（一）早期的公债理论

这一时期以重商主义和重农学派的公债理论为代表，形成了两种完全对立的观点。对公债肯定的以威廉·配第（政治经济学之父）、梅隆、詹姆士·斯图亚为典型代表。而大卫·休谟、朗斯·魁奈、查尔斯·达芬南等人，则认为公债加重一代人的负担，导致国家破产，即“公债亡国论”。由于重商主义和重农学派处于封建专制社会末期，因此其公债观有一定的局限。但是公债理论学说的雏形就此形成。

（二）古典学派的正统公债理论

18世纪以后，西欧各国进入自由资本主义时期。古典经济学家一般信奉反对国家干预经济、主张自由竞争、关注经济效益的自由主义哲学思想。基于此，古典经济学派的创始人亚当·斯密在其名著《国富论》的最后一章中，对公债作了较为全面、系统的研讨。他引用了大卫·休谟的“公债亡国论”理论，对公债持反对态度。他认为政府举债是因为当权者的奢侈和不知节俭；公债主要用于非生产性开支，会减少现存资本，导致国家衰弱。意大利各共和国、西班牙、荷兰等国就是明证。亚当·斯密认为，“只用在战争继续的时间内，举债制度才优于其他制度。”

英法第二次百年战争（1689—1815年）后期，英国因战争费用庞大，国库入不敷出。在如何筹措军费上，英国议会对征税筹款还是公债筹款展开了争论，经济学家也

卷入了这个现实问题之中。例如，马尔萨斯（Thomas Robert Malthus，1766—1834 年）就认为，征税会减少消费支出，引起经济紧缩，而公债的影响要小得多。李嘉图则认为，无论是征税还是发行公债，对经济的影响本质上是没有区别的。这也就是后来被称为李嘉图等价定理的基本内容。李嘉图在他的《政治经济学及赋税原理》中只是简要地比较了征税筹款和举债筹款的效应，没想到后来居然发展成为一个以他名字命名的著名理论。鉴于李嘉图等价思想的广泛影响，现将李嘉图的原始表述引证如下：“一个国家为筹划战争费用或政府一般开支而课征的税，以及主要用来维持非生产性劳动者的税，都是从该国的生产性劳动中取得的。这种开支没有节省，即使不是增加到纳税人的资本之中，一般也会增加到他们的收入之中。如果为了一年的战费支出而以发行公债的办法征集二千万镑，这就是从国家的生产资本中取去了二千万镑。每年为偿付这种公债利息而课征的一百万镑，只不过是由付这一百万镑的人手中转移到收这一百万镑的人手中，也就是由纳税人手中转移到公债债权人手中。实际的开支是那二千万镑，而不是为那两千万必须支付的利息。付不付利息都不会使国家增富或变穷。政府可以通过赋税的方式一次征收二千万镑；在这种情形下，就不必每年课征一百万镑。但这样做并不会改变这一问题的性质。”① 值得注意的是，李嘉图等价定理在大多数情况下是不成立的。比如在经济危机时期，征税筹资与公债筹资显然是不等价的。征税筹资在经济危机时只能加重经济紧缩，是不合时宜的办法；而公债筹资在经济危机时则可以刺激经济，是对症下药的良策，此时公债筹资优于征税筹资。又比如在经济膨胀时期，征税筹资与公债筹资也是不等价的。征税筹资在经济过热时可以起到抑制经济的功效，是合时宜的办法；而公债筹资在经济过热时只会加重经济膨胀，是不合时宜的办法，此时征税筹资优于公债筹资。对于个人来讲，如果政府采取公债筹资的方式，相当于当前减税，个人买政府公债相当于投资，个人不仅不会觉得未来财富会减少，反而觉得可能会增加。因此，个人的消费和投资趋向增加。但是如果政府采取税收筹资的方式，相当于当前增税。个人交了税后，会明显觉得当前财富减少了。因此，个人消费和投资趋向减少。因此，在现实条件中，李嘉图等价定理不成立。所以李嘉图等价定理的有效性是非常值得怀疑的，不过它所引起的争论还将会继续下去。

（三）凯恩斯革命与公债观的转变——公债有益论

凯恩斯学派的奠基人首推英国的经济学家凯恩斯。1929—1933 年资本主义国家爆发了历史上最严重、最持久、最广泛的经济危机，史称“大衰退”。1936 年凯恩斯（John Maynard Keynes，1883—1946 年）出版了他的《就业、利息和货币通论》，西方经济学家把该书与斯密的《国富论》及马克思的《资本论》并列为经济学说史上的三本伟大著作。它根本动摇了资本主义自由放任的传统经济理论。凯恩斯把资本主义经济衰退和严重失业的原因归之于有效需求不足。即消费需求不足和投资需求不足，他认为资本主义不存在自动达到充分就业均衡的机制，因而主张政府干预经济，即通过政府的政策、特别是财政政策来刺激消费和增加投资，以实现充分就业。“凯恩斯革

① 李嘉图. 李嘉图著作和通讯集：第 1 卷［M］. 北京：商务印书馆，1962：208.

命”导致赤字财政政策和国家干预主义思想盛行于西方各国，并成为西方占统治地位的正统经济思想。受此影响，第二次世界大战之后的西方主流学派经济学家大都赞成政府举债。他们对公债持肯定态度，认为政府为了稳定经济而负债是有益的、必要的。理由是公债必要时可以用于扩大消费和投资，公债用于投资也具有生产性，会促使物质财富增加，可成为政府调节经济的杠杆。从宏观经济的角度来研究公债，将公债视为国家干预经济的一个重要杠杆乃是凯恩斯公债理论的一大特色。他认为，国家一般经费开支增加而出现赤字时，可以通过举债来弥补。其目的在于以此来扩大政府购买，弥补私人消费之不足，提高消费倾向。而在未实现充分就业之前，即使预算收支平衡，仍可以通过举债来扩大公共工程的投资。这不仅可直接地增加就业，而且可以间接地带动私人投资。从这一点讲，“举债支出虽然浪费，但结果倒可以使社会致富”。总之，公债是制止经济衰退的强大防线和稳定经济制度的重要工具。

被誉为“美国的凯恩斯”的经济学家阿尔文·汉森，既发展了凯恩斯的国家干预经济的理论，也发展了凯恩斯的公债理论。汉森对公债理论的最大贡献在于提出了公债规模的变化应与经济波动相一致的观点。在经济衰退时期，政府可推行赤字预算，增加公债发行以扩大公共工程支出，刺激整个经济回升。而在经济繁荣时期，则应当削减部分公债，缩小公共工程支出，实现财政平衡并有结余，以此结余来补偿衰退时期的赤字，以抑制通货膨胀。此即著名的“补偿性政策”。

后凯恩斯主流学派最主要的代表人物——萨缪尔森不仅继承了凯恩斯的理论，主张在经济衰退时要扩大政府支出，实行赤字预算，而且更进一步提出在经济上升时期也应当推行赤字预算。要实行赤字预算，公债就成为不可缺少的补充，而且公债可以随着经济的发展而不断增长。萨缪尔森认为，公债除了弥补财政赤字这个最一般的作用外，还有两个作用。一是可以直接影响人们的消费投资。“持有公债的一般人感到较为富有。不论其后果是好是坏，它会提高人们的消费倾向曲线。对于一个运转失常的经济制度，这会增加消费和投资，从而有助于减少失业。”二是为中央银行的公开市场业务提供了更为广阔的回旋余地。通过公债数量的增减，可以影响利息的升降，调节货币流通量。因而，公债具有增加货币政策效果的作用。

（四）“公共选择论”对公债的质疑

20世纪70年代以后，西方非主流学派倾向于否定凯恩斯主义的公债观，对公债有害性一面的揭示较多。而主流学派则倾向于维护凯恩斯主义的公债观，对公债有益性一面的探讨也有了更深的认识。其争论的焦点主要在于公债政策是否有效，如何才能有效。主流学派仍认为公债政策是基本有效的。他们认为，当经济面临有效需求不足导致的衰退时，举债扩大支出将会刺激需求，对经济产生积极影响。但在反对学派的挑战之下，他们更加注重公债政策适用的经济条件（有效需求不足）、公债支出的投向（主要是投资性支出）、公债还本付息负担的安全性与公平性（债务规模与结构、债务转移问题）等的研究，从而深化了对公债的认识。

非主流学派认为公债政策无效或基本无效。如“公共选择论”的主要代表人物布坎南认为政府与私人一样用举债来扩大公共消费，意味着用耗尽未来的收入来满足眼前的消费，其结果都是在减少资产的价值，最终，居民可预见的将来收入的现值更会低于没有公债条件下的现值。因此，他反对依靠发行公债来增加公共消费的政府与政策。布坎南认为，政府因内部效应导致依靠发行公债来扩大公共消费，结果势必会摧毁一个民族、一个国家或一个社会的资本或资产，这种公债政策，实际上不仅无效，而且有害。

三、公债的含义

所谓“公债”，是国家或政府依据信用原则，以债务人身份，通过借款或发行债券获取财政收入的一种特定方式，是一种特殊的财政活动。

同其他经济手段相比，特别是与税收相比，公债所表现出的特殊性十分明显。

1. 财政性

公债是一种自愿、有偿、灵活的财政收入形式，具有弥补财政赤字的功能。政府通过发行公债筹集的财政资金必须如期偿还，并且还要按事先规定的条件向认购者支付一定数额的利息。公债的发行或认购建立在认购者自愿承购的基础上。认购者买与不买，购买多少，完全由认购者根据个人或单位情况自主决定，国家不能指派具体的承购人。公债发行与否以及发行多少，一般由政府根据国家财政资金的丰裕程度灵活加以确定，不必通过法律形式预先加以规定。公债的这种灵活性与税收的固定性形成了明显的区别。

2. 金融性

公债是金融市场上一种特殊的金融工具，被称为“金边债券”。早在 17 世纪，英国政府经议会批准，开始发行了以税收保证支付本息的政府公债，该公债信誉度很高。当时发行的英国政府公债带有金黄边，因此被称为“金边债券”。在美国，经权威性资信评级机构评定为最高资信等级（AAA 级）的债券，也称“金边债券”。至此，“金边债券”一词泛指所有中央政府发行的债券，即“国债”。

3. 经济性

公债是政府可以运用的一种重要的宏观调控杠杆，是国家经济政策的一个重要组成部分。

四、公债与国债、国家信用、公债券

公债是各级政府借债的统称。中央政府的债务称为中央债，又称国债；地方政府的债务称为地方债或公债。我国地方政府无权以自身名义发行债务，故人们常将公债与国债等同起来。

公债是政府信用或财政信用的主要形式。国家信用也可称为政府信用或财政信用，是指政府按照有借有还的商业信用原则，以债务人身份来取得收入，或以债权人身份来安排支出。公债只是政府信用活动中的一部分。财政信用的其他形式包括：政府向银行借款、财政支农周转金以及财政部门直接发放的财政性贷款等。但无论从国家信用的产生来看，还是从现代各国国家信用的实践活动来看，国家信用活动的绝大部分内容都表现为公债活动。因此，人们有时就以国家信用来代指公债活动。

公债券即政府证券，是政府以信用方式发行的债务凭证，包括国债券和地方政府债券。政府债券的发行主体是政府，它是指政府财政部门或其他代理机构为筹集资金，以政府名义发行的债券，主要包括国库券和公债两大类。一般国库券是由财政部发行，用以弥补财政收支不平衡；公债是指为筹集建设资金而发行的一种债券。有时也将两者统称为公债。

我国历史上发行的公债主要品种有：国库券和国家债券。其中，国库券自1981年后基本上每年都发行。国库券的发行对象主要是个人和企业。其具有保值的特点。国家债券包括国家重点建设债券、国家建设债券、财政债券、特种债券、保值债券、基本建设债券等。这些债券大多对银行、非银行金融机构、企业、基金等定向发行，部分也对个人投资者发行。

五、公债的基本功能

公债之所以能在现代国家迅速发展，在于公债具有其他财政分配范畴所不能替代的作用，这可以从现代公债的主要功能反映出来。

（一）弥补财政赤字

弥补财政赤字是公债最原始、最基本的功能，其他功能是以此为基础而派生出来的。从财政角度看，公债是财政收入的补充形式，是弥补赤字、解决财政困难的有效手段。当国家出现自然灾害、经济衰退、意外事故时，财政支出大于收入，通过发行公债这种操作简捷又易于被人接受的财政手段来筹集资金，有利于迅速有效地弥补财政赤字。为弥补财政赤字，政府可以采用三种方式来解决：一是增加税收，二是增加货币，三是举借债务。第一种方法在面对经济衰退，国民收入减少的情况下是难实施的。第二种方法则很容易引起通货膨胀。因此最好的方法就是举借债务。通过发行公债弥补财政赤字，也是现代国家的普遍做法。用发行公债收入弥补财政赤字，实际上是将不属于政府支配的资金在一定时期内以有偿的方式让渡给政府使用，是社会资金使用权的暂时让渡，所产生的副作用较小。

（二）为非经常性重大支出需要筹措建设资金

非经常性重大支出的典型表现就是战争引起的支出。当发生战争时，军事支出急剧上升，使得财政支出的规模迅速扩张，加上战争期限的不确定性，更加大了军费需求的变化。如果仅靠相对稳定的税收来筹集资金将难以满足需要。因此，根据战时的需求随时向社会发行公债则成为一种较好的选择。

非经常性重大支出在和平时期通常表现为一些规模较大的基础设施工程项目支出。这些项目对资金的需求十分巨大。从长远看，一些投资大、建设周期长、见效慢的项目，如能源、交通等重点建设，往往需要政府通过发行公债来解决资金来源问题。公债的筹集建设资金功能是指政府通过发行公债，将社会上暂时闲置的资金有效地集中起来，并按国家计划和宏观调控政策用于经济建设的功能。公债的筹集建设资金功能意味着公债可以作为稳定的长期的收入。尤其是发展中国家为促进本国经济的起飞，也会通过向国外借债的方式为本国的一些重要经济建设项目筹资，以解决特殊发展阶段上急剧增加的资金需求。

(三) 执行经济调节政策的工具

公债是政府执行经济调节政策所必不可少的重要手段。公债的发行具有“反衰退”的作用。经济衰退的主要表现是社会有效需求不足，这可以通过扩大财政支出以增加有效需求，而这时如果用加税的方式来增加财政支出的来源，一方面会增加政府的支出，另一方面却减少了私人的消费。通过对闲置资金的筹集和运用，公债能促进社会储蓄转向投资，提高资本的形成率，调整积累和消费的比例关系，促进经济结构的调整和优化。政府随时可以通过调整债务规模，改变债务期限，选择债务使用方向等手段来贯彻松紧不同的财政货币政策及结构调整政策。公债通过资金融通，在经济过热时，能对通货膨胀产生平抑作用。在社会有效需求不足时，能通过筹资扩大公共投资支出，快速直接地形成社会有效需求，刺激经济的增长。可见，公债是政府调控经济运行的重要工具。

(四) 偿还到期债务

当债务到期时，政府用来偿债的资金来源于四个：一是增加税收，二是建立偿债基金，三是发行货币（容易引起通货膨胀），四是借新债还旧债。当一个国家的政府每年都面临着以债务来为预算支出筹集部分资金时，其到期的债务显然就不可能通过增加税收来偿还（因为没有结余）。偿债基金是政府为偿还举借的债务而设立的一种专门基金（通常针对的是某些特殊公债的偿付，因为偿债基金多数情况下是用这类公债筹资项目的收益来建立的）。但这一目标能否实现还取决于偿债基金是否能按规定形成并未被挪用。为财政的目的去发行货币，这在现代各国都受到严格的限制，使其难以作为偿债的方式。在这种情况下，一国政府可采用的偿债方式目前主要是借新债还旧债。这也是第二次世界大战后西方各主要国家的一贯做法，当然其结果则是债务累积额越来越高。我国近年来的债务偿付中也有相当部分用了这种方法。如，2011 年 6 月 27 日，审计署审计长刘家义向全国人大常委会报告了全国地方政府性债务审计结果：截至 2010 年年底，全国省市县三级地方政府性债务余额约 10.7 亿元；全国近两成、共 78 个市级政府负有偿还责任债务的债务率高于 100%，分别占两级政府总数的 19.9% 和 3.56%，部分地区出现了逾期债务，部分地方政府通过举借新债来偿还旧债。

(五) 调节季节性资金余缺

政府每年的支出都是均衡进行的，要按时按计划完成。但是税收往往不能以均衡的速度流入国库，这就意味着有个别月份会由于国库资金的周转短缺而出现赤字。这时就需要发行短期公债，即国库券。我国国库券的期限最短的为 1 年，而西方国家国库券品种较多，一般可分为 3 个月、6 个月、9 个月、1 年期四种，其面额起点各国不一。发行国库券的主要目的在于筹措短期资金，解决财政困难。当中央政府的年度预算在执行过程中发生赤字时，国库券筹资是一种经常性的弥补手段。一般将公共收入入库较多的季节称为收入“旺季”，而将收入入库较少的季节称为收入“淡季”。这样在“淡季”发行一定的国库券，而在“旺季”则将其购回就成了政府调剂国库资金的一种手段。

六、公债的种类

从政府债务的构成来分析，公债可被划分为各种不同特点的债务种类。

（一）按公债发行地域的不同，分为内债和外债

内债就是国内公债，是政府在本国的借款和发行的债券，发行的对象是本国的公司、企业、社会团体和个人，发行和偿还用本国货币进行结算。外债是国外公债，是政府向外国政府、银行或国际金融机构的借款以及在国外发行的债券，其发行和偿还使用外汇进行结算。合适规模的外债利于引进外资，引进国外先进技术设备，促进本国经济的发展。但是外债过多，就会给债务国的国际收支平衡带来沉重的压力，甚至会造成国家政治和经济上的困难。内债和外债的区别不仅在于两者所处的地域不同，更主要的差别在于所聚集的资金的影响不同。内债主要来自于国内资金，形成的债务收入一般只是国内资金在政府部门与非政府部门之间的一种再分配，不会因此而增加国内资金的总量；外债的资金来源于国外，形成的债务收入会增加一定时期内本国可支配资金的总量。

（二）按公债本位的不同，分为货币化公债和实物公债

货币化公债是以货币为债务本位发行的公债，也就是政府借的是货币，还的也是货币，债权债务关系是以货币计值来表示的。实物公债则是以实物为债务本位发行的公债，可以避免由于货币贬值给债权人带来的损失。因其借的是实物，还的也是实物，而被称为直接实物本位公债。如我国解放战争时期，革命根据地发行的以稻谷为本位的“胜利公债”。而借的是实物，还的时候以一定的实物购买量为依据进行货币折算的公债则被称为折实公债。如我国政府于 1950 年发行的“人民胜利折实公债”。现行各国均发行的是货币公债，其中向本国发行的公债一般以本国货币计值，而向国外发行的公债则一般以外国货币计值。实物公债一般在高通货膨胀的情况下才用。

（三）按公债的发行期不同，分为短期公债、中期公债、长期公债

短期公债是指发行期限在 1 年期以内的政府债务，又被称为流动公债。其时间一般以周为单位，其中最典型的就是国库券。这是为了解决国库由于税收入库与支出拨付在时间上的脱节而造成的财政资金短缺，因此其还本资金通常是当年的税收。

中期公债是指发行期限在 1 年以上 10 年以内的政府借款。中期公债主要是用于不同的财政支出项目，因而是弥补年度预算赤字的主要手段。发行中期公债，政府可以在较长的时间内使用这笔资金，因此在许多国家占有重要地位。

长期公债是指发行期限通常在 10 年以上，有的可长达二三十年。其中还包括永久公债或无期公债。长期公债一般多用于特定的公共支出项目融资。发行长期公债，政府长期使用资金，但由于发行期限过长，持有人的利益会受到货币和物价波动影响，因此长期公债的推销往往比较困难。

（四）根据公债的债权债务关系的建立是否出于自愿，分为强制公债和自由公债

强制公债是指政府通过强迫的方式让人们认购的公债，以分摊的方式发行，一般用于特殊时期。第二次世界大战时，英国政府发行强制公债，就是要求人们在缴税时按一定比例认购。我国在改革之初也曾采用过由上到下按地区、单位的人头分摊的公债指标的发行方法。

自由公债是指人们认购的公债，完全建立在自愿的基础上。这也是现代各国通常采用的发行方式。

（五）根据公债可否自由流通，分为上市公债和非上市公债

政府的借款通常是不能流转的，只有债券才有上市和不上市之分。

上市公债是指可以在证券市场上自由买卖和转让的公债。上市公债增强了公债的流动性，在推销时会比较顺利。多数公债都是可以进入证券市场自由买卖的。

非上市公债则是不能在证券市场上流通转让，主要是一些长期公债。之所以限定某些债券不可上市，往往具有政治、经济方面的特定原因和目的。为了保证发行，政府通常必须在利率和偿还方法上给予某些优惠。

（六）根据公债举债的形式，分为契约性借款和发行公债券

政府契约性借款，又称合同之债，是政府和债权人按照一定的程序和形式共同协商，签订协议或合同，形成债权债务关系。其主要用于向外国政府、金融机构举借的外债和向本国中央银行的借款。契约性借款是最原始的举债形式，具有手续简便、成本费用较低的优点。但其借款范围通常受到限制，不具有普遍性。

发行公债券，即采用发行债券的形式向社会各单位、企业、个人的借债。它分为记账式公债（无纸债券）、凭证式公债（半无纸储蓄债券和无纸化电子记账）和实物券（有纸债券）三种。其具有较强的普遍性，应用范围较广。但主要缺陷是成本较高，需要以发达的信用制度为基础，尤其是要求具备较为完善的金融市场和证券市场。

（七）根据利息支付方式为标准，公债可分为零息、附息、贴现公债

零息公债是指只有在到期日才能领取本金和利息的债券。由于公债到期时和本息一起一次性付清，利随本清，因此也可称为到期付息债券。零息公债的付息特点：一是利息一次性支付，二是公债到期时支付。我国发行的无记名公债一般属于零息公债。零息公债有确定的票面利率，利息额根据面值、利率和偿还期限计算。其计算公式是：

利息＝面额×票面利率×期限

附息公债是指债券券面上附有息票、定期（1年或者每半年、每季度）在规定的日子按息票利率支付利息，剪息票分期付息的公债。无记名式附息公债附有息票，凭剪息票每年（半年或季）领息；记账式无纸化附息公债无息票，可凭证券账户在分期付息的付息日期内领取利息。附息公债也有规定的票面利率，每次的利息额（以按年取息为例）等于面值与票面利率的乘积。需要指出的是，附息公债票面利率与相同期限的零息公债相比要低些。其计算公式为：

年利息＝本金×利率

到期利息 = 年利息 × 期限

附息公债因其分期获取的利息收入可通过存入银行或购买债券等方式进行再投资，在公债偿还期限内相当于复利性质的公债。附息公债满足了那些依靠一定的资本定期取得收入的投资者的需求，丰富了公债市场的品种。国外大部分中长期债券采取附息债券的形式。我国自 1993 年第一次发行附息公债以来，它已成为我国公债的一个重要品种，1996 年又推出 10 年期和 7 年期的记账附息公债。

贴现公债又称贴息发行公债，是指券面上不含利息或不附有息票、以贴现方式发行的公债。贴现公债发行价格与票面金额的差额即为所得利息。贴现公债票面上不规定利率，其发行价低于票面额，到期按票面额偿还。从利息支付方式来看，贴现公债在公债券面上不附有息票，发行时按规定的折扣率，以低于面额的价格发行，可以看做是利息预付，因而它又可称为利息预付债券。其利率可根据每百元面值贴现公债的发行价和贴现公债的期限计算出来：

利率 = [（面值 - 发行价）÷（发行价 × 期限）] × 100%

比如，某人以 70 元的发行价格认购了面值为 100 元的 5 年期的贴息债券，那么，在 5 年到期后，可兑付到 100 元的现金，其中 30 元的差价即为债券的利息，年息平均为 8.57%，即：[（100 - 70）÷（70 × 5）] × 100% = 8.57%。贴现公债一般期限较短。我国 1996 年推出贴现公债品种。根据财政部 1997 年规定，期限在 1 年以内（不含 1 年）以贴现方式发行的公债归入贴现公债类别，期限在 1 年以上以贴现方式发行的公债归入零息公债的类别。

此外，按计息方式分类，公债还可分为单利债券、复利债券、累进利率债券。

（八）按债券利率在偿还期内是否变化为标准，分为固定利率债券、浮动利率债券

固定利率债券是指在发行时规定利率在整个偿还期内不变的债券。固定利率债券不考虑市场变化因素，因而其筹资成本和投资收益可以事先预计，不确定性较小。但债券发行人和投资者仍然必须承担市场利率波动的风险。如果未来市场利率下降，发行人能以更低的利率发行新债券，则原来发行的债券成本就显得相对高昂，而投资者则获得了相对现行市场利率更高的报酬、原来发行的债券价格将上升。反之，如果未来市场利率上升，新发行债券的成本增大，则原来发行的债券成本就显得相对较低，而投资者的报酬则低于购买新债券的收益，原来发行的债券价格将下降。固定利率债券，在不发生信用风险的情况下，其未来现金流——各期利息和到期偿还的本金是预先确定的。应用贴现理论，可以依据必要收益率计算它的理论价值，也可以根据买价计算出到期收益率，因为未来现金收益是确定的，所以这里计算出来的是实际收益率。

浮动利率债券是指发行时规定债券利率随市场利率定期浮动的债券。也就是说，债券利率在偿还期内可以进行变动和调整。浮动利率债券往往是中长期债券。浮动利率债券的利率通常根据市场基准利率加上一定的利差来确定。美国浮动利率债券的利率水平主要参照 3 个月期限的公债利率。欧洲则主要参照伦敦同业拆借利率（指设在伦敦的银行相互之间短期贷款的利率，该利率被认为是伦敦金融市场利率的基准）。如 1984 年 4 月底，苏联设在英国伦敦的莫斯科国民银行发行了 5000 万美元的 7 年期浮动

利率债券，利率为伦敦同业拆借利率加 0.185%。例如，深交所上市的 101904 券，即 2000 年记账式（十期）公债就是属于浮动利率债券，期限为 7 年，利息按年支付；票面利率随 1 年期银行存款利率的变化而浮动，各年付息利率，按本付息期起息当日 1 年期银行存款利率，加 0.38% 利差确定。浮动利率债券的种类较多，如规定有利率浮动上下限的浮动利率债券、规定利率到达指定水平时可以自动转换成固定利率债券的浮动利率债券、附有选择权的浮动利率债券以及在偿还期的一段时间内实行固定利率，另一段时间内实行浮动利率的混合利率债券等。由于债券利率随市场利率浮动，可以避免债券的实际收益率与市场收益率之间出现重大差异，使发行人的成本和投资者的收益与中场变动趋势相一致。但债券利率的这种浮动性、也使发行人的实际成本和投资者的实际收益事前带有很大的不确定性，从而导致较高的风险。

（九）其他分类方法

公债分类除上述方法外，还可以从其他角度分类，如按公债的用途分可分为生产性公债和非生产性公债；按发行目的对象分可分为普通公债（不定向）和 特种公债（定向）；按是否保值分可分为保值公债和不保值公债等。

第二节　公债的发行与偿还

当我们将公债看做一种特殊的财政活动过程时，其活动内容一般应包括：公债的发行、公债的流通、债务收入的使用和公债的偿还这四个方面。

一、公债的发行

公债的发行是政府公债活动的开始。在这一过程中，政府主要应解决五个方面的问题。

（一）公债发行的规模

1. 概述

公债发行的规模，通常指一国政府在一个财政年度里可以发行的公债数额。公债作为弥补财政赤字、促进经济增长、调控经济运行的重要手段，在社会经济生活中有着重要的作用。但公债的发行并不是一个无限的量，公债规模存在一个适度的问题。如果公债规模失控，不但难以发挥其应有的积极效应，反而会给国家财政和社会经济的正常运转带来消极影响。决定公债发行的数额，首先是政府在本财政年度内对公债的需要量。这个需要量一般以当年预算支出与预算收入之间的差额为依据。在考虑政府借债需求的同时，政府还必须对由本国经济发展水平所决定的现时资金规模和私人部门的资金需求有一个清楚的了解。这样可以确定既定的债务需求是否有足够的资金来源，从而进一步确立债务结构中内债与外债的比例。除此以外，政府债务收入的使用效率和今后的偿还能力等因素，都会对政府公债发行的规模产生一定的影响。只有充分考虑这些因素，才能恰当地确立公债发行的规模。最后，公债发行要依照立法程序由立法机构审议通过。

2. 量度公债发行规模的指标

一般来说，量度公债发行规模的指标主要有：债务负担率、债务依存度、偿债率和财政赤字占 GDP 的比重。

（1）债务负担率

债务负担率指标表示政府债务存量规模与国民经济活动规模的关系，反映政府举债对国民经济的影响程度。债务负担率，即公债余额占 GDP 的比重。这一指标着眼于公债存量，表示国民经济国家债务化程度和公债累积额与当年经济规模总量之间的比例关系。它重视从国民经济总体来考察公债限度的数量界限，被认为是衡量公债规模最重要的一个指标。这一指标广泛用于西方经济发达国家和绝大多数发展中国家，因此具有国际间的可比性。用公式表示为：

债务负担率 = 当年累积未清偿公债余额/当年国内生产总值 × 100%

债务负担率较高说明政府的借债行为对国民经济活动的影响较大，增发公债的潜力有限；而债务负担率较低，则说明社会应债能力较强，公债规模可以适当扩大。该指标的国际公认警戒线一般是 45% ~60%，国外经济学家多数认为，一般应控制在当年 GDP 的 45% 为宜，《马斯特里赫特条约》规定为 60%。作为衡量一个国家公债规模大小的指标来监控政府债务规模，最高不超出 100%，其中欧盟设定为 60%；日本在 1990 年、1992 年分别为 44.2%、52.7%；美国在 1990、1993 年分别为 38.1%、69.2%；英国、德国、加拿大在 1990 年分别为 24.9%、22.7%、41.1%；丹麦在 2003 年接近 40%；瑞典在 2004 年约为 50%；法国在 1992 年为 29.6%。

在我国，1991 年为 6.19%，1995 年为 6.55%，1998 年为 10.88%，2000 年为 14.6%，2004 年底为 21.6%。我国债务负担率远低于由国际公认的警戒线，表明国民经济总体应债能力是比较宽松的，政府举债规模还有潜力。但我国经济的承受力比西方工业化国家弱，因为西方工业化国家经济实力雄厚。

（2）债务依存度

该项指标用以表示在当年政府预算中，公债收入占财政支出的比重。它反映一国的财政支出中有多少是由举债支持的，表明财政支出对公债的依赖程度，其中财政支出包括债务还本付息支出。它用公式表示为：

债务依存度 = 当年公债发行总额/当年财政支出总额 × 100%

当公债发行量过大，债务依存度过高时，表明财政支出过分依靠债务收入，这必然对未来的财政平衡构成潜在威胁。债务依存度反映一国的财政支出中有多少是由举债支持的。根据各国实际经验，这一指标应控制在 15% ~20% 之间为宜，其中发达国家中央财政债务依存度目前一般只有 10% ~15%。如日本财政债务依存度最高的年份的指标为 37.5%。1982—1994 年其中央财政依存度平均值为 27.4%。美国 1982—1994 年中央财政依存度平均值为 22.30%。

我国国家财政债务依存度自 1995 年起就超过了国际上公认的安全线，举债还债完全由中央负担，中央财政债务依存度更高。1991 年以来，国家财政债务依存度一直都在警戒线以上，1998 年达到 40.2%，其中 1991—1998 年中央财政依存度平均值为 51.7%，表明我国财政支出处于过分依赖债务收入的脆弱状态，公债扩容空间很小。

（3）偿债率

它是指当年公债还本付息额与当年财政收入的比重，反映着政府财政偿还举借债务的能力。该项指标表明预算年度的财政收入中有多大份额需用于偿付到期债务本息，反映以往年度发行的公债对当期财政形成的压力大小。它用公式表示为：

偿债率 = 当年公债还本付息额/当年财政收入总额 ×100%

这一指标说明，公债规模大小要受到国家财政收入水平的制约。在一般情况下，公债规模应同当期财政收入状况相适应。一国财政偿债能力越大，政府举债的承受能力也就越大，反之则越小。偿债率的国际公认警戒线为 22%。1994 年以前，我国公债偿债率平均为 3.4%，偿债率最高的 1992 年为 10.56%。1994 年以后，债务还本付息支出逐年增大，由 1994 年的 499.36 亿元，上升到 2000 年的 1573.58 亿元，偿债率为 11.75%，仍明显低于国际公认的警戒线。如果用中央财政收入来偿还债务，2000 年的偿债率则为 20.74%，接近公认的警戒线。根据政策规定，我国大多地方政府不能发行公债，公债一般由中央发行、掌握和使用，并负责还本付息。因而考察我国的公债偿债率使用中央财政偿债率指标更有实际意义。

（4）财政赤字占 GDP 的比重

为了建立政府债务预警指标体系，防范债务风险，还可用以下指标进行宏观指导和控制，即用财政赤字占 GDP 的比重监控赤字规模，赤字口径按当年财政收支差额加上债务利息进行计算。国际公认的这一警戒线为 3%，其上限一般为 4%。《马斯特里赫特条约》中规定的财政赤字不能超过当年国内生产总值的 3%。欧盟《稳增条约》的改革方向之一是将财政赤字和公共债务挂钩，即放松对财政赤字的限制同时转而限制公债比例。改革开放以来，我国公布的历年的财政赤字占 GDP 的比重为 1% ~2%。但是世界银行和其他学者的研究表明，我国的财政赤字在改革开放期间平均占 GDP 的 8% ~9%，其原因是他们把养老金支付缺口和银行不良贷款均划为财政赤字。

此外，通过对外债规模及其负担情况进行考察，一般来说，国际上公认的警戒线水平为：国际偿债率为 25%，债务率 100%。负债率指标为年末中国外债余额占 GNP 比例，1991 年末中国外债余额占 GNP 的比例为 16.2%，远低于 18.4% 的同期世界平均水平。

（二）公债期限的确立

公债期限的确立不仅影响到公债的发行对象、发行范围、发行方式及流通与否等具体问题的选择，同时也直接关系到最终的筹资效果。因此，政府在确定债务发行规模时，还应同时对债务的期限加以确定。政府在选择公债期限时一般应考虑以下因素：债务收入的用途（如为长期支出项目筹资则债务期限就较长，如用于短期需要的债务，则期限较短。由于长期债务使政府在安排使用上有更大的选择余地，因此，政府更愿意借长期债。）、社会资金的闲置状况（本国闲置资金较多时，一般考虑借内债，而本国资金供应较紧时则更多的考虑借外债。）、利息率（长期债务的利息率高于短期债务利息率）、政府的财政货币政策（长期债务的较高利率容易抑制私人投资和货币的流量，因此扩张性的财政货币政策下，政府多选择短期债务，紧缩性的财政货币政策则应多选择长期债务）。此外，主要政策制定者个人的偏好、借债程序的控制程度和债券流通市场的状况等都会对政府债务期限的选择产生影响。但总体来说，实行多种期限的债务结构比单一期限的债务结构对政府的公债活动更为有利。

（三）公债利息率的确定

1. 公债利率和计息方式

公债的利息率是指公债利息占公债本金的比率，通常由作为举借者的政府来确定，这也称为法定利息率。对发行者来说，公债利率的高低影响其未来利息支付水平。对于投资者来说，年利率就是他们的年度收益率。利率愈高，发行成本愈高，认购收益越大，反之亦然。

公债的计息方式分为单利计息和复利计息两种。单利指公债到期还本时一次支付所有应付的利息，利息按本金计算，到期前应付的利息不加入本金计算。这种计息方式简单、便利。复利指公债到期还本时，将公债本金偿还前按年所生利息加入本金计算，逐期增加计息基数。显然，单利计息和复利计息对公债发行成本和投资者的收益率有不同的影响，在同等条件下，复利计息应略低于单利计息。

2. 影响公债利息率形成的因素

政府在确定法定利息率时应考虑以下几个因素：

（1）市场利息率

市场利息率反映了当前的资金供求状况，是资金供应者进行投资选择的基本依据。在市场经济国家里，市场利率是制约公债利率的主要因素。一定时期的市场利率水平，反映该时期的资金供求关系、物价变化状态等情况。公债利率应与市场利率保持大体相当的水平，从而使公债具有吸引力，保证公债的顺利发行。降息时，公债价格上涨；加息时，公债价格下跌。政府公债利率可以高于也可以低于市场利率，但市场利率仍然是政府确定公债利息率的基础。

（2）公债的期限

公债期限的长短对公债投资者的机会成本及资金的流动性和安全性有重大影响，从而是决定公债利率水平的重要因素。如果公债偿还期限较长，意味着投资的机会成本较高，风险较大，因而必须将公债的利率定得高一些，才能吸引投资者；如果公债偿还期限较短，意味着投资的机会成本较低，资金的流动性强，风险小，可将公债的利率定得低一些。一般情况下长期公债的利率高于短期公债的利率，但由于长、短期债务的资金来自于不同的资金市场，因此在考虑期限的同时还应结合当时不同资金市场的市场利率来确定公债利息率。如短期资金市场资金紧缺，而长期资金市场资金充裕，则长期公债的利率也可定得低些。

（3）政府信用

由于政府公债发行凭借的是政府的信用，因此只要政府能恪守信用按期偿还本金和利息，那么利率略低于市场利率也不会影响发行，反之，利率再高也不会有人购买。

政府是公共权力机关，拥有课税权力，公债作为一种特殊的信用形式，其偿还实际上是以税收为保障的。因此，一般来说，公债的偿债信用要强于其他信用形式，如银行信用、商业信用等。较高的偿债信用对投资者具有较强的吸引力，从而在其他条件相同的情况下能以较低的利率发行。

（4）政府的财政货币政策

经济萧条时，通常实行扩张性财政政策，资金大量闲置，低利率也可以实现顺利融资；而经济高涨时，通常实行抑制性财政政策，资金通常供应紧张，只有较高利率才能实现融资。

一般来说，政府确定公债利率要以上述因素为依据。但是，有时政府为了实现特定的经济目标，或在特定的环境中举债，会打破常规，选择较高或较低的公债利率。如在通货膨胀时期发行高利公债以抑制购买力，在战争时期发行低利或无息公债以减轻国家负担，等等。

3. 中国公债利率的形成

我国在1981年恢复发行公债后的几年里，基本上是参照银行存款利率而定，并且对单位和个人执行不同的利率。由于中国的市场经济刚刚起步，银行储蓄存款利率难以真实准确地反映社会资金供求变动关系，因而公债利率也就不尽合理。而且对单位执行较低的利率，对个人执行较高的利率，且强制摊派发行，极大地干涉了企业的资金运转，因而严重地影响了公债的信誉。1990年以前，中国公债的实际发行额均未突破100亿元大关，而就是如此小数额的公债也主要是采用行政摊派的方式完成的。1989年以后，为了顺利发行公债，中国提高了国库券利率，且对单位和个人执行同一利率。同时根据不同性质、不同期限分别确定了公债的利率，应该说我国公债有了较大的进步。但不同期限的公债的利率差距不尽合理，缺乏弹性，且不能反映市场资金供求状况，因而致使1993年公债市场异常繁荣。1995年8月财政部首次试用公债招标发行，使公债向市场化迈出了重大的一步，公债的利率较过去更接近市场。目前，中国公债规模有逐年增大之势，如何确定合理的公债利率，既要保证公债的顺利发行，又要尽量降低成本，是一个需要积极探索的问题。

（四）公债的发行价格

公债的发行是指公债的售出或被个人和企业认购的过程，它是公债运行的起点和基础环节。政府在确立了公债发行的规模、期限和利息率后，一般要按不同期限的公债确定不同票面额的债券。债券的票面额是确立公债发行价格的基础。按发行价格与票面额之间的关系，公债发行价格可分为平价发行（债务利息率一般与市场利率比较接近）、折价发行（实质是提高公债的实际利率，这种方法一般在公债法定利率较低时，或政府发债困难又急于筹到资金时采用）、溢价发行（一般在政府偿债信用很高，或者公债法定利率较高时使用）三种。

（五）公债的发行方式

公债的发行方式是指政府以何种方法将公债售出，不同的公债发行方式有不同的特点和操作要求，并影响公债的发行范围、发行周期及发行成本。公债的发行方式多种多样，从世界各国的情况看，公债发行方式主要有四种：

1. 行政分配方式

行政分配方式是凭借政府的行政管理权，将公债发行任务分配到各地区、部门、单位甚至个人，承受主体必须按政府要求完成规定的认购指标。这是一种计划经济的管理方式，适用于金融市场不完善或人们对公债认知较少的时期。其特点是具有一定的强制性，公债利率可定得较低，发行指标也较易完成，但违背了公债的自愿性和交易性原则。中国1981年恢复国内公债发行后的10年间，主要采用这种发行方式。从1981年到1985年，公债发行主要依靠政治动员和行政分配相结合的方式强制发行。这种发行方式在缺少机构投资人，投资人的金融意识普遍不高以及不存在公债二级市场的情况下，对于完成国家的筹集资金任务，保证重点建设，平衡预算收支等起到了非常重要的作用。因此，当时的公债发行方式是在公债发行历史的特定阶段，作为一种临时措施而建立的，不可避免地存在着很多弊病。一是严重地影响了公债的声誉，制约了公债规模的进一步扩大。二是由于行政分配需较小面值，增加了印制成本。三是发行的筹资来源与投资者的投资需求严重脱节，由此导致资金分配的扭曲，不利于经济的发展。从1985年到1991年，鉴于行政分配方式的弊端，中国根据市场需求改革了公债的发行方式，但主要是试图以附加优惠的条件吸引认购者，如一味地缩短期限，提高利率等。此举不但没有树立公债的威信，反而人为地造成还债高峰过于集中，加重了还本付息的负担，发行也不理想。1988年、1989年均未完成计划的发行任务，直到1990年受银行二次减息的影响情况才有所好转，但这毕竟在向市场化迈进方面做了有益的尝试。

2. 承购包销方式（固定收益出售法）

承购包销是指由政府与公债承销人（一般为金融机构或大的财团）或承销团签订公债承购包销合同，将公债统一售出，再由承销者自行发售的方式。承销者在签订承购合同买入公债后，对公债的发行事务拥有较大的自主权。若承销者在既定时期内不能将所承购的公债全部售出，其余额将成为承销人对政府的债权。这种发行方式的特点是政府能及时获得公债资金，并利用承销人较为接近市场的优势，分散公债发行风险。从1991年开始，中国试行由证券中介机构承购包销的形式发行公债。1991年4月21日，财政部和承购包销团的主干事中国工商银行信托投资公司举行了承购包销仪式，后者承购国库券25亿元。随后又经地方财政部门和人民银行组织包销50亿元。全年以承购包销方式发行的国库券占当年总额的75%。1992年，进一步扩大了承购包销方式的发行范围。从1993年底开始参照国际惯例推出了公债一级自营商制度后，公债的承购包销方式就成为我国公债发行的重要方式之一。

4. 公募招标方式

公募招标方式是政府在金融市场上通过公开招标发行公债的方式。其基本做法是在财政部或中央银行的主持下，由认购者对预定发行的公债利率或价格进行投标，投标后，主持者对投标情况按报价高低进行排列，利率由低到高，票面价格由高到低，按顺序选定认购者，直到达到所需发行的数额为止。这种发行方式的主要特点是公债发行条件通过投标决定，发行效率较高，发行价格与市场价格基本一致。在采用这种发行方式时，通常要附加某些条件，其中主要是规定最低标价（出售价格）或最高标价（公债利率），低于最低标价或高于最高标价的投标，发行机构不予接受。

公债发行方式的选择，应根据所发行公债的种类、数量、发行对象及公债发行时的社会经济环境等因素，以合理动员社会财力、及时取得公债资金、降低公债成本为目标加以确定。实际上，不同的公债发行方式可以在同一时期内同时使用，如对定向发行的公债采用直接出售方式，对面向个人投资者的公债采用委托出售方式，对最终承受对象不确定的公债采用承购包销或公募招标方式等。

此外，公债的发行方式按时间和密度、规模的设计分为集中发行和滚动发行，在公债制度和市场发展的初期，一般采取集中发行，之后，逐步改集中发行为滚动发行。

（六）公债的发行原则

从公债开始发行就有章可循。只不过，在不同时期，人们对规则的理解各不相同。随着公债发行在各国实践的深入，很多旧的原则不再适用。而有些原则，却经过反复考验，得到了人们的广泛认可。

1. 景气发行原则

景气发行原则是指发行公债，要根据社会经济状况，确保经济的景气，也就是经济的稳定和发展。这就要求公债发行者审时度势，相机抉择。例如，经济萎缩低迷，需要政府投资拉动经济增长时，短期公债就要披挂上阵，身先士卒，因为短期公债流动性强，能在较短时间内筹集更多的资金，就如冬天里点燃的一堆堆烈火，有助于经济快速回升。相反，经济过热时，长期公债的比重增大，无疑将减弱货币的流动性，对“发烧”的经济降温。

2. 公债余额限额管理原则

在公债规模的管理上，大多数发达国家，采取的是公债余额限额管理。如在美国，国会负责审定一段较长时期的公债余额限额。只要不超过限额，国会对公债发行不予干涉，政府在限额内，可以自由行事，自主确定每一年度的发行规模。当然，如果政府在公债余额的限额上胆敢跨越雷池一步，超出限额的话，那么国会就出手干预。

3. 年度额度管理制度

在我国，对公债发行规模，实行年度额度管理制度，即下一年度公债发行计划，通常是在上一年第四季度编制。对国家财政预算收支情况的测算，是编制公债发行计划的主要依据。这个计划将作为国家预算的一部分上报国务院，由国务院在下一年三月的全国人大会上提请审议。一旦通过，公债发行计划就如同法律文本一样具有法律效力。倘若在年度内，国际国内经济形势发生变化，需要追加或削减公债，政府无权随意为之，必须像修改法律法规一样，上报全国人大常委会，经其审议批准后才能执行。自2006年起，我国开始参照国际通行做法，采取公债余额管理方式管理公债发行活动。这是我国财政政策与货币政策共同配合的一种信号，尤其有利于公债期限结构优化和滚动发行形成规模，完善金融和债券市场。

二、公债的流通

公债的流通是指政府的某些公债在到期之前在债券市场上的自由买卖转让。公债流通的前提是要有债券市场。债券市场分为发行市场（一级市场）和流通市场（二级市场）。政府通过一级市场完成公债的发行后，公债的持有者便可通过二级市场进行转手买卖。一般而言，公债在二级市场上的任何买卖与交易对政府已通过公债发行筹集到的资金数额都不再产生影响。但正是由于二级市场的存在为公债的投资者提供了更加灵活的投资选择机会，因而它又可以促进公债的发行。同时，公债流通市场的存在，还为政府通过中央银行买卖公债调节货币流通量提供了可能，也使政府的债务偿还方式多了一种选择。一般情况下，中短期公债多为可流通公债，而长期公债和特种公债则不允许流通。

三、公债的使用

对于公债该不该使用或者如何使用，西方经济学中有两种观点：第一种观点是负债有害论。以亚当·斯密、大卫·李嘉图为代表的经济学家认为公债的扩大会导致非生产性资本的增加，从而造成经济的停滞，因此公债的规模不应该很大。第二种观点是以凯恩斯为代表的经济学家提出的公债新哲学论。这种观点认为公债可以刺激需求、扩大就业，内债并不一定意味着负担，也可能是财富的一种分配方式。

不同时期的经济学家对于公债的使用也提出了相应的使用原则。古典经济学家的公债运用原则体现在：①只有当政府财政面临一次性的、超常规的社会需求，且这种需求对于公共支出的要求是暂时性的时候，政府财政才能求助于发行公债这种手段；②当政府是为真正的生产性资本项目筹措资金时，也只有在生产性资本项目是超常规时，才可以举借公债形式筹资。现代经济学家的公债运用原则体现在：①当经济面临有效需求不足的衰退时，政府应当举债，以弥补因实施刺激需求措施而引发的财政赤字；②公债应否偿还或偿还多少，应视整个经济形势的需要而定。

中国政府通过公债发行所筹集的资金形成政府的债务收入，将按计划用于各相关方面。现代国家的债务使用管理一般有两个基本要求：①应尽可能集中在资本项目上；②债务收入的使用要更加讲求效益。为了实现这些要求，许多国家都为债务收入的使用建立了专门的预算体系和制度。

四、公债的付息与偿还

（一）公债偿还的资金来源

公债到期后，国家必须安排资金及时清偿，以维护国家偿债信用和公债持有者利益。偿债资金来源主要有以下几种途径：

1. 经常性预算收入

这是指用经常性预算收入（主要是税收）来清偿到期债务。通常把公债还本付息作为支出项目列入当年预算，如“债务还本”、“利息支出”。这种做法的好处是偿债资金来源较为稳定，能确保到期债务的及时清偿，但实践上往往难以操作。一方面，对到期债务的偿付可能影响正常预算支出的稳定性，尤其在偿债数额较大时，会造成对经常性支出项目的“挤出”，影响政府职能的实现。另一方面，当偿债资金需求量过大而破坏财政平衡时，将迫使政府举借新债，以弥补预算收支缺口。这时，以经常性预算收入清偿到期债务显得徒具形式。因此，这种做法除了在国家财力较充裕的时期，一般较少采用，通常只是把债务利息支出纳入经常性预算，而还本支出则另项处理。

2. 预算盈余

这是指以政府以前年度滚存的预算盈余作为偿还当年到期公债的资金来源。其限制条件是显而易见的。若盈余的数额能满足当期偿债的需要，则债务清偿可顺利实现。若盈余不足以清偿当年应偿债务，或根本不存在盈余，则需另寻偿债资金来源。从实践上看，由于政府职能范围的不断扩大，支出需要日益增加，出现财政盈余的年份不多。即使有盈余，其数额也难以与不断扩大的公债规模相匹配。因此，预算盈余充其量只能作为偿债资金的补充来源，而不能成为主要来源。

3. 举借新债

这是指政府通过组织新的债务收入来偿还到期债务，即借新债还旧债，将债务负担向后推移。这种做法既有实践上的必然性，也有理论上的合理性。从实践上看，由于赤字的年份较多，各国的债务累积额越来越大，每年需清偿的到期债务也不断增加。这往往为正常预算收入所难以承受，从而不得不依赖举借新债来筹措偿债资金。从理论上看，持有公债可以被视为居民储蓄或企业投资的一种形式，或是居民和企业的一项特定的金融资产。就单个主体而言，该项金融资产是可以变换的，即认购、兑付或转让。而从整体上看，有存有兑，有买有卖，其总额可以不变甚至不断增加。因此，就单项公债而言，它有偿还期，而从公债总体看，只要经济规模和财政规模不断扩大，它可以不断滚积下去，成为实际上无需偿还的债务。或许正因为如此，借新债还旧债便成为各国政府偿还到期公债的基本手段。

4. 偿债基金

它是由政府预算设置一种专项基金，专门用以偿还到期公债。其做法是每年从财政收入中拨出一笔款项进入偿债基金，该基金由专门机构管理，专作偿债之用，并且在公债未还清之前，每年的预算拨款不能减少，以期逐年减少债务，故又被称为“减债基金”。设立偿债基金的好处在于为清偿债务提供一个稳定的资金来源，可以均衡各年度偿债负担，使偿还具有计划性和节奏性；其弊端是管理较为复杂，实践上往往难以保证款项的按期足额拨付和基金的专项使用。特别是在预算平衡出现较大困难时，一方面缺乏足够的拨款资金来源，另一方面会被迫挪用该项基金，从而使偿债基金形同虚设。

（二）公债偿还的方式

政府可选择使用的公债偿还方式主要有以下几种：

1. 一次清偿法

这是指在公债到期时按公债票面额一次全部兑清。这是一种常见的偿债方式，优点是公债偿还管理工作较为简单，缺点是造成政府偿债负担随每年到期公债数额的不同而起伏变动。在到期公债数额较大时，偿债负担较重，财政支出压力较大。我国1985年后发行的国库券，绝大部分采用这种方式清偿本息。

2. 抽签偿还法

这是指在公债偿还期内分年度确定一定的偿还比例，由政府按公债券号码抽签对号确定具体的偿还对象，直至偿还期结束，全部公债皆中签偿清为止。抽签方式分为一次性抽签和分次抽签两种。一次性抽签是在第一次偿还之前，把偿还期内所有需要清偿的公债，一次抽签，同时公告，债券持有者根据中签年份，届时兑付本息。我国1981—1984年发行的国库券，就是采用这种方式清偿的。分次抽签是根据偿还期内每次需偿付的公债比例，定期抽签，确定当次偿付的对象，直至全部应偿公债付清为止。我国1954—1958年发行的国家经济建设公债就采用分次抽签法偿付。抽签偿还法可以分散公债清偿时对国库的压力，避免集中偿还给财政带来的困难。其缺陷是管理工作较复杂，需频繁进行本金兑付，同期公债因偿还时间不同其利率也要作差别规定，增加计付工作量。

3. 市场购销法

这是指在公债存续期内，根据政府的财政状况、公债市场行情及经济调控需要，适时从证券市场上购回公债，以在该公债到期前将债权收回的方式。市场购销法通常与预算盈余、偿债基金和中央银行公开市场操作有关。在预算有盈余时，可动用盈余在市场上购入公债，以提前清偿债务。在实行偿债基金制度时，用偿债基金买入公债，一方面是政府的一种债务清偿行为，另一方面可对政府债券价格起支持作用。中央银行的公开市场操作是调节货币流通的一种方式，买入公债意味着增加基础货币投放，刺激需求。在这种情况下，当某种公债已部分或全部为中央银行持有，其期满时，债券的偿还实际上成为财政与中央银行之间的账目处理问题了。运用市场购销法要求有健全的管理制度，对从事此项业务的人员也有较高的素质要求。

4. 以旧替新法

这是指公债持有人以到期公债券替换相应数额的新发行公债，以达到兑付原有债券的目的。实际上这是延长债务清偿期的方式，这种方式通常在偿债高峰期或财政较为困难时采用。其利在于减轻偿债时对国库的压力，增加了政府清偿债务的灵活性；其弊端是加大未来的债务负担，并容易损害政府偿债信用。

五、公债的限度和负担

（一）公债的限度

1. 年度公债发行的限度

对政府年度公债发行的限度至少在客观上应受到以下两个因素的约束：第一，私人闲置资金的约束；第二，公共产品有效供应的约束。除了上述约束外，在债务管理中，人们也采用债务依赖程度的指标来对政府年度公债发行规模进行限制。所谓债务依赖程度就是财政支出对债务收入的依赖程度，即债务收入在全部财政支出中的比重。一般认为在25%以下比较好，当然也不能一概而论。

2. 债务累积额的限度

政府在一定时点上的全部债务余额就是政府的债务累积额。当年度发债数额超过偿债数额时，债务余额将增加；当年度发债数额低于偿债数额时，债务余额将减少。从一个长期的趋势看，各国的债务累积余额都是呈增长趋势的。人们常用债务累积余额占年度国民生产总值的比重来说明一个国家债务累积余额的程度，并用以判断一国的债务限度。但在实践中，人们会看到这个指标在各国的差异是很大的，并不能找到一个十分客观的合理界限。一般认为，一国新增国民生产总值能否承担增长的利息支付是判断一国债务余额规模能否继续增长的界限。只要国民生产总值在不断增长，新增的利息支付又在这个增长范围之内，政府的债务余额就可以继续扩大。

当然在实践中，人们还是认为控制一国的债务规模是十分必要的。其具体的做法是：①控制好债务的年度规模，在有利、有效的基础上发行公债；②坚持合理安排债务收入的使用，最好用于资本项目；③在经济状况较好时，要注意控制和减少债务余额。

（二）公债的负担

公债的负担一般有两种解释：一是公债作为政府的债务，必然会形成政府还本付息的财政负担；二是政府还本付息的财政资金是由谁负担的，是否造成了公众的负担。

1. 从公债还本付息的资金来源分析公债的负担

第一，通过将债务收入投入有直接收益的项目，用项目的收益建立偿债资金来还本付息。这种情况下，不会造成政府财政的负担，也不会增加纳税人的负担。第二，通过增加货币发行来还本付息。这实际上是一种“通货膨胀税”的方式。每一个货币持有者都会承担货币贬值带来的损失，而债权人更会因本金和利息的贬值而遭受更大的损失。第三，通过增加税收来还本付息。这种方式下的公债负担是由纳税人来承担的。第四，用借新债还旧债的方式来还本付息。政府的债务负担将一年年推移下去，直到利用上述三种方式来偿还时，才能分析其负担的情况。

2. 在以税收还本付息时对公债负担的分析

首先，从短期公债来看，只要短期公债提供的是短期公共产品，那么公共产品的受益者与为偿还公债而承担税负的纳税人就基本上是同一代人，这相当于公共产品的消费者为自己的消费付费，只不过不是支出当期的税收支付，而是用延期了的税收来支付。但由于公共产品对社会成员而言，基本上是平等受益的，而在量能纳税的情况下，税额的分担却不是均等的。因此可以说，用公债融资扩大的公共产品供应在以税收偿还的条件下，具有同税收一样的收入再分配效应，越是累进性的税制其再分配效应也越强。其次，从长期公债和不断借新债还旧债推延债务期限的情况来看，公债的还本负担将推延致后代人，这种推延是合理的吗？这里有两种不同的情况。如果公债收入被用于短期受益的公共产品供应，则受益人和纳税人完全不同，当代人受益却要后代人为之纳税，这被称为公债负担的代际转移。这种情况下公债造成的后代人的负担被认为是不合理的。反之，如果公债收入被用于长期投资，增加未来的公共产品供应或增大了社会资本的积累，则正好可以利用公债将现代人的负担转移到会由此而受益的后代人身上。这种转移被认为是合理的，是按受益原则分担公共产品费用的一种体现。这也是为什么政府的许多大型公用设施的投资常用长期公债筹资的原因。当然在后代人中，同样也会由于受益和负税之间的差异而形成一定的收入再分配效应。

第三节　公债的市场结构

一、公债市场的构成

私人之间的借债程序比较简单，公债则复杂得多。它必须通过公债市场，才能流入投资者手中。公债市场即公债交易场所。公债市场按其交易的层次或阶段可分为两个部分：一是公债的发行市场，二是公债的流通市场。前者如同批发市场，后者就像零售市场。

（一）公债的发行市场和流通市场

1. 公债的发行市场

公债的发行市场指公债发行的场所，又称公债一级市场或初级市场，是公债交易的起始环节。公债一级市场的交易是在政府或其代理人与公债承销商（如金融机构、证券经纪人等）或投资人之间进行的。政府或其代理人为公债发行者，公债承销商或投资人为公债认购者。中央财政通过该市场，将新发行的公债销售给资金比较雄厚的投资者。通过公债一级市场的运作，政府将公债发行出去并取得债务收入，承销商或投资人付出资金，并取得表明对政府债权的公债券。

2. 公债的流通市场

这是对政府已发行出去的公债券进行交易的场所，又称公债二级市场，是公债交易的第二阶段。它包括公债承销商与认购者之间、公债持有人之间以及公债持有人与政府之间的交易等。在二级市场上，那些一级市场的投资者，再将手中的公债转让、出售给更多的中小投资者。因此，一级市场是否顺利通畅，对公债的发行至关重要。

（二）公债市场的作用

公债券是政府发行的表明政府与公债认购者之间债权债务关系的有价证券，它构成公债市场交易的对象。由于公债交易为有价证券交易，因而公债市场也是证券市场的组成部分。

公债市场的发展情况既受证券市场的发达和完善程度的制约，也影响证券市场的规模和运行。公债市场一般具有两方面的作用：

1. 实现公债的发行和偿还

政府可以采取委托销售、承购包销、公募招标等方式在公债市场交易中完成公债的发行任务，同时也可以通过买入流通中的公债的方式清偿债务。

2. 调节社会资金运行

在公债市场中，各投资或经销主体对公债的买卖行为，体现资金的配置过程。它使资金需要者和公债需要者获得满足，从而优化资金分配的结构。若中央银行参与公债流通市场的交易活动，则直接影响社会资金的总流量，对调节社会资金运行和商品供求关系产生重要作用。因此，在现代社会，公债市场是中央银行执行货币政策的重要渠道之一。

（三）我国公债市场的运行情况

1. 公债一级市场的发展

我国公债发行市场始建于1991年。它的建立第一次实现了承购包销的公债发行方式，从而在一定范围内改变了通过行政分配认购发行公债的办法。它反映了公债市场发展的客观需要，同时又是在公债市场发展的基础上实现的。1993年公债发行采取一级自营商制度，实行每年付息和净价交易方式。这一年，国民经济改革进入一个新的阶段，金融领域银行的改革进入了实质性的阶段。其主要内容是中央银行将主要从事货币政策，专业银行转变为纯商业银行，不再承担政策性任务。这一改革对公债市场的发展具有重要的意义。首先，中央银行不再允许财政向其透支和借款，这就促使财政部只能通过发行公债来弥补财政赤字。其次，中央银行将采取公开市场操作的办法调节货币供给，而商业银行持有公债是中央银行公开市场操作的前提。最后，专业银行的商业化要求其持有一定数量的公债，作为流动性最强的金融资产。这就是说，银行改革一方面要求公债进一步市场化，另一方面也为公债的市场化改革提供了条件。

2. 我国公债二级市场的发展

1988年我国分两批开展公债流通转让业务试点，从而出现了公债的二级市场。1988—1989年年底，京沪汉等七个城市开办公债现货的柜台交易业务，从而掀开了公债二级市场对公众开放的序幕。1989年6月，又批准了54个大中城市进行国库券转让的试点。1991年，在全国400个城市全面开放公债的二级市场。1992年6月份～1993年12月份，在经济升温、资金分流严重、股市和房地产火热等情况下，公债市场异常萧条。1994年以后，交易所在政府大力支持下推出了活跃市场的措施，公债交易重现风采，呈现价量齐增之势。目前，在中国公债的二级市场上，公债的交易包括公债的现货和回购交易。另外，我国曾经试点过公债期货交易，但是由于当时市场条件不成熟、监管缺乏经验等原因，发生了一些风险事件，并最终导致了公债期货交易试点的暂停。1997年6月16日，我国的商业银行退出证券交易所公债市场，改在全国同业拆借市场进行公债现券和回购交易，由此形成了银行间债券市场。于是，我国公债市场形成了由证券交易所公债市场和银行间债券市场两部分构成的格局。可流通的记账式公债，向个人投资者和证券机构投资者发行的部分，通过证券交易所发行并在交易所上市流通；向商业银行、信用社、保险公司等机构发行的部分，通过银行间债券市场发行并在该市场流通。2000年底，在未清偿的13 695.7亿元公债余额中，可流通的记账式公债和无记名国库券为6556.2亿元，占47.87%，其余为不可流通的凭证式公债和特种定向公债。总体来讲，公债流通市场还处于分割状态，两大市场的功能定位不够明确。

公债市场结构中，发行和流通市场具有同等重要性，而且是相辅相成的关系。二者的功效不同，其中一级市场是起点，对公债市场具有关键性地位，但是没有一个健全的二级市场，一级市场就不会畅通，筹集资金就会受阻。我们以前考虑更多的是公债是否能够发行出去，以及公债的一级市场运作如何，对于公债二级市场的建设和发展，虽然已经逐步得到有关决策部门的重视，但是还很不够。因此，需要有关部门加强对公债二级市场建设方面的研究，在制定管理目标和政策规定时应注重二级市场的培育和发展。

二、公债交易场所：发行、销售和流通的渠道

（一）证券交易所市场

记账式公债证券交易所是一个不以赢利为目的的会员制的法人机构。它向市场提供竞价交易场所，组织交易的实施，监督市场参与者的行为并提供相应的服务。投资者买卖证券应直接通过交易所的会员，也就是一般所说的证券公司进行。证券交易所市场销售的公债采取记账式。记账式公债往往是由证券公司担任承销商，投资者通过证券交易所的证券交易系统可自由选择买入其中任何一家证券公司挂牌销售的本期公债。记账式公债上市后，投资者可以按市价随时买入和卖出，也可以持有到期，期满后获取本息收入。证券交易所实行集中交易、集中过户、电脑配对、竞价交易的办法，按照时价优先、价格优先的原则进行交易，市场透明度和信息披露方面远远优于黑市交易和柜台交易，也使得交易成本和交易风险大大降低。证券交易所公债的现货交易、挂牌交易的品种是未到期的公债，包括实物券和记账式公债。目前挂牌的都是无纸化记账式公债。交易的程序是：开户—委托—竞价成交—交割—过户。公债现货交易在我国公债流通市场上始终占据着举足轻重的地位。在市场发展初期，它是最主要的公债交易方式。十几年来，随着市场的纵深改革和多元化发展，公债现货一直保持着稳步发展的势头。因此，现货交易常常被作为我国公债流通市场发展状况的基本标志，现货收益率则成为最主要的公债市场利率。买卖交易所公债的操作方式和流程同股票投资一样，但购买成本更低，主要是个人投资者需要向证券公司支付交易佣金。交易所债券价格受利率上升以及股市波动的影响较大。在到期之前卖出债券，如果遇到市场利率上升，将承受价格损失的风险。

（二）银行柜台交易

目前，在各大商业银行柜台销售的公债包括凭证式和记账式两种公债。投资者为除金融机构外的个人和单位。投资者可在商业银行柜台开立公债托管账户并买卖公债，交易方式为坐市商式，交易金额相对较小。以前，我国银行柜台只办理不上市的凭证式公债的发行、兑付业务，记账式公债的流通集中在证券交易所。这就是说，没有证券交易账户和公债专用账户的个人投资者不可能参与公债流通市场的交易。从 2002 年起，我国银行柜台交易的公债是凭证式公债。之后，也销售记账式公债，银行间债券逐步允许居民个人参与流通市场的交易。柜台的现货交易是以实物券的形式进行自营交易和代理买卖交易。自营交易，指证券中介机构挂出买卖牌价，与投资者直接进行债券买卖，赚取中间差价。代理交易，指证券中介机构按投资者指定的价格、数量代为买卖的交易方式，证券机构只是起中介作用，收取一定的手续费，有关风险完全由投资者承担。我国个人在银行柜台买卖记账式公债，投资成本包括投资账户开户费和商业银行买卖报价的价差。根据有关规定，商业银行的买卖价差不得高于 1%。在买卖

记账式公债时，商业银行的买入价格低于商业银行的卖出价格。因此，居民在投资记账式公债时，需要承担价差成本。在收益方面，由于记账式公债的利息是每年支付，利率下调时，投资记账式公债可获得增值收益。在风险方面，银行柜台的记账式公债的价格，随银行间债券市场的价格波动而出现波动。当利率上升时，提前变现债券将可能面临价格损失的风险。其优点是银行分支机构和营业网点多，银行柜台交易方便、简单、快捷，不需要过多过于复杂的投资技巧，投资和人们买卖一般物品以及存取银行存款相似，符合人们最基本的习惯。在人们还不熟悉交易所发行和销售的渠道的情况下，广为分散的大量个人投资者往往更加青睐各大商业银行销售的公债。严格地说，银行柜台交易根本就不算是一个市场，因为在这个市场，只能购买公债，却不能卖出。

（三）银行间市场

银行间债券市场是债券的批发市场，也是机构博弈的场所。成员为商业银行、信用社、证券公司、保险公司、财务公司和基金等金融机构投资者，个人和非金融机构投资者不能进入。其交易方式为询价方式，交易金额较大。

为防止商业银行资金通过公债回购和现货交易进入股票市场，同时贯彻商业银行、证券公司和保险公司分业经营、分业管理的原则，1997 年中国人民银行要求，所有商业银行全部从交易所公债市场撤出，允许在全国同业拆借市场进行公债现券和回购交易，并将其所持公债全部拿到新成立的场外市场进行交易。同时，利用中央公债登记结算公司的托管、结算系统，开办了以逐笔谈判成交为特点的银行间债券市场（属于集中性的场外市场）。商业银行持有的公债由中央公债登记结算公司托管。

至此，我国公债市场由证券交易所公债市场和银行间债券市场两部分构成的格局出现，形成了两个相互分离的市场。可流通的记账式公债，向个人投资者和证券机构投资者发行的部分通过证券交易所发行并在交易所上市流通；向商业银行、信用社、保险公司等机构发行的部分通过银行间债券市场发行并在该市场流通。2002 年发展了银行柜台交易市场后，广义的银行间公债市场包括上述适用于个人投资的银行柜台交易和适用于机构投资的银行间市场。

虽然银行柜台、证券交易所系统这两种发行和销售的渠道不同，但证券交易所交易的记账式公债与各大商业银行销售的公债在兑付保障上是完全一致的。

第四节　公债流通市场的交易方式

一、公债现货交易

公债现货交易是在交易双方就交易的品种、数量、价格成交的同时，即办理交券付款交割手续的方式。它是公债流通市场中基本的交易方式。这类交易既可在证券交易所内进行，也可以在证券交易所外的证券公司或金融机构的交易柜台上完成。

公债现货交易是一种即期易货交易形式，交易双方通过证券交易所的交易系统对上市流通的公债进行买卖报价，由交易系统撮合成交。一旦成交，即进行券款交割过户。公债现货交易与股票交易过程基本一致，是最基本的公债交易形式。我国公债券现货交易基本上类似于可供国内个人投资者买卖的证券（如A股普通股股票）。投资者可直接通过证券账户卡在交易所全国各证券经营网点买卖已经上市的各债券品种。证券商不需办理任何手续即可通过现有证券交易所的会员席位或债券特别席位进行现货交易。中国公债现货交易的组织形式主要有柜台交易、交易所交易，可用图10－1表示。

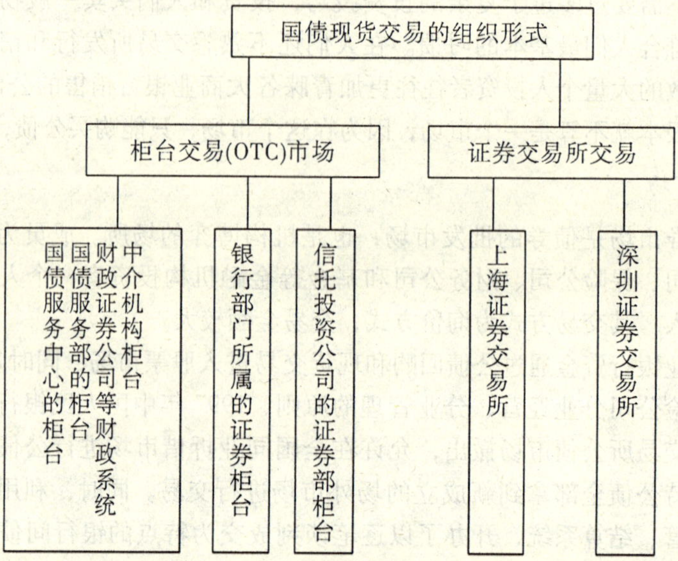

图10－1　公债现货交易的组织形式

注：上海证券交易所（上交所）成立于1990年12月，实行法人会员制；深圳证券交易所（深交所）于1991年营业，直到1994年3月才开始进行公债现货交易。

二、公债的回购交易

（一）公债回购的实质

公债回购交易是指公债交易商或投资者在卖出某种公债的同时，以公债回购协议的形式约定于未来某一时间，以协议确定的价格再将等量的该种公债买回的交易。其实质是公债的卖出者以公债为抵押向买入者借入资金，买回公债时所支付的价款与卖出公债时所获得的价款之间的差额即为借入资金的利息。

因此，公债回购交易实际是一种以公债为抵押品拆借资金的信用行为。公债回购交易是公债现货交易的衍生品种，是现货交易与远期交易的结合，是在公债交易形式下的一种融资活动。它为公债持有者获得短期资金提供便利，也为中央银行的公开市场操作提供工具。公债回购是以证券交易所挂牌的公债现货品种作抵押的短期融资融券行为，实际上就是资金拆借的一种行为。公债回购是券资两方的行为。其中，融资方（债券所有者）放弃一定时间内的公债抵押权，获得相同时间内对应数量的资金使用权，期满后，以购回公债抵押权的方式归还借入的资金，并按成交时的市场利率支付利息。融券方（资金所有者）放弃一定时间内的资金使用权，获得相同时间内对应数量的公债抵押权，期满后，以卖出公债抵押权的方式收回借出的资金，并按成交时的市场利率收取利息。对于资金拆出方来讲，公债回购实际上是一种购买短期公债的行为。

在公债回购交易中，最初卖出公债的一方为回购方，买入公债的一方则为返售方。

（二）公债回购的运作：正回购和逆回购交易操作的基本思路

公债作为一种利率资产，其价格变动与市场利率变化有直接关系。当市场利率下降时，公债价格上升；当市场利率上升的，公债价格下降。这种市场利率及资金价格与公债价格的反向运动关系，使套做成为可能。回购交易是指债券持有一方即出券方和购券方在达成一笔交易的同时，规定出券方必须在未来某一约定时间以双方约定的价格再从购券方那里购回原先售出的那笔债券，并以商定的利率（价格）支付利息。具体运作方法是：公债持有者在卖出一笔公债时，与买方签订协议，承诺在一定时间后以约定的价格将该笔公债购回。若交易程序相反，则称为逆回购交易。

因此，对于卖出债券方，暂时放弃债券抵押权，获得相等数量的资金使用权，是主动融资方，称回购交易。对于买入债券方，是暂时放弃资金使用权，获得相等数量的公债抵押权，到期收回资金和利息，是主动拆资方，叫逆回购交易。两种操作是基于对市场完全相反的判断。回购方预订市场利率将走低，债券价格将上涨，于是先以自有资金买入公债，并用这些公债在回购市场上融入资金，再用融入资金买进公债，再融入资金。如此反复操作，表现为一路持有债券。其获利基础在于：一方面随着利率的下调，融资成本逐渐降低；另一方面随着公债价格的走高，可在高价位卖出公债获取价差收入。总的原则是，债券价差收益大于融资成本。逆回购方预订市场利率将上升，债券价格将下跌，于是先变现自有公债，通过回购市场拆出资金，获取高息收入，最后在低价位补进公债，表现为一路持有资金。可见，回购与逆回购就是充分利用债券价格与资金利率的反向运动，在利率走低，债券价格上涨阶段，融入低息资金买进公债，并高价卖出债券；在利率上升，债券价格下跌阶段，卖出债券，拆出资金，获得高息收入，并低价位买回债券。究竟是做回购还是逆回购，取决于对未来利率和公债价格的预期。在实际操作上，公债回购交易要发生两次券款交割，即在交易双方签订回购合同时发生一次券款交割，在合同到期时，再发生一次方向相反的券款交割。

三、公债期货交易

（一）公债期货交易的含义

公债期货交易是指交易双方达成债券买卖契约后，并不及时付款和交割债券，而是按约定的品种、价格和数量，在约定的未来某一时点上进行实际交割的交易方式。由于债券期货交易是一批交易双方成交以后，交割和清算按照期货合约中规定的价格在未来某一特定时间进行的交易，所以按此方式进行的公债交易，所买卖的不是现时的公债。对于卖者，它是一种预售；对于买者，则是一种预购。

（二）公债期货市场的交易程序

公债期货交易是一种较高形态的公债交易派生方式，是现货交易发展到一定阶段的产物。它以其独有的价格发行和分散风险的功能而成为公债市场的重要组成部分。

开展期货交易的优点在于四个方面：第一是可以配合中央银行的公开市场操作业务，活跃公债二级市场，以期市带动现市，把公债发行的功能由筹资转向调控。第二是当公债一级自营商承销公债面临价格风险时，可提供套期保值的工具。公债投资者可以在期货市场和现货市场上同时就某一品种公债做数量相同、方向相反的买卖操作，以避免该种公债因市场价格波动而给投资者造成损失，从而促进投资者踊跃购买公债，推动公债的发行。第三是可以显示和引导公债市场价格走向，对公债市场的现货交易具有指导作用。第四是投机获利。公债期货投资者可以在期货市场上不断变换其作为买方或卖方的身份，赚取买卖差价，谋求交易利润。

四、公债期权交易

这种交易方式是指公债交易双方在订约时，同意在约定的时间内，既可以按约定价格买进或卖出指定的债券，也可以放弃买进或卖出该种债券。按这种方式进行的公债交易，在达成买卖契约时，买方要向卖方支付一定的期权费。若买方最终放弃买进约定的债券，期权费则作为买方放弃该项期权的代价，为卖方所得。相对于期货交易而言，期权交易的风险性较小，因为其风险损失的上限为其所支付的期权费。

【关键词】

公债　国债　国库券　公债发行　公债流通　公债市场　公债偿还

复习思考题

1. 公债活动过程包括哪些内容？
2. 决定公债期限的因素有哪些？
3. 决定公债利息率的因素有哪些？
4. 简述公债的发行方式。
5. 简述公债的发行市场和流通市场的含义及其功能。
6. 公债偿还的方式主要有哪几种？
7. 公债的使用应遵循怎样的原则？我国的公债使用在哪些方面？
8. 简述公债流通市场的交易方式的种类、含义及其组织形式。

第十一章　政府预算管理

【本章中心内容】

本章在阐述政府预算定义、特征、原则以及类型的基础上，进一步探讨了公共财政下政府预算的程序及财政资金、预算内资金和预算外资金的联系以及我国预算外资金管理改革的方向。

第一节　政府预算的基本理论

一、政府预算的定义、特征与原则

（一）政府预算的定义

就公共财政而言，政府预算是指经过法定程序审核批准的具有法律效力和制度保证的政府年度财政收支计划，是政府筹集、分配和管理财政资金的重要工具。广义的预算是指编制、批准、执行、决算、审计结果的公布与评价等所有环节，实际上是整个预算制度。狭义的预算是指预算文件或预算书。我们应当从如下方面进一步理解政府预算的定义：

1. 从形式上看，政府预算是以年度政府财政收支计划的形式存在的

政府预算是对年度政府财政收支规模和结构进行的预计和测算。其具体形式是按一定的标准将政府预算年度收支计划分门别类地列入各种计划表格，通过这些表格反映一定时期政府财政收入的具体来源和支出方向。

2. 从性质上看，政府预算是具有法律效力的文件

政府预算的形成过程实际上是国家权力机关审定预算内容和赋予政府预算执行权的过程。这意味着政府必须将所编政府预算提交国家立法机关批准后才能据以进行预算活动。从制衡关系上说，政府预算方案制订后由立法机关审核批准，可以明确法律责任和义务，同时也可以为监督机关监督检查履行情况提供依据。政府预算的法律性具体体现在有关预算级次划分、收支内容的确定、管理职权的界定等，都是以预算法的形式规定的；预算的编制、执行和决算的程序也是在预算法的规范下进行的，政府预算编制后要经国家权力机构审查批准后方能公布并组织实施；预算的执行过程要受严格制约，不经过法定程序审查批准，任何人无权改变预算规定的各项收支指标。

3. 从内容上看，政府预算反映政府集中支配财力的分配过程

从预算收支的内容上看，政府预算的各项收入来源和支出用途体现了政府的职能

范围，全面反映了公共财政的分配活动。从预算收入方面看，政府通过预算安排，采用税收、利润、公债、收费等手段参与国民生产总值的分配，把各地区、各部门、各企业及个人创造的一部分分散的国民生产总值集中起来。收入的过程也反映和协调着政府与企业、部门及公民个人的分配关系。从预算支出方面看，政府通过预算安排，把集中的财政资金在全社会范围内进行分配，以保证政府行使公共职能的需要。因此，政府预算收支体现着政府集中掌握的财政资金的来源、规模和流向。预算规模和结构又直接反映了公共财政参与国民生产总值分配及再分配的规模和结构。

4. 从作用上看，政府预算是政府调控经济的重要手段

政府预算在对财政资金的筹集、分配和使用过程中，不仅仅是一般的财政收支活动，如果通过收支活动有意识地服务于财政的调控功能，那么收支手段就又成为对经济进行宏观调控的重要杠杆。政府预算的调控职能主要表现在三方面：

第一，通过预算收支规模的变动，调节社会总供给与总需求的平衡。在市场经济条件下，社会总供给与总需求的平衡是国民经济正常运行的基本条件。当社会总需求大于社会总供给时，预算可采取紧缩支出和增加税收的办法，采取收大于支的盈余政策进行调节，以减少社会需求，使供求之间的矛盾得以缓解。当社会总供给大于社会总需求时，可以适当扩大预算支出，采取支大于收的赤字政策进行调节，以增加社会总需求。当社会供求总量平衡时，预算可实行收支平衡的中性政策与之相配合。针对不同的市场情况，采取不同的预算政策，说明预算调节经济的作用主要反映在收支规模和收支差额的调节上。

第二，通过调整政府预算支出结构，调节国民经济和社会发展中的各种比例关系。财政活动通过政治程序编制预算，决定其活动方向，调整各种利益关系，即预算机制引导政府部门的资源配置。

第三，调节社会分配。可以充分利用政府预算在财政分配中的中心地位，采取财政转移支付及财政补贴等手段，调节社会分配，调节中央与地方之间、地区之间、行业之间以及公民个人的收入分配。

（二）政府预算的特征

政府预算在17世纪最早出现在英国。到了19世纪，几乎所有的国家都建立了政府预算制度。现代市场经济条件下的政府预算是政府公共经济活动的行为准则，具有如下4个特征：

1. 法律性

与封建专制的预算相比较，现代预算的一个鲜明的特征就是它的法律性。所谓法律性是指政府预算的形成和执行结果都要经过立法机关审查批准。政府预算是一个法律性文件，这是它区别于其他财政范畴的一个重要特征。政府预算按照一定的立法程序审批之后，就形成反映国家集中性财政资金来源规模、去向用途的法律性规范。我国的《预算法》明确规定各级人民代表大会有审查批准本级预算的职权。各级预算确定的各项收支指标经国家权力机关审查批准后下达，就具有法律强制性，各级政府、各部门、各单位都必须严格贯彻执行。非经法定程序即未报请本级人民代表大会常务

委员会审查批准，任何地方、单位均不得擅自改变批准的预算。这突出反映了政府预算的法律性特征。

2. 预测性

预测性是指政府通过编制预算可以对预算收支规模、收入来源和支出用途做出事先的设想和预计，也就是对预算年度的预算收入和支出的各项指标，进行科学的预计和测算，使之与客观情况相符合。各级政府及有关部门在本预算年度结束以前，都需要对下一年度的预算收支做出预测，编制出预算收入计划和预算支出计划。这种预测是否符合实际，最终能否得以实现，一方面取决于预算事前编制的准确性、科学性和民主化程度，另一方面也取决于预算执行过程中客观条件的变化、应变措施的选择以及预算管理水平和预算管理手段的影响。

3. 集中性

集中性是指预算资金作为集中性的政府财政资金，其规模、收入来源、支出去向、收支结构比例和财政平衡等状况，由国家按照社会生产力水平、社会公共需要和政治经济形势的需要，从国家全局整体利益出发进行统筹安排，集中分配。这意味着收入的来源是按照国家法定征收对象和标准在全社会范围内进行筹集，任何部门、单位或个人不能截留、坐支、挪用，以保证预算收入能及时、足额地缴入国库。预算支出由国库集中拨付，各部门、各单位按照政府预算所规定的用途、比例和数额进行使用。

4. 综合性

综合性是指政府预算是各项财政收支的汇集点和枢纽，综合反映了国家财政收支活动的全貌和政府活动的范围及方向，是国家的基本财政收支计划。预算内容应包含政府的一切事务所形成的预算收支，全面体现政府在本年度的整体工作安排和计划。在收支范围上，政府预算收支计划比其他财政环节涉及的范围要广泛得多。政府预算的综合性特征使其全面地反映了国家的方针政策，因而通过计划就可以了解到政府在这个年度里的整体工作安排和打算。

（三）政府预算的原则

政府预算原则是指政府在选择预算形式和体系时应遵循的指导思想，也就是制定政府财政收支计划的方针。预算原则是伴随着现代预算制度产生而产生，并且随着社会经济和预算制度的发展变化而不断变化的。时至今日，影响较大并为世界大多国家所普遍接受的原则主要有下述五条：

1. 完整性原则

预算的完整性是要求国家预算应包括政府的全部预算收支项目，完整地反映以国家为主体的全部财政资金收支活动情况，不允许在预算之外存在任何以政府为主体的资金收支活动。预算的完整性是建立规范化、法制化预算的前提条件。只有完整的预算才能保证政府控制、调节各类财政性资金的流向和流量，完善财政的分配、调节与监督职能。预算的完整性也便于立法机关审议批准和社会公众对政府活动的了解，便于监督政府预算的执行。

2. 统一性原则

预算是政府宏观调控的重要杠杆，保证预算的统一性是加强预算管理和增强政府宏观调控能力的必要条件。预算的统一性包括以下几点：①预算政策的统一。全国性的财政方针政策如税收政策、财政规章制度、财务会计制度等都应由中央制定，各地区、各部门保证执行，不得任意改变，如遇特殊情况，须根据国家规定的程序进行调整。②预算口径的统一。预算科目的设置和收支核算口径应该参照国际上通行的经济分类和统计标准，制定一个统一的收支核算口径，增加国内外各种数据的可比性。③预算年度与预算时效性的统一。具有法律效力的预算收支期限必须与预算年度一致，不应当以临时预算或特种基金的名义另立预算。

3. 真实性原则

预算的编制和执行要以国民经济和社会发展计划为依据，违背客观经济规律而进行预算的编制和管理，将有碍于国民经济和社会发展的良性循环。预算的真实性要求预（决）算的各项数字必须准确、真实、可靠，既反对隐瞒收入或支出留有缺口，又反对虚增收入或虚列支出。

4. 公开性原则

预算涉及社会方方面面，涉及全社会每一个纳税人的利益，关系到每一个部门和单位的事业发展。因此，以适当的形式公开预算，使全社会了解预算，参与预算，加强预算监督力度，是预算管理活动的基本要求，也是预算民主化进程的关键环节。预算的公开性原则，包括预算编制审批的公开、预算执行过程的公开和预算完成结果——决算的公开。在我国，预算的公开是通过人民代表大会报告制度实现的。预算的编制或执行结果以及执行过程中采取的重大措施经本级人民代表大会通过后，通过新闻媒介向公众公布。

5. 年度性原则

预算年度是预算收支起讫的有效时间，通常以 1 年为标准。当今世界上许多国家的预算采用历年制，即当年 1 月 1 日起至 12 月 31 日止。我国就采用历年制预算年度，有的国家采用跨年制。如日本、英国等国家为四月制预算年度，即从当年 4 月 1 日起至翌年的 3 月 31 日止为一个预算年度。美国采用十月制预算年度，即从当年 10 月 1 日起至翌年 9 月 30 日止为一个预算年度。各国预算年度的选择主要考虑两个因素：一是与各国权力机关开会时间一致，以便在预算年度一开始就执行生了效的预算；二是与收入旺季一致，以便在预算年度初期就有充足的预算收入，保证各项预算支出的顺利执行。

二、政府预算的类型

（一）按预算编制的形式分类，可以分为单式预算和复式预算

单式预算是将政府的全部预算收支汇集编入一个统一的预算表之中，而不区分各项财政收支的经济性质的预算形式。其优点是符合预算的完整性的原则，整体性强，便于立法机关审批和社会公众了解；其缺点是没有把全部的财政收支按经济性质分列，

分别汇集平衡，不利于政府对复杂的经济活动进行深入分析。

复式预算是将政府的全部预算收支按收入来源和支出性质的不同，分别汇集编入两个或两个以上的收支对照表，从而编成两个或两个以上的预算。复式预算是在预算年度内，将全部预算收支按照经济性质，分别编成两个或两个以上的预算。根据复式预算的编制方法，我国目前的预算主要有经费预算（经常性预算）和资本预算（建设性预算）两部分组成。其中，经费预算又称经常预算、线上预算或普通预算，它是政府编制的满足国家经常性开支需要的预算，其支出主要用于文教、行政、国防、社会保障等方面的开支，其收入主要是税收。资本预算又称建设性预算、线下预算或投资预算，它是综合反映建设资金来源与运用的预算，其支出主要用于经济建设，其收入主要是经常预算盈余和债务收入。

复式预算的优点是科学、严谨、便于政府对财政活动进行分析，有利于对收支的控制。复式预算的缺点是资本支出的资金来源主要依赖于举债，如果举债规模控制不当，容易导致物价上涨，引起通货膨胀，影响国民经济的稳定。另外，复式预算总体功能较弱，编制和审批比较复杂。

（二）按预算的编制方法分类，可以分为增量预算和零基预算

增量预算是指预算年度的财政收支计划指标的确定，以上年财政收支执行数为基础，再考虑新的年度国家经济发展情况加以调整确定。

零基预算指财政收支计划指标的确定，只以社会经济在预算年度的发展状况为依据，不考虑以前年度的财政收支状况。

零基预算与增量预算相比，强调一切以“零”开始。零基预算在编制时排除以前年度的干扰，尽量根据经济社会发展战略，利用科学方法，对当期财政收支进行有理性地预期，避免不必要的浪费。但是零基预算对政府综合素质的要求较高，同时要求有完备的信息与预算的可控技术，政府很难达到这一要求，所以各国的预算方法仍以增量预算为主。

（三）按预算项目能否直接反映其经济效果分类，可以分为项目预算和绩效预算

项目预算是指只反映投入项目的用途和支出金额，而不考虑其支出的经济效果的预算。

绩效预算是指根据成本—效益比较的原则，决定支出项目是否必要及其金额大小的预算形式。具体说就是有关部门先制定所要从事的事业计划和工程计划，再依据政府职责和施政计划选定执行实施方案，确定实施方案所需的支出费用所编制的预算。绩效预算是一种比较科学的预算方法。其特点有二：一是绩效预算重视对预算支出效益的考察，预算可明确反映出所产生的预计效益；二是按职责、用途和最终产品进行分类，并根据最终产品的单位成本和以前计划的执行情况来评判支出是否符合效率原则。

（四）按预算分级管理的要求分类，可以分为中央预算和地方预算

中央预算是指中央政府预算，由中央各部门的预算及地方向中央的上解收入、中

央对地方的返还或补助数额组成。

地方预算是指由地方各级政府预算组成的预算，包括本级各部门的预算及下级政府向上级政府上解的收入、上级对下级政府的返还或给予补助的数额。

(五) 按收支管理范围和编制程序分类，可以分为总预算和单位预算

总预算是各级政府的基本财政计划，它由各级政府的本级预算和下级政府总预算组成。

单位预算是政府预算的基本组成部分，是各级政府的直属机关就其本身及所属行政事业单位的年度经费收支所汇编的预算，另外还包括企业财务收支计划中与财政有关的部分。它是机关本身及其所属单位履行其职责或事业计划的财力保证，是构成各级总预算的基本单位。根据经费领拨关系和行政隶属关系，单位预算可分为一级单位预算、二级单位预算和基层单位预算。

(六) 按预算作用的时间长短分类，可以分为年度预算和中长期预算

年度预算是指预算有效期为1年的财政收支预算。这里的年度是指预算年度，大体上有公历年制和跨历年制。公历年制，即从公历1月1日起至12月31日止。目前采用公历制的国家主要有法国、德国等。我国也采用公历年制。跨历年制，即从上一个公历年某月某日起，到下一公历年某月某日止。实行跨历年制的国家各起止日期也不一样，如美国、泰国等国家从每年10月1日起，到次年9月30日止为1预算年度；而英国、日本、加拿大等国家，则从每年4月1日起，至次年6月30日为1预算年度。

中长期预算，也称中长期财政计划，一般1年以上10年以下的计划称中期计划，10年以上的计划称长期计划。在市场经济下，经济周期性波动是客观存在的，而制定财政中长期计划是在市场经济条件下政府进行反经济周期波动，从而调节经济的重要手段，是实现经济增长的重要工具。随着我国市场经济体制的日益完善和政府职能的转变，中长期财政计划将日益发挥其重要作用。

(七) 按预算收支的平衡状况分类，可以分为平衡预算和差额预算

平衡预算是指预算收入等于预算支出的预算。

差额预算是指预算收入大于或小于预算支出的预算。

三、我国政府预算的组成

(一) 五级预算的组织形式

政府预算按政府级次分为中央政府预算和地方政府预算。我国实行一级政府一级预算，按照《中华人民共和国预算法》，我国设立五级预算，分别是①中央，②省、自治区、直辖市，③设区的市、自治州，④县、自治县、不设区的市、市辖区，⑤乡、民族乡、镇。如图11－1所示。

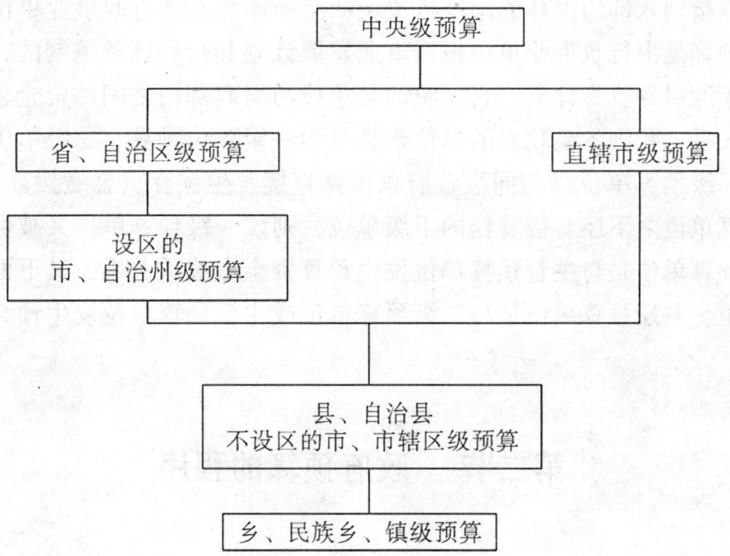

图 11－1 我国政府预算管理体系简图

1. 中央政府预算

中央政府预算，也就是常说的中央预算。它经法定程序批准，是中央政府的财政收支计划。它规定中央财政各项收入来源和数量、中央财政支出的各项用途和数量，反映中央的方针政策。该预算在政府预算组织体系中居主导地位。

2. 地方政府预算

地方政府预算是指经法定程序批准的反映各级地方政府活动的年度财政收支计划的统称。该预算在政府预算组织体系中居重要地位。地方预算的构成与其政权构成相一致，我国地方预算由省（自治区、直辖市）、省辖市（自治州、直辖市辖区）、县（自治县、市、旗）、乡（镇）4 级组成。地方总预算由各省（市、自治区）总预算汇总而成。

（二）总预算、部门预算与单位预算

按照预算收支管理的范围和要求，各级预算分为总预算、部门预算与单位预算。部门预算是政府预算的基础，基层单位预算是部门预算的基础。

总预算指各级政府本级和汇总的下级政府的财政收支计划。总预算有两个组成部分：一是本级政府预算，二是汇总的下一级预算。如我国的省总预算是由省级各部门的单位预算和所属市总预算组成。依次类推，县下设乡，县的总预算，就又细分为县级预算和乡镇预算。需要指出的是，在我国，各地乡镇发展水平不一，部分乡镇经济发展水平低，财政收支金额较小，内部机构设置也不完善，不具备建立独立预算的条件。对于这些乡镇，经省、自治区、直辖市政府确定，可暂时不设预算。

部门预算指各部门汇总编制的本系统的财政收支计划，由本部门机关预算和所属各级单位预算组成。部门预算从基层单位逐级分项编制汇总，可以避免代编预算的盲目性和模糊性。

单位预算指列入部门预算的国家机关、社会团体和其他行政事业单位的财政收支计划。单位预算是由行政事业单位根据事业发展计划和行政任务编制的，并经过规定程序批准的年度财务收支计划，它反映的是单位与财政部门之间的资金领拨关系。根据经费领拨关系，我国各级政府的单位预算分为一级单位预算、二级单位预算和基层单位预算。一级预算单位是与同级政府总预算直接发生预算资金缴拨款关系的单位。如果一级预算单位之下还有被管辖的下级单位，则该一级预算单位又被称为主管预算单位。二级预算单位是与主管预算单位发生预算资金缴拨款关系，其下面还有所属预算单位的单位。基层预算单位是与二级预算单位或主管预算单位发生预算资金缴拨款关系的单位。

第二节　政府预算的程序

政府预算程序是指政府预算的周期，分为预算编制、预算审批、预算执行和政府决算四个阶段。

一、政府预算的编制

（一）政府预算编制前的准备工作

1. 修订政府预算收支科目和预算表格

政府预算收支科目是政府预算收支的总分类及明细分类。它系统地反映政府预算收入来源和预算支出方向，是编制预算、办理缴款和拨款、进行会计核算和财务分析以及财政统计等的核算工具。政府预算科目由收入科目和支出科目组成。

目前，我国的政府预算收入科目包括一般预算收入科目、基金预算收入科目、债务预算收入科目，又分为“类”、“款”、“项”、“目”四级。政府预算支出科目与收入科目分别对应，但分为五级科目，即“类”、“款”、“项”、“目”、“节”。这些不同级别科目之间的关系为：前者是后者的概括和汇总，后者是前者的具体化和补充。为了正确反映政府预算收支的内容，适应预算管理的要求，每年在编制政府预算之前，都必须根据财政经济发展变化的情况，对政府预算收支科目进行修订。

预算表格是预算收支指标体系的表现形式。将预算收支数字、相关资料和计算依据等科学地安排在表格中，就可以清楚地反映出预算的全部内容。由于财政预算管理制度的变化，各个财政年度的预算表格有所不同。在一般情况下，由财政部在上年预算表格的基础上，对预算年度所适用的预算表格进行修订。为了便于我国政府预算的汇总，省级政府总预算表格和财务收支计划，必须由财政部统一制定；省级以下的各级政府总预算、单位预算表格，要在保证中央总体要求的前提下，由省级财政部门根据各自的具体情况自行拟定。

2. 对本年度预算执行情况的预计和分析

各级政府在编制下年度预算之前，要对本年度预算执行情况进行预计和分析。根据当年预算收支的实际执行情况，结合财政经济发展趋势，参照历年的预算收支规律，预计后几个月的预算收支完成情况，汇总为本年度的预算收支预计数，作为编制下年度预算的重要参考。

对本年度预算执行情况的预计和分析，是确定下年度预算收支指标的基础。因此，为了使预算收支预计数符合实际，在对本年度执行情况的预计和分析时，要注意以下三个方面：①分析本年度预算实际执行数是否做到应收尽收，有无虚收现象；支出是否有超支，或应支未支现象。②分析本年度的后几个月，有无新的、重大的财经政策出台和其他影响预算收支变化的因素，如工资、价格、税率、社会保障等方面。③分析检查年初安排的各项增收节支措施的落实情况，取得的实际效果如何。这里应该注意的是，在我国预算改革中，有的地方可能采取标准预算周期制，会有专门编制预算的机构，导致上述这种分析会有所变化，但其基本思路仍有参考价值。

3. 拟定计划年度预算收支指标

在对本年度预算收支执行情况进行预计和分析的基础上，财政部要根据国家的方针政策和财政经济发展状况，拟定计划年度政府预算收支控制指标。这对中央本级来说，是收支控制指标；对地方来说，则是指导地方预算收支任务的依据。这种控制指标经国务院审定后下达，作为各地方、各部门编制年度预算的依据。

预算年度收支控制指标基本上规定了预算收支规模和增减变动，它是中央财政和地方财政之间预算年度资金分配的初步框架。我国目前的这种做法，有利于政府预算编制工作的顺利进行，有利于协调国民经济各部门之间资金分配的比例关系，有利于协调中央和各地方之间的财政分配关系，有利于解决地区之间的平衡问题。在各级政府预算编制之前，做好这项准备工作十分重要。它一方面要体现国家的方针政策，所以要本着实事求是的科学态度；另一方面这是一项政策性强、业务水平要求很高的工作，所以要运用可靠的数据反复测算，尽力达到预算收支控制指标的准确性。

4. 颁发编制政府预算草案的指示、规定

为了使各级政府预算的编制符合国家的方针政策以及国民经济和社会发展计划的要求，保证政府预算编制的统一性、完整性和准确性，每年在政府预算编制之前，财政部还要对预算编制工作进行具体部署。财政部根据国务院关于编制预算草案的指示精神，拟定关于编制预算草案的具体规定，提出有关预算收支划分、预算管理方面的具体要求，供各地方、各部门编制预算草案时参照执行。这些指示和规定需要具有很强的可操作性，不能含混不清。

（二）政府预算的编制程序

现代政府预算的编制程序一般是要经过政府行政部门编制草案、政府财政部门汇总审核、政府首长审核批准、议会审核四个大的阶段。我国政府在做好上述准备之后，就进入预算编制阶段。在政府预算的编制中，应遵循及时性原则、平衡性原则、真实性原则和合理性原则。这是编制预算的基本要求，但并不排除在某些预算年度因国家整体利益的需要而出现不平衡的现象。我国政府预算的编制程序与其他国家的一般程序基本一致。但我国具体实行的是“两上两下”的程序。

“一上”是指基层预算单位编制本单位在预算年度的收支建议数，上报上级部门。上级部门根据国务院关于编制预算的指示和财政部下达的编制预算的具体要求，结合国家社会经济发展情况和本部门的具体情况，提出本部门预算年度的收支建议数，上报财政部门。

“一下”是指财政部门根据政策要求和工作任务，认真审核各主管部门上报来的预算收支建议数，再根据征收部门报来的财政收入测算数，审核汇总成年度预算收支草案报政府批准。财政部门将政府批准的预算控制数下达到各主管部门，再层层下达到各基层预算单位。

“二上”是指各主管部门按照下达的预算控制数，根据情况下达到所属下级预算单位和落实到具体项目，按照财政部门的要求编制本单位预算草案，由主管部门汇编成本部门的部门预算草案上报财政部门。

“二下”是指财政部门收到各主管部门报来的预算草案后，进行审核汇总，形成本级政府总预算草案，报同级人民政府。政府批准之后，向人民代表大会提交政府预算草案。经人民代表大会审议批准后，政府预算草案即成为具有法律效力的政府预算。财政部门在规定时间内批复部门预算，主管部门接到财政部门批复的预算后，再在规定时间内批复所属单位预算。

我国实行部门预算改革后，“两上两下”的编报办法不变。

（三）收入预算和支出预算的内容和测算规定

我国各级政府预算、部门预算和单位预算的收支测算，一般是根据历年收支情况和下一年度增减变动因素进行。以部门预算为例，它包括一般预算和基金预算。

1. 收入预算的内容和测算规定

一般预算收入主要包括上年结转、财政拨款、行政事业单位预算外资金、上级补助收入、事业收入、事业单位经营收入、附属单位上缴收入、其他收入、用事业基金弥补收支差额等。

基金预算收入主要是国家规定的纳入预算管理的各项基金。基金收入的测算，首先要确定本部门纳入预算管理的基金项目，然后确定影响各基金项目的收入因素，在此基础上确定部门基金预算收入的总额。上述这两部分收入，要分别列入不同的收入预算表中。

2. 支出预算的内容和测算规定

一般预算支出主要分为两部分，即行政事业支出、生产建设和事业发展支出。行政事业支出主要包括行政事业性支出、上解上级支出、事业单位经营支出、对附属单位补助支出。生产建设和事业发展支出主要包括基本建设支出、其他生产建设性支出、事业发展支出三部分。

基金预算支出主要是国家规定的纳入预算管理的各项基金支出。部门预算基金支出的测算首先要确定本部门纳入预算管理的基金项目，然后确定上年基金结余，再考虑各项基金支出的具体需要。

部门预算收支测算完成之后，要按照规定填列相应表格，编写预算说明，报送财政部门。

二、政府预算的审批

（一）财政部门的审核阶段

财政部门需对各主管部门报来的预算草案进行认真审核。其审核的主要内容是：年度预算收支是否有赤字、预算科目运用是否正确、预算收支测算是否准确、预算外收支是否平衡、与财政部门下达的预算支出控制指标是否一致、是否按规定编写预算说明等。

（二）政府首长的审核阶段

各主管部门的预算草案经财政部门审核之后，财政部门应将汇总的部门预算草案，连同各部门报来的部门预算草案，送政府首长审批。经行政首长批准之后，送人民代表大会初审。

（三）人民代表大会审核阶段

人民代表大会对政府预算草案的审核主要分为两个阶段：第一是初审阶段。财政部门根据行政首长的指示，将政府预算草案报人民代表大会财经委员会进行初步审核。其审核的主要内容是各项收支安排是否符合法律、法规的规定；预算收支规模是否与国民经济和社会发展计划一致；国债规模是否合适等方面。财政部门根据人民代表大会财经委员会的意见修改后，报送行政首长批准。第二是审议阶段。财政部门正式代表政府向人民代表大会提交预算草案。人民代表就政府预算和部门预算进行审议，最后通过预算草案。

（四）政府预算批复阶段

财政部门根据人民代表大会批准的预算，在规定的时间内批复部门预算。《中华人民共和国预算法实施条例》规定，财政部要在人民代表大会通过预算后的30天内批复中央部门预算；主管部门接到财政部门批复的部门预算后的15天内，批复所属单位预算。

三、政府预算的执行

政府预算经过批准之后，就进入预算执行阶段。正确组织预算执行工作是实现政府预算收支任务的核心工作，是预算管理的重要组成部分。它不仅关系到国家方针政策的贯彻执行以及国民经济和社会发展计划的全面实现；而且是一项经常的、细致的、艰苦复杂的系统工程。我国《预算法》规定，各级预算由本级政府组织执行，具体工作由本级政府的财政部门负责。

（一）预算收入的执行

积极正确地组织预算收入是全面实现政府预算的基础，是完成各项支出资金需要的保证。我国预算收入的执行是由财政部门统一负责组织，并按各项预算收入的性质和征收方法，分别由财政机关、税务机关、海关负责征收和管理。国家金库负责预算收入资金的收纳和保管。

组织预算收入的执行，重点是做好以下几方面的工作：①根据组织预算收入的需要，制定相关政策和各种制度，研究和制定组织收入的方法，以节约征收经费，提高征收效率。②根据预算收入任务和收入计划，帮助和督促各经管收入的部门、纳税义务人和缴款人努力完成预算收入任务，把一切应缴收入及时地、足额地缴入国库，保证政府预算收入随着经济的发展而增加。同时，要防止单纯地为完成预算收入任务而形成“虚收”。③经常检查预算收入执行情况，分析国家法规、政策，以及国家政治经济情况的发展变化对预算收入的影响，及时解决预算执行中的矛盾和问题，提出加强预算管理、增加收入、改进工作的措施和建议。④加强征收机关和相关部门的分工协作，建立收入直达国库制度和信息共享制度。坚决纠正预算收入征管中的一些违法乱纪行为，维护国家预算收入的完整性。

（二）预算支出的执行

预算支出执行是在国家统一领导、统一计划下，由各支出机关具体负责执行。财政部门在组织预算支出执行中处于主导地位。做好预算支出的执行工作应着重于以下几个方面：①按照公共财政的要求和组织预算支出执行的需要，制定国家预算支出的政策和法规，制定预算支出管理的各种制度和办法。②根据部门预算制定年度、季度、月度用款计划，准确掌握国库库款情况。按照集中支付制度的规定，适时地、正确地把预算资金拨付到用款单位。③建立经济责任制，明确各预算部门和单位的责任，确保预算资金高效和节约使用。④在保证重点支出需要的基础上，根据国库存款的余额，积极稳妥地推进国库资金的资本运营，实现预算收支的动态平衡。⑤依法安排预算周转金，解决季节性资金收支进度不均衡的矛盾，做好资金调度平衡。

（三）预算执行中的调整

在政府预算执行中，由于国际、国内政治经济形势总是在不断地发展变化，因而往往会出现一些意想不到的事件影响到政府预算的执行。因此，有必要根据新的情况进行预算调整，组织新的预算平衡。所以，预算调整是在预算执行过程中，通过改变预算收入来源和支出用途以及预算收支规模，组织新的预算平衡的方法。预算调整一般有两种情况：一种是全局调整，一种是局部调整。全局调整并不经常发生，只是在某些特殊情况下，国家对年度国民经济和社会发展计划做出重大调整时，国家预算才进行全面调整。这实际上等于重新编制一次国家预算。预算的局部调整则是经常发生的事情。局部调整有以下几种情况：①动用预备费；②预算的追加追减；③科目流用；④预算划转。

（四）预算执行情况的分析

国家预算执行情况是国家政治经济生活的综合反映。对此做出科学地分析，可以及时掌握经济发展和政策的贯彻情况。研究预算执行中的问题和各种有利、不利因素，可以总结经验教训，进而及时地采取相应措施，以保证国家预算收支任务的圆满实现。

做好预算执行情况分析，必须建立健全预算执行信息反馈系统，进一步完善预算会计报表。预算执行情况的分析主要包括以下内容：①分析国家方针政策和重大经济措施对预算收支的影响，检查预算执行中贯彻方针政策的情况。②分析国民经济和社会发展计划主要指标完成情况对预算收支的影响。③对比分析各部门之间、各地区之间，主要预算收支项目的完成情况。④分析财政信贷的综合平衡情况等。在充分掌握资料和进行科学分析后，要形成书面材料，报送有关部门领导，并依法向人民代表大会报告。

四、政府决算

政府决算是对政府预算执行情况的总结，是政府预算执行的真实情况的集中体现。编制政府决算一方面可以向国家权力机关和全体人民全面真实地反映政府预算的执行情况并检验和考核政府行政效率，另一方面它还能为改进政府工作和编制下年预算提供数据资料。

决算是预算执行的结果，是国民经济活动在财政上的集中反映，体现了一年来政府活动的范围和方向。正确地、及时地编制决算有重要的意义。我国决算体系与预算体系是一致的。所以，编制决算前的准备工作、编制程序以及审批与编制预算有许多相通之处。

由于编制政府决算是一项政策性强、工作量大、涉及面广、时间紧迫、复杂而又细致的工作，所以也必须做好前期准备。这种准备主要有三项：①拟定和下达编制政府收支决算的统一编报办法。②组织年终前预算收支清理。这种清理主要是核对该预算年度的预算收支数字、清理预算应收应支账款、清理各种往来款项、结清预算拨借款、清查财产物资、进行决算数字的对账等。③修订和颁发统一的决算表格。

关于决算的编制程序、审批程序及其要求与预算基本相同。政府决算的编制，通常采用自下而上的汇编方法。先从执行预算的基层单位开始编制决算，经单位领导审核后上报主管部门。主管部门审核后汇总编制成一个部门总决算，上报财政部门。县、市财政部门再汇编成县、市级总决算，然后报送省（自治区、直辖市）财政部门。省（自治区、直辖市）财政部门将本级收支决算和县、市级总决算汇编成省（自治区、直辖市）总决算报送财政部。财政部根据地方总决算和中央总决算编制成国家决算草案，经人民代表大会批准后形成国家决算。

第三节　预算外资金及其管理

一、预算外资金的概念

（一）预算外资金的含义

预算外资金是指国家机关、事业单位、社会团体和政府委托的其他机构为履行或代行政府职能，依据国家法律、法规和具有法律效力的规章而收取、提取、募集和安排使用的未纳入财政预算管理的各种财政性资金。

预算外资金概念，包括以下三层含义：①预算外资金的性质是财政性资金，但不纳入政府预算管理。其所有权属于国家，分配权归政府，管理权在财政。②预算外资金由有关行政事业单位根据国家规定的项目和标准组织收入，其他机构不得参与预算外资金的收支。③收取、提取和使用预算外资金，是为了履行政府职能。其支出用途和范围只能用于被指定的政府职能范围内的事务，不能挪作他用，也不能在预算内外之间进行任意调节。

（二）预算外资金的范围

预算外资金属于财政性资金，这就从本质上界定了预算外资金的范围。但是，由于不同时期经济体制环境的差别、预算外资金的范围也就有所不同。

1. 1993 年以前的预算外资金范围

我国 1993 年以前的预算外资金包括四大类：

（1）地方财政部门管理的预算外资金

它包括各项附加收入、集中的企业资金、统管的事业收入和其他杂项收入等，可用于城市维护、农村公益事业、企业挖潜、革新和改造等支出。

（2）行政事业单位管理的预算外资金

这部分资金的范围较广，主要有工、交、商事业收入，农、林、水、气象事业收入，文、教、科、卫事业收入，城市公用事业收入，社会福利事业收入，工商管理收入和行政机关收入等。上述收入主要用于相应事业的需要。

（3）国有企业及其主管部门集中的各种专项基金

其中的具体项目有国有企业提留的基本折旧基金、税后留利，主管部门集中的各项基金等。其中的主要构成有更新改造基金和企业利润留成。

（4）地方和中央主管部门管理的预算外资金

它包括交通部远洋船队的盈利、以矿养矿收入、以港养港收入、以电养电的小水电收入、地方小铁路收入、中央和地方主管部门所属全民所有制但未列入预算的企业收入，以及名为集体实为全民的企业收入等。

2. 1996 年以来预算外资金范围

随着预算管理体制改革的深入和完善，1993 年以后，对预算外收入的范围进行了调整，将拥有法人财产权的企业及其主管部门集中的资金不再列作预算外收入。为了进一步规范预算外资金的范围，国务院于 1996 年颁布了《国务院关于加强预算外资金管理的决定》。为此，财政部先后制定了《预算外资金管理实施办法》、《中央预算外资金财政专户管理暂行规定》等配套文件。同时，在《事业单位财务规则》中还增加了有关预算外资金财务管理的规定，对我国预算外资金的范围进行重新界定。

在《决定》中明确规定：预算外资金是指国家机关、事业单位和社会团体为履行或代行政府职能，依据国家法律、法规和具有法律效力的规章收取、提取和安排使用的未纳入国家财政预算管理的各种财政性资金。预算外资金包括以下几项：

（1）行政性收费

这是指国家行政机关、司法机关在执行公务活动中，按照国家法律、法规和财政制度收取的各项费用，如工本费、手续费等。这些收费主要是配合国家对有关行为、活动的统计、管理，并适当弥补政府管理成本费用，不以增加政府收入为目的。

（2）事业性收费

这是指国有事业单位在为社会提供科技、教育、卫生等各项劳务时，向有关单位和个人收取的各种费用，如科技成功转让收入、学杂费收入等。这些收费项目必须按财政、物价部门规定的范围和标准收取，不得擅自扩大收费范围、提高收费标准。

（3）专项基金

这是指有关部门、单位按照国家规定收取，用于特殊开支项目的资金，即坚持专款专用原则，资金来源与运用之间存在依存关系，如内河航道养护费、育林费等。

（4）各种税收附加及附加费收入

（三）预算外资金的特点

预算外资金和政府的预算资金一样，都属于财政资金，但它与预算内资金相比，具有以下特点。

（1）法定性

预算外资金不论是来自国民收入（或 GDP）分配部分，还是补偿性质部分，其形成、集中和使用，都是根据国家或国家授权部门的规定而建立起来的。作为预算外资金，它反映着各职能部门事业活动的特点，主要用于解决局部、部分、微观方面的需要。由各地区、各部门或各单位分别进行组织、使用和管理，因而属于国家的补充财力。在社会主义公有制条件下，预算外资金是财政资金的组成部分，是对国家财力的补充，因而它的形成和使用，同样是要在国家的法令、制度规定的范围内进行。

（2）灵活性和专用性

在管理方式上，预算外资金纳入财政专户管理，收支不在国家预算中反映。其收支管理相对于预算内资金而言具有一定灵活性和专用性。在使用目的上，与预算内资金一样，也是服务于政府的职能，满足社会的公共需要。预算外资金的专用性是与它建立的目的性紧密地联系在一起的。它之所以成为国家财力的补充、国家预算的辅助形式，就是因为它的建立主要是用于解决局部的、某方面的特殊需要。一般说来，它的收入有明确的来源，它的支出有专门的用途。绝大部分预算外资金都有收与支的对应关系，即从哪里取得的收入，就应该用到哪里；从哪里转移过来的价值，就应该给哪里补偿，尽量维持原有价值的平衡状态；或者为了解决某些特定需要，而采取预算外资金的筹集方式。

（3）分散性与繁杂性

在取得方式上，预算外资金一般由各行政事业单位在行使或代行政府职能过程中收取，与税收由专门税务部门征收相比则有一定的分散性。预算外资金属于非集中性资金，其来源项目繁多，且零星分散，资金的支出有多种用途。国家对这一部分资金不进行统筹安排，而由地方、各部门和各单位自收自支，自行掌握使用，使用方式灵活。预算外资金的分散性，可以更好地因地制宜、因事制宜，及时地满足各部门、各地区和各单位的多方面需要。正因为如此，分散性也就体现了预算外资金项目的繁杂性和数量的零散性。

正是由于上述特点，预算外资金一般采用“谁收谁花”的管理方式。这种管理方式造成了征收单位“有多少钱花与能收多少钱”直接挂钩，使征收者在正常的征收之外产生“多收”的主观动机。在这种动机的驱使下，出现了私设收费名目、任意提高收费标准以及所谓“集中罚款时间表”等不良现象，从而使“谁收谁花”演变成了“多收多花”的恶果。更严重的是，用多收的钱私设“小金库”乱发奖金，化预算内收入为预算外收入，用预算外收入安排计划外项目等问题屡见不鲜。这不仅加大了社会成本，滋生了政府官员的腐败，而且败坏了政府的形象。

二、我国预算外资金的历史和现状

新中国成立初期实行高度集中的统收统支体制。进入第一个五年计划时期后，为了调动地方的积极性，开始把原来预算内的一部分收入，放到预算外管理，国家财政资金开始分为预算内和预算外两部分。这才形成了预算外这个特殊的范畴。“十年动乱”时期，预算外资金迅速膨胀，如 1976 年的预算外资金已相当于预算内收入的 35.5%。

1978 年以来，中国经济体制改革在各领域中展开。随着中央和地方政府在财政上“分灶吃饭”的改革以及行政事业单位经费包干和国有利润分配制度改革，使得预算外资金迅速发展成为最引人注目的现象之一。在预算内资金比重下降的同时，预算外资金却发展很快。1993 年预算外资金管理改革前，其规模曾一度几乎与预算内资金的规模不相上下。

按照当时口径统计的预算外资金的增长变化有以下四个特点：

（1）预算外资金增长过快。1992 年的预算外资金比 1978 年增长 11 倍，相当于预算内收入的 110.7%，名副其实地成为国家的“第二预算”。

（2）预算外资金历年增长速度均超过同年的 GDP 和预算内收入的增长速度，造成资金的严重分散。

（3）从预算外资金结构看，原来是企业和主管部门管理的预算外资金居主导地位。从近几年变化趋势看，行政事业单位管理的部分增长较快，比重上升，地方财政管理的部分绝对数和比重下降的幅度都较大。

（4）近年来由于管理不严，财经纪律松弛，化预算内资金为预算外资金、化生产资金为消费基金、化公为私等现象有所滋长和蔓延。

1993 年企业财务与会计制度改革后，国有企业折旧基金和税后留用基金不再作为预算外资金管理，预算外资金的范围相应缩小，仅包括地方财政预算外资金和行政事业单位预算外资金。但其趋势仍没有变化，增长速度仍在加快，相对于预算内收入的比例持续提高。因此，预算外资金迅速增长，已成为预算内收入占 GDP 的比重偏低的重要原因，也是当时固定资产投资膨胀和消费基金膨胀的重要原因。

三、预算外资金的管理

预算外收支两条线管理是强化预算外资金管理的重要方法。它从制度上打破了以往由部门和单位自收自支、收支一体的体制。

（一）收支两条线制度的构成要素

1. 预算外资金的收入管理

预算外资金的收入管理主要指严格审批各种收费和基金。行政事业性收费必须经过国务院或省级以上政府及其财政、计划（物价）部门批准，其他部门无权批准行政事业性收费。未经批准，行政事业单位一律不得凭借自身拥有的行政管理职能自行收费。行政事业性收费立项由财政部门会同计划（物价）部门审批，收费标准由计划（物价）部门会同财政部门审批。建立政府性基金的决定权在国务院，由财政部具体负责审批。凡不符合规定的收费（基金）项目的征收范围和收费标准的都属乱收费行为，必须坚决制止。

2. 预算外资金财政专户储存

预算外资金财政专户是指财政部门在银行开设的统一专户，用于预算外资金收入和支出管理。财政专户分为中央财政专户和地方财政专户，分别办理中央和地方预算外资金的收缴和拨付。财政专户管理是国家强化行政事业单位预算外资金管理的一种行政手段，具有强制性的特点。

预算外资金是国家财政性资金，不是部门和单位自有资金。各级财政部门要按预算级次在专业银行统一开立预算外资金专户，用于对本级各部门和单位的预算外资金收支的管理。部门和单位的预算外资金必须纳入同级财政专户，实行“财政专户储存、计划管理、财政审批、银行监督”的管理办法。财政部门要认真履行职责，建立健全各项管理制度，积极做好各项服务工作，及时拨付预算外资金，保证单位正常用款，完善预算外资金财务会计核算制度，切实加强对预算外资金收支活动的监督管理。

财政专户管理的运作方法是部门和单位的预算外收入必须上缴同级财政专户，支出由部门和单位提出用款申请后，同级财政部门根据年度预算外资金收支计划、单位财务收支计划和预算外资金收入上缴财政专户情况，从财政专户中及时核拨资金，实行收支两条线管理。部门和单位要严格按照财政部门的规定使用预算外资金。

行政事业单位预算外资金缴入财政专户的形式有三种：一是全额上缴，即部门和单位收取的预算外资金按全部数额上缴财政专户；二是按比例上缴，即部门和单位收取的预算外资金按规定的比例，一部分上缴财政专户，另一部分直接留用；三是预算外收支结余上缴，即单位取得的预算外资金收入可先由单位直接安排预算外支出，只将预算外收支结余的部分上缴到财政预算外资金专户。一般情况下，全额上缴是主要形式，只有少数有特殊需要的费用开支，经财政部门核定收支计划的方可按确定的比例或按收支结余的数额定期缴入同级财政专户。

3. 规范单位预算外资金银行账户

如果部门和单位在银行开户过多过滥，就会给挪用、截留、坐支国家预算外资金提供可乘之机，使大量的预算外资金滞留在财政专户外，不能及时上缴财政。因此，必须取消单位擅自在银行开设的过渡性账户。确需开立预算外资金账户，必须经财政部门批准，可在指定的一家银行设立一个预算外资金支出账户。确有必要的，也可再开设一个预算外资金收入过渡性账户。未经财政部门审核同意，银行不得为部门和单位开设预算外资金账户。

（1）预算外收入过渡账户

该账户只能发生预算外资金收入上缴款项，不能办理预算外开支。部门和单位上缴财政专户的预算外资金，必须按财政部门规定的时间及时将收入过渡账户中的资金足额缴入财政部门在银行开设的预算外资金专户，不得拖欠、截留和坐收坐支。逾期未缴的，由银行从部门和单位的收入过渡账户中直接划入财政专户。

（2）预算外支出过渡账户

部门和单位的预算外支出过渡账户只能接纳财政部门从财政专户中拨付的预算外资金支出款项，由部门和单位按规定用途使用。凡拒绝接受财政部门专户储存管理，把预算外资金作为单位“小金库”，甚至公款私存、随意使用的，要严肃查处，追究单位领导和财会人员的责任。

4. 实行票据管理、使用单一化

强化收费票据管理，即收费票据管理集中统一到财政部门。收费单位收费时，必须按隶属关系使用中央或省级财政部门统一制发的收费票据。票据的购买、管理要由单位财务部门统一办理。同级财政部门要做好票据的发放、核销工作，对各单位领取的收费票据进行验证、审核、结算，通过验证把收取的各种预算外资金划转到财政专户。严格票据的审批、领用、缴销和监督工作，对非中央或省级财政部门印制或监制的票据一律予以取消。票据种类要越少越好，样式要简单方便，并向社会公布，以便于监督。要以省为单位，使用统一的票据进行收费，否则，任何单位和个人都有权拒付，并予以法律保护。

5. 实行收缴分离、票款分离的管理办法

预算外资金由单位直接收取，容易将国家所有的资金变成单位的“小金库”，逃避财政部门的管理和监督。为确保预算外资金及时足额缴入预算外资金财政专户，财政部门要在统一票据的基础上管理票据，实行征收与缴款分离，采取银行代收、收款人代缴办法。一切预算外资金的支付一律凭财政部门的拨款凭证，由预算外资金财政专户统一办理拨付。

票款分离和收支脱钩是实行“收支两条线”管理的核心。在“收”的方面，重点要加快票款分离步伐，做到罚没款和行政事业性收费的开票与收缴相分离。除法律、法规规定可以当场收缴罚款的以外，全面实行罚款决定与罚款收缴相分离的办法。执罚人员开罚款通知单，受罚者到指定银行缴纳罚款，使执收执罚部门的收入与支出脱钩。行政事业性收费和基金要尽可能实行“单位开票、银行代收、财政统管”的票款分离办法，从严控制和逐步减少单位直接征收的项目。要加快政府机构改革的步伐，精简机构和人员。对于财政不供养的事业单位一律禁止行政性收费，将其全面推向市场。党政机关的行政性收费，要在强化预算管理的基础上，实行执收单位管收不管支，收入全部上缴国库。在支的方面，关键要抓好“收支脱钩”、支出由财政预算安排的管理方式，真正做到“收支两条线”。

（二）收支两条线的实现方式

目前具有代表性的方式主要有以下几种：

1. 两个账户、收支分离

经财政部门批准，各行政事业单位在银行分别开设收入和支出两个账户。财政部门将票据发给单位，由单位自己开票、自己收款，取得的各项收入首先进入单位收入账户，然后从收入账户划解财政专户。支出账户只接纳财政部门的预算内外拨款。这种模式产生于20世纪90年代初期，其运行机制较为陈旧，对预算外资金收支的监管乏力，收支两条线几乎流于形式，但目前仍在中央机关及一些地方实行。

2. 一个账户、收入直达

注销单位在银行开设的收入过渡账户，经财政部门批准在银行开设一个支出结算基本账户。单位负责开票和收款，所收资金一律由收款银行直接缴入财政专户。单位支出通过财政专户拨回单位支出结算账户后安排。这是近年出现的一种做法。

3. 单位开票、银行收款

各单位经财政部门批准在银行开设一个支出结算基本账户。单位负责开具收款票据，银行负责收款，所收资金一律由收款银行直接缴入财政专户。单位支出通过财政专户拨回后安排。需要按执收单位划分银行代收网点的代收服务范围，即规定某银行代收网点只能代收附近单位的资金。

4. 财政设站（厅）、集中收款

财政部门设立若干个收费站，或者集中设立一个规模较大的收费大厅。收费站配备相应的财政工作人员，收费大厅则由各单位派人集中于大厅办理业务。站（厅）工作人员收款用手工填开财政票据，资金由收款工作人员缴入财政专户。这一模式需要较多的工作人员，且集中收缴，不利于缴款人办事。

5. 银行开票、银行收款

单位只设一个支出账户，不设收入过渡账户。单位履行执收行为时，填写“收费通知书”，由缴款人填写“缴款书”到银行缴款，银行收款后开具手工票据。建立了财政、银行计算机网络系统的地方，代收银行据“缴款书”二次录入并将信息传输给财政。这一办法为厦门市首创，已在部分地方推行。

但以上方式仍有以下缺陷：一是覆盖面过窄。局限于行政带来发生收费和罚款，局限于行政事业性收费和罚款，其他预算外资金仍然游离于财政监管之外。二是手段较为落后，基本上是手工操作。第五种管理方式虽然建立了财政与代收银行之间的计算机网络体系，由于信息需要二次录入，仍然是手工操作。三是资金分散，管理成本高。

四、积极、稳妥地推行税费改革

目前，我国的政府收入既有预算内收入，又有预算外收入；既有税收，又有收费，而预算外收入增长又快于预算内收入的增长，因而事实上形成费大于税的格局。此外，还存在“乱收费、乱罚款、乱摊派”形成的“制度外收入”。由此可见，我国目前的政府收入机制是不规范的，违背国家预算的法治化原则，因此要进行税费改革。所谓税费改革，就是将可以改为税收形式的收费改为规范化的税收，对应当保留的收费加以规范并加强管理，坚决取缔乱收费、乱罚款、乱摊派。因此，税费改革是治理整顿预算外资金、规范政府收入机制的一种有效措施，也是当前提高财政收入（指预算内）占 GDP 比重的重要途径。

综观世界各国的财政收入都是由税收和收费两者组成的，但大多数国家以税为主，以费为辅，一般税收占 90% 以上。

各国规范化的收费只有三类：一是规费。规费是指国家机关为居民和团体提供特殊服务或实施行政管理所收取的手续费和工本费。二是使用费。按世界银行有关文件的说法，使用费是指“为交换公共部门所提供特殊商品和服务而进行的支付”。使用费和税收的区别是明确的，即凡是公共部门可以通过市场提供的商品和服务就可以采用收费形式，否则就必须由税收来补偿。据世界银行对撒哈拉以南非洲国家的调查，使用费收入大约占中央政府财政收入的 20% ~30%，或占 GDP 的 4% ~6%。三是其他少量杂项收入，如国有资产管理收入、外事服务收入等。

要进行税费改革，首先必须了解税收和收费的共同点和不同点。

（一）收费与税收的比较

1. 收费与税收在属性上的共同点

（1）收费和税收的主体都是行政主体，它们代表国家依法行政。

（2）收费和税收在本质上都是政府凭借国家权力参与国民收入分配和再分配。

（3）收费和税收都用于满足公共部门履行职能的物质需要。

2. 收费与税收的区别

（1）税收与政府提供的商品和服务没有直接联系，具有无偿性。收费则与政府提供的商品和服务有联系，以收益为特征，具有有偿性。

（2）收费的首要功能是管理，税收的首要功能是筹集财政收入。

（3）从适用范围上看，大多数收费的收入按照专款专用原则安排使用，可作为预算外收入，按预算程序管理，形成政府性基金或由部门和地方自收自支。税收在征收范围和征收对象上有在全国范围内的普遍适用性，收入列入预算统一安排使用。

（4）从在财政收入中的地位看，收费收入只是财政收入的补充形式，是作为地方和部门特定用途的筹资手段，而税收是财政收入的主要来源，是政府一般的筹资手段。

（5）从立项程序上看，收费具灵活性，税收具有相对稳定性。

（6）税收的法治性和规范性强，有利于立法监督和行政管理，而收费的法制性和规范性相对较差，容易诱发滥收费现象。

（二）税费改革的思路

对于税费改革应该有以下几点认识：

1. 税费改革必须与规范收“费”同时并举

税收和收费是财政收入的两种形式，是不能相互替代的。税费改革是将现有收费中具有税收性质且适合纳入税收征管的收费项目，统统纳入国家税制的轨道，或扩大现有税种的税基，并入现行有关税种统一征管，或增设新的税种单独征收。对不适合纳入税制轨道的收费项目，则要通过规范“收费”的办法，分别纳入规费、使用费和其他杂费系列，并相应实行规范化、法制化管理。

2. 税费改革应从中央政府做起

收费主要是地方财政的收入来源，而中央财政收入中收费理应是少量的。但目前我国中央各部门却存在大量收费项目，而且不规范的收费最初也是由中央各部门兴起的。从这个角度看，首先应将中央各部门的收费项目纳入到税费改革之中，使中央政府收入机制规范化和法制化，地方政府的税费改革也就容易解决了。

3. 先清理，后规范，分步纳入国家预算

当务之急是摸清各级政府的收费项目和收费数额，区分出符合规定且合理的收费和不符合规定且不合理的收费，坚决取缔不符合规定且不合理的收费，将符合规定且合理的收费纳入税费改革范围。同时制定政府收费条例，通过一般试点后，经立法程序使之同税制一样具有法律效力。至于纳入预算的步骤，可以通过暂时单独编制预算作为过渡办法。如果条件成熟，取得各方面的认可，也可以一步到位，纳入预算管理轨道。

当然，税费改革涉及延续多年的既得权力和既得利益，会存在相当大的阻力，同时也确实存在许多实际问题。但通过政府机构改革和政府职能转换，政府机构开支趋于减轻，收费主体趋于减少，税费改革的难度会相应缓解，回旋的余地相应增大。税费改革的关键在于，税费改革的过程以及所采取的各项措施，既要有利于政府收入机制的规范化，又要实事求是地解决实际问题，争取各方面的认同和支持，使之积极稳妥地得到实施。

【关键词】

政府预算　单式预算　复式预算　零基预算　增量预算　预算编制　中央预算　地方预算平衡预算　差额预算　总预算　部门预算　单位预算　年度预算　中长期预算　政府决算　预算外资金

复习思考题

1. 如何理解政府预算的定义？
2. 试述政府预算的特征。
3. 试述政府预算的原则。
4. 试述政府预算的类型。
5. 试述我国政府预算的组成。

6. 试述政府预算的编制程序。
7. 试述政府预算的审批程序。
8. 试述政府预算的执行程序。
9. 试述 1996 年以来预算外资金的范围。
10. 试述预算外资金的特点。
11. 试述收支两条线制度的构成要素。
12. 简述收支两条线的实现方式。
13. 如何积极、稳妥地推行税费改革?

第十二章 财政平衡与财政赤字

【本章中心内容】

本章主要阐述了财政平衡和财政赤字的含义、财政赤字的计算口径和分类、财政赤字与社会总供求的关系、财政赤字的弥补方式、经济效应、财政赤字的规模以及衡量的指标和决定的因素。

第一节 财政平衡和财政赤字

一、财政平衡的概念

财政平衡是“财政收支平衡”的简称，通常是指年度财政收入与年度财政支出在总量对比上的相等或者平衡。例如，某年度财政收入为18 000亿元，财政支出也是18 000亿元，收入与支出在数量上相等，理论上称这种收支数量对比的状况为财政收支平衡。当今世界上大多数国家的财政收支都是通过政府预算实现的，所以，财政收支之间的平衡也就表现为国家预算收支在量上的对比关系。

财政收支数量的对比关系不外乎以下三种情况：一是财政收入与财政支出数额相等，习惯上称之为财政平衡；二是财政收入大于支出，其余额通常称为财政结余；三是财政支出大于收入，其差额在会计上一般用红字书写，故称为财政赤字。在编制国家预算时，上述三种情况都可能出现。但在预算的执行过程中或从执行结果来看，财政收支正好相等的情况往往很少出现。在多数情况下，或者是财政结余，或者是财政赤字。

由于财政收支活动是政府经济活动的集中体现，因此财政收支结果是否平衡，不仅取决于政府自身的理财观念、方法和能力，还取决于国民经济的运行状况。这就要求我们对财政平衡做全面的、科学的、动态的理解，树立科学的财政平衡观。

（一）财政平衡不是绝对的，不存在绝对的平衡

任何事物在运行中，不平衡是绝对的，而平衡是相对的。财政平衡也是如此。所谓平衡，不过是某个时点上（如一个财政年度）的平衡。比如就财政收支运行过程而言，每日、每月、每季的收支对比的经常状态是不平衡的，不是收大于支，就是支大于收，而收支相等的状态是偶然的。所以理解财政平衡不能机械地认为是收支数量上的绝对相等。一般情况下，财政收大于支，略有结余，可以视为财政基本平衡；支大

于收，略有赤字，也可谓财政基本平衡。两者都是财政平衡的表现形式，因而财政平衡追求的目标是基本平衡或大体平衡。国民经济的正常发展时期，政府不论是在编制预算时还是在预算的执行过程中，都要努力实现收支平衡。因为如果政府年年都有财政结余，年复一年，就会累积成巨额盈余，这意味着财政资金没有得到充分而有效的利用。如果财政连年赤字，国库拮据、入不敷出，无疑会对资源配置产生不良影响，造成通货膨胀的压力。

（二）局部平衡与全局平衡

理解财政平衡必须有全局观点，不能就财政平衡论财政平衡。财政状况是国民经济运行的综合反映，财政收支则是宏观经济的重要指标。财政收支本身平衡对于政府理财来说固然重要，但如果仅仅单从财政平衡考虑，而不顾宏观经济波动或增长幅度，这种财政平衡就失去了应有的意义。财政收支作为一种货币收支，同国民经济货币收支体系中其他货币收支，是相互交织、相互转化的。财政部门作为一个经济部门，它的收支同家庭、企业以及其他经济部门有着密切的联系，而且是互补余缺的。只有从国民经济全局出发统筹财政平衡，才能全面分析财政平衡状况的后果，从而制定和改善财政对策，有效地调节经济运行。在社会主义市场经济条件下，宏观经济稳定是财政的重要职能之一。为了保持社会总供求的基本平衡，特定年度的财政收支可以是平衡的，也可以是不平衡的，以充分发挥财政作为政府调节经济运行的杠杆作用。

（三）静态平衡与动态平衡

理解财政平衡要坚持动态平衡的观点，不能局限于静态平衡。动态平衡是指从长远观点寻求财政平衡，而静态平衡主要表现是不考虑时间因素，只考察一个财政年度内的收支是否平衡。动态平衡引进了时间因素，考虑年度之间的联系和衔接，是依据经济周期对财政的影响以及财政对经济周期调节作用的客观需要出发的，有利于研究财政收支的发展趋势。因而，研究动态平衡的目的在于求得一个时期内的收支平衡。同任何客观事物的发展一样，财政收支平衡是相对的，是在收与支这对矛盾不断产生又不断解决的过程中实现的，因为平衡毕竟是某一时点上出现的瞬时现象，或者是在平衡表上的形式表现。例如，运用财政结余的当年虽在统计上表现为赤字，但如果结合有结余的年份一起从动态上考虑，财政收支仍然是平衡。其规律表现为，平衡不断被打破，又不断达到新的平衡。

（四）真实平衡与虚假平衡

理解财政平衡必须注意财政平衡的真实性，防止可能出现的虚假平衡。造成财政虚假平衡的主要原因是当年的财政收支当中含有“水分”，以货币表现形式的财政收入与实际价值不对称。从我国的实践看，出现财政收入虚假成分的因素一般有以下几种。①质量不合格或者品种不对路的商品积压，由此而形成一部分财政收入就是没有“物质保证”的货币收入。由于产业结构不合理，或者产品的生产与需求相互脱节，使质量不合格或者品种不适销的产品转到销售部门，当销售部门向生产单位支付货款后，生产单位上缴税收或者利润，商品都积压在仓库里。这种不能实现价值的货物都形成了财政收入，就是虚假的财政收入。②存在着财政挂账和企业挂账。财政挂账即将当年收不抵支的差额结转到下一年，从而减少当年赤字。企业挂账即本应由财政拨补的政策性亏损补贴不按时弥补，采取“挂账”的方式处理，从而减少当年的财政支出。③通货膨胀。通货膨胀的实现是纸币的发行量过多，单位纸币所代表的商品量减少。因此，在存在通货膨胀的情况下，以货币所表示的财政收入额中就有一部分收入是没有物质保证的收入，其实质上就是虚假的财政收入。虚假的财政平衡往往掩盖了实际上的财政赤字，不能反映财政的真实状况，从而误导对决策的选择。

（五）总体平衡与部门平衡

在很多情况下，我们所说的财政平衡，指的是中央政府的预算执行结果。但是，存在财政收支关系的公共部门是由许多部门有机构成的，如中央政府、地方政府，有的国家还有社会保险机构，甚至包括国有企业。随之产生了这样一个问题：财政平衡是从各部门总体或全局角度来考虑还是要求政府每一个重要部门的收支都应平衡。

如果资本市场比较健全，预算制度得到有效实施，总体平衡也许是最重要的。如果中央财政有赤字，而地方财政有盈余且能抵消中央财政赤字，那么从资源配置角度来讲，这种总体平衡是可取的。如果要求所有地方政府都要保持年度预算平衡，这等于让有财政盈余的地方政府千方百计花掉这些盈余，或支用于相对来说是非生产性的活动，或盲目投资，或巧立名目乱支乱用，造成财政资金的极大浪费。

二、财政赤字

（一）财政赤字的计量口径

在如何理解财政收支平衡的问题上，还有一个关于财政收支平衡的计算口径问题，或者说结余和赤字的口径问题。计算财政的结余或赤字，通常有以下两种不同的口径：

①赤字或结余 =（经常收入 + 债务收入）-（经常支出 + 债务支出）

②赤字或结余 = 经常收入 - 经常支出

这两种口径的主要差别在于：债务收入是否计入经常收入之中，以及债务支出是否计入经常支出之中。按第一种口径，债务收入计入经常财政收入，相应地债务还本付息也计入经常支出。按第二种口径，债务收入不列为经常收入，相应地债务支出也不列为经常支出，但利息的支付却列入经常支出。世界各国的计算口径是不同的。苏联历来把公债列为经常财政收入而不作为弥补赤字的来源，所以从其第二次世界大战后的统计数字看，年年是平衡的，但如果把债务收入从收入中扣除，则存在多年的赤字。西方发达国家，对债务的处理也不尽相同。美国则一向不把公债收入作为经常收入，而明确地作为弥补赤字的来源。日本则把公债分为建设公债和赤字公债，仅将赤字公债作为弥补赤字的来源。

根据国际货币基金组织出版的《政府财政统计年鉴》，计量财政赤字或结余的口径如下：

财政赤字或结余 =（总收入 + 无条件赠款）-（总支出 + 净增贷款）

上面公式中，总收入包括税收收入和非税收收入（不含债务收入）。无条件赠款包括各国赠款、本国其他各级政府赠款和国际组织赠款。总支出不仅包括行政、国防、文教科卫、社会福利、经济服务、国债利息等经常性支出，还包括购置固定资产和购买存货、土地和转让无形资产以及资本转让。净增贷款包括本期政府对国内其他各级政府、金融机构、非金融公共事业的贷款和国外贷款减去各项贷款的还款。在计量财政赤字或结余时为什么将净增贷款列为支出呢？据国际货币基金组织出版的《国际金融统计年鉴》的解释，是因为这种贷款被认为是追求政府政策目标的一种手段。

1994年以前，我国对债务收入有过两种处理方法。1950年发行人民胜利折实公债，当时很明确，发行公债的目的就是为了弥补财政赤字。1954年开始发行经济建设国债，则将国债收入列入经常收入，相应的把国债还本付息列为经常支出，外债收入也同样列入经常收入，外债的还本付息支出也列为经常支出。按这种计量方法，债务收入是视同经常收入，而不是作为弥补财政赤字的资金来源，当时只将向银行的透支和借款作为弥补财政赤字的资金来源。改革开放以后，财政上连年出现赤字，除1981年发行的国库券是为了弥补1980年的中央财政赤字外，债务收入（不包括向银行的借款）仍列为经常收入，在一段时间内仍沿用传统的计量方法。

一般而言，债务收入以不列入经常财政收入为好。第一，从历史上考察，公债是与财政赤字相联系的经济范畴，财政赤字既是国家公债制度的原因又是它的结果。第二，债务收入在性质上不同于税收等经常性收入。经常的财政收入是通过无偿的形式取得的，归财政所有和永久支配使用。而债务收入是要偿还的，虽然可视同当年的财政收入使用，但毕竟不同于当年的财政收入；借债迟早是要偿还的，会相应地减少以后年度可支配的资金。因此把举债视同当年的经常收入是不够严密的，同国际通用口径也不一致。第三，如果把债务收入列为财政收入，那么财政向银行的透支或借款也是一种债务，也应列为财政收入；既然债务收入列为财政收入，债务的还本付息就要相应地列为支出。按这样的处理，财政收支就永远是恒等的，也就没有什么赤字或结余可言。第四，从经济学原理来说，将债务收入视同当年的经常收入也是不科学不合理的；从实际工作来说，也不利于如实的分析财政的运行状况。因此，随着改革开放的深入发展，我国从“七五”时期开始改变财政赤字的计量方法，采用国际通用的口径。主要是将债务收入和债务还本支出单列，将债务利息支出列入经常支出。同时，明确财政与银行之间的权责关系，《中华人民共和国银行法》规定不允许财政向银行透支和借款。我国1994年实行分税制以后，中央财政与地方财政相对分立，但在财政统计上仍统算包括中央财政收支和地方财政收支在内的国家财政收支。同时，国家预算法规定地方预算必须按收支平衡原则编制预算，不得打赤字预算，决算不能有赤字，只能有结余。因此，我国目前存在两种不同口径的财政赤字：一种口径是国家财政收入和国家财政支出的差额，在财政统计上称为“收支差额”；另一种口径是中央财政收入合计与中央财政支出合计的差额，称为财政赤字或中央财政赤字。“收支差额”是中央财政赤字扣除地方结余的结果，所以，中央财政赤字大于“收支差额”。

（二）财政赤字的分类

财政赤字一般是指财政支出大于收入的差额，通常是按照财政年度计算的。由于财政收支是通过政府预算安排和实施的，财政赤字是在政府预算中安排或者预算执行结果中表现出来的，所以，也常常称财政赤字为预算赤字。为了全面理解财政赤字的经济含义，我们把赤字的基本类型作如下区别：

1. 硬赤字和软赤字

由于人们对财政赤字的计算口径和方法不同，财政赤字有“硬赤字”和“软赤字”之分。

硬赤字是将债务收入与经常性收入一起计入正常的财政收入，同时也将债务支出与经常性支出一道计入正常的财政支出当中。按照这样的口径，实际上是一部分财政赤字被债务收入弥补上了。在这种前提下，如果再出现赤字，就是净赤字或者说是硬赤字了。其公式表示为：

硬赤字 =（经常性财政收入 + 债务收入）-（经常性财政支出 + 债务支出）

软赤字是指在统计和计算财政收支时，不把债务收入计入正常的财政收入，同时也不把债务支出计入正常的财政支出。在这种情形下，如果财政收支相抵后出现的赤字，就是软赤字。

软赤字 = 经常性财政收入 - 经常性财政支出

以上两种计算口径的主要差别在于，债务收入是否计入正常收入之中，以及债务支出是否计入正常支出之中。按第一种口径，财政收支计量上是属于大口径的统计方法，而计算形成的财政赤字则是小口径的。按照这种方法计算和统计财政赤字，表明政府已经将政府债务收入作为弥补财政赤字的一个手段，如果这之后仍然存在财政赤字，政府则必须采取借债以外的方法来弥补。第二种计算方法则是在收支统计方面属于小口径，在财政赤字统计方面则是属于大口径。按照国际惯例，运用第二种计算方法计算和统计财政赤字，实际上表明了政府将债务收入作为弥补财政赤字的唯一手段。

我国从 1953 年至 20 世纪 90 年代初的财政平衡一直是把公债收入列入预算收入，同时把公债支出列入预算支出后的平衡。这在很大程度上是因为在传统的计划经济体制下，我国的公债是计划型公债，它与税收和利润上缴等预算收入形式从根本上看是一致的，不同于西方国家的市场型公债。这就决定了我国当时的公债可以作为预算收入手段。随着我国经济市场化程度的不断加深，特别是 1994 年财政体制改革的实施，对财政平衡的口径，也按照国际惯例进行了改革，预算收支平衡中剔除了公债收支。到 2000 年全国人大九届三次会议上，通过了《关于 1999 年中央和地方预算执行情况及 2000 年中央和地方预算草案的报告》，首次将债务利息支出列入了中央财政总支出。这是经济体制转轨导致了我国公债的市场化在财政收支平衡上的体现。

2. 决算赤字和赤字预算

决算赤字是指在某一财政年度，计划的财政收支是平衡的，即政府预算时并没有安排赤字，而在预算执行过程中，由于主客观不可预测的因素影响，致使决算出现支出大于收入的情况。它说明的是一种事实。

赤字预算是指在某一财政年度，政府计划安排的总支出超过经常性收入并存在于决算中的差额。这种赤字不仅表现在预算的执行结果上，而且自始至终都是有意识安排的。这种预算又被称为“赤字预算”（或者“赤字财政”）。这种意识很可能是有目的地要实施一种扩张性的财政政策，也可能是由于支出具有强烈的刚性，在税收增长难以短时期内实现的情况下，不得已留下的赤字缺口。

预算是平衡的，决算出现了赤字，一般来说只是个别年份因天灾或工作失误等造成的。赤字预算则是一种和赤字政策相联系的，因为有某种需要，政府事先有计划地安排了赤字的使用方向，以达到刺激经济发展、扩大就业等目标。

3. 年度性赤字和周期性赤字

年度性赤字就是在预算年度当中形成的财政赤字。我们前面所讲到的两组财政赤字，都是属于这种类型的赤字，而且通常所说到的财政赤字也泛指年度性财政赤字。

周期性财政赤字是指政府基于“熨平”经济周期性的波动而安排的财政赤字，它是依据经济周期理论以及经济运行周期性特征提出来的。从理论上和许多发达国家的实践上看，在经济高涨的时期，由于企业和个人的经济收入增加，一般情况下政府财政收入也必然会相应增加，所以一般不会形成赤字，反而可能出现财政结余。但在经济衰退时期，企业和个人的收入都会减少，尤其是衰退到最低点（谷底）时，企业和个人的收入水平也有可能降到了最低点。而在此时的政府财政收入难以正常增长，并且有可能因失业率增高等因素而导致财政支出大量增加。如果这种经济衰退是以有效需求不足为主要成因，政府还需要增加投资等手段刺激和扩大社会经济需求，这些都会促使政府财政支出加大，形成财政赤字。从理论上讲，在一个经济运行周期过程中，经济高涨阶段和经济运行的谷底阶段是对称的，在经济运行的谷底阶段所形成的财政赤字可以被经济高涨阶段所形成的财政结余所抵消。这种整个经济周期中政府财政收支呈平衡趋势，是理论探索的理想状态。在现实中一些国家的赤字变化也有一定的规律性反映，而正好达到一个经济周期内财政结余与财政赤字完全抵消，只是一种可能的巧合。因为它还要涉及经济运行中各种复杂因素的影响。

衡量一个国家财政赤字的多少、财政状况的好坏，在进行财政赤字的年度间和国际间比较时，通常采用赤字额占GDP的比重这一指标即财政赤字率反映财政收支入不敷出的程度和财政稳固状态的区间。一般认为这一指标的警戒线是3%～5%。

（三）财政赤字的基本用途

古往今来，财政赤字的出现总是有一定原因和目的的。一般而言，政府出于下列三种原因而求助于财政赤字：为战争经费融资，拯救经济衰退，促进经济发展。

财政赤字的历史渊源就是为战争融资。现代战争作为整体战争，交战国双方都要付出昂贵的代价，任何一国都必须把所有精力投入战争。所以，为了取得最后的胜利，政府必须依靠全部手段来筹措资金。其中，通过征税和举债筹措起来的资金不能满足战争经费之需。因而，政府只能创造新的货币来维持收入以应付支出。在战争时，财政赤字无论从哪个方面说，都不是生产性的。新创造的货币不会与该国的生产性资产成比例增加，它只能减少物质资产。因此，战时的财政赤字对经济体系的稳定性有强烈的破坏作用。

经济衰退是经济发展过程中的低谷，一般都伴随着失业，且私人投资呆滞。凯恩斯经济认为，赤字财政是挽救经济衰退的一种有效方式。因为，公共投资是取代下降的私人投资、恢复经济的有效手段。政府要进行大规模的政府投资，这实质上变成了资金问题。为给公共投资融资，政府的方法有征税、举债和发行货币。凯恩斯认为，要是公共投资能够减轻失业，它必须是一种全新的支出，而税收并不是一种全新的支出，税收只表明了货币购买力从民众手中转移到政府手中。举债就其不会以国家支出取代私人支出的特点而言，比税收稍微好点，但公债的不断膨胀会造成财政的沉重负担。凯恩斯认为，经济中只要有潜在未用的资源，发行货币筹措投资资金，不但有利于增加就业，而且还不会形成通货膨胀。所以，财政赤字的目的之一就是把经济从衰退的深渊中拯救出来。

经济发展的赤字理财，是许多国家和地区在战后采取的主要经济政策。以赤字财政来解决经济发展的资金问题，其主要理由是通过政府的支出。对发展中国家来说，有可能把未加利用的或利用不足的人力资源和自然资源动员起来；而对经济发达国家来说，主要用来维持充分的就业水平。发展中国家利用财政赤字发展经济，主要是因为这些国家和地区的税基狭窄，税制不完善。其中有些国家的税收收入占国民收入的比例甚至还徘徊在10%左右，不足以筹集到足够的资金来实现政府的目的。经济发达国家利用财政赤字稳定经济，主要是因为这一手段见效快，公众的反对情绪比较小。

（四）我国经济中的财政赤字

改革开放以来，我国财政除在1981年、1985年和2007年有少量的财政结余以外，其他年份均是财政赤字。从绝对数额来看，赤字规模日渐膨胀，除少数年份略有跳跃外，几乎年年攀升。赤字的种类也从前一阶段的决算赤字转变为从20世纪80年代末期至今的预算赤字。赤字占GDP的比重虽然有一定的跳跃性，但基本上保持在一个比较稳定的水平上，徘徊在0.7%～1%之间，没有一个明显的变化趋势，而赤字占财政收入的比重、赤字占中央财政收入的比重和赤字支持率在变化中逐步上升。从相对比例来看，这与我国财政收入占GDP的比重、中央财政收入占全部财政收入的比重持续下降密切相关。这说明，在这一时期，赤字的增长速度与GDP的增长速度基本上持平，但明显快于财政收入和财政支出的增长速度。1998年东南亚金融危机前，财政赤字率保持在1%以下。其后由于实行积极财政政策，财政扩张的结果是财政赤字逐年增加，如2002年财政赤字率达到2.57%。随后伴随着新一轮经济增长，财政赤字率又开始下降，如2007年实现财政盈余0.6%。从2008年开始，为了应付全球金融危机实施积极财政政策和适度宽松的货币政策，导致财政赤字率急剧上升。

表12－1　　　　我国财政赤字情况

年份	财政赤字（亿元）	占GDP的比重（%）
1979	135.4	3.35
1980	68.9	1.53
1985	+0.57	+0.01
1990	115.2	0.62
1995	662.8	1.09

表12-1(续)

年份	财政赤字（亿元）	占 GDP 的比重（%）
2000	2596.9	2.62
2001	2596.3	2.37
2002	3096.9	2.57
2003	3197.7	2.35
2004	3192.9	2
2005	2999.6	1.64
2006	2749	1.27
2008	1800	0.57
2009	7400	2.17
2010	6495	1.62

第二节　财政赤字与社会总供求平衡

一、财政赤字与社会供求总量

根据现代经济学关于总供给与总需求存在平衡关系的理论，在政府干预经济和存在对外经济往来的条件下，总供给与总需求平衡有如下恒等关系：

$$C+S+T+M\equiv C+I+G+X$$

等式的左边代表总供给的流量，由消费 C、储蓄 S、税收 T、进口额 M 组成；右边代表总需求的流量，由消费 C、投资 I、政府支出 G、出口额 X 组成。

这个恒等式可以理解为：不论经济处于何种状态，在给定的时期内，作为总供给的收入流量恒等于作为总需求的支出流量。政府的所有支出，不论是赤字支出还是非赤字支出，都汇入支出流量而构成总需求。

根据以上的恒等关系，财政赤字的预算恒等式为：

$$G-T\equiv(S-I)+(M-X)$$

恒等式左边表示预算收支平衡状况，当 $G>T$，财政预算出现赤字；当 $G<T$，则表示财政结余。等式右边由两部分不同账户组成，S 和 I 是储蓄和投资账户，M 和 X 是对外贸易经常账户。

当 $S>I$ 时，非政府部门的储蓄大于投资，有结余资金；反之，则非政府部门的储蓄、投资账户出现赤字。当 $M<X$ 时，贸易经常账户有盈余；反之，则贸易经常账户出现赤字。这个预算恒等式可以理解为：财政赤字＝储蓄、投资账户结余＋贸易经常账户赤字。为了使该恒等式表达的经济含义更容易理解，可以从一个封闭型经济模型讨论起。

在封闭经济中，$M-X=0$，有 $G-T\equiv S-I$，即财政赤字＝储蓄、投资账户结余。

这个公式表达了一个重要的经济学原理：一个部门的赤字正是另一个部门的结余。政府预算的赤字，可以由非政府部门的储蓄结余来抵补。按照恒等式逻辑，财政赤字的增加，可以不影响需求总量，因为弥补赤字的资金可以源于民间的储蓄结余。在这种情况下，政府多支出的那一部分，正是非政府部门少支出的那一部分。因此，赤字可以在一定的条件下以替代支出的方式嵌入总需求，而不改变需求总量。如果财政赤字超过储蓄、投资账户结余，那么赤字就会以增加新的需求的方式叠加在原有的总需求之上，从而扩张总需求。

在开放型经济中，政府预算赤字不仅可以用国内结余资源来弥补，还可以动员国际资源。假定 $M-X>0$，即贸易经常账户处于赤字状态，这表明一部分国外资源流入国内以补充国内总供给。在其他条件不变的情况下，谁动用了这部分资源，则取决于 S 和 I 的关系。大体可以分为以下几种情况：

（1）$S>I$。这表示非政府部门有结余，资源净流出。政府既动用了国外资源，也动用了国内结余资金。赤字同时以两种方式加入总需求：①用国外资源弥补的赤字，会以新的总需求方式叠加在原有总需求之上，使总需求扩张；②用国内结余资金弥补的赤字，会以替代支出的方式嵌入总需求中，总需求结构被改变，但总量不变。

（2）$S=I$。这表示非政府部门的储蓄等于投资，这个部门既不占用其他部门的资源，也不为其他部门提供结余资源。在这种情况下，政府动用了全部从国外流入的资源，且国外流入的资源数量与财政赤字相等。这是财政赤字全部由国外结余弥补的例子，全部赤字都会以新的需求叠加在原有总需求之上。在这种情况下，$S=I$、$M>X$ 与 $G>T$ 的组合，为主张政府赤字会导致贸易经常账户赤字的观点提供了理论依据。

（3）$S<I$。这表示非政府部门的储蓄、投资账户也出现了赤字，需要筹资弥补。由于政府也处于赤字状态，因此两个部门都必须从国外筹集资金。所有的赤字都会使总需求扩张。假定国内的储蓄与投资的赤字等于贸易经常账户赤字，则财政便无资可筹。这也是一种排挤效应，是民间投资排挤政府支出的排挤效应。

通过前面的理论描述和恒等关系的分析，对财政平衡和社会总供需关系可以得出以下认识。

（1）市场经济条件下，宏观调控的主要目标是社会总供需的大体平衡。财政平衡是社会总供需平衡中的一个组成部分，必须从国民经济的整体平衡来研究，就财政本身研究财政平衡难以得出全面的正确的结论。

（2）国民经济整体平衡的目标是社会总需求的大体平衡，财政平衡不过是其中的一个局部平衡。因而，对社会总供求平衡而言，财政平衡本身不是目的，而是总供求平衡的一种手段。

（3）财政收支的变动会影响社会总供给与总需求的对比关系。财政收支属于政府行为，是政府宏观调控的重要手段。而消费、储蓄、投资以及进出口属于个人和企业的经济行为，是通过市场实现的。政府必须正确运用财政收支这一平衡杠杆，引导个人和企业的经济行为，协调消费、储蓄、投资以及进出口的关系，促进社会总供给与总需求的平衡。财政收支可以直接调节社会总需求，间接调节社会总供给。针对社会总供需出现的不平衡状况，可以通过改变财政收支以调节社会总供需的变化。具体分为以下两种情况：

①当社会总供给小于总需求时，即当 $C+S+T+M<C+I+G+X$ 时，政府通过财政收支进行调节有三种途径。

A. 可以直接削减财政支出，以抑制总需求膨胀，使总供需达到平衡，即

$C+S+T+M=C+I+G\downarrow+X$

B. 也可以用增加税收的办法，扩大供给，使总供需达到平衡，即

$C+S+T\uparrow+M=C+I+G+X$

C. 还可以将上述两种措施同时运用，在既缩小需求的同时，又增加供给，从而加快总供需平衡，即

$C+S+T\uparrow+M=C+I+G\downarrow+X$

②当出现总供给大于总需求时，则政府财政收支采取与上述相反的措施。

A. 直接增加扩大财政支出，刺激总需求，从而达到平衡，即

$C+S+T+M=C+I+G\uparrow+X$

B. 直接削减少税收，缩小供给，使总供需达到平衡，即

$C+S+T\downarrow+M=C+I+G+X$

C. 扩大财政支出与减轻税负同时运用，使总供求平衡，即

$C+S+T\downarrow+M=C+I+G\uparrow+X$

以上措施的具体应用，已在西方市场经济国家以及我国体制转换过程中为防止经济波动，促进经济稳定发展的实践中得到有效的证实。从实证分析来看，西方发达的市场经济国家，在解决20世纪30年代的经济大危机时，就采用了凯恩斯的国家干预主张。利用扩大政府财政开支刺激消费，这在相当程度上缓和了以有效需求不足为特征的经济衰退。我国在1989年曾出现需求拉动的通货膨胀，生产一度过热的同时物价上涨较快。由于国家比较准确地分析了供需失衡的成因，及时采取了各项宏观经济政策和调控措施。主要是实施财政、货币的双紧政策，压缩政府支出，抑制社会总需求的过快增长，即控制消费的增长使之与生活资料的增长相适应，又积极压缩固定资产投资规模，使投资的安排与国力相适应。同时，通过财政收支的安排，引导社会消费和投资的合理使用与投向，均取得了较好效果。

针对我国近几年通货紧缩的趋势，国家明确地制定了扩大内需的方针。其核心内容是实施积极的财政政策，并与稳健的货币政策相结合，通过增发国债，提高国家公教人员工资及离退休人员社会保障的待遇水平，以及提高出口退税率等，调整国债的使用方向和重点，促使产业结构升级换代，以达到供需总量平衡和结构平衡。增发国债是国家借用老百姓手中的钱，来扩大公共支出，是为老百姓办事；同时增加国债又是政府用未来的钱，办现在急需要的事。这对于无论是从横向供需平衡，还是纵向动态的财政收支平衡都是一致的。同时利用国债形式和提高职工福利待遇的方法，来增加政府财政支出，这与增收节支，反对铺张浪费的总体精神也是一致的。因为国债支持重点基础设施建设，是增加未来有效供给的有效途径，也是刺激并带动当前社会投

资的重要导向和引力，对推动社会供需总量平衡有重要作用。

二、财政赤字的弥补

（一）财政赤字的弥补方式

从世界范围来看，由于各国所处的经济发展阶段不同，所实行的经济制度各异，形成财政赤字的原因和赤字的计算口径不一致，因而各国弥补财政赤字的方法也有差异。在现实中，要根据每一种手段的适用范围及其对经济发展可能产生的影响和作用来选择财政赤字的弥补方式。

1. 财政发行

财政发行是指一个国家的货币当局为了政府弥补财政赤字而增加的货币发行。与财政发行相对应的货币发行是经济发行。经济发行是指一个国家的货币当局根据国民经济发展的需要而增加货币的发行。一般来说，经济发行是通过信用渠道实现的，是货币发行的正常方式。财政发行通常是超过经济运行正常需求量而增发的货币量，是通过政府支出渠道实现的。在一定条件下，财政透支也会造成财政发行。

无论是经济发行还是财政发行，都具有扩张社会经济需求的作用。经济发行的原动力是经济发展对货币流通量的需要，适度的经济发行一般不会引发通货膨胀，而财政发行则不然，其发行的原动力是为了弥补赤字的非市场需求，容易引起通货膨胀。财政发行在经济实践中，只有在计划经济或者中央集权的经济体制下，通过银行代理国库制度才能做到。在现代市场经济运行中，各国政府一般不采取财政发行的方式弥补财政赤字。

2. 财政透支或借款

财政透支是指财政从银行取得资金用以弥补财政赤字的一种方法。财政对银行既不还本也不付息；财政向银行借款则可看做是有偿透支，即付息借款。在我国，两种方法的效应实质上差别并不太大。财政透支是政府弥补赤字最不得已的手段。这种弥补方法具有三种运作过程和后果：

（1）如果银行是用压缩原有贷款办法或用银行存款向财政垫支，这种垫支都是有物质作基础的，货币发行可以保持在经济性发行范围内，对整个宏观经济的总供求平衡不会产生冲击。

（2）如果财政向银行透支或借款部分超过了银行承受能力，这时超出的部分将导致银行的非经济性货币发行。而这部分“财政发行”是没有物质保证的，这将引起需求总量膨胀的不良后果。

（3）如果财政向银行透支或借款，银行完全没有承受能力，这时，完全靠毫无物质基础的非经济性货币发行来弥补。这将造成流通中的货币量非经济增长，使社会购买力向银行透支或借款弥补赤字。

1994 年以前，我国曾经以财政透支作为弥补财政赤字的主要方式。从 1994 年我国实施分税制的财政体制改革后，政府不再以财政透支的方式弥补财政赤字。当今世界上大多数市场经济国家也不采用财政透支的方式弥补财政赤字。

3. 动用上年或以前的财政结余

累计的财政结余是政府执行预算收大于支的结果。如果在封闭经济体制并实行银行代理国库的条件下，财政结余在价值形态上表现为银行的财政性存款，在物质形态上表现为相应的未动用的物资。这时，如果所动用的财政结余是真实的，实际上等于将过去形成的经济需求投入到当前的市场上去，因而对本期的社会需求形成扩张性的影响。这种影响一般不会产生通货膨胀。由此来看，动用财政结余弥补赤字不失为一种可以选择的手段。从实际的情况来看，由于国际经济交往日益扩大，各个国家的经济很难在封闭的状态下运行，况且随着政府职能的扩展，大部分年份出现财政结余很少。因此，靠动用财政结余弥补赤字缺乏基础。而且在动用财政结余弥补财政赤字时，也要考虑国际经济环境的影响。

4. 发行公债

通过债务收入来弥补财政赤字，其实质是在现有社会需求总量不变的前提下，使债权人将其货币购买力暂时有偿地让渡给政府。通过发行公债弥补财政赤字，是现代各国的普遍做法。尽管各国财政赤字形成的原因和发债目的是不尽相同的，但各国发行国债的绝大部分实际上都是用于弥补政府财政赤字。尤其是美国、德国、日本等发达国家，完全依靠发行内债弥补赤字。一些发展中国家，由于经济基础薄弱，人口众多，资源贫乏，生产力低下，仅靠国内筹集的资金弥补财政赤字能力有限，因而还向国外发债弥补赤字。用公债弥补财政赤字，实质上是将不属于国家支配的社会资源在一定时期内转为国家使用，是社会资源使用权在一定时期内的转移和使用结构的调整。以发行公债的方式弥补财政赤字，只要合理掌握，一般不会影响经济正常发展。这主要是因为以下两个原因：

（1）发行公债只是将部分社会资金的使用权暂时转移，使分散的购买力在一定期限内集中到政府手中，不改变流通中的货币与可供物资的对应关系。因此，适度的国债不会导致通货膨胀。

（2）公债的认购通常实行自愿的原则，通过发行公债获取的资金基本上是社会资金运动中游离出来的部分，即社会暂歇的资金。将这部分资金暂时集中使用，不会对经济发展产生不利的影响。

但是，不能把公债视为可以无限制使用的弥补财政赤字手段。当财政赤字长期、连续、大量发生，债务规模超出合理区间，形成债台高筑局面时，就可能引发危机性的后果。而且，社会闲置资金是有限的，国家集中过多往往会侵蚀经济主体的必要资金，从而降低社会经济生活的活力与效率。

（二）我国财政赤字弥补的概况

1993 年以前，由于我国的赤字是财政的经常性收入与债务收入加在一起之后，仍然入不敷出的硬缺口（硬赤字），当这种赤字发生时，因国债收入已经打入预算收入，弥补硬赤字只有两种途径：①运用过去年度的财政结余。从我国实际情况考察，这种方式余地极小，因为 1979 年以后连续出现赤字，已经没有结余可利用。②向银行透支或借款。这种弥补方式容易引起“赤字货币化”的通货膨胀。例如 1979—1980 年发生较高额的赤字，按硬赤字口径计算，1979 年为 170.67 亿元，1980 年为 127.05 亿元。1980 年财政向银行透支额的年末余额为 170.2 亿元，引起了当年和下一年度的货币发行量较大幅度的增加和零售物价指数的上涨，1979—1980 年零售物价指数共上涨 8%。1994 年，国家规定财政不再向银行借款用以弥补赤字，财政赤字完全依靠国债弥补。至此，我国财政“硬赤字”计算口径不再存在，结束了财政向银行透支或借款弥补赤字的方式。1994 年以后的财政赤字全部以发行国债弥补。

三、财政赤字的经济影响

财政赤字对经济的影响主要反映在两个方面：一是财政赤字的规模，二是财政赤字的弥补。财政赤字的规模受多种因素影响，并与国债问题有直接联系。同样规模的财政赤字，因为采取不同弥补方式，对经济的影响是不同的。

（一）财政赤字与货币供给

很多人用“财政有赤字，银行发票子”这句话来形容财政赤字与货币供给的关系。而事实上，赤字与货币发行并不一定存在这样的因果关系。财政赤字对货币供给的影响虽可能与赤字规模的大小有关，但更主要的还取决于赤字的弥补形式。

1. 财政赤字由银行透支或借款弥补对货币供给的影响

财政赤字是影响一国货币供给的重要因素，但并不一定必然导致货币供给增加。财政赤字对货币供给的影响主要是由财政赤字弥补方式及其规模决定的。财政向银行透支是当财政出现赤字时靠银行资金来弥补，财政对银行既不还本也不付息。“借款”是指财政与银行之间形成资金借贷的权责关系，即有借有还，并支付利息。但实际上 20 世纪 80 年代以来我国财政向银行借款后主要是支付一定的利息，尚未还本。因此，在我国财政透支与借款实质上差别并不大。

第一，财政发生赤字向银行透支或借款会增加中央银行准备金，从而增加基础货币。我国财政向银行透支或借款是发生在由中央银行代理国库职能的情况下。也就是说根据制度安排，财政的一切收支都是通过中央银行账户入库和拨付的，出现财政赤字意味着财政收进的货币满足不了必需的开支，这部分货币差额需向银行“借”。比如财政向银行透支或借款 100 亿元，在财政借款账户的借方记 100 亿元，在国库存款账户的贷方记 100 亿元。这样就可以安排 100 亿元支出，并通过各种用途分别形成企业存款、居民储蓄或手持现金。可见，财政向银行透支或借款会增加中央银行的准备金从而增加基础货币，这是毫无疑问的。

第二，财政向银行透支或借款有可能会引起货币的非经济发行，从而导致通货膨胀。我们知道，随着经济的增长，货币的需求量也必须要增加，货币供给量就必须与之相适应。在新增的货币供给中，有一个由货币系统决定的基础货币增量范围，在这个限度内货币的发行都属于正常的经济发行，是有物质保证的。财政透支或借款如不超过这一限额时，就不会发生货币的非经济发行，也不会引起通货膨胀。但如果财政透支超过了这一限额，超过的部分必然会引起货币的非经济发行，即成为没有物质保证的空头票子。财政用这部分借款安排支出，无疑会造成社会需求总量的膨胀，从而导致通货膨胀。在现实经济生活中，赤字并非是通货膨胀的唯一因素，信用膨胀同样会造成通货膨胀。因此，我们不能简单地将财政赤字与通货膨胀画等号。

2. 发行公债弥补财政赤字的货币效应

用发行公债弥补财政赤字的效应，因认购者的不同而不同。

第一，当购买公债的是居民个人或企业（包括商业银行）时，一般来说只是购买力的转移或替代。这种公债的收入是实实在在的收入，是债权人把属于其支配的商品物资转移给政府支配的货币收入，是有物质保证的。因此这样的发债方式不会产生增加货币供给的效应，不会造成通货膨胀。如果国家把公债投向国民经济急需的“瓶颈”部门和基础设施建设，一般来说将有利于改善总供给，促进国民经济的发展。

但是，这里还有两个细节需要进一步分析：一是当居民或企业用现钞或活期存款购买，意味着 M1 相应缩减，财政将债务收入用于支出，又形成 M1 的供给，因而 M1 的供给规模不变；二是用储蓄或定期存款购买，意味着 M2 中的准货币减少，而财政支出形成 M1 时，虽然货币供给总规模不变，但 M1 的规模增加，对市场均衡必将产生一定影响。

第二，由中央银行认购国债，通常会扩大货币供应量。因为中央银行购买公债实际上是货币发行，效应相当于“向银行透支”。中央银行认购政府公债，财政将公债收入用于支出，则中央银行的财政金库存款减少，商业银行的存款准备金相应增加。商业银行有超额储备，就可能用以扩大贷款规模，增加货币供给。理论上商业银行在存款增加的同时并不扩大贷款规模，或中央银行认购公债的同时，相应地压缩对商业银行的贷款规模，也不会扩大贷款规模，这样就不会导致货币供给的增加。但实际上它却不具有现实性。

（二）财政赤字扩大需求的效应

财政出现赤字，不管用哪种方法，总得进行弥补，最简单的方法无非是增加税收或者减少财政支出。但事实上，在短期（例如 1 个财政年度）内是做不到的。因此，财政赤字弥补的结果意味着在现有的国民收入分配格局下，增加了政府的社会购买力。这个问题就转化为了财政赤字对社会总需求会产生什么效应。

1. 财政赤字与扩大社会总需求

凯恩斯主义所奉行的财政政策是运用政府支出和税收来调节经济。在经济萧条时期，总需求小于总供给，经济中存在失业，政府会通过扩张性的财政政策刺激总需求，以实现充分就业。增加政府支出，减少政府税收的扩张性财政政策必然出现财政赤字。因此，赤字就成为财政政策中扩大需求的一项手段。

财政赤字与扩大社会总需求有两种不同的效应：第一，在有效需求不足的条件下，政府运用财政赤字的手段，扩大政府支出，从而扩大总需求。一般认为这是为了达到刺激经济增长的效应。第二，在总需求与总供给均衡的条件下，如果财政赤字的弥补导致了货币供应量的增加，而非政府部门的消费需求和投资需求又没有相应减少，货币供应量的增加就会形成新的购买力，从而使总需求扩大。一般认为这是需求过旺，会导致赤字货币化的效应，结果是出现通货膨胀。可见，财政赤字对扩大社会总需求的效应是不一样的。前者是政府干预经济，实现需求管理的主动行为；后者是经济运行中政府不得已的被动行为。

2. 财政赤字与社会总需求构成的调节

政府在实施需求管理时，可以运用不同的财政政策来调节政府部门与非政府部门之间的投资需求和消费需求。如果政府运用赤字财政政策来调节政府部门与非政府部门的投资和消费的能力，其目的是对总需求的构成进行调节，产生的是一种替代效应，一般不会扩大社会总需求。这种情况下财政赤字的弥补是通过居民、企业（包括商业银行）购买政府公债，不会引起货币供应量的增加。

（三）财政赤字的排挤效应

财政赤字存在排挤效应，指政府通过赤字而扩大的政府投资会引起非政府投资的相应减少，即增加的政府投资挤出了非政府部门的部分投资。理论界一般认为，在政府通过发行公债、运用债务收入来弥补财政赤字的时候，构成政府债务收入的资源实质上是民间可以用来进行投资的资源。在此情况下，财政赤字排挤效应的发生，一方面是政府通过发行公债，将民间的这部分资源转为政府的债务收入，并用它来弥补政府的财政赤字，形成了对民间投资的直接“排挤”；另一方面，在整个经济运行的货币供应量不变的条件下，政府的财政赤字支出实质上是增加了市场上对货币的需求量。因而财政赤字支出的增加，必然导致市场上利率水平的提高，相应地抑制了民间对资金的需求，从而进一步导致民间投资的减少。这就是通常所讲的，财政赤字支出往往容易通过利率的上升间接排挤民间投资的情形。当然，排挤效应理论也注意到排挤效应出现的前提条件和直接作用于排挤程度如何。从一般情况看，排挤效应主要取决于一个国家的整体经济环境，包括民间投资经济能力、国家的市场状况，尤其是资金市场的利率对市场的资金供求反映的敏感机制健全程度等。

（四）财政赤字与国债发行

财政赤字与发行国债相互影响，发行国债是弥补财政赤字的主要手段。一方面，债务作为弥补财政赤字的来源，会随着财政赤字的增长而增长；另一方面，债务是要还本付息的，债务的增加反过来会增加财政赤字，使财政赤字和国债陷入恶性循环。当前有些发达国家和发展中国家，面临赤字与债务同时增长的困境。发达国家主要担心的是债务带来的排挤效应以及巨额债务导致债务货币化的前景。发展中国家也担心会产生不良后果，如债务信誉下降，债务不易发行，出现债务危机，被迫增加货币发行量以偿还本息等。在已经存在赤字的情况下，一般靠发新债还旧债，而每年连续发行，每年都要还本付息。财政实际可支配的债务收入是当年发行数减去当年还本付息的净收入，为了保持和加大净收入，就必须扩大发行额，未偿还债务的规模随之逐年增大，利息支出也不断加大。国债利息率是国债发行中的一个重要问题。利息率低甚至出现负利率，会加大发行的难度，但高利息率又会加大发行成本，并构成扩大财政赤字的因素。因此，发行国债虽然是弥补财政赤字的一种可靠来源，但国债规模和结构对财政赤字有非常重要的影响。

第三节　财政赤字的规模

人们十分关注财政赤字的规模，因为过大的财政赤字可能会引起通货膨胀。但是，这里所说的财政赤字的规模并非指绝对规模；赤字规模是否过大，也需要考虑许多因素。

一、财政赤字规模的衡量指标

前面我们讨论了财政赤字的计算口径，但用这种方法计算出来的财政赤字数额只是一种数学计算结果，充其量仅说明了当年财政收支的结果，是赤字、盈余还是收支平衡，它揭示不了这种结果对经济运行有什么影响以及有多大影响，也不能进行国际比较。为此，我们必须选择相对指标来衡量财政赤字的规模。

通常衡量财政赤字规模的指标有两个：一是财政赤字占财政支出的比重，另一个是财政赤字占 GDP 的比重。这是两个不同的指标，反映的经济内涵不同。前者可称为赤字依存度，说明一个国家在当年的总支出中有多大比例是依赖赤字支出实现的；后者可称为赤字比率，说明一国在当年以赤字支出方式动员了多大比例的社会资源。

赤字依存度（财政赤字占财政总支出的比例）和赤字比率（财政赤字占 GDP 的比例）这两个指标反映了不同的经济意义，它们的大小为政府的政策选择提供了不同的依据。

第一，赤字依存度的高低表明的是政府在一定时期内（1 年），总支出中依赖赤字支出的程度，反映了财政本身状况的好坏。赤字依存度越高，说明在财政支出需要很大的前提下，税收收入和其他非税收收入相对短缺。这种现象是由如下两种情况之一或共同造成的结果：①财政支出需要过大，导致实际财政支出超出了现行收入制度下的收入供给能力。②现行收入制度筹措收入的能力不足，不适应经济发展的需要。

倘若赤字依存度过高，政府应采取下列政策：①政府重新审查财政支出规模，以科学的方法判断财政支出规模是否合理。如果支出规模过大，就调整财政支出规模，削减财政支出。②如果财政支出规模比较适合经济发展的需要，政府就要认真分析现行收入制度（包括税收制度和收费制度）是否完善，特别是税种的设置是否合理，税收征管是否有效。如果收入体系不健全或相互掣肘，收入能力不足，就要调整收入制度，提高财政收入。总之，赤字依存度说明的是财政本身的问题，特别是说明了财政支出的需要与财政收入供给能力之间的缺口或差距。

第二，赤字比率的高低表明的是一定时期内动员社会资源的程度，反映了财政配置工具对经济运行的影响。如果赤字比率过高，就将会对国民经济运行造成负担。这种负担表现在两个方面：一方面，高赤字比率会扰乱正常的国民经济运行，特别是可能会造成通货膨胀压力；另一方面，高赤字比率必然会形成沉重的债务负担，会使将来年度的财政状况难以好转或更加恶化。

倘若赤字比率过高，政府应采取下列政策：①在经济增长不变的情况下，政府应当从财政管理本身着手，探究财政赤字的原因，找到削减财政赤字的途径。②政府也可以从经济运行着手，看看经济运行是否出现了问题，即通过调整经济结构，提高经济效率，加快经济增长，从而降低赤字比率。总之，赤字比率说明的是财政与经济的关系，特别说明了国民经济现状对财政赤字的承受能力。

二、财政赤字规模的决定因素

人们对财政赤字的担心和恐惧主要是因为害怕财政赤字会引起通货膨胀，有人甚至把财政赤字与通货膨胀等同起来。其实，财政赤字只有在赤字融资手段运用的时空不当（导致经济体系中需求过度膨胀）、财政赤字的规模超出实际需要（导致货币供给量过剩）时，才会最终引致通货膨胀。一般来说，要保证财政赤字在不发生通货膨胀的情况下促进资本形成，加速经济增长。其安全界限的确定必须考虑到两个方面的因素：一是社会经济因素，二是资金来源因素。

（一）财政赤字规模的社会经济制约因素

1. 经济增长率的提高程度

如果经济持续增长率比较高，即使政府施以较大规模的财政赤字用于发展经济，对国民经济也没有危害，或危害很小。这是因为本国经济的吸纳能力随着国民收入的大幅度提高而相应加强，价格水平不会出现明显上涨。

正如著名经济学家弗里德曼所言，在实际产出增长的经济中，实际国民收入的增加会引起货币需求的相应提高。由于货币需求增加的越多，通货膨胀越低，因此增长的经济中的通货膨胀率相对较低。但是，如果经济增长率很低，即使存在少量的赤字，它对国民经济也有可能造成危害。

2. 货币化部门的增加程度

在商品货币经济不断发展的情况下，一个国家的非货币化部门将不断地转化为货币化部门，这一进程就是这里所说的货币化。货币化进程有两个明显的作用：①引起人们持有货币的交易动机、谨慎动机和投机动机（资产动机）的增强，从而引起相应形式的现金余额增长。②对实物工资、租金、利息、税收或其他对消费者支付的替代，显然会使货币交易余额增长，货币储蓄对实物储蓄的替代也将引起现金余额的增加。虽然由货币化进程本身引起的货币需求的净增量比由已经货币化部门的经济活动水平提高而引起的货币需求要小得多，但是它毕竟为由赤字引致的“额外货币供给”减轻了通货膨胀压力。因此，由货币化进程引起的额外货币需求量，就是政府在确定财政赤字规模时所要考虑的指标之一。

3. 国民经济各部门能力的未利用程度

政府以赤字为经济发展融资是否产生通货膨胀压力，受多方面条件的制约。在产出方面，首先要看经济中是否有未加利用或者利用不充分的现成资源存在，包括人力资源和自然资源。如果在国民经济中，特别是农业和工业部门存在着大量的未利用或利用不足的资源和能力，那么，预算赤字可能会使闲置的资源和能力得到充分利用，增加本国的生产水平，而不会对价格水平产生上抬的压力。

4. 赤字支出的投资项目性质

一般而言，只有在更多的货币与更少的产品交易时，赤字融资才会引致通货膨胀压力。因此，通过预算赤字筹集的资金，如果用于周期短、见效快的建设项目上，就不大可能造成通货膨胀压力。其最简单明了的理由是：生产的增加或多或少地抵消了公众持有货币购买力增加的影响。

5. 国际贸易的逆差程度

如果一国的国际收支是逆差，那么，该国的赤字财政就可能是非通货膨胀性的。其原因有：①一般而言，一国的国际收支逆差表示该国的货币供给量将趋于降低，而赤字财政则表示货币供给量将趋于增加。货币供给量的增减力量在一定程度上有所抵消，价格水平不会明显提高。②大量进口外国商品和劳务，并以较高的价格出售给国内市场，从而吸纳家庭部门超额的货币收入，缓解供求紧张状况。③把有些资源从出口产业部门转移到为国内市场供应商品和劳务的产业部门，以增加国内商品和劳务的供给（例如，土地可以从生产出口原材料转向生产国内消费的食品），减少出口的机会。由此可见，在不造成通货膨胀的前提下，赤字财政促进经济增长是以国际收支恶化为代价的。

6. 政府自身的管理能力

一般来说，财政赤字只要出现，就有可能产生通货膨胀压力。其关键在于，政府有无适当而有力的管理措施和廉洁高效的管理机构来防止乃至消除赤字财政塑成的通货膨胀压力。政府的这种管理能力主要表现在以下两个方面：

（1）举债能力与征税能力

作为促进资本形成的一种工具，赤字融资在导致公众的额外收入增加时，政府如果有能力通过举债和征税等手段把这种额外收入的绝大部分筹集上来，那么赤字财政的实施将是成功的。

（2）工资和价格的控制能力

政府对工资的控制应与对物价的控制同步进行。为了不使工资上涨过快，物价应首先得到严格的控制。一般而言，价格水平上涨，尤其是供给弹性不大的食品价格的上涨，迟早会导致增加工资的要求。在必要时，还必须对消费品的分配加以管制，甚至对有些消费品实行配给制、凭票制。

7. 公众的牺牲精神

赤字融资安全线的确定还不能忽视这样一个因素，即广大民众的理解和牺牲精神。如果经济发展过程中的通货膨胀变得不可避免，政府部门就有责任向社会做出宣传，求得社会各界的配合。从长远的观点来看，如果政府坦诚地告诉人民，要保证将来能持久地享有较高的生活水平，唯一的办法就是忍受今天的低生活水平，那也许是更明智的做法。

（二）财政赤字规模的资金来源制约因素

作为一种特殊的融资手段，财政赤字的规模自然要受经济体制当中有关因素的制约。但是，即使在各种因素允许的情况下，也有可能在某一财经年度终了时，政府发现该年度的赤字水平低于计划的赤字水平。其原因何在？原来，财政赤字的规模还要受到本国能为赤字融资的资金来源的限制。财政赤字的资金来源渠道大致可划分为两大类，即国际资金来源和国内资金来源。

1. 国际融资的限制

财政赤字的国际融资渠道可以划分为四种，即国际援助、优惠贷款、商业贷款以及外债拖欠。不难看出，前两种方式似乎更好一些。它们可以使赤字国（债务国）不负任何财政负担或少负财政负担而使赤字得到部分弥补。因此，赤字国应尽可能地争取这类国际融资方式。但是，一国在一定期间内可供利用的外援和优惠贷款的规模不是赤字国轻而易举就能左右的变量，其规模主要取决于债权国。

外债拖欠虽然在一定时期内也能弥补部分财政赤字而不增加财政负担，但是这一融资渠道无疑使赤字国（债务国）的信用扫地，将来在国际金融市场上寸步难行。因此，这种方式只能作应急之用。商业贷款虽然比较容易得到，但它成本高、风险大，如果超过一定规模，会发生外债危机。因此，利用这种融资方式的关键是要掌握好借款的总额度。

可见，国际融资的规模是否适当，关键在于商业贷款是否适度。衡量外债规模是否合理，国际上通用三个指标：①外债余额占当年贸易和非贸易外汇收入总额的比率即债务率不能超过100%。②外债余额占当年GNP的比率即负债率要小于25%。③当年外债还本付息额占当年贸易和非贸易外汇收入总额的比率即偿债率要小于20%。当然，一国的外债举借规模不仅取决于该国的出口创汇能力，还与本国的经济增长状况有关。以往研究外债与经济发展之间关系的文献指出，在经济增长中外债的累积必须满足一个条件，即外债余额的增长速度不得高于GDP的增长率。

2. 国内融资的限制

国内融资最基本的形式是向公众举债和向银行借债。虽然从银行系统借债不一定就是从中央银行借款，但如果货币当局通过增加商业银行的准备金以适应这种借款，那么政府不论是直接从中央银行借款还是间接从商业银行借款，其最终结果都会引起货币供给增加。因此，国内融资规模可以分两部分进行讨论：一是国债融资的规模，二是货币融资的规模。

衡量国债规模是否合理，一般用四个指标：①国债余额占GDP的比率即国债负担率，是衡量整个国民经济承受能力的指标。欧盟各国签订的《马斯特里赫特条约》要求各国的国债负担率不得超过60%。②当年国债发行额占居民储蓄余额的比率，是衡量居民应债能力的指标。③当年还本付息额占当年中央财政收入的比率，是衡量政府偿债能力的指标。④当年国债发行额占当年财政支出的比率，是衡量国债依存度的指标。

倘若政府向中央银行借债，赤字融资就非常容易，这种融资方式的危险性也最大。因为这种融资方式会直接导致货币扩张，若货币扩张则会提高一般价格水平，因而会降低货币单位的实际价值。这种实际价值的减少可以看成是对货币持有者的课税，即所谓的通货膨胀税。①当一国实行扩张性财政政策，如果出现较高的通货膨胀率，其他一些融资来源就将被迫减少。例如，该国得到外国商业贷款和在国内出售债券将更加困难。②通货膨胀有可能降低政府的税收收入和出售公共服务的收入。③即使通货膨胀不影响其他融资来源，较高的中央银行融资比率所增加的实际收入也只能达到一定的通货膨胀率水平。超过了那个比率，通货膨胀再高也只是降低实际税收收入，因为构成通货膨胀税税基的实际余额相对于其通货膨胀前的水平有所降低。

三、财政赤字在我国经济发展中的作用

近年来，我们一直在思考这样两个问题：改革开放以来，我国连续多年出现财政赤字，为什么连续的财政赤字没有引起恶性通货膨胀？如何评价赤字在长期经济增长过程中的作用？

（一）我国的财政赤字已成为一种发展手段

回顾我国经济发展历程，不难发现，财政赤字有效地动员了社会资源，积累了庞大的社会资本，支持了我国的经济制度变革，促进了经济的持续高速增长，推动了社会经济的全面发展。我国财政赤字的这种发展作用主要体现在两种效应上，即增长效应和改革效应。

1. 财政赤字的增长效应

中国自改革开放以来，经济保持了持续高速增长，财政政策的贡献非常突出。到目前为止，中国社会保障制度尚未建立和健全，税收制度因个人所得税比重微乎其微而缺乏弹性。因此，财政政策中的自动稳定政策效果不彰，甚至可以忽略不计。而相机抉择政策措施主要是减税和增加支出（结果必然是财政赤字），这些措施不仅是出于短期调整不景气、稳定经济的目的，更重要的是作为长期刺激经济增长的工具来使用的。史永东（1999）曾利用我们修正后的汉森模型，就中国财政政策对经济增长的贡献进行了经验研究，结论是过去实施的扩张性财政政策对经济增长的贡献很大（见表12－2）。

表 12－2　　财政赤字对经济增长的影响效果（%）

年份	GNP增长率（1）	总效果（2）	相机抉择政策效果（3）	自动稳定效果（4）	总体政策贡献率（5）＝（2）/（1）	相机抉择贡献率（6）＝（3）/（1）
1981—1996	10.9	1.32	2.36	－1.04	13.08	23.39
1981—1989	9.96	0.78	1.24	－0.46	7.83	12.45
1990—1996	10.27	2.01	3.80	－1.80	19.57	37.00

表中的第（2）列至第（4）列数据来自：史永东．中国转轨时期财政政策效应的实证分析［J］．经济研究，1999（2）．其余数据来自《中国统计年鉴（1998）》第57页表计算而得。

我们对史永东的结果作了修正，至少可以得到两点结论。①1981—1996年，实施财政赤字的政策总体上使经济增长率提高了1.32个百分点，贡献率为13.08%，而其中的相机抉择政策使经济增长率提高了2.36个百分点，贡献率达23.39%。特别是1990—1996年，这种财政政策总体上使经济增长率提高了2.01个百分点，贡献率近

20%，而其中的相机抉择政策使经济增长率提高了3.8个百分点，贡献率高达37%。②在16年经济转型过程中，前9年的财政政策效果远不如后7年的财政政策效果。这说明随着经济体制改革的不断深入，政府的宏观经济管理能力加强，运用财政政策的技巧日臻成熟，技能大大提高了。

2. 财政赤字的改革效应

中国的财政赤字极大地支持了经济改革，主要表现在两个方面：一是企业改革，二是价格改革。

第一，财政赤字支持了企业改革。①减税让利。中国的国有企业改革从微观经营机制的改造入手，实行了"简政放权、减税让利"政策，极大地调动了企业的积极性，为中国经济的长期高速增长奠定了坚实的基础。从计划经济体制下的"统收统支"政策，到1983年开始的"利改税"，再到1994年的全面税制改革，政府对国有企业利润的分配比例，从100%下降到55%，再降到33%。这些改革措施，在为国有企业改革与发展提供了巨大财力支持的同时，也相应地减少了政府的财力。而在有关支出并没有同步缩小的情况下，财政赤字的出现是不可避免的。②企业亏损补贴。为了关系到国计民生的企业的生存，减轻失业压力，政府对国有企业亏损特别是政策性亏损给予补贴。20世纪八九十年代，我国企业亏损补贴占财政收入的比重情况是：1985年高达25.3%，1986—1990年为18.9%，1991—1995年为9.2%，1996—1998年为4.0%。从财政自身运行的结果来看，减收与增支没有区别，都会使已有的财政赤字加大。

第二，财政赤字支持了价格改革。中国在"利用双轨、走出双轨"，逐渐从计划价格走向市场价格的改革进程中，为了保证价格改革的顺利进行，保障人民生活水平逐渐提高，在价格改革的关键10年（1981—1990年），财政的价格补贴支出占整个财政支出的比重平均高达13.1%。

（二）财政赤字的拉动效应

财政赤字的拉动效应，是指通过政府的财政赤字支出形成的促使经济增长和私人投资增加的效果。它反映的是财政赤字支出对经济发展的正面的或者积极的影响。财政赤字的拉动效应，主要可以从以下几种情况来分析：

（1）政府的财政赤字支出，通过加大资本性支出，通常会带来国民收入增加，从而会使整个社会（主要是民营经济）的投资支出增加。这时财政赤字拉动效应的原理是：当政府的财政赤字支出使国民收入的增加能够抵消利率提高对投资的负面影响时，政府的财政赤字支出就会使整个社会的资本性支出，尤其是私人投资开始增加，从而产生对经济的拉动效应。这种情况下，决定拉动效应的关键是把握好赤字支出的方向和使用效率。

（2）当有些国家的利率管制制度使得利率水平对财政赤字的反应灵敏度很小的时候，或者在经济运行中民间投资对利率变化缺乏弹性的状态下，财政赤字一般不会通过影响利率水平而排挤民间的投资。一些研究表明，发展中国家较普遍存在着私人投资对利率反应不灵敏的现象。在一些发展中国家中，当政府投资成为经济发展必不可少的部分时，赤字也就难以避免。

（3）在不同的宏观经济条件下，政府利用不同动机的赤字，会产生不同的结果。当经济中产生供过于求的情况，有支付能力的需求相对不足，市场出现萧条，政府必须实行扩张的财政政策，以校正经济发展中的波动。财政赤字可以有助于扩大购买力，增加有支付能力的社会需求，缓解供需总量矛盾，在一定限度内给经济发展注入了新的活力，起到推动经济发展的作用。

（4）当财政赤字支出采用政府债券的投资形式时，它就为社会投资开拓了风险较小的选择空间，从而引导社会投资增加，带动整个经济增长。通常情况下，人们进行投资决策时表现为对各类资产的选择上主要考虑收入和风险两种因素。一般认为，政府公债的风险是比较小的。这种由于政府的财政赤字引导出的替代功能，会对整个社会经济产生拉动效应。

（三）我国的财政赤字没有引起严重的通货膨胀

按照中国现行统计，1979—1997 年，财政赤字比率年均为 0.88%，同期商品零售价格指数为 7.47%。如果算上 1998 年，这两个指标分别为 0.89% 和 6.97%。1985—1998 年间，财政赤字比率年均 0.84%，同期居民消费价格指数为 9.93%。如果按照国际货币基金组织的统计口径，财政赤字比率年均为 2.03%，同期消费价格指数为 11.43%。可见，无论以哪种口径，最终结果都表明，尽管我国的财政赤字连年不断，但没有引起严重的通货膨胀。我国的连年财政赤字为什么没有引起严重的通货膨胀？这需要根据赤字规模的决定因素及其相关理论和积极的调整措施来进行解释。

1. 有利的经济环境奠定了坚实的基础

①近年来，中国经济持续高速增长，年均增长率 9.8%。这种持续的经济增长大大减轻了财政赤字造成的通货膨胀的压力。②在转轨过程中，财政赤字动员了国民经济各部门的闲置资源和能力，再加上货币化进程加快，既提高了产出水平，又增加了货币需求，而没有通货膨胀效应。③政府的管理能力，特别是工资和价格的控制能力很强。④我国民众对政府非常信任，而且具有牺牲精神。经验研究表明，在一个其储蓄者对政府的偿债能力有信心的国家，很容易容纳较大的预算赤字。

2. 大规模的财政补贴对于平抑物价起到了很大作用

改革开放以来，我国把财政补贴作为保证经济改革和社会稳定的积极手段，形成了以价格补贴和企业亏损补贴为主，以财政贴息、税前还贷、税收支出、房租补贴等为辅的多种形式的财政补贴体系。不管人们对这种“规模大、范围广、渠道多”的财政补贴如何评价，正是这种财政赤字的成因，不仅支持了价格制度和企业制度的改革，更重要的是直接缓解了物价上涨的压力。

3. 及时而迅速的财政政策调整保持了宏观经济稳定

改革开放以来，我国于 1988—1989 年出现经济过热现象。这两年的平均商品零售价格指数和平均居民消费价格指数分别高达 18.2% 和 18.4%。中央政府从 1990 年开始实行适度从紧的财政政策，财政赤字比率从 1989 年的 0.94% 降至 0.8%，降低了近 15%。再加上货币政策等其他政策工具的配合，使 1990—1992 年的经济运行迅速恢复正常。这三年的平均商品零售价格指数和平均居民消费价格指数分别降至 3.5% 和

4.3%的低水平。1993—1995年出现了第二次经济过热现象。这三年的平均商品零售价格指数和平均居民消费价格指数分别高达16.6%和18.6%。为此中国实施了“软着陆”战略，财政赤字比率从这三年平均的1%降至0.78%，降低了近29%。1996—1997年呈现出“高增长、低通胀”的良好态势。可见，及时而迅速的政策措施调整是避免财政赤字引起持续通货膨胀的有力保证。

四、我国财政赤字的规模

首先应当说明两点：第一，无论在哪个国家，财政赤字不仅仅是经济问题，也是棘手的政治问题，是经济与政治的接合点。只要一定时期内的财政赤字规模（以及由此导致的公债规模）促进了经济增长，提高了人民生活水平，并且没有引起政治危机，那么这种赤字规模就可以说是适度的。第二，只有全面考虑一国自身的政治制度、经济发展阶段、社会文化传统等种种复杂因素，选择科学的方法，才能真正确定合理的财政赤字规模。然而，到目前为止，各国还没有找到公认的科学方法。因此，财政赤字规模的国际比较不失为判断一国赤字规模是否适度的一种可行方法。

（一）赤字规模

1. 赤字比率

1991—1995年，最发达的工业化国家（包括美国、加拿大、法国、德国和英国）的赤字比率比较高，平均为3.8%；赤字规模比较大的发展中国家（包括印度、巴西、巴基斯坦和土耳其）的赤字比率平均为6%；我国的赤字比率为2%。比较来看，我国的赤字比率低于工业化国家。虽然比发展中国家赤字比率比较高的国家也低很多，但高于其他发展中国家的平均水平。

然而，如果与新兴工业化亚洲国家（包括韩国、印度尼西亚、马来西亚和泰国）的同期情况相比，我们就面临困境。这些国家在同期不仅没有赤字，反而有1.2%的财政盈余比率。其实，这正是这些国家刚刚完成工业化的成果。如果作比较的话，也许同它们在工业化进程中的赤字比率进行比较更为适当。1968—1986年（工业化进程的关键时期），这些国家的赤字比率平均为3.2%，大大高于我国目前的赤字比率。

2. 赤字依存度

1990—1995年，最发达的工业化国家赤字依存度平均为11%，比20世纪80年代中后期（7%）提高了57%；赤字规模比较大的发展中国家平均为23%，比20世纪80年代中后期（30%）下降了23%；我国的赤字依存度接近23%。比较来看，我国的赤字依存度显然大大高于工业化国家，也高于新兴工业化亚洲国家在工业化进程中的依存度（17%），与发展中国家赤字依存度比较高的国家不相上下。这表明，我国的财政支出中赤字支出所占份额较大，财政状况不佳。

（二）内债规模

1. 国债负担率

1991—1995年，最发达的工业化国家国债负担率平均为30%，赤字规模比较大的发展中国家国债负担率平均为34%，即使是新兴工业化亚洲国家（1968—1990年为

18%，1991—1995 年为 15%）也大大高于我国的国债负担率（5.5%）。这表明，我国的国债负担率与《马斯特里赫特条约》要求欧盟各国不得超过 60% 的标准相距还很远，国债规模还有很大的拓展余地。但是，有两点需要注意：第一，我国的国债负担率虽然比其他国家低，但它们的高国债负担率是债务余额滚动几十年甚至上百年的结果。倘若我国国债的发行规模按目前的势头发展下去，再过三五十年，国债负担率也会很高。第二，更重要的是，我国目前的国债余额增长率已经大大高于实际 GDP 增长率，甚至比名义 GDP 增长率高。这表明，我国在非经济衰退的正常经济运行时期，要注意控制国债的发行规模。

2. 国债依存度

1991—1995 年，最发达的工业化国家国债依存度平均为 10%，赤字规模比较大的发展中国家平均为 25%，新兴工业化亚洲国家（1968—1990 年）为 9%，都远远低于我国的国债依存度（53%）。这再次表明，我国中央政府财政支出过多地依赖债务收入，财政处于脆弱状态。

（三）外债规模

1990—1997 年，我国外债的负债率、偿债率和债务率平均分别为 14.9%、8% 和 80.7%，各项指标均低于国际公认的安全线（20%、25% 和 100%）。再从外债余额增长速度与经济增长速度的对比关系来看，1991—1998 年我国外债余额增长率平均为 13.7%，名义 GDP 增长率平均为 20.4%。这说明，外债余额增长速度没有超出经济发展需要和承受能力。若从实际 GDP 增长率平均为 10.8% 来看，外债余额增长速度稍快了一些。总之，我国目前的外债规模不会造成债务危机。

（四）综合分析

我国的赤字比率比较低，而赤字依存度比较高；国债负担率比较低，而国债依存度却很高。这种现象说明两个问题：第一，中央政府财政支出占 GDP 的比率相对较低，或者说，中央财政动员的社会资源相对要少；第二，财政状况本身不佳，但赤字对经济的影响还不会造成严重影响。从中，我们是否能够得出这样一种政策选择：政府目前担心的并不一定是赤字会给经济造成多么严重的不良后果，而是应当采取主动的财政调整措施，改善财政状况。

改善财政状况的措施主要有三点：第一，扩大中央财政支出，提高中央财政支出占 GDP 的比率。第二，在中央财政支出占 GDP 比率不变或有所提高的情况下，增加赤字融资渠道之外的融资来源，即增加税收收入。第三，压缩财政赤字。在这三种途径当中，前两种途径都意味着要增加税收收入，而在短期内要使税收收入大幅度提高是很难的。因而，倘若政治经济形势需要，政府也打算改善财政状况，那么最直接、最有效的方法就是压缩赤字。但是，在目前的经济形势下，摆在决策者面前的是一种两难选择。要改善财政状况，就得使 1998 年以来的经济不景气状况延长存在，下岗职工增多，已下岗的人将再忍受更长时期的无工作的痛苦；而要尽快走出经济低谷，刺激经济增长，可能就需要以中央财政状况的恶化为代价。

综上分析，我们可以得出两点结论：第一，无论是从赤字比率还是从国债负担率来看，无论是从经济发展阶段的需要还是从中央政府的经济职能来看，我国目前的赤字规模是比较适度的，不会引起经济混乱，而从长期来看还能加快工业化进程。第二，鉴于我国目前财政收入体系状况和财政体制特别是中央政府与地方政府事权、财权（收支）划分现状的局限性，无论是从赤字依存度还是从国债依存度来看，无论是从中央政府的宏观调控能力还是从中央财政状况来看，中央财政收支规模过小，以至规模不大的财政赤字和国债规模几乎将中央财政推向崩溃边缘。

因此，我们的总体结论是：目前的财政赤字规模并不可怕，需要关注的可能是财政状况的恶化趋势，而当前是否要竭尽全力改善财政状况，最终取决于决策者是更关心财政状况，还是更关心国民经济运行状况。

【关键词】

财政平衡　硬赤字　软赤字　决算赤字　局部平衡　全局平衡　静态平衡　动态平衡　真实平衡　虚假平衡　总体平衡　部门平衡　赤字依存度　赤字比率

复习思考题

1. 如何理解财政收支平衡？
2. 简述财政平衡与总量平衡的关系。
3. 简述财政赤字的分类。
4. 简述财政赤字的基本用途。
5. 试述财政赤字的弥补方式。
6. 试述财政赤字与货币供给的关系。
7. 试述财政赤字对扩大总需求的效应。
8. 阐述财政赤字的排挤效应。
9. 阐述财政赤字的拉动效应。
10. 阐述财政赤字与国债发行的关系。
11. 阐述财政赤字规模的衡量指标。
12. 试述财政赤字规模的社会经济制约因素。
13. 试述财政赤字规模的资金来源制约因素。

第十三章 财政政策

【本章中心内容】

通过本章的学习，要求学生正确理解财政政策和货币政策的概念，明确两个政策的类型，对财政政策在宏观经济运行中所起的作用有一定的了解，将前面的财政支出和财政收入等章节结合起来，对财政政策的使用有全面的理解。同时掌握财政政策和货币政策相互配合使用所产生的功效。

第一节 财政政策概述

一、财政政策

（一）财政政策的概念

财政政策指一国政府为实现一定的宏观经济目标而调整财政收支规模、结构和收支平衡的指导原则及其相应的措施，通过税收、公债、预算等手段形成的一个完整的政策体系。

财政政策是财政理论运用于实践的媒介，贯串于整个财政工作过程。在社会主义市场经济条件下，财政功能的正常发挥主要取决于财政政策的适当运用。

从财政学说的发展来看，我国古代的理财家早已提出“勤政裕民”、“量入为出”、“治国之道，必先富民”等朴素的财政政策思想，为近现代财政政策的形成奠定了一定的基础。但这种政策思想是在自然经济条件下产生和形成的，财政政策的目标单一，手段简单，对经济发展的影响较小。因而还不属于我们现在要研究的财政政策范畴。

自以《国富论》为标志的财政学的建立到现在已二百多年，对于财政政策的定义，不同时期的中外经济学家从不同的角度得出了不尽相同的结论。大体上经过了从强调政策手段转变为强调政策目标的过程。促使这种转变的主要原因在于，财政政策目标是随着经济、社会的发展和政府职能的扩展而越显突出的。亚当·斯密主张，国家应当尽量少地从社会经济中取走财富，以利于民间资本的形成，促进国民财富的增长。由于这种国家“守夜人”观念的指导，斯密坚持政府不应当干预经济，反对财政赤字，反对发行公债，固守财政本身收支平衡。在国家没有经济职能可言的前提下，财政政策目标就不会同社会经济目标相联系，而只有财政自身收支平衡的目标。因此，这种财政政策目标是极其有限的。在这种理论指导下的财政政策研究和表述，也就更多地侧重于财政手段。

现代意义上的财政政策始于20世纪30年代的资本主义经济大危机时期。完整的财政政策起源于凯恩斯的国家干预理论。凯恩斯的宏观经济理论力主通过政府的财政与货币政策，来刺激消费需求和投资需求，以达到社会总供需的平衡。这样，在政府的宏观经济管理职能被突出之后，才为现代财政政策目标的确定提供了理论和现实的依据。与此相关，财政政策手段也就被视为实现政策目标的工具了。凯恩斯认为，在政府不参与时，市场总供给等于消费加储蓄（$Y=C+S$），总需求等于消费加投资（$Y=C+I$）；如果考虑政府参与，则总供给等于消费加储蓄加财政收入（$Y=C+S+T$），总需求等于消费加投资加政府财政支出（$Y=C+I+G$）。由于民间收入和资本对总供求影响的分散性和不确定性，民间经济活动对总供求的影响是微弱的。因此，只能通过政府的财政收支对总供求带来决定性影响，因而主张以财政政策作为宏观调控的主要工具。

在凯恩斯理论的影响下，相继出现了强调政策目标的财政政策定义。美国财政学家埃克斯坦教授认为："政府为了实现充分就业和稳定物价水平的这些短期目标而实行的各种税收和财政支出变化，通常叫做财政政策。"显然，埃克斯坦只把为实现短期目标而采取的财政手段称为财政政策。随着各国政府对经济发展、经济稳定的普遍关注，财政政策的内涵和外延得到了丰富。美国的保罗·A. 萨缪尔森和威廉·D. 诺德豪斯在他们所著的《经济学》中指出："我们所说的财政政策是指制定税收和公共开支的过程，其目的是：抑制经济周期的波动以及有助于维持经济的增长和高度的就业，与此同时又避免高度的和难以控制的通货膨胀。"

（二）财政政策体系的组成

现代意义上的财政政策始于20世纪30年代的资本主义经济大萧条时期。在这一时期，资本主义爆发了大规模的经济危机，经济陷入极度萧条之中。当时的美国总统罗斯福实行"新政"，主要是运用财政政策刺激经济的回升。凯恩斯经济理论也随之悄然兴起。在凯恩斯的纯市场经济模式中，总供给等于消费加储蓄，即$Y=C+S$；总需求等于消费加投资，即$Y=C+I$。在政府参与的市场经济模式中，政府的商品和劳务购买支出（G）也是总需求的决定因素之一；政府的税收（T）通过对民间部门的可支配收入的影响在一定程度上决定了消费量。因此，在经济均衡状态下，总供求相等，即$C+T+S=C+I+G$。基于这样的分析，政府可以通过改变财政收支的财政政策来管理总需求，从而实现政府对经济运行的全面调节。

着重运用财政政策是政府干预经济方式的重要转变，具体表现在以下三个方面。①观念的转变。20世纪30年代以前，各国政府虽然也偶尔对某些经济活动加以干预，但由于传统的经济理论已根深蒂固，没有意识到或基本就不主张政府应当干预经济活动。后来，随着现代经济学的发展，人们才承认政府具有经济职能，应采取积极的政策措施对国民经济施加影响。②目标的转变。目标的单一性是过去政府干预经济的特点。如今，财政政策的制定要根据促进经济发展和提高社会福利的要求，同时实现多重目标的有机结合。③手段的转变。在不发达的商品经济时代，政府干预的主要手段是税收，而且主要是为了筹集必要的财政收入。在现代财政理论中，财政政策的手段不仅包括税收，还有预算、支出、公债、补贴等。

就我国情况而言，财政政策作为国家宏观经济调控的重要杠杆，在计划经济和市场经济两种不同的经济体制下，它的内容和作用是大不相同的。在传统经济条件下，财政政策对宏观经济的调节，采取大一统的形式，内容单一，基本上是一个国民收入的统配计划。随着市场经济的建立，财政政策已不可能再用大一统的形式统揽国民收入的分配过程及整个国民经济活动，而主要是通过各种政策手段来调节经济的运行。这就是说，市场经济的发展，不仅丰富了财政政策的内容，而且增加了财政政策运用的难度。改革的深入发展是理论研究大胆突破带来的丰硕成果，也是各项可行政策出台所产生的积极效应。政策的好坏直接关系到理论能否付诸实践，是关系改革成败的决定因素。政策低效或失败往往是改革进程受阻或造成循环往复的重要诱因。我国当前财政工作取得的成就和存在的问题，与财政政策目标的导向、财政政策主体间的摩擦、政策工具运用、政策传导机制以及政策环境的变化等因素密切相关。

实行改革开放政策之初的1979年，我国财政曾出现达135.4亿元的巨额赤字，占当年GDP的3.35%。经过调整，以后几年有所减少，而后又开始回升，始终没有摆脱赤字的困扰。我国过去的财政赤字主要是通过财政向银行透支或借款，即通过财政性货币发行来弥补的。从政策的效应来看，这样的财政政策属于扩张性的财政政策。按照财政政策的作用原理，这种扩张性的财政政策是反衰退和治理有效需求不足的对策。然而，从1989年下半年开始到1991年末的市场疲软，并未由于高达数百亿元的赤字而得到有效改善。面对1996年以前我国宏观经济运行中的波动，无论是经济“过热”或是“过冷”，财政都存在赤字而且规模在扩大。这实际已表明，当时的财政状况，使财政政策在总量调节方面没有多少选择余地。这种条件下的赤字，并不是政府有意识地运用财政政策的结果，而在很大程度上是对经济运行结果的被动接受。若再深入分析若干单项财政政策，例如“利改税”、“财政包干”等，其间所暴露出来的政策缺陷和问题则更为突出。1998年针对当前结构性需求不足的现实，政府主动地采取了积极的财政政策，取得了明显成效，这说明我国政府对财政政策的运用日趋成熟。政策研究是一项完整的系统工程，“凭着感觉走”不是政策研究的科学方法。改革在深入发展，社会主义市场经济体系在逐步建立，经济环境在变化，要求财政政策研究的不断创新。当前，财政政策研究滞后的局面，已经成为政策制定者和理论工作者共同关注的问题。从这个意义上讲，加强财政政策研究，提供更多的高质量的“政策产品”，是满足改革实践需求的当务之急。

财政政策贯穿于财政工作的全过程，体现在收入、支出、预算平衡和公债等各个方面。因此，财政政策是由税收政策、支出政策、预算平衡政策、政府投资政策、公债政策等构成的一个完整的政策体系。在市场经济条件下财政功能的正常发挥，主要取决于财政政策的适当运用。财政政策运用得当，就可以保证经济的持续、稳定、协调发展；财政政策运用失当，也会引起经济的失衡和波动。

1. 税收政策

税收作为一种政策工具，具有分配形式上的强制性、无偿性和固定性特征。这些特征使税收调节具有权威性。税收调节作用，主要通过宏观税率的确定、税负分配（包括税种选择与税负转嫁）以及税收优惠和税收惩罚等方面体现。

（1）宏观税率（税收收入占 GDP 的比重）的确定，是财政政策实现调节目标的基本政策度量选择之一。当一国把税收作为财政收入的基本来源（例如我国税收占整个财政收入的90%）时，宏观税率就成为衡量财力集中与分散程度的一个重要指标。宏观税率高意味着政府集中掌握的财力或动员资源的能力高，反之则低。政府动员资源的能力如何，对于宏观经济运行的稳定以及经济的发展会产生巨大的影响。一般来说，政府提高宏观税率，会对民间部门经济产生收缩作用，意味着更多的收入从民间部门流向政府部门。相应地，民间部门的需求将下降，民间部门的产出减少。政府若降低宏观税率，则会对民间部门经济起到扩张作用，需求将相应地上升，产出也相应地增加。通过变动税率调节总需求，提高税率可抑制需求，降低税率可增加需求。其原因在于：提高税率使得纳税人将更多的收入交给国家，而纳税人实际可支配的收入减少，从而减少纳税人的货币购买力，对商品的实际购买需求和购买行为也相应地减少；而降低税率使纳税人的实际可支配收入增加，从而增加纳税人对商品的购买行为，即增加对商品的需求。也就是说，税率变动对供求的影响表现在对纳税人的实际可支配收入的影响上。纳税人实际可支配收入的增加，能增加对商品的购买活动（增加需求）；纳税人可支配收入的减少，使纳税人对商品的购买行为减少（降低对商品的需求）。所以，当宏观经济出现了通货膨胀（供给小于需求，或需求过旺）时，为抑制需求，应提高税率；而当宏观经济出现经济危机（供过于求，或需求不足）时，就降低税率，刺激需求。

（2）宏观税率确定后，税负分配就显得十分重要。税负分配，一方面是由政府部门来进行，主要是通过税种选择和制定不同的税率来实现；另一方面是通过市场活动来进行，主要是通过税负转嫁的形式体现出来。税负转嫁的结果使纳税人的名义税负与实际税负不相同。因此，可以说税负转嫁是在政府税负初次分配的基础上，通过市场机制的作用而进行的税负再分配。两个层次的税负分配，对于收入的变动、相应的个人与企业的生产经营活动以及各经济主体的行为均会产生重大影响。利用税收调节收入分配，实现公平，主要通过两方面的途径：一方面可通过政府的税收制度直接调节收入分配，如所得税、财产税、社会保障税等，使高收入阶层承担更多的纳税义务；另一方面通过税负转嫁及市场运作间接调节收入分配，如对某些奢侈商品征税后，税款转移到商品价格中，谁购买该商品谁就负担更多的税负，以实现收入的再分配。

（3）税收优惠与税收惩罚主要是指在征收正税的基础上，为了某些特殊需要而实行的鼓励性措施或惩罚性措施。这种措施在运用上具有较大的灵活性，它往往起到正税所难以起到的作用，因而在各国税法中都不同程度地保留着某些税收优惠性和惩罚性的措施。税收的优惠性措施包括减税、免税、宽限、加速折旧以及建立保税区等。与税收优惠措施相反的是税收的惩罚性措施，例如报复性关税、双重征税、税收加成、征收滞纳金等。无论是优惠性的还是惩罚性的措施，对实现财政政策的某些目标都起到了一定作用。通过税收优惠或惩罚，对某些经济行为进行鼓励或限制，如在经济结构调整中，为鼓励资金向某些行业或地区投资，可以制定税收优惠政策，实现资源在行业间和地区间的转移以及经济结构调整的目标。美国克林顿政府对高科技产业的税收带来的信息革命，我国对沿海地区的税收优惠带来的经济高速增长，都是税收优惠实现财政政策目标的典型事例。

2. 公债政策

公债是政府借助信用手段取得的财政收入。作为一种财政信用形式，公债最初是用来弥补财政赤字的。随着信用制度的发展，公债的发行、偿还和投资都会对经济过程产生不同影响，起到不同的调节作用。目前，公债已成为调节货币供求、协调财政与金融关系的重要政策手段。在现代信用经济条件下，公债的市场操作是沟通财政政策与货币政策的主要载体。通过公债的市场操作，可以协调财政和货币两大政策体系。一方面，可以淡化赤字的通货膨胀后果。公债的市场融资比直接的政府透支，对基础货币的变动影响小。另一方面，可以增加中央银行灵活调节货币供应的能力。公债的调节作用，主要通过公债规模、持有人结构、期限结构、公债利率综合体现出来。政府可以通过调整公债规模，选择购买对象，区分公债偿还期限，制定不同公债利率来实现财政政策的目标。公债政策的经济调节能力主要体现在下述三种效应上：

（1）排挤效应

所谓“排挤效应”，即发行公债后，使民间资本流入到政府手中，从而使民间部门的投资和消费需求减少，即排挤民间部门的货币支出。由于公债的发行使民间部门的投资或消费资金减少，从而对民间部门的投资或消费起调节作用。它属于缩减民间需求的措施。因此，在通货膨胀时，政府应扩大公债发行，从而减少民间购买能力和需求来抑制通货膨胀。

（2）货币效应

所谓“货币效应”，即公债发行引起货币供求变动。一方面它可能使部分“潜在货币”变为现实流通货币，如居民从银行提款用于购买公债，政府将公债收入投资于经济项目，使闲置资金参与实际的经济过程；另一方面则可能把存于民间部门的货币转到政府部门或由于中央银行购买公债增加货币的投放，如居民和银行购买公债后，政府集中投放到社会中。由于公债发行所带来的货币的一系列变动，统称为“货币效应”。

（3）收入效应

由于公债主要依靠未来年度增加税收来偿还，而公债持有人在公债到期时，不仅收回本金而且会得到利息报偿，即公债的偿还使收入在不同经济主体之间发生增减变动。政府发行公债主要用于社会公共需要，人人均可享用。这样，在一般纳税人与公债持有人之间就产生了收入的转移问题。此外，公债所带来的收入与负担问题，不仅影响当代人，而且还存在着所谓“代际”收入与负担的转移问题。对这些问题的分析就是所谓“收入效应”的分析。公债政策的收入效应主要表现在三个方面：第一，公债到期时，持券人要得到本金和附加的利息，收入相应增加。第二，公债偿还的资金来源有一部分来自于向纳税人的征税，使纳税人的收入减少，即使得纳税人的收入转移到债权人手中。第三，公债投资于社会项目后，使得公共需要和社会福利增加，使社会每个成员的受益间接增加。

(4) 配合中央银行的公开市场业务，对全社会的货币流通进行调节，实现货币政策目标

公开市场业务，是指中央银行通过买进或卖出有价证券来改变货币量的行为。由于中央银行是货币发行银行，买进证券支付货币，意味着货币发行；卖出证券收回货币属于货币回笼。因此，中央银行可以通过对有价证券的买卖实现对全社会货币总量的调节。中央银行在进行公开市场业务操作中，由于国债的安全性、流动性及收益性都有保证，因此它是中央银行最理想的交易品种。所以说公债是中央银行执行公开市场业务的物质载体。当社会出现通货膨胀时，需要实行压缩总需求的紧缩政策，中央银行通过卖出国债回笼货币的方式来减少需求。反之，当社会出现经济危机时，应采取扩张需求的政策，中央银行则采取买进国债的方式向社会投放货币以增加需求。如果没有公债的参与，中央银行将无法执行公开市场业务操作。也就是说，公债既有财政调控功能，又具有货币调控功能，是综合性的宏观调控工具。

3. 支出政策

公共支出主要指政府满足纯公共需要的一般性支出（或称经常项目支出），包括购买性支出和转移性支出两大部分。购买性支出包括商品和劳务的购买，是一种政府的直接消费支出。转移性支出通过“财政收入—国库—政府支付”的过程将货币收入从一方转移到另一方。此时，民间的消费并不因此而发生变化。在我国，财政补贴占有重要位置，这不仅因为补贴支出数额大，而且还因为财政补贴是我国目前经济体制运转不可或缺的润滑剂。我国经济正在向市场经济转轨，新旧体制的摩擦很大，许多利益矛盾冲突剧烈，而财政补贴的运用则对体制的平稳过渡发挥了重大作用。当然，补贴的过快增长也给我国经济与财政带来了沉重的负担，产生了一些消极的影响。财政补贴是一种具有明显“二重性”特征的政策工具，在运用上，必须充分考虑到它的双重作用。财政的支出政策主要是指通过扩张公共支出可增加消费需求，缩减公共支出则降低消费需求。

4. 预算平衡政策

预算是一国政府在一定期间内为达成政治、经济和社会目的，以国家整体资源与国民负担能力为估计基础，所预定的财政收支计划，乃经由政治程序对国家资源进行整体分配，是一国财政收支的具体内容。财政为庶政之母，财政体质的良窳攸关国家经济发展。稳健的财政政策是国家总体经济建设的重要支柱。多数国际知名的评级机构亦将政府财政状况列为评比的主要项目。因此追求预算平衡已然成为当前财政政策的趋势。

平衡预算是政府的财政措施，包括支出和收入两个层面。政府支出包括国防、教育文化、公共建设、偿付公债利息等项目，收入面主要是各种税收及公营事业盈余缴库等方面。当收支相等时，即称为预算平衡。传统理论上具体指的是财政收支、信贷收支、外汇收支和物资供求之间的综合平衡（简称“四平”），是计划经济体制下的财政综合平衡理论。“四平”理论认为，财政平衡是综合平衡的关键，银行信贷收支平衡是综合平衡的反映，外汇收支平衡是综合平衡的补充，物资供求平衡是综合平衡的基础。但自实行改革开放政策以来，由于经济体制的转轨，国民经济状况已发生很大变

化，对这一理论需要重新认识。比如，随着统收统支体制被打破，财政收入占 GDP 的比重急剧下降，再讲财政平衡是综合平衡的关键已难以成立。再如，在传统体制下，由于企业自主支配的财力较少，居民货币收入水平和储蓄倾向都较低，因而企业和居民收支在综合平衡中的作用微不足道。但在市场体制下它们已成为重要的宏观经济变量，民间资金对经济运行有至关重要的影响。尽管如此，“四平”理论作为创造性地运用马克思主义的社会再生产原理对我国实践经验的总结，对当前我国经济实现综合平衡仍有一定的借鉴意义。

（1）以平衡求平衡

财政、信贷、物资、外汇分别保持平衡就构成了国民经济综合平衡，并且它们在综合平衡中居于不同的地位。这是传统“四平”理论的基本思想。虽然也要求财政、信贷、物资、外汇彼此之间要相互协调，但仅是作为不能分别保持平衡的补救措施。而在市场经济条件下，由于经济运行的非均衡性，通常更强调通过财政、信贷、物资、外汇之间的协调来实现综合平衡，但也不能完全忽视其各自保持平衡的重要性。因为财政、信贷、外汇收支中任何一个项目的失衡都可能是总量失衡的原因。在由某一项目失衡而导致总量失衡的条件下，政府将被迫通过另一项目反方向的失衡来调节。说到底，这是一种“拆东墙补西墙”的权宜之计。

（2）抓主要矛盾

对于财政收支平衡是综合平衡的关键判断，抓住了计划体制下制约综合平衡的主要矛盾。虽然在市场经济条件下，这一结论已不再适用，但抓主要矛盾的思想对实现市场经济条件下的财政收支综合平衡仍然有深刻的指导意义。由于在市场经济运行过程中，各部门的货币收支以及它们之间相互关系的变化都会综合反映到银行信贷收支上来，而且银行系统还担负着提供和创造流通手段与支付手段的职能，因而银行是各部门货币收支的中介和枢纽。由于市场经济中的需求都是有货币支付能力的需求，因而供求平衡主要取决于银行信贷收支状况。换句话说，银行信贷收支是市场经济条件下实现经济综合平衡的关键。认识到这一点，对实现财政收支综合平衡也有重要意义。

5. 政府投资

政府投资指财政用于资本项目的建设支出，它最终将形成各种类型的固定资产。在市场经济条件下，政府投资的项目主要是指那些具有自然垄断特征、外部效应大、产业关联度高、具有示范和指导作用的基础性产业，如公共设施以及新兴的高科技主导产业等。政府的投资能力与投资方向对经济结构的调整起关键性作用。考虑到国民经济基础产业的“瓶颈”制约，政府投资所产生的效应，就不局限于自身的投资收益。作为一种诱发性投资，政府投资可将“基础瓶颈”制约所压抑的民间部门的生产潜力释放出来，从而促使国民收入的创造达到一个较高的水平。这就是政府投资在“基础瓶颈”条件下所产生的“乘数效应”。

在传统计划经济体制下，政府投资并不完全具有这种“乘数效应”。其症结在于政府的投资在规模上过大，而且并不都集中于上述具有“乘数效应”的产业部门。在许多本应让民间部门发展的投资领域，政府包揽过多，重复建设、盲目建设的现象严重。此时，尽管政府投资规模很大，但投资效益很低。经济改革使一部分储蓄从政府部门转向民间部门，促使民间部门的投资需求增长。但民间部门投资基础性产业受财力有限、预期收益不稳定等因素的制约。因此，在一个相当长的时期内，保持政府投资的适当比例，对于产业结构调整具有重要意义。由于政府投资具有“乘数效应”，因而对总需求的影响是直接和巨大的。当加大政府投资时，刺激投资需求和消费需求；当减少政府投资时，抑制投资需求和消费需求。所以，在通货膨胀时，可降低投资以控制生产资料的价格；当发生经济危机时，可扩大政府投资刺激经济回升，以此来完成政府调控市场经济的目标。

（三）财政政策的功能

我国财政政策具有三大功能，即稳定功能、发展功能和控制功能。

1. 稳定功能

财政政策的稳定功能主要表现为政府能够运用财政政策对经济进行有目的的干预。当经济出现膨胀性缺口时，政府可采取减少支出或增加税收等政策手段，减少社会总需求，减少通货膨胀的压力；当经济出现紧缩性缺口时，政府可采取增加支出或减少税收等方法刺激社会总需求。

2. 发展功能

财政政策的发展功能体现在几个方面：首先，推进经济结构调整。例如，通过对需要限制发展的行业实施高税收政策，减少资源流入这个行业；通过税收减免、财政补贴等方式扶持需要鼓励发展的产业。其次，调节收入分配。税收政策、财政投资支出政策、转移支付政策等可从多方面调节地区之间、行业之间、部门之间、阶层之间的利益分配关系。最后，推动制度创新和技术创新。财政政策通过建立鼓励企业从事技术创新的税收制度，增加对基础科学研究和教育的财政支出等措施，促进技术创新。

3. 控制功能

政府通过财政政策对人们的经济行为和宏观经济运行的制约或促进，实现对整个国民经济发展的控制。

二、财政政策主体

（一）财政政策主体的含义

财政政策主体指的是政策制定者和执行者。政策主体的行为是否规范，对于政策功能能否发挥和政策效应的大小都具有影响。

财政政策的主体无疑是政府。但究竟是中央政府还是地方政府？在以前，财政政策由中央政府制定；地方政府无权制定财政政策，地方政府仅仅是政策的执行者。即只有中央政府具有宏观调控的能力，地方政府只是被动地执行政策。这样做的好处是能保持全国的政令统一；缺陷是不利于照顾不同地区的差异，尤其是对某些地区实行优惠政策后，其他地区争相攀比，形成“上有政策，下有对策”的局面。到了现在，随着地方政府自主权的不断增加和地区间差异的扩大，地方保护主义已经严重影响到中央政府宏观调控能力的发挥，有些方面已经威胁到全国统一的市场经济秩序的建立。因此有必要对财政政策主体进行重新界定。考虑到我国地区间差异较大，财政政策主体应该选择由中央政府和地方政府分别承载，即中央政府和地方政府都有财政政策的制定权。但为避免政策间的冲突和混乱，要严格界定中央政府和地方政府在政策制定上的权限和范围，明确规定地方政府制定的政策不能违背中央政府制定的政策。

（二）研究财政政策主体的意义

在一些研究财政政策的文献中，比较注重政策目标与政策工具的研究，而忽略了对政策主体的行为与偏好的分析。事实上，在我国的现行体制下，各级政府的行为与偏好，对于政策的制定与执行，起着决定性的作用。

改革以前，实行统收统支财政体制。这种体制使中央政府处于财政政策制定者的地位，地方政府处于财政政策执行者的地位。中央与地方之间存在利益摩擦，主要表现为预算体制调整时，中央与地方“集权与分权”、“统一性与独立性”的矛盾。由于传统体制的分权与分利十分有限，因而利益的摩擦只存在于局部范围。改革以来，经济体制发生了根本性变化，地方政府已具有了较大的自主权。这使得地方政府不仅是一个政策的执行者，同时也是一个地区的政策制定者。这种双重地位，使地方政府在地方利益的驱动下，对中央政府的政策态度发生了微妙的变化。表现之一是地方政府的政策抵触行为。政策有利于本地发展就贯彻执行，不利于本地经济发展就消极抵制。所谓“上有政策，下有对策”就是地方政府政策态度变化的最好说明。表现之二是政策的攀比行为。比如中央对不同地区实行不同开放政策，尤其是给东部沿海地区实行较多的优惠政策，必然使该地区的发展比其他地区更为有利，并使加工产业的发展过分地向这一地区倾斜。当中西部地区感觉到自身的发展落后，在很大程度上与政策倾斜有关后，就会竞相攀比，从而使中央对局部地区的优惠政策扩大化。这实际意味着，新一轮的优惠政策不可避免地在全国各地铺开。这种政策变化并非完全是政策制定者的主动行为，而在很大程度上是被政策执行者逼迫的事后认账。

显然，在财政政策原理研究中重视对政策主体行为规范的分析，有利于说明许多政策偏差现象，对于提高政策研究水平颇有帮助。

三、财政政策目标

（一）财政政策目标的含义及特征

财政政策所达到的目标不是单一的指标，而是一套目标体系，包括物价稳定、收入公平分配、充分就业、经济增长、生活质量提高、总供给与总需求的平衡等。其中最主要的是总供给与总需求的平衡。总供求平衡的实现才能为其他目标的实现提供条件，总供求平衡的破坏也使其他调控目标难以实现。因此，财政和金融政策的主要任务是围绕实现总供给与总需求的平衡而进行。从根本上来说，财政政策目标也就是财政政策所要实现的期望值。

首先，这个期望值受政策作用范围和作用强度的制约。超出政策作用范围的取值是政策功能的强度所不能达到的，财政政策的目标也就无法实现。

其次，这个期望值在时间上具有连续性，在空间上具有一致性要求。通常基本财政政策是一个在较长时期内发挥作用的财政政策，也称其为长期性财政政策。一般性财政政策（或称中短期财政政策）则是在一个特定时期内发挥作用的政策。微观财政政策、中观财政政策与宏观财政政策的划分，总量调节的财政政策与结构调节的财政政策的划分，则是从财政政策作用空间上进行的分析。财政政策目标从时间上取值具有连续性特征，它要求中短期政策在导向上与基本财政政策保持一致。财政政策目标从空间上取值具有层次性特征，它要求各层次财政政策目标取值方向在总体上一致。这就是人们通常讲的保持财政政策的连续性与一致性，也是政策目标确定的一般性要求。

再次，政策目标作为一种期望值，它的取值受社会、政治、经济、文化等环境与条件的限制，并且取决于民众的偏好与政府的行为。因此，政策目标的确定不是一个随心所欲的过程，而是一个科学的、民主的选择或决策过程。

（二）财政政策目标

根据我国社会经济的发展需要以及财政的基本特点，我国财政政策的目标可以归结为以下 4 个方面：

1. 物价相对稳定

这是世界各国均在追求的重要目标，也是财政政策稳定功能的基本要求。物价相对稳定并不是冻结物价，而是把物价总水平的波动约束在经济稳定发展可容纳的空间。物价相对稳定，可以具体释义为避免过度的通货膨胀或通货紧缩。在采取财政措施时必须首先弄清导致通货膨胀或通货紧缩的原因，如果是由于需求过旺或需求不足造成的，则需要调整投资性支出或通过税收控制工资的增长幅度；如果是由结构性摩擦造成的，则必须从调整经济结构着手。总之，物价不稳，对于我们这样一个资源相对短缺、社会承受能力较弱的发展中国家来说，始终是经济发展中的一大隐患。因此，在财政政策目标的选择上必须充分地考虑我国财政所要求的物价相对稳定的目标。

2. 收入的合理分配

“吃大锅饭”的平均主义分配，抑制了劳动者的生产积极性，不利于经济的发展。收入分配不合理，贫富悬殊过大，又不利于社会经济的稳定。在社会主义市场经济条件下，同资源配置机制一样，市场分配起基础作用，同时政府实施宏观调控。收入分配既要有利于充分调动社会成员的劳动积极性，同时又要防止过分贫富悬殊。因此，在政策的导向上存在着公平与效率的协调问题。因而税收负担的合理分配，建立完善的社会保障体系，是实现收入合理分配目标的关键点。

3. 经济适度增长

适度的含义就是量力而行。第一，要视财力可能（储蓄水平）制定增长率。储蓄水平主要由收入水平和储蓄倾向两个因素决定。在一个低收入国家，储蓄的能力是有限的，单纯依靠国内储蓄难以实现增长目标。这时引进外资就可成为发展的一个重要推动力。第二，要视物力可能确定增长率。物力是各种物资资源的总称，包括能源、钢材、木材、水泥、交通运输等。物力可能实际是指能支撑经济增长的物资承受能力。作为一个低收入国家，我国经济发展既是生产能力不断提高的过程，也是产业结构不断进化，即现代产业部门不断增长扩大、传统产业部门比重逐渐下降的过程。因此，在发展进程中，一些主导产业部门优先发展是必然的。只有如此，才能迅速提高社会生产率，摆脱经济低水平循环。但是，非均衡发展超出了必要的限制，短线制约就会成为制约经济发展的力量。在发展政策的选择上必须充分考虑到这种短线制约因素。财政政策在推进经济增长的过程中，一方面要在政策取向上注意处理好储蓄与消费的关系，保持适度的社会储蓄率；另一方面要充分认识到我国经济发展中的若干制约因素，注意发挥财政在结构调整和推进创新方面的作用。

4. 社会生活质量逐步提高

经济系统的最终目标是满足社会全体成员的需要。需要的满足程度，不仅取决于个人消费需求的实现，而且取决于社会公共需要的实现。公共需要的满足，综合表现为社会生活质量的提高。比如公共安全、环境质量、基础科学研究、普及教育等水平的提高都标志着社会生活质量的提高。财政政策把社会生活质量的提高作为政策目标之一，是因为提高社会生活质量，仅靠市场是远远不够的，还必须依靠政府部门提供足够的高质量的社会公共支出和服务。

四、财政政策的类型

在现代经济学里，根据财政政策在调节经济活动上的作用和影响，从不同的角度对财政政策进行划分，可以进行不同的分类。其主要分类如下：

（一）按财政收支与社会经济活动的关系不同分类

在此标准下，财政政策可分为总量财政政策（宏观财政政策）和个量财政政策（微观财政政策）。个量财政政策是指财政收支活动影响经济个量增减的财政政策。总量财政政策是指财政收支活动影响经济总量变化的财政政策。总量财政政策分为扩张性财政政策、紧缩性财政政策和平衡财政政策。扩张性财政政策是指运用财政收支活动刺激社会总需求，其典型方式是赤字政策。扩张性财政政策的基本措施有两种：一是减税，二是扩大财政支出规模。紧缩性财政政策是指运用财政收支活动抑制社会总需求，防止需求过旺，其典型方式是盈余政策。紧缩性财政政策的基本措施：一是增税，旨在减少企业和居民可支配收入，以抵制总需求；二是压缩财政支出规模，从而减少政府的投资需求和消费需求。平衡财政政策是指运用财政收支活动使收支平衡，从而对社会总需求既不产生扩张效应，也不产生收缩效应。有人称之为中性效应，故也称为中性财政政策或中性政策。

（二）按财政政策对经济周期的调节机制不同分类

在此标准下，财政政策可分为自动稳定政策和相机抉择稳定政策。

自动稳定的财政政策是指随着经济形势的周期性变化，在经济运行中能自动地趋向于抵消总需求变化政策，对经济的波动发挥自动调节的作用。这种政策是依靠财政税收制度本身所具有的内在机制自行发挥作用，因此它又被称为“内在稳定器”。其自动稳定机制主要是税收特别是累进税制和转移支付制度。相机抉择稳定的财政政策是指在经济运行中根据对经济情况的判断而作出调整收支抉择的政策，是政府有意识干预经济运行的行为。自动稳定的财政政策的特点是，在既定的前提下，它对于总供需的调节是自动的，不需要人们临时作出判断和采取相应的措施，通过自行发挥作用，减轻供需失衡的波动。财政政策自动稳定功能，主要表现在税收的自动稳定和政府支出的自动稳定两个方面。税收对经济活动水平的变化反应相当敏感，税收收入能随着经济增长而自动增加。在实行累进税率的情况下，税率的档次随纳税人收入增加而自动提高，从而对总需求和通货膨胀有一定的抑制作用。当经济出现不景气，税收收入随着收入水平的下降而减少，如果政府预算支出保持不变，则产生预算赤字，有助于减轻经济继续下行的力量。在政府支出的自动稳定性方面，收入水平上升时，失业率下降，政府的转移支付减少，使需求不致过旺。收入水平下降时，失业率上升，政府的转移支付增加，而使总需求不至下降太多。

相机抉择稳定的财政政策不能依靠政策本身自动发挥作用，而必须由政府对客观经济形势分析判断后有意识地采取措施干预经济运行，包括汲水政策和补偿政策。西方国家通常把相机抉择的财政政策，按早期的财政理论称为汲水政策和补偿政策。汲水政策是在经济萧条时靠付出一定的公共支出来补充私人投资和消费的不足，使经济恢复活力。这种政策借用了水泵原理，即水泵开始启动时，因缺水不能吸上地下水，需要注入少许引水，以恢复抽出地下水的能力。这是著名经济学家汉森的理论，通常被称为汲水政策。汲水政策是一种短期的财政政策，是以公共投资为载体的，是医治经济萧条的处方。在20世纪30年代的世界性经济危机中，美国实施的罗斯福—霍普金斯计划（1929—1933年）、日本实施的时局匡救政策（1932年）等，都属于汲水政策。汲水政策有四个特点：第一，汲水政策是一种诱导景气复苏的政策，是以经济本身所具有的自发恢复能力为前提的治理萧条的政策；第二，汲水政策的载体是公共投资，以扩大公共投资规模作为启动民间投资活跃的手段；第三，财政支出规模是有限的，不进行超额的支出，只要使民间投资恢复活力即可；第四，汲水政策是一种短期的财政政策，随着经济萧条的消失而不复存在。

补偿政策是政府有意识地进行逆经济运行方向的财政调节，以促使经济景气循环，即在经济萧条时靠付出一定数额的公共投资，使经济自动恢复其活力（启动私人投资）以稳定经济的政策。补偿政策指政府为了稳定经济，有意识地从当时经济状态的反方向调节景气变动幅度的财政政策，其目的是稳定经济波动。补偿政策是一种全面的干预政策，是以经济繁荣年份的财政盈余来补偿萧条年份的财政赤字。它不仅在使经济从萧条走向繁荣中得到应用，而且还可控制生产过热下的一度繁荣。

可以看出，虽然补偿政策和汲水政策都是政府有意识的干预政策，但其区别也是很明显的。第一，汲水政策只是借助公共投资以补偿民间投资的减退，是医治经济萧条的处方；而补偿政策是一种全面的干预政策，不仅在使经济从萧条走向繁荣中得到应用，而且还可用于控制经济过度繁荣。第二，汲水政策的实现工具只有公共投资；而补偿政策的载体不仅包括公共投资，还有所得税、消费税、转移支付、财政补偿等。第三，汲水政策的公共投资不能是超额的，而补偿政策的财政收支可以超额增长。第四，汲水政策的调节对象是民间投资，而补偿政策的调节对象是社会经济的有效需求。

（三）根据财政政策在调节国民经济总量方面的不同功能分类

根据财政政策在调节国民经济总量方面的不同功能分，财政政策可分为扩张性财政政策、紧缩性财政政策和中性（稳健）财政政策。扩张性财政政策是指通过财政分配活动来增加和刺激社会总需求，促使供求达到平衡的财政政策。扩张性财政政策的作用机理是通过减税和增加财政支出规模扩大社会的投资需求和消费需求。在社会总需求不足的情况下，政府通常采取扩张性财政政策，通过减税、增加财政支出等手段刺激总需求增加，缩小社会总需求与社会总供给之间的差距。一般来说，减税可以增加民间的可支配收入，是扩大民间社会需求的重要途径。财政支出规模的扩大是社会总需求增加的直接构成因素。在减税和增加政府支出并举的情况下，扩张性财政政策一般容易导致财政赤字，从这个意义上说，扩张性财政政策等同于赤字财政政策。

紧缩性财政政策是指通过财政分配活动来减少和抑制社会总需求，促使供求达到平衡的财政政策。紧缩性财政政策的作用机理是通过增税和减少财政支出规模来减少社会的投资需求和消费需求。在社会总需求规模大于社会总供给，出现需求膨胀的情况下，政府通常是采取紧缩的财政政策，通过增加税收、减少财政支出等手段来减少或者抑制社会总需求，以达到促进总供给与总需求平衡的目标。增加税收可以减少民间的可支配收入，降低他们的消费需求和投资能力，减少财政支出可以降低政府的消费需求和投资需求。无论是增加税收还是减少政府开支，都是抑制消费膨胀和投资膨胀的有效措施。如果在一定的经济状态下，增税与减支同时并举，就有可能出现财政盈余，在一定程度上看，紧缩的财政政策等同于盈余的财政政策。

中性财政政策是介于扩张性财政政策和紧缩性财政政策之间的财政政策，主要指使政府的财政收支活动不对社会总需求产生扩张性或者抑制性影响的政策。在一般情况下，这种政策要求财政收支要保持平衡。但是，使预算收支平衡的政策并不等于中性财政政策。因此，实际上它是在扩张性财政政策与紧缩性财政政策之间的一种过渡性政策，被使用得很少。

（四）其他分类

除以上分类方式外，财政政策还有一些其他的分类方式。如按财政政策的长短期目标不同，可分为长期财政政策、中期财政政策和短期财政政策；按财政活动的性质不同财政政策可分为税收政策、支出政策、预算政策、国有资产管理政策、国债政策、投资政策、财政补贴政策等。财政政策还可分为均衡财政政策与非均衡政策。在经济政策理论中，一般把通过增加盈余或减少盈余以及增加赤字或减少赤字的形式表现出来的财政政策被称为非均衡财政政策；而以收支均衡的形式表现出来的财政政策称为均衡财政政策。均衡财政政策的主要目的在于力求避免预算盈余或预算赤字可能带来的消极后果。均衡财政政策不等于中性财政政策，因为在均衡财政之下，政府支出可以通过支出乘数，按照支出规模的大小，产生使收入上升的效果，也就是所谓的平衡预算的乘数效应。

第二节 财政政策的传导和效应

财政政策从计划到实施，再到政策发挥作用，需要一系列的过程。这个过程对于政策效果的发挥是非常重要的，因此，对于财政政策的传导机制及其效应进行分析非常必要。

一、财政政策的传导机制

财政政策传导机制就是财政政策在发挥作用的过程中，各政策工具通过某种媒介体的相互作用而形成的一个有机联系的整体。财政政策发挥作用的过程，实际上也就是财政政策工具变量经由某种媒介体的传导转变为政策目标变量（期望值）的复杂过程。财政政策传导机制中的媒介体主要是收入分配、货币供应和价格调控等。财政政策工具通过这些媒介体的作用达到预期的目标。

财政政策发挥作用主要通过以下三个途径：

一是以收入分配为媒介体的财政政策传导过程。①通过个人所得税税收的调整，可以减少高收入者的可支配收入，缩小居民收入差距。而通过社会保障支出或消费性财政补贴，可以增加低收入者的个人收入，增加其购买力，扩大社会有效需求。因此，通过税收工具对收入的调整可以实现收入合理分配的政策目标。②税收工具的调整对企业利润分配产生影响。市场经济中，利润最大化是每个企业追求的主要目标，企业利润是企业进行经营活动的主要动力，企业的税后利润更是企业所关心的。国有企业的盈利在上缴所得税后才能自主分配，税收上缴越多，企业留利就越少。税收的调整体现了国家与企业之间的分配关系。国家也可以通过所得税的各种优惠政策引导企业的投资方向。因此，税收对企业的投资行为、生产经营活动产生重要的影响。

二是以货币供应为媒介体的财政政策传导过程。政府预算、国债等政策工具极易通过改变货币供应量影响企业的信贷行为、投资行为和物价变动，最终影响到充分就业、经济增长等政策目标。

三是以价格调控为媒介体的财政政策传导过程。许多财政政策工具的作用是通过价格机制体现出来的，或者是与价格共同发挥调节作用的。例如，税收、财政补贴等政策工具就是通过对盈利能力较低的农业、基础产业和盈利能力较高的加工行业的产品价格的影响，实现物价稳定和经济适度增长的政策目标。

二、财政政策效应

财政政策效应是财政政策作用的结果，即政策的执行是否达到了预期的目标。政策实施能达到预期的目标即为有效，反之则无效。政策是高效还是低效，不仅取决于政策执行的结果，也取决于为达到目标而付出的代价。一般可以通过政策成本与政策效益的对比分析来进行评价。

凯恩斯认为，公众对货币的需求除了有交易与谨慎的动机之外，还有一个投机动机。前两者与收入相关，而第三者则与利率相关。当政府购买支出减少时，由于社会需求量的减少引起了对货币交易需求的减少，就会增加投机需求。[①] 由于货币的投机需求对利率具有敏感性，因此，投机需求的增加会引起利率的下跌，从而引起投资的增加。投资的增加通过乘数作用促进了经济增长。显然，凯恩斯认为，财政政策效果明显，而在经济萧条时期，货币投机需求对利率的敏感程度最大，此时的财政政策效果最大。

三、财政政策效应偏差

政策效应的偏差是指政策在实施过程中实际效应与预期效应的背离。财政政策在执行的过程中，由于其自身所具有的制度缺陷和一些人为因素的存在，势必会出现某些偏差，即财政政策没有对社会经济产生应有的作用，或者社会各方面对此没有及时做出相关的反应，这一问题被称为财政政策的效应偏差。

任何一项财政政策的实施总有一个实施的过程。这一过程大致可以区分为四个阶段，即政策出台阶段、政策完善阶段、政策成熟阶段、政策弱化阶段。在这些不同的阶段，财政政策的实际效果是不同的。一般情况下，在财政政策出台阶段和政策弱化阶段，政策效果相对差一些；而在政策完善阶段和政策成熟阶段，政策效果相对好一些。因此，在财政政策实施过程中就会出现阶段性的政策效应偏差。

政策效应的偏差包括两种类型：一类是政策实施过程中非人为因素造成的偏差，也称自然偏差；另一类是政策实施过程中人为因素造成的偏差，又称人为偏差。财政政策的自然偏差与财政政策自身的完善过程有关。财政政策的人为偏差则是与政策的制定者和执行者的行为不当有关。现实生活中，财政政策的自然偏差与人为偏差往往交织在一起的，需要我们找出引起偏差的真正原因，及时采取措施予以纠正。

财政政策效应的自然偏差现象可能由多种因素引起，如新出台的政策本身不完善，旧政策的历史惯性的干扰，人们对新政策还没有足够的认识和理解，新政策的作用机制尚未有效运转，与其他经济政策还没有取得协调，或者经济形式发生了新的变化等。此外，任何一项财政政策都存在着适应性问题。任何一项全国性财政政策的制定，所依据的是一定时期全国经济稳定与发展的总体状态，所要解决的是带有共性的问题。因而，国家在制定财政政策时主要提出解决经济稳定与发展的一般措施和目标，它只是与带有普遍意义的政策问题相对应。同样，政策制定者对政策效应的考虑，也只着眼于一般影响和一般后果。然而，由于区域发展的不平衡，从全局范围内所认定的政策问题，在局部地区并不一定都存在，或者程度有差别；而且即使是同一政策问题，从全局或局部来看也有许多不同的形成原因。因此，一项带有全局性的财政政策在其实施过程中，就会形成政策实际效果的地区差别。

以上关于财政政策效应自然偏差的论述实际上暗含着三个前提条件，即政策设计基本正确、政策工具运用与搭配得当、政策执行主体行为端正。在这些条件严格限定下，政策效应的偏差完全与人为因素无关。事实上，无论是政策目标的选择，还是政

① 这里的前提是假定货币的供给总量是一定的。

策工具的运用或传导机制的设计，终归是人的因素在起作用。当人的主观意志与客观实际发生背离时，政策的效应也会发生偏差。人为因素造成的效应偏差，其最常见的表现是：造成设计脱离实际，导致期望值过高，客观上难以实现；造成工具缺乏或选择不当，搭配有误，使政策缺乏可操作性；造成主体行为偏差，使政策贯彻受阻。

四、财政政策乘数

经济决定财政，财政反作用于经济。这种相互作用的大小就是我们要说明的财政政策乘数问题。财政政策乘数主要有政府购买支出乘数、政府转移支出乘数和政府税收乘数等几种。

1. 政府购买支出乘数

政府购买支出乘数（Goverment Expenditure Multiplier），是指国民收入变化量与引起这种变化量的最初政府购买支出变化量的倍数关系，或者说是国民收入变化量与促成这种变化量的最初政府购买支出变化量的比例。以△g 表示政府支出的变动，kg 表示政府（购买）支出乘数，则：

$kg = \triangle y / \triangle g = 1/(1-\beta)$

上面公式中 β 仍代表边际消费倾向，可见，政府购买支出乘数和投资乘数相等。kg 为正值，它等于 1 减边际消费倾向 β 的倒数。

在其他条件不变的情况下，当政府购买性支出增加时，会引起国民收入成倍增加；当政府购买性支出减少时，会引起国民收入成倍减少。显然，该乘数的大小会直接影响政府财政政策效果的大小。

2. 政府转移支出乘数

政府转移支出乘数，是指收入变动与引起这种变动的政府转移支付变动的比率。政府转移支付增加，增加了人们可支配收入，因而消费会增加，总支出和国民收入增加，因而政府转移支付乘数为正值。用 Ktr 表示政府转移支付乘数，则：

$Ktr = \triangle y / \triangle tr = b/(1-b)$

上面公式中△y 为国民收入的变化量；△tr 表示转移性支出的变化量。

从政府转移支出乘数可以看出，在其他条件不变的情况下，当政府转移性支出增加时，会引起国民收入成倍的增加；当政府转移性支出减少时，会引起国民收入成倍的减少。显然，该乘数的大小也会直接影响政府财政政策效果的大小。不过由于边际消费倾向小于 1，所以，政府转移支出乘数小于政府购买支出乘数，即转移性支出的作用一般小于政府购买支出乘数。

3. 政府税收乘数

政府税收乘数，是指因政府增加（或减少）税收而引起的国民生产总值或国民收入减少（或增加）的倍数。税收乘数又指收入变动对税收变动的比率。税收乘数有两种：一种是税率变动对总收入的影响，另一种是税收绝对量变动对总收入的影响。

由于税收是对个人、企业收入的扣除，税收高低会影响企业、个人收入水平及投资，进而影响国民收入。税收变动与国民收入呈反方向变化，即税收增加，国民收入减少，或者税收减少，则国民收入增加。因此，税收乘数为负值。若以 Kt 表示税收乘数，$\triangle Y$ 表示国民收入变动量，$\triangle T$ 表示税收变动额，则：

$$Kt = \triangle Y / \triangle T$$

根据边际消费倾向和投资乘数理论，税收乘数与边际消费倾向大小有关，若以 b 表示边际消费倾向，则：

$$Kt = -b/(1-b)$$

税收乘数对国民收入的影响还应结合政府购买支出乘数和政府转移支付乘数来分析。只有把税收乘数和政府购买支出乘数、政府转移支付乘数结合起来，才能体现政府收支行为对国民收入的综合影响。通过政府的一收一支和国民收入的一减一增，这样就维持了国民收入的总量平衡，确保国民经济的稳定和增长。

第三节　财政政策与货币政策的配合

宏观经济分析和宏观调控主要是针对经济的短期运行，解决经济的周期波动问题，其主要手段包括财政政策和货币政策。两大政策常常在政府进行宏观调控时被加以配合使用。如何协调配合使用这两个政策是政府必须考虑的问题。

一、货币政策

（一）概念

货币政策是指政府或中央银行为影响经济活动所采取的措施，尤指控制货币供给以及调控利率的各项措施，用以达到特定目的或维持政策目标，如抑制通胀、实现完全就业或经济增长。货币政策的主要措施包括直接地或间接地通过公开市场操作和设置银行最低准备金（最低储备金）。货币理论和货币政策是同一事物的两面，一个是从经济理论角度讲，一个是从政策措施方面讲。

货币政策有广义和狭义之分。狭义的货币政策指中央银行为实现其特定的经济目标而采用的各种控制和调节货币供应量或信用量的方针和措施的总称，包括信贷政策、利率政策和外汇政策。广义的货币政策指政府、中央银行和其他有关部门所有有关货币方面的规定和采取的影响金融变量的一切措施（包括金融体制改革，也就是规则的改变等）。两者的不同主要在于后者的政策制定者包括政府及其他有关部门，他们往往影响金融体制中的外生变量，改变游戏规则，如硬性限制信贷规模、信贷方向，开放和开发金融市场。前者则是中央银行在稳定的体制中利用贴现率、准备金率、公开市场业务，达到改变利率和货币供给量的目标。

（二）分类

根据对总产出的影响方面，可把货币政策分为两类，即扩张性货币政策（积极货币政策）和紧缩性货币政策（稳健货币政策）。扩张性货币政策是一种调节总需求不足的政策，是为了增加就业、增加总产出而采用的经济政策。紧缩性货币政策是一种抑制总需求过度的政策，是为了防止经济过热而采用的经济政策。

政府常常根据不同的经济形势，有意识地采用不同货币政策工具来熨平经济波动。因而，货币政策是相机抉择的经济政策。一般来说，在经济萧条时，中央银行采取措施增加货币供给，由此引起利率降低，刺激投资和净出口，增加总需求，就是使用扩张性货币政策。反之，经济过热、通货膨胀率太高时，中央银行采取一系列措施减少货币供给，以提高利率、抑制投资和消费，使总产出减少或放慢增长速度，使物价水平控制在合理水平，就是使用紧缩性货币政策。

（三）目标

货币政策的主要目标与财政政策目标一致，主要包括：充分就业、物价稳定、经济稳定增长和国际收支平衡等。但货币政策还有自己的基本目标，那就是稳定货币。稳定货币与发展经济目标是一致的，二者之间是互为条件、互相促进的。经济持续健康发展才能保持货币的稳定，而经济要持续稳定发展，需要一个稳定的货币金融环境。

稳定物价目标是中央银行货币政策的首要目标，而物价稳定的实质是币值的稳定。币值原指单位货币的含金量。在现代信用货币流通条件下，衡量币值稳定与否，已经不再是根据单位货币的含金量；而是根据单位货币的购买力，即在一定条件下单位货币购买商品的能力。现代意义的币值通常以一揽子商品的物价指数，或综合物价指数来表示。目前各国政府和经济学家通常采用综合物价指数来衡量币值是否稳定。物价指数上升，表示货币贬值；物价指数下降，则表示货币升值。稳定物价是一个相对概念，就是要控制通货膨胀，使一般物价水平在短期内不发生急剧的波动。

所谓充分就业目标，就是要保持一个较高的、稳定的就业水平。在充分就业的情况下，凡是有能力并自愿参加工作者，都能在较合理的条件下随时找到适当的工作。充分就业是针对所有可利用资源的利用程度而言的。但要测定各种经济资源的利用程度是非常困难的，一般以劳动力的就业程度为基准，即以失业率指标来衡量劳动力的就业程度。所谓失业率，指社会的失业人数与愿意就业的劳动力之比。失业率的大小，也就代表了社会的充分就业程度。理论上讲，失业表示了生产资源的一种浪费。失业率越高，对社会经济增长越是不利。因此，各国都力图把失业率降到最低的水平，以实现其经济增长的目标。

经济增长是指国民生产总值的增长必须保持合理的、较高的速度。目前各国衡量经济增长的指标一般采用人均实际国民生产总值的年增长率，即用人均名义国民生产总值年增长率剔除物价上涨率后的人均实际国民生产总值年增长率来衡量。政府一般对计划期的实际 GNP 增长幅度定出指标，用百分比表示，中央银行即以此作为货币政策的目标。当然，经济的合理增长需要多种因素的配合，最重要的是要增加各种经济资源，如人力、财力、物力，并且要求各种经济资源实现最佳配置。中央银行作为国民经济中的货币主管部门，直接影响其中的财力部分，对资本的供给与配置产生巨大作用。因此，中央银行以经济增长为目标，指的是中央银行在接受既定目标的前提下，通过其所能操纵的工具对资源的运用加以组合和协调。一般地说，中央银行可以用增加货币供给或降低实际利率水平的办法来促进投资增加；或者通过控制通货膨胀率，以消除其所产生的不确定性和预期效应对投资的影响。

判断一国的国际收支平衡与否，就是看自主性交易平衡与否，是否需要调节性交易来弥补。如果不需要调节性交易来弥补，则称之为国际收支平衡；反之，如果需要调节性交易来弥补，则称之为国际收支失衡。所谓平衡国际收支目标，简言之，就是采取各种措施纠正国际收支差额，使其趋于平衡。因为一国国际收支出现失衡，无论是顺差或逆差，都会对本国经济造成不利影响。长时期的巨额逆差会使本国外汇储备急剧下降，并承受沉重的债务和利息负担。而长时期的巨额顺差，又会造成本国资源使用上的浪费，导致一部分外汇闲置，特别是如果因大量购进外汇而增发本国货币，则可能引起或加剧国内通货膨胀。当然，相比之下，逆差的危害尤甚，因此各国调节国际收支失衡一般着力于减少以致消除逆差。

二、财政政策和货币政策的配合

由于财政与银行在消费需求与投资需求形成中有不同的作用，因而要求财政政策与货币政策必须配合运用。如果财政政策与货币政策各行其是，就必然会产生碰撞与摩擦，彼此抵消力量，从而减弱宏观调控的效应和力度，致使预期的调控目标难以实现。财政政策与货币政策的不同组合方式就是将二者进行不同组合，以实现不同的政策组合效应。政府需要根据宏观调控目标、国民经济运行状况来选择恰当的财政政策与货币政策措施，并进行合理的搭配。

（一）双松政策——松财政、松货币政策

松的财政政策是指政府通过减税（降低税率）和增加财政支出规模等财政分配活动来增加和刺激社会总需求的财政政策。松的货币政策是指通过降低法定存款准备金率和降低利率来扩大信贷支出的规模和增加货币供应量。在社会总需求严重不足和生产能力未充分利用，解决失业和刺激经济增长成为宏观调控的首要目标时，宜采用“双松”的政策组合。这样的政策组合在扩大社会总需求、扩大就业的同时，带来的通货膨胀风险很大。

（二）双紧政策——紧财政、紧货币政策

紧的财政政策是指通过财政分配活动来减少和抑制总需求的财政政策，其手段主要是增税（提高税收）和减少财政支出。紧的货币政策是指通过提高法定存款准备金率和提高利率来减少信贷支出的规模和减少货币供应量，从而抑制投资和消费。在社会总需求极度膨胀，社会总供给严重不足，政府面临强大的通货膨胀压力时，宜采用这种政策组合。这种政策组合虽然可以有效抑制需求膨胀与通货膨胀，但容易矫枉过正，带来经济停滞的后果。

（三）紧财政、松货币政策

当经济基本稳定，政府开支庞大，促进经济较快增长成为经济运行的主要目标时，宜采用这种政策组合。紧的财政政策可以减少政府开支，抑制需求过旺。松的货币政策可以保持经济的适度增长。由于行之有效的松的货币政策不易把握，所以这种货币政策与财政政策的组合难以防止通货膨胀的出现。只有当政府开支过大，物价基本稳

定，经济结构合理，但企业投资并不十分旺盛，经济也非过度繁荣，促使经济较快增长成为经济运行的主要目标时，采用该模式较为适宜。

(四) 松财政、紧货币政策

减税和增加政府支出等松的财政政策对于刺激需求，克服经济萧条，调整经济结构比较有效。紧的货币政策可以避免较高的通货膨胀。当社会运行表现为通货膨胀与经济停滞并存以及经济结构失衡时，宜采用这种政策组合。这种政策组合能够在保持经济适度增长的同时尽可能避免通货膨胀，但长期使用会增大财政赤字，积累大量国家债务。

一般来说，在经济紧缩或经济偏冷时，由于货币政策的传导环节较多，因而调整的效果不如财政政策明显，体现政府的调控意愿和鼓励方向也不如财政政策那么直接。因此，政府会倾向于更多地使用财政政策手段，特别是通过扩大政府支出规模来拉动投资和消费的增长，刺激经济的回升。虽然货币政策的影响是间接的，但较之于财政政策而言，货币政策在运用时则要灵活得多。在经济繁荣，总需求大于总供给时，中央银行通过控制货币供给与提高利率，对抑制总需求会产生明显效果。

在现代市场经济条件下，作为宏观调控主要手段的财政、货币政策，虽然各有其特定功能，但又有着紧密的内在关联。无论在经济扩张还是在经济紧缩时期，两大政策都能对经济总量与结构两个方面产生影响。

三、财政政策与货币政策配合方式的选择

财政政策与货币政策的配合方式，要根据宏观经济运行的客观态势来决定，要根据是在总量失衡情况下的总需求过大于总供给，或是总供给过大于总需求，还是在供需总量基本平衡下的结构失调，从而选择基本配合方式，以及进一步确定对财政政策工具与货币政策工具配合的力度和政策出台的时机。一般来讲，在经济过热，并有较旺的需求膨胀时，财政、货币政策应“双紧”；在结构失衡需要调整且经济又有一定热度时，应采取“紧货币、松财政”的政策；在经济由景气状态下滑时，应采取“松货币、紧财政”的政策；在市场疲软，经济过冷达到谷底时，财政、货币政策应“双松”。当然这些配合也不是绝对的，要服从于宏观经济调控的总体目标，针对不同时期的具体经济状况，做出具体选择。

我们以上的分析，主要还是把财政政策与货币政策的调节放在对社会总需求的影响上。实际上，不管是松的政策措施还是紧的政策措施，在调节需求的同时也在调节供给。同样的道理，在社会总需求过大于社会总供给的情况下，既可以用紧的政策措施来抑制需求的增长，也可以用松的政策措施来促进供给的增加。由此可见，紧的政策措施和松的政策措施并不是相互排斥的，而是相互补充的。所以，当我们运用财政政策与货币政策来实现宏观经济的调控目标时，不只要看到需求管理的一面，而且还要兼顾供给管理的一面。

在宏观经济发展变化的过程中，任何一种政策搭配措施都不是万能的，某一种配合的效应只能是同它相适应的经济状况相联系的。因此，财政政策与货币政策也应随

着经济运行状况的变化而调整。财政政策和货币政策的搭配措施在实施一段时间之后，往往要选择新的适用措施，以防止某种政策措施长时期实施所产生的正效应递减。例如财政紧缩政策可以在短时期内较快地缓和经济过热的膨胀局面，但如果在过长的时期内实施，就容易使生产经营者形成较强的社会心理冲击，放松他们促进经济增长的紧迫感。而且需求的长期萎缩，必然会产生降低社会总供给水平或导致经济衰退的结果，最终可能使需求短缺进一步加剧，陷入滞胀僵局。

财政政策与货币政策的交替配合，要以经济发展的客观状况为依据，以调节措施能够保持有效性为前提。1989 年我国出现了生产过热和需求膨胀，物价上能指数曾高达 18.6%，国家及时采取了财政、货币的双紧政策。经过了一年多的紧缩政策的实施，社会总供需的不平衡状态得到缓和，通货膨胀得以控制。而在 1994 年我国又一次出现的通货膨胀，其成因是成本推进型的，物价上涨不是太快和太猛。国家认真分析了经济运行状态，采取了适度从紧的财政政策和货币政策，做到紧中有活，既抑制通货膨胀，又保持适度投资需求和经济增长率，同时还注意到防止市场疲软。经过几年的实践，我国取得了“软着陆”的成功。

四、财政政策和货币政策的时滞

“时滞”是时间滞后的简称，是指某一行为从启动到产生结果的时间段，可以用“一个瞬间”或“一个动作时段”来理解。

良好的经济政策不仅是单纯的政策配合问题，还要把握住运用政策的时机。因此，政府在运用相机抉择的财政政策与货币政策来进行经济调控时，还要考虑到政策时滞问题。

货币政策时滞（time lag of monetary policy），是政策从制定到获得主要的或全部的效果所必须经历的一段时间，是影响货币政策效应的重要因素。货币政策时滞分为内部时滞和外部时滞两个阶段。

内部时滞是从政策制定到货币当局采取行动的时间段。其长短取决于货币当局对经济形势发展的预见能力、制定政策的效率和行动的决心。其具体包括：认识时滞、决策时滞、行政时滞、执行时滞和效果时滞。认识时滞是指从问题（矛盾）的出现到决策者对该问题的认识了解所经历的时间。决策时滞是指将研究结果提交立法机构审批所耗时间。行政时滞是指决策者在采取政策前对该问题的调查研究时间，与立法程序无关。执行时滞是指立法通过后交给执行单位实施所需时间。效果时滞是指方案正式实施到产生实际的结果所经历的时间。前两种时滞对财政政策和货币政策大体一致。财政政策的决策时滞要长于货币政策，因为财政收支必须经过国家预算的立法程序才能实施，而货币政策一般无需经过立法程序就可安排。财政政策由于要按照行政级次分层执行，所以其执行时滞长于货币政策（货币政策的执行可由中央银行直接调整相应指标完成）。

外部时滞是指从货币当局采取行动直到对政策目标产生影响为止这段过程。其主要由客观经济和金融条件决定，不论货币供应量抑或利率，它们的变动都不会立即影响到政策目标。外部时滞通常是散步时滞（distributed lag），即一旦采取政策行动，它对经济的影响要经过一定的时间。因此，对于某一项货币政策行动的外部时滞，一般只应说该政策行动在（比如）4 个月后产生了 30% 的效应，12 个月后产生了 60% 的效应，18 个月后则全部产生效应。与货币政策相比较，财政政策具有决策时滞较长、效果时滞较短的特点。

【关键词】

财政政策　货币政策　政府购买支出乘数　政府转移支出乘数　政府税收乘数　政策时滞

复习思考题

1. 什么是财政政策、货币政策？它们的目标及实现目标的手段有哪些？
2. 为什么财政政策与货币政策必须相互配合？
3. 财政政策与货币政策配合的方式有哪些？
4. 财政政策对经济社会产生的影响有哪些？
5. 如何根据宏观经济运行的具体态势，选择财政政策与货币政策的搭配方式？
6. 如何理解财政政策与货币政策的时滞问题？
7. 财政政策乘数的概念是什么？财政政策乘数有哪些？

参考文献

1. 安秀梅. 财政学［M］. 北京：中国人民大学出版社，2006.

2. 哈维·罗森. 财政学［M］. 北京：清华大学出版社，2009.

3. 蒋洪. 财政学［M］. 上海：上海财经大学出版社，2002.

4. 陈共. 财政学［M］. 北京：中国人民大学出版社，1998.

5. 王雍君. 公共经济学［M］. 北京：高等教育出版社，2007.

6. 邓子基. 财政学［M］. 北京：高等教育出版社，2008.

7. 陈共，王俊. 论财政与公共卫生［M］. 北京：中国人民大学出版社，2007.

8. 郭庆旺，赵志耘. 财政学［M］. 北京：中国人民大学出版社，2002.

9. 樊长才. 财政学［M］. 北京：经济科学出版社，2011.

10. 寇铁军. 中央与地方财政关系研究［M］. 大连：东北财经大学出版社，1996.

11. 刘怡. 财政学［M］. 北京：北京大学出版社，2005.

12. 郭小聪. 政府经济学［M］. 北京：中国人民大学出版社，2005.

13. HOLEY H ULBRICH. Public Finance in Theory and Practice［M］. 北京：清华大学出版社，2004.

14. 保罗·萨缪尔森. 经济学［M］. 17 版. 萧琛，等，译. 北京：人民邮电出版社，2004.

15. 曲绍宏，白丽健. 中国近现代财政简史［M］. 天津：南开大学出版社，2006.

16. 王国清. 税收经济学［M］. 成都：西南财经大学出版社，2005.

17. 杨斌. 税收学原理［M］. 北京：高等教育出版社，2009.

18. 胡怡建. 税收学［M］. 上海：上海财经大学出版社，2009.

19. 寇铁军. 财政学［M］. 大连：东北财经大学出版社，2009.

20. 马海涛. 中国税制［M］. 北京：中国人民大学出版社，2009.

21. 葛惟熹. 国际税收学［M］. 北京：中国财政出版社，2007.

22. 马海涛. 政府预算管理学［M］. 上海：复旦大学出版社，2003.

23. 王金秀，陈志勇. 国家预算管理［M］. 2 版. 北京：中国人民大学出版社，2007.

24. 李燕. 政府预算管理［M］. 北京：北京大学出版社，2008.

25. 大卫·N. 海曼. 公共财政：现代理论在政策中的应用［M］. 北京：中国财政经济出版社，2001.

26. 林德布罗姆·查尔斯. 政府与市场 [M]. 上海: 上海三联书店, 上海人民出版社, 1992.

27. 丹尼斯·C.缪勒. 公共选择论 [M]. 北京: 中国社会科学出版社, 1999.

28. 亚当·斯密. 国民财富的性质和原因的研究(上、下卷)[M]. 北京: 商务印书馆, 1974.

29. 亚当士. 财政学大纲 [M]. 北京: 商务印书馆, 1921.

30. 张馨, 杨志勇. 当代财政与财政学主流 [M]. 大连: 东北财经大学出版社, 2000.

31. 王传纶, 高培勇. 当代西方财政经济理论(上、下册)[M]. 北京: 商务印书馆, 1998.

32. 朱明熙. 西方财政研究 [M]. 成都: 西南财经大学出版社, 1999.

33. 王敬尧. 地方财政与治理能力 [M]. 北京: 商务印书馆, 2010.

34. 周天勇. 中国行政体制改革30年 [M]. 上海: 格致出版社, 2008.

35. 张志超. 现代财政学原理 [M]. 天津: 南开大学出版社, 2003.

36. 罗杰·阿诺德. 经济学 [M]. 5版. 北京: 中信出版社, 2004.

37. 李森. 公共经济学 [M]. 北京: 对外经济贸易大学出版社, 2008.

38. 王志伟. 扩张性财政政策的长期效应 [M]. 北京: 北京大学出版社, 2010.

39. 李晓西. 中国货币与财政政策效果评析 [M]. 北京: 人民出版社, 2007.

40. 刘宇飞. 当代西方财政学 [M]. 2版. 北京: 北京大学出版社, 2008.

41. 许毅, 陈宝森. 财政学 [M]. 北京: 中国财政经济出版社, 1984.

42. 许廷星. 财政学原论 [M]. 重庆: 重庆大学出版社, 1986.

43. 薛天栋. 现代西方财政学 [M]. 上海: 上海人民出版社, 1683.

44. 叶振鹏, 张馨. 公共财政论 [M]. 北京: 经济科学出版社, 1999.

45. 马国贤. 政府经济学 [M]. 北京: 中国财政经济出版社, 1995.

46. 平新乔. 财政原理与比较财政制度 [M]. 上海: 上海三联书店, 上海人民出版社, 1995.

47. 刘永祯. 西方财政学 [M]. 北京: 中国财政经济出版社, 1996.

48. 刘溶沧, 赵志耘. 中国财政理论前沿 [M]. 北京: 社会科学文献出版社, 1999.

49. 席克正, 杨君昌. 财政理论与政策选择 [M]. 上海: 上海财经大学出版社, 1996.

50. 刘邦驰, 汪叔九. 财政学 [M]. 成都: 西南财经大学出版社, 2001.

51. 张明. 政府预算与管理 [M]. 成都: 西南财经大学出版社, 2001.

52. 刘玲玲. 公共财政学 [M]. 北京: 清华大学出版社, 2000.

53. 胡庆庚, 杜莉. 现代公共财政学 [M]. 上海: 复旦大学出版社, 1997.

54. 储敏伟, 杨君昌. 财政学 [M]. 北京: 高等教育出版社, 2001.

55. 刘立峰. 公债政策的可持续性研究和财政风险研究 [M]. 北京: 中国计划出版社, 2002.

56. 张志超，李月平. 国际税收［M］. 北京：首都经济贸易大学出版社，2005.

57. 李海莲. 税收经济学［M］. 北京：对外经济贸易大学出版社，2004.

58. 朱青. 国际税收［M］. 北京：中国人民大学出版社，2004.

59. 哈维·S. 罗森. 财政学［M］. 赵志耘，译. 北京：中国人民大学出版社，2003.

60. 约瑟夫·E 斯蒂格利兹. 政府经济学［M］. 曾强，何志雄，等，译. 北京：春秋出版社，1998.

61. 查理·A 穆斯格雷夫，皮吉·B 穆斯格雷夫. 美国财政理论与实践［M］. 邓子基，邓力平，译. 北京：中国财政经济出版社，1987.